에듀윌과 함께 시작하면,
당신도 합격할 수 있습니다!

오랜 직장 생활을 마감하며 찾아온 앞날에 대한 막연한 두려움
에듀윌만 믿고 공부해 합격의 길에 올라선 50대 은퇴자

출산한지 얼마 안돼 독박 육아를 하며 시작한 도전!
새벽 2~3시까지 공부해 8개월 만에 동차 합격한 아기엄마

만년 가구기사 보조로 5년 넘게 일하다, 달리는 차 안에서도
포기하지 않고 공부해 이제는 새로운 일을 찾게 된 합격생

누구나 합격할 수 있습니다.
시작하겠다는 '다짐' 하나면 충분합니다.

마지막 페이지를 덮으면,

에듀윌과 함께
공인중개사 합격이 시작됩니다.

13년간 베스트셀러 1위
에듀윌 공인중개사 교재

기초부터 확실하게 기초/기본 이론

기초입문서(2종)

기본서(6종)

출제경향 파악 기출문제집

단원별 기출문제집(3종)

다양한 출제 유형 대비 문제집

기출응용 예상문제집(6종)

<이론/기출문제>를 단기에 단권으로 단단

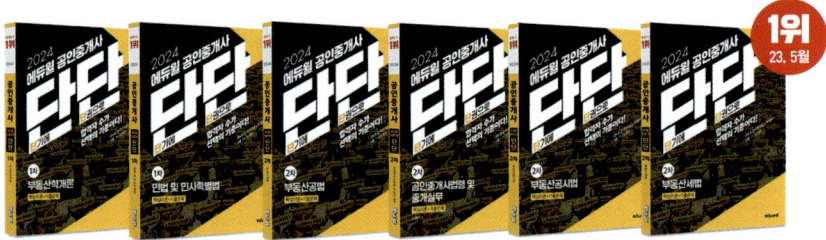
단단(6종)

합격을 위한 비법 대공개 합격서

이영방 합격서
부동산학개론

심정욱 합격서
민법 및 민사특별법

임선정 합격서
공인중개사법령 및 중개실무

김민석 합격서
부동산공시법

한영규 합격서
부동산세법

오시훈 합격서
부동산공법

신대운 합격서
쉬운 민법체계도

* 2023 대한민국 브랜드만족도 공인중개사 교육 1위 (한경비즈니스)
* YES24 수험서 자격증 공인중개사 베스트셀러 1위 (2011년 12월, 2012년 1월, 12월, 2013년 1월~5월, 8월~12월, 2014년 1월~5월, 7월~8월, 12월, 2015년 2월~4월, 2016년 2월, 4월, 6월, 12월, 2017년 1월 ~12월, 2018년 1월~12월, 2019년 1월~12월, 2020년 1월~12월, 2021년 1월~12월, 2022년 1월~12월, 2023년 1월~11월 월별 베스트, 매월 1위 교재는 다름)
* YES24 국내도서 해당분야 월별, 주별 베스트 기준

부족한 부분을 빠르게 보강하는 요약서/실전대비 교재

1차 핵심요약집+기출팩(1종)

임선정 그림 암기법(공인중개사법령 및 중개실무)(1종)

오시훈 키워드 암기장(부동산공법)(1종)

심정욱 합격패스 암기노트(민법 및 민사특별법)(1종)

7일끝장 회차별 기출문제집(2종)

실전모의고사 완성판(2종)

합격을 결정하는 파이널 교재

이영방 필살키

심정욱 필살키

임선정 필살키

오시훈 필살키

김민석 필살키

한영규 필살키

더 많은 공인중개사 교재

* 해당 교재의 이미지는 변경될 수 있습니다.

공인중개사, 에듀윌을 선택해야 하는 이유

8년간 아무도 깨지 못한 기록
합격자 수 1위

합격을 위한 최강 라인업
1타 교수진

공인중개사

합격만 해도 연 최대 300만원 지급
에듀윌 앰배서더

업계 최대 규모의 전국구 네트워크
동문회

* 2023 대한민국 브랜드만족도 공인중개사 교육 1위 (한경비즈니스)
* KRI 한국기록원 2016, 2017, 2019년 공인중개사 최다 합격자 배출 공식 인증 (2024년 현재까지 업계 최고 기록)   * 에듀윌 공인중개사 과목별 온라인 주간반 강사별 수강점유율 기준 (2022년 11월)
* 앰배서더 가입은 에듀윌 공인중개사 수강 후 공인중개사 최종 합격자이면서, 에듀윌 공인중개사 동문회 정회원만 가능합니다. (상세 내용 홈페이지 유의사항 확인 필수)
* 에듀윌 공인중개사 동문회 정회원 가입 시, 가입 비용이 발생할 수 있습니다.   * 앰배서더 서비스는 당사 사정 또는 금융당국의 지도 및 권고에 의해 사전 고지 없이 조기종료될 수 있습니다.

에듀윌 공인중개사

1위 에듀윌만의
체계적인 합격 커리큘럼

합격자 수가 선택의 기준, 완벽한 합격 노하우
온라인 강의

① 전 과목 최신 교재 제공
② 업계 최강 교수진의 전 강의 수강 가능
③ 합격에 최적화 된 1:1 맞춤 학습 서비스

최고의 학습 환경과 빈틈 없는 학습 관리
직영학원

① 현장 강의와 온라인 강의를 한번에
② 합격할 때까지 온라인 강의 평생 무제한 수강
③ 강의실, 자습실 등 프리미엄 호텔급 학원 시설

쉽고 빠른 합격의 첫걸음 **기초용어집 무료** 신청

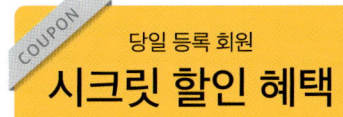 

COUPON 당일 등록 회원
시크릿 할인 혜택

설명회 참석 당일 등록 시 **특별 수강 할인권** 제공

친구 추천 이벤트

"친구 추천하고 한 달 만에 920만원 받았어요"

친구 1명 추천할 때마다 현금 10만원 제공
추천 참여 횟수 무제한 반복 가능

※ *a*o*h**** 회원의 2021년 2월 실제 리워드 금액 기준
※ 해당 이벤트는 예고 없이 변경되거나 종료될 수 있습니다.

친구 추천 이벤트
바로가기

자세한 내용이 궁금하다면 1600-6700
* 2023 대한민국 브랜드만족도 공인중개사 교육 1위 (한경비즈니스)

공인중개사 1위

합격자 수 1위 에듀윌
6만 건이 넘는 후기

고○희 합격생

부알못, 육아맘도 딱 1년 만에 합격했어요.

저는 부동산에 관심이 전혀 없는 '부알못'이었는데, 부동산에 관심이 많은 남편의 권유로 공부를 시작했습니다. 남편 지인들이 에듀윌을 통해 많이 합격했고, '합격자 수 1위'라는 광고가 좋아 에듀윌을 선택하게 되었습니다. 교수님들이 커리큘럼대로만 하면 된다고 해서 믿고 따라갔는데 정말 반복 학습이 되더라고요. 아이 둘을 키우다 보니 낮에는 시간을 낼 수 없어서 밤에만 공부하는 게 쉽지 않아 포기하고 싶을 때도 있었지만 '에듀윌 지식인'을 통해 합격하신 선배님들과 함께 공부하는 동기들의 위로가 큰 힘이 되었습니다.

이○용 합격생

군복무 중에 에듀윌 커리큘럼만 믿고 공부해 합격

에듀윌이 합격자가 많기도 하고, 교수님이 많아 제가 원하는 강의를 고를 수 있는 점이 좋았습니다. 또, 커리큘럼이 잘 짜여 있어서 잘 따라만 가면 공부를 잘 할 수 있을 것 같아 에듀윌을 선택했습니다. 에듀윌의 커리큘럼대로 꾸준히 따라갔던 게 저만의 합격 비결인 것 같습니다.

안○원 합격생

5개월 만에 동차 합격, 낸 돈 그대로 돌려받았죠!

저는 야쿠르트 프레시매니저를 하다 60세에 도전하여 합격했습니다. 심화 과정부터 시작하다 보니 기본이 부족했는데, 교수님들이 하라는 대로 기본 과정과 책을 더 보면서 정리하며 따라갔던 게 주효했던 것 같습니다. 합격 후 100만 원 가까이 되는 큰 돈을 환급받아 남편이 주택관리사 공부를 한다고 해서 뒷받침해 줄 생각입니다. 저는 소공(소속 공인중개사)으로 활동을 하고 싶은 포부가 있어 최대 규모의 에듀윌 동문회 활동도 기대가 됩니다.

다음 합격의 주인공은 당신입니다!

더 많은 합격 비법

* 에듀윌 홈페이지 게시 건수 기준 (2023년 11월 기준)
* 2023 대한민국 브랜드만족도 공인중개사 교육 1위 (한경비즈니스)

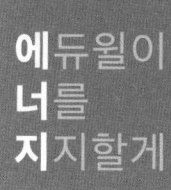

세상을 움직이려면
먼저 나 자신을 움직여야 한다.

– 소크라테스(Socrates)

➕ **합격할 때까지 책임지는 개정법령 원스톱 서비스!**

법령 개정이 잦은 공인중개사 시험. 일일이 찾아보지 마세요!
에듀윌에서는 필요한 개정법령만을 빠르게! 한번에! 제공해 드립니다.

에듀윌 도서몰 접속
(book.eduwill.net) ▶ 우측 정오표 아이콘 클릭 ▶ 카테고리 공인중개사 설정 후 교재 검색

개정법령 확인하기

2024
에듀윌 공인중개사

단단 2차

공인중개사법령 및 중개실무

공인중개사 시험을 준비해야 하는 이유
BEST 5

정년이 없어요
평생 일할 수 있어요!
갱신이 없는 자격증이에요.

전망이 좋아요
국가전문자격시험 중 접수인원 무려 1위!*
일자리전망, 발전가능성, 고용평등성 높은 직업!**

* 한국산업인력공단, 2021
** 커리어넷, 2021

누구나 도전할 수 있어요
나이, 성별, 경력, 학력 등 아무것도 필요 없어요!
응시 자격이 없는 열린 시험이에요.

학습부담이 적어요
평균 60점 이상이면 합격하는 절대평가 시험!
경쟁자 걱정 없는 시험이에요.

자격증 자체가 스펙이에요
부동산 관련 기업에 취업할 수 있고 창업도 할 수 있어요. 각종 공기업 취업 시에 가산점도 있어요.
정년퇴직 후 전문직으로 제2의 인생 시작도 가능하죠.
경매, 공매 행위까지 대행가능한 넓어진 업무영역은 보너스!

이렇게 좋은 공인중개사!
에듀윌과 함께라면 단기간에 합격할 수 있어요.

미리 알고 준비해야죠!

공인중개사 시험정보

☑ 시험일정

시험	2024년 제35회 제1·2차 시험(동시접수·시행)	
접수기간	정기	매년 8월 2번째 월요일부터 금요일까지
	빈자리	매년 10월 2번째 목요일부터 금요일까지
시험일정	매년 10월 마지막 주 토요일	

※ 정확한 시험일정은 큐넷 홈페이지(www.Q-Net.or.kr)에서 확인 가능합니다.

☑ 시험과목 및 방법

제1차 및 제2차 시험을 모두 객관식 5지 선택형으로 출제(매 과목당 40문항)하고, 같은 날[제1차 시험 100분, 제2차 시험 150분(100분, 50분 분리시행)]에 구분하여 시행합니다.

구분	시험과목	문항 수	시험시간
제1차 시험 1교시 (2과목)	1. 부동산학개론(부동산감정평가론 포함) 2. 민법 및 민사특별법 중 부동산 중개에 관련되는 규정	과목당 40문항	100분 (09:30~11:10)
제2차 시험 1교시 (2과목)	1. 공인중개사의 업무 및 부동산 거래신고 등에 관한 법령 및 중개실무 2. 부동산공법 중 부동산 중개에 관련되는 규정	과목당 40문항	100분 (13:00~14:40)
제2차 시험 2교시 (1과목)	부동산공시에 관한 법령(부동산등기법, 공간정보의 구축 및 관리 등에 관한 법률) 및 부동산 관련 세법	40문항	50분 (15:30~16:20)

※ 답안은 시험시행일에 시행되고 있는 법령을 기준으로 작성하여야 합니다.

☑ 합격 기준

구분	합격결정 기준
제1차 시험	매 과목 100점을 만점으로 하여 매 과목 40점 이상, 전 과목 평균 60점 이상 득점한 자
제2차 시험	매 과목 100점을 만점으로 하여 매 과목 40점 이상, 전 과목 평균 60점 이상 득점한 자

※ 1차·2차 시험은 동시 응시가 가능하나, 1차 시험에 불합격하고 2차만 합격한 경우 2차 성적은 무효로 합니다.

공인중개사법령 및 중개실무 완전정복!

시험분석 및 합격전략

✅ 2023년 제34회 시험분석

• PART별 출제비중 및 출제경향

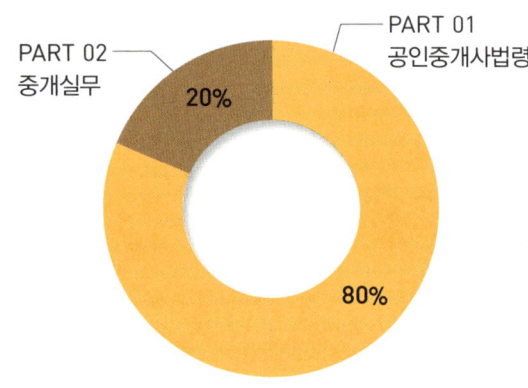

제34회 공인중개사법령 및 중개실무는 최근 10년 간의 시험 중 가장 어렵게 출제되었습니다. 최근 전세 사기 관련 피해가 늘어남에 따라 중개업에 관한 내용을 강화하는 방향으로 법이 개정되었고, 시험의 난도 또한 다소 높아졌습니다. 특히, 「민법」 판례를 중개실무 영역에 다수 출제하여 2차 시험만 보는 수험생은 체감 난도가 더 높았을 것으로 생각됩니다. 이러한 출제경향을 미루어 볼 때, 제35회 시험도 어렵게 출제될 것으로 예상됩니다.

• PART별 출제 키워드

PART	출제 키워드 및 연계 THEME	
PART 01	• 용어의 정의(01)	• 중개대상물(02)
	• 공인중개사 정책심의위원회(03)	• 중개사무소의 개설등록(04)
	• 법인의 등록기준(04)	• 법인의 겸업가능 범위(06)
	• 고용인(07)	• 분사무소의 설치(08)
	• 중개사무소의 이전신고(08)	• 중개사무소의 명칭(08)
	• 인장등록(09)	• 휴업 및 폐업(10)
	• 일반중개계약·전속중개계약(11)	• 금지행위(13)
	• 중개대상물 확인·설명의무(14)	• 업무보증설정(16)
	• 예치명의자(17)	• 중개보수의 계산(18)
	• 공인중개사협회(19)	• 실무교육·연수교육·직무교육(20)
	• 행정제재처분효과의 승계(23)	• 자격취소(24)
	• 자격정지(24)	• 행정질서벌(과태료)(25)
	• 부동산거래신고(26)	• 부동산거래계약신고서(26)
	• 주택임대차계약의 신고(27)	• 외국인등의 부동산 취득(28)
	• 토지거래허가구역(29)	• 토지거래허가(29)
	• 신고포상금(29)	
PART 02	• 분묘기지권(31)	• 「장사 등에 관한 법률」(31)
	• 중개대상물 확인·설명서[Ⅰ](32)	• 명의신탁약정(35)
	• 「주택임대차보호법」(36)	• 경매절차(38)
	• 「공인중개사의 매수신청대리인 등록 등에 관한 규칙」(39)	
	• 「집합건물의 소유 및 관리에 관한 법률」(40)	

*괄호 안 숫자는 해당 키워드의 연계 THEME입니다.

☑ 2024년 제35회 합격전략

• 공인중개사법령 및 중개실무 과목의 특징
1. 「공인중개사법」은 꼼꼼히 암기하여야 합니다.
2. 「부동산 거래신고 등에 관한 법률」은 다소 깊이 있게 학습하여야 합니다.
3. 중개실무 영역은 「민법」과 연계하여 학습하여야 합니다.

• 우리는 이렇게 대비하도록 해요!

법령의 정확한 이해!

공인중개사법령, 「부동산 거래신고 등에 관한 법률」에서는 매년 30문제 이상 출제되고 있습니다. 특히, 「부동산 거래신고 등에 관한 법률」에서는 매년 7~9문제 정도 출제되고 있습니다. 제34회 시험에서는 공인중개사법령에서 24문제, 「부동산 거래신고 등에 관한 법률」에서 8문제가 출제되었습니다. 공인중개사법령 영역에서는 중개업무, 행정처분의 출제비중이 높으므로 이 부분을 중점적으로 학습하여야 합니다.

다른 과목과의 연계 학습!

제34회 시험에서 중개실무는 8문제가 출제되었습니다. 특히, 「집합건물의 소유 및 관리에 관한 법률」에서 3개년 연속 문제가 출제되어 새로운 출제 파트로 자리매김하였습니다. 전통적으로 자주 출제되는 「부동산 실권리자 명의등기에 관한 법률」, 「주택임대차보호법」, 「상가건물 임대차보호법」, 경매는 매년 출제되고 있으므로 이를 유념하여 학습하여야 합니다.

합격까지 단단하게! 에듀윌 초압축 커리큘럼의 도움받기!

공인중개사법령 및 중개실무 합격 점수까지, 하루 2시간이면 충분합니다!
에듀윌 공인중개사에서 제공하는 **하루 2시간 스피드 패스**는 31년간 에듀윌의 합격 노하우를 바탕으로, 시험에 필요한 내용만 집중적으로 학습할 수 있도록 도와주는 고효율·초압축 커리큘럼입니다.
하루 2시간 스피드 패스로 누구보다 빠르고, 쉽게 합격을 준비하세요!

자세한 내용은 QR 스캔 ▼

☑ 하루 2시간 스피드 패스 과정

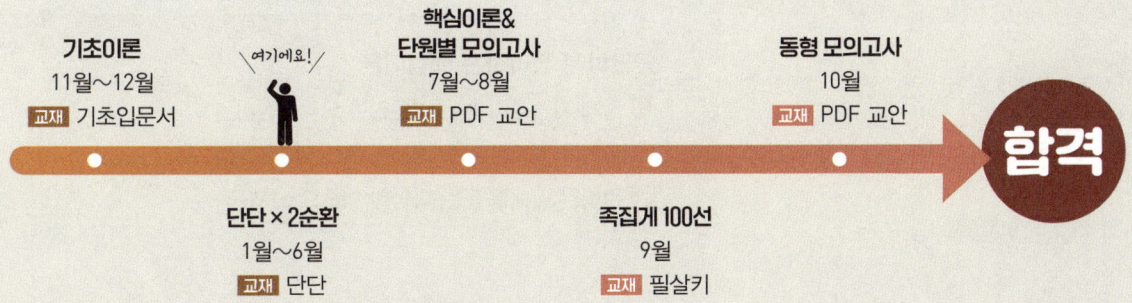

단기에 단권으로!

단단의 구성과 특징

대표기출로 유형 익히기

기본으로 알아야 하는 대표기출

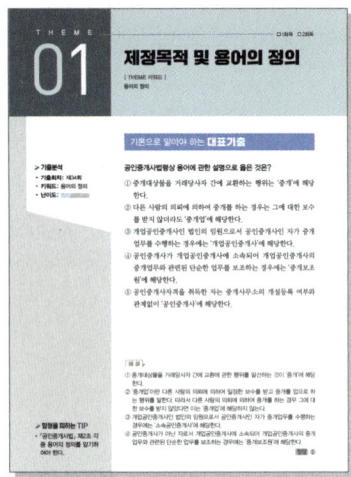

- 테마를 대표하는 엄선된 기출문제 수록
- 깊이 있는 학습을 위한 상세한 해설, 키워드, 함정을 피하는 TIP 수록

핵심이론 단단하게 정리하기

단단하게 정리하는 핵심이론

1 신고의무자 및 신고대상

(1) 거래당사자는 다음에 해당하는 계약을 체결한 경우 그 실제 거래가격 등 대통령령으로 정하는 사항을 거래계약의 체결일부터 ❶ 소재지를 관할하는 시장·군수 계약의 경우에는 그 권리의 대상인 부동산을 말함) 신고관청'이라 함)에게 공동으로 신고하여야 한다.

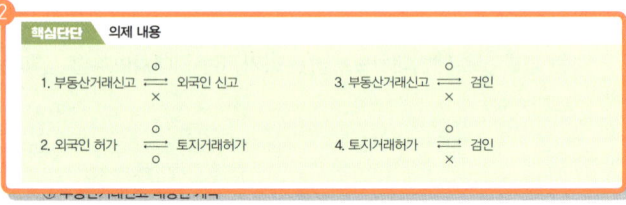

㉠ 부동산의 매매계약
㉡ 「택지개발촉진법」, 「주택법」 등 다음의 법률에 따른 부동산에 대한 공급계약
  ⓐ 「건축물의 분양에 관한 법률」
  ⓑ 「공공주택 특별법」
  ⓒ 「도시개발법」
  ⓓ 「도시 및 주거환경정비법」
  ⓔ 「빈집 및 소규모주택 정비에 관한 특례법」
  ⓕ 「산업입지 및 개발에 관한 법률」
  ⓖ 「주택법」
  ⓗ 「택지개발촉진법」

㉢ 다음에 해당하는 지위의 매매계약
  ⓐ 「택지개발촉진법」, 「주택법」 등에 따른 부동산에 대한 공급계약을 통하여 부동산을 공급받는 자로 선정된 지위(분양권)
  ⓑ 「도시 및 주거환경정비법」에 따른 관리처분계획의 인가 및 「빈집 및 소규모주택 정비에 관한 특례법」에 따른 사업시행계획인가로 취득한 입주자로 선정된 지위(입주권)

⚠ 위의 내용을 신고해야 하는 경우에는 신고서를 제출할 때 법인 주택 거래계약 신고서(이하 '법인 신고서'를)

 위의 내용을 신고해야 하는 경우에는 신고서를

단단하게 정리하는 핵심이론

❶ 출제 가능성이 높은 이론만을 요약·정리
❷ 암기가 필요한 주요 내용은 '핵심단단'으로 수록
❸ 완벽한 이해를 돕는 다양한 학습요소 제공

기본기출&완성기출로 단단하게 문제풀기

최신 출제경향 확인하기

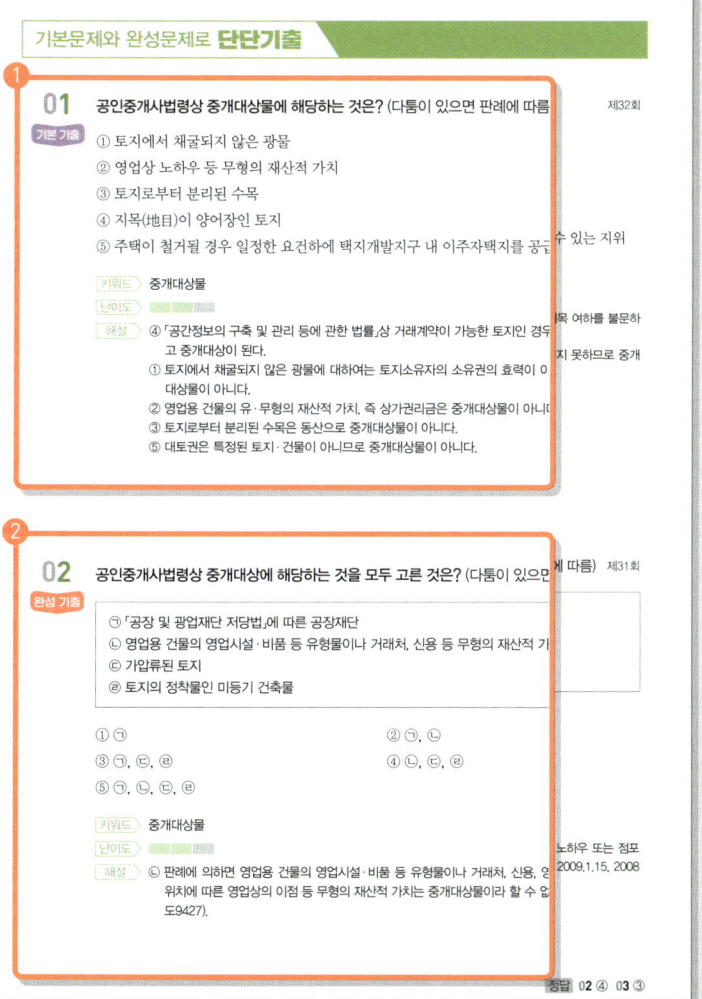

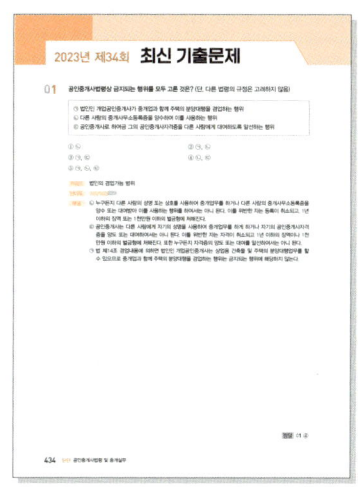

2023년 제34회 최신 기출문제

제34회 최신 기출문제를 상세한 해설, 키워드, 난이도와 함께 제공

기본문제와 완성문제로 단단기출

1. 기본기 점검을 위한 기본기출 수록
2. 문제해결능력 향상을 위한 완성기출 수록
+ 상세한 해설, 키워드, 난이도 등 제공

머리말

제34회 공인중개사법령 및 중개실무는 최근 10년간의 시험과 비교해 볼 때, 가장 어렵게 출제되었습니다. 최근 전세 사기 이슈로 인해 중개업에 관한 내용을 강화하는 방향으로 법 개정이 이루어져 시험의 난도가 높아졌습니다. 또 이번 제34회 시험의 가장 큰 특징은 「민법」 판례가 중개실무 영역에 다수 출제되었다는 것입니다. 이러한 출제경향에 따라 2024년 제35회 시험도 어렵게 출제될 것으로 예상됩니다. 이에 대비하여 수험생분들은 단순한 암기와 문제풀이보다는 복합적이고 응용된 사례문제를 풀 수 있도록 깊이 있게 학습하여야 좋은 결과를 기대할 수 있을 것입니다. 따라서 이번 〈2024 에듀윌 공인중개사 단단 2차 공인중개사법령 및 중개실무〉를 집필하면서 다음의 사항들을 고려하였습니다.

첫째, 출제 가능성이 높은 핵심 내용만을 요약하여 40개의 THEME로 압축 구성하였으며, 최근에 개정된 법령을 모두 반영하였습니다.

둘째, 대표기출문제를 엄선하여 이론 학습 전 출제 포인트를 확인하고, 다양한 기출문제를 수록하여 문제 해결 능력을 향상시킬 수 있도록 하였습니다.

셋째, 암기가 필요한 주요 내용은 '핵심단단'으로 정리하였으며, 첨삭·형광펜 등의 다양한 학습 요소를 제시하여 효과적이고 체계적인 학습이 가능하도록 하였습니다.

끝으로, 이 책을 출간할 수 있도록 많은 도움을 주신 에듀윌 관계자 및 출판사업본부 직원분들에게 많은 감사를 드리며, 이 책이 수험생들에게 많은 도움이 되길 바랍니다.

"강단에 서있는 나를 보며 난 언제나 내가 살아있음을 느낀다."

저자 임선정

약력
- 現 에듀윌 공인중개사법령 및 중개실무 전임 교수
- 前 EBS 공인중개사법령 및 중개실무 강사
- 前 방송대학TV, 중소기업청 초빙 강사
- 前 주요 공인중개사 학원 민법 및 민사특별법 강사

저서
에듀윌 공인중개사 공인중개사법령 및 중개실무 기초입문서, 기본서, 단단, 합격서, 단원별/회차별 기출문제집, 핵심요약집, 기출응용 예상문제집, 실전모의고사, 필살키 등 집필

차례

PART 01 공인중개사법령

- THEME 01 제정목적 및 용어의 정의 … 14
- THEME 02 중개대상물 … 24
- THEME 03 공인중개사 자격시험 … 33
- THEME 04 중개사무소 개설등록 … 42
- THEME 05 등록 등의 결격사유 … 57
- THEME 06 업무의 범위 … 65
- THEME 07 고용인 … 71
- THEME 08 중개사무소 … 79
- THEME 09 인장등록 … 102
- THEME 10 휴업 및 폐업 … 107
- THEME 11 중개계약 … 113
- THEME 12 부동산거래정보망 … 129
- THEME 13 개업공인중개사 등의 금지행위 … 136
- THEME 14 기본윤리 및 확인·설명의무 … 144
- THEME 15 거래계약서 작성의무 … 153
- THEME 16 손해배상책임과 업무보증설정 … 159
- THEME 17 계약금 등의 반환채무이행보장 … 167
- THEME 18 중개보수 및 실비 … 172
- THEME 19 공인중개사협회 … 184
- THEME 20 교육 … 197
- THEME 21 보칙(업무위탁, 포상금, 행정수수료, 신고센터) … 202
- THEME 22 지도·감독 및 행정처분(등록취소, 업무정지) … 213
- THEME 23 효과승계 및 위반행위승계 … 226
- THEME 24 행정처분(자격취소, 자격정지, 지정취소) … 232
- THEME 25 행정벌(행정형벌, 행정질서벌) … 243
- THEME 26 부동산거래신고 … 254
- THEME 27 주택임대차계약의 신고 … 272
- THEME 28 외국인 등의 부동산 취득 등에 관한 특례 … 280
- THEME 29 토지거래허가구역 등 … 292

PART 02 중개실무

- THEME 30 중개실무 총설 및 부동산중개계약 … 320
- THEME 31 중개대상물 조사·확인 … 324
- THEME 32 중개대상물 확인·설명서 작성 … 340
- THEME 33 거래계약서 작성 및 부동산전자계약시스템 … 360
- THEME 34 부동산등기 특별조치법상 검인제도 … 367
- THEME 35 부동산 실권리자명의 등기에 관한 법률 … 371
- THEME 36 주택임대차보호법 … 379
- THEME 37 상가건물 임대차보호법 … 390
- THEME 38 법원경매 … 401
- THEME 39 매수신청대리인 등록의 규칙 및 예규 … 411
- THEME 40 집합건물의 소유 및 관리에 관한 법률 … 426

2023년 제34회 최신 기출문제 … 434

PART 01

공인중개사법령

최근 5개년 출제비중 및 학습전략

PART 01　81.5%

공인중개사법령, 「부동산 거래신고 등에 관한 법률」에서는 매년 30문제 이상 출제되고 있습니다. 특히, 「부동산 거래신고 등에 관한 법률」에서는 매년 7~9문제 정도 출제되고 있습니다. 최근 제34회 시험에서는 공인중개사법령에서 24문제, 「부동산 거래신고 등에 관한 법률」에서 8문제가 출제되었습니다. 공인중개사법령 영역에서는 중개업무, 행정처분의 출제비중이 높으므로 이 영역을 중점적으로 학습하여야 합니다.

THEME 01	제정목적 및 용어의 정의
THEME 02	중개대상물
THEME 03	공인중개사 자격시험
THEME 04	중개사무소 개설등록
THEME 05	등록 등의 결격사유
THEME 06	업무의 범위
THEME 07	고용인
THEME 08	중개사무소
THEME 09	인장등록
THEME 10	휴업 및 폐업
THEME 11	중개계약
THEME 12	부동산거래정보망
THEME 13	개업공인중개사 등의 금지행위
THEME 14	기본윤리 및 확인·설명의무
THEME 15	거래계약서 작성의무
THEME 16	손해배상책임과 업무보증설정
THEME 17	계약금 등의 반환채무이행보장
THEME 18	중개보수 및 실비
THEME 19	공인중개사협회
THEME 20	교육
THEME 21	보칙(업무위탁, 포상금, 행정수수료, 신고센터)
THEME 22	지도·감독 및 행정처분(등록취소, 업무정지)
THEME 23	효과승계 및 위반행위승계
THEME 24	행정처분(자격취소, 자격정지, 지정취소)
THEME 25	행정벌(행정형벌, 행정질서벌)
THEME 26	부동산거래신고
THEME 27	주택임대차계약의 신고
THEME 28	외국인 등의 부동산 취득 등에 관한 특례
THEME 29	토지거래허가구역 등

공인중개사법령 및 중개실무

THEME 01 제정목적 및 용어의 정의

| THEME 키워드 |
용어의 정의

기출분석
- **기출회차:** 제34회
- **키워드:** 용어의 정의
- **난이도:**

기본으로 알아야 하는 대표기출

공인중개사법령상 용어에 관한 설명으로 옳은 것은?

① 중개대상물을 거래당사자 간에 교환하는 행위는 '중개'에 해당한다.
② 다른 사람의 의뢰에 의하여 중개를 하는 경우는 그에 대한 보수를 받지 않더라도 '중개업'에 해당한다.
③ 개업공인중개사인 법인의 임원으로서 공인중개사인 자가 중개업무를 수행하는 경우에는 '개업공인중개사'에 해당한다.
④ 공인중개사가 개업공인중개사에 소속되어 개업공인중개사의 중개업무와 관련된 단순한 업무를 보조하는 경우에는 '중개보조원'에 해당한다.
⑤ 공인중개사자격을 취득한 자는 중개사무소의 개설등록 여부와 관계없이 '공인중개사'에 해당한다.

해설
① 중개대상물을 거래당사자 간에 교환에 관한 행위를 알선하는 것이 '중개'에 해당한다.
② '중개업'이란 다른 사람의 의뢰에 의하여 일정한 보수를 받고 중개를 업으로 하는 행위를 말한다. 따라서 다른 사람의 의뢰에 의하여 중개를 하는 경우 그에 대한 보수를 받지 않았다면 이는 '중개업'에 해당하지 않는다.
③ 개업공인중개사인 법인의 임원으로서 공인중개사인 자가 중개업무를 수행하는 경우에는 '소속공인중개사'에 해당한다.
④ 공인중개사가 아닌 자로서 개업공인중개사에 소속되어 개업공인중개사의 중개업무와 관련된 단순한 업무를 보조하는 경우에는 '중개보조원'에 해당한다.

정답 ⑤

함정을 피하는 TIP
- 「공인중개사법」 제2조 각 종 용어의 정의를 암기하여야 한다.

단단하게 정리하는 **핵심이론**

1 「공인중개사법」의 제정목적 및 법적 성격

(1) 「공인중개사법」의 제정목적

이 법은 공인중개사의 업무에 관한 사항을 정하여 그 전문성을 제고하고 부동산중개업을 건전하게 육성하여 국민경제에 이바지함을 목적으로 한다.

구분	목적사항에 해당 ○	목적사항에 해당 ×
직접 목적	① 공인중개사의 업무에 관한 사항을 정하여 전문성을 제고 ② 부동산중개업의 건전한 육성	① 부동산중개업의 건전한 지도 ② 중개업무의 적절한 규율 ③ 개업공인중개사의 공신력 제고 ④ 부동산 투기의 억제 ⑤ 공정한 중개질서 확립
궁극 목적	③ 국민경제에 이바지	⑥ 국민의 재산권 보호

(2) 「공인중개사법」의 법적 성격

① 「공인중개사법」은 부동산중개 및 중개업에 관한 기본법이며 일반법이다.
② 「공인중개사법」은 「민법」 및 「상법」에 대한 특별법이다.
　⚠ 부동산중개에 관하여 「공인중개사법」에 규정이 없는 사항은 「상법」 및 「민법」의 일부 규정이 보충적으로 적용된다.
　　* 부동산중개에 관한 법의 적용순서: 「공인중개사법」 ⇨ 「상법」 ⇨ 「민법」
③ 「공인중개사법」은 공법과 사법의 중간법(사회법·혼합법)이다.
④ 「공인중개사법」은 국내법이다.
　⚠ 외국인이 국내에 소재한 중개대상물을 중개한 경우에도 이 법이 적용된다.
　　한국인이 국외에 소재한 중개대상물을 중개한 경우에는 이 법이 적용되지 않는다.

2 용어의 정의

(1) 중개

① 정의
　㉠ **정의**: 중개라 함은 법 제3조에 따른 중개대상물에 대하여 거래당사자 간의 매매·교환·임대차 그 밖의 권리의 득실변경에 관한 행위를 알선하는 것을 말한다.
　㉡ **중개의 3요소**: 중개의뢰인, 중개행위자(예 개업공인중개사), 중개대상물
　㉢ **중개의 성격**: 거래당사자 간의 재산상의 법률행위 성립을 보조하는 사실행위(법률행위 ×)이다.

② 중개의 성립요건 ┌ 일정한 기준에 따라 구획한 지표면
　㉠ 법 제3조에 규정된 중개대상물(법정중개대상물)을 알선의 대상으로 할 것
　　⚠ **중개대상물**: 토지, 건축물 그 밖의 토지의 정착물, 입목, 광업재단, 공장재단
　　⚠ 법 제3조에 규정된 중개대상물이 아닌 물건(예 동산, 상가권리금 등)을 대상으로 거래를 알선하였다면 이는 이 법상의 중개에 해당하지 아니하며, 이 법상의 중개보수 규정도 적용되지 아니한다.
　㉡ 거래당사자가 존재할 것
　　⚠ 중개는 거래당사자 쌍방으로부터 중개를 의뢰받아 알선하는 경우뿐만 아니라 거래의 일방당사자의 의뢰에 의하여 중개대상물의 거래를 알선하는 것도 이 법상의 중개에 해당한다.
　㉢ 매매·교환·임대차 그 밖의 권리의 득실변경에 관한 행위를 알선할 것
　　⚠ 1. 중개행위를 하였는지 여부는 중개행위자의 주관적 의사가 아니라 외형적·객관적으로 판단하여야 할 것이다.
　　　 2. 이 법은 개업공인중개사가 아닌 자(사인)의 1회성 알선행위를 금지하지 아니한다. 따라서 개업공인중개사가 아닌 자가 법정중개대상물에 대하여 우연한 기회에 1회성 알선행위를 하고 보수를 받았다 하더라도 처벌할 수 없다.
　　　 3. 개업공인중개사의 중개행위는 기본적으로 「상법」상 상행위에 해당한다.
　　　 4. 특정부동산만을 중개하거나 특정유형의 거래만을 알선하더라도 이 법상의 중개에 해당한다.
　　　 5. 법원의 경매절차에는 성격상 중개가 개입할 여지가 없다. 그러나 경매 및 공매대상 부동산에 대한 권리분석 및 취득의 알선행위도 부동산에 관한 권리의 취득에 관여한 것이므로 광의의 개념상으로는 중개행위에 해당한다.

핵심단단 　그 밖의 권리 내용

1. 담보물권
　┌ 유치권 ⇨　　┌ 성립 ⇨ ×
　│ (법정담보물권)　└ 이전·양도 ⇨ ○
　├ 질권 × ⇨ 약정담보물권 ⇨ 동산 등
　└ 저당권 ○ ⇨ 약정담보물권
　　　　　　⇨ 은행 담보대출 ○
2. 용익물권 ⇨ ○
3. 환매
　┌ ❶ 환매계약 ⇨ ○
　├ ❷ 환매권 이전·양도(판례) ⇨ ○
　└ ❸ 환매실행 ⇨ ×
4. 분묘기지권 ⇨ ×
5. 상속
　┌ ❶ 상속 자체 ⇨ ×
　└ ❷ 상속받은 부동산 ⇨ ○
6. 법정지상권 ┐　┌ ❶ 성립 ⇨ ×
7. 법정저당권 ┘ ⇨ └ ❷ 이전·양도 ⇨ ○
8. 담보가등기 ⇨ ○
　┌ 등기법 ⇨ 보전 ⇨ 보전가등기 ⇨ 순위 보전
　└ 특별법 ⇨ 담보 ⇨ 담보가등기
　　　　　┌ ❶ 가등기 ⇨ 본등기 ⇨ 청산
　　　　　└ ❷ 경매실행 ⇨ 저당권으로 본다.
　　　　　　 (가등기담보 등에 관한 법률 제12조)

판례

1. 유치권
　피담보채권과 목적물을 함께 이전하는 경우에는 유치권도 중개대상권리에 해당한다.
2. 저당권(근저당권) 등 담보물권
　저당권 등 담보물권의 설정에 관한 행위의 알선이 금전소비대차계약에 부수하여 이루어졌다고 하더라도 중개대상권리에 해당하고, 이에 대한 알선을 업으로 하면 중개업에 해당한다.

③ 중개와 구별되는 다른 행위

구분	공통점	차이점	
중개/대리	거래계약체결에 기여	중개	거래의 제3자로서 거래성립을 보조하는 사실행위를 함
		대리	거래의 당사자로서 거래를 성립시키는 법률행위를 함
중개/위임	선량한 관리자의 주의의무	중개	신뢰관계를 요소로 하지 않고 유상이 원칙임
		위임	신뢰관계를 기초로 하며 무상이 원칙임
중개/고용	노무공급과 보수지급을 목적	중개	일의 완성이 보수지급의 요건임
		고용	일의 결과와 무관하며 노무제공기간의 경과에 따른 보수청구가 가능함
중개/현상광고	일의 완성이 보수지급요건	중개	청약의 방법에 대한 제한이 없으며, 중개계약은 낙성계약의 성질임
		현상광고	청약의 방법이 광고일 것을 요하며, 요물계약의 성질임
중개/도급	일의 완성이 보수지급요건	중개	중개행위자는 중개완성의무가 없으며, 중개완성 후 하자담보책임을 지지 않음
		도급	수급인은 일의 완성의무가 있으며, 일의 완성 후 하자담보책임을 짐

(2) 공인중개사

① 정의: 공인중개사라 함은 이 법에 의한 공인중개사자격을 취득한 자를 말한다.

② 공인중개사의 종류

㉠ 공인중개사: 공인중개사자격만 취득한 자

㉡ 공인중개사인 개업공인중개사: 공인중개사자격을 취득하여 중개사무소의 개설등록을 한 자 ― 중개업무의 중심이 되는 장소

㉢ 소속공인중개사: 공인중개사자격을 취득하여 개업공인중개사에 소속한 자

⚠ 1. 공인중개사라 함은 이 법에 의한 공인중개사자격을 취득하여 중개업을 영위하는 자를 말한다. (×)
2. 공인중개사, 공인중개사인 개업공인중개사, 소속공인중개사는 모두 이 법상의 공인중개사에 해당하므로 공인중개사라는 명칭을 사용할 수 있다.
3. 외국에서 취득한 자격은 자격의 명칭과 관계없이 이 법상의 공인중개사에 해당하지 아니한다.

(3) 중개업

① 정의: 중개업이라 함은 다른 사람의 의뢰에 의하여 일정한 보수를 받고 중개를 업으로 행하는 것을 말한다.

② 중개업의 종류

㉠ 중개사무소의 개설등록을 한 자의 중개업(등록한 중개업)

㉡ 중개사무소의 개설등록을 하지 아니한 자의 중개업(무등록중개업)

⚠ 중개사무소의 개설등록을 하지 아니한 자가 중개대상물에 대한 거래 알선을 업으로 한 것도 중개업에 해당한다.

> **핵심단단** '업'에 대한 내용

1. 불특정 다수인을 대상으로 ⇨ 예 토지만 중개 ⇨ 중개업 ○
2. 계속성·반복성
   - ① 판례 ⇨ 우연한 기회 ⇨ 1회 ⇨ 중개업 ×
   - ② 판례 ⇨ 1회 ⇨ 간판 설치 ⇨ 중개업 ○
3. 영리 목적 ⇨ 판례 ⇨ 무상중개 ⇨ 확인·설명 의무 적용 ○ ⇨ 손해배상책임 적용 ○

> **판 례**

1. 우연한 기회에 부동산거래에 관한 알선을 하고 보수를 받은 행위는 중개업에 해당하지 아니한다.
2. 보수의 지급을 요구하였거나 보수를 받기로 약정하였을 뿐 실제로는 보수를 받지 아니하였다면 계속적인 알선행위가 있었다 하더라도 중개를 업으로 한 것으로는 볼 수 없다. 따라서 중개사무소의 개설등록을 하지 아니한 자가 부동산거래의 알선을 하였더라도 중개보수를 요구하였을 뿐 그 보수를 받지 않았거나, 받았다 하더라도 우연히 1회성의 알선에 그친 경우라면 이는 이 법상의 중개업(무등록중개업)이라 할 수 없으므로 처벌의 대상이 되지 못한다.
3. 금전소비대차계약에 부수하여 저당권설정의 알선을 업으로 한 경우에도 중개업에 해당한다.

(4) 개업공인중개사

① 정의: 개업공인중개사라 함은 이 법에 의하여 중개사무소의 개설등록을 한 자를 말한다.
   ⚠ 개업공인중개사라 함은 중개사무소의 개설등록을 한 공인중개사를 말한다. (×)

② 개업공인중개사의 종류 및 특징

구분	중개법인	지역농업협동조합	한국자산관리공사	지역산림조합	산업단지관리기관
근거법률	「공인중개사법」	「농업협동조합법」	「한국자산관리공사 설립 등에 관한 법률」	「산림조합법」	「산업집적활성화 및 공장설립에 관한 법률」
중개업 등록	○	×	○	×	×
등록기준 적용	○	×	×	×	×
업무 범위	중개업 + 겸업	조합원 대상 ⇨ 농지의 매매·교환·임대차의 중개	비업무용 자산 및 구조개선기업 자산의 관리·매각, 매매 중개	입목·임야의 매매·임대차·교환 중개	해당 산업단지 안의 공장용지 및 광장 건축물에 대한 부동산 중개업
분사무소 설치요건	책임자 요건 ○	책임자 요건 ×	책임자 요건 ×	책임자 요건 ×	책임자 요건 ×

(5) 소속공인중개사

① **정의**: 소속공인중개사라 함은 개업공인중개사에 소속된 공인중개사(개업공인중개사인 법인의 사원 또는 임원으로서 공인중개사인 자를 포함)로서 중개업무를 수행하거나 개업공인중개사의 중개업무를 보조하는 자를 말한다.

② **소속공인중개사의 종류 및 특징**

구분	소속공인중개사의 종류	
	고용인인 소속공인중개사	사원 또는 임원인 소속공인중개사
업무내용	중개업무를 수행하거나 개업공인중개사의 중개업무를 보조할 수 있음	
차이점	개업공인중개사에 의해 고용된 피용인	법인의 기관으로서의 사원 또는 임원
공통점	⊙ 중개업무 수행: 중개대상물에 대한 확인·설명, 중개대상물 확인·설명서의 작성 및 거래계약서의 작성업무를 할 수 있음 ⚠ 소속공인중개사가 해당 중개업무를 수행하거나 중개대상물 확인·설명서 및 거래계약서를 작성한 경우에는 개업공인중개사와 함께 서명 및 날인을 하여야 한다. ⓒ 중개업무 보조: 중개대상물에 대한 현장안내, 일반서무 등	

(6) 중개보조원

① **정의**: 중개보조원이라 함은 공인중개사가 아닌 자로서 개업공인중개사에 소속되어 중개대상물에 대한 현장안내 및 일반서무 등 개업공인중개사의 중개업무와 관련된 단순한 업무를 보조하는 자를 말한다.

② **중개보조원의 업무내용**

  ⊙ 중개대상물에 대한 현장안내 및 일반서무 등 개업공인중개사의 중개업무와 관련된 단순한 업무를 보조하는 일만 할 수 있다.
  ⓒ 중개대상물의 확인·설명, 중개대상물 확인·설명서 및 거래계약서의 작성업무를 할 수 없다.

핵심단단 소속공인중개사와 중개보조원의 비교

구분	소속공인중개사	중개보조원
업무내용	개업공인중개사의 중개업무를 보조할 수 있음	
차이점	1. 공인중개사자격 ○ 2. 중개업무 수행 가능	1. 공인중개사자격 × 2. 중개업무 수행 불가
공통점	1. 이중소속 금지 2. 결격사유 규정 적용 3. 금지행위 규정 적용 4. 비밀준수 규정 적용 ─ 법률상의 일정한 자격을 가진 자로 될 수 없는 사유 5. 거래사고 예방교육 6. 행정형벌 적용	

기본문제와 완성문제로 단단기출

01 공인중개사법령상 용어의 설명으로 **틀린** 것은? 제33회

기본 기출
① 중개는 중개대상물에 대하여 거래당사자 간의 매매·교환·임대차 그 밖의 권리의 득실변경에 관한 행위를 알선하는 것을 말한다.
② 개업공인중개사는 이 법에 의하여 중개사무소의 개설등록을 한 자를 말한다.
③ 중개업은 다른 사람의 의뢰에 의하여 일정한 보수를 받고 중개를 업으로 행하는 것을 말한다.
④ 개업공인중개사인 법인의 사원 또는 임원으로서 공인중개사인 자는 소속공인중개사에 해당하지 않는다.
⑤ 중개보조원은 공인중개사가 아닌 자로서 개업공인중개사에 소속되어 개업공인중개사의 중개업무와 관련된 단순한 업무를 보조하는 자를 말한다.

키워드 〉 용어의 정의
난이도 〉
해설 〉 소속공인중개사는 개업공인중개사에 소속된 공인중개사(개업공인중개사인 법인의 사원 또는 임원으로서 공인중개사인 자를 포함한다)로서 중개업무를 수행하거나 개업공인중개사의 중개업무를 보조하는 자를 말한다. 따라서 개업공인중개사인 법인의 사원 또는 임원으로서 공인중개사인 자는 소속공인중개사에 해당한다.

정답 01 ④

02 공인중개사법령에 관한 내용으로 틀린 것은? (다툼이 있으면 판례에 따름) 제30회

기본 기출

① 개업공인중개사에 소속된 공인중개사로서 중개업무를 수행하거나 개업공인중개사의 중개업무를 보조하는 자는 소속공인중개사이다.
② 개업공인중개사인 법인의 사원으로서 중개업무를 수행하는 공인중개사는 소속공인중개사이다.
③ 무등록 중개업자에게 중개를 의뢰한 거래당사자는 무등록 중개업자의 중개행위에 대하여 무등록 중개업자와 공동정범으로 처벌된다.
④ 개업공인중개사는 다른 개업공인중개사의 중개보조원 또는 개업공인중개사인 법인의 사원·임원이 될 수 없다.
⑤ 거래당사자 간 지역권의 설정과 취득을 알선하는 행위는 중개에 해당한다.

키워드 용어의 정의

난이도

해설 무등록 중개업자에게 중개를 의뢰한 거래당사자는 무등록 중개업자의 중개행위에 대하여 무등록 중개업자와 공동정범으로 처벌되지 않는다.

보충 무등록 중개업자에게 중개를 의뢰한 행위의 위법 여부
「공인중개사법」에서 '중개'는 중개행위자가 아닌 거래당사자 사이의 거래를 알선하는 것이고 '중개업'은 거래당사자로부터 의뢰를 받아 중개를 업으로 행하는 것이므로, 중개를 의뢰하는 거래당사자, 즉 중개의뢰인과 중개를 의뢰받아 거래를 알선하는 중개업자는 서로 구별되어 동일인일 수 없고, 결국 중개는 그 개념상 중개의뢰에 대응하여 이루어지는 별개의 행위로서 서로 병존하며 중개의뢰행위가 중개행위에 포함되어 흡수될 수 없다. 따라서 비록 거래당사자가 무등록 중개업자에게 중개를 의뢰하거나 미등기 부동산의 전매에 대하여 중개를 의뢰하였다고 하더라도, 「공인중개사법」 제48조 제1호, 제9조와 제48조 제3호, 제33조 제1항 제7호의 처벌규정들이 중개행위를 처벌대상으로 삼고 있을 뿐이므로 그 중개의뢰행위 자체는 위 처벌규정들의 처벌대상이 될 수 없으며, 또한 위와 같이 중개행위가 중개의뢰행위에 대응하여 서로 구분되어 존재하여야 하는 이상, 중개의뢰인의 중개의뢰행위를 중개업자의 중개행위와 동일시하여 중개행위에 관한 공동정범 행위로 처벌할 수도 없다(대판 2013.6.27, 2013도3246).

정답 02 ③

03 공인중개사법령상 용어의 정의로 <u>틀린</u> 것은?

제29회

기본 기출

① 개업공인중개사라 함은 공인중개사자격을 가지고 중개를 업으로 하는 자를 말한다.
② 중개업이라 함은 다른 사람의 의뢰에 의하여 일정한 보수를 받고 중개를 업으로 행하는 것을 말한다.
③ 소속공인중개사라 함은 개업공인중개사에 소속된 공인중개사(개업공인중개사인 법인의 사원 또는 임원으로서 공인중개사인 자 포함)로서 중개업무를 수행하거나 개업공인중개사의 중개업무를 보조하는 자를 말한다.
④ 공인중개사라 함은 공인중개사자격을 취득한 자를 말한다.
⑤ 중개라 함은 중개대상물에 대하여 거래당사자 간의 매매·교환·임대차 그 밖의 권리의 득실변경에 관한 행위를 알선하는 것을 말한다.

[키워드] 용어의 정의

[난이도]

[해설] 개업공인중개사라 함은 이 법에 의하여 중개사무소의 개설등록을 한 자를 말한다.

[보충] 용어의 정의
1. 공인중개사: 「공인중개사법」에 의한 공인중개사자격을 취득한 자
2. 개업공인중개사: 「공인중개사법」에 의하여 중개사무소의 개설등록을 한 자
3. 소속공인중개사: 개업공인중개사에 소속된 공인중개사(개업공인중개사인 법인의 사원 또는 임원으로서 공인중개사인 자를 포함)로서 중개업무를 수행하거나 개업공인중개사의 중개업무를 보조하는 자
4. 중개보조원: 공인중개사가 아닌 자로서 개업공인중개사에 소속되어 중개대상물에 대한 현장안내 및 일반서무 등 개업공인중개사의 중개업무와 관련된 단순한 업무를 보조하는 자

정답 03 ①

04 공인중개사법령상 용어와 관련된 설명으로 옳은 것은? (다툼이 있으면 판례에 따름) 제28회

① '공인중개사'에는 외국법에 따라 공인중개사자격을 취득한 자도 포함된다.
② '중개업'은 다른 사람의 의뢰에 의하여 보수의 유무와 관계없이 중개를 업으로 행하는 것을 말한다.
③ 개업공인중개사인 법인의 사원으로서 중개업무를 수행하는 공인중개사는 '소속공인중개사'가 아니다.
④ '중개보조원'은 개업공인중개사에 소속된 공인중개사로서 개업공인중개사의 중개업무를 보조하는 자를 말한다.
⑤ 개업공인중개사의 행위가 손해배상책임을 발생시킬 수 있는 '중개행위'에 해당하는지는 객관적으로 보아 사회 통념상 거래의 알선·중개를 위한 행위라고 인정되는지에 따라 판단해야 한다.

키워드 용어의 정의

난이도

해설 ① '공인중개사'는 「공인중개사법」상 공인중개사자격을 취득한 자를 말한다.
② '중개업'이란 다른 사람의 의뢰에 의하여 일정한 보수를 받고 중개를 업으로 행하는 것을 말한다.
③ 개업공인중개사인 법인의 사원으로서 중개업무를 수행하는 공인중개사도 '소속공인중개사'에 해당한다.
④ '중개보조원'은 공인중개사가 아닌 자로서 개업공인중개사에 소속되어 중개대상물에 대한 현장안내 및 일반서무 등 개업공인중개사의 중개업무와 관련된 단순한 업무를 보조하는 자를 말한다.

정답 04 ⑤

THEME 02 중개대상물

| THEME 키워드 |
중개대상물

기출분석
- **기출회차:** 제34회
- **키워드:** 중개대상물
- **난이도:**

기본으로 알아야 하는 대표기출

공인중개사법령상 중개대상물에 해당하는 것을 모두 고른 것은? (다툼이 있으면 판례에 따름)

> ㉠ 근저당권이 설정되어 있는 피담보채권
> ㉡ 아직 완성되기 전이지만 동·호수가 특정되어 분양계약이 체결된 아파트
> ㉢ 「입목에 관한 법률」에 따른 입목
> ㉣ 점포 위치에 따른 영업상의 이점 등 무형의 재산적 가치

① ㉠, ㉣
② ㉡, ㉢
③ ㉡, ㉣
④ ㉠, ㉡, ㉢
⑤ ㉠, ㉢, ㉣

해설
㉠ 근저당권이 설정되어 있는 피담보채권은 중개대상물에 해당하지 않는다.
㉣ 거래처, 신용 또는 점포 위치에 따른 영업상의 이점 등 무형물은 권리금의 형태로 거래되므로 중개대상물에 해당하지 않는다.

정답 ②

함정을 피하는 TIP
- 중개대상물의 종류와 각종 판례에 관하여 학습하여야 한다.

단단하게 정리하는 **핵심이론**

1 중개대상물의 의미 및 종류

(1) 중개대상물의 의미

① 중개대상물이란 개업공인중개사만이 중개를 업으로 할 수 있도록 규정된 물건을 말한다.
② 중개대상물은 개업공인중개사와 무등록중개업자를 구분하는 기준이 된다.

(2) 중개대상물의 종류

이 법상 중개대상물은 「민법」상 협의의 부동산과 일부 준부동산으로 규정되어 있다.

근거규정	부동산의 구분	중개대상물의 범위	조건
법 제3조	「민법」상 협의의 부동산	① 토지 ② 건축물 그 밖의 토지의 정착물	① 사적 소유의 대상이 될 것 ② 중개행위가 개입될 수 있을 것
시행령 제2조	일부 준부동산	① 「입목에 관한 법률」에 따른 입목 ② 「공장 및 광업재단 저당법」에 따른 공장 및 광업재단	

2 중개대상물의 내용

(1) 토지

① 종류: 대지, 농지, 임야, 공유수면매립지, 도로예정지인 사유지 등
   ⚠ 택지개발지구 내의 대토권, 하천, 공유수면, 암석, 토사, 국유(國有)·공유(公有)토지, 무주(無主)토지는 중개대상물이 되지 못한다.
② 토지소유권의 효력: 정당한 이익이 미치는 범위 안에서 지표의 상하에 미친다.
   ⚠ 미채굴광물은 토지소유권의 효력이 미치지 않으므로 중개대상물이 되지 못한다.
③ 토지의 거래단위: 필지 단위로 거래된다. 토지의 매매·교환·저당권은 필지 단위로 거래된다.
   ⚠ 1. 1필지 토지의 일부는 소유권 및 저당권의 대상 × ⇨ 1필지 토지의 일부에 대하여 매매·교환·저당권 거래를 하고자 하는 때에는 분필절차를 미리 받아야 한다.
   2. 1필지 토지의 일부도 지상권 등 용익물권과 임차권 거래가 가능하므로 중개대상물이 될 수 있다.

(2) 건축물과 그 밖의 토지의 정착물

① 건축물 ⚠ 중개대상물인 건축물은 「민법」상 건축물로 한정된다(판례).
   ㉠ 중개대상물에 해당하는 건축물의 종류
      • 현존하는 건축물: 허가받은 건축물(등기된 건축물 및 미등기 건축물을 포함)과 무허가 건축물 모두 중개대상물이 된다.
      • 장래에 건축될 건축물(주택 및 상가건물에 대한 분양권)도 중개대상물에 해당한다.

ⓒ 건축물의 거래: 동(棟) 단위로 거래한다. 다만, 1동 건물의 일부도 구조상·이용상 독립성을 갖추고 있다면 중개대상물이 될 수 있다.

② 그 밖의 토지의 정착물 — 수목의 집단 또는 미분리 과실 등의 소유권이 누구에게 귀속되어 있는지를 제3자가 명백하게 인식(명인)할 수 있도록 공시하는 관습법상의 공시방법

⚠ 1. 명인방법을 갖춘 수목의 집단은 소유권의 대상이 되는 중개대상물이다(저당권의 대상 ×).
2. 가식의 수목, 암석, 토사, 조립식의 세차장구조물, 컨테이너박스 등은 토지의 정착물도 아니고, 중개대상물도 아니다.

핵심단단 중개대상물 내용

```
                          중개대상물    중개사무소
1. ┌ 미등기 건축물         ○            ○
   └ 무허가 건축물         ○            ×
2. ┌ 분양권 ⇨ 판례 ⇨ 장래 건축물 ⇨ 중개대상 ○
   └ 입주권 ⇨ ❶ 분양예정자로 선정될 지위 ⇨ 중개대상 ×
              ❷ 건축 완료 ⇨ 현실적 제공(판례) ⇨ 중개대상 ○
3. 대토권 ⇨ 이주자택지를 공급받을 지위 ⇨ 중개대상 ×
4. 세차장(Self)구조물 ⇨ 판례 ⇨ 건축물 ×(지붕, 기둥과 주벽)
5. 권리금 ⇨ 판례 ⇨ 중개대상 ×
6. 무체재산권 ⇨ 중개대상 ×
```

(3) 「입목에 관한 법률」에 따른 입목

① 입목의 의의: 소유권보존등기를 한 수목의 집단을 말한다.

② 입목등기의 절차

구분	입목등록(시장·군수에게) ⇨	입목등기(등기소장에게)
신청자	수목집단의 소유자	입목등록 명의인
대상물	1필지의 전부 또는 일부에 생립하는 수목의 집단으로서 수종 및 수량의 제한이 없음	입목등기를 할 수 있는 수목의 집단은 입목등록원부에 등록된 것만 가능
제출서류	입목등록신청서 + 도면 첨부	등기신청서 + 입목등록원부 첨부
접수처리	시장·군수는 입목등록을 행하고 입목등록원부를 작성함	등기소장은 입목등기를 행하고 입목등기사항증명서를 작성하며, 입목이 소재하는 토지등기사항증명서의 표제부에 입목등기번호(입목등기용지 사용)를 기재함 ⚠ 입목등기의 사실 여부만은 토지등기사항증명서로도 확인할 수 있지만, 상세한 내용은 입목등록원부 또는 입목등기사항증명서로 확인한다.

③ 입목의 효력
　㉠ 입목은 토지와는 독립된 부동산으로 본다.
　㉡ 입목은 소유권과 저당권의 목적이 된다.
　　⚠ 1. 입목에 저당권을 설정하고자 하는 경우에는 그 입목에 대하여 보험에 가입하여야 한다.
　　　2. 입목에 설정된 저당권의 효력은 베어낸 수목에도 미치며, 이 경우 입목의 저당권자는 변제기일 이전이라도 벌채된 수목에 대하여 경매를 신청할 수 있다.
　㉢ 토지소유자가 입목등기를 한 경우 토지소유자는 토지소유권과 분리하여 입목만을 처분하거나 토지소유권과 입목을 함께 처분할 수 있다.
　㉣ 토지의 지상권자가 입목등기를 한 경우 토지의 지상권자는 지상권과 분리하여 입목만을 처분하거나 지상권과 입목을 함께 처분할 수 있다.
　　⚠ 1. 입목이 토지소유자에 속하는 경우 토지소유권의 처분의 효력은 입목에 영향을 미치지 못한다.
　　　2. 토지 또는 입목만을 처분함으로써 토지와 입목의 소유자가 달리하게 된 경우 토지소유자는 입목소유자에게 지상권을 설정한 것으로 본다.
　　　3. 입목이 지상권자에 속하는 경우 지상권의 처분의 효력은 입목에 영향을 미치지 못한다.
　　　4. 지상권 또는 토지임차인에게 속하는 입목이 저당권의 목적이 되어 있는 경우에는 지상권자 또는 토지임차인은 저당권자의 승낙 없이 지상권을 포기하거나 지상권계약을 해지할 수 없다.

(4) 「공장 및 광업재단 저당법」에 따른 공장재단 및 광업재단

① **광업재단**: 소유권과 저당권 설정을 목적으로 광산에 속하는 광업권과 그 광업권에 기하여 광물의 채굴·취득하기 위한 제반설비로 구성되는 일단의 기업재산의 전부 또는 일부에 대하여 소유권보존등기를 한 것을 말한다.

② **공장재단**: 소유권과 저당권 설정을 목적으로 공장에 속하는 기업재산의 전부 또는 일부에 대하여 소유권보존등기를 한 것을 말한다.

　⚠ 1. 광업재단·공장재단에 속한 토지·건물의 등기사항증명서의 관련구(상당구·해당구) 사항란에 해당 토지·건물이 재단에 속하였다는 취지를 기재한다.
　　2. 광업재단 및 공장재단등기를 하면 재단 전체가 하나의 부동산으로 취급되므로 광업재단 및 공장재단은 일체로만 거래가 가능하다. 따라서 재단을 구성하는 재산의 일부분은 임의로 분리하여 처분할 수 없다.
　　3. 광업재단 및 공장재단은 소유권 및 저당권의 대상이 된다. 이 경우 저당권자의 동의가 있으면 임차권의 대상도 될 수 있다.
　　4. 광업재단 및 공장재단등기를 한 때에는 10개월 이내에 저당권을 설정해야 한다.

구분	입목 ⇨ 등기	공장 및 광업재단 ⇨ 재단등기
등기 전 요건	입목 등록원부 작성(수종, 수령, 수량 상관 ×)	재단목록 작성(일부, 전부)
내용	㉠ 소유권, 지상권 처분 ⇨ 영향 × ㉡ 베어낸 수목 ⇨ 저당권에 효력을 미침 ㉢ 저당권 ⇨ 보험에 붙여야 됨	㉠ 소유권, 저당권 객체 ㉡ 10개월 이내 저당권 설정 × ⇨ 재단등기 효력은 소멸됨
공시	토지등기사항증명서 ⇨ 표제부	재단에 속한 취지 ⇨ 해당 구(갑구, 을구) 사항란

3 중개대상물의 성립조건

(1) 법정중개대상물일 것

① 토지
② 건축물 그 밖의 토지의 정착물
③ 「입목에 관한 법률」에 따른 입목
④ 「공장 및 광업재단 저당법」에 따른 광업재단
⑤ 「공장 및 광업재단 저당법」에 따른 공장재단

⚠ 준부동산이라 하더라도 법정중개대상물이 아닌 어업재단, 항만운송사업재단, 자동차, 선박 등은 중개대상물이 될 수 없으며, 재단으로부터 분리된 광업권·공업소유권도 독립된 중개대상물이 될 수 없다.

(2) 사적 소유물일 것

① 국유(國有)부동산(예 무주부동산 등)은 원칙적으로 중개대상물이 되지 못한다.
② 사유(私有)부동산이라면 공법상 제한이 있는 부동산(개발제한구역 내의 토지, 토지거래허가구역 내의 토지, 접도구역에 포함된 토지 등) 및 사법상 제한이 있는 부동산(가압류·가처분 등기된 부동산)도 중개대상물에 해당한다.

(3) 거래계약이 가능할 것

핵심단단 중개대상물의 해당 여부

요건	중개대상물인 경우	중개대상물이 아닌 경우
법정중개 대상물일 것	1. 토지 2. 건축물 그 밖의 토지의 정착물 3. 입목 4. 광업재단 5. 공장재단	1. 입주권(분양예정자로 선정될 지위), 대토권(이주자택지를 공급받을 지위) 2. 조립식 세차장구조물 3. 어업재단, 항만운송사업재단, 자동차, 선박, 항공기 4. 재단에서 분리된 광업권·공업소유권
사적 소유물일 것	1. 공법상 제한이 있는 부동산: 접도구역에 포함된 토지, 개발제한구역 내의 토지, 토지거래허가구역 내의 토지, 군사시설보호구역 내의 토지 등 2. 사법상 제한이 있는 부동산: 가등기·가처분·가압류된 부동산, 용익물권·저당권이 설정된 부동산 3. 기타: 사도(私道), 공유수면의 매립허가를 받아 준공검사된 토지 등	1. 국유(國有)재산·공유(公有)재산 2. 무주부동산 3. 「도로법」상 도로[공도(公道)] 4. 공원 5. 미채굴광물 6. 하천, 바다 7. 포락지(성토된 포락지)

기본문제와 완성문제로 단단기출

01 기본 기출

공인중개사법령상 중개대상물에 해당하는 것을 모두 고른 것은? (다툼이 있으면 판례에 따름)

제33회

㉠ 동·호수가 특정되어 분양계약이 체결된 아파트분양권
㉡ 기둥과 지붕 그리고 주벽이 갖추어진 신축 중인 미등기상태의 건물
㉢ 아파트 추첨기일에 신청하여 당첨되면 아파트의 분양예정자로 선정될 수 있는 지위인 입주권
㉣ 주택이 철거될 경우 일정한 요건하에 택지개발지구 내에 이주자택지를 공급받을 지위인 대토권

① ㉠, ㉡
② ㉡, ㉢
③ ㉢, ㉣
④ ㉠, ㉡, ㉣
⑤ ㉠, ㉡, ㉢, ㉣

키워드 중개대상물

난이도

해설 ㉢ 아파트의 분양예정자로 선정될 수 있는 지위를 의미하는 데 불과한 입주권은 중개대상물이 될 수 없다(대판 1991.4.23, 90도1287). 그러나 특정 동·호수에 대하여 피분양자로 선정되거나 분양계약이 체결되지 아니하였다고 하더라도 아파트 전체의 건축이 완료됨으로써 분양대상이 될 세대 등이 객관적으로 존재하여 분양 목적물로의 현실적인 제공 또는 가능한 상태의 입주권은 중개대상물이 될 수 있다(대판 2013.1.24, 2010다16519).
㉣ 대토권은 주택이 철거될 경우 일정한 요건하에 택지개발지구 내에 이주자택지를 공급받을 지위에 불과하고 특정한 토지나 건물 기타 정착물 또는 법 시행령이 정하는 재산권 및 물건에 해당한다고 볼 수 없으므로 중개대상물에 해당하지 않는다고 볼 것이다. 또한 대토권이 중개대상물에서 제외되는 이상 대토권의 매매 등을 알선한 행위가 공제사업자를 상대로 개업공인중개사의 손해배상책임을 물을 수 있는 중개행위에 해당한다고 할 수 없다(대판 2011.5.26, 2011다23682).

정답 01 ①

02 공인중개사법령상 중개대상물에 해당하는 것은? (다툼이 있으면 판례에 따름) 제32회

① 토지에서 채굴되지 않은 광물
② 영업상 노하우 등 무형의 재산적 가치
③ 토지로부터 분리된 수목
④ 지목(地目)이 양어장인 토지
⑤ 주택이 철거될 경우 일정한 요건하에 택지개발지구 내 이주자택지를 공급받을 수 있는 지위

키워드 〉 중개대상물

난이도 〉

해설 〉 ④ 「공간정보의 구축 및 관리 등에 관한 법률」상 거래계약이 가능한 토지인 경우에는 지목 여하를 불문하고 중개대상이 된다.
① 토지에서 채굴되지 않은 광물에 대하여는 토지소유자의 소유권의 효력이 이에 미치지 못하므로 중개대상물이 아니다.
② 영업용 건물의 유·무형의 재산적 가치, 즉 상가권리금은 중개대상물이 아니다.
③ 토지로부터 분리된 수목은 동산으로 중개대상물이 아니다.
⑤ 대토권은 특정된 토지·건물이 아니므로 중개대상물이 아니다.

03 공인중개사법령상 중개대상에 해당하는 것을 모두 고른 것은? (다툼이 있으면 판례에 따름) 제31회

㉠ 「공장 및 광업재단 저당법」에 따른 공장재단
㉡ 영업용 건물의 영업시설·비품 등 유형물이나 거래처, 신용 등 무형의 재산적 가치
㉢ 가압류된 토지
㉣ 토지의 정착물인 미등기 건축물

① ㉠
② ㉠, ㉡
③ ㉠, ㉢, ㉣
④ ㉡, ㉢, ㉣
⑤ ㉠, ㉡, ㉢, ㉣

키워드 〉 중개대상물

난이도 〉

해설 〉 ㉡ 판례에 의하면 영업용 건물의 영업시설·비품 등 유형물이나 거래처, 신용, 영업상의 노하우 또는 점포 위치에 따른 영업상의 이점 등 무형의 재산적 가치는 중개대상물이라 할 수 없다(대판 2009.1.15, 2008도9427).

정답 02 ④ 03 ③

04 공인중개사법령상 중개대상물에 해당하지 않는 것을 모두 고른 것은? 제30회

| ㉠ 미채굴광물 | ㉡ 온천수 |
| ㉢ 금전채권 | ㉣ 점유 |

① ㉠, ㉡
② ㉢, ㉣
③ ㉠, ㉡, ㉣
④ ㉡, ㉢, ㉣
⑤ ㉠, ㉡, ㉢, ㉣

키워드 중개대상물

난이도

해설 ㉠ 채굴되지 아니한 광물을 채굴할 권리는 국가가 부여한다. 따라서 미채굴광물에 대하여는 토지소유자라 하더라도 소유권의 효력이 미치지 못하며 중개대상물에 해당하지 않는다.
㉡ 온천권이 토지소유권과 독립되는 물권이나 준물권으로 볼 만한 관습이 있음을 인정할 만한 증거는 없는 데다가 온천수도 지하수의 일종이고 온천수의 용출 및 인수에 관한 시설이 그 토지 위의 건물에 상용되는 것인 이상 그 토지 및 건물과 함께 운명을 같이 하는 종물로서 그 토지와 건물의 소유권을 취득한 자는 온천수와 그 용출 및 인수시설에 관한 지배권도 아울러 취득하는 것이다.
㉢ 금전채권은 「공인중개사법」 제3조, 같은 법 시행령 제2조에서 정한 중개대상물이 아니다. 금전채권 매매계약을 중개한 것은 (구)「공인중개사법」이 규율하고 있는 중개행위에 해당하지 않으므로, 「공인중개사법」이 규정하고 있는 중개수수료의 한도액은 금전채권 매매계약의 중개행위에는 적용되지 않는다(대판 2019.7.11, 2017도13559).
㉣ 점유에 관하여 학설상 이견의 여지는 있지만, 일반적으로 중개의 대상이 되지 않는 것으로 본다. 점유 내지 점유권은 '점유하는 사실'로 취득하는 것이므로 중개의 대상이 아니라고 본다.

정답 04 ⑤

05 공인중개사법령상 중개대상물에 해당하는 것을 모두 고른 것은? (다툼이 있으면 판례에 따름) 제29회

⊙ 특정 동·호수에 대하여 수분양자가 선정된 장차 건축될 아파트
ⓒ 「입목에 관한 법률」의 적용을 받지 않으나 명인방법을 갖춘 수목의 집단
ⓒ 콘크리트 지반 위에 볼트조립방식으로 철제파이프 기둥을 세우고 3면에 천막을 설치하여 주벽이라고 할 만한 것이 없는 세차장구조물
② 토지거래허가구역 내의 토지

① ⊙　　　　② ⊙, ②　　　　③ ⓒ, ⓒ
④ ⊙, ⓒ, ②　　⑤ ⓒ, ⓒ, ②

키워드 중개대상물

난이도

해설 ⓒ 판례에 따르면, 세차장구조물은 주벽이라 할 만한 것이 없고 볼트만 해체하면 쉽게 토지로부터 분리철거가 가능하므로 토지의 정착물이라 볼 수 없어 중개대상물이 되지 못한다.

보충 중개대상물의 범위(법 제3조, 영 제2조)
1. 토지
2. 건축물 그 밖의 토지의 정착물
3. 「입목에 관한 법률」에 따른 입목
4. 「공장 및 광업재단 저당법」에 따른 공장재단 및 광업재단

06 공인중개사법령상 중개대상물에 포함되지 <u>않는</u> 것을 모두 고른 것은? (다툼이 있으면 판례에 따름) 제28회

⊙ 피분양자가 선정된 장차 건축될 특정의 건물
ⓒ 영업용 건물의 비품
ⓒ 거래처, 신용 또는 점포 위치에 따른 영업상의 이점 등 무형물
② 주택이 철거될 경우 일정한 요건하에 이주자택지를 공급받을 대토권

① ⊙　　　　② ⊙, ⓒ　　　　③ ⓒ, ⓒ
④ ⊙, ⓒ, ②　　⑤ ⓒ, ⓒ, ②

키워드 중개대상물

난이도

해설 ⓒ 영업용 건물의 비품은 권리금의 형태로 거래되며, 권리금은 중개대상물에 해당하지 않는다.
ⓒ 거래처, 신용 또는 점포 위치에 따른 영업상의 이점 등 무형물은 권리금의 형태로 거래되므로 중개대상물에 해당하지 않는다.
② 판례에 따르면, 주택이 철거될 경우 일정한 요건하에 이주자택지를 공급받을 대토권은 중개대상물이 되지 않는다.
⊙ 피분양자로 선정된 장차 건축될 특정의 건물은 분양권을 의미하므로 중개대상물이 된다.

정답 05 ④　06 ⑤

THEME 03 공인중개사 자격시험

| THEME 키워드 |
공인중개사 자격시험, 공인중개사 정책심의위원회

기본으로 알아야 하는 대표기출

> **기출분석**
> - 기출회차: 제34회
> - 키워드: 공인중개사 정책심의위원회
> - 난이도: ■■□□

공인중개사법령상 공인중개사 정책심의위원회(이하 '위원회'라 함)에 관한 설명으로 틀린 것은?

① 위원은 위원장이 임명하거나 위촉한다.
② 심의사항에는 중개보수 변경에 관한 사항이 포함된다.
③ 위원회에서 심의한 사항 중 공인중개사의 자격취득에 관한 사항의 경우 시·도지사는 이에 따라야 한다.
④ 위원장 1명을 포함하여 7명 이상 11명 이내의 위원으로 구성한다.
⑤ 위원이 속한 법인이 해당 안건의 당사자의 대리인이었던 경우 그 위원은 위원회의 심의·의결에서 제척된다.

> **함정을 피하는 TIP**
> - 정책심의위원회의 구성 및 심의사항에 관하여 학습하여야 한다.

해설
심의위원회 위원장은 국토교통부 제1차관이 되고, 위원은 국토교통부장관이 임명하거나 위촉한다.

정답 ①

단단하게 정리하는 **핵심이론**

1 시험시행기관의 장

구분	시험시행기관의 장
원칙	시 · 도지사 ⇨ 공인중개사가 되고자 하는 자는 특별시장 · 광역시장 · 도지사 · 특별자치도지사(시 · 도지사)가 시행하는 공인중개사시험에 합격하여야 한다.
예외	국토교통부장관 ⇨ 국토교통부장관은 공인중개사시험의 균형유지 등을 위하여 필요하다고 인정하는 때에는 공인중개사 정책심의위원회의 사전의결을 거쳐 직접 시험을 시행할 수 있다.
시험의 위탁실시	시험시행기관의 장이 공기업, 준정부기관, 협회에 위탁할 수 있다(학교 ×). ⚠ 시험업무를 위탁한 때에는 위탁받은 기관 등을 관보에 고시하여야 한다.

2 응시자격의 제한

① 이 법상 응시자격이 있는 자에 관한 규정이 없다.
② 외국인, 미성년자, 피성년후견인(성년후견을 받는 자), 피한정후견인(한정후견을 받는 자)과 같은 등록 등의 결격사유자도 원칙적으로 시험에 응시할 수 있으므로 공인중개사가 될 수 있다.
③ 응시자격의 제한을 받는 경우

응시제한을 받는 자	응시제한기간	중개업무 종사 가능 여부
자격취소된 자	자격취소 후 3년	3년간 중개업무 종사도 정지됨 ⇨ 중개보조원, 법인의 사원 또는 임원이 될 수 없다.
부정행위자	해당 시험의 무효처분이 있은 날로부터 5년	중개업무 종사는 가능 ⇨ 중개보조원, 법인의 사원 또는 임원이 될 수 있다.

3 공인중개사 정책심의위원회

구분	공인중개사 정책심의위원회에 관한 내용
설치	공인중개사의 업무에 관한 사항을 심의하기 위하여 국토교통부에 공인중개사 정책심의위원회를 둘 수 있다.
심의사항	① 공인중개사의 시험 등 공인중개사의 자격취득에 관한 사항 공인중개사 정책심의위원회에서 심의한 사항 중 공인중개사 시험 등 공인중개사의 자격취득에 관한 사항의 경우에는 시·도지사는 이에 따라야 한다. ② 부동산중개업의 육성에 관한 사항 ③ 중개보수 변경에 관한 사항 ④ 손해배상책임의 보장 등에 관한 사항
구성 및 운영	① 위원장 1명을 포함하여 7명 이상 11명 이내의 위원으로 구성한다. ② 위원의 임기는 2년으로 하되, 위원의 사임 등으로 새로 위촉된 위원의 임기는 전임위원 임기의 남은 기간으로 한다. ③ 공인중개사 정책심의위원회의 구성 및 운영에 관한 사항은 대통령령으로 정한다. | 위원장 | 위원 | |---|---| | 국토교통부 제1차관 | 국토교통부장관이 임명 또는 위촉하는 자 |
운영	① 위원장은 심의위원회의 회의를 소집하고, 그 의장이 된다. ② 심의위원회의 회의는 재적위원 과반수의 출석으로 개의하고, 출석위원 과반수의 찬성으로 의결한다. ③ 위원장은 심의위원회의 회의를 소집하려면 회의 개최 7일 전까지 회의의 일시, 장소 및 안건을 각 위원에게 통보하여야 한다.

4 출제위원

구분	출제위원에 관한 내용
위촉권자	시험시행기관의 장
출제위원의 자격	부동산중개업무 및 관련분야에 관한 학식과 경험이 풍부한 자
준수의무	시험의 출제 등과 관련한 유의사항 및 준수사항을 성실히 이행해야 한다.
의무위반자 명단통보	시험시행기관의 장은 시험의 신뢰도를 저하시킨 출제위원의 명단을 다른 시험시행기관의 장 및 그 출제위원이 속한 기관장에게 통보하여야 한다. ⚠ 명단이 통보된 자는 5년간 출제위원으로 위촉될 수 없다.
수당·여비	출제위원 및 시험업무 종사자에게 지급할 수 있다.

5 시험의 실시 및 응시

구분	제1차 시험	제2차 시험
시험시행	시험은 매년 1회 이상 시행한다. ⚠ 시험시행기관의 장은 정책심의위원회의 의결을 거쳐 해당 연도의 시험을 실시하지 아니할 수 있다.	
시험공고	① 개략적인 공고: 매년 2월 말일까지 일반일간신문, 관보, 방송 중 하나 이상에 공고하고, 인터넷 홈페이지 등에도 이를 공고한다. ② 세부적인 공고: 시험시행일 90일 전까지 일반일간신문, 관보, 방송 중 하나 이상에 공고하고, 인터넷 홈페이지 등에도 이를 공고한다.	
응시자	① 응시원서의 제출: 시험에 응시하고자 하는 자는 국토교통부령으로 정하는 바에 따라 응시원서를 제출하여야 한다. ② 수수료의 납부 　㉠ 시험에 응시하고자 하는 자는 해당 지방자치단체의 조례로 정하는 바에 따라 수수료를 납부하여야 한다. 　㉡ 국토교통부장관이 시행하는 시험에 응시하고자 하는 자는 국토교통부장관이 결정·공고한 수수료를 납부하여야 한다. 　㉢ 시험업무를 위탁한 경우에는 시험업무를 위탁받은 자가 위탁한 자의 승인을 얻어 결정·공고한 수수료를 납부하여야 한다. ③ 수수료의 반환: 시험시행기관의 장은 응시수수료를 납부한 자가 다음의 어느 하나에 해당하는 경우에는 납부한 수수료의 전부 또는 일부를 반환하여야 한다. ⚠ 납부한 응시수수료의 반환기준 1. 수수료를 과오납한 경우: 과오납 전액 2. 시험시행기관의 귀책사유로 응시하지 못한 경우: 납입한 수수료 전액 3. 응시원서 접수기간 내에 접수를 취소한 경우: 납입한 수수료 전액 4. 응시원서 접수마감일 다음 날부터 7일 이내에 접수를 취소하는 경우: 100분의 60 5. 위 4.에서 정한 기간을 경과한 날부터 시험시행일 10일 전까지 접수를 취소하는 경우: 100분의 50	

핵심단단 접수취소 시 응시수수료의 반환

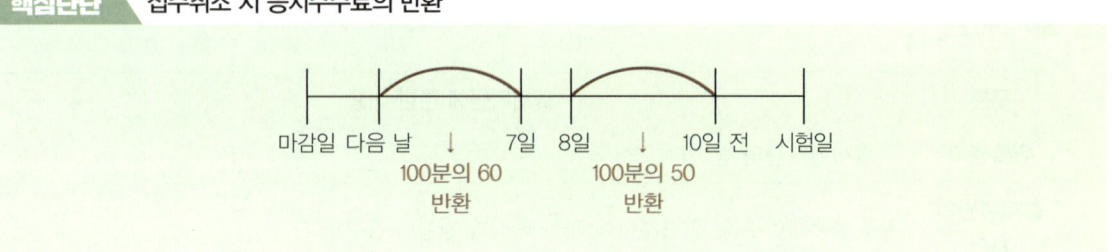

6 자격증의 교부

① 합격자 결정 및 공고권자: 시험시행기관의 장
② 자격증 교부권자: 시·도지사

> ⚠️ 시·도지사는 합격자 결정·공고일로부터 1개월 이내에 합격자에게 공인중개사자격증을 교부하여야 한다. 또한 시·도지사는 자격증을 교부하는 때에 자격증교부대장에 교부사실을 기재하여야 하며, 자격증교부대장은 전자적 처리가 가능한 방법으로 작성·관리하여야 한다.

③ 자격증 분실·훼손 시에는 자격증을 교부한 시·도지사에게 재교부신청을 할 수 있다. 재교부신청을 하는 때에는 해당 지방자치단체의 조례로 정하는 바에 따라 수수료를 납부해야 한다.

핵심단단 | 시험 관련 내용

1. 시험시행기관의 장 ⇨ 시험공고 ┬ 개략적인 공고 ⇨ **2월 말일까지**
   └ 구체적인 공고 ⇨ **90일 전까지**
2. 시험시행기관의 장 ⇨ 합격자 결정·공고 ⇨ 기간 규정 ×
3. **시·도지사** ⇨ **자격증 교부** ⇨ 1개월 이내

7 유사명칭사용금지

구분	공인중개사가 아닌 자가 공인중개사 또는 이와 유사명칭을 사용한 경우	개업공인중개사가 아닌 자가 공인중개사사무소, 부동산중개 또는 이와 유사명칭을 사용한 경우
취소처분	자격취소의 대상이 되지 않음	등록취소의 대상이 되지 않음
행정형벌	1년 이하의 징역 또는 1천만원 이하의 벌금	1년 이하의 징역 또는 1천만원 이하의 벌금

판례

1. 자격증 양도·대여 여부의 판단기준
   ① 무자격자가 공인중개사의 업무를 수행하였는지 여부는 외관상 공인중개사가 직접 업무를 수행하는 형식을 취하였는지 여부에 구애됨이 없이 실질적으로 무자격자가 공인중개사의 명의를 사용하여 업무를 수행하였는지 여부에 따라 판단하여야 한다.
   ② 무자격자가 거래를 성사시켜 작성한 계약서에 개업공인중개사가 자신의 인감을 날인하는 경우, 이는 개업공인중개사가 중개업무를 수행하는 형식만 갖추었을 뿐, 실질적으로는 무자격자로 하여금 자기 명의로 공인중개사 업무를 수행하도록 한 것이므로, 이는 공인중개사자격증의 대여행위에 해당한다(대판 2007.3.29, 2006도9334).
2. 자격증 양도·양수에 해당하는지 여부
   ① 공인중개사가 무자격자로 하여금 그 공인중개사 명의로 개설등록을 마친 중개사무소의 경영에 관여하거나 자금을 투자하고 그로 인한 이익을 분배받도록 하는 경우라도 공인중개사 자신이 그 중개사무소에서 공인중개사의 업무인 부동산거래 중개행위를 수행하고 무자격자로 하여금 공인중개사의 업무를 수행하도록 하지 않는다면, 이를 가리켜 등록증·자격증의 대여를 한 것이라고 말할 수는 없다.

② 개업공인중개사인 공인중개사가 비록 스스로 몇 건의 중개업무를 직접 수행한 바 있다 하더라도, 실질적으로 무자격자로 하여금 자기 명의로 공인중개사 업무를 수행하도록 하였다면 이는 공인중개사자격증의 대여행위에 해당한다(대판 2007.3.29, 2006도9334).

3. 공인중개사 사칭에 해당하는지 여부
① 공인중개사인 개업공인중개사의 중개사무소의 대표자를 가리키는 명칭은 일반인으로 하여금 그 명칭을 사용하는 자를 공인중개사로 오인하도록 할 위험성이 있으므로 무자격자가 명함에 대표자 명칭을 사용한 것은 공인중개사와 유사한 명칭에 해당한다.
② 무자격자가 자신의 명함에 '부동산뉴스 대표'라는 명칭을 기재하여 사용한 것은 공인중개사와 유사한 명칭을 사용한 것에 해당한다(대판 2007.3.29, 2006도9334).

기본문제와 완성문제로 **단단기출**

01 공인중개사법령상 공인중개사 정책심의위원회의 공인중개사 업무에 관한 심의사항에 해당하는 것을 모두 고른 것은?
기본 기출
제33회

> ㉠ 공인중개사의 시험 등 공인중개사의 자격취득에 관한 사항
> ㉡ 부동산중개업의 육성에 관한 사항
> ㉢ 중개보수 변경에 관한 사항
> ㉣ 손해배상책임의 보장에 관한 사항

① ㉠
② ㉡, ㉢
③ ㉡, ㉣
④ ㉠, ㉢, ㉣
⑤ ㉠, ㉡, ㉢, ㉣

키워드 공인중개사 정책심의위원회

난이도

해설 공인중개사의 업무에 관한 다음의 사항을 심의하기 위하여 국토교통부에 공인중개사 정책심의위원회를 둘 수 있다(법 제2조의2 제1항).
1. 공인중개사의 시험 등 공인중개사의 자격취득에 관한 사항(㉠)
2. 부동산중개업의 육성에 관한 사항(㉡)
3. 중개보수 변경에 관한 사항(㉢)
4. 손해배상책임의 보장 등에 관한 사항(㉣)

정답 01 ⑤

02 완성 기출

공인중개사법령상 공인중개사 정책심의위원회(이하 '위원회'라 함)에 관한 설명으로 옳은 것을 모두 고른 것은?
제32회

> ㉠ 위원회는 중개보수 변경에 관한 사항을 심의할 수 있다.
> ㉡ 위원회는 위원장 1명을 포함하여 7명 이상 11명 이내의 위원으로 구성한다.
> ㉢ 위원장은 국토교통부장관이 된다.
> ㉣ 위원장이 부득이한 사유로 직무를 수행할 수 없을 때에는 위원 중에서 호선된 자가 그 직무를 대행한다.

① ㉠, ㉡
② ㉠, ㉢
③ ㉢, ㉣
④ ㉠, ㉡, ㉢
⑤ ㉠, ㉡, ㉣

키워드 공인중개사 정책심의위원회

난이도

해설 ㉢ 위원장은 국토교통부 제1차관이 된다.
㉣ 위원장이 부득이한 사유로 직무를 수행할 수 없을 때에는 위원장이 미리 지명한 위원이 그 직무를 대행한다.

보충 공인중개사 정책심의위원회의 심의사항
1. 공인중개사의 시험 등 공인중개사의 자격취득에 관한 사항
2. 부동산중개업의 육성에 관한 사항
3. 중개보수 변경에 관한 사항
4. 손해배상책임의 보장 등에 관한 사항

정답 02 ①

03 공인중개사법령상 공인중개사 자격시험 등에 관한 설명으로 옳은 것은? 제30회

① 국토교통부장관이 직접 시험을 시행하려는 경우에는 미리 공인중개사 정책심의위원회의 의결을 거치지 않아도 된다.
② 공인중개사자격증의 재교부를 신청하는 자는 재교부신청서를 국토교통부장관에게 제출해야 한다.
③ 국토교통부장관은 공인중개사시험의 합격자에게 공인중개사자격증을 교부해야 한다.
④ 시험시행기관장은 시험에서 부정한 행위를 한 응시자에 대하여는 그 시험을 무효로 하고, 그 처분이 있은 날부터 5년간 시험응시자격을 정지한다.
⑤ 시험시행기관장은 시험을 시행하려는 때에는 시험시행에 관한 개략적인 사항을 전년도 12월 31일까지 일간신문, 관보, 방송 중 하나 이상에 공고하고, 인터넷 홈페이지에도 공고해야 한다.

키워드 공인중개사 자격시험
난이도
해설 ① 국토교통부장관이 직접 시험을 시행하려는 경우에는 미리 공인중개사 정책심의위원회의 의결을 거쳐야 한다.
② 공인중개사자격증의 재교부를 신청하는 자는 재교부신청서를 시·도지사에게 제출해야 한다.
③ 시·도지사는 공인중개사시험의 합격자에게 공인중개사자격증을 교부해야 한다.
⑤ 시험시행기관장은 시험을 시행하려는 때에는 시험시행에 관한 개략적인 사항을 매년 2월 말일까지 일간신문, 관보, 방송 중 하나 이상에 공고하고, 인터넷 홈페이지에도 공고해야 한다.

04 공인중개사법령상 '공인중개사 정책심의위원회'(이하 '심의위원회'라 함)에 관한 설명으로 틀린 것은? 제30회

① 국토교통부에 심의위원회를 둘 수 있다.
② 심의위원회는 위원장 1명을 포함하여 7명 이상 11명 이내의 위원으로 구성한다.
③ 심의위원회의 위원이 해당 안건에 대하여 자문을 한 경우 심의위원회의 심의·의결에서 제척된다.
④ 심의위원회의 위원장이 부득이한 사유로 직무를 수행할 수 없을 때에는 부위원장이 그 직무를 대행한다.
⑤ 심의위원회의 회의는 재적위원 과반수의 출석으로 개의(開議)하고, 출석위원 과반수의 찬성으로 의결한다.

키워드 공인중개사 정책심의위원회
난이도
해설 심의위원회의 위원장이 부득이한 사유로 직무를 수행할 수 없을 때에는 위원장이 미리 지명한 위원이 그 직무를 대행한다(영 제1조의4 제2항).

정답 03 ④ 04 ④

THEME 04

☐ 1회독 ☐ 2회독

중개사무소 개설등록

| THEME 키워드 |
중개사무소의 개설등록, 중개업 등, 법인의 등록기준, 등록증의 교부, 등록관청이 협회에 통보하는 내용, 등록증 등의 게시, 이중등록, 이중소속

기본으로 알아야 하는 대표기출

> **기출분석**
> - **기출회차:** 제34회
> - **키워드:** 법인의 등록기준
> - **난이도:** ■■□

공인중개사법령상 법인의 중개사무소 개설등록의 기준으로 틀린 것은? (단, 다른 법령의 규정은 고려하지 않음)

① 대표자는 공인중개사일 것
② 대표자를 포함한 임원 또는 사원(합명회사 또는 합자회사의 무한책임사원을 말함)의 3분의 1 이상은 공인중개사일 것
③ 「상법」상 회사인 경우 자본금은 5천만원 이상일 것
④ 대표자, 임원 또는 사원(합명회사 또는 합자회사의 무한책임사원을 말함) 전원이 실무교육을 받았을 것
⑤ 분사무소를 설치하려는 경우 분사무소의 책임자가 실무교육을 받았을 것

> **함정을 피하는 TIP**
> - 개설등록내용 및 등록절차에 관하여 학습하여야 한다.

해설
법인의 등록기준으로 대표자는 공인중개사이어야 하며, 대표자를 제외한 임원 또는 사원(합명회사 또는 합자회사의 무한책임사원을 말함)의 3분의 1 이상은 공인중개사이어야 한다.

정답 ②

단단하게 정리하는 **핵심이론**

1 중개사무소 개설등록의 의미 및 성격

(1) 중개사무소 개설등록의 의미

등록관청(시장·군수 또는 구청장)이 중개사무소의 개설등록을 한 사실을 중개사무소등록대장에 기재하고, 기재한 내용을 국가가 공적으로 증명해 주는 것을 말한다.

(2) 중개사무소 개설등록의 성격

① 등록은 중개업을 영위하기 위한 적법요건이다(거래계약의 유효요건 아님).
② 등록은 대인적 성질로서 일신전속적인 성격을 가진다(이중등록, 등록증 인도·대여 금지).
③ 행정관청의 기속적 행위이다(등록 신청이 가진 등록 요건에 적합한 경우 등록을 해주어야 함).

2 중개사무소의 개설등록신청자 및 등록관청

(1) 개설등록신청자

공인중개사(소속공인중개사는 제외) 또는 법인이 아닌 자는 중개사무소의 개설등록을 할 수 없다.

⚠ 1. 공인중개사라 하더라도 개업공인중개사인 공인중개사 및 소속공인중개사는 등록을 신청할 수 없으며, 등록 등의 결격사유자(미성년자 등)도 중개사무소 개설등록을 신청할 수 없다.
  2. 변호사라 하더라도 중개업을 영위하고자 하는 때에는 공인중개사자격을 취득하여 이 법령상의 등록기준을 갖추어 등록을 하여야 한다.
  3. 업무정지기간 중인 개업공인중개사는 그 기간 중에 해당 중개업을 폐업할 수 있으나 폐업을 하였더라도 그 기간 중에는 다시 등록을 신청할 수 없다.
    * 휴업 중인 개업공인중개사는 휴업기간 중에 폐업하고 다시 등록을 신청할 수 있다.

제외	포함
① 등록신청자 ▷ 소속공인중개사 ▷ 제외	① 정책심의위원회
② 법인 ▷ 사회적 협동조합 제외	▷ 7~11명(위원장 포함)
③ 사무소 ▷ 가설 건축물 대장에 기재된 건물 제외	② 운영위원회
④ 법인 ▷ 대표자 제외 ▷ 임원 또는 사원 3분의 1 이상 ▷ 자격증 ○	▷ 19명(위원장 포함)
⑤ 분사무소 ▷ 주사무소 ▷ 시·군·구 제외 ▷ 설치 가능	

(2) 등록관청

중개업을 영위하고자 하는 자는 중개사무소(법인의 경우에는 주된 중개사무소를 말함)를 두고자 하는 지역을 관할하는 시장(구가 설치되어 있지 아니한 시의 시장과 특별자치도의 행정시의 시장을 말함)·군수·구청장에게 중개사무소의 개설등록을 하여야 한다.

⚠ 시장이 등록관청이 되는 경우는 구가 설치되지 아니한 시를 말한다. 따라서 구가 설치된 시에서는 구청장이 등록관청이 된다.

핵심단단 분사무소 관련 내용 정리

주사무소 기준 내용	분사무소 기준 내용	주·분사무소 기준 내용
1. 설치신고 2. 이전신고 3. 휴·폐업신고 4. 인장등록 5. 행정처분(업무정지)	시·도 조례 (중개보수) ⇩ 주택	지도·감독관청

(3) 등록신청 수수료

해당 지방자치단체의 조례가 정하는 바에 따라 수수료를 납부하여야 한다.

(4) 종별 변경

① 중개사무소의 개설등록을 한 개업공인중개사(공인중개사 또는 법인)의 종별 변경

  ㉠ 등록신청서를 다시 제출해야 한다.
  ㉡ 종전에 제출한 서류 중 변동사항이 없는 서류는 제출하지 아니할 수 있다.
  ㉢ 종전 등록증은 반납해야 한다.
  ㉣ 조례가 정하는 바에 따라 수수료를 납부해야 한다.

② 중개사무소의 개설등록을 한 것으로 보는 자(부칙 개업공인중개사)의 종별 변경

> ㉠ 관내 ⇨ 등록증 ⇨ 재교부 신청
> ㉡ 관외 ⇨ 신규등록
> ㉢ 실무교육 이수 ×
> ㉣ 기존 등록증 반납 ○
> ㉤ 자격증 필요 ○

핵심단단 등록증·자격증의 반납·첨부 관련 내용 정리

반납·첨부 ○	반납 ×
1. 사무소 이전신고 ⇨ 등록증 첨부 ○ 2. 휴·폐업신고 ⇨ 등록증 첨부 ○ 3. 종별 변경 ⇨ 등록증 반납 ○ 4. 등록취소 ⇨ 7일 이내 등록증 반납 ○ 5. 자격취소 ⇨ 7일 이내 자격증 반납 ○	1. 업무정지 ⇨ 등록증 반납 × 2. 자격정지 ⇨ 자격증 반납 ×

3 중개사무소의 개설등록과정

(1) 중개사무소 개설등록기준의 구비 ⚠ 중개사무소 개설등록기준은 대통령령으로 정한다.

① 공인중개사의 등록기준 ⚠ **전제조건**: 공인중개사로서 등록 등의 결격사유에 해당하지 않아야 한다.

㉠ 실무교육을 받았을 것(실무수습을 포함)

⚠ 등록을 신청하는 공인중개사는 등록신청일 전 1년 이내에 시·도지사가 실시하는 실무교육(실무수습을 포함)을 받아야 한다(국토교통부장관이 실시 ×, 등록관청이 실시 ×). 다만, 중개업의 폐업신고 후 1년 이내에 다시 등록을 신청하는 경우에는 실무교육을 다시 받지 아니한다.

㉡ 중개사무소 건물에 대한 사용권을 확보할 것

- **원칙**: 건축물대장에 기재된 건물(가설건축물대장에 기재된 건물은 제외)로 확보해야 한다.

  ⚠ **사용권 확보의 방법**: 소유·전세·임대차 또는 사용대차 등

- **예외**: 건축물대장에 기재되기 전의 건물로서 준공검사, 준공인가, 사용승인, 사용검사 등을 받은 건물은 포함한다.

  ⚠ **중개사무소 건물**
  1. 건축물대장에 기재된 건물이더라도 건축물의 용도가 제2종 근린생활시설 또는 업무시설이어야 한다.
  2. 무허가·불법 가설건축물은 중개사무소로 부적합하다.
     ① 반드시 건축물대장에 기재된 건물로 확보할 것 (×)
     ② 등기된 건물로 확보할 것 (×)

② 중개법인의 등록기준

⚠ **다른 법률의 규정에 의하여 중개업을 할 수 있는 법인(특수법인)의 중개사무소 개설등록 및 등록기준적용 여부**
1. 원칙: 중개업을 하고자 하는 때에는 중개업등록을 하여야 한다. 다만, 이 법령상의 등록기준은 적용하지 아니한다(한국자산관리공사 등).
2. 예외: 등록을 하지 않아도 중개업을 할 수 있다(지역농업협동조합 등).

㉠ 「상법」상 회사 또는 「협동조합 기본법」상 협동조합(사회적 협동조합은 제외)으로서 자본금이 5천만원 이상일 것
 └ 주식회사, 유한회사, 합명회사, 합자회사, 유한책임회사
 └ 재화 또는 용역의 구매·생산·판매·제공 등을 협동으로 영위함으로써 조합원의 권익을 향상하고 지역사회에 공헌하고자 하는 사업조직

㉡ 법 제14조에 규정된 업무만(중개업만 ×)을 영위할 목적으로 설립될 것

⚠ **법 제14조에 규정된 법인인 개업공인중개사의 업무범위**
1. 중개업
2. 주택 및 상가의 관리대행
3. 부동산의 이용·개발 및 거래에 관한 상담
4. 개업공인중개사를 대상으로 중개업의 경영기법 및 경영정보 제공
5. 주택 및 상가의 분양대행
6. 이사업체의 소개 등 용역 알선
7. 경매 및 공매대상 부동산에 대한 권리분석 및 취득의 알선과 매수신청 또는 입찰신청의 대리

㉢ 대표자는 공인중개사이어야 하며, 대표자를 제외한 임원 또는 사원의 3분의 1 이상이 공인중개사일 것

㉣ 대표자, 임원 또는 사원 전원이 시·도지사가 실시하는 실무교육을 받았을 것

⚠ 공인중개사자격이 없는 임원 또는 사원 및 중개업등록 후 새로 임용되는 임원 또는 사원, 그 밖에 법인이 분사무소를 설치하는 경우 분사무소의 책임자도 시·도지사가 실시하는 실무교육을 받아야 한다.

ⓜ 중개사무소 건물에 대한 사용권을 확보할 것
- 원칙: 건축물대장에 기재된 건물(가설건축물대장에 기재된 건물은 제외)로 확보해야 한다.
  ⚠ **사용권 확보의 방법**: 소유·전세·임대차 또는 사용대차 등
- 예외: 건축물대장에 기재되기 전의 건물로서 준공검사, 준공인가, 사용승인, 사용검사 등을 받은 건물은 포함한다.

(2) 중개사무소의 개설등록신청

① 등록신청: 등록신청자는 등록신청서에 등록요건 구비서류를 첨부하여 중개사무소를 두고자 하는 지역을 관할하는 시장·군수 또는 구청장(등록관청)에게 제출하여야 한다.
   ⚠ 등록신청자는 등록을 신청하는 때에 인장등록신고를 같이 할 수 있다.

② 등록신청서에 첨부할 서류

구분	제출서류
공인중개사 및 법인인 개업공인중개사	㉠ 실무교육 수료확인증 사본(등록관청에서 전자적으로 확인 가능한 경우에는 제외) ㉡ 중개사무소 건물을 확보하였음을 증명하는 서류 　⚠ 건축물대장에 기재되기 전의 건물에 중개사무소를 확보한 경우에는 건축물대장에 기재가 지연되는 이유를 적은 사유서를 제출하여야 한다. ㉢ 여권용 사진 　⚠ 1. 공인중개사자격증 사본 및 업무보증설정 증명서류는 제출하지 아니한다. 　　2. 등록신청을 받은 담당공무원은 공인중개사자격증을 교부한 시·도지사에게 등록신청자(법인의 경우에는 대표자 및 공인중개사인 임원 또는 사원)의 자격확인을 요청하여야 한다.
외국인, 외국법인	위 ㉠, ㉡, ㉢ + 등록 등 결격사유에 해당되지 않음을 증명하는 서류, 영업소 등기를 확인할 수 있는 서류(외국법인)

(3) 등록요건의 확인

등록관청은 개설등록신청이 다음의 어느 하나에 해당하는 경우를 제외하고는 개설등록을 해주어야 한다.
① 공인중개사 또는 법인이 아닌 자가 중개사무소의 개설등록을 신청한 경우
② 중개사무소의 개설등록을 신청한 자가 등록의 결격사유 등의 어느 하나에 해당하는 경우
③ 개설등록 기준에 적합하지 아니한 경우
④ 그 밖에 이 법 또는 다른 법령에 따른 제한에 위반되는 경우

(4) 등록처분

등록신청을 받은 등록관청은 등록기준을 확인한 후 개업공인중개사의 종별에 따라 구분하여 등록을 행하고, 등록신청을 받은 날부터 7일 이내에 등록신청인에게 등록사실을 서면으로 통지(등록증 교부 ×)하여야 한다.
   ⚠ 등록받은 즉시(보증설정을 하지 아니하거나 등록증을 교부받기 전에) 중개업을 하였어도 무등록중개업자에 해당하는 것은 아니다.

(5) 등록 후 중개업무 개시 전 조치사항

① **인장등록**: 개업공인중개사는 중개업무를 개시하기 전에 중개행위에 사용할 인장을 등록관청에 등록하여야 한다.

⚠ 인장등록은 중개사무소 개설등록을 신청하는 때에 같이 할 수 있다.

② **업무보증의 설정 및 신고**: 중개사무소 개설등록을 한 자는 중개업무를 개시하기 전에 업무보증을 설정하여 등록관청에 신고하여야 한다.

⚠ 업무보증설정은 중개사무소 개설등록을 신청하는 때에 같이 할 수 없고 등록 후 중개업무를 개시하기 전에 공인중개사인 개업공인중개사는 2억원 이상, 법인인 개업공인중개사는 4억원 이상을 설정하여 등록관청에 신고하여야 한다.

㉠ **등록증의 교부**: 등록관청은 등록을 한 자에 대하여 국토교통부령으로 정하는 바에 따라 등록증을 교부하여야 한다.

⚠ 등록관청이 등록증을 교부하는 때에는 보증설정 여부를 확인(인장등록 여부 확인 ×)하여야 하고, 부동산중개사무소등록대장에 등록에 관한 사항을 기록한 후 지체 없이 등록증을 교부하여야 한다. 또한 중개사무소등록대장은 전자적 처리가 불가능한 특별한 사유가 없는 한 전자적 처리가 가능한 방법으로 작성·관리하여야 한다.

> **핵심단단** 등록관청이 다음 달 10일까지 협회에 통보할 사항
>
> 1. 등록증 교부사항
> 2. 분사무소설치 신고사항
> 3. 휴업·폐업·재개업·휴업기간변경 신고사항
> 4. 행정처분(등록취소·업무정지)사항
> 5. 사무소이전 신고사항
> 6. 소속공인중개사·중개보조원의 고용 및 고용관계종료 신고사항

㉡ **등록증 등의 게시**: 개업공인중개사는 중개사무소등록증 등 다음의 서류를 중개사무소 안의 보기 쉬운 곳에 게시하여야 한다. 위반 시 100만원 이하의 과태료에 처한다.

- 중개사무소등록증 원본(분사무소의 경우에는 신고확인서 원본)
- 중개보수·실비의 요율 및 한도액표
- 공인중개사자격증 원본(개업공인중개사 및 소속공인중개사의 자격증 원본을 의미하며, 해당하는 자가 있는 경우에 한한다)
- 보증의 설정을 증명할 수 있는 서류
- 사업자등록증

(6) 중개업무의 개시

① 등록 후 3개월이 초과되도록 중개업무를 개시하지 아니할 경우에는 미리 휴업신고를 하여야 하며, 위반 시 100만원 이하의 과태료에 처한다.

② 등록 후 질병으로 인한 요양 등 부득이한 사유 없이 6개월이 초과되도록 중개업무를 개시하지 아니한 경우 등록을 취소할 수 있다.

4 등록증 등의 양도 및 양수 금지

(1) 등록증 등의 양도·대여 금지
① 개업공인중개사는 다른 사람에게 자기의 성명 또는 상호를 사용하여 중개업무를 하게 하거나 등록증을 양도 또는 대여하여서는 아니 된다.
② 위반 시 제재: 등록을 취소하여야 하고, 1년 이하의 징역 또는 1천만원 이하의 벌금형에 처한다.

(2) 등록증 등의 양수·사용 금지
① 누구든지 개업공인중개사의 성명 또는 상호를 사용하여 중개업무를 하거나 등록증을 양수·대여받아 이를 사용하여서는 아니 된다.
② 위반 시 제재: 위반 시 1년 이하의 징역 또는 1천만원 이하의 벌금형에 처한다.

5 이중등록 및 이중소속의 금지 등

(1) 개업공인중개사의 이중등록 금지
① 개업공인중개사는 이중으로 중개사무소 개설등록을 하여 중개업을 할 수 없다.
  ⚠ 개업공인중개사는 현업 중이든 휴업기간 중 또는 업무정지기간 중이든 둘 이상의 등록을 할 수 없으며, 지역이나 종별을 달리하더라도 둘 이상의 등록은 할 수 없다.
② 위반 시 제재: 등록을 취소하여야 하고, 1년 이하의 징역 또는 1천만원 이하의 벌금형에 처한다.

(2) 개업공인중개사등의 이중소속 금지
① 개업공인중개사등(개업공인중개사, 소속공인중개사, 중개보조원 및 개업공인중개사인 법인의 사원·임원)은 둘 이상의 중개사무소에 소속하여 중개업무를 할 수 없다.
  ⚠ 개업공인중개사는 휴업기간 중 또는 업무정지기간 중에도 이중소속을 할 수 없다.
② 위반 시 제재
  ㉠ 개업공인중개사: 등록을 취소하여야 하고, 1년 이하의 징역 또는 1천만원 이하의 벌금형에 처한다.
  ㉡ 소속공인중개사: 자격정지처분을 할 수 있고, 1년 이하의 징역 또는 1천만원 이하의 벌금형에 처한다.
    ⚠ 자격정지기간 중에 다른 개업공인중개사에 소속한 경우에는 공인중개사자격이 취소된다.
  ㉢ 중개보조원: 1년 이하의 징역 또는 1천만원 이하의 벌금형에 처한다.

6 등록의 효력소멸과 무등록중개업

(1) 등록의 효력소멸 사유
① 개인인 개업공인중개사의 사망 또는 법인인 개업공인중개사의 해산
  ⚠ 법인인 개업공인중개사의 대표자가 사망한 경우에는 등록의 효력이 소멸되지 아니한다. 이 경우 등록증 재교부신청을 하여야 한다.

② 등록취소처분을 받은 경우
⚠ 개업공인중개사가 등록취소사유에 해당하는 위반행위를 하였거나 결격사유에 해당한 경우라 하더라도 등록취소처분이 있어야 등록의 효력이 소멸한다.
③ 개업공인중개사가 폐업신고를 한 경우

(2) 무등록중개업

① 무등록중개업의 유형
　㉠ 처음부터 등록을 하지 아니하고 중개업을 한 경우
　㉡ 등록의 효력이 소멸된 상태에서 중개업을 한 경우

> • 법인인 개업공인중개사의 해산 후 대표자였던 자 등이 중개업을 한 경우
> • 등록취소처분을 받은 후 중개업을 한 경우
> • 폐업신고 후 중개업을 한 경우

　㉢ 등록신청을 하였으나 등록처분 전에 중개업을 한 경우
② 위반 시 제재: 3년 이하의 징역 또는 3천만원 이하의 벌금형
③ 거래계약의 효력: 유효
④ 보수청구권: 판례에 의하면 보수를 청구할 권리는 없다.

핵심단단 **무등록중개업자가 중개의뢰인과 체결한 중개보수 지급약정의 효력**

공인중개사 자격을 갖추지 못한 자가 등록을 하지 아니한 채 부동산매매계약을 중개하면서 중개의뢰인과 체결한 중개보수 지급약정은 강행규정에 위반되어 무효이다.

핵심단단 **등록증의 재교부사유**

사유	제출서류	수수료
등록증의 분실 또는 훼손 ⇨ 재교부신청을 할 수 있다.	등록증재교부신청서	지방자치단체 조례
등록증의 기재사항 변경(상호·대표자 변경) ⇨ 재교부신청을 하여야 한다.	등록증재교부신청서 + 종전의 등록증	
부칙 제6조 제2항에 규정된 개업공인중개사가 동일한 등록관청 관할구역 안에서 공인중개사인 개업공인중개사로 종별을 변경하는 경우 ⇨ 재교부신청을 하여야 한다.	등록증재교부신청서 + 종전의 등록증	

기본문제와 완성문제로 단단기출

01 공인중개사법령상 중개사무소의 개설등록을 위한 제출서류에 관한 설명으로 틀린 것은? 　제34회

완성 기출

① 공인중개사자격증 사본을 제출하여야 한다.
② 사용승인을 받았으나 건축물대장에 기재되지 아니한 건물에 중개사무소를 확보하였을 경우에는 건축물대장 기재가 지연되는 사유를 적은 서류를 제출하여야 한다.
③ 여권용 사진을 제출하여야 한다.
④ 실무교육을 위탁받은 기관이 실무교육 수료 여부를 등록관청이 전자적으로 확인할 수 있도록 조치한 경우에는 실무교육의 수료확인증 사본을 제출하지 않아도 된다.
⑤ 외국에 주된 영업소를 둔 법인의 경우에는 「상법」상 외국회사 규정에 따른 영업소의 등기를 증명할 수 있는 서류를 제출하여야 한다.

> 키워드 > 중개사무소의 개설등록
>
> 난이도 >
>
> 해설 > 「공인중개사법 시행규칙」 별지 제5호 서식(부동산중개사무소 개설등록신청서)에 의하면 시장·군수·구청장은 「공인중개사법」 제5조 제2항에 따라 공인중개사자격증을 발급한 시·도지사에게 개설등록을 하려는 자(법인의 경우에는 대표자를 포함한 공인중개사인 임원 또는 사원을 말함)의 공인중개사 자격확인을 요청하여야 하므로 별도의 공인중개사자격증 사본은 제출하지 않는다.

정답 01 ①

02 공인중개사법령상 중개업 등에 관한 설명으로 옳은 것은? 제33회

① 소속공인중개사는 중개사무소의 개설등록을 신청할 수 있다.
② 법인인 개업공인중개사는 '중개업'과 '개업공인중개사를 대상으로 한 중개업의 경영기법 및 경영정보의 제공업무'를 함께 할 수 없다.
③ 법인인 개업공인중개사가 등록관청의 관할구역 외의 지역에 분사무소를 두기 위해서는 등록관청의 허가를 받아야 한다.
④ 소속공인중개사는 등록관청에 신고를 거쳐 천막 그 밖에 이동이 용이한 임시 중개시설물을 설치할 수 있다.
⑤ 개업공인중개사는 의뢰받은 중개대상물에 대한 표시·광고에 중개보조원에 관한 사항을 명시해서는 아니 된다.

키워드 중개업 등

난이도

해설 ① 소속공인중개사는 중개사무소의 개설등록을 신청할 수 없다.
② 법인인 개업공인중개사는 '중개업'과 '개업공인중개사를 대상으로 한 중개업의 경영기법 및 경영정보의 제공업무'를 함께 할 수 있다.
③ 법인인 개업공인중개사가 등록관청의 관할구역 외의 지역에 분사무소를 두기 위해서는 부동산중개업 분사무소설치신고서(별지 제9호 서식)를 주된 사무소의 소재지를 관할하는 등록관청에 제출하여야 한다.
④ 개업공인중개사, 소속공인중개사 모두 천막 그 밖에 이동이 용이한 임시 중개시설물을 설치할 수 없다.

정답 02 ⑤

03 공인중개사법령상 중개사무소 개설등록에 관한 설명으로 옳은 것을 모두 고른 것은?

제32회

> ㉠ 피특정후견인은 중개사무소의 등록을 할 수 없다.
> ㉡ 금고 이상의 형의 집행유예를 받고 그 유예기간 중에 있는 자는 중개사무소의 등록을 할 수 없다.
> ㉢ 자본금이 5천만원 이상인 「협동조합 기본법」상 사회적 협동조합은 중개사무소의 등록을 할 수 있다.

① ㉠
② ㉡
③ ㉠, ㉡
④ ㉠, ㉢
⑤ ㉡, ㉢

키워드 중개사무소의 개설등록

난이도

해설 ㉠ 피특정후견인은 결격사유에 해당하지 아니하므로 중개사무소의 등록을 할 수 있다.
㉢ 사회적 협동조합은 제외한다.

보충 법인의 중개사무소 등록기준
1. 「상법」상 회사 또는 「협동조합 기본법」에 따른 협동조합(사회적 협동조합은 제외)으로서 자본금이 5천만원 이상일 것
2. 법 제14조에 규정된 업무만을 영위할 목적으로 설립된 법인일 것
3. 대표자는 공인중개사이어야 하며, 대표자를 제외한 임원 또는 사원(합명회사 또는 합자회사의 무한책임사원을 말함)의 3분의 1 이상은 공인중개사일 것
4. 대표자, 임원 또는 사원 전원 및 분사무소의 책임자(분사무소를 설치하려는 경우에만 해당)가 실무교육을 받았을 것
5. 건축물대장에 기재된 건물에 중개사무소를 확보할 것

정답 03 ②

04 기본 기출

공인중개사법령상 중개사무소의 개설등록에 관한 설명으로 옳은 것은? (단, 다른 법률의 규정은 고려하지 않음) 제31회

① 합명회사가 개설등록을 하려면 사원 전원이 실무교육을 받아야 한다.
② 자본금이 1,000만원 이상인 「협동조합 기본법」상 협동조합은 개설등록을 할 수 있다.
③ 합명회사가 개설등록을 하려면 대표자는 공인중개사이어야 하며, 대표자를 포함하여 임원 또는 사원의 3분의 1 이상이 공인중개사이어야 한다.
④ 법인 아닌 사단은 개설등록을 할 수 있다.
⑤ 개설등록을 하려면 소유권에 의하여 사무소의 사용권을 확보하여야 한다.

키워드 중개사무소의 개설등록

난이도

해설 ② 법인의 등록기준은 「상법」상 회사 또는 「협동조합 기본법」에 따른 협동조합(사회적 협동조합은 제외)으로서 자본금이 5천만원 이상이어야 한다.
③ 합명회사가 개설등록을 하려면 대표자는 공인중개사이어야 하며, 대표자를 제외한 임원 또는 사원의 3분의 1 이상이 공인중개사이어야 한다.
④ 공인중개사나 법인이 개설등록을 할 수 있으므로 법인 아닌 사단은 개설등록을 할 수 없다.
⑤ 중개사무소를 확보하려면 소유·전세·임대차 또는 사용대차 등의 방법에 의하여 사용권을 확보하여야 한다. 따라서 개설등록을 하려면 소유권에 의하여 사무소의 사용권을 확보하여야 하는 것은 아니다.

05 기본 기출

공인중개사법령상 개업공인중개사가 중개사무소 안의 보기 쉬운 곳에 게시해야 하는 것은? 제31회 수정

① 개업공인중개사의 실무교육 수료확인증 원본
② 소속공인중개사가 있는 경우 소속공인중개사의 실무교육 수료확인증 사본
③ 사업자등록증
④ 소속공인중개사가 있는 경우 소속공인중개사의 공인중개사자격증 사본
⑤ 분사무소의 경우 분사무소설치신고확인서 원본

키워드 등록증 등의 게시

난이도

해설 개업공인중개사가 중개사무소 안에 게시하여야 하는 사항은 다음과 같다.
1. 중개사무소등록증 원본(법인인 개업공인중개사의 분사무소의 경우에는 분사무소설치신고확인서 원본을 말함)
2. 중개보수·실비의 요율 및 한도액표
3. 개업공인중개사 및 소속공인중개사의 공인중개사자격증 원본(해당되는 자가 있는 경우로 한정함)
4. 보증의 설정을 증명할 수 있는 서류
5. 「부가가치세법 시행령」 제11조에 따른 사업자등록증

정답 04 ① 05 ③, ⑤

06
공인중개사법령상 등록관청이 공인중개사협회에 통보해야 하는 경우로 틀린 것은? 제29회

기본 기출

① 중개사무소등록증을 교부한 때
② 중개사무소등록증을 재교부한 때
③ 휴업기간변경신고를 받은 때
④ 중개보조원 고용신고를 받은 때
⑤ 업무정지처분을 한 때

키워드 > 등록관청이 협회에 통보하는 내용

난이도 >

해설 중개사무소등록증을 재교부한 경우는 공인중개사협회에 통보해야 하는 사항에 해당하지 않는다.

보충 등록관청이 협회에 다음 달 10일까지 통보하여야 하는 사항은 다음과 같다.
1. 등록증 교부사항
2. 분사무소설치 신고사항
3. 휴업·폐업·재개업·휴업기간변경 신고사항
4. 행정처분(등록취소·업무정지)사항
5. 사무소이전 신고사항
6. 소속공인중개사·중개보조원의 고용 및 고용관계종료 신고사항

07
공인중개사법령상 중개사무소의 개설등록 및 등록증교부에 관한 설명으로 옳은 것은? 제28회

기본 기출

① 소속공인중개사는 중개사무소의 개설등록을 신청할 수 있다.
② 등록관청은 중개사무소등록증을 교부하기 전에 개설등록을 한 자가 손해배상책임을 보장하기 위한 조치(보증)를 하였는지 여부를 확인해야 한다.
③ 국토교통부장관은 중개사무소의 개설등록을 한 자에 대하여 국토교통부령으로 정하는 바에 따라 중개사무소등록증을 교부해야 한다.
④ 중개사무소의 개설등록신청서에는 신청인의 여권용 사진을 첨부하지 않아도 된다.
⑤ 중개사무소의 개설등록을 한 개업공인중개사가 종별을 달리하여 업무를 하고자 등록신청서를 다시 제출하는 경우, 종전의 등록증은 반납하지 않아도 된다.

키워드 > 중개사무소의 개설등록, 등록증의 교부

난이도 >

해설 ① 소속공인중개사는 이중소속금지 규정에 따라 중개사무소의 개설등록을 신청할 수 없다.
③ 등록관청은 중개사무소의 개설등록을 한 자에 대하여 국토교통부령으로 정하는 바에 따라 중개사무소등록증을 교부해야 한다.
④ 여권용 사진은 중개사무소의 개설등록 신청 시에 제출하여야 하는 서류에 포함된다.
⑤ 종별 변경에 따라 등록신청서를 다시 제출하는 경우, 종전의 등록증은 반납하여야 한다.

정답 06 ② 07 ②

08 기본 기출

공인중개사법령상 법인이 중개사무소를 등록·설치하려는 경우, 그 기준으로 틀린 것은? (다른 법률의 규정은 고려하지 않음) 제28회

① 분사무소 설치 시 분사무소의 책임자가 분사무소 설치신고일 전 2년 이내에 직무교육을 받았을 것
② 「상법」상 회사는 자본금이 5천만원 이상일 것
③ 대표자를 제외한 임원 또는 사원(합명회사 또는 합자회사의 무한책임사원)의 3분의 1 이상이 공인중개사일 것
④ 법인이 중개업 및 겸업제한에 위배되지 않는 업무만을 영위할 목적으로 설립되었을 것
⑤ 대표자는 공인중개사일 것

키워드 법인의 등록기준

난이도

해설 분사무소 설치 시 분사무소의 책임자는 분사무소 설치신고일 전 1년 이내에 시·도지사가 실시하는 실무교육을 이수하여야 한다.

보충 법인의 등록기준(영 제13조 제1항 제2호)
1. 「상법」상 회사 또는 「협동조합 기본법」에 따른 협동조합(사회적 협동조합은 제외)으로서 자본금이 5천만원 이상일 것
2. 법 제14조에 규정된 업무만을 영위할 목적으로 설립된 법인일 것
3. 대표자는 공인중개사이어야 하며, 대표자를 제외한 임원 또는 사원(합명회사 또는 합자회사의 무한책임사원을 말함)의 3분의 1 이상은 공인중개사일 것
4. 대표자, 임원 또는 사원 전원 및 분사무소의 책임자(분사무소를 설치하려는 경우에만 해당)가 실무교육을 받았을 것
5. 건축물대장에 기재된 건물에 중개사무소를 확보(소유·전세·임대차 또는 사용대차 등의 방법에 의하여 사용권을 확보하여야 함)할 것

정답 08 ①

09 공인중개사법령상 이중등록 및 이중소속의 금지에 관한 설명으로 옳은 것을 모두 고른 것은? 제27회

완성 기출

㉠ A군에서 중개사무소 개설등록을 하여 중개업을 하고 있는 자가 다시 A군에서 개설등록을 한 경우, 이중등록에 해당한다.
㉡ B군에서 중개사무소 개설등록을 하여 중개업을 하고 있는 자가 다시 C군에서 개설등록을 한 경우, 이중등록에 해당한다.
㉢ 개업공인중개사 甲에게 고용되어 있는 중개보조원은 개업공인중개사인 법인 乙의 사원이 될 수 없다.
㉣ 이중소속의 금지에 위반한 경우 1년 이하의 징역 또는 1천만원 이하의 벌금형에 처한다.

① ㉠, ㉡
② ㉢, ㉣
③ ㉠, ㉡, ㉢
④ ㉡, ㉢, ㉣
⑤ ㉠, ㉡, ㉢, ㉣

키워드 이중등록, 이중소속

난이도

해설 ㉠㉡ 동일한 등록관청 관할지역 내에서는 물론 등록관청을 달리하는 경우도 이중등록에 해당한다.
㉢㉣ 이중소속의 금지는 중개보조원에도 해당한다. 중개보조원이 둘 이상의 중개사무소에 소속되면 1년 이하의 징역 또는 1천만원 이하의 벌금형에 처해진다.

정답 09 ⑤

THEME 05 등록 등의 결격사유

| THEME 키워드 |
결격사유

기출분석
- **기출회차:** 제30회 수정
- **키워드:** 결격사유
- **난이도:**

기본으로 알아야 하는 대표기출

공인중개사법령상 중개사무소 개설등록의 결격사유에 해당하는 자를 모두 고른 것은?

> ㉠ 피특정후견인
> ㉡ 형의 선고유예를 받고 3년이 지나지 아니한 자
> ㉢ 금고 이상의 형의 집행유예를 받고 그 유예기간이 만료된 날부터 2년이 지나지 아니한 자
> ㉣ 공인중개사자격증을 대여하여 그 자격이 취소된 후 3년이 지나지 아니한 자

① ㉠, ㉡
② ㉠, ㉢
③ ㉡, ㉢
④ ㉡, ㉣
⑤ ㉢, ㉣

해설
㉠ 피한정후견인과 피성년후견인은 결격사유에 해당하지만, 피특정후견인은 결격사유에 해당하지 않는다.
㉡ 집행유예를 받은 자는 그 유예기간이 만료된 날부터 2년이 지나지 아니한 경우 결격사유에 해당한다. 그러나 선고유예를 받은 자는 결격사유에 해당하지 않는다.

정답 ⑤

함정을 피하는 TIP
- 중개사무소 개설등록의 결격사유에 관하여 학습하여야 한다.

단단하게 정리하는 핵심이론

1 의의 및 효과

(1) 의의

등록 등의 결격사유란 중개업무에 종사할 자격이 없는 사유를 말한다(개업공인중개사, 소속공인중개사, 중개보조원, 법인의 사원 또는 임원이 될 수 없음).

⚠ 등록 등의 결격사유자라 하더라도 원칙적으로 공인중개사가 될 수 있고, 공인중개사가 등록 등의 결격사유에 해당하더라도 원칙적으로 자격취소처분을 받지 않는다.

(2) 등록 등 결격사유의 효과

① 중개업무 종사 전에 등록 등의 결격사유에 해당된 경우
  ㉠ 중개사무소의 개설등록신청이 제한된다.
  ㉡ 중개업무 종사가 제한된다.

② 중개업무에 종사하던 중 등록 등의 결격사유에 해당된 경우
  ㉠ 개업공인중개사가 결격사유에 해당된 경우 ⇨ 등록을 취소하여야 한다.
    ⚠ 등록 등의 결격사유에 해당한다 하여 당연히 등록의 효력이 소멸되는 것이 아니다. 등록관청의 등록취소처분이 행해지기 전까지는 등록의 효력이 유지되며, 등록취소처분이 행해져야만 등록의 효력이 소멸하는 것이다.
  ㉡ 법인인 개업공인중개사의 사원 또는 임원이 결격사유에 해당된 경우 ⇨ 법인인 개업공인중개사의 등록을 취소하여야 한다.
    ⚠ 다만, 2개월 이내에 그 사유를 해소하면 그러하지 아니한다.
  ㉢ 고용인이 결격사유에 해당된 경우 ⇨ 고용인을 고용한 개업공인중개사에 대하여 6개월의 범위 안에서 업무정지처분을 할 수 있다.
    ⚠ 다만, 2개월 이내에 결격사유를 해소한 때에는 그러하지 아니한다.

2 등록 등 결격사유의 유형

(1) 미성년자

성년(만 19세)이 되어야 결격사유가 해소된다.

⚠ 혼인한 미성년자 및 법정대리인의 동의를 받은 미성년자도 결격사유자이다.

(2) 피성년후견인 또는 피한정후견인

성년후견개시 또는 한정후견개시 원인 소멸에 따른 후견종료의 심판을 받아야 결격사유가 해소된다.

⚠ 1. 피성년후견인 또는 피한정후견인은 법정대리인의 동의를 받아도 결격사유자이다.
  2. 피성년후견인 또는 피한정후견인이 정상인으로 회복되어도 결격사유자에 해당한다.
  3. 피특정후견인은 결격사유자가 아니다.

(3) 파산선고를 받고 복권되지 아니한 자

복권되어야 결격사유가 해소된다.

⚠ 파산자가 채무를 변제한 후 복권을 신청하였어도 결격사유자에 해당한다.

(4) 금고 이상의 실형의 선고를 받고 그 집행이 종료(집행이 종료된 것으로 보는 경우를 포함)되거나 집행이 면제된 날부터 3년이 지나지 아니한 자

① 집행이 종료된 후 3년이 지나지 아니한 자: 만기석방 후 3년이 경과되어야 결격사유가 해소된다.

② 집행이 종료된 것으로 보는 날(가석방을 받은 자는 잔여형기가 종료된 날을 집행이 종료된 것으로 봄)부터 3년이 지나지 아니한 자: 잔여형기(무기형은 10년)를 마치고 3년이 경과되어야 결격사유가 해소된다.

⚠ 결국 징역형 또는 금고형을 선고받은 자가 가석방을 받은 경우에는 잔여형기뿐만 아니라 잔여형기를 마치고 3년 간 등록 등의 결격사유가 적용된다.

③ 집행이 면제된 날(집행면제 사유 – 법률변경, 시효완성, 특별사면)부터 3년이 지나지 아니한 자: 집행 면제사유가 발생한 날부터 3년이 경과되어야 결격사유가 해소된다.

⚠ 일반사면을 받으면 즉시 결격사유가 해소된다.

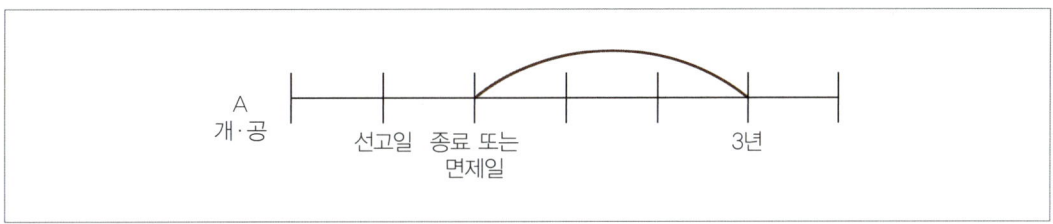

핵심단단 징역(이 법, 다른 법)

1. 종료
   - 만기석방 ⇨ 석방일 + 3년
   - 가석방 ⇨ 잔형기 + 3년
     ① 유기 ⇨ 10년/7년 ⇨ 3년(잔형기) ⇨ 6년
     ② 무기 ⇨ 무기/20년 ⇨ 10년(잔형기) ⇨ 13년

2. 면제
   - 특별사면 ⇨ 집행면제 ⇨ 사면일 + 3년
   - 일반사면 ⇨ 효력 상실 / 공소권 소멸 ⇨ 즉시

(5) 금고 이상의 형의 집행유예를 받고 그 유예기간이 만료된 날부터 2년이 지나지 아니한 자

집행유예기간이 종료되고 2년이 경과하면 결격사유가 해소된다.

⚠ 선고유예를 받은 자는 결격사유에 해당하지 않는다.

(6) 자격취소 후 3년이 지나지 아니한 자

자격취소 후 3년이 경과되어야 결격사유가 해소된다.

⚠ 공인중개사자격이 취소된 자는 3년간 공인중개사도 될 수 없다.

(7) 자격정지처분을 받고 자격정지기간 중에 있는 자

자격정지기간이 경과되면 결격사유가 해소된다.

⚠ 자격정지기간 중에 중개업무를 하거나 다른 개업공인중개사의 소속공인중개사가 된 경우에는 자격취소처분을 받게 되고, 이로 인하여 3년간 등록 등 결격사유와 3년간 시험응시자격의 결격사유에 해당한다.

(8) 이 법 위반으로 등록취소처분을 받고 등록취소 후 3년이 지나지 아니한 자

① 원칙: 등록취소 후 3년이 경과되어야 결격사유가 해소된다.
② 예외: 다음의 사유로 등록취소가 된 경우에는 등록취소 후 3년의 결격사유가 적용되지 아니한다.
　㉠ 개업공인중개사의 사망·중개법인의 해산으로 등록이 취소된 경우
　　⇨ 해산된 법인의 대표자 및 사원·임원 등은 결격사유가 적용되지 아니한다.
　㉡ 등록기준의 미달을 원인으로 등록이 취소된 경우
　　⇨ 등록취소처분을 받은 자는 결격사유가 적용되지 아니한다.
　㉢ 등록 등의 결격사유가 원인이 되어 등록이 취소된 경우
　　⇨ 결격사유가 해소되면 즉시 중개업무에 종사할 수 있다.
　㉣ 폐업 후 다시 중개사무소 개설등록을 한 개업공인중개사가 폐업신고 전의 등록취소에 해당하는 이 법 위반행위로 인하여 재등록한 이후에 등록이 취소된 경우
　　⇨ 등록취소일로부터 3년에서 폐업기간을 공제한 기간만 결격사유를 적용한다.

(9) 업무정지처분을 받고 폐업신고를 한 자로서 업무정지기간(폐업에도 불구하고 진행되는 것으로 봄)이 경과되지 아니한 자

(10) 업무정지처분을 받은 개업공인중개사인 법인의 업무정지의 사유가 발생한 당시의 사원 또는 임원이었던 자로서 해당 개업공인중개사에 대한 업무정지기간이 경과되지 아니한 자

(11) 이 법을 위반하여 300만원 이상의 벌금형의 선고를 받고 3년이 경과되지 아니한 자 ⇨ 양벌규정 제외

⚠ 1. 다른 법률을 위반하여 300만원 이상의 벌금형을 선고받은 경우는 결격사유에 해당하지 아니한다.
2. 「공인중개사법」을 위반하여 벌금형을 선고받았다 하더라도 벌금액이 300만원 미만인 경우에는 결격사유에 해당하지 아니한다.
3. 고용인 또는 사원·임원의 위반행위로 인하여 개업공인중개사가 양벌규정에 따라 300만원 이상의 벌금형을 선고받은 경우라 하더라도 개업공인중개사에게 결격사유를 적용하지 아니한다.

(12) 법인의 사원 또는 임원 중 위 (1)~(11) 중 어느 하나에 해당하는 자가 있는 법인

⚠ 등록관청은 개업공인중개사·소속공인중개사·중개보조원 및 개업공인중개사인 법인의 사원·임원(이하 '개업공인중개사등'이라 함)이 결격사유의 어느 하나에 해당하는지 여부를 확인하기 위하여 관계 기관에 조회할 수 있다.

핵심단단 결격사유 내용 정리

결격사유	내용	결격사유를 벗어나는 방법
제한능력자	미성년자	기간의 경과(성년)
	피성년후견인 및 피한정후견인	후견의 종료 심판
경제적 무능력자	파산선고를 받은 자	복권
수형인	금고 이상 형의 수형인	집행 종료 또는 집행이 면제된 날 + 3년 경과
	집행유예기간 중에 있는 자	집행유예기간 만료 + 2년 경과
이 법을 위반한 자	자격취소를 받은 자	자격취소를 받은 날 + 3년 경과
	자격정지기간 중에 있는 자	자격정지기간 만료
	등록취소를 받은 자	등록취소를 받은 날 + 3년 경과
	업무정지기간 중에 있는 자	업무정지기간 만료
	업무정지사유 발생 당시의 사원 또는 임원	업무정지기간 만료
	300만원 이상의 벌금형의 선고를 받은 자	벌금형 선고일 + 3년 경과
법인의 사원 또는 임원	결격사유에 해당하는 사원 또는 임원	2개월 이내에 그 사유를 해소

기본문제와 완성문제로 단단기출

01 공인중개사법령상 중개사무소 개설등록의 결격사유가 있는 자를 모두 고른 것은? 제33회 수정

기본 기출

㉠ 금고 이상의 실형의 선고를 받고 그 집행이 면제된 날부터 2년이 된 자
㉡ 「공인중개사법」을 위반하여 200만원의 벌금형의 선고를 받고 2년이 된 자
㉢ 사원 중 금고 이상의 형의 집행유예를 받고 그 유예기간이 만료된 날부터 2년이 지나지 아니한 자가 있는 법인

① ㉠
② ㉡
③ ㉠, ㉢
④ ㉡, ㉢
⑤ ㉠, ㉡, ㉢

키워드 〉 결격사유

난이도

해설 〉 ㉠ 금고 이상의 실형의 선고를 받고 그 집행이 종료(집행이 종료된 것으로 보는 경우를 포함)되거나 집행이 면제된 날부터 3년이 지나지 아니한 자는 결격사유에 해당한다. 따라서 금고 이상의 실형의 선고를 받고 그 집행이 면제된 날부터 2년이 된 자는 결격사유에 해당한다.
㉢ 금고 이상의 형의 집행유예를 받고 그 유예기간이 만료된 날부터 2년이 지나지 아니한 자는 결격사유에 해당한다. 따라서 사원 중 금고 이상의 형의 집행유예를 받고 그 유예기간이 만료된 날부터 2년이 지나지 아니한 자가 있는 법인은 결격사유에 해당한다.
㉡ 「공인중개사법」을 위반하여 300만원 이상의 벌금형 선고를 받고 3년이 지나지 아니한 자는 결격사유에 해당한다. 따라서 200만원의 벌금형의 선고를 받고 2년이 된 자는 결격사유에 해당하지 아니한다.

정답 01 ③

02 공인중개사법령상 중개사무소 개설등록의 결격사유를 모두 고른 것은? 제31회

완성 기출

㉠ 파산선고를 받고 복권되지 아니한 자
㉡ 피특정후견인
㉢ 공인중개사자격이 취소된 후 3년이 지나지 아니한 임원이 있는 법인
㉣ 개업공인중개사인 법인의 해산으로 중개사무소 개설등록이 취소된 후 3년이 지나지 않은 경우 그 법인의 대표이었던 자

① ㉠
② ㉠, ㉢
③ ㉡, ㉢
④ ㉡, ㉣
⑤ ㉠, ㉢, ㉣

키워드 > 결격사유

난이도 >

해설 > ㉠ 법 제10조 제1항 제3호에 따라 등록의 결격사유에 해당한다.
㉢ 법 제10조 제1항 제12호에 따라 등록의 결격사유에 해당한다.
㉡ 피성년후견인과 피한정후견인은 결격사유에 해당하지만, 피특정후견인은 결격사유에 해당하지 않는다.
㉣ 법인의 해산의 경우 등록이 취소되어도 3년의 결격사유기간의 규정이 적용되지 않는다. 따라서 3년이 지나지 않은 경우에도 그 법인의 대표이었던 자는 중개사무소의 개설등록이 가능하다.

03 공인중개사법령상 중개사무소 개설등록의 결격사유에 해당하지 않는 자는? 제30회

기본 기출

① 「공인중개사법」을 위반하여 200만원의 벌금형의 선고를 받고 3년이 지나지 아니한 자
② 금고 이상의 실형의 선고를 받고 그 집행이 종료되거나 집행이 면제된 날부터 3년이 지나지 아니한 자
③ 공인중개사의 자격이 취소된 후 3년이 지나지 아니한 자
④ 업무정지처분을 받은 개업공인중개사인 법인의 업무정지의 사유가 발생한 당시의 사원 또는 임원이었던 자로서 해당 개업공인중개사에 대한 업무정지기간이 지나지 아니한 자
⑤ 공인중개사의 자격이 정지된 자로서 자격정지기간 중에 있는 자

키워드 > 결격사유

난이도 >

해설 > 「공인중개사법」을 위반하여 300만원 이상의 벌금형의 선고를 받고 3년이 지나지 아니한 자는 결격사유에 해당한다(법 제10조 제1항 제11호). 따라서 「공인중개사법」을 위반하여 200만원의 벌금형의 선고를 받고 3년이 지나지 아니한 자는 결격사유에 해당하지 않는다.

정답 02 ② 03 ①

04 공인중개사법령상 甲이 중개사무소의 개설등록을 할 수 있는 경우에 해당하는 것은? 제28회

① 甲이 부정한 방법으로 공인중개사의 자격을 취득하여 그 자격이 취소된 후 2년이 지나지 않은 경우
② 甲이 「도로교통법」을 위반하여 금고 이상의 실형을 선고받고 그 집행이 종료된 날부터 3년이 지나지 않은 경우
③ 甲이 등록하지 않은 인장을 사용하여 공인중개사의 자격이 정지되고 그 자격정지기간 중에 있는 경우
④ 甲이 대표자로 있는 개업공인중개사인 법인이 해산하여 그 등록이 취소된 후 3년이 지나지 않은 경우
⑤ 甲이 중개대상물 확인·설명서를 교부하지 않아 업무정지처분을 받고 폐업신고를 한 후 그 업무정지기간이 지나지 않은 경우

키워드 〉 결격사유

난이도 〉

해설 〉 ④ 법인의 해산의 경우, 등록이 취소되어도 3년의 결격사유기간의 규정은 적용되지 아니하므로 3년이 지나지 않은 경우라도 중개사무소의 개설등록은 가능하다.
① 자격이 취소된 경우 3년간 결격사유에 해당하므로 3년이 경과하여야 중개사무소의 개설등록이 가능하다.
② 금고 이상의 실형을 선고받고 그 집행이 종료된 날부터 3년이 경과하여야 결격사유에 해당하지 않는다. 따라서 3년이 지나지 않은 경우 중개사무소의 개설등록은 불가능하다.
③ 자격정지처분을 받은 경우 자격정지기간이 경과하여야 결격사유에 해당하지 아니하므로 자격정지기간 중에는 중개사무소의 개설등록은 불가능하다.
⑤ 업무정지처분을 받은 경우 업무정지기간이 경과하여야 결격사유에 해당하지 아니하므로 업무정지기간이 지나지 않은 경우 중개사무소의 개설등록은 불가능하다.

정답 04 ④

THEME 06 업무의 범위

| THEME 키워드 |
법인의 겸업가능 범위

기출분석
- **기출회차**: 제34회
- **키워드**: 법인의 겸업가능 범위
- **난이도**:

기본으로 알아야 하는 **대표기출**

공인중개사법령상 금지되는 행위를 모두 고른 것은? (단, 다른 법령의 규정은 고려하지 않음)

> ㉠ 법인인 개업공인중개사가 중개업과 함께 주택의 분양대행을 겸업하는 행위
> ㉡ 다른 사람의 중개사무소등록증을 양수하여 이를 사용하는 행위
> ㉢ 공인중개사로 하여금 그의 공인중개사자격증을 다른 사람에게 대여하도록 알선하는 행위

① ㉡
② ㉠, ㉡
③ ㉠, ㉢
④ ㉡, ㉢
⑤ ㉠, ㉡, ㉢

해설

㉡ 누구든지 다른 사람의 성명 또는 상호를 사용하여 중개업무를 하거나 다른 사람의 중개사무소등록증을 양수 또는 대여받아 이를 사용하는 행위를 하여서는 아니 된다. 이를 위반한 자는 등록이 취소되고, 1년 이하의 징역 또는 1천만원 이하의 벌금형에 처해진다.

㉢ 공인중개사는 다른 사람에게 자기의 성명을 사용하여 중개업무를 하게 하거나 자기의 공인중개사자격증을 양도 또는 대여하여서는 아니 된다. 이를 위반한 자는 자격이 취소되고 1년 이하의 징역이나 1천만원 이하의 벌금형에 처해진다. 또한 누구든지 자격증의 양도 또는 대여를 알선하여서는 아니 된다.

㉠ 법 제14조 겸업내용에 의하면 법인인 개업공인중개사는 상업용 건축물 및 주택의 분양대행업무를 할 수 있으므로 중개업과 함께 주택의 분양대행을 겸업하는 행위는 금지되는 행위에 해당하지 않는다.

정답 ④

함정을 피하는 TIP
- 「공인중개사법」 제14조의 법인의 겸업가능한 업무에 대해 학습하여야 한다.

단단하게 정리하는 **핵심이론**

1 중개대상물의 범위

(1) 개업공인중개사의 중개대상물 범위

이 법상의 개업공인중개사가 중개할 수 있는 물건은 다음과 같다.

> ① 토지
> ② 건축물 그 밖의 토지의 정착물
> ③ 그 밖에 대통령령으로 정하는 재산권 및 물건(입목, 광업재단, 공장재단)

(2) 개업공인중개사의 종별에 따른 구분 유무

이 법에는 개업공인중개사의 종별에 따라 중개할 수 있는 중개대상물의 범위에 대한 차등규정이 없다. 따라서 이 법상의 개업공인중개사는 종별에 관계없이 이 법상의 중개대상물을 모두 중개할 수 있다.

⚠ 특수법인은 해당 법률에서 중개할 수 있도록 규정된 물건에 한정하여 중개할 수 있으므로 이 법상의 중개대상물을 모두 중개할 수 있는 것이 아니다(지역농업협동조합은 농업협동조합법에 규정된 농지만 중개할 수 있도록 규정되어 있음).

2 업무지역의 범위

(1) **법인**(특수법인 및 분사무소를 포함) **및 공인중개사인 개업공인중개사** – **전국**
(2) **부칙 제6조 제2항에 규정된 개업공인중개사**
  ① 원칙: 중개사무소가 소재하는 특별시·광역시·도(시·도)를 관할구역으로 하며, 그 관할구역 안에 있는 중개대상물에 한정하여 중개할 수 있다.
  ② 예외: 다만, 부동산거래정보망에 가입하여 이를 이용하여 중개하는 경우에는 해당 정보망에 공개된 관할구역 외의 중개대상물에 대하여도 이를 중개할 수 있다.

> ⚠ 부칙 제6조 제2항에 규정된 개업공인중개사에 관한 사항
> 1. 부동산거래정보망에 공개되지 아니한 관할구역 외의 중개대상물에 대하여는 이를 중개할 수 없다.
> 2. 부동산거래정보망에 가입하더라도 업무지역이 전국으로 확대되는 것은 아니다.
> 3. 중개법인 또는 공인중개사인 개업공인중개사와 중개사무소를 공동으로 사용하더라도 업무지역이 전국으로 확대되는 것은 아니다.
> 4. 공인중개사를 고용하더라도 업무지역이 전국으로 확대되는 것은 아니다.

3 업무의 범위

(1) 법인인 개업공인중개사의 업무범위

법 제14조에 규정된 다음의 업무만 할 수 있으며, 위반 시에는 등록을 취소할 수 있다.

구분	업무범위(법 제14조에 규정된 업무)	비고
고유업	① 중개업	법정중개보수 적용
겸업 가능	② 상업용 건축물 및 주택의 임대관리 등 부동산의 관리대행	임대업 ×
	③ 부동산의 이용·개발 및 거래에 관한 상담	개발업 ×, 건축업 ×
	④ 개업공인중개사를 대상으로 한 중개업의 경영기법 및 경영정보의 제공	등록신청인 대상 ×, 공인중개사 대상 ×
	⑤ 상업용 건축물 및 주택의 분양대행 ⚠ 분양신고대상인 상가인지, 사업계획승인대상인 주택인지와 관계없이 상가·주택은 분양대행 가능	토지의 분양대행 ×
	⑥ 중개업에 부수되는 업무로서 이사업체 또는 도배업체 등의 소개 등 주거이전에 부수되는 용역 알선	이사업 ×, 도배업 ×, 용역의 제공 ×
	⑦ 경매 및 공매대상 부동산에 대한 권리분석 및 취득의 알선과 매수신청 또는 입찰신청의 대리 ⚠ 개업공인중개사가 경매대상 부동산(공매대상 부동산 ×)에 대한 매수신청 또는 입찰신청의 대리를 하고자 하는 때에는 대법원규칙이 정하는 요건을 갖추어 법원에 등록을 하고 감독을 받아야 한다.	–

⚠ 1. 중개업이 아닌 겸업에 대한 보수는 법정중개보수의 제한을 받지 아니하며 약정으로 정한다. 다만, 공매대상 부동산의 취득알선에 대해서는 중개보수 제한규정이 적용된다(판례).
2. 경매부동산에 대한 매수신청대리 등 보수 및 실비는 「공인중개사의 매수신청대리인 등록 등에 관한 규칙」에서 정한 범위 안에서 받는다.
3. 특수법인은 해당 법률에 규정된 업무만 할 수 있다. 따라서 중개법인의 겸업업무는 할 수 없다.

(2) 공인중개사인 개업공인중개사

다른 법률에서 제한을 하지 않는 한 겸업에 대한 제한이 없다.

(3) 부칙 제6조 제2항에 규정된 개업공인중개사

다른 법률에서 제한을 하지 않는 한 겸업에 대한 제한이 없다. 다만, 경매 및 공매대상 부동산에 대한 권리분석 및 취득의 알선과 매수신청·입찰신청의 대리는 할 수 없다.

기본문제와 완성문제로 **단단기출**

01 공인중개사법령상 법인인 개업공인중개사의 업무범위에 해당하지 <u>않는</u> 것은? (단, 다른 법령의 규정은 고려하지 않음)
<small>제32회</small>

기본 기출

① 주택의 임대관리
② 부동산 개발에 관한 상담 및 주택의 분양대행
③ 개업공인중개사를 대상으로 한 공제업무의 대행
④ 「국세징수법」상 공매대상 부동산에 대한 취득의 알선
⑤ 중개의뢰인의 의뢰에 따른 이사업체의 소개

> **키워드** 법인의 겸업가능 범위
>
> **난이도**
>
> **해설** 개업공인중개사를 대상으로 한 공제업무의 대행은 공인중개사법령상 법인인 개업공인중개사의 업무범위에 해당하지 않는다.
>
> **보충** 법인인 개업공인중개사의 겸업가능한 업무(법 제14조)
> 1. 상업용 건축물 및 주택의 임대관리 등 부동산의 관리대행
> 2. 부동산의 이용·개발 및 거래에 관한 상담
> 3. 개업공인중개사를 대상으로 한 중개업의 경영기법 및 경영정보의 제공
> 4. 상업용 건축물 및 주택의 분양대행
> 5. 중개업에 부수되는 업무로서 중개의뢰인의 의뢰에 따른 도배·이사업체의 소개 등 용역의 알선
> 6. 「민사집행법」에 의한 경매 및 「국세징수법」그 밖의 법령에 의한 공매대상 부동산에 대한 권리분석 및 취득의 알선과 매수신청 또는 입찰신청의 대리

정답 01 ③

02 완성 기출

공인중개사법령상 법인인 개업공인중개사가 겸업할 수 있는 것을 모두 고른 것은? (단, 다른 법률의 규정은 고려하지 않음) 제31회

> ㉠ 주택용지의 분양대행
> ㉡ 주상복합 건물의 분양 및 관리의 대행
> ㉢ 부동산의 거래에 관한 상담 및 금융의 알선
> ㉣ 「국세징수법」상 공매대상 동산에 대한 입찰신청의 대리
> ㉤ 법인인 개업공인중개사를 대상으로 한 중개업의 경영기법 제공

① ㉠, ㉡
② ㉡, ㉤
③ ㉢, ㉣
④ ㉠, ㉡, ㉤
⑤ ㉡, ㉢, ㉣, ㉤

키워드 법인의 겸업가능 범위

난이도

해설 ㉠ 분양대행은 상업용 건축물 및 주택의 경우에 가능하다. 따라서 주택용지는 분양대행의 대상이 되지 못한다.
㉢ 부동산의 이용·개발 및 거래에 관한 상담업무는 겸업가능한 업무에 해당한다. 그러나 금융의 알선은 겸업가능한 업무에 해당하지 않는다.
㉣ 「민사집행법」에 의한 경매 및 「국세징수법」 그 밖의 법령에 의한 공매대상 부동산에 대한 권리분석 및 취득의 알선과 매수신청 또는 입찰신청의 대리업무는 겸업가능한 업무에 해당한다. 그러나 동산은 겸업가능한 업무에 해당하지 않는다.

정답 02 ②

03 공인중개사법령상 법인인 개업공인중개사가 겸업할 수 있는 것을 모두 고른 것은? (단, 다른 법률의 규정은 고려하지 않음)

기본 기출   제30회

> ㉠ 상업용 건축물 및 주택의 분양대행
> ㉡ 부동산의 이용·개발 및 거래에 관한 상담
> ㉢ 개업공인중개사를 대상으로 한 중개업의 경영기법 및 경영정보의 제공
> ㉣ 중개의뢰인의 의뢰에 따른 도배·이사업체의 소개 등 주거이전에 부수되는 용역의 알선

① ㉠, ㉡
② ㉠, ㉢
③ ㉠, ㉢, ㉣
④ ㉡, ㉢, ㉣
⑤ ㉠, ㉡, ㉢, ㉣

키워드 법인의 겸업가능 범위

난이도 ■■■□

해설 법인 개업공인중개사는 ㉠㉡㉢㉣ 모두 겸업할 수 있다.

보충 법인의 겸업가능한 업무
1. 상업용 건축물 및 주택의 임대관리 등 부동산의 관리대행
2. 부동산의 이용·개발 및 거래에 관한 상담
3. 개업공인중개사를 대상으로 한 중개업의 경영기법 및 경영정보의 제공
4. 상업용 건축물 및 주택의 분양대행
5. 그 밖에 중개업에 부수되는 업무로서 중개의뢰인의 의뢰에 따른 도배나 이사업체의 소개 등 주거이전에 부수되는 용역의 알선
6. 경매 및 공매대상 부동산에 대한 권리분석 및 취득의 알선과 매수신청 또는 입찰신청의 대리

04 공인중개사법령상 법인인 개업공인중개사가 중개업과 겸업할 수 있는 업무가 아닌 것은? (다른 법률에 규정된 경우를 제외함)

기본 기출   제28회

① 주택의 임대관리
② 부동산의 개발에 관한 상담
③ 토지에 대한 분양대행
④ 개업공인중개사를 대상으로 한 중개업의 경영기법 제공
⑤ 중개의뢰인의 의뢰에 따른 주거이전에 부수되는 용역의 알선

키워드 법인의 겸업가능 범위

난이도 ■■■□

해설 「공인중개사법」제14조의 겸업에 관한 규정에 의하면 분양대행 업무는 주택 및 상가의 경우에 가능하므로, 토지에 대한 분양대행은 겸업가능한 업무에 해당하지 않는다.

정답 03 ⑤ 04 ③

THEME 07 고용인

| THEME 키워드 |
고용인, 고용인의 고용 및 종료신고, 소속공인중개사와 중개보조원, 업무상 책임

기출분석
- **기출회차:** 제34회
- **키워드:** 고용인
- **난이도:** ■■□

함정을 피하는 TIP
- 고용인 고용신고 및 종료신고, 업무상 행위에 대한 책임에 관하여 학습하여야 한다.

기본으로 알아야 하는 대표기출

공인중개사법령상 개업공인중개사의 고용인에 관한 설명으로 옳은 것은?

① 중개보조원의 업무상 행위는 그를 고용한 개업공인중개사의 행위로 보지 아니한다.
② 소속공인중개사를 고용하려는 개업공인중개사는 고용 전에 미리 등록관청에 신고해야 한다.
③ 개업공인중개사는 중개보조원과의 고용관계가 종료된 때에는 고용관계가 종료된 날부터 10일 이내에 등록관청에 신고하여야 한다.
④ 개업공인중개사가 소속공인중개사의 고용신고를 할 때에는 해당 소속공인중개사의 실무교육 수료확인증을 제출하여야 한다.
⑤ 개업공인중개사는 외국인을 중개보조원으로 고용할 수 없다.

해설
① 소속공인중개사 또는 중개보조원의 업무상 행위는 그를 고용한 개업공인중개사의 행위로 본다.
② 개업공인중개사는 소속공인중개사 또는 중개보조원을 고용한 경우에는 업무개시 전까지 등록관청에 신고(전자문서에 의한 신고 포함)하여야 한다.
④ 고용신고를 받은 등록관청은 결격사유 해당 여부와 실무교육 수료 여부를 확인하여야 한다(규칙 제8조 제3항). 따라서 별도로 실무교육 수료확인증을 제출하지 않아도 된다.
⑤ 개업공인중개사는 외국인도 중개보조원으로 고용할 수 있다.

정답 ③

기본문제와 완성문제로 **단단기출**

1 고용인의 고용 및 업무내용

(1) 고용인의 개념 및 종류

고용인이란 개업공인중개사의 중개업무를 수행하거나 중개업무를 보조하는 소속공인중개사 및 중개보조원을 말한다.

(2) 고용인의 고용 및 고용관계 종료

① **고용인의 고용의무 여부**: 개업공인중개사는 고용인을 고용해야 하는 의무가 없다.
　⚠ 개업공인중개사는 중개업무를 수행하게 하거나 보조하게 하기 위하여 소속공인중개사를 둘 수 있고, 중개업무를 보조하게(수행하게 ×) 하기 위하여 중개보조원을 둘 수 있다.

② **고용신고**: 개업공인중개사는 고용인을 고용한 경우에는 교육을 받도록 한 후 업무를 개시하기 전에 그 사실을 등록관청에 신고하여야 한다.

③ **고용관계 종료신고**: 개업공인중개사는 고용관계가 종료된 때에는 고용관계가 종료된 날로부터 10일 이내에 그 사실을 등록관청에 신고하여야 한다.

④ **신고방법**: 고용 및 고용관계 종료신고서를 등록관청에 제출하여야 한다.
　⚠ 소속공인중개사에 대한 고용신고를 하는 때에 소속공인중개사의 공인중개사자격증 사본을 첨부하지 아니한다. 이 경우 고용신고를 받은 등록관청은 자격증을 교부한 시·도지사에게 소속공인중개사의 공인중개사 자격확인을 요청하여야 한다.

⑤ **신고의무 위반**: 등록관청은 업무정지처분을 할 수 있다.
　⚠ 소속공인중개사에 대한 고용신고를 하는 때에 소속공인중개사의 인장등록신고를 같이 할 수 있다.

2 고용인의 업무내용 및 의무사항

(1) 소속공인중개사

① 업무내용
　㉠ 중개업무의 수행(중개대상물 확인·설명, 확인·설명서 및 거래계약서 작성 등)
　㉡ 개업공인중개사의 중개업무 보조(현장안내 및 일반서무 등)

② 의무사항
　㉠ 인장등록 및 등록인장의 사용의무
　㉡ 품위를 유지하고 신의와 성실로써 공정하게 중개업무를 수행할 의무
　㉢ 중개업무를 수행한 경우에는 확인·설명서 및 거래계약서에 서명 및 날인할 의무
　㉣ 업무상 알게 된 비밀을 준수할 의무
　　⚠ 소속공인중개사는 해당 중개업무를 수행한 경우라 하더라도 확인·설명서 및 거래계약서를 작성할 의무가 없으나, 확인·설명서 및 거래계약서에 서명 및 날인을 해야 할 의무가 있다. 그러나 전속중개계약서 등 기타 서면에는 서명 및(또는) 날인의무가 없다.

(2) 중개보조원

① **업무내용**: 현장안내 및 일반서무 등 단순한 업무만 보조할 수 있다.

② **의무사항**: 업무상 알게 된 비밀을 준수할 의무

⚠️ 중개보조원은 인장등록의무, 품위유지 및 공정한 중개업무의 수행의무가 없다. 중개보조원은 해당 업무를 보조한 경우라 하더라도 확인·설명서 및 거래계약서에 서명 및 날인의무가 없다. 그러나 서명 및 날인이 금지되는 것은 아니다.

③ **중개보조원을 고용할 수 있는 수 제한**: 개업공인중개사가 고용할 수 있는 중개보조원의 수는 개업공인중개사와 소속공인중개사를 합한 수의 5배를 초과하여서는 아니 된다.

④ **중개보조원의 고지의무**: 중개보조원은 현장안내 등 중개업무를 보조하는 경우 중개의뢰인에게 본인이 중개보조원이라는 사실을 미리 알려야 한다.

3 고용인의 업무상 행위에 따른 책임

(1) 개업공인중개사의 책임의 근거

① 개업공인중개사가 고용한 소속공인중개사 또는 중개보조원의 업무상 행위(모든 행위 ×)는 그를 고용한 개업공인중개사의 행위로 본다(추정 ×).

② 소속공인중개사 또는 중개보조원의 업무상 행위에 대하여 소속공인중개사 또는 중개보조원은 자기책임을 지게 되고, 이들을 고용한 개업공인중개사는 고용주로서 책임을 함께 진다.

⚠️ 개업공인중개사의 업무상 행위는 개업공인중개사가 고용한 소속공인중개사 또는 중개보조원의 행위로 보지 않는다. 따라서 개업공인중개사의 이 법 위법행위에 대하여는 개업공인중개사만이 책임을 지는 것이지 소속공인중개사 및 중개보조원이 개업공인중개사와 공동책임을 지는 것은 아니다.

(2) 고용인의 업무상 행위로 인한 고용인과 개업공인중개사의 책임내용

① **민사책임(손해배상책임)**: 고용인이 중개업무에 관하여 고의 또는 과실로 중개의뢰인에게 재산상 손해를 발생하게 한 경우 개업공인중개사는 고용인과 연대하여 손해배상책임을 진다.

㉠ 고용인의 업무상 행위는 그를 고용한 개업공인중개사의 행위로 본다고 하여 행위자인 고용인의 책임이 면제되는 것은 아니며, 고용인도 개업공인중개사와 공동책임을 진다.

㉡ 이 경우 고용인은 과실책임을 지며, 개업공인중개사는 무과실책임을 연대하여 진다. 개업공인중개사는 자신의 고의·과실이 없음을 입증하더라도 손해배상책임을 진다. 중개의뢰인은 개업공인중개사와 고용인을 상대로 선택적 또는 연대청구를 할 수 있다.

㉢ 개업공인중개사가 손해배상을 한 경우에는 고용인에게 구상권을 행사할 수 있다.

⚠️ 고용인이 중개업무에 관하여 고의 또는 과실이 없음에도 중개의뢰인에게 재산상 손해가 발생한 경우에는 고용인 및 개업공인중개사는 모두 손해배상책임을 부담하지 않는다.

② **형사책임(양벌규정 적용)**: 소속공인중개사, 중개보조원, 개업공인중개사인 법인의 사원·임원이 중개업무에 관하여 이 법 제48조(3년/3천만원) 또는 제49조(1년/1천만원)의 위반행위를 한 때에는 그 행위자를 벌하는 외에 이들을 고용한 개업공인중개사에 대하여도 해당 조에 규정된 벌금형을 과한다. 다만, 그 개업공인중개사가 그 위반행위를 방지하기 위하여 해당 업무에 관하여 상당한 주의와 감독을 게을리하지 아니한 경우에는 그러하지 아니한다.

⚠ 1. 고용인의 업무상 행위로 개업공인중개사가 고용인과 동일한 형벌을 받는 것이 아니다.
  2. 고용인의 업무상 행위로 개업공인중개사가 징역형을 선고받는 것도 아니다. 따라서 고용인의 업무상 행위로 인하여 개업공인중개사의 자격이 취소되는 경우는 없다.
  3. 고용인의 이 법 위반행위로 인하여 개업공인중개사가 300만원 이상의 벌금형을 선고받았다 하더라도 등록 등의 결격사유가 적용되지 아니하므로 이로 인하여 개업공인중개사의 등록이 취소되는 것은 아니다.

③ **행정상 책임**: 고용인의 이 법 위반행위로 개업공인중개사는 등록취소 또는 업무정지처분을 받을 수 있다.

  ㉠ **위반자가 소속공인중개사인 경우**: 소속공인중개사는 자격정지처분을, 그를 고용한 개업공인중개사는 등록취소 또는 업무정지처분을 받을 수 있다.

  ㉡ **위반자가 중개보조원인 경우**: 중개보조원은 행정처분의 대상자가 아니므로 개업공인중개사만 등록취소 또는 업무정지처분을 받을 수 있다.

핵심단답 고용신고와 책임의 내용

1. 신고
   - 고용신고 ⇨ 업무개시 전(전자문서 가능) ⇨ 외국인의 경우 결격사유에 해당하지 아니함을 증명하는 서류를 첨부하여야 한다.
   - 종료신고 ⇨ 고용관계 종료 후 10일 이내

2. 책임
   - A 개업공인중개사 / B 소속공인중개사
     ⇨ ❶ 민사 ⇨ 부진정 연대책임(구상권 ○)
     ⇨ ❷ 형사 ⇨ 양벌규정 (구상권 ×)
        - B ⇨ 1년 이하 징역 또는 1천만원 이하 벌금
        - A ⇨ 징역 ×, 1천만원 이하 벌금
          ⇨ 300만원 벌금
          ⇨ 결격사유 ×
          ⇨ 등록취소 ×
     ⇨ ❸ 행정 ⇨ 업무상 행위 ⇨ 본다
   - ⇨ 초과 보수
     A ⇨ 초과 보수 ○ 금지행위 ⇨ 등록취소 ○

기본문제와 완성문제로 **단단기출**

01 공인중개사법령상 개업공인중개사의 고용인에 관한 설명으로 틀린 것은? 제32회

기본 기출

① 개업공인중개사는 중개보조원과 고용관계가 종료된 경우 그 종료일부터 10일 이내에 등록관청에 신고해야 한다.
② 소속공인중개사의 고용신고를 받은 등록관청은 공인중개사자격증을 발급한 시·도지사에게 그 소속공인중개사의 공인중개사 자격확인을 요청해야 한다.
③ 중개보조원뿐만 아니라 소속공인중개사의 업무상 행위는 그를 고용한 개업공인중개사의 행위로 본다.
④ 개업공인중개사는 중개보조원을 고용한 경우, 등록관청에 신고한 후 업무개시 전까지 등록관청이 실시하는 직무교육을 받도록 해야 한다.
⑤ 중개보조원의 고용신고를 받은 등록관청은 그 사실을 공인중개사협회에 통보해야 한다.

| 키워드 | 고용인의 고용 및 종료신고
| 난이도 |
| 해설 | 시·도지사 또는 등록관청이 실시하는 직무교육을 받도록 한 후 업무개시 전까지 등록관청에 신고하여야 한다(규칙 제8조 제1항).
| 보충 | 고용 및 고용관계종료 신고의무
개업공인중개사는 소속공인중개사 또는 중개보조원을 고용하거나 고용관계가 종료된 때에는 국토교통부령으로 정하는 바에 따라 등록관청에 신고하여야 한다(법 제15조 제1항). 따라서 개업공인중개사는 소속공인중개사 또는 중개보조원을 고용한 경우에는 교육을 받도록 한 후 업무개시 전까지 등록관청에 신고(전자문서에 의한 신고를 포함)하여야 하며(규칙 제8조 제1항), 고용관계가 종료된 때에는 고용관계가 종료된 날부터 10일 이내에 등록관청에 신고하여야 한다(규칙 제8조 제4항). 이를 위반한 경우에는 업무정지처분을 할 수 있다.

정답 01 ④

02
완성 기출

공인중개사인 개업공인중개사 甲의 소속공인중개사 乙의 중개행위로 중개가 완성되었다. 공인중개사법령상 이에 관한 설명으로 <u>틀린</u> 것은? 　　　　　　　　　　　제31회

① 乙의 업무상 행위는 甲의 행위로 본다.
② 중개대상물 확인·설명서에는 甲과 乙이 함께 서명 및 날인하여야 한다.
③ 乙은 甲의 위임을 받아 부동산거래계약 신고서의 제출을 대행할 수 있다.
④ 乙의 중개행위가 금지행위에 해당하여 乙이 징역형의 선고를 받았다는 이유로 甲도 해당 조(條)에 규정된 징역형을 선고받는다.
⑤ 甲은 거래당사자에게 손해배상책임의 보장에 관한 사항을 설명하고 관계 증서의 사본을 교부하거나 관계 증서에 관한 전자문서를 제공하여야 한다.

> 키워드 〉 업무상 책임
> 난이도 〉
> 해설 〉 乙의 중개행위가 금지행위에 해당하여 乙이 징역형의 선고를 받은 경우 甲은 양벌규정에 의하여 해당 조(條)에 규정된 '벌금형'을 과한다. 다만, 甲이 그 위반행위를 방지하기 위하여 해당 업무에 관하여 상당한 주의와 감독을 게을리하지 아니한 경우에는 그러하지 아니하다(벌금형을 과하지 않음).

03
기본 기출

개업공인중개사 甲은 소속공인중개사 乙과 중개보조원 丙을 고용하고자 한다. 공인중개사법령상 이에 관한 설명으로 옳은 것을 모두 고른 것은? 　　　　　　　　　　　제31회

> ㉠ 丙은 외국인이어도 된다.
> ㉡ 乙에 대한 고용신고를 받은 등록관청은 乙의 직무교육 수료 여부를 확인하여야 한다.
> ㉢ 甲은 乙의 업무개시 후 10일 이내에 등록관청에 고용신고를 하여야 한다.

① ㉠
② ㉠, ㉡
③ ㉠, ㉢
④ ㉡, ㉢
⑤ ㉠, ㉡, ㉢

> 키워드 〉 소속공인중개사와 중개보조원
> 난이도 〉
> 해설 〉 ㉡ 乙에 대한 고용신고를 받은 등록관청은 乙의 실무교육 수료 여부를 확인하여야 한다.
> 　　　 ㉢ 甲은 乙의 업무개시 전까지 등록관청에 고용신고(전자문서에 의한 신고를 포함)를 하여야 한다.

정답 02 ④　03 ①

04 기본 기출

개업공인중개사 甲의 소속공인중개사 乙이 중개업무를 하면서 중개대상물의 거래상 중요사항에 관하여 거짓된 언행으로 중개의뢰인 丙의 판단을 그르치게 하여 재산상 손해를 입혔다. 공인중개사법령에 관한 설명으로 **틀린** 것은? 제29회

① 乙의 행위는 공인중개사 자격정지사유에 해당한다.
② 乙은 1년 이하의 징역 또는 1천만원 이하의 벌금에 처한다.
③ 등록관청은 甲의 중개사무소 개설등록을 취소할 수 있다.
④ 乙이 징역 또는 벌금형을 선고받은 경우 甲은 乙의 위반행위 방지를 위한 상당한 주의·감독을 게을리하지 않았더라도 벌금형을 받는다.
⑤ 丙은 甲에게 손해배상을 청구할 수 있다.

| 키워드 | 업무상 책임 |
| 난이도 |  |
| 해설 | ④ 乙이 징역 또는 벌금형을 선고받은 경우 甲은 乙의 위반행위 방지를 위한 상당한 주의·감독을 게을리하지 않은 경우 벌금형을 받지 않는다.
①② 소속공인중개사 乙은 금지행위(법 제33조 제1항 제4호)를 하였으므로 자격정지처분과 1년 이하의 징역 또는 1천만원 이하의 벌금형 대상이 될 수 있다.
③ 개업공인중개사 甲의 행위로 간주되므로 등록취소 또는 업무정지처분을 받을 수 있다.
⑤ 중개의뢰인 丙은 소속공인중개사 또는 개업공인중개사를 상대로 선택적 또는 공동으로 손해배상을 청구할 수 있다.

정답 04 ④

05 공인중개사법령상 개업공인중개사의 고용인의 신고에 관한 설명으로 옳은 것은? 제28회

기본 기출

① 소속공인중개사에 대한 고용신고는 전자문서에 의하여도 할 수 있다.
② 중개보조원에 대한 고용신고를 받은 등록관청은 시·도지사에게 그의 공인중개사 자격확인을 요청해야 한다.
③ 중개보조원은 고용신고일 전 1년 이내에 실무교육을 받아야 한다.
④ 개업공인중개사는 소속공인중개사와의 고용관계가 종료된 때에는 고용관계가 종료된 날부터 30일 이내에 등록관청에 신고해야 한다.
⑤ 외국인을 소속공인중개사로 고용신고하는 경우에는 그의 공인중개사자격을 증명하는 서류를 첨부해야 한다.

> 키워드 › 고용인의 고용 및 종료신고
>
> 난이도 ›
>
> 해설 › ② 소속공인중개사에 대한 고용신고를 받은 등록관청은 시·도지사에게 그의 공인중개사 자격확인을 요청해야 한다.
> ③ 소속공인중개사는 고용신고일 전 1년 이내에 실무교육을 이수하여야 한다. 중개보조원은 직무교육의 대상이다.
> ④ 소속공인중개사, 중개보조원과의 고용관계가 종료된 때에는 고용관계가 종료된 날부터 10일 이내에 등록관청에 신고하여야 한다.
> ⑤ 외국인을 소속공인중개사로 고용신고하는 경우에는 공인중개사자격을 증명하는 서류는 제출서류에 포함되지 않는다. 이 경우 등록관청은 공인중개사자격증을 발급한 시·도지사에게 공인중개사자격 확인을 요청하여야 한다. 또한 외국인의 경우에는 결격사유에 해당하지 아니함을 증명하는 서류를 첨부하여야 한다.

정답 05 ①

THEME 08 중개사무소

| THEME 키워드 |
중개사무소의 설치, 분사무소의 설치, 중개사무소의 이전신고, 중개사무소의 명칭, 간판의 철거사유, 중개대상물의 표시·광고의무

□ 1회독 □ 2회독

기본으로 알아야 하는 대표기출

▶ 기출분석
- **기출회차:** 제34회
- **키워드:** 분사무소의 설치
- **난이도:**

공인중개사법령상 중개사무소의 설치에 관한 설명으로 틀린 것은?

① 개업공인중개사는 그 등록관청의 관할구역 안에 1개의 중개사무소만을 둘 수 있다.
② 개업공인중개사는 이동이 용이한 임시 중개시설물을 설치하여서는 아니 된다.
③ 주된 사무소의 소재지가 속한 군에는 분사무소를 설치할 수 없다.
④ 법인이 아닌 개업공인중개사가 그 관할구역 외의 지역에 분사무소를 설치하기 위해서는 등록관청에 신고하여야 한다.
⑤ 분사무소 설치신고를 받은 등록관청은 그 신고내용이 적합한 경우에는 신고확인서를 교부하여야 한다.

| 해설 |
법인인 개업공인중개사는 대통령령으로 정하는 기준과 절차에 따라 등록관청에 신고하고, 그 관할구역 외의 지역에 분사무소를 둘 수 있다. 법인(중개법인뿐만 아니라 특수법인도 포함)은 분사무소를 설치할 수 있으나, 개인인 개업공인중개사에게는 분사무소 설치가 허용되지 않는다.

정답 ④

▶ 함정을 피하는 TIP
- 분사무소의 설치규정에 관하여 학습하여야 한다.

단단하게 정리하는 핵심이론

1 중개사무소의 설치

(1) 중개사무소 일반
① 중개사무소란 중개업무의 중심이 되는 장소를 말한다.
② 중개사무소의 면적에 관한 제한은 없다.
③ 개업공인중개사가 중개사무소를 다른 개업공인중개사와 공동으로 사용하여도 된다.
④ 중개사무소를 중개업에만 사용하거나 중개업 외의 업종을 겸하여 사용하여도 이 법 위반이 아니다.

(2) 이 법상 중개사무소에 대한 규제
① 건물 자체에 대한 규제: 건축물대장(가설건축물대장은 제외)에 기재된 건물(준공검사, 준공인가, 사용승인, 사용검사 등을 받은 건물로서 건축물대장에 기재되기 전의 건물을 포함)에 중개사무소를 확보(소유·전세·임대차 또는 사용대차 등의 방법에 의하여 사용권을 확보하여야 함) 및 유지하여야 한다.
  ⚠ 1. 중개업등록을 한 이후에도 중개사무소 건물을 계속 확보하여야 한다.
  2. 휴업기간 중이거나 업무정지기간 중이라 하더라도 폐업하지 아니하는 한 중개사무소 건물을 계속 확보하고 있어야 한다.

② 사무소 개수에 대한 규제
  ㉠ 원칙: 개업공인중개사는 그 등록관청의 관할구역 안에 중개사무소를 두되, 1개의 중개사무소만을 둘 수 있다. 이를 위반한 경우 등록을 취소할 수 있고, 1년 이하의 징역 또는 1천만원 이하의 벌금형에 처한다.
   ⚠ 건축물대장에 기재된 건물인지 여부를 불문하고 추가로 중개사무소를 설치할 수 없다. 그러나 중개업이 아닌 다른 업종을 겸업할 목적인 경우에는 겸업을 위한 별도의 사무소를 추가로 둘 수 있다(예 분양대행사무소 등은 추가설치 가능).
  ㉡ 예외: 다만, 법인인 개업공인중개사는 등록관청에 신고하고 그 주된 사무소의 관할구역 외의 지역에 분사무소를 둘 수 있다.

(3) 임시중개시설물의 설치금지
① 개업공인중개사는 종별을 불문하고 천막 그 밖에 이동이 용이한 임시중개시설물을 설치하여서는 아니 된다.
② 이를 위반한 경우 등록을 취소할 수 있고, 1년 이하의 징역 또는 1천만원 이하의 벌금형에 처한다.

2 법인의 분사무소 설치

(1) 분사무소 설치권자 – 법인인 개업공인중개사(특수법인을 포함)

법인인 개업공인중개사는 등록관청(주된 사무소의 등록관청을 말함)에 신고하고 그 주된 사무소의 관할구역 외의 지역에 분사무소를 둘 수 있다.

(2) 법인의 분사무소 설치요건

① 주된 사무소의 소재지가 속한 시·군·구를 제외한 시·군·구별로 설치할 것
② 시·군·구별로 1개소만 설치할 것
③ 분사무소에는 공인중개사를 책임자로 둘 것. 다만, 특수법인의 분사무소의 경우 그러하지 아니하다.
④ 건축물대장(가설건축물대장은 제외)에 기재된 건물(준공검사, 준공인가, 사용승인, 사용검사 등을 받은 건물로서 건축물대장에 기재되기 전의 건물을 포함)에 중개사무소를 확보(소유·전세·임대차 또는 사용대차 등의 방법에 의하여 사용권을 확보하여야 함)하여야 한다.
⑤ 업무보증을 설정(1개의 분사무소당 2억원 이상을 추가로 설정)하여야 한다.

(3) 분사무소의 설치신고

① 신고관청: 주된 사무소가 소재하는 등록관청
② 제출서류: 분사무소설치신고서에는 다음의 서류를 첨부하여야 한다.
  ㉠ 책임자의 실무교육 수료확인증 사본
  ㉡ 건축물대장에 기재된 건물로 분사무소를 확보하였음을 증명할 수 있는 서류
    ⚠ 건축물대장에 기재되기 전의 건물에 중개사무소를 확보한 경우에는 건축물대장에 기재가 지연되는 이유를 적은 사유서를 제출하여야 한다.
  ㉢ 업무보증을 설정하였음을 증명할 수 있는 서류
③ 수수료 납부: 분사무소 설치신고를 하는 때에는 지방자치단체의 조례가 정하는 바에 따라 수수료를 납부하여야 한다.
  ⚠ 1. 분사무소 설치신고 시 책임자의 공인중개사자격증 사본은 제출하지 아니한다.
      * 분사무소 설치신고를 받은 담당공무원은 자격증을 교부한 시·도지사에게 책임자의 공인중개사 자격확인을 요청하여야 한다.
    2. 분사무소 설치신고 시 건축물대장 및 법인등기사항증명서는 제출하지 아니한다.
      * 분사무소 설치신고를 받은 담당공무원은 건축물대장 및 법인등기사항 증명서를 확인하여야 한다.

(4) 분사무소 설치신고를 받은 주된 사무소 등록관청의 조치

① 분사무소설치신고확인서(이하 신고확인서)의 교부: 주된 사무소 등록관청은 그 신고내용이 적합한 경우에는 7일 이내(설치신고서상 처리기간 7일)에 신고확인서를 교부하여야 한다.
② 분사무소 설치사실의 통보: 주된 사무소 등록관청은 신고확인서를 교부한 후 지체 없이 그 분사무소 설치예정지역을 관할하는 시장·군수·구청장에게 분사무소의 설치사실을 통보하여야 한다.
③ 협회에 통보: 주된 사무소 등록관청은 분사무소 설치신고를 받은 사실을 다음 달 10일까지 협회에 통보하여야 한다.

> **핵심단단** 법인의 분사무소 설치절차

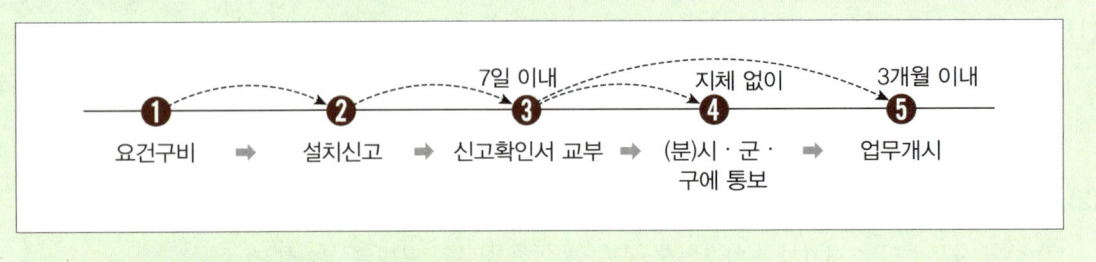

(5) 신고확인서의 재교부신청

① 신고확인서를 잃어버리거나 못쓰게 된 경우에는 재교부신청을 할 수 있고, 신고확인서의 기재사항이 변경된 경우에는 재교부신청을 하여야 한다.
② 재교부신청은 주된 사무소 관할 등록관청에 하여야 한다.
③ 재교부신청을 하는 때에는 해당 지방자치단체의 조례가 정하는 바에 따라 수수료를 납부하여야 한다.
④ 재교부신청을 받은 주된 사무소 등록관청은 신고확인서를 즉시 재교부하여야 한다.

> **핵심단단** 중개사무소 개설등록신청과 분사무소 설치신고의 비교

구분	중개사무소 개설등록신청	분사무소 설치신고
서식	등록신청서 제출	분사무소설치신고서 제출
구비서류	1. 실무교육 수료확인증 사본 ⚠ 전자적으로 확인가능한 경우는 제외 2. 여권용 사진 3. 중개사무소 건물 확보서류 ⚠ 공인중개사자격증 사본 및 업무보증설정 증명서류는 제출하지 아니함 * 담당공무원은 법인등기사항증명서, 건축물대장을 확인하여야 함	1. 책임자의 실무교육 수료확인증 사본 2. 중개사무소 건물 확보서류 3. 업무보증설정 증명서류 ⚠ 분사무소 책임자의 공인중개사자격증 사본은 제출하지 아니함 * 담당공무원은 법인등기사항증명서를 확인하여야 함
수수료	지방자치단체의 조례로 정함	지방자치단체의 조례로 정함
처리기한	1. 등록신청일부터 7일 이내에 등록 통지 2. 등록 후 보증설정신고 ⇨ 등록증 교부	설치신고일부터 7일 이내에 신고확인서 교부

3 중개사무소의 공동사용

(1) 공동사무소의 설치

개업공인중개사는 그 업무의 효율적인 수행을 위하여 다른 개업공인중개사와 중개사무소를 공동으로 사용할 수 있다.

① 신규등록

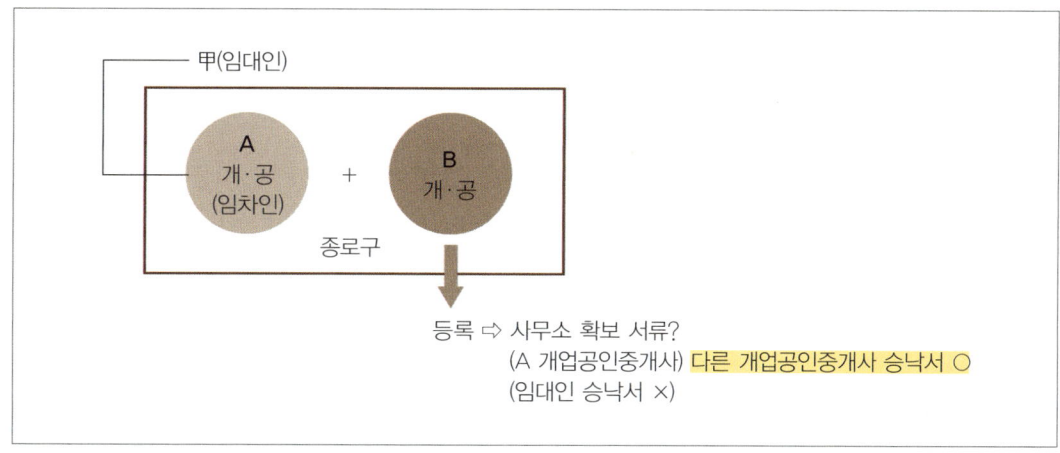

② 이전신고 ⇨ 10일 이내 ⇨ 이전 후 관청

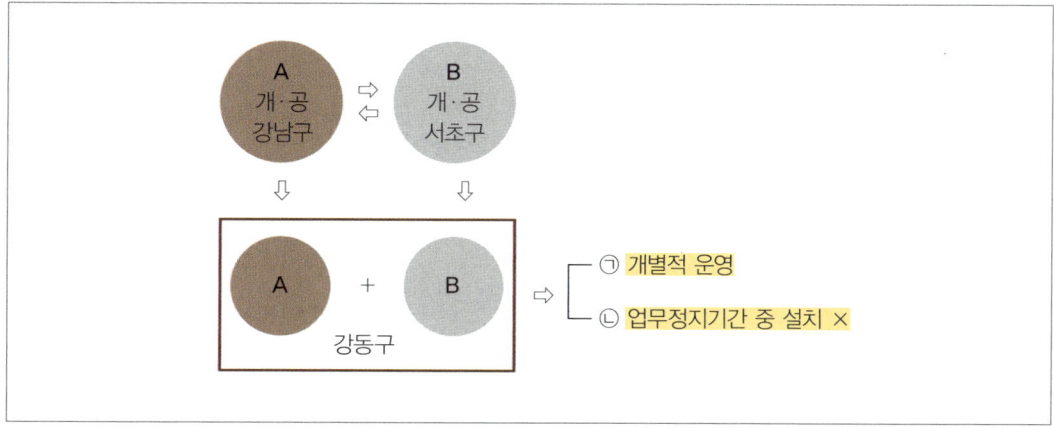

(2) 중개사무소의 공동사용방법

중개사무소를 공동으로 사용하고자 하는 개업공인중개사는 중개사무소의 개설등록 또는 중개사무소의 이전신고를 하는 때에 그 중개사무소를 사용할 권리가 있는 다른 개업공인중개사의 승낙서를 첨부하여야 한다.

(3) 설치제한

① 업무정지기간 중인 개업공인중개사가 다른 개업공인중개사에게 중개사무소의 공동사용을 위하여 승낙서를 주는 방법으로 설치할 수 없다.

② 업무정지기간 중인 개업공인중개사가 다른 개업공인중개사의 중개사무소를 공동으로 사용하기 위하여 중개사무소의 이전신고를 하는 방법으로 설치할 수 없다.
   ⚠ 1. 개업공인중개사는 공동으로 사용하는 사무소 외에 별도의 중개사무소를 둘 수 없다.
   2. 부칙 제6조 제2항에 규정된 개업공인중개사가 법인 또는 공인중개사인 개업공인중개사와 중개사무소를 공동으로 사용하더라도 업무지역이 전국으로 되는 것은 아니다.
③ 다만, 법 제39조에 따른 업무의 정지기간 중에 있는 개업공인중개사가 영업정지처분을 받기 전부터 중개사무소를 공동사용 중인 다른 개업공인중개사는 공동사용을 위하여 승낙서를 주거나 다른 개업공인중개사의 중개사무소로 이전할 수 있다.

(4) 중개사무소의 공동사용에 따른 운영 및 책임

① 중개사무소를 공동으로 사용하는 개업공인중개사: 각종 의무(인장등록·보증설정의무 등)와 책임(손해배상책임)은 구성 개업공인중개사별로 각각 부담하게 된다.
② 개업공인중개사들은 소속공인중개사 또는 중개보조원을 공동으로 고용할 수 없다.
③ 공동사무소 내의 개업공인중개사에 대한 행정처분의 효과는 행정처분을 받은 해당 개업공인중개사에게만 그 효력이 미친다.

4 중개사무소의 이전

(1) 중개사무소의 이전신고

① **사무소이전의 자유**: 개업공인중개사는 현업 중이거나 휴업기간 중 또는 업무정지기간 중(다만, 다른 개업공인중개사의 중개사무소를 공동으로 사용하기 위한 이전의 경우는 제외)이든지 자유롭게 중개사무소를 이전할 수 있다.
② **신고기한**: 개업공인중개사는 중개사무소를 이전한 때에는 국토교통부령으로 정하는 바에 따라 이전한 날부터 10일 이내에 그 이전사실을 신고하여야 한다.
③ **신고관청**
   ㉠ 등록관청 관할구역 내로의 이전: 등록관청
   ㉡ 등록관청 관할구역 외로의 이전: 이전 후의 등록관청
   ㉢ 분사무소의 이전: 관할지역을 불문하고 주된 사무소의 등록관청
④ **제출서류**: 이전신고를 하는 때에는 이전신고서에 다음의 서류를 첨부하여 제출하여야 한다.

> ㉠ 중개사무소등록증(분사무소의 경우에는 분사무소설치신고확인서)
> ㉡ 건축물대장에 기재된 건물에 중개사무소를 확보(소유·전세·임대차 또는 사용대차 등의 방법에 의하여 사용권을 확보하여야 함)하였음을 증명하는 서류
>   ⚠ 건축물대장에 기재되지 아니한 건물에 중개사무소를 확보하였을 경우에는 건축물대장 기재가 지연되는 사유를 적은 서류도 함께 제출해야 한다.

⑤ 이전신고 위반 시 제재
  ㉠ 이전 후 10일 이내에 이전신고를 하지 아니한 경우: 100만원 이하의 과태료
  ㉡ 위법·불법·가설건축물로 이전한 경우: 등록을 취소할 수 있다.

(2) 구체적인 사무소 이전절차

① 중개사무소를 등록관청 관할구역 내로의 이전
  ㉠ 개업공인중개사가 동일한 등록관청의 관할구역 내로 중개사무소를 이전한 때에는 이전한 날로부터 10일 이내에 등록관청에 신고하여야 한다.
  ㉡ 등록관청은 7일 이내에 등록증에 변경사항을 기재하여 등록증을 교부할 수 있다.

② 중개사무소를 등록관청 관할구역 외로의 이전
  ㉠ 개업공인중개사가 등록관청의 관할구역 외로 중개사무소를 이전한 때에는 이전한 날로부터 10일 이내에 이전 후의 등록관청에 신고하여야 한다.
  ㉡ 신고를 받은 이전 후의 등록관청은 종전의 등록관청에 이전한 개업공인중개사에 관련된 관련서류를 송부하여 줄 것을 요청하여야 한다.
  ㉢ 서류 송부를 요청받은 종전의 등록관청은 지체 없이 다음의 서류를 이전 후의 등록관청에 송부하여야 한다.

  - 이전신고를 한 중개사무소의 중개사무소등록대장
  - 중개사무소 개설등록신청 시 제출했던 서류
  - 최근 1년간의 행정처분한 서류 및 행정처분절차가 진행 중인 경우 그 관련서류

  ㉣ **등록증의 재교부**: 이전 후의 등록관청은 이전신고를 받은 날부터 7일 이내에 등록증을 재교부하여야 한다.
  ㉤ 이전신고 전에 발생한 사유로 인한 개업공인중개사에 대한 행정처분은 이전 후의 등록관청이 행한다.

③ 분사무소의 이전
  ㉠ 분사무소를 이전한 때에는 이전한 지역이 관할지역 내·외인지 여부를 불문하고 이전한 날로부터 10일 이내에 주된 사무소 소재지를 관할하는 등록관청에 신고하여야 한다.
  ㉡ 이전신고를 받은 주된 사무소 소재지의 등록관청은 지체 없이 이전 전 및 이전 후의 분사무소의 소재지를 관할하는 시장·군수 또는 구청장에게 이를 통보하여야 한다.
  ㉢ 주된 사무소 소재지의 등록관청은 이전신고를 받은 날부터 7일 이내에 분사무소설치신고확인서를 재교부하여야 한다. 다만, 동일한 시·군·구 내로 이전한 경우에는 신고확인서에 변경사항을 기재하여 신고확인서를 교부할 수 있다.

④ **공동사용 중인 사무소의 이전**: 구성 개업공인중개사가 개별적으로 이전신고를 하여야 한다.

> **핵심단단** 중개사무소(분사무소)의 이전
>
> 1. 관할구역 내 이전: 재교부, 교부(등록증, 신고확인서) ⇨ 할 수 있다.
> 2. 관할구역 외 이전: 재교부(등록증, 신고확인서) ⇨ 하여야 한다.

5 중개사무소의 문자사용 및 옥외광고물의 성명표기

(1) 중개사무소의 명칭에 문자사용

① 개업공인중개사

  ㉠ 개업공인중개사(법인 및 공인중개사인 개업공인중개사의 경우)는 사무소의 명칭에 '공인중개사사무소' 또는 '부동산중개'라는 문자를 사용하여야 한다. 위반 시 100만원 이하의 과태료에 처한다.

  ㉡ 부칙 제6조 제2항에 규정된 개업공인중개사는 '공인중개사사무소'라는 문자를 사용하여서는 아니 된다. 위반 시 100만원 이하의 과태료에 처한다.

② 개업공인중개사가 아닌 자: 개업공인중개사가 아닌 자는 '공인중개사사무소', '부동산중개' 또는 이와 유사한 명칭을 사용하여서는 아니 된다. 위반 시 1년 이하의 징역 또는 1천만원 이하의 벌금형에 처한다.

③ 위반 시 제재: 등록관청은 사무소 명칭을 위반한 간판에 대해서 간판의 철거를 명할 수 있다.

  ⚠ 등록관청은 개업공인중개사 또는 개업공인중개사 아닌 자가 철거명령을 이행하지 아니하는 경우 「행정대집행법」에 따라 대집행을 할 수 있다.

(2) 개업공인중개사의 옥외광고물(간판)에 성명표기의무

① 성명표기의무

  ㉠ 개업공인중개사가 옥외광고물을 설치하는 경우에는 중개사무소등록증에 표기된 개업공인중개사(법인은 대표자, 분사무소는 책임자)의 성명을 표기하여야 한다.

  ㉡ 개업공인중개사가 설치한 옥외광고물 중 벽면 이용간판, 돌출 간판, 옥상형 간판에는 개업공인중개사의 성명을 인식할 수 있을 정도의 크기로 표기해야 한다.

  ⚠ 법인의 주된 사무소 간판 등에는 대표자의 성명, 분사무소의 간판 등에는 책임자의 성명을 표기하여야 한다.

② 위반 시 제재: 등록관청은 개업공인중개사의 성명을 표기하지 아니하거나 거짓으로 성명을 표기한 개업공인중개사에 대하여 100만원 이하의 과태료와 간판의 철거를 명할 수 있다.

  ⚠ 등록관청은 개업공인중개사가 철거명령을 이행하지 아니하는 경우 「행정대집행법」에 따라 대집행을 할 수 있다.

③ 옥외광고물(간판) 예시

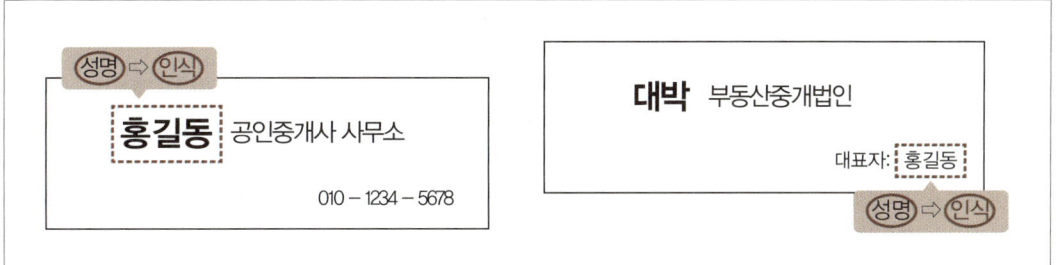

④ 간판의 철거: 개업공인중개사는 다음에 해당하는 경우에는 지체 없이 사무소의 간판을 철거하여야 한다.

> ㉠ 등록관청에 중개사무소의 이전사실을 신고한 경우
> ㉡ 등록관청에 폐업사실을 신고한 경우
> ㉢ 중개사무소의 개설등록 취소처분을 받은 경우

(3) 중개대상물의 표시·광고의무

① 개업공인중개사가 의뢰받은 중개대상물에 대하여 표시·광고(표시·광고의 공정화에 관한 법률 제2조 제1호 및 제2호에 따른 표시·광고를 말함)를 하려면 중개사무소, 개업공인중개사에 관한 사항으로서 다음의 사항을 명시하여야 하며, 중개보조원에 관한 사항은 명시해서는 아니 된다.

> ㉠ 중개사무소의 명칭, 소재지, 연락처 및 등록번호
> ㉡ 개업공인중개사의 성명(법인인 경우에는 대표자의 성명)

② 개업공인중개사가 인터넷을 이용하여 중개대상물에 대한 표시·광고를 하는 때에는 다음에서 정하는 사항을 명시하여야 한다.

> ㉠ 중개사무소의 명칭, 소재지, 연락처 및 등록번호
> ㉡ 개업공인중개사의 성명(법인인 경우에는 대표자의 성명)
> ㉢ 소재지
> ㉣ 면적
> ㉤ 가격
> ㉥ 중개대상물 종류
> ㉦ 거래 형태
> ㉧ 건축물 및 그 밖의 토지의 정착물인 경우 다음의 사항
>   • 총 층수
>   • 「건축법」 또는 「주택법」 등 관련 법률에 따른 사용승인·사용검사·준공검사 등을 받은 날
>   • 해당 건축물의 방향, 방의 개수, 욕실의 개수, 입주가능일, 주차대수 및 관리비

③ 개업공인중개사가 아닌 자는 중개대상물에 대한 표시·광고를 하여서는 아니 된다.
④ 중개대상물에 대한 구체적인 표시·광고방법에 대해서는 국토교통부장관이 정하여 고시한다.

⑤ 개업공인중개사는 중개대상물에 대하여 다음의 어느 하나에 해당하는 부당한 표시·광고를 하여서는 아니 된다.

> ㉠ 중개대상물이 존재하지 않아서 실제로 거래를 할 수 없는 중개대상물에 대한 표시·광고
> ㉡ 중개대상물의 가격 등 내용을 사실과 다르게 거짓으로 표시·광고하거나 사실을 과장되게 하는 표시·광고
> ㉢ 그 밖에 표시·광고의 내용이 부동산거래질서를 해치거나 중개의뢰인에게 피해를 줄 우려가 있는 것으로서 다음에서 정하는 내용의 표시·광고(영 제17조의2 제4항)
>   • 중개대상물이 존재하지만 실제로 중개의 대상이 될 수 없는 중개대상물에 대한 표시·광고
>   • 중개대상물이 존재하지만 실제로 중개할 의사가 없는 중개대상물에 대한 표시·광고
>   • 중개대상물의 입지조건, 생활여건, 가격 및 거래조건 등 중개대상물 선택에 중요한 영향을 미칠 수 있는 사실을 빠뜨리거나 은폐·축소하는 등의 방법으로 소비자를 속이는 표시·광고

⑥ 부당한 표시·광고의 세부적인 유형 및 기준 등에 관한 사항은 국토교통부장관이 정하여 고시한다.

(4) 인터넷 표시·광고 모니터링

① 국토교통부장관은 인터넷을 이용한 중개대상물에 대한 표시·광고가 중개대상물의 표시·광고의 규정을 준수하는지 여부를 모니터링할 수 있다.

② 국토교통부장관은 인터넷을 이용한 중개대상물에 대한 표시·광고규정에 따른 모니터링을 위하여 필요한 때에는 정보통신서비스 제공자에게 관련 자료의 제출을 요구할 수 있다. 이 경우 관련 자료의 제출을 요구받은 정보통신서비스 제공자는 정당한 사유가 없으면 이에 따라야 한다.

③ 국토교통부장관은 인터넷을 이용한 중개대상물에 대한 표시·광고에 따른 모니터링 결과에 따라 정보통신서비스 제공자에게 이 법 위반이 의심되는 표시·광고에 대한 확인 또는 추가정보의 게재 등 필요한 조치를 요구할 수 있다. 이 경우 필요한 조치를 요구받은 정보통신서비스 제공자는 정당한 사유가 없으면 이에 따라야 한다.

④ **업무의 위탁**: 국토교통부장관은 모니터링 업무를 다음의 기관에 위탁할 수 있다.

> ㉠ 「공공기관의 운영에 관한 법률」에 따른 공공기관
> ㉡ 「정부출연연구기관 등의 설립·운영 및 육성에 관한 법률」에 따른 정부출연연구기관
> ㉢ 비영리법인으로서 인터넷 표시·광고 모니터링 또는 인터넷 광고시장 감시와 관련된 업무를 수행하는 법인
> ㉣ 그 밖에 인터넷 표시·광고 모니터링 업무 수행에 필요한 전문인력과 전담조직을 갖췄다고 국토교통부장관이 인정하는 기관 또는 단체

⑤ 국토교통부장관은 업무를 위탁하는 경우에는 위탁받는 기관 및 위탁업무의 내용을 고시해야 한다.
⑥ 국토교통부장관은 업무위탁기관에 예산의 범위에서 위탁업무 수행에 필요한 예산을 지원할 수 있다.
⑦ 모니터링의 내용, 방법, 절차 등에 관한 사항은 국토교통부령으로 정한다.

⑧ 인터넷 표시·광고 모니터링 업무의 내용 및 방법

㉠ 모니터링 업무는 다음의 구분에 따라 수행한다.

> - 기본 모니터링 업무: 모니터링 기본계획서에 따라 분기별로 실시하는 모니터링
> - 수시 모니터링 업무: 중개대상물 표시·광고를 위반한 사실이 의심되는 경우 등 국토교통부장관이 필요하다고 판단하여 실시하는 모니터링

㉡ 앞의 ④의 모니터링 업무 수탁기관은 모니터링 업무를 수행하려면 다음의 구분에 따라 계획서를 국토교통부장관에게 제출해야 한다.

> - 기본 모니터링 업무: 모니터링 대상, 모니터링 체계 등을 포함한 다음 연도의 모니터링 기본계획서를 매년 12월 31일까지 제출할 것
> - 수시 모니터링 업무: 모니터링의 기간, 내용 및 방법 등을 포함한 계획서를 제출할 것

㉢ 모니터링 기관은 업무를 수행한 경우 해당 업무에 따른 결과보고서를 다음에 따른 기한까지 국토교통부장관에게 제출해야 한다.

> - 기본 모니터링 업무: 매 분기의 마지막 날부터 30일 이내
> - 수시 모니터링 업무: 해당 모니터링 업무를 완료한 날부터 15일 이내

㉣ 국토교통부장관은 제출받은 결과보고서를 시·도지사 및 등록관청에 통보하고 필요한 조사 및 조치를 요구할 수 있다.

㉤ 시·도지사 및 등록관청은 위 ㉣에 따른 요구를 받으면 신속하게 조사 및 조치를 완료하고, 완료한 날부터 10일 이내에 그 결과를 국토교통부장관에게 통보해야 한다.

㉥ 위 ㉠부터 ㉤까지에서 규정한 사항 외에 모니터링의 기준, 절차 및 방법 등에 관한 세부적인 사항은 국토교통부장관이 정하여 고시한다.

핵심단단 인터넷 표시·광고 모니터링 업무

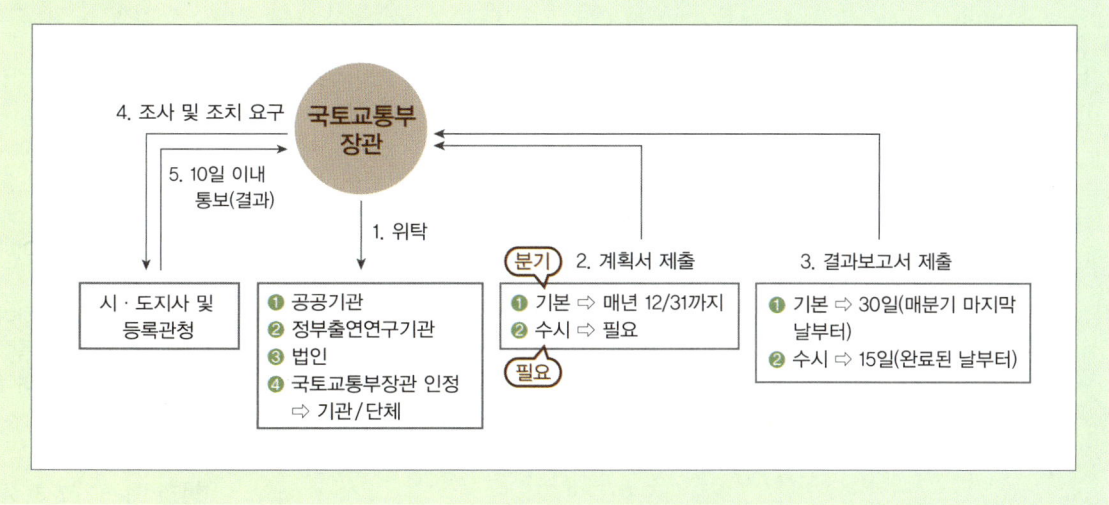

기본문제와 완성문제로 단단기출

01 공인중개사법령상 중개사무소의 설치에 관한 설명으로 틀린 것은? 제32회

기본 기출

① 법인이 아닌 개업공인중개사는 그 등록관청의 관할구역 안에 1개의 중개사무소만 둘 수 있다.
② 다른 법률의 규정에 따라 중개업을 할 수 있는 법인의 분사무소에는 공인중개사를 책임자로 두지 않아도 된다.
③ 개업공인중개사가 중개사무소를 공동으로 사용하려면 중개사무소의 개설등록 또는 이전신고를 할 때 그 중개사무소를 사용할 권리가 있는 다른 개업공인중개사의 승낙서를 첨부해야 한다.
④ 법인인 개업공인중개사가 분사무소를 두려는 경우 소유·전세·임대차 또는 사용대차 등의 방법으로 사용권을 확보해야 한다.
⑤ 법인인 개업공인중개사가 그 등록관청의 관할구역 외의 지역에 둘 수 있는 분사무소는 시·도별로 1개소를 초과할 수 없다.

> 키워드 중개사무소의 설치
> 난이도
> 해설 분사무소는 주된 사무소의 소재지가 속한 시·군·구를 제외한 시·군·구별로 설치하되, 시·군·구별로 1개소를 초과할 수 없다(영 제15조 제1항).

02 공인중개사법령상 법인인 개업공인중개사의 중개사무소등록증 원본 또는 사본이 첨부되어야 하는 경우에 해당하지 않는 것은? 제31회

기본 기출

① 중개사무소 이전신고
② 중개사무소 폐업신고
③ 분사무소 설치신고
④ 분사무소 폐업신고
⑤ 3개월을 초과하는 중개사무소 휴업신고

> 키워드 분사무소의 설치신고
> 난이도
> 해설 ③ 분사무소의 설치신고를 하는 경우 구비되어야 하는 서류는 다음과 같다.
> 1. 분사무소 설치신고서
> 2. 분사무소 책임자의 실무교육의 수료확인증 사본
> 3. 보증의 설정을 증명하는 서류
> 4. 건축물대장에 기재된 건물에 분사무소를 확보(소유·전세·임대차 또는 사용대차 등의 방법에 의하여 사용권을 확보하여야 함)하였음을 증명하는 서류
> ④ 주된 사무소는 중개사무소의 개설등록을 하므로 중개사무소등록증 원본을 첨부하여 폐업신고를 하여야 한다. 그러나 분사무소의 경우 중개사무소의 개설등록을 하는 것이 아닌 설치신고를 하므로 등록증과는 무관하다. 분사무소 폐업신고를 하는 때에는 신고서에 분사무소 설치신고확인서를 첨부하여야 한다. 따라서 중개사무소등록증 원본 또는 사본이 첨부되어야 하는 경우에 해당하지 않는다.

정답 01 ⑤ 02 ③, ④

03 공인중개사법령상 중개사무소의 설치 등에 관한 설명으로 틀린 것은?   제30회

① 개업공인중개사는 그 등록관청의 관할구역 안에 1개의 중개사무소만을 둘 수 있다.
② 개업공인중개사는 천막 그 밖에 이동이 용이한 임시 중개시설물을 설치하여서는 아니 된다.
③ 법인이 아닌 개업공인중개사는 분사무소를 둘 수 없다.
④ 개업공인중개사는 등록관청의 관할구역 외의 지역에 있는 중개대상물을 중개할 수 없다.
⑤ 법인인 개업공인중개사는 등록관청에 신고하고 그 관할구역 외의 지역에 분사무소를 둘 수 있다.

키워드 > 중개사무소의 설치

난이도 >

해설 > 개업공인중개사는 등록관청의 관할구역 외의 지역에 있는 중개대상물을 중개할 수 있다.

보충 > 업무지역의 범위
법인 및 공인중개사인 개업공인중개사는 전국에 소재한 중개대상물에 대하여 중개업을 할 수 있다. 또한 법 부칙 제6조 제2항에 규정된 개업공인중개사의 업무지역은 해당 사무소가 소재하는 특별시·광역시·도 관할구역으로 하며, 그 관할구역 안에 있는 중개대상물에 한하여 중개행위를 할 수 있다. 다만, 부동산 거래정보망에 가입하고 이를 이용하여 중개하는 경우에는 해당 정보망에 공개된 관할구역 외의 중개대상물에 대하여도 이를 중개할 수 있다(법 부칙 제6조 제6항 단서).

04 공인중개사법령상 분사무소의 설치에 관한 설명으로 옳은 것은?   제31회

① 군(郡)에 주된 사무소가 설치된 경우 동일 군(郡)에 분사무소를 둘 수 있다.
② 개업공인중개사가 분사무소를 설치하기 위해서는 등록관청으로부터 인가를 받아야 한다.
③ 공인중개사인 개업공인중개사는 분사무소를 설치할 수 없다.
④ 다른 법률의 규정에 따라 중개업을 할 수 있는 법인의 분사무소에도 공인중개사를 책임자로 두어야 한다.
⑤ 분사무소의 책임자인 공인중개사는 등록관청이 실시하는 실무교육을 받아야 한다.

키워드 > 분사무소의 설치

난이도 >

해설 > ① 분사무소는 주된 사무소의 소재지가 속한 시·군·구를 제외한 시·군·구별로 설치가 가능하다. 따라서 군(郡)에 주된 사무소가 설치된 경우 동일 군(郡)에 분사무소를 둘 수 없다.
② 법인인 개업공인중개사가 분사무소를 설치하고자 하는 경우에는 인가를 받는 것이 아니라 신고하여야 한다.
④ 다른 법률의 규정에 따라 중개업을 할 수 있는 법인의 분사무소에는 공인중개사를 책임자로 두지 않아도 된다.
⑤ 분사무소의 책임자인 공인중개사는 시·도지사가 실시하는 실무교육을 받아야 한다.

정답 03 ④ 04 ③

05 공인중개사법령상 개업공인중개사의 중개사무소 이전신고 등에 관한 설명으로 <u>틀린</u> 것은? 제34회

① 개업공인중개사가 중개사무소를 등록관청의 관할지역 외의 지역으로 이전한 경우에는 이전 후의 중개사무소를 관할하는 시장·군수 또는 구청장에게 신고하여야 한다.
② 개업공인중개사가 등록관청에 중개사무소의 이전사실을 신고한 경우에는 지체 없이 사무소의 간판을 철거하여야 한다.
③ 분사무소의 이전신고를 하려는 경우에는 주된 사무소의 소재지를 관할하는 등록관청에 중개사무소이전신고서를 제출해야 한다.
④ 업무정지 기간 중에 있는 개업공인중개사는 중개사무소의 이전신고를 하는 방법으로 다른 개업공인중개사의 중개사무소를 공동으로 사용할 수 없다.
⑤ 공인중개사인 개업공인중개사가 중개사무소이전신고서를 제출할 때 중개사무소등록증을 첨부하지 않아도 된다.

> 키워드 중개사무소의 이전신고
> 난이도
> 해설 중개사무소이전신고서를 제출할 때 중개사무소등록증을 첨부하여야 한다.
> 보충 개업공인중개사는 중개사무소이전신고서(별지 제12호 서식)에 다음의 서류를 첨부하여 등록관청에 제출해야 한다. 첨부할 서류는 다음과 같다(규칙 제11조 제1항).
> 1. 중개사무소등록증(분사무소의 경우에는 분사무소설치신고확인서를 말함)
> 2. 건축물대장에 기재된 건물에 중개사무소를 확보(소유·전세·임대차 또는 사용대차 등의 방법에 의하여 사용권을 확보하여야 함)하였음을 증명하는 서류. 다만, 건축물대장에 기재되지 아니한 건물에 중개사무소를 확보하였을 경우에는 건축물대장 기재가 지연되는 사유를 적은 서류도 함께 내야 한다.

정답 05 ⑤

06 공인중개사법령상 공인중개사인 개업공인중개사가 중개사무소를 등록관청의 관할지역 내로 이전한 경우에 관한 설명으로 **틀린** 것을 모두 고른 것은?

기본 기출   제32회

> ㉠ 중개사무소를 이전한 날부터 10일 이내에 신고해야 한다.
> ㉡ 등록관청이 이전신고를 받은 경우, 중개사무소등록증에 변경사항만을 적어 교부할 수 없고 재교부해야 한다.
> ㉢ 이전신고를 할 때 중개사무소등록증을 제출하지 않아도 된다.
> ㉣ 건축물대장에 기재되지 않은 건물로 이전신고를 하는 경우, 건축물대장 기재가 지연되는 사유를 적은 서류도 제출해야 한다.

① ㉠, ㉡
② ㉠, ㉣
③ ㉡, ㉢
④ ㉢, ㉣
⑤ ㉡, ㉢, ㉣

키워드 > 중개사무소의 이전신고

난이도 >

해설 > ㉡ 중개사무소를 등록관청의 관할지역 내로 이전한 경우로서, 등록관청이 이전신고를 받은 경우 중개사무소등록증에 변경사항만을 기재한 후 7일 이내에 등록증을 교부할 수 있다.
㉢ 개업공인중개사가 이전신고를 할 때 중개사무소이전신고서(별지 제12호 서식)에 다음의 서류를 첨부하여 신고하여야 한다.
  1. 중개사무소등록증(분사무소의 경우에는 분사무소설치신고확인서)
  2. 건축물대장에 기재된 건물에 중개사무소를 확보(소유·전세·임대차 또는 사용대차 등의 방법에 의하여 사용권을 확보하여야 함)하였음을 증명하는 서류

정답 06 ③

07 공인중개사법령상 법인인 개업공인중개사가 등록관청 관할지역 외의 지역으로 중개사무소 또는 분사무소를 이전하는 경우에 관한 설명으로 옳은 것은? 제31회

① 중개사무소 이전신고를 받은 등록관청은 그 내용이 적합한 경우, 중개사무소등록증의 변경사항을 기재하여 교부하거나 중개사무소등록증을 재교부하여야 한다.
② 건축물대장에 기재되지 않은 건물에 중개사무소를 확보한 경우, 건축물대장의 기재가 지연된 사유를 적은 서류는 첨부할 필요가 없다.
③ 중개사무소 이전신고를 하지 않은 경우 과태료 부과대상이 아니다.
④ 분사무소 이전신고는 이전한 날부터 10일 이내에 이전할 분사무소의 소재지를 관할하는 등록관청에 하면 된다.
⑤ 등록관청은 분사무소의 이전신고를 받은 때에는 지체 없이 그 분사무소의 이전 전 및 이전 후의 소재지를 관할하는 시장·군수 또는 구청장에게 이를 통보하여야 한다.

키워드 중개사무소의 이전신고
난이도

해설 ① 중개사무소 이전신고를 받은 등록관청은 그 내용이 적합한 경우 중개사무소등록증을 재교부하여야 한다.
② 건축물대장에 기재되지 않은 건물에 중개사무소를 확보한 경우, 건축물대장의 기재가 지연된 사유를 적은 서류도 함께 제출해야 한다.
③ 중개사무소 이전신고를 하지 않은 경우 과태료 부과대상이다.
④ 분사무소 이전신고는 이전한 날부터 10일 이내에 주된 사무소의 소재지를 관할하는 등록관청에 하면 된다.

08 공인중개사법령상 개업공인중개사가 중개사무소를 등록관청의 관할지역 외의 지역으로 이전하는 경우에 관한 설명으로 틀린 것은? 제29회

① 이전신고 전에 발생한 사유로 인한 행정처분은 이전 전의 등록관청이 이를 행한다.
② 이전신고는 이전한 날부터 10일 이내에 해야 한다.
③ 주된 사무소의 이전신고는 이전 후 등록관청에 해야 한다.
④ 주된 사무소의 이전신고서에는 중개사무소등록증과 건축물대장에 기재된 건물에 중개사무소를 확보한 경우 이를 증명하는 서류가 첨부되어야 한다.
⑤ 분사무소 이전신고를 받은 등록관청은 이전 전 및 이전 후의 분사무소 소재지 관할 시장·군수 또는 구청장에게 이를 지체 없이 통보해야 한다.

키워드 중개사무소의 이전신고
난이도

해설 이전신고 전에 발생한 사유로 인한 행정처분은 이전 후의 등록관청이 행한다.

정답 07 ⑤ 08 ①

09 공인중개사법령상 중개사무소의 이전신고에 관한 설명으로 <u>틀린</u> 것은? 제28회

기본 기출

① 중개사무소를 이전한 때에는 이전한 날부터 10일 이내에 이전신고를 해야 한다.
② 분사무소를 이전한 때에는 주된 사무소의 소재지를 관할하는 등록관청에 이전신고를 해야 한다.
③ 분사무소의 이전신고를 하려는 법인인 개업공인중개사는 중개사무소등록증을 첨부해야 한다.
④ 분사무소의 이전신고를 받은 등록관청은 지체 없이 이를 이전 전 및 이전 후의 소재지를 관할하는 시장·군수 또는 구청장에게 통보해야 한다.
⑤ 중개사무소를 등록관청의 관할지역 외의 지역으로 이전한 경우, 그 이전신고 전에 발생한 사유로 인한 개업공인중개사에 대한 행정처분은 이전 후 등록관청이 행한다.

| 키워드 | 분사무소의 설치, 중개사무소의 이전신고
| 난이도 |
| 해설 | 분사무소 설치신고를 하고자 하는 경우 주된 사무소의 소재지를 관할하는 등록관청에 분사무소설치신고서를 제출하여야 한다. 즉, 분사무소의 설치는 신고사항이므로 신고확인서를 교부받는 사항이다. 따라서 분사무소의 이전신고를 하려는 법인인 개업공인중개사는 분사무소설치신고확인서를 첨부하여 주된 사무소의 소재지를 관할하는 등록관청에 제출하여야 한다.

10 공인중개사법령상 중개사무소의 명칭 및 등록증 등의 게시에 관한 설명으로 <u>틀린</u> 것은? (다툼이 있으면 판례에 따름) 제32회

기본 기출

① 법인인 개업공인중개사의 분사무소에는 분사무소설치신고확인서 원본을 게시해야 한다.
② 소속공인중개사가 있는 경우 그 소속공인중개사의 공인중개사자격증 원본도 게시해야 한다.
③ 개업공인중개사가 아닌 자가 '부동산중개'라는 명칭을 사용한 경우, 3년 이하의 징역 또는 3천만원 이하의 벌금에 처한다.
④ 무자격자가 자신의 명함에 '부동산뉴스 대표'라는 명칭을 기재하여 사용하였다면 공인중개사와 유사한 명칭을 사용한 것에 해당한다.
⑤ 공인중개사인 개업공인중개사가 「옥외광고물 등의 관리와 옥외광고산업 진흥에 관한 법률」에 따른 옥외광고물을 설치하는 경우, 중개사무소등록증에 표기된 개업공인중개사의 성명을 표기해야 한다.

| 키워드 | 중개사무소의 명칭
| 난이도 |
| 해설 | 개업공인중개사가 아닌 자가 '부동산중개'라는 명칭을 사용한 경우, 1년 이하의 징역 또는 1천만원 이하의 벌금에 처한다.

정답 09 ③ 10 ③

11 공인중개사법령상 중개대상물의 표시·광고 및 모니터링에 관한 설명으로 틀린 것은? 제32회

① 개업공인중개사는 의뢰받은 중개대상물에 대하여 표시·광고를 하려면 개업공인중개사, 소속공인중개사 및 중개보조원에 관한 사항을 명시해야 한다.
② 개업공인중개사는 중개대상물이 존재하지 않아서 실제로 거래를 할 수 없는 중개대상물에 대한 광고와 같은 부당한 표시·광고를 해서는 안 된다.
③ 개업공인중개사는 중개대상물의 가격 등 내용을 과장되게 하는 부당한 표시·광고를 해서는 안 된다.
④ 국토교통부장관은 인터넷을 이용한 중개대상물에 대한 표시·광고의 규정준수 여부에 관하여 기본 모니터링과 수시 모니터링을 할 수 있다.
⑤ 국토교통부장관은 인터넷 표시·광고 모니터링 업무 수행에 필요한 전문인력과 전담조직을 갖췄다고 국토교통부장관이 인정하는 단체에게 인터넷 표시·광고 모니터링 업무를 위탁할 수 있다.

키워드 중개대상물의 표시·광고의무

난이도

해설 소속공인중개사에 관한 사항을 명시해야 한다는 규정은 「공인중개사법」상 없는 내용이며, 중개보조원에 관한 사항은 명시해서는 아니 된다.

보충 중개대상물에 대하여 표시·광고를 할 때 명시해야 할 중개사무소, 개업공인중개사에 관한 사항
1. 중개사무소의 명칭, 소재지, 연락처 및 등록번호
2. 개업공인중개사의 성명(법인의 경우에는 대표자의 성명)

---

12 공인중개사법령상 중개사무소의 명칭 및 등록증 등의 게시에 관한 설명으로 틀린 것은? 제34회

① 공인중개사인 개업공인중개사는 공인중개사자격증 원본을 해당 중개사무소 안의 보기 쉬운 곳에 게시하여야 한다.
② 개업공인중개사는 「부가가치세법 시행령」에 따른 사업자등록증을 해당 중개사무소 안의 보기 쉬운 곳에 게시하여야 한다.
③ 법인인 개업공인중개사는 그 사무소의 명칭에 '공인중개사사무소' 또는 '부동산중개'라는 문자를 사용하여야 한다.
④ 법인인 개업공인중개사의 분사무소에 옥외광고물을 설치하는 경우 분사무소설치신고확인서에 기재된 책임자의 성명을 표기하여야 한다.
⑤ 법 제7638호 부칙 제6조 제2항에 따른 개업공인중개사는 그 사무소의 명칭에 '공인중개사사무소' 및 '부동산중개'라는 문자를 사용하여서는 아니 된다.

정답 11 ① 12 ⑤

| 키워드 | 중개사무소의 명칭 |
| 난이도 | |

해설 법 제7638호 부칙 제6조 제2항에 따른 개업공인중개사는 사무소 명칭에 '공인중개사사무소'라는 문자를 사용하여서는 아니 된다(부칙 제6조 제3항). 따라서 '부동산중개'라는 문자를 사용하여야 한다.

13 공인중개사법령상 중개사무소 명칭에 관한 설명으로 옳은 것은?   제31회

기본 기출

① 공인중개사인 개업공인중개사는 그 사무소의 명칭에 '공인중개사사무소' 또는 '부동산중개'라는 문자를 사용하여야 한다.
② 공인중개사가 중개사무소의 개설등록을 하지 않은 경우, 그 사무소에 '공인중개사사무소'라는 명칭을 사용할 수 없지만, '부동산중개'라는 명칭은 사용할 수 있다.
③ 공인중개사인 개업공인중개사가 관련 법령에 따른 옥외광고물을 설치하는 경우, 중개사무소 등록증에 표기된 개업공인중개사의 성명을 표기할 필요는 없다.
④ 중개사무소 개설등록을 하지 않은 공인중개사가 '부동산중개'라는 명칭을 사용한 경우, 국토교통부장관은 그 명칭이 사용된 간판 등의 철거를 명할 수 있다.
⑤ 개업공인중개사가 의뢰받은 중개대상물에 대하여 표시·광고를 하려는 경우, 중개사무소의 명칭은 명시하지 않아도 된다.

| 키워드 | 중개사무소의 명칭  |
| 난이도 | |

해설 ② 공인중개사가 중개사무소의 개설등록을 하지 않은 경우, 그 사무소에 '공인중개사사무소' 또는 '부동산중개'라는 명칭을 사용할 수 없다.
③ 공인중개사인 개업공인중개사가 관련 법령에 따른 옥외광고물을 설치하는 경우, 중개사무소등록증에 표기된 개업공인중개사(법인의 경우에는 대표자, 법인 분사무소의 경우에는 신고확인서에 기재된 책임자를 말함)의 성명을 표기하여야 한다.
④ 중개사무소 개설등록을 하지 않은 공인중개사가 '부동산중개'라는 명칭을 사용한 경우, 등록관청은 그 명칭이 사용된 간판 등의 철거를 명할 수 있다.
⑤ 개업공인중개사가 의뢰받은 중개대상물에 대하여 표시·광고를 하려는 경우 다음의 사항을 명시하여야 한다.
1. 중개사무소의 명칭, 소재지, 연락처 및 등록번호
2. 개업공인중개사의 성명(법인인 경우에는 대표자의 성명)

정답 13 ①

14 기본 기출

공인중개사법령상 개업공인중개사가 지체 없이 사무소의 간판을 철거해야 하는 사유를 모두 고른 것은?

제32회

> ㉠ 등록관청에 중개사무소의 이전사실을 신고한 경우
> ㉡ 등록관청에 폐업사실을 신고한 경우
> ㉢ 중개사무소의 개설등록 취소처분을 받은 경우
> ㉣ 등록관청에 6개월을 초과하는 휴업신고를 한 경우

① ㉣
② ㉠, ㉢
③ ㉡, ㉢
④ ㉠, ㉡, ㉢
⑤ ㉠, ㉡, ㉢, ㉣

키워드 간판의 철거사유

난이도

해설 개업공인중개사는 다음에 해당하는 경우에는 지체 없이 사무소의 간판을 철거하여야 한다(법 제21조의2 제1항).
1. 등록관청에 중개사무소의 이전사실을 신고한 경우(㉠)
2. 등록관청에 폐업사실을 신고한 경우(㉡)
3. 중개사무소의 개설등록 취소처분을 받은 경우(㉢)

정답 14 ④

15 공인중개사법령상 개업공인중개사가 의뢰받은 중개대상물에 대하여 표시·광고를 하는 경우에 관한 설명으로 옳은 것은?
_{기본 기출} 제31회

① 중개보조원이 있는 경우 개업공인중개사의 성명과 함께 중개보조원의 성명을 명시할 수 있다.
② 중개대상물에 대한 표시·광고를 위하여 대통령령으로 정해진 사항의 구체적인 표시·광고방법은 국토교통부장관이 정하여 고시한다.
③ 중개대상물의 내용을 사실과 다르게 거짓으로 표시·광고한 자를 신고한 자는 포상금 지급대상이다.
④ 인터넷을 이용하여 표시·광고를 하는 경우 중개사무소에 관한 사항은 명시하지 않아도 된다.
⑤ 인터넷을 이용한 중개대상물의 표시·광고 모니터링 업무 수탁기관은 기본계획서에 따라 6개월마다 기본 모니터링 업무를 수행한다.

> 키워드 ▶ 중개대상물의 표시·광고의무

> 난이도 ▶

> 해설 ▶ ① 개업공인중개사가 의뢰받은 중개대상물에 대하여 표시·광고를 하는 경우 중개보조원에 관한 사항은 명시해서는 아니 된다.
> ③ 중개대상물의 내용을 사실과 다르게 거짓으로 표시·광고한 자를 신고한 자는 포상금 지급대상에 포함되지 않는다. 다음의 사람을 신고할 경우에 포상금을 지급한다.
>   1. 중개사무소의 개설등록을 하지 아니하고 중개업을 한 자
>   2. 거짓이나 그 밖의 부정한 방법으로 중개사무소의 개설등록을 한 자
>   3. 중개사무소등록증을 다른 사람에게 양도·대여하거나 다른 사람으로부터 양수·대여받은 자
>   4. 공인중개사자격증을 다른 사람에게 양도·대여하거나 다른 사람으로부터 양수·대여받은 자
>   5. 개업공인중개사가 아닌 자는 중개대상물에 대한 표시·광고를 하여서는 아니 된다는 규정을 위반한 자
>   6. 부동산거래질서교란행위를 한 자
> ④ 인터넷을 이용하여 표시·광고를 하는 경우 다음의 사항을 명시하여야 한다.
>   1. 중개사무소의 명칭, 소재지, 연락처 및 등록번호
>   2. 개업공인중개사의 성명(법인인 경우에는 대표자의 성명)
>   3. 소재지
>   4. 면적
>   5. 가격
>   6. 중개대상물 종류
>   7. 거래 형태
>   8. 건축물 및 그 밖의 토지의 정착물인 경우에는 다음의 사항
>   (1) 총 층수
>   (2) 「건축법」 또는 「주택법」 등 관련 법률에 따른 사용승인·사용검사·준공검사 등을 받은 날
>   (3) 해당 건축물의 방향, 방의 개수, 욕실의 개수, 입주가능일, 주차대수 및 관리비
> ⑤ 인터넷을 이용한 중개대상물의 표시·광고 모니터링 업무 수탁기관은 기본계획서에 따라 분기별로 기본 모니터링 업무를 수행한다.

정답 **15** ②

16 공인중개사법령상 개업공인중개사가 의뢰받은 중개대상물에 대하여 표시·광고를 하려는 경우 '중개사무소, 개업공인중개사에 관한 사항'으로서 명시해야 하는 것을 모두 고른 것은? 제30회

> ㉠ 중개사무소의 연락처　　㉡ 중개사무소의 명칭
> ㉢ 소속공인중개사의 성명　　㉣ 개업공인중개사의 성명

① ㉠, ㉡　　② ㉡, ㉢
③ ㉢, ㉣　　④ ㉠, ㉡, ㉣
⑤ ㉠, ㉢, ㉣

키워드 〉 중개대상물의 표시·광고의무

난이도 〉

해설 〉 ㉢ 소속공인중개사의 성명은 명시해야 하는 사항에 포함되지 않는다.

보충 〉 개업공인중개사가 의뢰받은 중개대상물에 대하여 표시·광고를 하려면 중개사무소, 개업공인중개사에 관한 사항으로서 다음의 사항을 명시하여야 하며, 중개보조원에 관한 사항은 명시해서는 아니 된다(법 제18조의2 제1항, 영 제17조의2).
1. 중개사무소의 명칭, 소재지, 연락처 및 등록번호
2. 개업공인중개사의 성명(법인인 경우에는 대표자의 성명)

17 공인중개사법령상 중개사무소 명칭 및 표시·광고에 관한 설명으로 옳은 것은? 제29회

① 공인중개사는 개설등록을 하지 않아도 그 사무소에 '부동산중개'라는 명칭을 사용할 수 있다.
② 공인중개사인 개업공인중개사가 법령에 따른 옥외광고물을 설치하는 경우 중개사무소등록증에 표기된 개업공인중개사의 성명을 표기할 필요가 없다.
③ 법 제7638호 부칙 제6조 제2항에 규정된 개업공인중개사는 사무소의 명칭에 '공인중개사사무소'라는 문자를 사용해서는 안 된다.
④ 등록관청은 규정을 위반한 사무소 간판의 철거를 명할 수 있으나, 법령에 의한 대집행은 할 수 없다.
⑤ 법인인 개업공인중개사가 의뢰받은 중개대상물에 대하여 법령에 따른 표시·광고를 하는 경우 대표자의 성명을 명시할 필요는 없다.

정답 16 ④ 17 ③

| 키워드 | 중개사무소의 명칭, 중개대상물의 표시·광고의무 |

난이도

해설 ① 공인중개사는 개설등록을 하지 않으면 그 사무소에 '부동산중개'라는 명칭을 사용할 수 없다.
② 공인중개사인 개업공인중개사가 법령에 따른 옥외광고물을 설치하는 경우 중개사무소등록증에 표기된 개업공인중개사의 성명을 인식할 수 있는 정도의 크기로 표기하여야 한다.
④ 등록관청은 규정을 위반한 사무소 간판의 철거를 명할 수 있다. 이 경우 그 명령을 받은 개업공인중개사가 철거를 이행하지 아니하는 경우에는 「행정대집행법」에 의하여 대집행을 할 수 있다.
⑤ 법인인 개업공인중개사가 의뢰받은 중개대상물에 대하여 법령에 따른 표시·광고를 하는 경우 중개사무소, 대표자의 성명 등을 명시하여야 한다.

18 공인중개사법령상 중개사무소의 명칭에 관한 설명으로 옳은 것은? 제28회

기본 기출

① 개업공인중개사가 아닌 자로서 '부동산중개'라는 명칭을 사용한 자는 1년 이하의 징역 또는 1천만원 이하의 벌금에 처한다.
② 개업공인중개사 아닌 자가 '공인중개사사무소'라는 명칭을 사용한 간판을 설치한 경우, 등록관청은 그 철거를 명할 수 없다.
③ 법인 분사무소의 옥외광고물을 설치하는 경우 법인 대표자의 성명을 표기해야 한다.
④ 개업공인중개사는 옥외광고물을 설치해야 할 의무가 있다.
⑤ 개업공인중개사가 사무소의 명칭에 '공인중개사사무소' 또는 '부동산중개'라는 문자를 사용하지 않은 경우, 이는 개설등록의 취소사유에 해당한다.

| 키워드 | 중개사무소의 명칭 |

난이도

해설 ② 개업공인중개사가 아닌 자가 사무소명칭규정을 위반한 경우, 등록관청은 그 철거를 명할 수 있다.
③ 법인 분사무소의 옥외광고물을 설치하는 경우 신고확인서에 기재된 분사무소 책임자의 성명을 표기하여야 한다.
④ 개업공인중개사가 옥외광고물을 설치해야 할 의무는 「공인중개사법」상 없다.
⑤ 개업공인중개사가 사무소명칭규정에 위반한 경우 100만원 이하의 과태료 대상이 된다.

THEME 09 인장등록

| THEME 키워드 |
인장등록

기출분석
- **기출회차:** 제34회
- **키워드:** 인장등록
- **난이도:** ■■■

기본으로 알아야 하는 대표기출

공인중개사법령상 인장등록 등에 관한 설명으로 틀린 것은?

① 개업공인중개사는 중개사무소 개설등록 후에도 업무를 개시하기 전이라면 중개행위에 사용할 인장을 등록할 수 있다.

② 소속공인중개사의 인장등록은 소속공인중개사에 대한 고용신고와 같이 할 수 있다.

③ 분사무소에서 사용할 인장의 경우에는 「상업등기규칙」에 따라 법인의 대표자가 보증하는 인장을 등록할 수 있다.

④ 소속공인중개사가 등록하여야 할 인장의 크기는 가로·세로 각각 7mm 이상 30mm 이내이어야 한다.

⑤ 소속공인중개사가 등록한 인장을 변경한 경우에는 변경일부터 10일 이내에 그 변경된 인장을 등록해야 한다.

해설

개업공인중개사 및 소속공인중개사는 등록한 인장을 변경한 경우에는 변경일부터 7일 이내에 그 변경된 인장을 등록관청에 등록(전자문서에 의한 등록 포함)하여야 한다(규칙 제9조 제2항).

정답 ⑤

함정을 피하는 TIP
- 인장등록 및 변경등록에 관하여 학습하여야 한다.

단단하게 정리하는 핵심이론

1 인장등록 개요

핵심단단 인장등록의무

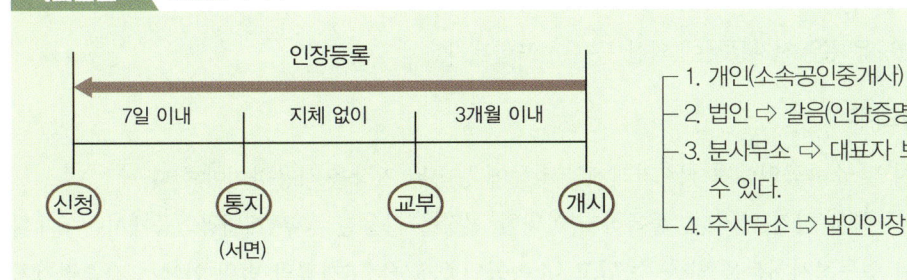

(1) 의의
인장등록이란 중개행위에 사용할 인장을 등록관청에 알리는 행위이다.

(2) 인장등록 및 등록인장 사용의무자
개업공인중개사 및 소속공인중개사

(3) 인장등록 및 변경등록 시기
① 인장등록시기: 중개업무를 개시하기 전
　⚠ 개업공인중개사는 등록을 신청하는 때에, 소속공인중개사는 고용신고를 하는 때에 인장등록신고를 같이 할 수 있다.
② 변경등록시기: 등록한 인장을 변경한 때에는 7일 이내

2 등록할 인장 및 등록관청

구분		등록할 인장	등록관청
법인인 개업 공인중개사	**주사무소** └ 법인의 본사	「상업등기규칙」에 따라 신고한 법인의 인장(대표자의 인장 ×)을 등록하여야 한다(인장규격 제한은 없음).	주사무소 등록관청
	분사무소	「상업등기규칙」에 따라 대표자가 보증하는 인장을 등록할 수 있다.	
법인이 아닌 개업공인중개사 및 소속공인중개사		가족관계등록부 또는 주민등록표에 기재되어 있는 성명이 나타난 인장으로서 그 크기가 가로·세로 각각 7mm 이상 30mm 이내인 인장이어야 한다.	등록관청

3 인장등록 및 변경등록 방법

(1) 인장등록 및 변경등록 방법

① 법인인 개업공인중개사: 인감증명서의 제출로 갈음한다.
② 법인이 아닌 개업공인중개사 및 소속공인중개사: 인장등록신고서·등록인장변경신고서를 등록관청에 제출하여야 한다.
③ 인장등록 및 변경등록은 전자문서에 의한 등록이 포함된다.

(2) 등록인장의 사용의무

① 개업공인중개사 및 소속공인중개사는 거래계약서 등에 등록된 인장을 사용하여야 한다.
② 인장등록·변경등록을 하지 않거나, 등록하지 아니한 인장을 사용한 경우 개업공인중개사는 6개월의 범위 안에서 업무정지처분을 받을 수 있고, 소속공인중개사는 6개월의 범위 안에서 자격정지처분을 받을 수 있다.

기본문제와 완성문제로 단단기출

01 공인중개사법령상 인장등록 등에 관한 설명으로 옳은 것은? 제31회

완성 기출

① 중개보조원은 중개업무를 보조하기 위해 인장등록을 하여야 한다.
② 개업공인중개사가 등록한 인장을 변경한 경우 변경일부터 10일 이내에 그 변경된 인장을 등록관청에 등록하면 된다.
③ 분사무소에서 사용할 인장은 분사무소 소재지 시장·군수 또는 구청장에게 등록해야 한다.
④ 분사무소에서 사용할 인장은 「상업등기규칙」에 따라 신고한 법인의 인장이어야 하고, 「상업등기규칙」에 따른 인감증명서의 제출로 갈음할 수 없다.
⑤ 법인의 소속공인중개사가 등록하지 아니한 인장을 사용한 경우, 6개월의 범위 안에서 자격정지처분을 받을 수 있다.

키워드 〉 인장등록
난이도 〉

해설 〉 ① 개업공인중개사 및 소속공인중개사는 업무개시 전에 중개행위에 사용할 인장을 등록하여야 한다. 그러나 중개보조원의 경우 인장등록의무는 없다.
② 개업공인중개사가 등록한 인장을 변경한 경우 변경일부터 7일 이내에 그 변경된 인장을 등록관청에 등록(전자문서에 의한 등록을 포함)하면 된다.
③ 분사무소에서 사용할 인장은 주된 사무소의 등록관청에 등록해야 한다.
④ 분사무소에서 사용할 인장은 「상업등기규칙」에 따라 법인의 대표자가 보증하는 인장을 등록할 수 있으며, 「상업등기규칙」에 따른 인감증명서의 제출로 갈음할 수 없다.

02 공인중개사법령상 인장등록 등에 관한 설명으로 틀린 것은? 제30회

기본 기출

① 법인인 개업공인중개사의 인장등록은 「상업등기규칙」에 따른 인감증명서의 제출로 갈음한다.
② 소속공인중개사가 등록하지 아니한 인장을 중개행위에 사용한 경우, 등록관청은 1년의 범위 안에서 업무의 정지를 명할 수 있다.
③ 인장의 등록은 중개사무소 개설등록신청과 같이 할 수 있다.
④ 소속공인중개사의 인장등록은 소속공인중개사에 대한 고용신고와 같이 할 수 있다.
⑤ 개업공인중개사가 등록한 인장을 변경한 경우, 변경일부터 7일 이내에 그 변경된 인장을 등록관청에 등록하여야 한다.

키워드 〉 인장등록
난이도 〉

해설 〉 소속공인중개사가 인장등록을 하지 아니하거나 등록하지 아니한 인장을 중개행위에 사용한 경우, 시·도지사는 6개월의 범위 안에서 기간을 정하여 그 자격의 정지를 명할 수 있다(법 제36조 제1항 제2호).

정답 01 ⑤ 02 ②

03

공인중개사법령상 인장의 등록 등에 관한 설명으로 틀린 것은?   제29회

① 소속공인중개사는 업무개시 전에 중개행위에 사용할 인장을 등록관청에 등록해야 한다.
② 개업공인중개사가 등록한 인장을 변경한 경우 변경일부터 7일 이내에 그 변경된 인장을 등록관청에 등록해야 한다.
③ 법인인 개업공인중개사의 인장등록은 「상업등기규칙」에 따른 인감증명서의 제출로 갈음한다.
④ 분사무소에서 사용할 인장의 경우에는 「상업등기규칙」에 따라 법인의 대표자가 보증하는 인장을 등록할 수 있다.
⑤ 법인의 분사무소에서 사용하는 인장은 분사무소 소재지 등록관청에 등록해야 한다.

키워드 > 인장등록

난이도 >

해설 > 법인의 분사무소에서 사용하는 인장을 등록하는 경우 주된 사무소 소재지 등록관청에 등록해야 한다.

정답 03 ⑤

THEME 10

휴업 및 폐업

| THEME 키워드 |
휴업 및 폐업, 휴업·폐업·재개·변경신고

기본으로 알아야 하는 대표기출

> **기출분석**
> - **기출회차:** 제34회
> - **키워드:** 휴업 및 폐업
> - **난이도:**

공인중개사법령상 개업공인중개사의 부동산중개업 휴업 또는 폐업에 관한 설명으로 옳은 것을 모두 고른 것은?

> ㉠ 분사무소의 폐업신고를 하는 경우 분사무소설치신고확인서를 첨부해야 한다.
> ㉡ 임신은 6개월을 초과하여 휴업할 수 있는 사유에 해당한다.
> ㉢ 업무정지처분을 받고 부동산중개업 폐업신고를 한 개업공인중개사는 업무정지기간이 지나지 아니하더라도 중개사무소 개설등록을 할 수 있다.

① ㉡
② ㉠, ㉡
③ ㉠, ㉢
④ ㉡, ㉢
⑤ ㉠, ㉡, ㉢

해설

㉢ 「공인중개사법」을 위반하여 업무정지처분을 받고 폐업신고를 한 자로서 업무정지기간이 지나지 아니한 자는 결격사유에 해당하므로, 업무정지기간이 지나지 아니한 경우에는 중개사무소의 개설등록을 할 수 없다.

정답 ②

> **함정을 피하는 TIP**
> - 휴업 및 폐업신고, 변경신고, 재개신고에 관하여 학습하여야 한다.

단단하게 정리하는 **핵심이론**

1 휴업 및 폐업 등의 신고의무

핵심단단 휴업 및 폐업 관련 내용

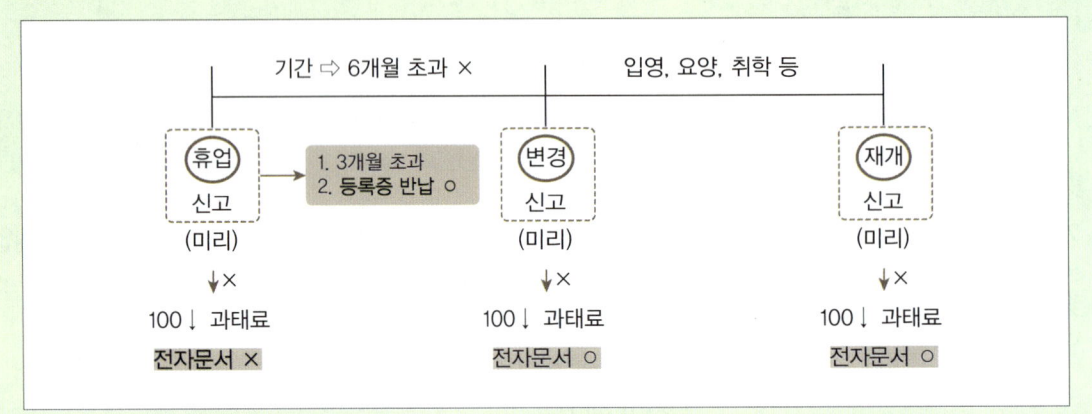

휴업 주요 내용	전자문서가 가능한 경우
1. 휴업신고(폐업신고 포함): 전자문서 ✕ 2. 변경신고, 재개신고: 전자문서 ○ 3. 신고 여부: 3개월 기준 4. 휴업 기간: 6개월 기준	1. 고용신고 ⇨ 종료신고는 규정 ✕ 2. 인장 ⇨ 등록, 변경등록 3. 변경신고, 재개신고(휴업) 4. 부동산거래질서교란행위 신고센터 ⇨ 전자문서신고 5. 업무보증설정신고 ⇨ 증명서류(전자문서) 갖추어 등록관청에 신고

(1) 휴업 및 폐업의 자유

① 개업공인중개사는 다음의 어느 하나에 해당하는 경우에는 국토교통부령이 정하는 신고서에 중개사무소등록증을 첨부(3개월을 초과하여 휴업하려는 경우, 중개사무소의 개설등록 후 업무를 개시하지 않는 경우, 폐업하려는 경우)하여 등록관청에 미리 신고해야 한다.

> ㉠ 3개월을 초과하여 휴업(중개사무소의 개설등록 후 업무를 개시하지 않는 경우를 포함)하려는 경우
> ㉡ 폐업하려는 경우
> ㉢ 3개월을 초과하여 휴업한 부동산중개업을 재개하려는 경우
> ㉣ 신고한 휴업기간을 변경하려는 경우

② **분사무소의 휴업 또는 폐업신고 등**: 법인인 개업공인중개사는 분사무소를 두는 경우에는 휴업 또는 폐업신고 등의 신고를 분사무소별로 할 수 있다. 이 경우 신고확인서를 첨부(3개월을 초과하여 휴업하려는 경우, 중개사무소의 개설등록 후 업무를 개시하지 않는 경우, 폐업하려는 경우)해야 한다.

⚠ 휴업은 현업 중에 할 수 있고, 폐업은 현업 중인 경우뿐만 아니라 휴업기간 중, 업무정지기간 중에도 할 수 있다.

(2) 신고의무 사유 및 신고방법

다음의 경우에 개업공인중개사는 휴업·폐업·재개·변경신고서를 등록관청(분사무소는 주된 등록관청)에 제출하여 신고하여야 한다. 위반 시 100만원 이하의 과태료에 처한다.

핵심단단 신고내용에 따른 신고의무 사유 및 신고방법

신고내용	신고의무 사유	신고방법
휴업신고	1. 3개월을 초과하여 휴업하고자 하는 경우 2. 3개월이 초과될 때까지 업무개시를 하지 아니할 경우	등록증 첨부하여 방문신고 (전자문서 ×)
폐업신고	폐업하고자 하는 경우	
재개신고	휴업한 중개업을 재개하고자 하는 경우 ⚠ 재개신고를 받은 등록관청은 반납받은 등록증을 즉시 반환하여야 한다.	방문신고 또는 전자문서신고 (등록증 첨부 ×)
변경신고	휴업기간을 변경하고자 하는 경우	

(3) 「부가가치세법」상 신고의무

① 휴업·폐업신고를 하려는 자가 「부가가치세법」에 따른 신고를 같이 하려는 경우에는 「부가가치세법」상 휴업(폐업)신고서를 함께 제출해야 한다. 이 경우 등록관청은 함께 제출받은 신고서를 지체 없이 관할 세무서장에게 송부(정보통신망을 이용한 송부를 포함)해야 한다.

② 관할 세무서장이 「부가가치세법」에 따라 휴업(폐업)신고서를 받아 해당 등록관청에 송부한 경우에는 휴업(폐업)신고서가 제출된 것으로 본다.

2 휴업기간의 제한

① 휴업은 6개월을 초과할 수 없다. 이를 위반하면 등록을 취소할 수 있다.
② 다만, 다음의 경우에는 6개월을 초과하여 휴업할 수 있다.

> ㉠ 질병으로 인한 요양
> ㉡ 징집으로 인한 입영
> ㉢ 취학
> ㉣ 임신 또는 출산
> ㉤ 그 밖에 이에 준하는 부득이한 사유가 있는 경우

핵심단단 휴업에 관하여 기타 알아둘 사항

1. 3개월 이하의 휴업을 하고 신고하지 아니하여도 이에 대한 제재는 없다.
2. 휴업기간이 만료되기 전이더라도 재개신고를 하면 업무를 재개할 수 있다.
3. 휴업기간이 만료되었다 하더라도 재개신고를 하여야 업무를 재개할 수 있다.
4. 휴업 중에도 중개사무소를 확보하여야 한다.
5. 휴업 중에 다른 개업공인중개사에 소속되거나 중개사무소 개설등록을 할 수 없다.
6. 휴업 중에 업무보증을 설정할 필요가 없으며, 휴업사실을 표시하지 않아도 된다.
7. 부득이한 사유가 있다면 휴업기간의 변경횟수·변경일수에 대한 제한이 없다.

핵심단단 휴업기간과 업무정지기간의 비교

구분	휴업기간	업무정지기간
차이점	1. 휴업신고 시 등록증 반납 2. 휴업기간 중에 폐업 후 즉시 재등록 가능 3. 휴업기간 중, 휴업기간이 만료된 경우 모두 재개신고를 하여야 업무재개 가능(위반 시 100만원 이하의 과태료)	1. 등록증 반납하지 않음 2. 업무정지기간 중에 폐업은 가능하나 그 기간 중에 재등록은 불가 3. 업무정지기간 중에 중개업무 불가(위반 시 등록취소됨) 4. 업무정지기간 만료 시 재개신고의무가 없으며 기간만료 즉시 업무재개 가능
공통점	1. 휴업 및 업무정지기간 중에 이중소속 및 이중등록이 금지됨 2. 휴업 및 업무정지기간 중에도 중개사무소를 유지해야 함 3. 휴업 및 업무정지기간 중에도 중개사무소 이전이 가능함 4. 휴업 및 업무정지기간 중에는 업무보증설정의 유지의무 없음 5. 휴업이나 업무정지사실을 외부에 표시할 의무 없음 6. 등록관청은 다음 달 10일까지 협회에 통보해야 함	

기본문제와 완성문제로 단단기출

01 공인중개사법령상 중개업의 휴업 및 재개신고 등에 관한 설명으로 옳은 것은? 제32회

기본 기출

① 개업공인중개사가 3개월의 휴업을 하려는 경우 등록관청에 신고해야 한다.
② 개업공인중개사가 6개월을 초과하여 휴업을 할 수 있는 사유는 취학, 질병으로 인한 요양, 징집으로 인한 입영에 한한다.
③ 개업공인중개사가 휴업기간 변경신고를 하려면 중개사무소등록증을 휴업기간 변경신고서에 첨부하여 제출해야 한다.
④ 재개신고는 휴업기간 변경신고와 달리 전자문서에 의한 신고를 할 수 없다.
⑤ 재개신고를 받은 등록관청은 반납을 받은 중개사무소등록증을 즉시 반환해야 한다.

키워드 › 휴업·폐업·재개·변경신고

난이도 ›

해설 › ① 개업공인중개사는 3개월을 초과하는 휴업을 하려는 경우 등록관청에 그 사실을 신고하여야 한다. 따라서 3개월의 휴업을 하는 경우 등록관청에 신고하지 않아도 된다.
② 개업공인중개사가 6개월을 초과하여 휴업을 할 수 있는 사유는 취학, 질병으로 인한 요양, 징집으로 인한 입영에 한하는 것이 아니라, 임신 또는 출산 그 밖에 이에 준하는 부득이한 사유로서 국토교통부장관이 정하여 고시하는 경우에도 가능하다.
③ 개업공인중개사가 휴업신고를 하려면 휴업신고서에 등록증을 첨부하여 등록관청에 제출하여야 한다. 그러나 휴업기간 변경신고서에 등록증을 첨부하지는 않는다.
④ 휴업기간 변경신고, 재개신고는 전자문서에 의한 신고를 할 수 있다.

02 공인중개사법령상 개업공인중개사의 휴업과 폐업 등에 관한 설명으로 **틀린** 것은? 제31회

기본 기출

① 폐업신고 전의 개업공인중개사에 대하여 위반행위를 사유로 행한 업무정지처분의 효과는 폐업일부터 1년간 다시 개설등록을 한 자에게 승계된다.
② 개업공인중개사가 폐업신고를 한 후 1년 이내에 소속공인중개사로 고용신고되는 경우, 그 소속공인중개사는 실무교육을 받지 않아도 된다.
③ 손해배상책임의 보장을 위한 공탁금은 개업공인중개사가 폐업한 날부터 3년 이내에는 회수할 수 없다.
④ 분사무소는 주된 사무소와 별도로 휴업할 수 있다.
⑤ 중개업의 폐업신고는 수수료 납부사항이 아니다.

키워드 › 휴업 및 폐업

난이도 ›

해설 › 폐업신고 전의 개업공인중개사에 대하여 위반행위를 사유로 행한 업무정지처분의 효과는 처분일부터 1년간 다시 개설등록을 한 자에게 승계된다.

정답 01 ⑤ 02 ①

03
공인중개사법령상 개업공인중개사의 휴업과 폐업 등에 관한 설명으로 틀린 것은? 제30회

완성 기출

① 부동산중개업 휴업 신고서의 서식에 있는 '개업공인중개사의 종별'란에는 법인, 공인중개사, 법 제7638호 부칙 제6조 제2항에 따른 개업공인중개사가 있다.
② 개업공인중개사가 부동산중개업 폐업신고서를 작성하는 경우에는 폐업기간, 부동산중개업 휴업신고서를 작성하는 경우에는 휴업기간을 기재하여야 한다.
③ 중개사무소의 개설등록 후 업무를 개시하지 않은 개업공인중개사라도 3개월을 초과하는 휴업을 하고자 하는 때에는 부동산중개업 휴업신고서에 중개사무소등록증을 첨부하여 등록관청에 미리 신고하여야 한다.
④ 개업공인중개사가 등록관청에 폐업사실을 신고한 경우에는 지체 없이 사무소의 간판을 철거하여야 한다.
⑤ 개업공인중개사가 취학을 하는 경우 6개월을 초과하여 휴업을 할 수 있다.

키워드 〉 휴업 및 폐업
난이도 〉
해설 〉 「공인중개사법 시행규칙」 별지 제13호 서식에서 정하고 있는 부동산중개업 휴업·폐업·재개·휴업기간 변경신고서의 내용 중 휴업의 경우 휴업기간을 기재하며, 폐업의 경우 폐업일을 기재한다.

04
공인중개사법령상 개업공인중개사의 휴업에 관한 설명으로 틀린 것을 모두 고른 것은? 제29회

기본 기출

> ㉠ 중개사무소 개설등록 후 업무를 개시하지 않고 3개월을 초과하는 경우에는 신고해야 한다.
> ㉡ 법령에 정한 사유를 제외하고 휴업은 6개월을 초과할 수 없다.
> ㉢ 분사무소는 주된 사무소와 별도로 휴업할 수 없다.
> ㉣ 휴업신고는 원칙적으로 휴업개시 후 휴업종료 전에 해야 한다.
> ㉤ 휴업기간 변경신고서에는 중개사무소등록증을 첨부해야 한다.

① ㉠, ㉡
② ㉢, ㉤
③ ㉠, ㉡, ㉣
④ ㉡, ㉢, ㉤
⑤ ㉢, ㉣, ㉤

키워드 〉 휴업 및 폐업
난이도 〉
해설 〉 ㉢ 분사무소는 주된 사무소와 별도로 휴업할 수 있다.
㉣ 개업공인중개사는 3개월을 초과하여 휴업 또는 폐업, 휴업한 중개업의 재개 및 휴업기간을 변경하고자 하는 경우에는 등록관청에 미리 신고하여야 한다.
㉤ 휴업기간 변경신고서에는 중개사무소등록증을 첨부하지 않는다. 중개사무소등록증은 휴업신고나 폐업신고 시에 첨부하여야 한다.

정답 03 ② 04 ⑤

THEME 11 중개계약

| THEME 키워드 |
일반중개계약, 일반중개계약서, 전속중개계약, 전속중개계약서, 전속중개계약 체결 시 정보공개사항

기본으로 알아야 하는 대표기출

기출분석
- **기출회차:** 제34회
- **키워드:** 일반중개계약, 전속중개계약
- **난이도:**

공인중개사법령상 중개의뢰인 甲과 개업공인중개사 乙의 중개계약에 관한 설명으로 옳은 것은?

① 甲의 요청에 따라 乙이 일반중개계약서를 작성한 경우 그 계약서를 3년간 보존해야 한다.
② 일반중개계약은 표준이 되는 서식이 정해져 있다.
③ 전속중개계약은 법령이 정하는 계약서에 의하여야 하며, 乙이 서명 및 날인하되 소속공인중개사가 있는 경우 소속공인중개사가 함께 서명 및 날인해야 한다.
④ 전속중개계약의 유효기간은 甲과 乙이 별도로 정하더라도 3개월을 초과할 수 없다.
⑤ 전속중개계약을 체결한 甲이 그 유효기간 내에 스스로 발견한 상대방과 거래한 경우 중개보수에 해당하는 금액을 乙에게 위약금으로 지급해야 한다.

> **해설**
>
> ① 전속중개계약서의 작성과 달리 甲의 요청에 따라 乙이 일반중개계약서를 작성한 경우 그 계약서를 일정 기간 동안 보존해야 한다는 내용은 「공인중개사법」상 규정에 없다.
> ③ 일반중개계약서 · 전속중개계약서 모두 해당 업무를 소속공인중개사가 수행한 경우라도 소속공인중개사의 서명 또는 날인, 서명 및 날인의무는 「공인중개사법」상 규정에 없다.
> ④ 전속중개계약의 유효기간은 甲과 乙이 별도로 정한 경우 3개월을 초과할 수 있다.
> ⑤ 전속중개계약을 체결한 甲이 그 유효기간 내에 스스로 발견한 상대방과 거래한 경우 중개보수의 50%에 해당하는 금액의 범위 안에서 개업공인중개사가 중개행위를 하는 경우 소요된 비용(사회통념에 비추어 상당하다고 인정되는 비용을 말함)을 지불하여야 한다.
>
> 정답 ②

함정을 피하는 TIP
- 일반중개계약 및 전속중개계약의 내용을 학습하여야 한다.

단단하게 정리하는 핵심이론

1 중개계약의 의의

① 중개계약이란 의뢰인이 개업공인중개사에게 중개행위를 의뢰하고 그 목적인 중개완성에 대하여 보수를 지급할 것을 약속하는 중개의뢰인과 개업공인중개사 간의 합의를 말한다.
②「공인중개사법」에 규정된 중개계약은 일반중개계약과 전속중개계약 2가지가 있다.

2 일반중개계약

(1) 의의

중개의뢰인이 불특정 다수의 개업공인중개사에게 중개를 의뢰하고, 그중 가장 먼저 중개를 완성한 개업공인중개사만 중개보수를 받을 수 있는 형태의 중개계약을 말한다.

(2) 일반중개계약서의 작성요청

① 중개의뢰인은 중개를 의뢰함에 있어 필요한 때에는 개업공인중개사에게 다음의 사항을 기재한 일반중개계약서의 작성을 요청할 수 있다.

> ㉠ 중개대상물의 위치 및 규모
> ㉡ 거래예정가격
> ㉢ 거래예정가격에 대하여 정한 중개보수
> ㉣ 그 밖에 개업공인중개사와 중개의뢰인이 준수하여야 할 사항

② 중개의뢰인의 요청이 있더라도 개업공인중개사는 작성의무가 없다.

(3) 표준서식의 사용권장

① 국토교통부장관은 일반중개계약의 표준이 되는 서식을 정하여 그 사용을 권장할 수 있다.
② 일반중개계약의 표준서식은 별지서식으로 정해져 있다.
③ 국토교통부장관의 표준서식의 사용권장이 있더라도 개업공인중개사는 사용의무가 없다.

핵심단단 서식 관련 내용 정리

구분	일반중개계약서	전속중개계약서	확인·설명서	거래계약서(매매)
서식 규정	권장 서식 있음 (별지 서식)	별지 서식	별지 서식	권장 서식 없음 (필요적 기재사항)
보관 연수	×	3년	3년	5년
미작성 제재	×	업무정지	업무정지	업무정지
서명·날인	1. 개업공인중개사 ⇨ 서명 또는 날인 2. 소속공인중개사 ⇨ 규정 없음		1. 개업공인중개사 ⇨ 서명 및 날인 2. 소속공인중개사 ⇨ 해당 업무 O ⇨ 서명 및 날인	
거래예정 가격	○	○	○	×
중개보수	○	○	○(부가가치세 별도)	×
공법상 제한	○	○	○	×

(4) 일반중개계약서

■ 공인중개사법 시행규칙 [별지 제14호 서식] 〈개정 2014.7.29.〉 (앞쪽)

일반중개계약서
([ ]매도 [ ]매수 [ ]임대 [ ]임차 [ ]그 밖의 계약(　　))

※ 해당하는 곳의 [ ]란에 ∨표를 하시기 바랍니다.

중개의뢰인(갑)은 이 계약서에 의하여 뒤쪽에 표시한 중개대상물의 중개를 개업공인중개사(을)에게 의뢰하고 을은 이를 승낙한다.

1. 을의 의무사항
   을은 중개대상물의 거래가 조속히 이루어지도록 성실히 노력하여야 한다.
2. 갑의 권리·의무사항
   1) 갑은 이 계약에도 불구하고 중개대상물의 거래에 관한 중개를 다른 개업공인중개사에게도 의뢰할 수 있다.
   2) 갑은 을이 「공인중개사법」(이하 '법'이라 한다) 제25조에 따른 중개대상물의 확인·설명의무를 이행하는 데 협조하여야 한다.
3. 유효기간
   이 계약의 유효기간은　　　　년　　　월　　　일까지로 한다.
   ※ 유효기간은 **3개월을 원칙**으로 하되, 갑과 을이 합의하여 별도로 정한 경우에는 그 기간에 따른다.
4. 중개보수
   중개대상물에 대한 거래계약이 성립한 경우 갑은 거래가액의 (　　)%(또는　　　　원)을 중개보수로 을에게 지급한다.
   ※ 뒤쪽 별표의 요율을 넘지 않아야 하며, 실비는 별도로 지급한다.
5. 을의 손해배상책임
   을이 다음의 행위를 한 경우에는 갑에게 그 손해를 배상하여야 한다.
   1) 중개보수 또는 실비의 과다수령: **차액 환급**
   2) 중개대상물의 확인·설명을 소홀히 하여 재산상의 피해를 발생하게 한 경우: **손해액 배상**
6. 그 밖의 사항
   이 계약에 정하지 않은 사항에 대하여는 갑과 을이 합의하여 별도로 정할 수 있다.

이 계약을 확인하기 위하여 계약서 2통을 작성하여 계약당사자 간에 이의가 없음을 확인하고 각자 서명 또는 날인한 후 쌍방이 1통씩 보관한다.

년　　월　　일

계약자

중개의뢰인 (갑)	주소(체류지)		성명	(서명 또는 인)
	생년월일		전화번호	
개업 공인중개사 (을)	주소(체류지)		성명(대표자)	(서명 또는 인)
	상호(명칭)		등록번호	
	생년월일		전화번호	

210mm×297mm[일반용지 60g/m²(재활용품)]

(뒤쪽)

※ 중개대상물의 거래내용이 권리를 이전(매도·임대 등)하려는 경우에는 「Ⅰ. 권리이전용(매도·임대 등)」에 적고, 권리를 취득(매수·임차 등)하려는 경우에는 「Ⅱ. 권리취득용(매수·임차 등)」에 적습니다.

Ⅰ. 권리이전용(매도·임대 등)

구분	[ ] 매도 [ ] 임대 [ ] 그 밖의 사항( )			
소유자 및 등기명의인	성명		생년월일	
	주소			
중개대상물의 표시	건축물	소재지		건축연도
		면적 m²	구조	용도
	토지	소재지		지목
		면적 m²	지역·지구 등	현재 용도
	은행융자·권리금·제세공과금 등(또는 월임대료·보증금·관리비 등)			
권리관계				
거래규제 및 공법상 제한사항				
중개의뢰 금액				
그 밖의 사항				

Ⅱ. 권리취득용(매수·임차 등)

구분	[ ] 매수 [ ] 임차 [ ] 그 밖의 사항( )	
항목	내용	세부 내용
희망물건의 종류		
취득 희망가격		
희망지역		
그 밖의 희망조건		

첨부서류	**중개보수 요율표**(공인중개사법 제32조 제4항 및 같은 법 시행규칙 제20조에 따른 요율표를 수록합니다) ※ 해당 내용을 요약하여 수록하거나, 별지로 첨부합니다.

유의사항

[개업공인중개사 위법행위 신고안내]
개업공인중개사가 중개보수 과다수령 등 위법행위 시 시·군·구 부동산중개업 담당 부서에 신고할 수 있으며, 시·군·구에서는 신고사실을 조사한 후 적정한 조치를 취하게 됩니다.

3 전속중개계약

> **핵심단단** 개업공인중개사의 의무사항 내용
>
> 1. 전속중개계약서 ⇨ 2부 작성 ⇨ 3년 보존 ⇨ 업무정지
> 2. 정보공개 ⇨ 부동산거래정보망 또는 일간신문 ⇨ 7일 이내 ⇨ 상대적 등록취소
> 3. 공개내용 통지 ⇨ 지체 없이 ⇨ 문서 ⇨ 업무정지(개업공인중개사 ⇨ 중개의뢰인)
> 4. 업무처리상황 통보 ⇨ 2주일에 1회 이상 ⇨ 업무정지(개업공인중개사 ⇨ 중개의뢰인)
> 5. 거래완성사실 통보 ⇨ 지체 없이 ⇨ 업무정지(개업공인중개사 ⇨ 거래정보사업자)

(1) 전속중개계약 체결

① 중개의뢰인은 특정한 개업공인중개사를 정하여 해당 중개대상물을 중개하도록 하는 전속중개계약을 체결할 수 있다.

② 유효기간에 대해 법령상 규정이 있다. 즉, 유효기간은 3개월을 원칙으로 하되, 달리 약정을 한 경우에는 그 약정에 따른다.

(2) 전속중개계약관련 개업공인중개사의 의무

① 전속중개계약서를 작성하여 체결하여야 하고, 그 계약서를 3년간 보존해야 한다.

② 중개대상물에 대한 정보공개의무

㉠ 공개시기: 전속중개계약 체결 후 7일 이내에 정보를 공개해야 한다.

> ⚠ 1. 의뢰인이 정보의 비공개를 요청한 경우에는 공개하여서는 아니 된다.
> 2. 정보공개의무를 위반한 경우에는 등록을 취소할 수 있다.

㉡ 공개방법: 부동산거래정보망 또는 일간신문

㉢ 공개하여야 할 정보

> - 중개대상물의 종류, 소재지, 지목 및 면적, 건축물의 용도·구조 및 건축연도 등 중개대상물을 특정하기 위하여 필요한 사항(기본적 사항)
> - 소유권·전세권·저당권·지상권 및 임차권 등 중개대상물의 권리관계에 관한 사항(다만, 각 권리자의 주소·성명 등 인적사항에 관한 정보는 공개하여서는 아니 됨)
> - 공법상의 이용제한 및 거래규제에 관한 사항
> - 벽면 및 도배의 상태
> - 수도·전기·가스·소방·열공급·승강기 설비, 오수·폐수·쓰레기 처리시설 등의 상태
> - 도로 및 대중교통수단과의 연계성, 시장·학교 등과의 근접성, 지형 등 입지조건, 일조·소음·진동 등 환경조건
> - 중개대상물의 거래예정금액 및 공시지가(다만, 임대차의 경우에는 공시지가를 공개하지 아니할 수 있음)

㉣ 정보를 공개한 때에는 지체 없이 공개한 내용을 의뢰인에게 문서로 통지하여야 한다.

③ 2주일에 1회 이상 업무처리상황을 의뢰인에게 문서로 통지해야 한다.

④ 중개대상물에 관한 확인·설명의무를 성실히 이행해야 한다.

(3) 전속중개계약 관련 전속중개의뢰인의 의무

> 계약의 당사자 간에 채무불이행이 있을 경우 채무자가 채권자에게 지급하기로 약속한 금전

① **위약금 지불의무**: 다음의 경우 중개의뢰인은 전속개업공인중개사에게 그가 지불하여야 할 중개보수에 해당하는 금액을 위약금으로 지불하여야 한다.

　㉠ 전속중개계약의 유효기간 중에 다른 개업공인중개사에게 의뢰하여 거래한 경우

　　⚠ 전속중개계약의 유효기간 중에 다른 개업공인중개사에게 중개를 의뢰하였을 뿐 거래가 이루어지지 않은 경우에는 위약금 지불의무가 없다.

　㉡ 전속중개계약의 유효기간 중에 개업공인중개사가 소개한 상대방과 전속개업공인중개사를 배제하고 직접 거래한 경우

② **소요된 비용 지불의무**: 전속중개계약의 유효기간 중에 중개의뢰인이 스스로 발견한 상대방과 직접 거래한 경우 중개의뢰인은 개업공인중개사에게 중개보수의 50%에 해당하는 금액의 범위 안에서 중개행위를 하는 경우 소요된 비용을 지불하여야 한다.

　⚠ 중개보수의 50%에 해당하는 비용 ○, 중개보수의 50%에 해당하는 위약금 ×

③ **협조의무**: 개업공인중개사의 중개대상물 확인·설명의무 이행에 협조하여야 한다.

(4) 전속중개계약서

■ 공인중개사법 시행규칙 [별지 제15호 서식] 〈개정 2021.8.27.〉

전속중개계약서
([ ]매도 [ ]매수 [ ]임대 [ ]임차 [ ]그 밖의 계약(   ))

※ 해당하는 곳의 [ ]란에 ∨표를 하시기 바랍니다.   (앞쪽)

중개의뢰인(갑)은 이 계약서에 의하여 뒤쪽에 표시한 중개대상물의 중개를 개업공인중개사(을)에게 의뢰하고 을은 이를 승낙한다.

1. 을의 의무사항
   ① 을은 갑에게 계약체결 후 **2주일에 1회 이상** 중개업무 처리상황을 문서로 통지하여야 한다.
   ② 을은 이 전속중개계약 체결 후 **7일 이내** 「공인중개사법」(이하 '법'이라 한다) 제24조에 따른 부동산거래정보망 **또는** 일간신문에 중개대상물에 관한 정보를 공개하여야 하며, 중개대상물을 공개한 때에는 **지체 없이** 갑에게 그 내용을 문서로 통지하여야 한다. 다만, 갑이 비공개를 요청한 경우에는 이를 공개하지 아니한다.
      (공개 또는 비공개 여부:)
   ③ 법 제25조 및 같은 법 시행령 제21조에 따라 중개대상물에 관한 확인·설명의무를 성실하게 이행하여야 한다.
2. 갑의 권리·의무사항
   ① 다음 각 호의 어느 하나에 해당하는 경우에는 갑은 그가 지불하여야 할 중개보수에 해당하는 금액을 을에게 위약금으로 지급해야 한다. 다만, 제3호의 경우에는 중개보수의 50%에 해당하는 금액의 범위에서 을이 중개행위를 할 때 소요된 비용(사회통념에 비추어 상당하다고 인정되는 비용을 말한다)을 지급한다.
      1. 전속중개계약의 유효기간 내에 을 외의 다른 개업공인중개사에게 중개를 의뢰하여 거래한 경우
      2. 전속중개계약의 유효기간 내에 을의 소개에 의하여 알게 된 상대방과 을을 배제하고 거래당사자 간에 직접 거래한 경우
      3. 전속중개계약의 유효기간 내에 갑이 스스로 발견한 상대방과 거래한 경우
   ② 갑은 을이 법 제25조에 따른 중개대상물 확인·설명의무를 이행하는 데 협조하여야 한다.
3. 유효기간
   이 계약의 유효기간은   년   월   일까지로 한다.
   ※ 유효기간은 **3개월을 원칙**으로 하되, 갑과 을이 합의하여 별도로 정한 경우에는 그 기간에 따른다.
4. 중개보수
   중개대상물에 대한 거래계약이 성립한 경우 갑은 거래가액의 (   )%(또는   원)을 중개보수로 을에게 지급한다.
   ※ 뒤쪽 별표의 요율을 넘지 않아야 하며, 실비는 별도로 지급한다.
5. 을의 손해배상책임
   을이 다음의 행위를 한 경우에는 갑에게 그 손해를 배상하여야 한다.
   1) 중개보수 또는 실비의 과다수령: **차액 환급**
   2) 중개대상물의 확인·설명을 소홀히 하여 재산상의 피해를 발생하게 한 경우: **손해액 배상**
6. 그 밖의 사항
   이 계약에 정하지 않은 사항에 대하여는 갑과 을이 합의하여 별도로 정할 수 있다.

이 계약을 확인하기 위하여 계약서 2통을 작성하여 계약당사자 간에 이의가 없음을 확인하고 각자 서명 또는 날인한 후 쌍방이 1통씩 보관한다.

년   월   일

계약자

중개의뢰인 (갑)	주소(체류지)		성명	(서명 또는 인)
	생년월일		전화번호	
개업 공인중개사 (을)	주소(체류지)		성명(대표자)	(서명 또는 인)
	상호(명칭)		등록번호	
	생년월일		전화번호	

210mm×297mm[일반용지 60g/m² (재활용품)]

(뒤쪽)

※ 중개대상물의 거래내용이 권리를 이전(매도·임대 등)하려는 경우에는 「Ⅰ. 권리이전용(매도·임대 등)」에 적고, 권리를 취득(매수·임차 등)하려는 경우에는 「Ⅱ. 권리취득용(매수·임차 등)」에 적습니다.

Ⅰ. 권리이전용(매도·임대 등)

구분	[ ] 매도 [ ] 임대 [ ] 그 밖의 사항( )			
소유자 및 등기명의인	성명		생년월일	
	주소			
중개대상물의 표시	건축물	소재지		건축연도
		면적 m²	구조	용도
	토지	소재지		지목
		면적 m²	지역·지구 등	현재 용도
	은행융자·권리금·제세공과금 등(또는 월임대료·보증금·관리비 등)			
권리관계				
거래규제 및 공법상 제한사항				
중개의뢰 금액	원			
그 밖의 사항				

Ⅱ. 권리취득용(매수·임차 등)

구분	[ ] 매수 [ ] 임차 [ ] 그 밖의 사항( )	
항목	내용	세부 내용
희망물건의 종류		
취득 희망가격		
희망지역		
그 밖의 희망조건		

첨부서류	**중개보수 요율표**(공인중개사법 제32조 제4항 및 같은 법 시행규칙 제20조에 따른 요율표를 수록합니다) ※ 해당 내용을 요약하여 수록하거나, 별지로 첨부합니다.

유의사항

[개업공인중개사 위법행위 신고안내]
개업공인중개사가 중개보수 과다수령 등 위법행위 시 시·군·구 부동산중개업 담당 부서에 신고할 수 있으며, 시·군·구에서는 신고사실을 조사한 후 적정한 조치를 취하게 됩니다.

핵심단단 일반중개계약서와 전속중개계약서의 비교

〈앞쪽〉

구분	일반중개계약서(14호 서식)	전속중개계약서(15호 서식)
의뢰내용 표시	매도·매수·임대·임차·기타	
개업공인중개사의 의무	조속히 거래계약이 체결될 수 있도록 성실히 노력하여야 한다.	1. 2주일에 1회 이상 업무처리상황의 문서 통지의무 2. 전속중개계약 후 7일 이내 정보공개 및 공개 후 지체 없이 공개내용의 문서 통지의무(공개, 비공개 여부 표시) 3. 확인·설명의무의 성실이행의무
의뢰인의 권리·의무	1. 다른 개업공인중개사에게도 중개를 의뢰할 수 있다. 2. 개업공인중개사의 확인·설명의무 이행에 협조의무	1. 위약금 지불의무(중개보수만큼) 2. 비용지불의무(중개보수의 50% 범위 내에서 소요된 비용) 3. 확인·설명의무 이행에 협조의무
유효기간	3개월을 원칙으로 하되, 달리 정함이 있는 경우에는 정한 기간에 따른다.	
중개보수	거래가액의 ( )%(또는 원) 지급(단, 법정중개보수 범위를 초과할 수 없음)	
개업공인중개사의 손해배상	1. 중개보수를 과다징수하면 차액을 환급해야 한다. 2. 확인·설명을 소홀히 하여 재산상 피해가 발생하면 손해를 배상해야 한다.	
기타	이 계약에 정하지 아니한 사항에 대해서는 달리 정할 수 있다.	
작성·보존	2통을 작성하여 1통씩 보관 (일반중개계약서: 보존기간 규정 없음, 전속중개계약서: 3년 보존)	
서명 또는 날인	중개의뢰인과 개업공인중개사의 서명 또는 날인(소속공인중개사는 서명 또는 날인 규정 없음)	

〈뒤쪽〉

1. 권리이전용(매도·임대 등의 중개의뢰를 받은 경우 기재할 사항)
   ❶ 소유자 및 등기명의인
   ❷ 중개대상물의 표시
      • 건축물: 소재지, 건축연도, 면적, 구조, 용도
      • 토지: 소재지, 지목, 면적, 지역·지구 등, 현재 용도

   ⚠ 은행융자, 권리금, 제세공과금 등(또는 월임대료, 보증금, 관리비 등)도 기재해야 한다.
   ❸ 권리관계
   ❹ 거래규제 및 공법상 제한사항
   ❺ 중개의뢰 금액
   ❻ 그 밖의 사항

2. 권리취득용(매수·임차 등의 중개의뢰를 받은 경우 기재할 사항)
   ❶ 희망물건의 종류
   ❷ 취득 희망가격
   ❸ 희망지역
   ❹ 그 밖의 희망조건

기본문제와 완성문제로 단단기출

01 개업공인중개사가 주택을 임차하려는 중개의뢰인과 일반중개계약을 체결하면서 공인중개사법령상 표준서식인 일반중개계약서를 작성할 때 기재할 사항은? 제33회

① 소유자 및 등기명의인 ② 은행융자·권리금·제세공과금 등
③ 중개의뢰금액 ④ 희망지역
⑤ 거래규제 및 공법상 제한사항

> 키워드 〉 일반중개계약서
> 난이도 〉
> 해설 〉 일반중개계약서의 권리취득용(매수·임차 등)의 내용으로는 희망물건의 종류, 취득 희망가격, 희망지역, 그 밖의 희망조건 등이 있다.

02 무주택자인 甲이 주택을 물색하여 매수하기 위해 개업공인중개사인 乙과 일반중개계약을 체결하고자 한다. 이 경우 공인중개사법령상 표준서식인 일반중개계약서에 기재하는 항목을 모두 고른 것은? 제30회

| ㉠ 소유자 및 등기명의인 | ㉡ 희망지역 |
| ㉢ 취득 희망가격 | ㉣ 거래규제 및 공법상 제한사항 |

① ㉢
② ㉠, ㉡
③ ㉡, ㉢
④ ㉢, ㉣
⑤ ㉠, ㉡, ㉢

> 키워드 〉 일반중개계약서
> 난이도 〉
> 해설 〉 ㉡㉢ 권리취득용(매수·임차 등)에 기재되는 사항이다.
> ㉠㉣ 권리이전용(매도·임대 등)에 기재되는 사항이다.
>
> 보충 〉 권리이전용 기재사항과 권리취득용 기재사항
> 1. 일반중개계약서의 권리이전용(매도·임대 등)에 기재되는 사항은 다음과 같다.
>   (1) 소유자 및 등기명의인 (2) 중개대상물의 표시
>   (3) 권리관계 (4) 거래규제 및 공법상 제한사항
>   (5) 중개의뢰 금액 (6) 그 밖의 사항
> 2. 일반중개계약서의 권리취득용(매수·임차 등)에 기재되는 사항은 다음과 같다.
>   (1) 희망물건의 종류 (2) 취득 희망가격
>   (3) 희망지역 (4) 그 밖의 희망조건

정답 01 ④ 02 ③

03 공인중개사법령상 일반중개계약에 관한 설명으로 옳은 것은? 제28회

① 일반중개계약서는 국토교통부장관이 정한 표준이 되는 서식을 사용해야 한다.
② 중개의뢰인은 동일한 내용의 일반중개계약을 다수의 개업공인중개사와 체결할 수 있다.
③ 일반중개계약의 체결은 서면으로 해야 한다.
④ 중개의뢰인은 일반중개계약서에 개업공인중개사가 준수해야 할 사항의 기재를 요청할 수 없다.
⑤ 개업공인중개사가 일반중개계약을 체결한 때에는 부동산거래정보망에 중개대상물에 관한 정보를 공개해야 한다.

키워드 〉 일반중개계약

난이도

해설 ① 국토교통부장관은 일반중개계약의 표준이 되는 서식을 정하여 그 사용을 권장할 수 있다. 이 경우 권장사항이므로 표준이 되는 서식을 사용해야 하는 것은 아니다.
③ 일반중개계약은 전속중개계약과는 달리 반드시 서면에 의하여야 하는 것은 아니다.
④ 중개의뢰인은 중개의뢰내용을 명확하게 하기 위하여 필요한 경우에는 개업공인중개사에게 개업공인중개사와 중개의뢰인이 준수하여야 할 사항을 기재한 일반중개계약서의 작성을 요청할 수 있다.
⑤ 전속중개계약을 체결한 개업공인중개사는 부동산거래정보망 또는 일간신문에 해당 중개대상물에 관한 정보를 공개하여야 하는 의무가 있다. 그러나 일반중개계약의 경우 그러한 의무규정은 없다.

04 공인중개사법령상 개업공인중개사의 일반중개계약과 전속중개계약에 관한 설명으로 옳은 것은? 제33회

① 일반중개계약은 중개의뢰인이 중개대상물의 중개를 의뢰하기 위해 특정한 개업공인중개사를 정하여 그 개업공인중개사에 한정하여 중개대상물을 중개하도록 하는 계약을 말한다.
② 개업공인중개사가 일반중개계약을 체결한 때에는 중개의뢰인이 비공개를 요청하지 않은 경우, 부동산거래정보망에 해당 중개대상물에 관한 정보를 공개해야 한다.
③ 개업공인중개사가 일반중개계약을 체결한 때에는 중개의뢰인에게 2주일에 1회 이상 중개업무처리상황을 문서로 통지해야 한다.
④ 개업공인중개사가 국토교통부령으로 정하는 전속중개계약서에 의하지 아니하고 전속중개계약을 체결한 행위는 업무정지사유에 해당하지 않는다.
⑤ 표준서식인 일반중개계약서와 전속중개계약서에는 개업공인중개사가 중개보수를 과다수령 시 그 차액의 환급을 공통적으로 규정하고 있다.

정답 03 ② 04 ⑤

키워드 › 일반중개계약, 전속중개계약

난이도 ›

해설 › ① 전속중개계약은 중개의뢰인이 중개대상물의 중개를 의뢰하기 위해 특정한 개업공인중개사를 정하여 그 개업공인중개사에 한정하여 중개대상물을 중개하도록 하는 계약을 말한다.
② 개업공인중개사가 전속중개계약을 체결한 때에는 중개의뢰인이 비공개를 요청하지 않은 경우, 부동산거래정보망에 해당 중개대상물에 관한 정보를 공개해야 한다.
③ 개업공인중개사가 전속중개계약을 체결한 때에는 중개의뢰인에게 2주일에 1회 이상 중개업무처리상황을 문서로 통지해야 한다.
④ 개업공인중개사가 국토교통부령으로 정하는 전속중개계약서에 의하지 아니하고 전속중개계약을 체결한 행위는 업무정지사유에 해당한다.

05 완성 기출

공인중개사법령상 '중개대상물의 확인 · 설명사항'과 '전속중개계약에 따라 부동산거래정보망에 공개해야 할 중개대상물에 관한 정보'에 공통으로 규정된 것을 모두 고른 것은? 제32회

┌───┐
│ ㉠ 공법상의 거래규제에 관한 사항   ㉡ 벽면 및 도배의 상태   │
│ ㉢ 일조 · 소음의 환경조건   ㉣ 취득 시 부담해야 할 조세의 종류와 세율 │
└───┘

① ㉠, ㉡
② ㉢, ㉣
③ ㉠, ㉡, ㉢
④ ㉡, ㉢, ㉣
⑤ ㉠, ㉡, ㉢, ㉣

키워드 › 중개대상물의 확인 · 설명사항, 전속중개계약 체결 시 정보공개사항

난이도 ›

해설 › ㉡ 벽면 및 도배의 상태는 확인 · 설명사항과 전속중개계약에 따라 부동산거래정보망에 공개하여야 하는 공통적 사항(공개사항)이다. 참고로, 바닥면은 확인 · 설명사항에는 포함되지만 공개사항에는 포함되지 않는다.
㉣ '중개대상물의 확인 · 설명사항'에 해당하며, '전속중개계약에 따라 부동산거래정보망에 공개해야 할 중개대상물에 관한 정보'에는 해당하지 않는다.

보충 › 전속중개계약에 따라 부동산거래정보망에 공개해야 할 중개대상물에 관한 정보
1. 중개대상물의 종류, 소재지, 지목 및 면적, 건축물의 용도 · 구조 및 건축연도 등 중개대상물을 특정하기 위하여 필요한 사항
2. 벽면 및 도배의 상태
3. 수도 · 전기 · 가스 · 소방 · 열공급 · 승강기 설비, 오수 · 폐수 · 쓰레기처리시설 등의 상태
4. 도로 및 대중교통수단과의 연계성, 시장 · 학교 등과의 근접성, 지형 등 입지조건, 일조(日照) · 소음 · 진동 등 환경조건
5. 소유권 · 전세권 · 저당권 · 지상권 및 임차권 등 중개대상물의 권리관계에 관한 사항. 다만, 각 권리자의 주소 · 성명 등 인적사항에 관한 정보는 공개하여서는 아니 된다.
6. 공법상의 이용제한 및 거래규제에 관한 사항
7. 중개대상물의 거래예정금액 및 공시지가. 다만, 임대차의 경우에는 공시지가를 공개하지 아니할 수 있다.

정답 05 ③

06 기본 기출

공인중개사법령상 일반중개계약서와 전속중개계약서의 서식에 공통으로 기재된 사항이 아닌 것은?

제31회

① 첨부서류로서 중개보수 요율표
② 계약의 유효기간
③ 개업공인중개사의 중개업무 처리상황에 대한 통지의무
④ 중개대상물의 확인·설명에 관한 사항
⑤ 개업공인중개사가 중개보수를 과다 수령한 경우 차액 환급

키워드 전속중개계약서

난이도

해설 개업공인중개사의 중개업무 처리상황에 대한 통지의무는 전속중개계약서의 개업공인중개사의 의무사항에 포함되며, 일반중개계약서의 개업공인중개사의 의무사항에는 포함되지 않는다.

07 완성 기출

중개의뢰인 甲은 자신 소유의 X부동산에 대한 임대차계약을 위해 개업공인중개사 乙과 전속중개계약을 체결하였다. X부동산에 기존 임차인 丙, 저당권자 丁이 있는 경우 乙이 부동산거래정보망 또는 일간신문에 공개해야만 하는 중개대상물에 관한 정보를 모두 고른 것은? (단, 중개의뢰인이 비공개 요청을 하지 않음)

제30회

| ㉠ 丙의 성명 | ㉡ 丁의 주소 |
| ㉢ X부동산의 공시지가 | ㉣ X부동산에 대한 일조(日照)·소음·진동 등 환경조건 |

① ㉣
② ㉠, ㉡
③ ㉢, ㉣
④ ㉠, ㉡, ㉣
⑤ ㉠, ㉡, ㉢, ㉣

키워드 전속중개계약 체결 시 정보공개사항

난이도

해설 ㉣ 도로 및 대중교통수단과의 연계성, 시장·학교 등과의 근접성, 지형 등 입지조건, 일조·소음·진동 등 환경조건은 공개해야 하는 정보에 해당한다(영 제20조 제2항 제4호).
㉠㉡ 임차인의 성명, 저당권자의 주소 등 인적사항에 관한 정보를 개업공인중개사는 공개하여서는 아니 된다(영 제20조 제2항 제5호 단서).
㉢ 전속중개계약을 체결한 개업공인중개사는 중개대상물의 거래예정금액 및 공시지가를 공개하여야 한다. 다만, 임대차의 경우에는 공시지가를 공개하지 아니할 수 있다(영 제20조 제2항 제7호). 따라서 공개해야 하는 정보에는 포함되지 않는다.

정답 06 ③ 07 ①

08 공인중개사법령상 중개계약에 관한 설명으로 <u>틀린</u> 것은? (다툼이 있으면 판례에 따름) 제29회

기본 기출

① 임대차에 대한 전속중개계약을 체결한 개업공인중개사는 중개대상물의 공시지가를 공개해야 한다.
② 부동산중개계약은 「민법」상 위임계약과 유사하다.
③ 전속중개계약은 법령이 정하는 계약서에 의하여야 하며, 중개의뢰인과 개업공인중개사가 모두 서명 또는 날인한다.
④ 개업공인중개사는 전속중개계약 체결 후 중개의뢰인에게 2주일에 1회 이상 중개업무 처리상황을 문서로 통지해야 한다.
⑤ 중개의뢰인은 일반중개계약을 체결할 때 일반중개계약서의 작성을 요청할 수 있다.

키워드	일반중개계약, 전속중개계약
난이도	
해설	임대차에 대한 전속중개계약을 체결한 개업공인중개사는 중개대상물의 공시지가를 공개하지 아니할 수 있다. 그러므로 반드시 공개하여야 하는 내용은 아니다.

정답 08 ①

09 공인중개사법령상 ( )에 들어갈 내용으로 옳은 것은?

제29회

- 다른 약정이 없는 경우 전속중개계약의 유효기간은 (㉠)로 한다.
- 거래정보사업자는 그 지정받은 날부터 (㉡) 이내에 운영규정을 정하여 국토교통부장관의 승인을 얻어야 한다.
- 개업공인중개사는 보증보험금·공제금 또는 공탁금으로 손해배상을 한 때에는 (㉢) 이내에 보증보험 또는 공제에 다시 가입하거나 공탁금 중 부족하게 된 금액을 보전하여야 한다.
- 등록관청은 업무정지기간의 (㉣)의 범위 안에서 가중 또는 감경할 수 있으며, 가중하여 처분하는 경우에도 업무정지기간은 (㉤)을 초과할 수 없다.

① ㉠: 3개월, ㉡: 3개월, ㉢: 15일, ㉣: 2분의 1, ㉤: 6개월
② ㉠: 3개월, ㉡: 3개월, ㉢: 15일, ㉣: 3분의 1, ㉤: 6개월
③ ㉠: 3개월, ㉡: 6개월, ㉢: 1개월, ㉣: 2분의 1, ㉤: 1년
④ ㉠: 6개월, ㉡: 3개월, ㉢: 15일, ㉣: 3분의 1, ㉤: 6개월
⑤ ㉠: 6개월, ㉡: 6개월, ㉢: 1개월, ㉣: 2분의 1, ㉤: 1년

키워드 종합 문제

난이도

해설
- 다른 약정이 없는 경우 전속중개계약의 유효기간은 (㉠ 3개월)로 한다.
- 거래정보사업자는 그 지정받은 날부터 (㉡ 3개월) 이내에 운영규정을 정하여 국토교통부장관의 승인을 얻어야 한다.
- 개업공인중개사는 보증보험금·공제금 또는 공탁금으로 손해배상을 한 때에는 (㉢ 15일) 이내에 보증보험 또는 공제에 다시 가입하거나 공탁금 중 부족하게 된 금액을 보전하여야 한다.
- 등록관청은 업무정지기간의 (㉣ 2분의 1)의 범위 안에서 가중 또는 감경할 수 있으며, 가중하여 처분하는 경우에도 업무정지기간은 (㉤ 6개월)을 초과할 수 없다.

정답 09 ①

THEME 12 부동산거래정보망

| THEME 키워드 |
부동산거래정보망, 거래정보사업자지정대장, 지정취소사유

기출분석
- **기출회차:** 제30회
- **키워드:** 부동산거래정보망
- **난이도:**

함정을 피하는 TIP
- 부동산거래정보망의 지정요건, 지정절차, 지정취소에 대하여 학습하여야 한다.

기본으로 알아야 하는 대표기출

공인중개사법령상 부동산거래정보망의 지정 및 이용에 관한 설명으로 틀린 것은?

① 국토교통부장관은 부동산거래정보망을 설치·운영할 자를 지정할 수 있다.
② 부동산거래정보망을 설치·운영할 자로 지정을 받을 수 있는 자는 「전기통신사업법」의 규정에 의한 부가통신사업자로서 국토교통부령으로 정하는 요건을 갖춘 자이다.
③ 거래정보사업자는 지정받은 날부터 3개월 이내에 부동산거래정보망의 이용 및 정보제공방법 등에 관한 운영규정을 정하여 국토교통부장관의 승인을 얻어야 한다.
④ 거래정보사업자가 부동산거래정보망의 이용 및 정보제공방법 등에 관한 운영규정을 변경하고자 하는 경우 국토교통부장관의 승인을 얻어야 한다.
⑤ 거래정보사업자는 개업공인중개사로부터 공개를 의뢰받은 중개대상물의 정보를 개업공인중개사에 따라 차별적으로 공개할 수 있다.

해설

거래정보사업자는 개업공인중개사로부터 공개를 의뢰받은 중개대상물의 정보를 개업공인중개사에 따라 차별적으로 공개하여서는 아니 된다. 공인중개사법령상 거래정보사업자는 개업공인중개사로부터 공개를 의뢰받은 중개대상물의 정보에 한정하여 이를 부동산거래정보망에 공개하여야 하며, 의뢰받은 내용과 다르게 정보를 공개하거나 어떠한 방법으로든지 개업공인중개사에 따라 정보가 차별적으로 공개되도록 하여서는 아니 된다(법 제24조 제4항). 이를 위반한 경우 1년 이하의 징역 또는 1천만원 이하의 벌금형에 처한다(법 제49조 제1항 제8호).

정답 ⑤

단단하게 정리하는 핵심이론

1 부동산거래정보망의 의의 및 기능

① 부동산거래정보망이란 개업공인중개사 상호간에 중개대상물의 중개에 관한 정보를 교환하는 체계를 말한다.

② 부동산거래정보망을 설치·운영하는 자를 거래정보사업자라 한다.

> ⚠ 부동산거래정보망을 설치·운영하고자 하는 자는 국토교통부장관으로부터 지정을 받아야 한다. 현재 국토교통부장관으로부터 거래정보사업자로 지정받아 부동산거래정보망을 설치·운영하는 자는 공인중개사협회가 있다. 비회원인 개업공인중개사도 협회가 설치한 부동산거래정보망을 이용할 수 있다.

③ 개업공인중개사는 부동산거래정보망에 가입하여야 할 의무가 없으나, 개업공인중개사의 종별, 중개계약의 유형을 불문하고 정보망에 가입하여 이용할 수 있다.

2 부동산거래정보사업자의 지정

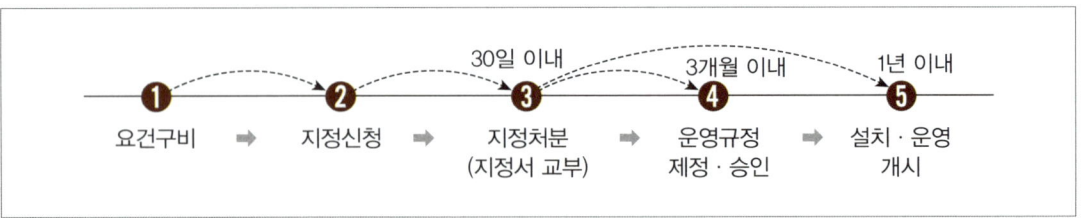

(1) 지정신청자

부가통신사업자로 신고된 자(개인 또는 법인) – 개업공인중개사인 법인은 제외

(2) 지정권자 – 국토교통부장관

국토교통부장관은 개업공인중개사 상호간에 부동산의 매매 등에 관한 정보의 공개와 유통을 촉진하고 공정한 부동산거래질서를 확립하기 위하여 부동산거래정보망을 설치·운영할 자를 지정할 수 있다.

(3) 거래정보사업자 지정절차

① **지정요건의 구비**: 거래정보사업자로 지정을 신청하고자 하는 자는 「전기통신사업법」의 규정에 따라 부가통신사업자로서 신고된 자(개인·법인)로서, 국토교통부령으로 정하는 다음의 요건을 구비하여야 한다.

> ㉠ 500명 이상의 개업공인중개사가 그 부동산거래정보망에 가입·이용신청을 하였을 것. 또한 그중 2개 이상의 시·도에서 각각 30인 이상의 개업공인중개사가 가입·이용신청을 하였을 것
> ㉡ 정보처리기사 1명 이상을 확보할 것
> ㉢ 공인중개사 1명 이상을 확보할 것
> ㉣ 국토교통부장관이 정하는 용량 및 성능을 갖춘 컴퓨터설비를 확보할 것

② **지정신청**: 지정신청서에 다음의 서류를 첨부하여 국토교통부장관에게 제출하여야 한다.

> ㉠ 부가통신사업신고서를 제출하였음을 확인할 수 있는 서류
> ㉡ 500명 이상의 개업공인중개사(그중 2개 이상의 시·도에서 각각 30인 이상의 개업공인중개사)로부터 받은 가입·이용신청서 및 그 개업공인중개사의 중개사무소등록증 사본(개업공인중개사의 인감증명서 첨부 ×, 사업자등록증 사본 첨부 ×)
> ㉢ 정보처리기사자격증 사본 1부
> ㉣ 공인중개사자격증 사본 1부
> ㉤ 주된 컴퓨터의 용량 및 성능 등을 확인할 수 있는 서류(개업공인중개사 ×)

③ **지정처분 및 지정서 교부**: 지정신청을 받은 국토교통부장관은 신청일로부터 30일 이내에 거래정보사업자로 지정하고 신청인에게 지정서를 교부하여야 한다.

④ **운영규정의 제정 및 승인**: 거래정보사업자로 지정받은 자는 지정받은 날부터 3개월 이내에 운영규정을 정하여 국토교통부장관의 승인을 얻어야 한다. 운영규정을 변경하고자 하는 경우에도 국토교통부장관의 승인을 얻어야 한다.

⚠ 거래정보사업자로 지정을 신청하는 때에 미리 운영규정을 제정하여 승인 ×

⑤ **부동산거래정보망의 설치·운영개시**: 거래정보사업자로 지정을 받은 자는 지정을 받은 날부터 1년 이내에 부동산거래정보망을 설치·운영하여야 한다.

(4) 부동산거래정보망을 통한 부동산거래의 절차

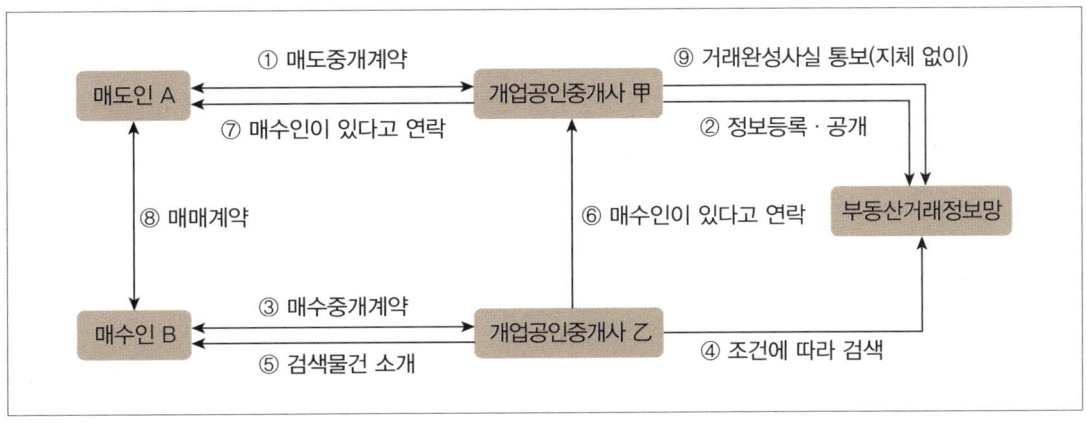

(5) 거래정보사업자 및 개업공인중개사의 의무사항

구분	의무사항	위반 시 제재
거래정보사업자	① 개업공인중개사로부터 공개의뢰를 받은 정보에 한정하여 공개할 것 ② 개업공인중개사로부터 공개의뢰를 받은 내용과 다르게 공개하지 말 것 ③ 개업공인중개사에 따라 차별하여 공개하도록 하지 말 것	지정취소 + 1년/1천만원
개업공인중개사	① 정보망에 거짓 정보를 공개하지 말 것 ② 공개한 정보에 대하여 거래완성사실을 지체 없이 거래정보사업자에게 통보할 것	업무정지처분

3 지정취소

(1) 취소권자

국토교통부장관

(2) 취소처분 전 조치

지정취소처분을 하기 전에 청문을 실시하여야 한다.

⚠ 다만, 거래정보사업자의 사망 또는 법인의 해산을 사유로 지정취소처분을 하는 경우에는 청문을 실시하지 아니한다.

(3) 지정취소사유

국토교통부장관은 다음의 사유에 해당되면 지정을 취소할 수 있다(취소하여야 한다 ×).

> ① 거짓이나 그 밖의 부정한 방법으로 지정을 받은 경우
> ② 운영규정의 승인 또는 변경승인을 받지 않거나 운영규정을 위반하여 운영한 경우
>   ⚠ 이 경우 500만원 이하의 과태료도 부과한다.
> ③ 개업공인중개사로부터 공개 의뢰받지 않은 정보를 공개한 경우 또는 의뢰받은 내용과 다르게 공개하거나, 개업공인중개사에 따라 정보가 차별적으로 공개되도록 한 경우
>   ⚠ 이 경우 1년 이하의 징역 또는 1천만원 이하의 벌금형도 부과한다.
> ④ 정당한 사유 없이 지정받은 날부터 1년 이내에 정보망을 설치·운영하지 않은 경우
> ⑤ 거래정보사업자의 사망·해산 그 밖의 사유로 계속적인 운영이 불가능한 경우

기본문제와 완성문제로 단단기출

01 기본 기출

공인중개사법령상 거래정보사업자의 지정을 취소할 수 있는 사유에 해당하는 것을 모두 고른 것은?

제33회

> ㉠ 거짓 등 부정한 방법으로 지정을 받은 경우
> ㉡ 정당한 사유 없이 지정받은 날부터 1년 이내에 부동산거래정보망을 설치·운영하지 아니한 경우
> ㉢ 개업공인중개사로부터 공개를 의뢰받은 중개대상물의 내용과 다르게 부동산거래정보망에 정보를 공개한 경우
> ㉣ 부동산거래정보망의 이용 및 정보제공방법 등에 관한 운영규정을 위반하여 부동산거래정보망을 운영한 경우

① ㉠, ㉡
② ㉡, ㉢
③ ㉢, ㉣
④ ㉠, ㉢, ㉣
⑤ ㉠, ㉡, ㉢, ㉣

키워드 지정취소사유

난이도

해설 국토교통부장관은 거래정보사업자가 다음에 해당하는 경우에는 그 지정을 취소할 수 있다(법 제24조 제5항).
1. 거짓이나 그 밖의 부정한 방법으로 지정을 받은 경우(㉠)
2. 운영규정의 승인 또는 변경승인을 받지 아니하거나 운영규정에 위반하여 부동산거래정보망을 운영한 경우(㉣)
3. 거래정보사업자가 개업공인중개사로부터 공개를 의뢰받은 중개대상물의 정보 이외의 정보를 부동산거래정보망에 공개하거나, 의뢰받은 내용과 다르게 정보를 공개하거나, 개업공인중개사에 따라 차별적으로 정보를 공개한 경우(㉢)
4. 정당한 사유 없이 지정받은 날부터 1년 이내에 부동산거래정보망을 설치·운영하지 아니한 경우(㉡)
5. 개인인 거래정보사업자의 사망 또는 법인인 거래정보사업자의 해산 그 밖의 사유로 부동산거래정보망의 계속적인 운영이 불가능한 경우

정답 01 ⑤

02 공인중개사법령상 거래정보사업자지정대장 서식에 기재되는 사항이 <u>아닌</u> 것은? 제32회

① 지정 번호 및 지정 연월일
② 상호 또는 명칭 및 대표자의 성명
③ 주된 컴퓨터설비의 내역
④ 전문자격자의 보유에 관한 사항
⑤ 「전기통신사업법」에 따른 부가통신사업자번호

| 키워드 | 거래정보사업자지정대장
| 난이도 |
| 해설 | 「전기통신사업법」에 따른 부가통신사업자번호는 거래정보사업자지정대장 서식에 기재되는 사항에 해당하지 않는다.
| 보충 | 거래정보사업자지정대장 서식에 기재할 사항(규칙 제15조 제3항)
1. 지정 번호 및 지정 연월일
2. 상호 또는 명칭 및 대표자의 성명
3. 사무소의 소재지
4. 주된 컴퓨터설비의 내역
5. 전문자격자의 보유에 관한 사항

---

03 공인중개사법령상 거래정보사업자의 지정취소사유에 해당하는 것을 모두 고른 것은? 제31회

㉠ 부동산거래정보망의 이용 및 정보제공방법 등에 관한 운영규정을 변경하고도 국토교통부장관의 승인을 받지 않고 부동산거래정보망을 운영한 경우
㉡ 개업공인중개사로부터 공개를 의뢰받지 아니한 중개대상물 정보를 부동산거래정보망에 공개한 경우
㉢ 정당한 사유 없이 지정받은 날부터 6개월 이내에 부동산거래정보망을 설치하지 아니한 경우
㉣ 개인인 거래정보사업자가 사망한 경우
㉤ 부동산거래정보망의 이용 및 정보제공방법 등에 관한 운영규정을 위반하여 부동산거래정보망을 운영한 경우

① ㉠, ㉡
② ㉢, ㉣
③ ㉠, ㉡, ㉤
④ ㉠, ㉡, ㉣, ㉤
⑤ ㉠, ㉡, ㉢, ㉣, ㉤

| 키워드 | 지정취소사유
| 난이도 |
| 해설 | ㉢ 정당한 사유 없이 지정받은 날부터 1년 이내에 부동산거래정보망을 설치·운영하지 아니한 경우 거래정보사업자의 지정취소사유에 해당한다.

정답 02 ⑤ 03 ④

04 기본기출

공인중개사법령상 부동산거래정보망을 설치·운영할 자로 지정받기 위한 요건의 일부이다. ( ) 에 들어갈 내용으로 옳은 것은?   제31회

> - 부동산거래정보망의 가입·이용신청을 한 (㉠)의 수가 500명 이상이고 (㉡)개 이상의 특별시·광역시·도 및 특별자치도에서 각각 (㉢)인 이상의 (㉠)가 가입·이용신청을 하였을 것
> - 정보처리기사 1명 이상을 확보할 것
> - 공인중개사 (㉣)명 이상을 확보할 것

① ㉠: 공인중개사, ㉡: 2, ㉢: 20, ㉣: 1
② ㉠: 공인중개사, ㉡: 3, ㉢: 20, ㉣: 3
③ ㉠: 개업공인중개사, ㉡: 2, ㉢: 20, ㉣: 3
④ ㉠: 개업공인중개사, ㉡: 2, ㉢: 30, ㉣: 1
⑤ ㉠: 개업공인중개사, ㉡: 3, ㉢: 30, ㉣: 1

키워드 부동산거래정보망

난이도

해설
- 부동산거래정보망의 가입·이용신청을 한 (㉠ 개업공인중개사)의 수가 500명 이상이고 (㉡ 2)개 이상의 특별시·광역시·도 및 특별자치도에서 각각 (㉢ 30)인 이상의 (㉠ 개업공인중개사)가 가입·이용신청을 하였을 것
- 정보처리기사 1명 이상을 확보할 것
- 공인중개사 (㉣ 1)명 이상을 확보할 것

보충 거래정보사업자의 지정요건은 다음과 같다(규칙 제15조 제2항).
1. 부동산거래정보망의 가입·이용신청을 한 개업공인중개사의 수가 500명 이상이고 2개 이상의 특별시·광역시·도 및 특별자치도(이하 '시·도'라 한다)에서 각각 30인 이상의 개업공인중개사가 가입·이용신청을 하였을 것
2. 정보처리기사 1명 이상을 확보할 것
3. 공인중개사 1명 이상을 확보할 것
4. 부동산거래정보망의 가입자가 이용하는 데 지장이 없는 정도로서 국토교통부장관이 정하는 용량 및 성능을 갖춘 컴퓨터설비를 확보할 것

정답 04 ④

THEME 13

개업공인중개사 등의 금지행위

| THEME 키워드 |
금지행위

> **기출분석**
- **기출회차:** 제34회
- **키워드:** 금지행위
- **난이도:**

기본으로 알아야 하는 대표기출

공인중개사법령상 소속공인중개사에게 금지되는 행위를 모두 고른 것은?

> ㉠ 공인중개사 명칭을 사용하는 행위
> ㉡ 중개대상물에 대한 표시·광고를 하는 행위
> ㉢ 중개대상물의 매매를 업으로 하는 행위
> ㉣ 시세에 부당한 영향을 줄 목적으로 온라인 커뮤니티 등을 이용하여 특정 가격 이하로 중개를 의뢰하지 아니하도록 유도함으로써 개업공인중개사의 업무를 방해하는 행위

① ㉠, ㉡
② ㉡, ㉣
③ ㉢, ㉣
④ ㉡, ㉢, ㉣
⑤ ㉠, ㉡, ㉢, ㉣

해설
㉡ 개업공인중개사의 의무사항이며, 소속공인중개사에게는 금지되는 행위에 해당한다.
㉢㉣ 「공인중개사법」 제33조의 금지행위에 해당하며, 이는 개업공인중개사등(개업공인중개사, 소속공인중개사, 중개보조원 및 개업공인중개사인 법인의 임원·사원)에게 적용된다. 따라서 소속공인중개사에게 금지되는 행위에 해당한다.

정답 ④

> **함정을 피하는 TIP**
- 금지행위의 내용과 판례를 학습하여야 한다.

단단하게 정리하는 **핵심이론**

1 적용대상자

「공인중개사법」제33조 제1항에서는 개업공인중개사등(개업공인중개사, 소속공인중개사, 중개보조원, 개업공인중개사의 법인의 사원 또는 임원)에 관한 금지행위를 규정하고 있으며, 「공인중개사법」제33조 제2항에서는 누구든지 시세에 부당한 영향을 줄 목적으로 개업공인중개사등의 업무를 방해하여서는 아니 되는 행위를 규율하고 있다.

2 개업공인중개사등의 금지행위의 유형(법 제33조 제1항)

(1) 중개대상물의 매매를 업으로 하는 행위

① 법정 중개대상물(토지, 건축물 그 밖의 토지의 정착물, 입목, 광업재단, 공장재단)의 매매업을 금지한다.
② 분양권도 장래에 건축될 건축물에 해당하는 중개대상물이므로 매매를 업으로 하여서는 아니 된다.
③ 건설회사에서 분양하는 단지 내 상가 등을 일괄적으로 매입하여 일반인에게 개별적으로 매각하는 것은 매매를 업으로 한 금지행위 위반에 해당한다.

> ⚠ 1. 중개대상물에 대한 단순한 1회성의 매매는 허용한다. 그러나 1회성의 매매라 하더라도 중개의뢰인과의 매매거래는 금지한다.
> 2. 중개대상물의 임대를 업으로 하는 행위는 금지행위가 아니다.

(2) 무등록중개업자인 사실을 알면서 그를 통하여 중개를 의뢰받거나 그에게 자기의 명의를 이용하게 하는 행위

> ⚠ 무등록중개업자임을 알면서 중개의뢰를 받았다면 거래계약체결의 성사 여부를 불문하고 금지행위 위반에 해당한다.

(3) 사례·증여 그 밖에 어떠한 명목으로도 법정 중개보수 또는 실비를 초과하여 금품을 받는 행위

> **판례**
> 1. 법정 중개보수를 초과하여 받은 금원을 반환하여도 금지행위에 해당하며, 초과하여 받은 어음이나 당좌수표가 부도처리 되어도 금지행위에 해당한다.
> 2. 법정 중개보수를 초과하여 중개보수를 요구하였거나 약정하였을 뿐 실제로는 초과중개보수를 받지 아니한 것은 금지행위가 아니다.
> 3. 상가의 권리금 알선료를 받았거나 부동산의 분양대행과 관련하여 중개보수를 받은 것은 금지행위에 해당하지 않는다.
> 4. 순가중개계약 자체가 금지행위에 해당하지는 않는다. 다만, 법정 중개보수를 초과하여 받을 가능성이 높으므로 순가중개계약은 금지행위에 해당될 수 있다.

(4) 해당 중개대상물의 거래상의 중요사항에 관하여 거짓된 언행 그 밖의 방법으로 중개의뢰인의 판단을 그르치게 하는 행위

> **판례**
>
> 금지행위 위반에 해당하는 경우
> 1. 개발예정이 없는 토지를 마치 개발계획이 확정된 것처럼 적극 설명하는 행위
> 2. 개업공인중개사가 의뢰인 일방과 담합하여 다른 일방이 거짓된 정보를 신뢰하여 헐값에 매도하도록 또는 비싼 값에 매수하도록 하는 행위
> 3. 중개의뢰가격을 숨기고 고액에 매수하도록 하는 행위
> 4. 지금 구입하는 가격보다 비싼 가격으로 되팔아 주겠다는 행위
> 5. 부동산의 하자나 해당 부동산에 대한 소송이 진행 중인 사실 그 밖에 공법상 제한받는 사실을 의뢰인에게 고지하지 않고 중개하는 행위

(5) 관계 법령에서 양도·알선 등이 금지된 부동산의 분양·임대 등과 관련 있는 증서 등의 매매·교환 등을 중개하거나 그 증서의 매매를 업으로 하는 행위

⚠️ 양도·알선 등이 금지된 증서란 주택청약예금증서, 관리처분계획의 인가를 받지 아니한 입주권, 주택상환채권, 무허가건물철거예정증명서, 이주대책자확인증명서, 주택조합원증서 등을 말한다. 양도·알선 등이 금지된 증서는 1회성의 중개도 금지한다.

(6) 중개의뢰인과 직접 거래하거나 거래당사자 쌍방을 대리하는 행위

⚠️ 중개의뢰인과 직접 거래하거나 거래당사자 쌍방을 대리하는 행위는 ① 1회성도 금지한다. ② 무보수라 하더라도 금지한다. ③ 의뢰인 본인의 동의가 있더라도 금지한다. ④ 거래 유형을 불문하고 금지한다.

> **판례**
>
> 1. 금지행위 위반에 해당하는지 여부
>   ① 직접 거래 금지대상인 중개의뢰인의 범위에 그 중개대상물에 관한 소유자뿐만 아니라 소유자의 대리인이나 수임인도 포함된다.
>   ② 개업공인중개사가 제3자(다른 개업공인중개사를 포함)와 공동으로 자기의 중개의뢰인과 직접 거래를 하는 행위도 개업공인중개사는 직접 거래 금지행위 위반에 해당한다.
>   ③ 다른 개업공인중개사의 중개로 부동산을 매수하거나, 다른 개업공인중개사의 중개로 매도한 경우에는 중개의뢰인과의 직접 거래에 해당하지 아니한다.
>   ④ 일방대리는 금지행위가 아니다.
>   ⑤ 중도금, 잔금의 지급 등 이행의 업무는 쌍방대리를 금지하지 아니한다.
>   ⑥ 판례에 의하면, 배우자 명의로 체결한 전세계약은 중개의뢰인과의 직접 거래에 해당한다.
> 2. 전세 매물로 내놓은 아파트를 개업공인중개사가 남편 명의로 계약한 경우 직접 거래에 해당하는지 여부
>   개업공인중개사등이 중개의뢰인과 직접 거래하는 행위를 금지하고 있는 취지는 이를 허용할 경우 중개업자 등이 거래상 알게 된 정보 등을 자신의 이익을 꾀하는 데 이용함으로써 중개의뢰인의 이익을 해하는 일이 없도록 중개의뢰인을 보호하고자 함에 있다. 전세계약서상 명의자는 남편이지만 해당 아파트에 실제로 거주했으며, 집주인에게 자신이 중개하는 임차인이 남편이라는 사실을 알리지 않았을 뿐만 아니라, 집주인으로부터 중개를 의뢰받고 집주인이 전임차인의 전세금을 빨리 반환해 줘야 해 희망하는 금액보다 적은 금액으로 새로운 임차인을 구한다는 사정을 알고 자신이 직접 시세보다 저렴한 금액으로 임차하는 이익을 얻었기에 직접 거래 금지규정의 취지를 정면으로 위배하였으므로 직접 거래에 해당한다(대판 2021.8.12, 2021도6910).

(7) 탈세 등 관계 법령을 위반할 목적으로 소유권보존등기 또는 이전등기를 하지 아니한 부동산이나 관계 법령의 규정에 따라 전매 등 권리의 변동이 제한된 부동산의 매매를 중개하는 등 부동산투기를 조장하는 행위

> **판례**
>
> 매수인이 이전등기를 하지 아니하고 전매하였으나 결과적으로 전매차익이 없는 경우라 하더라도 개업공인중개사등이 미등기전매를 중개하는 것은 이 법상의 금지행위에 해당한다.

(8) 부당한 이익을 얻거나 제3자에게 부당한 이익을 얻게 할 목적으로 거짓으로 거래가 완료된 것처럼 꾸미는 등 중개대상물의 시세에 부당한 영향을 주거나 줄 우려가 있는 행위

⚠️ 개업공인중개사가 계약을 체결하지 아니하였음에도 불구하고 거짓으로 부동산거래신고를 높게 하여 시세에 부당한 영향을 주는 행위 등이 이에 해당한다.

(9) 단체를 구성하여 특정 중개대상물에 대하여 중개를 제한하거나 단체 구성원 이외의 자와 공동중개를 제한하는 행위

⚠️ 1. 지역별 개업공인중개사들이 모임을 결성하여 특정 중개대상물에 대하여 일정한 금액 이하로 중개하는 행위를 제한하는 행위가 포함된다.
2. 지역별 개업공인중개사들의 모임에 가입하지 못한 개업공인중개사와의 공동중개를 제한하는 행위를 하는 등의 행위가 포함된다.

3 누구든지 시세에 부당한 영향을 줄 목적으로 개업공인중개사등의 업무를 방해하여서는 아니 된다(법 제33조 제2항)

① 안내문, 온라인 커뮤니티 등을 이용하여 특정 개업공인중개사등에 대한 중개의뢰를 제한하거나 제한을 유도하는 행위
② 안내문, 온라인 커뮤니티 등을 이용하여 중개대상물에 대하여 시세보다 현저하게 높게 표시·광고 또는 중개하는 특정 개업공인중개사등에게만 중개의뢰를 하도록 유도함으로써 다른 개업공인중개사등을 부당하게 차별하는 행위
③ 안내문, 온라인 커뮤니티 등을 이용하여 특정 가격 이하로 중개를 의뢰하지 아니하도록 유도하는 행위
④ 정당한 사유 없이 개업공인중개사등의 중개대상물에 대한 정당한 표시·광고 행위를 방해하는 행위
⑤ 개업공인중개사등에게 중개대상물을 시세보다 현저하게 높게 표시·광고하도록 강요하거나 대가를 약속하고 시세보다 현저하게 높게 표시·광고하도록 유도하는 행위

4 금지행위를 위반한 경우의 효력과 제재

(1) 금지행위를 위반하여 체결된 거래계약의 효력

금지행위를 위반하여 체결된 거래계약의 효력은 유효하다.

(2) 위반 시 제재

① 손해가 발생한 경우: 손해배상책임을 부담한다.

② 행정형벌 및 행정처분의 병과

형벌에 따른 구분	내용
1년/1천만원	㉠ 거짓된 언행 ㉡ 법정중개보수·실비의 초과 수수 ㉢ 중개대상물의 매매업 ㉣ 무등록중개업자와 협조
3년/3천만원	㉠ 양도 등이 금지된 증서의 매매를 중개하거나 매매를 업으로 하는 행위 ㉡ 직접 거래 ㉢ 쌍방대리 ㉣ 투기조장(미등기전매 중개 등) ㉤ 시세에 부당한 영향을 주거나 줄 우려가 있는 행위 ㉥ 단체를 구성하여 중개를 제한하거나 공동중개를 제한하는 행위 ㉦ 특정 개업공인중개사등에 대한 중개의뢰를 제한하는 행위 등 ㉧ 특정 개업공인중개사등에게만 중개의뢰를 하도록 유도하는 행위 등 ㉨ 특정가격 이하로 중개를 의뢰하지 아니하도록 유도하는 행위 등 ㉩ 정당한 표시·광고 행위를 방해하는 행위 ㉪ 시세보다 현저하게 높게 표시·광고하도록 강요하거나 유도하는 행위

기본문제와 완성문제로 **단단기출**

01 공인중개사법령상 개업공인중개사등의 금지행위에 해당하지 **않는** 것은? 제31회

기본 기출

① 무등록 중개업을 영위하는 자인 사실을 알면서 그를 통하여 중개를 의뢰받는 행위
② 부동산의 매매를 중개한 개업공인중개사가 해당 부동산을 다른 개업공인중개사의 중개를 통하여 임차한 행위
③ 자기의 중개의뢰인과 직접 거래를 하는 행위
④ 제3자에게 부당한 이익을 얻게 할 목적으로 거짓으로 거래가 완료된 것처럼 꾸미는 등 중개대상물의 시세에 부당한 영향을 줄 우려가 있는 행위
⑤ 단체를 구성하여 단체 구성원 이외의 자와 공동중개를 제한하는 행위

키워드 〉 금지행위

난이도 〉

해설 〉 ② 부동산의 매매를 중개한 개업공인중개사가 해당 부동산을 다른 개업공인중개사의 중개를 통하여 임차한 행위는 중개의뢰인과 직접 거래계약을 한 것이 아니므로 금지행위 중 직접 거래에 해당하지 않는다.
① 무등록 중개업자와의 거래는 금지행위이다.
③ 중개의뢰인과의 직접 거래는 금지행위이다.
④ 허위로 부동산거래신고를 하는 경우 중개대상물의 시세에 부당한 영향을 줄 수 있으므로 금지행위이다.
⑤ 단체를 구성하여 특정 중개대상물에 대하여 중개를 제한하거나 단체 구성원 이외의 자와 공동중개를 제한하는 행위는 금지행위이다.

보충 〉 개업공인중개사등의 금지행위
1. 중개대상물의 매매를 업으로 하는 행위
2. 중개사무소의 개설등록을 하지 아니하고 중개업을 영위하는 자인 사실을 알면서 그를 통하여 중개를 의뢰받거나 그에게 자기의 명의를 이용하게 하는 행위
3. 사례·증여 그 밖의 어떠한 명목으로도 중개보수 또는 실비를 초과하여 금품을 받는 행위
4. 해당 중개대상물의 거래상의 중요사항에 관하여 거짓된 언행 그 밖의 방법으로 중개의뢰인의 판단을 그르치게 하는 행위
5. 양도·알선 등이 금지된 부동산의 분양·임대 등과 관련 있는 증서 등의 매매·교환 등을 중개하거나 그 매매를 업으로 하는 행위
6. 중개의뢰인과 직접 거래를 하거나 거래당사자 쌍방을 대리하는 행위
7. 탈세 등 관계 법령을 위반할 목적으로 소유권보존등기 또는 이전등기를 하지 아니한 부동산이나 관계 법령의 규정에 의하여 전매 등 권리의 변동이 제한된 부동산의 매매를 중개하는 등 부동산투기를 조장하는 행위
8. 부당한 이익을 얻거나 제3자에게 부당한 이익을 얻게 할 목적으로 거짓으로 거래가 완료된 것처럼 꾸미는 등 중개대상물의 시세에 부당한 영향을 주거나 줄 우려가 있는 행위
9. 단체를 구성하여 특정 중개대상물에 대하여 중개를 제한하거나 단체 구성원 이외의 자와 공동중개를 제한하는 행위

정답 01 ②

02 공인중개사법령상 금지행위에 관한 설명으로 옳은 것은? 제30회

① 법인인 개업공인중개사의 사원이 중개대상물의 매매를 업으로 하는 것은 금지되지 않는다.
② 개업공인중개사가 거래당사자 쌍방을 대리하는 것은 금지되지 않는다.
③ 개업공인중개사가 중개의뢰인과 직접 거래를 하는 행위는 금지된다.
④ 법인인 개업공인중개사의 임원이 중개의뢰인과 직접 거래를 하는 것은 금지되지 않는다.
⑤ 중개보조원이 중개의뢰인과 직접 거래를 하는 것은 금지되지 않는다.

키워드 > 금지행위

난이도

해설 > ① 중개대상물의 매매를 업으로 하는 행위는 「공인중개사법」 제33조 제1항 제1호에 해당하는 금지행위이다. 이 경우 금지행위는 개업공인중개사, 소속공인중개사, 중개보조원, 법인의 임원 또는 사원(개업공인중개사등)에게 적용된다.
② 개업공인중개사가 거래당사자 쌍방을 대리하는 행위는 「공인중개사법」 제33조 제1항 제6호에 해당하는 금지행위이다.
④⑤ 「공인중개사법」 제33조 제1항 제6호에서 금지하고 있는 직접 거래는 개업공인중개사, 소속공인중개사, 중개보조원, 법인의 임원 또는 사원에게 적용된다.

03 공인중개사법령상 개업공인중개사의 금지행위에 관한 설명으로 틀린 것은? (다툼이 있으면 판례에 따름) 제29회

① 중개대상물의 매매를 업으로 하는 행위는 금지행위에 해당한다.
② 아파트의 특정 동·호수에 대한 분양계약이 체결된 후 그 분양권의 매매를 중개한 것은 금지행위에 해당하지 않는다.
③ 상가 전부의 매도 시에 사용하려고 매각조건 등을 기재하여 인쇄해 놓은 양식에 매매대금과 지급기일 등 해당사항을 기재한 분양계약서는 양도·알선 등이 금지된 부동산의 분양 등과 관련 있는 증서에 해당하지 않는다.
④ 개업공인중개사가 중개의뢰인과 직접 거래를 하는 행위를 금지하는 규정은 효력규정이다.
⑤ 탈세 등 관계 법령을 위반할 목적으로 미등기 부동산의 매매를 중개하여 부동산투기를 조장하는 행위는 금지행위에 해당한다.

키워드 > 금지행위

난이도

해설 > 개업공인중개사가 중개의뢰인과 직접 거래를 하는 행위를 금지하는 규정은 단속규정이다.

정답 02 ③ 03 ④

04 기본 기출

개업공인중개사 甲은 중개업무를 하면서 법정한도를 초과하는 중개보수를 요구하여 수령하였다. 공인중개사법령상 甲의 행위에 관한 설명으로 <u>틀린</u> 것은? (다툼이 있으면 판례에 따름) 제29회

① 등록관청은 甲에게 업무의 정지를 명할 수 있다.
② 등록관청은 甲의 중개사무소 개설등록을 취소할 수 있다.
③ 1년 이하의 징역 또는 1천만원 이하의 벌금사유에 해당한다.
④ 법정한도를 초과하는 중개보수 약정은 그 한도를 초과하는 범위 내에서 무효이다.
⑤ 甲이 법정한도를 초과하는 금액을 중개의뢰인에게 반환하였다면 금지행위에 해당하지 않는다.

키워드 금지행위

난이도

해설 甲이 법정한도를 초과하는 금액을 중개의뢰인에게 반환하였다 하더라도 금지행위에 해당한다.

05 기본 기출

공인중개사법령상 개업공인중개사의 금지행위에 해당하지 <u>않는</u> 것은? (다툼이 있으면 판례에 따름) 제28회

① 중개사무소 개설등록을 하지 않고 중개업을 영위하는 자인 사실을 알면서 그를 통하여 중개를 의뢰받는 행위
② 사례금 명목으로 법령이 정한 한도를 초과하여 중개보수를 받는 행위
③ 관계 법령에서 양도·알선 등이 금지된 부동산의 분양과 관련 있는 증서의 매매를 중개하는 행위
④ 법인 아닌 개업공인중개사가 중개대상물 외 건축자재의 매매를 업으로 하는 행위
⑤ 중개의뢰인이 중간생략등기의 방법으로 전매하여 세금을 포탈하려는 것을 개업공인중개사가 알고도 투기목적의 전매를 중개하였으나, 전매차익이 발생하지 않은 경우 그 중개행위

키워드 금지행위

난이도

해설 법인 아닌 개업공인중개사란 개인인 개업공인중개사를 말한다. 「공인중개사법」 제14조의 겸업규정은 법인인 개업공인중개사의 경우만 규율의 대상으로 하므로, 개인인 개업공인중개사는 중개대상물 외 건축자재의 매매를 업으로 하는 행위를 할 수 있다. 따라서 금지행위에 해당하지 않는다.

정답 04 ⑤ 05 ④

THEME 14

기본윤리 및 확인·설명의무

| THEME 키워드 |
비밀준수의무, 중개대상물 확인·설명의무, 중개대상물 확인·설명서

기본으로 알아야 하는 대표기출

기출분석
- **기출회차:** 제34회
- **키워드:** 중개대상물 확인·설명의무
- **난이도:**

공인중개사법령상 개업공인중개사 甲의 중개대상물 확인·설명에 관한 설명으로 틀린 것은? (다툼이 있으면 판례에 따름)

① 甲은 중개가 완성되어 거래계약서를 작성하는 때에 중개대상물 확인·설명서를 작성하여 거래당사자에게 교부해야 한다.
② 甲은 중개대상물에 근저당권이 설정된 경우, 실제의 피담보채무액을 조사·확인하여 설명할 의무가 있다.
③ 甲은 중개대상물의 범위 외의 물건이나 권리 또는 지위를 중개하는 경우에도 선량한 관리자의 주의로 권리관계 등을 조사·확인하여 설명할 의무가 있다.
④ 甲은 자기가 조사·확인하여 설명할 의무가 없는 사항이라도 중개의뢰인이 계약을 맺을지를 결정하는 데 중요한 것이라면 그에 관해 그릇된 정보를 제공해서는 안 된다.
⑤ 甲이 성실·정확하게 중개대상물의 확인·설명을 하지 않거나 설명의 근거자료를 제시하지 않은 경우 500만원 이하의 과태료 부과사유에 해당한다.

함정을 피하는 TIP
- 중개대상물 확인·설명의무, 확인설명사항 등에 대하여 학습하여야 한다.

| 해설 |

甲은 중개대상물에 근저당권이 설정된 경우, '채권최고액'을 조사·확인하여 설명할 의무가 있다.

정답 ②

단단하게 정리하는 **핵심이론**

1 기본윤리의무

(1) 공정한 중개업무 수행의무

개업공인중개사 및 소속공인중개사는 전문직업인으로서 품위를 유지하고 신의와 성실로써 공정하게 중개관련 업무를 수행해야 한다.

(2) 비밀준수의무

① 비밀준수의무자: 개업공인중개사, 소속공인중개사, 중개보조원, 개업공인중개사인 법인의 사원·임원(이하 '개업공인중개사등'이라 함)은 이 법 및 다른 법률에 특별한 규정이 있는 경우를 제외하고는 업무상 알게 된 비밀을 누설하여서는 아니 된다. 개업공인중개사등은 그 업무를 떠난 후에도 또한 같다.

② 위반자의 처벌: 피해자의 고소 등이 없어도 비밀을 누설한 자는 1년 이하의 징역 또는 1천만원 이하의 벌금형에 처한다. 다만, 피해자의 명시한 의사에 반하여 벌할 수 없다(반의사불벌죄).

(3) 선량한 관리자의 주의의무

중개계약이 위임계약과 유사하다는 측면에서 판례에서 인정한 의무이다.
⚠ 선량한 관리자의 주의의무는 「공인중개사법」에 규정된 의무는 아니다.

2 중개대상물의 확인·설명

(1) 중개대상물 확인·설명의무

개업공인중개사는 중개의뢰를 받은 경우에는 중개가 완성되기 전에 해당 중개대상물의 상태·입지·권리관계 등을 확인하여 이를 매수인·임차인 등 해당 중개대상물에 관한 권리를 취득하고자 하는 중개의뢰인에게 성실·정확하게 설명하고 토지대장등본 또는 부동산종합증명서, 등기사항증명서 등 설명의 근거자료를 제시하여야 한다.

(2) 확인·설명의 구체적 내용

① 확인·설명의 의무자: 개업공인중개사(법인은 대표자, 분사무소에서는 책임자)
  ⚠ 1. 고용인(소속공인중개사, 중개보조원)은 확인·설명할 의무가 없다.
  2. 소속공인중개사는 확인·설명을 할 수 있다. 그러나 확인·설명을 하는 경우에는 성실·정확하게 설명하고 토지대장등본 또는 부동산종합증명서, 등기사항증명서 등 설명의 근거자료를 제시하여야 하며, 이를 위반 시에는 자격정지처분을 받을 수 있다.

② 확인·설명의 시기: 중개가 완성되기 전에 하여야 한다(중개가 완성된 때 ×).

③ **확인·설명의 상대방**: 매수인 등 권리취득의뢰인

⚠️ 공동중개를 하는 경우에도 확인·설명은 매수인 등 권리취득의뢰인에게 하여야 한다. 다만, 교환을 중개하는 경우에 한정하여 교환당사자 모두에게 확인·설명하여야 한다.

④ **확인·설명의 방법**: 성실·정확하게 설명하고, 토지대장등본 또는 부동산종합증명서, 등기사항증명서 등의 근거자료를 제시하여야 한다.

⚠️ 확인·설명 시 제시할 자료에 중개대상물 확인·설명서는 포함되지 않는다.

⑤ **개업공인중개사의 상태자료 요구**

㉠ 요구상대방: 개업공인중개사는 확인·설명을 하기 위하여 필요한 때에는 매도의뢰인 등 권리이전 의뢰인에게 중개대상물의 상태에 관한 자료를 요구할 수 있다.

㉡ 요구할 수 있는 자료
- 내부·외부 시설물의 상태에 관한 자료
- 벽면·바닥면 및 도배상태에 관한 자료
- 환경조건(일조량·소음·진동)에 관한 자료

㉢ 불응한 경우: 매도의뢰인 등이 개업공인중개사의 자료요구에 불응한 경우에는 개업공인중개사는 그 사실을 매수의뢰인 등에게 설명하고, 중개대상물 확인·설명서에 기재하여야 한다.

⑥ **확인·설명할 사항(법 제25조 제1항)**

> ㉠ 중개대상물의 종류·소재지·지번·지목·면적·용도·구조 및 건축연도 등 중개대상물에 관한 기본적인 사항
> ㉡ 소유권·전세권·저당권·지상권 및 임차권 등 중개대상물의 권리관계에 관한 사항
> ㉢ 거래예정금액·중개보수 및 실비의 금액과 그 산출내역
> ㉣ 토지이용계획, 공법상 거래규제 및 이용제한에 관한 사항
> ㉤ 수도·전기·가스·소방·열공급·승강기 및 배수 등 시설물의 상태
> ㉥ 벽면·바닥면 및 도배의 상태
> ㉦ 일조·소음·진동 등 환경조건
> ㉧ 도로 및 대중교통수단과의 연계성, 시장·학교와의 근접성 등 입지조건
> ㉨ 중개대상물에 대한 권리를 취득함에 따라 부담하여야 할 조세의 종류 및 세율

> **판례**
>
> 1. 개업공인중개사는 무보수를 조건으로 중개를 하는 경우라 하더라도 「공인중개사법」의 적용을 받는다. 따라서 개업공인중개사가 중개보수를 받지 아니하기로 하였다 하더라도 확인·설명의무가 면제되지 아니한다.
> 2. 개업공인중개사가 성실·정확하게 설명하였으나 중개대상물 확인·설명서를 교부하지 아니한 경우에는 업무정지처분을 받을 수는 있으나 손해배상책임은 부담하지 아니한다.
> 3. 개업공인중개사의 중개를 통하여 매매하는 경우 매수인 측에서 매매목적물을 현장에서 확인하여야 할 의무까지 있다고 할 수 없다.
> 4. 개업공인중개사는 거래당사자가 매매목적물을 혼동한 상태에 있는지의 여부까지 미리 확인하거나 주의를 촉구할 의무까지는 없다.

⑦ **임대차중개 시의 설명의무**: 개업공인중개사는 주택의 임대차계약을 체결하려는 중개의뢰인에게 다음의 사항을 설명하여야 한다(법 제25조의3).
  ㉠ 「주택임대차보호법」에 따라 확정일자 부여기관에 정보제공을 요청할 수 있다는 사항
  ㉡ 「국세징수법」 및 「지방세징수법」에 따라 임대인이 납부하지 아니한 국세 및 지방세의 열람을 신청할 수 있다는 사항

(3) 중개대상물 확인·설명서의 작성 등

① **작성시기 및 보존기간**: 개업공인중개사(법인인 경우에는 대표자, 법인의 분사무소인 경우에는 책임자)는 중개가 완성되어 거래계약서를 작성하는 때에는 확인·설명한 내용을 서면(중개대상물 확인·설명서를 말함)으로 작성하여 서명 및 날인한 후 거래당사자에게 발급하여야 한다. 개업공인중개사는 확인·설명서 원본, 사본 또는 전자문서를 3년간 보존하여야 한다. 다만, 확인·설명사항이 공인전자문서센터에 보관된 경우에는 그러하지 아니하다.

② **작성서식**: 중개대상물 확인·설명서는 법정서식을 사용하여야 한다. 법정서식은 다음과 같이 4종류가 있다.

> ㉠ 주거용 건축물 확인·설명서[Ⅰ]
> ㉡ 비주거용 건축물 확인·설명서[Ⅱ]
> ㉢ 토지 확인·설명서[Ⅲ]
> ㉣ 입목·광업재단·공장재단 확인·설명서[Ⅳ]

③ **서명 및 날인의무자**: 개업공인중개사(법인인 경우에는 대표자, 법인의 분사무소인 경우에는 책임자)와 해당 업무를 수행한 소속공인중개사가 함께 서명 및 날인하여야 한다.

> ⚠ 1. 해당 중개행위를 한 소속공인중개사라 하더라도 확인·설명서를 작성하여야 할 의무는 없으나, 개업공인중개사와 함께 확인·설명서에 서명 및 날인은 하여야 한다.
> 2. 중개업무를 수행하지 아니한 소속공인중개사는 확인·설명서에 서명 및 날인할 의무가 없다.

(4) 위반 시 제재

① 개업공인중개사
  ㉠ **업무정지처분**: 다음의 경우 업무정지처분을 할 수 있다.

> • 확인·설명서에 서명 및 날인하지 아니한 경우
> • 확인·설명서를 거래당사자에게 교부하지 않거나 원본, 사본 또는 전자문서를 3년간 보존하지 아니한 경우
> • 법정서식에 따른 확인·설명서를 작성하지 아니한 경우

  ㉡ **500만원 이하의 과태료**: 성실·정확하게 확인·설명하지 않거나, 설명의 근거자료를 제시하지 아니한 경우 500만원 이하의 과태료 사유에 해당한다.

② 해당 업무를 수행한 소속공인중개사: 다음의 경우 자격을 정지할 수 있다.

> ㉠ 성실·정확하게 확인·설명하지 않거나, 설명의 근거자료를 제시하지 아니한 경우
> ㉡ 확인·설명서에 서명 및 날인하지 아니한 경우

핵심단단 확인·설명의무와 확인·설명서 작성의무의 비교

구분	확인·설명의무	확인·설명서 작성의무
시기	중개의뢰를 받은 후~중개완성 전	중개가 완성된 때
대상	매수인 등 권리취득의뢰인 일방	거래당사자 쌍방
내용	권리관계 등에 대하여 확인하여 성실·정확하게 설명하고 토지대장등본 등 근거자료 제시	확인·설명한 사항을 서면으로 작성하여 서명 및 날인한 후 거래당사자 쌍방에게 교부하며 원본, 사본 또는 전자문서를 3년간 보존
의무자	개업공인중개사(법인은 대표자, 분사무소는 책임자)	개업공인중개사(법인은 대표자, 분사무소는 책임자)와 해당 업무를 수행한 소속공인중개사가 함께 서명 및 날인

기본문제와 완성문제로 단단기출

01 공인중개사법령상 벌칙 부과대상 행위 중 피해자의 명시한 의사에 반하여 벌하지 <u>않는</u> 경우는?

제32회

① 거래정보사업자가 개업공인중개사로부터 의뢰받은 내용과 다르게 중개대상물의 정보를 부동산거래정보망에 공개한 경우
② 개업공인중개사가 그 업무상 알게 된 비밀을 누설한 경우
③ 개업공인중개사가 중개의뢰인으로부터 법령으로 정한 보수를 초과하여 금품을 받은 경우
④ 시세에 부당한 영향을 줄 목적으로 개업공인중개사에게 중개대상물을 시세보다 현저하게 높게 표시·광고하도록 강요하는 방법으로 개업공인중개사의 업무를 방해한 경우
⑤ 개업공인중개사가 단체를 구성하여 단체 구성원 이외의 자와 공동중개를 제한한 경우

키워드 〉 비밀준수의무

난이도 〉

해설 〉 ② 개업공인중개사등이 업무상 알게 된 비밀을 누설한 경우에는 피해자의 고소가 없다 하더라도 1년 이하의 징역 또는 1천만원 이하의 벌금형에 처해진다. 다만, 피해자의 명시적인 불처벌의사표시가 있는 경우에는 처벌할 수 없다. 이를 '반의사불벌죄'라고 한다.
①③ 1년 이하의 징역 또는 1천만원 이하의 벌금에 처한다.
④⑤ 3년 이하의 징역 또는 3천만원 이하의 벌금에 처한다.

정답 01 ②

02 공인중개사법령상 내용으로 옳은 것은? 제31회

기본 기출
① 중개보조원은 중개대상물에 관한 확인·설명의무가 있다.
② 소속공인중개사는 그 소속 개업공인중개사인 법인의 임원이 될 수 없다.
③ 외국인은 공인중개사가 될 수 없다.
④ 개업공인중개사가 성실·정확하게 중개대상물의 확인·설명을 하지 않은 경우 과태료 처분사유에 해당한다.
⑤ 토지이용계획은 주거용 건축물 매매계약의 중개의뢰를 받은 개업공인중개사가 확인·설명해야 할 사항에 포함되지 않는다.

키워드 〉 중개대상물 확인·설명의무

난이도 〉

해설 〉 ① 중개보조원은 중개대상물에 관한 확인·설명의무는 없으며, 확인·설명의무는 개업공인중개사에게 있다(법 제25조 제1항).
② 소속공인중개사의 정의에서 "개업공인중개사인 법인의 사원 또는 임원으로서 공인중개사인 자를 포함한다."라고 규정하고 있으므로 "소속공인중개사는 다른 개업공인중개사인 법인의 임원 또는 사원은 될 수 없으나, 그 소속 개업공인중개사인 법인의 임원이 될 수 있다."로 고쳐야 옳은 내용이 된다.
③ 외국인도 자격시험에 응시하여 공인중개사가 될 수 있다.
⑤ 「공인중개사법 시행령」 제21조 제1항에서 규정하고 있는 확인·설명사항에는 토지이용계획, 공법상의 거래규제 및 이용제한에 관한 사항이 있다. 따라서 토지이용계획은 주거용 건축물 매매계약의 중개의뢰를 받은 개업공인중개사가 확인·설명해야 할 사항에 포함된다.

정답 02 ④

03 공인중개사법령상 중개대상물의 확인·설명에 관한 내용으로 옳은 것은? (다툼이 있으면 판례에 따름)

제30회

① 개업공인중개사는 선량한 관리자의 주의로 중개대상물의 권리관계 등을 조사·확인하여 중개의뢰인에게 설명할 의무가 있다.
② 2명의 개업공인중개사가 공동중개한 경우 중개대상물 확인·설명서에는 공동중개한 개업공인중개사 중 1인만 서명·날인하면 된다.
③ 개업공인중개사는 중개대상물에 대한 확인·설명을 중개가 완성된 후 해야 한다.
④ 중개보조원은 중개의뢰인에게 중개대상물의 확인·설명의무를 진다.
⑤ 개업공인중개사는 중개대상물 확인·설명서를 작성하여 거래당사자에게 교부하고 그 원본을 5년간 보존하여야 한다.

| 키워드 | 중개대상물 확인·설명의무 |
| 난이도 |  |
| 해설 | ② 2명의 개업공인중개사가 공동중개한 경우 중개대상물 확인·설명서에는 공동중개한 개업공인중개사 모두 서명 및 날인하여야 한다.
③ 개업공인중개사는 중개대상물에 대한 확인·설명을 중개가 완성되기 전에 매수인·임차인 등 권리를 취득하고자 하는 중개의뢰인에게 하여야 한다.
④ 중개보조원은 확인·설명의무가 없다. 확인·설명의무는 개업공인중개사에게 있다.
⑤ 개업공인중개사는 중개대상물 확인·설명서를 작성하여 거래당사자에게 교부하고 3년 동안 그 원본, 사본 또는 전자문서를 보존하여야 한다. 다만, 확인·설명사항이 공인전자문서센터에 보관된 경우에는 그러하지 아니하다(법 제25조 제3항). |

정답 03 ①

04 공인중개사법령상 개업공인중개사 甲의 중개대상물 확인·설명에 관한 내용으로 <u>틀린</u> 것은? (다툼이 있으면 판례에 따름) 제29회

완성 기출

① 甲은 중개가 완성되어 거래계약서를 작성하는 때에는 중개대상물 확인·설명서를 작성해야 한다.
② 甲은 작성된 중개대상물 확인·설명서를 거래당사자 모두에게 교부해야 한다.
③ 甲은 중개보수 및 실비의 금액과 그 산출내역을 확인·설명해야 한다.
④ 甲은 임대의뢰인이 중개대상물의 상태에 관한 자료요구에 불응한 경우 그 사실을 중개대상물 확인·설명서에 기재할 의무가 없다.
⑤ 甲은 상가건물의 임차권 양도계약을 중개할 경우 양수의뢰인이 「상가건물 임대차보호법」에서 정한 대항력, 우선변제권 등의 보호를 받을 수 있는지를 확인·설명할 의무가 있다.

| 키워드 | 중개대상물 확인·설명서 |

| 난이도 | ■■■□□ |

| 해설 | 甲은 임대의뢰인이 중개대상물의 상태에 관한 자료요구에 불응한 경우 그 사실을 매수중개의뢰인·임차중개의뢰인 등 권리를 취득하려는 중개의뢰인에게 설명하고 중개대상물 확인·설명서에 기재하여야 한다.

정답 04 ④

THEME 15

거래계약서 작성의무

| THEME 키워드 |
거래계약서의 작성, 거래계약서의 기재사항

기본으로 알아야 하는 대표기출

> **기출분석**
> - **기출회차:** 제27회 수정
> - **키워드:** 거래계약서의 작성
> - **난이도:**

공인중개사법령상 개업공인중개사의 거래계약서 작성 등에 관한 설명으로 옳은 것은?

① 국토교통부장관이 지정한 표준거래계약서 양식으로 계약서를 작성해야 한다.
② 작성된 거래계약서는 거래당사자에게 교부하고 3년간 원본, 사본 또는 전자문서를 보존해야 한다.
③ 거래계약서의 원본, 사본 또는 전자문서를 보존기간 동안 보존하지 않은 경우 등록관청은 중개사무소의 개설등록을 취소할 수 있다.
④ 중개대상물 확인·설명서 교부일자는 거래계약서 기재사항이 아니다.
⑤ 분사무소의 소속공인중개사가 중개행위를 한 경우 그 소속공인중개사와 분사무소의 책임자가 함께 거래계약서에 서명 및 날인해야 한다.

| 해 설 |

① 국토교통부장관은 개업공인중개사가 작성하는 거래계약서의 표준이 되는 서식을 정하여 그 사용을 권장할 수 있다. 현재 거래계약서의 표준서식은 정해진 바 없다.
② 작성된 거래계약서는 거래당사자에게 교부하고 5년간 원본, 사본 또는 전자문서를 보존해야 한다.
③ 거래계약서의 원본, 사본 또는 전자문서를 보존기간 동안 보존하지 않은 경우 등록관청은 업무정지처분을 할 수 있다.
④ 중개대상물 확인·설명서 교부일자는 거래계약서 기재사항에 포함된다.

정답 ⑤

> **함정을 피하는 TIP**
> - 거래계약서의 작성의무와 필요적 기재사항에 관하여 학습하여야 한다.

단단하게 정리하는 핵심이론

1 거래계약서의 작성

(1) 거래계약서의 작성

개업공인중개사(법인인 경우에는 대표자, 법인의 분사무소인 경우에는 책임자)는 중개가 완성된 때에는 거래계약서를 작성하여 서명 및 날인한 후 거래당사자에게 교부하고 5년 동안 그 원본, 사본 또는 전자문서를 보존하여야 한다. 다만, 거래계약서가 공인전자문서센터에 보관된 경우에는 그러하지 아니하다. 이 경우 해당 중개행위를 한 소속공인중개사도 개업공인중개사와 함께 서명 및 날인을 하여야 한다.

> 1. 공동중개 시에는 공동개업공인중개사가 함께 서명 및 날인하여야 한다.
> 2. 해당 중개행위를 한 소속공인중개사라 하더라도 확인·설명서 및 거래계약서를 작성하여야 할 의무는 없으나, 확인·설명서 및 거래계약서에 개업공인중개사와 함께 서명 및 날인은 하여야 한다.
> 3. 분사무소에서 중개가 완성된 경우에는 책임자가 확인·설명서 및 거래계약서를 작성하여 서명 및 날인을 해야 할 의무자이고, 대표자는 의무자가 아니다.
> 4. 해당 중개업무를 보조하였더라도 중개보조원은 확인·설명서 및 거래계약서에 서명 및 날인의 의무가 없다. 그러나 이 법상 서명 및 날인행위를 금지하지는 않는다.

(2) 거래계약서의 거짓기재 및 이중계약서 작성금지

개업공인중개사(소속공인중개사를 포함)는 거래계약서를 작성하는 때에는 거래금액 등 거래내용을 거짓으로 기재하거나 서로 다른 둘 이상의 거래계약서를 작성하여서는 아니 된다.

2 거래계약서의 서식

「공인중개사법」상 거래계약서에 관한 표준서식은 규정되어 있지 아니하다. 다만, 국토교통부장관은 개업공인중개사가 작성하는 거래계약서의 표준이 되는 서식을 정하여 이의 사용을 권장할 수 있다.

> 국토교통부장관이 표준서식을 정하여 이의 사용을 권장하더라도 개업공인중개사는 사용의무가 없다.

3 거래계약서의 필요적 기재사항

① 거래당사자의 인적사항
② 물건의 표시
③ 계약일
④ 거래금액과 계약금액 및 그 지급일자 등 지급에 관한 사항
⑤ 물건의 인도일시
⑥ 권리이전의 내용

⑦ 계약의 조건이나 기한이 있는 경우에는 그 조건 또는 기한
⑧ ==중개대상물 확인·설명서 교부일자==
⑨ 그 밖의 약정내용

4 위반 시 제재

(1) 개업공인중개사

① **상대적 등록취소**: 거래계약서에 거래금액 등 거래내용을 거짓으로 기재하거나 서로 다른 둘 이상의 거래계약서를 작성한 경우에는 등록관청이 등록을 취소할 수 있다.

② **업무정지**: 다음의 경우 등록관청은 업무정지처분을 할 수 있다.

> ㉠ 적정하게 거래계약서를 작성하지 아니한 경우
> ㉡ 거래계약서에 서명 및 날인하지 아니한 경우
> ㉢ 거래계약서를 거래당사자에게 교부하지 않거나 원본, 사본 또는 전자문서를 5년간 보존하지 아니한 경우

(2) 해당 업무를 수행한 소속공인중개사

다음의 경우 시·도지사는 자격을 정지할 수 있다.

> ① 거래계약서에 거래금액 등 거래내용을 거짓으로 기재하거나 서로 다른 둘 이상의 거래계약서를 작성한 경우
> ② 거래계약서에 서명 및 날인하지 아니한 경우

핵심단단 각종 서류의 보존기간

구분	교부대상	보존기간	위반 시 제재
거래계약서	쌍방	5년	업무정지
중개대상물 확인·설명서	쌍방	3년	업무정지
전속중개계약서	일방	3년	업무정지
업무보증설정증서	쌍방	×	100만원 이하 과태료
일반중개계약서	일방	규정 ×	×
중개보수 등 영수증	교부의무 ×	×	×
매수신청대리수수료 등 영수증	일방	×	임의적 등록취소

기본문제와 완성문제로 **단단기출**

01 공인중개사법령상 개업공인중개사의 거래계약서 작성 등에 관한 설명으로 옳은 것은? 제33회

기본 기출

① 개업공인중개사가 국토교통부장관이 정하는 거래계약서 표준서식을 사용하지 아니한 경우, 시·도지사는 그 자격을 취소해야 한다.
② 중개대상물 확인·설명서 교부일자는 거래계약서에 기재해야 하는 사항이다.
③ 하나의 거래계약에 대하여 서로 다른 둘 이상의 거래계약서를 작성한 경우, 시·도지사는 3개월의 범위 안에서 그 업무를 정지해야 한다.
④ 중개행위를 한 소속공인중개사가 거래계약서를 작성하는 경우, 그 소속공인중개사가 거래계약서에 서명 및 날인하여야 하며 개업공인중개사는 서명 및 날인의무가 없다.
⑤ 거래계약서가 「전자문서 및 전자거래 기본법」에 따른 공인전자문서센터에 보관된 경우 3년간 그 사본을 보존해야 한다.

> 키워드 〉 거래계약서의 작성, 거래계약서의 기재사항
>
> 난이도 〉
>
> 해설 〉 ① 국토교통부장관은 개업공인중개사가 작성하는 거래계약서의 표준이 되는 서식을 정하여 그 사용을 권장할 수 있다(영 제22조 제3항). 표준서식 사용 여부는 의무가 아니라 권장사항이므로, 표준서식을 사용하지 아니하였다 하여 제재할 수 없다. 따라서 개업공인중개사가 국토교통부장관이 정하는 거래계약서 표준서식을 사용하지 아니한 경우, 시·도지사는 그 자격을 취소해야 한다는 지문은 틀린 지문이 된다.
> ③ 등록관청은 개업공인중개사가 거래계약서에 거래금액 등 거래내용을 거짓으로 기재하거나 서로 다른 둘 이상의 거래계약서를 작성한 경우에는 등록을 취소할 수 있다(법 제38조 제2항 제7호).
> ④ 중개행위를 한 소속공인중개사가 거래계약서를 작성하는 경우, 소속공인중개사와 개업공인중개사가 함께 서명 및 날인하여야 한다.
> ⑤ 개업공인중개사는 중개대상물에 관하여 중개가 완성된 때에는 거래계약서를 작성하여 거래당사자에게 교부하고 5년 동안 그 원본, 사본 또는 전자문서를 보존하여야 한다. 다만, 거래계약서가 공인전자문서센터에 보관된 경우에는 그러하지 아니하다(법 제26조 제1항, 영 제22조 제2항).

정답 01 ②

02

공인중개사법령상 개업공인중개사가 거래계약서를 작성하는 경우에 관한 설명으로 틀린 것은? (다툼이 있으면 판례에 따름) 제31회

① 개업공인중개사는 중개가 완성된 때에만 거래계약서를 작성·교부하여야 한다.
② 개업공인중개사는 거래계약서에 서명 및 날인하여야 한다.
③ 중개대상물 확인·설명서 교부일자는 거래계약서의 필수 기재사항에 해당한다.
④ 개업공인중개사의 거래계약서 보존기간(공인전자문서센터에 보관된 경우는 제외함)은 5년이다.
⑤ 개업공인중개사가 하나의 거래계약에 대하여 서로 다른 둘 이상의 거래계약서를 작성한 경우, 등록관청은 중개사무소의 개설등록을 취소하여야 한다.

키워드 거래계약서의 작성

해설 개업공인중개사가 거래계약서에 거래금액 등 거래내용을 거짓으로 기재하거나 서로 다른 둘 이상의 계약서를 작성한 경우 상대적 등록취소사유에 해당한다. 따라서 ⑤ 지문은 "개업공인중개사가 하나의 거래계약에 대하여 서로 다른 둘 이상의 거래계약서를 작성한 경우, 등록관청은 중개사무소의 개설등록을 취소할 수 있다."로 고쳐야 옳은 지문이 된다.

03

공인중개사법령상 개업공인중개사의 거래계약서 작성 등에 관한 설명으로 틀린 것은? 제29회

① 거래계약서에는 물건의 인도일시를 기재해야 한다.
② 「공인중개사법 시행규칙」에 개업공인중개사가 작성하는 거래계약서의 표준이 되는 서식이 정해져 있다.
③ 거래계약서에는 중개대상물 확인·설명서 교부일자를 기재해야 한다.
④ 소속공인중개사가 중개행위를 한 경우 그 거래계약서에는 소속공인중개사와 개업공인중개사가 함께 서명 및 날인해야 한다.
⑤ 공동중개의 경우 참여한 개업공인중개사가 모두 서명 및 날인해야 한다.

키워드 거래계약서의 작성

해설 「공인중개사법 시행령」 제22조 제3항에 의하면, 국토교통부장관은 개업공인중개사가 작성하는 거래계약서의 표준이 되는 서식을 정하여 그 사용을 권장할 수 있다고 규정하고 있다. 그러나 실제로 정해져 있지는 않다.

정답 02 ⑤ 03 ②

04 완성 기출

개업공인중개사 甲이 공인중개사법령에 따라 거래계약서를 작성하고자 한다. 이에 관한 설명으로 **틀린 것은?** (다툼이 있으면 판례에 따름)　　　　　　　　　　　　제28회 수정

① 甲은 중개대상물에 대하여 중개가 완성된 때에만 거래계약서를 작성·교부해야 한다.
② 甲이 작성하여 거래당사자에게 교부한 거래계약서의 원본, 사본 또는 전자문서를 보존해야 할 기간은 5년이다.
③ 공동중개의 경우, 甲과 참여한 개업공인중개사 모두 거래계약서에 서명 또는 날인해야 한다.
④ 계약의 조건이 있는 경우, 그 조건은 거래계약서에 기재해야 할 사항이다.
⑤ 국토교통부장관은 개업공인중개사가 작성하는 거래계약서의 표준이 되는 서식을 정하여 그 사용을 권장할 수 있다.

키워드	거래계약서의 작성
난이도	■■■
해설	공동중개에 참여한 개업공인중개사는 모두 거래계약서에 서명 '및' 날인해야 하는 것이지, 서명 '또는' 날인을 해야 하는 것은 아니다.

정답 04 ③

THEME 16 손해배상책임과 업무보증설정

| THEME 키워드 |
손해배상책임, 업무보증설정

기출분석
- **기출회차**: 제34회
- **키워드**: 업무보증설정
- **난이도**:

기본으로 알아야 하는 대표기출

공인중개사법령상 공인중개사인 개업공인중개사 甲의 손해배상책임의 보장에 관한 설명으로 <u>틀린</u> 것은?

① 甲은 업무를 시작하기 전에 손해배상책임을 보장하기 위한 조치를 하여야 한다.
② 甲은 2억원 이상의 금액을 보장하는 보증보험 또는 공제에 가입하거나 공탁을 해야 한다.
③ 甲은 보증보험금·공제금 또는 공탁금으로 손해배상을 한 때에는 15일 이내에 보증보험 또는 공제에 다시 가입하거나 공탁금 중 부족하게 된 금액을 보전해야 한다.
④ 甲이 손해배상책임을 보장하기 위한 조치를 이행하지 아니하고 업무를 개시한 경우는 업무정지사유에 해당하지 않는다.
⑤ 甲은 자기의 중개사무소를 다른 사람의 중개행위의 장소로 제공함으로써 거래당사자에게 재산상의 손해를 발생하게 한 때에는 그 손해를 배상할 책임이 있다.

> **해설**
> 甲이 손해배상책임을 보장하기 위한 조치를 이행하지 아니하고 업무를 개시한 경우는 법 제38조 제2항의 상대적 등록취소사유에 해당한다. 이 경우 등록취소가 부과되지 않는다면 6개월의 업무정지사유에 해당한다.
>
> 정답 ④

함정을 피하는 TIP
- 업무보증의 설정시기, 방법, 내용에 관하여 학습하여야 한다.

단단하게 정리하는 핵심이론

1 개업공인중개사의 손해배상책임

(1) 원칙(과실책임)

개업공인중개사는 중개행위를 하는 경우 고의 또는 과실(중과실·경과실을 포함)로 인하여 거래당사자에게 재산상의 손해를 발생하게 한 때에는 그 손해를 배상할 책임이 있다.

(2) 예외(무과실책임)

① **중개사무소 제공에 따른 책임**: 개업공인중개사는 자기의 중개사무소를 다른 사람의 중개행위의 장소로 제공함으로써 거래당사자에게 재산상의 손해를 발생하게 한 때에는 사무소를 제공받은 자와 연대하여 그 손해를 배상할 책임이 있다.

② **고용인의 업무상 행위에 따른 책임**: 고용인이 중개업무에 관하여 고의 또는 과실로 거래당사자에게 재산상의 손해를 발생하게 한 때에는 개업공인중개사도 그 고용인과 연대하여 손해를 배상할 책임이 있다.

(3) 인과관계의 입증

거래당사자가 개업공인중개사에게 손해배상을 청구하기 위해서는 인과관계를 입증하여야 한다.

> ⚠️ 1. 중개행위에 해당하는지 여부는 중개행위자의 주관적 의사에 의하여 판단하는 것이 아니라 외형적·객관적으로 판단한다.
> 2. 중개업무와 무관한 행위로 인하여 발생한 손해는 이 법에 의한 배상책임으로 다툴 수 없다.
> 3. 개업공인중개사등이 아닌 제3자의 행위로 인하여 발생한 손해는 이 법에 의한 배상책임으로 다툴 수 없다.

2 손해배상책임의 보장조치(업무보증설정)

핵심단단 손해배상책임과 업무보증의 설정

```
                        인장등록
                    ←─────────────
업무개시 전
1. 고용신고      7일 이내   지체 없이   3개월 이내       ⇨ 법 제30조 제3항
2. 인장등록                                              '업무개시 전'
3. 보증설정      신청       통지        교부       개시
                                ↓
                         규칙 제5조 제1항
              교부 전 확인 ⇨ 보증설정(통지 – 교부)
```

(1) 개업공인중개사의 업무보증설정의무

① **보증설정의 의무자**: 개업공인중개사(특수법인을 포함)

② **보증설정의 목적**: 개업공인중개사의 손해배상책임을 보장하기 위함이다.

③ **보증설정의 시기 및 신고**: 개업공인중개사는 중개업무를 개시하기 전에 업무보증을 설정하여 그 증명서류를 갖추어 등록관청에 신고하여야 한다.

⚠ 분사무소의 경우는 분사무소 설치신고를 하기 전에 설정하여야 한다.

④ **보증설정의 방법 및 금액**

개업공인중개사 종별	금액	방법
법인인 개업공인중개사	4억원 이상(분사무소는 1개소당 2억원 이상 추가 설정)	보증보험, 공제, 공탁 중 선택
공인중개사인 개업공인중개사 및 부칙 제6조 제2항에 규정된 개업공인중개사	2억원 이상	
특수법인	2천만원 이상	

⚠ 보증보험계약 및 공제계약은 제3자를 위한 계약의 성질을 가진다.

⑤ **공탁금의 회수제한**: 공탁한 공탁금은 개업공인중개사가 폐업 또는 사망한 날부터 3년 이내에는 이를 회수할 수 없다.

⑥ **보증의 재설정**(보증보험 또는 공제에 가입한 경우)

> ⊙ 보장기간의 만료로 인한 경우: 보증기간 만료일까지(만료 즉시 ×)
> ⓒ 보증보험금 또는 공제금으로 손해배상을 한 경우: 배상 후 15일 이내

⑦ **보증의 변경**: 개업공인중개사가 보증을 다른 보증으로 변경하고자 하는 경우에는 이미 설정한 보증의 효력이 있는 기간 중 다른 보증을 설정하여 등록관청에 신고하여야 한다.

⚠ 개업공인중개사는 보증의 설정, 재설정, 변경사실을 그 증명서류를 갖추어 등록관청에 신고하여야 한다. 다만, 보증기관이 등록관청에 직접 통보한 경우에는 개업공인중개사는 그 신고를 생략할 수 있다.

⑧ **보증의 설명 및 관계증서 사본 등의 교부의무**: 개업공인중개사는 중개가 완성된 때에는 거래당사자에게 다음의 사항을 설명하고 관계증서 사본을 교부하거나 관계증서에 관한 전자문서를 제공하여야 한다.

> ⊙ 보장금액
> ⓒ 보증보험회사, 공제사업을 행하는 자, 공탁기관 및 그 소재지
> ⓒ 보장기간

(2) 개업공인중개사의 손해배상책임의 범위

① 개업공인중개사의 손해배상책임의 경우 업무보증설정 금액 범위 내로 책임이 제한되는 것이 아니다. 따라서 개업공인중개사는 중개의뢰인이 입은 손해 전부를 배상할 책임이 있다.
  ⚠ 개업공인중개사는 업무보증금을 초과하는 손해에 대하여도 배상책임을 진다.
② 법인의 분사무소에서 발생한 손해에 대하여는 법인이 배상할 책임이 있다.
③ 손해를 입은 중개의뢰인은 법인 전체가 설정한 업무보증금액에서 배상을 받을 수 있다.

(3) 보증기관의 배상책임(업무보증금의 지급)

① 업무보증금의 성격: 중개의뢰인을 위한 보험금의 성격
② 보증기관의 배상책임 금액: 개업공인중개사가 설정한 보증금액의 범위 안에서 재산적 손해에 한정하여 배상책임이 있다.
③ 업무보증금 지급청구
  ㉠ 중개의뢰인이 손해배상금으로 보증보험금·공제금 또는 공탁금을 지급받고자 하는 경우에는 그 중개의뢰인과 개업공인중개사 간의 손해배상합의서, 화해조서 또는 확정된 법원의 판결문 사본 기타 이에 준하는 효력이 있는 서류를 첨부하여 보증기관에 손해배상금의 지급을 청구하여야 한다.
    ⚠ 보증관계증서, 중개대상물 확인·설명서, 거래계약서 등은 업무보증금 지급청구 시의 제출서류가 아니다.
  ㉡ 손해발생 행위 시의 보증기관과 보증금 청구 당시의 보증기관이 다른 경우에는 중개행위 당시의 보증기관에 배상청구를 하여야 한다.
④ 배상 후 조치: 개업공인중개사는 보증보험금·공제금 또는 공탁금으로 배상을 한 때에는 15일 이내에 보증보험 또는 공제에 다시 가입하거나 공탁금 중 부족하게 된 금액을 보전해야 한다.
  ㉠ 보증보험금·공제금으로 배상한 경우: 배상 후 15일 이내에 보증보험 또는 공제에 다시 가입하여야 한다. (부족한 금액을 채워 넣는 것)
    ⚠ 다시 설정하는 경우: 보증보험, 공제, 공탁 중에서 선택 가능
  ㉡ 공탁금으로 배상한 경우: 15일 이내에 공탁금 중 부족하게 된 금액을 보전하여야 한다.

(4) 위반 시 제재

① 보증을 설정하지 아니하고 중개업무를 수행한 경우: 등록을 취소할 수 있다.
② 중개가 완성된 경우 보증사항을 설명하지 않거나 보증관계증서의 사본 또는 관계증서에 관한 전자문서를 교부·제공하지 아니한 경우: 100만원 이하의 과태료에 처한다.

기본문제와 완성문제로 단단기출

01 공인중개사법령상 ( )에 들어갈 숫자가 큰 것부터 작은 것 순으로 옳게 나열된 것은? 제33회

기본 기출

- 개업공인중개사가 공제금으로 손해배상을 한 때에는 (㉠)일 이내에 공제에 다시 가입해야 한다.
- 개업공인중개사가 등록한 인장을 변경한 경우 변경일부터 (㉡)일 이내에 그 변경된 인장을 등록관청에 등록해야 한다.
- 개업공인중개사는 중개사무소를 이전한 때에는 이전한 날부터 (㉢)일 이내에 국토교통부령으로 정하는 바에 따라 등록관청에 이전사실을 신고해야 한다.

① ㉠ - ㉢ - ㉡
② ㉡ - ㉠ - ㉢
③ ㉡ - ㉢ - ㉠
④ ㉢ - ㉠ - ㉡
⑤ ㉢ - ㉡ - ㉠

키워드 종합 문제

난이도

해설
- 개업공인중개사가 공제금으로 손해배상을 한 때에는 (㉠ 15)일 이내에 공제에 다시 가입해야 한다.
- 개업공인중개사가 등록한 인장을 변경한 경우 변경일부터 (㉡ 7)일 이내에 그 변경된 인장을 등록관청에 등록해야 한다.
- 개업공인중개사는 중개사무소를 이전한 때에는 이전한 날부터 (㉢ 10)일 이내에 국토교통부령으로 정하는 바에 따라 등록관청에 이전사실을 신고해야 한다.

정답 01 ①

02 공인중개사법령상 손해배상책임의 보장에 관한 설명으로 틀린 것은? 제32회

① 개업공인중개사는 중개가 완성된 때에는 거래당사자에게 손해배상책임의 보장기간을 설명해야 한다.
② 개업공인중개사는 고의로 거래당사자에게 손해를 입힌 경우에는 재산상의 손해뿐만 아니라 비재산적 손해에 대해서도 공인중개사법령상 손해배상책임보장규정에 의해 배상할 책임이 있다.
③ 개업공인중개사가 자기의 중개사무소를 다른 사람의 중개행위의 장소로 제공하여 거래당사자에게 재산상의 손해를 발생하게 한 때에는 그 손해를 배상할 책임이 있다.
④ 법인인 개업공인중개사가 분사무소를 두는 경우 분사무소마다 추가로 2억원 이상의 손해배상책임의 보증설정을 해야 하나 보장금액의 상한은 없다.
⑤ 지역농업협동조합이 「농업협동조합법」에 의해 부동산중개업을 하는 경우 보증기관에 설정하는 손해배상책임보증의 최저보장금액은 개업공인중개사의 최저보장금액과 다르다.

키워드 업무보증설정

난이도

해설 개업공인중개사를 상대로 「민법」 제751조(재산 이외의 손해의 배상) 규정에 따라 청구할 수 있다.

보충 손해배상책임의 내용
1. 개업공인중개사는 중개행위를 하는 경우 고의 또는 과실로 인하여 거래당사자에게 재산상의 손해를 발생하게 한 때에는 그 손해를 배상할 책임이 있다.
2. 개업공인중개사는 자기의 중개사무소를 다른 사람의 중개행위의 장소로 제공함으로써 거래당사자에게 재산상의 손해를 발생하게 한 때에는 그 손해를 배상할 책임이 있다.
3. 개업공인중개사는 업무를 개시하기 전에 위 1., 2.에 따른 손해배상책임을 보장하기 위하여 대통령령으로 정하는 바에 따라 보증보험 또는 공제사업에 따른 공제에 가입하거나 공탁을 하여야 한다.
4. 위 3.에 따라 공탁한 공탁금은 개업공인중개사가 폐업 또는 사망한 날부터 3년 이내에는 이를 회수할 수 없다.
5. 개업공인중개사는 중개가 완성된 때에는 거래당사자에게 손해배상책임의 보장에 관한 다음의 사항을 설명하고 관계 증서의 사본을 교부하거나 관계 증서에 관한 전자문서를 제공하여야 한다.
    (1) 보장금액
    (2) 보증보험회사, 공제사업을 행하는 자, 공탁기관 및 그 소재지
    (3) 보장기간

정답 02 ②

03 공인중개사법령상 개업공인중개사의 보증설정 등에 관한 설명으로 옳은 것은? 제32회

① 개업공인중개사가 보증설정신고를 할 때 등록관청에 제출해야 할 증명서류는 전자문서로 제출할 수 없다.
② 보증기관이 보증사실을 등록관청에 직접 통보한 경우라도 개업공인중개사는 등록관청에 보증설정신고를 해야 한다.
③ 보증을 다른 보증으로 변경하려면 이미 설정된 보증의 효력이 있는 기간이 지난 후에 다른 보증을 설정해야 한다.
④ 보증변경신고를 할 때 손해배상책임보증 변경신고서 서식의 '보증'란에 '변경 후 보증내용'을 기재한다.
⑤ 개업공인중개사가 보증보험금으로 손해배상을 한 때에는 그 보증보험의 금액을 보전해야 하며 다른 공제에 가입할 수 없다.

키워드 업무보증설정

난이도

해설 ④ 시행규칙 별지 제25호 서식인 손해배상책임보증 변경신고서 서식의 '보증'란에는 '변경 후 보증내용'을 기재한다.
① 개업공인중개사가 보증설정신고를 할 때 등록관청에 제출해야 할 증명서류에 전자문서도 포함된다.
② 보증기관이 보증사실을 등록관청에 직접 통보한 경우 개업공인중개사는 등록관청에 보증설정신고를 생략할 수 있다.
③ 효력이 있는 기간 중에 다른 보증을 설정하고 그 증명서류를 갖추어 등록관청에 신고하여야 한다.
⑤ 다시 새로운 보증보험에 가입하거나 공제 또는 공탁으로 재보증설정을 하여야 한다.

보충 보증설정의 방법 및 금액 정리

개업공인중개사 종별	방법	금액
법인 개업공인중개사	• 보증보험 • 공제 • 공탁	4억원 이상(분사무소는 2억원 이상 추가 설정)
개인인 개업공인중개사		2억원 이상
특수법인		2천만원 이상

정답 03 ④

04 공인중개사법령상 개업공인중개사 甲의 손해배상책임의 보장에 관한 설명으로 <u>틀린</u> 것은? 제31회

① 甲은 업무를 개시하기 전에 손해배상책임을 보장하기 위하여 보증보험 또는 공제에 가입하거나 공탁을 해야 한다.
② 甲이 설정한 보증을 다른 보증으로 변경하려는 경우 이미 설정한 보증의 효력이 있는 기간 중에 다른 보증을 설정하여야 한다.
③ 甲이 보증보험 또는 공제에 가입한 경우 보증기간의 만료로 다시 보증을 설정하려면, 그 보증기간 만료일까지 다시 보증을 설정하여야 한다.
④ 甲이 손해배상책임을 보장하기 위한 조치를 이행하지 아니하고 업무를 개시한 경우 등록관청은 개설등록을 취소할 수 있다.
⑤ 甲이 공제금으로 손해배상을 한 때에는 30일 이내에 공제에 다시 가입하여야 한다.

키워드 › 업무보증설정

난이도 ›

해설 › 개업공인중개사가 보증보험금·공제금 또는 공탁금으로 손해배상을 한 때에는 15일 이내에 보증보험 또는 공제에 다시 가입하거나 공탁금 중 부족하게 된 금액을 보전하여야 한다.

05 공인중개사법령상 개업공인중개사의 손해배상책임의 보장에 관한 설명으로 <u>틀린</u> 것은? (다툼이 있으면 판례에 따름) 제29회

① 개업공인중개사등이 아닌 제3자의 중개행위로 거래당사자에게 재산상 손해가 발생한 경우 그 제3자는 이 법에 따른 손해배상책임을 진다.
② 부동산 매매계약을 중개하고 계약금 및 중도금 지급에도 관여한 개업공인중개사가 잔금 중 일부를 횡령한 경우 이 법에 따른 손해배상책임이 있다.
③ 개업공인중개사는 업무를 개시하기 전에 손해배상책임을 보장하기 위하여 법령이 정한 조치를 하여야 한다.
④ 개업공인중개사가 자기의 중개사무소를 다른 사람의 중개행위 장소로 제공함으로써 거래당사자에게 재산상 손해가 발생한 경우 그 손해를 배상할 책임이 있다.
⑤ 손해배상책임의 보장을 위한 공탁금은 개업공인중개사가 폐업 또는 사망한 날부터 3년 이내에는 회수할 수 없다.

키워드 › 손해배상책임

난이도 ›

해설 › 개업공인중개사등이 아닌 제3자의 중개행위로 거래당사자에게 재산상 손해가 발생한 경우 그 제3자는 이 법에 따른 손해배상책임의 대상이 되지 않는다. 「민법」 제750조에 따라 청구할 수 있다.

정답 04 ⑤ 05 ①

THEME 17 계약금 등의 반환채무이행보장

| THEME 키워드 |
반환채무이행 보장제도, 예치명의자

> **기출분석**
- **기출회차:** 제34회
- **키워드:** 예치명의자
- **난이도:**

기본으로 알아야 하는 대표기출

공인중개사법령상 계약금등을 예치하는 경우 예치명의자가 될 수 있는 자를 모두 고른 것은?

> ㉠ 「보험업법」에 따른 보험회사
> ㉡ 「자본시장과 금융투자업에 관한 법률」에 따른 투자중개업자
> ㉢ 「자본시장과 금융투자업에 관한 법률」에 따른 신탁업자
> ㉣ 「한국지방재정공제회법」에 따른 한국지방재정공제회

① ㉠
② ㉠, ㉢
③ ㉠, ㉡, ㉢
④ ㉡, ㉢, ㉣
⑤ ㉠, ㉡, ㉢, ㉣

해설

「공인중개사법」상 예치명의자가 될 수 있는 자는 다음에 규정된 자로 한정되어 있다(법 제31조 제1항, 영 제27조 제1항).
1. 개업공인중개사
2. 「은행법」에 따른 은행
3. 「보험업법」에 따른 보험회사(㉠)
4. 「자본시장과 금융투자업에 관한 법률」에 따른 신탁업자(㉢)
5. 「우체국예금 · 보험에 관한 법률」에 따른 체신관서
6. 법 제42조의 규정에 따라 공제사업을 하는 자
7. 부동산거래계약의 이행을 보장하기 위하여 계약금 · 중도금 또는 잔금(이하 '계약금등'이라 함) 및 계약 관련 서류를 관리하는 업무를 수행하는 전문회사

정답 ②

> **함정을 피하는 TIP**
- 반환채무이행 보장제도에 관하여 학습하여야 한다.

> 단단하게 정리하는 **핵심이론**

1 계약금등의 예치권고

개업공인중개사는 거래의 안전을 보장하기 위하여 필요하다고 인정하는 경우에는 거래계약의 이행이 완료될 때까지 계약금·중도금 또는 잔금(이하 '계약금등'이라 함)을 개업공인중개사 또는 대통령령으로 정하는 자의 명의로 금융기관, 공제사업을 하는 자, 신탁업자 등에 예치하도록 거래당사자에게 권고할 수 있다.

⚠ 1. 계약금등을 예치하도록 권고하였더라도 거래당사자는 예치의무가 없다.
   2. 매수인등이 계약금등을 예치할 것을 개업공인중개사에게 요구하였더라도 개업공인중개사는 예치의무가 없다.
   3. 계약금등을 예치한 경우에도 거래당사자는 거래계약을 해제할 수 있다.

2 계약금등을 예치하는 경우

(1) 예치명의자 등

구분	해당 사항	비고
예치기간	거래계약의 이행이 완료될 때까지	
예치목적	거래의 안전을 보장하기 위함	
예치대상 금액	계약금·중도금·잔금의 전부 또는 일부	
예치명의자	개업공인중개사 또는 대통령령으로 정하는 자 ⚠ 대통령령으로 정하는 자: 은행, 공제사업자, 신탁업자, 체신관서, 보험회사, 전문회사	선택 가능
예치기관	금융기관, 공제사업자, 신탁업자 등(체신관서, 보험회사 등)	

(2) 개업공인중개사 명의로 계약금등을 예치하는 경우 개업공인중개사의 의무

① **분리관리 및 사전인출 금지의무**: 개업공인중개사는 계약금등을 자기 명의로 예치하는 경우에는 자기 소유의 예치금과 분리하여 관리될 수 있도록 하여야 하며, 예치된 계약금등은 거래당사자의 동의 없이 인출하여서는 아니 된다.

② **보증설정의무**: 개업공인중개사는 계약금등을 자기 명의로 예치하는 경우에는 예치된 계약금등을 거래당사자에게 지급할 것을 보장하기 위하여 예치대상이 되는 계약금등에 해당하는 보증보험·공제에 가입하거나 공탁하여야 하고, 거래당사자에게 보증관계증서의 사본을 교부하거나 관계증서에 관한 전자문서를 제공하여야 한다.

⚠ 개업공인중개사 외의 자(예 은행) 명의로 예치하는 경우에는 개업공인중개사에게 예치대상에 해당하는 보증설정의무가 없다.

③ 인출에 대한 동의 및 실비의 약정의무: 개업공인중개사는 거래당사자가 계약금등을 개업공인중개사의 명의로 예치할 것을 의뢰하는 경우에는 계약이행의 완료 또는 계약해제 등의 사유로 인한 계약금등의 인출에 대한 거래당사자의 동의방법, 계약금등의 반환채무이행 보장에 소요되는 실비 그 밖에 거래안전을 위하여 필요한 사항을 약정하여야 한다.

⚠ ①~③의 의무를 이행하지 아니한 경우 업무정지처분을 할 수 있다.

> **핵심단단** 개업공인중개사 명의 특칙 내용
>
> 1. 실비약정 ┐
> 2. 분리관리 ├ ⇨ ~하여야 한다. 위반 시 ⇨ 업무정지(1개월 ⇐ 이 법, 명령, 처분위반)
> 3. 보증설정 ┘
>   └ 예치업무

(3) 예치된 계약금등의 사전수령

계약금등을 예치한 경우 매도인·임대인 등 계약금등을 수령할 수 있는 권리가 있는 자는 해당 계약을 해제한 때 계약금등의 반환을 보장하는 내용의 금융기관 또는 보증보험회사가 발행하는 보증서를 계약금등의 예치명의자에게 교부하고 계약금등을 미리 수령할 수 있다.

기본문제와 완성문제로 단단기출

01 공인중개사법령상 계약금등의 반환채무이행의 보장 등에 관한 설명으로 **틀린** 것은? 제30회

기본 기출

① 개업공인중개사는 거래의 안전을 보장하기 위하여 필요하다고 인정하는 경우, 계약금등을 예치하도록 거래당사자에게 권고할 수 있다.
② 예치대상은 계약금·중도금 또는 잔금이다.
③ 「보험업법」에 따른 보험회사는 계약금등의 예치명의자가 될 수 있다.
④ 개업공인중개사는 거래당사자에게 「공인중개사법」에 따른 공제사업을 하는 자의 명의로 계약금등을 예치하도록 권고할 수 없다.
⑤ 개업공인중개사는 계약금등을 자기 명의로 금융기관 등에 예치하는 경우 자기 소유의 예치금과 분리하여 관리될 수 있도록 하여야 한다.

> 키워드 반환채무이행 보장제도
> 난이도
> 해설 개업공인중개사는 거래당사자에게 「공인중개사법」에 따른 공제사업을 하는 자의 명의로 계약금등을 예치하도록 권고할 수 있다.
> 보충 개업공인중개사는 거래의 안전을 보장하기 위하여 필요하다고 인정하는 경우에는 거래계약의 이행이 완료될 때까지 계약금·중도금 또는 잔금을 개업공인중개사 또는 다음에 해당하는 자의 명의로 금융기관, 공제사업을 하는 자, 신탁업자 등에 예치하도록 거래당사자에게 권고할 수 있다(법 제31조 제1항, 영 제27조 제1항).
> 1. 「은행법」에 따른 은행
> 2. 「보험업법」에 따른 보험회사
> 3. 「자본시장과 금융투자업에 관한 법률」에 따른 신탁업자
> 4. 「우체국예금·보험에 관한 법률」에 따른 체신관서
> 5. 법 제42조의 규정에 따라 공제사업을 하는 자
> 6. 부동산 거래계약의 이행을 보장하기 위하여 계약금·중도금 또는 잔금 및 계약 관련 서류를 관리하는 업무를 수행하는 전문회사

정답 01 ④

02 개업공인중개사의 중개로 매매계약이 체결된 후 계약금등의 반환채무이행을 보장하기 위해 매수인이 낸 계약금을 개업공인중개사 명의로 금융기관에 예치하였다. 공인중개사법령상 이에 관한 설명으로 <u>틀린</u> 것은?

제23회

① 금융기관에 예치하는 데 소요되는 실비는 특별한 약정이 없는 한 매도인이 부담한다.
② 개업공인중개사는 계약금 이외에 중도금이나 잔금도 예치하도록 거래당사자에게 권고할 수 있다.
③ 개업공인중개사는 예치된 계약금에 해당하는 금액을 보장하는 보증보험 또는 공제에 가입하거나 공탁을 해야 한다.
④ 개업공인중개사는 예치된 계약금이 자기 소유의 예치금과 분리하여 관리될 수 있도록 해야 한다.
⑤ 개업공인중개사는 예치된 계약금을 거래당사자의 동의 없이 임의로 인출하여서는 안 된다.

키워드 〉 반환채무이행 보장제도

난이도 〉

해설 〉 금융기관에 예치하는 데 소요되는 실비는 매수인이 부담한다(규칙 제20조 제2항).

정답 02 ①

THEME 18 중개보수 및 실비

| THEME 키워드 |
중개보수, 중개보수의 계산

□ 1회독 □ 2회독

> **기출분석**
- 기출회차: 제34회
- 키워드: 중개보수의 계산
- 난이도:

기본으로 알아야 하는 대표기출

A시에 중개사무소를 둔 개업공인중개사가 A시에 소재하는 주택(부속토지 포함)에 대하여 아래와 같이 매매와 임대차계약을 동시에 중개하였다. 공인중개사법령상 개업공인중개사가 甲으로부터 받을 수 있는 중개보수의 최고한도액은?

【계약에 관한 사항】
1. 계약당사자: 甲(매도인, 임차인)과 乙(매수인, 임대인)
2. 매매계약
    1) 매매대금: 2억 5천만원
    2) 매매계약에 대하여 합의된 중개보수: 160만원
3. 임대차계약
    1) 임대보증금: 1천만원   2) 월차임: 30만원
    3) 임대기간: 2년

【A시 중개보수 조례 기준】
1. 거래금액 2억원 이상 9억원 미만(매매·교환): 상한요율 0.4%
2. 거래금액 5천만원 미만(임대차 등): 상한요율 0.5%(한도액 20만원)

① 100만원
② 115만 5천원
③ 120만원
④ 160만원
⑤ 175만 5천원

> **해설**

계약당사자, 즉 매매계약의 당사자와 임대차계약의 당사자가 동일하므로 매매계약에 관한 거래금액만을 적용하면 된다. 따라서 매매대금이 2억 5천만원이고 중개보수요율이 0.4%이므로 (2억 5천만원 × 0.4%) = 100만원이 된다.

정답 ①

> **함정을 피하는 TIP**
- 중개보수내용과 계산방법에 관하여 학습하여야 한다.

단단하게 정리하는 **핵심이론**

1 중개보수

(1) 중개보수의 의의

① 중개보수란 중개대상물에 관하여 중개를 완성한 대가로서, 개업공인중개사는 거래당사자로부터 중개보수를 각각(거래당사자로부터 균분 ×) 받는다.
② 중개보수는 중개의뢰인과 개업공인중개사 간의 중개보수에 대한 약정이 없더라도 중개계약의 체결 시에 중개보수청구권이 발생하며, 중개완성 시 행사할 수 있다.
③ 중개보수는 이 법령에 규정된 범위 안에서 받을 수 있다. 이 경우 법령에서 정한 범위를 초과하는 중개보수 약정은 초과부분만 무효이다.

> ⚠ 1. 중개대상물이 아닌 것(예 권리금)에 대한 알선의 대가는 법정중개보수가 적용되지 않으며, 약정으로 정한다.
> 2. 분양대행이나 관리대행 등 중개업무가 아닌 경우에는 법정중개보수가 적용되지 않으며, 약정으로 정한다.

(2) 중개보수청구권

개업공인중개사는 중개업무에 관하여 중개의뢰인으로부터 소정의 중개보수를 받는다. 다만, 개업공인중개사의 고의 또는 과실로 인하여 중개의뢰인 간의 거래행위가 무효·취소 또는 해제된 경우에는 그러하지 아니하다.

① **발생시기**: 중개를 의뢰할 때에 발생한다(중개계약체결 시 중개완성을 조건으로 발생).
② **지급시기**: 약정이 없는 경우 거래대금지급이 완료된 날에 지급한다.
③ **소멸(행사의 제한)**: 개업공인중개사의 고의 또는 과실로 인하여 중개의뢰인 간의 거래행위(거래계약)가 무효·취소 또는 해제된 경우에는 개업공인중개사의 중개보수청구권은 소멸한다.

> ⚠ 개업공인중개사의 귀책사유 없이 거래계약이 무효·취소 또는 해제된 경우에는 중개보수청구권을 행사할 수 있다.

판례
1. 개업공인중개사가 부동산의 매도인을 위하여 거래상대방을 소개하는 등 노력을 하였으나 개업공인중개사가 알선한 상대가 아닌 제3의 인물과 거래를 한 경우에는 중개보수청구권이 인정되지 않는다.
2. 매매계약 성립에 결정적인 기여를 한 개업공인중개사가 그의 귀책사유 없이 매매계약서 작성에 관여하지 못하였다 하더라도 중개보수를 청구할 권리가 있다.

(3) 중개보수의 계산방법

> 거래금액 × 요율 = 산출액

> ⚠ 산출액은 한도액 범위 내에서만 인정하며, 인정된 금액을 거래당사자로부터 각각 받는다.

(4) 거래금액의 산정

① **매매**: 매매금액 ― 사업주체가 건설·공급하는 주택의 입주자로 선정된 지위(입주자로 선정되어 그 주택에 입주할 수 있는 권리·자격·지위 등)를 매매하는 것

　㉠ **분양권전매**: 실제 납입액에 프리미엄을 합산한 금액

　㉡ **점유개정 등의 경우**: 동일한 중개대상물에 대하여 동일 당사자 간에 매매를 포함한 둘 이상의 거래가 동일한 기회에 이루어지는 경우에는 매매계약에 관한 거래금액만을 적용한다.
　　― 양도인이 동산을 양도한 후에도 양수인과의 계약으로 그 이전과 같이 점유를 계속하는 양도방식

② **교환**: 교환대상 중개대상물 중 거래금액이 큰 중개대상물의 가액

③ **차임이 있는 임대차**: 임대차 중 보증금 외에 차임이 있는 경우에는 '(월 단위의 차임액 × 100) + 보증금 = 거래금액'으로 한다. 다만, 이와 같은 방식으로 산정한 금액이 5천만원 미만인 경우에는 월 단위의 차임액에 70을 곱한 금액에 보증금을 합산한 금액을 거래금액으로 한다.

　⚠ 1. [(월 단위의 차임액×100) + 보증금] = 5천만원 미만인 경우에는 [(월 단위의 차임액×70) + 보증금] = 거래금액으로 한다.
　　2. 상가권리금은 거래금액에 포함하지 아니한다.

(5) 중개보수의 범위(법정요율)

① **주택(부속토지를 포함)**

　㉠ 주택(부속토지를 포함)의 중개에 대한 중개보수에 관하여 필요한 사항은 국토교통부령으로 정하는 범위 안에서 특별시·광역시·도 또는 특별자치도(이하 '시·도'라 함)의 조례로 정한다(법 제32조 제4항).

　㉡ 국토교통부령에 따르면 주택의 중개에 대한 중개보수는 중개의뢰인 쌍방으로부터 각각 받되, 그 일방으로부터 받을 수 있는 한도는 다음의 표와 같으며, 그 금액은 법 제32조 제4항에 따라 시·도의 조례로 정하는 요율한도 이내에서 중개의뢰인과 개업공인중개사가 서로 협의하여 결정한다(규칙 제20조 제1항).

핵심단단 주택 중개보수 상한요율

거래내용	거래금액	상한요율	한도액
매매·교환	5천만원 미만	1천분의 6	25만원
	5천만원 이상 2억원 미만	1천분의 5	80만원
	2억원 이상 9억원 미만	1천분의 4	
	9억원 이상 12억원 미만	1천분의 5	
	12억원 이상 15억원 미만	1천분의 6	
	15억원 이상	1천분의 7	

임대차 등	5천만원 미만	1천분의 5	20만원
	5천만원 이상 1억원 미만	1천분의 4	30만원
	1억원 이상 6억원 미만	1천분의 3	
	6억원 이상 12억원 미만	1천분의 4	
	12억원 이상 15억원 미만	1천분의 5	
	15억원 이상	1천분의 6	

ⓒ **중개대상물의 소재지와 중개사무소의 시·도가 다른 경우**: 개업공인중개사는 중개사무소의 소재지를 관할하는 시·도의 조례에서 정한 기준에 따라 수수료 및 실비를 받아야 한다.

ⓔ **법인의 주된 사무소와 분사무소의 시·도 조례가 서로 다른 경우**: 주된 사무소에서 주택을 중개한 경우에는 주된 사무소의 소재지를 관할하는 시·도의 조례를 적용하고, 분사무소에서 주택을 중개한 경우에는 분사무소의 소재지를 관할하는 시·도의 조례를 적용한다.

② **주택 외의 중개대상물**

㉠ 주거용 오피스텔의 기준

> - 전용면적이 85m² 이하일 것
> - 상·하수도 시설이 갖추어진 전용입식 부엌, 전용수세식 화장실 및 목욕시설(전용수세식 화장실에 목욕시설을 갖춘 경우를 포함)을 갖출 것

㉡ 주거용 오피스텔 중개보수 요율

구분	상한요율
매매, 교환	1천분의 5
매매, 교환 이외의 임대차 등	1천분의 4

㉢ **㉠ 외 중개대상물(토지, 상가 등)**: 중개의뢰인 쌍방으로부터 각각 받되, 거래금액의 1천분의 9 이내에서 중개의뢰인과 개업공인중개사가 서로 협의하여 결정한다.

③ **복합건물(겸용주택)**: 중개대상물인 건축물 중 주택으로 사용되는 면적이 2분의 1 이상인 경우(2분의 1을 포함)에는 주택의 중개보수 요율을 적용하고, 주택의 면적이 2분의 1 미만인 경우에는 주택 외의 중개보수 요율을 적용한다.

― 하나의 건축물이 각기 다른 용도로 공간적으로 구분되어 사용되는 주택

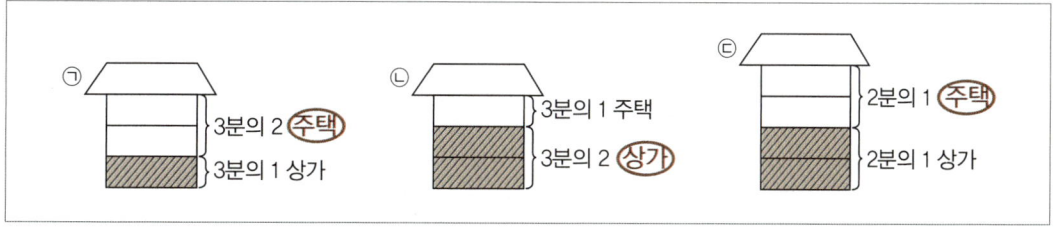

④ 분양권전매: 분양권을 전매한 경우 기납입금액과 프리미엄을 합산한 금액을 기준금액으로 하여 중개보수를 산출하여야 한다.

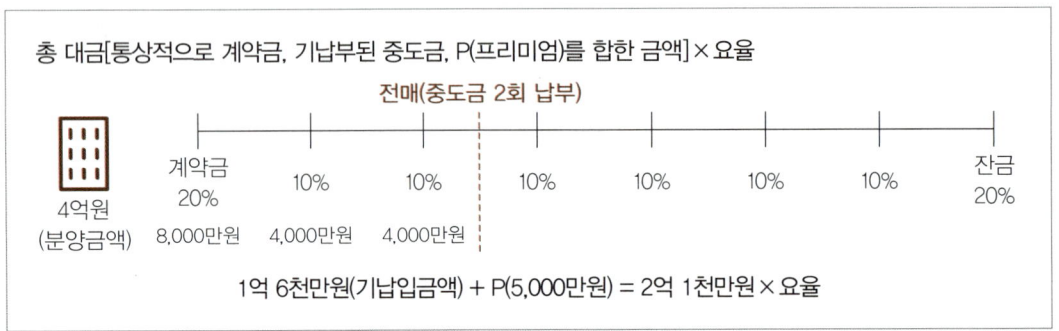

⚠ 1. 총 분양가에 프리미엄을 합한 금액을 거래금액으로 한다. (×)
　2. 총 대금(계약금, 기납부된 중도금, 프리미엄을 합한 금액)을 거래금액으로 한다. (○)

2 실비

(1) 실비청구권

① 실비청구권의 법적 근거: 개업공인중개사는 중개대상물의 권리관계 등의 확인 또는 계약금등의 반환채무이행의 보장에 소요되는 실비를 받을 수 있다(법 제32조 제2항).
② 실비청구권의 범위: 실비의 한도 등에 관하여 필요한 사항은 국토교통부령으로 정하는 범위 안에서 특별시·광역시·도 또는 특별자치도의 조례로 정한다.

(2) 실비의 종류 및 청구의 상대방

① 중개대상물의 권리관계 등 확인 소요비용: 개업공인중개사는 영수증 등을 첨부하여 매도·임대 그 밖에 권리를 이전하고자 하는 중개의뢰인에게 실비를 청구할 수 있다.
② 계약금등의 예치관리 소요비용: 개업공인중개사는 영수증 등을 첨부하여 매수·임차 그 밖에 권리를 취득하고자 하는 중개의뢰인에게 청구할 수 있다.

⚠ 1. 개업공인중개사가 중개보수 및 실비를 받은 경우 영수증의 작성·교부·보존의무는 없다.
　2. 사업자등록을 한 일반과세자는 부가가치세를 받을 수 있으나, 「소득세법」상 세금계산서를 발급하여야 한다.
　3. 지방자치단체의 조례를 잘못 해석하여 법에서 허용하는 금액을 초과하여 중개보수 등을 받은 경우 이는 법률의 착오에 해당하지 아니하므로 제재(상대적 등록취소 및 1년 이하의 징역 또는 1천만원 이하의 벌금형)의 대상이 된다.

기본문제와 완성문제로 단단기출

01 공인중개사법령상 중개보수의 제한에 관한 설명으로 옳은 것을 모두 고른 것은? (다툼이 있으면 판례에 따름)
제33회

[기본 기출]

> ㉠ 공인중개사법령상 중개보수 제한 규정들은 공매대상 부동산 취득의 알선에 대해서는 적용되지 않는다.
> ㉡ 공인중개사법령에서 정한 한도를 초과하는 부동산 중개보수 약정은 한도를 초과하는 범위 내에서 무효이다.
> ㉢ 개업공인중개사는 중개대상물에 대한 거래계약이 완료되지 않을 경우에도 중개의뢰인과 중개행위에 상응하는 보수를 지급하기로 약정할 수 있고, 이 경우 공인중개사법령상 중개보수 제한 규정들이 적용된다.

① ㉠
② ㉢
③ ㉠, ㉡
④ ㉡, ㉢
⑤ ㉠, ㉡, ㉢

키워드 중개보수

난이도

해설 ㉠ 공인중개사법령상 중개보수 제한 규정들은 공매대상 부동산 취득의 알선에 대해서도 적용된다. 대법원은 공매도 본질적으로 매매의 성격을 지니고 있어 목적물만 차이가 있을 뿐 「공인중개사법」에서 정하는 매매의 알선하는 것과 차이가 없다고 보아 「공인중개사법」상의 보수 제한 규정의 적용을 받는다고 한다. 즉, "개업공인중개사는 중개업무에 관하여 중개의뢰인으로부터 소정의 보수를 받는다."라고 정한 「공인중개사법」 제32조 제1항과 중개대상물별로 공인중개사가 중개업무에 관해 중개의뢰인으로부터 받을 수 있는 보수의 한도를 정하는 제32조 제4항, 같은 법 시행규칙 제20조 제1항·제4항 등 부동산 중개보수 제한에 관한 규정이 공매대상 부동산 취득의 알선에 대해서도 적용된다고 한다(대판 2021.7.29, 2017다243723).

정답 01 ④

02 공인중개사법령상 중개보수 등에 관한 설명으로 옳은 것은? 제33회

① 개업공인중개사의 과실로 인하여 중개의뢰인 간의 거래행위가 취소된 경우에도 개업공인중개사는 중개업무에 관하여 중개의뢰인으로부터 소정의 보수를 받는다.
② 개업공인중개사는 권리를 이전하고자 하는 중개의뢰인으로부터 중개대상물의 권리관계 등의 확인에 소요되는 실비를 받을 수 없다.
③ 개업공인중개사는 권리를 취득하고자 하는 중개의뢰인으로부터 계약금등의 반환채무이행 보장에 소요되는 실비를 받을 수 없다.
④ 개업공인중개사의 중개보수의 지급시기는 개업공인중개사와 중개의뢰인 간의 약정에 따르되, 약정이 없을 때에는 중개대상물의 거래대금 지급이 완료된 날로 한다.
⑤ 주택 외의 중개대상물의 중개에 대한 보수는 시·도의 조례로 정한다.

키워드 〉 중개보수

난이도 〉

해설 〉 ① 개업공인중개사의 고의 또는 과실로 인하여 그 거래계약이 무효·취소 또는 해제된 경우에는 개업공인중개사의 중개보수청구권은 소멸한다(법 제32조 제1항). 따라서 개업공인중개사의 과실로 인하여 중개의뢰인 간의 거래행위가 취소된 경우 개업공인중개사는 중개업무에 관하여 중개의뢰인으로부터 소정의 보수를 받을 수 없다.
② 중개대상물의 권리관계 등 확인에 드는 비용은 개업공인중개사가 영수증 등을 첨부하여 매도·임대 그 밖의 권리를 이전하고자 하는 중개의뢰인에게 청구할 수 있다(법 제32조 제2항, 규칙 제20조 제2항).
③ 계약금등의 반환채무이행 보장에 드는 비용은 개업공인중개사가 영수증 등을 첨부하여 매수·임차 그 밖의 권리를 취득하고자 하는 중개의뢰인에게 청구할 수 있다(법 제32조 제2항, 규칙 제20조 제2항).
⑤ 주택 외의 중개대상물의 중개보수에 관하여는 시·도의 조례를 적용하는 것이 아니라 국토교통부령으로 정한다.

정답 02 ④

03 완성 기출

乙이 개업공인중개사 甲에게 중개를 의뢰하여 거래계약이 체결된 경우 공인중개사법령상 중개보수에 관한 설명으로 **틀린** 것은? (다툼이 있으면 판례에 따름) 제31회

① 甲의 고의와 과실 없이 乙의 사정으로 거래계약이 해제된 경우라도 甲은 중개보수를 받을 수 있다.
② 주택의 중개보수는 국토교통부령으로 정하는 범위 안에서 시·도의 조례로 정하고, 주택 외의 중개대상물의 중개보수는 국토교통부령으로 정한다.
③ 甲이 중개보수 산정에 관한 지방자치단체의 조례를 잘못 해석하여 법정 한도를 초과한 중개보수를 받은 경우「공인중개사법」제33조의 금지행위에 해당하지 않는다.
④ 법정한도를 초과하는 甲과 乙의 중개보수 약정은 그 한도를 초과하는 범위 내에서 무효이다.
⑤ 중개보수의 지급시기는 甲과 乙의 약정이 없을 때에는 중개대상물의 거래대금 지급이 완료된 날이다.

키워드 중개보수

난이도

해설 판례에 따르면, 甲이 중개보수 산정에 관한 지방자치단체의 조례를 잘못 해석하여 법정 한도를 초과한 중개보수를 받은 경우「공인중개사법」제33조의 금지행위에 해당한다(대판 2005.5.27, 2004도62).

보충 중개보수의 범위
1. 중개보수의 한도
   (1) 주택의 중개에 대한 보수는 국토교통부령으로 정하는 범위 내에서 특별시·광역시·도 또는 특별자치도(이하 '시·도')의 조례로 정한다.
   (2) 주택 외의 중개에 대한 보수는 국토교통부령으로 정한다. 국토교통부령에는 면적이 85m^2 이하인 주거용 오피스텔과 그 외의 중개대상물로 구분하여 각각 다른 요율을 적용하도록 하고 있다.
2. 한도를 초과한 약정의 효과
   조례가 정한 한도와 기준의 범위를 초과하는 보수의 약정은 강행법규 위반으로 한도액 초과부분은 무효이며, 개업공인중개사는 행정처분 및 행정형벌의 대상이 된다.

정답 03 ③

04 기본 기출

A시에 중개사무소를 둔 개업공인중개사 甲은 B시에 소재하는 乙 소유의 건축물(그중 주택의 면적은 3분의 1임)에 대하여 乙과 丙 사이의 매매계약과 동시에 乙을 임차인으로 하는 임대차계약을 중개하였다. 이 경우 甲이 받을 수 있는 중개보수에 관한 설명으로 옳은 것을 모두 고른 것은? 제31회

> ㉠ 甲은 乙과 丙으로부터 각각 중개보수를 받을 수 있다.
> ㉡ 甲은 B시가 속한 시·도의 조례에서 정한 기준에 따라 중개보수를 받아야 한다.
> ㉢ 중개보수를 정하기 위한 거래금액의 계산은 매매계약에 관한 거래금액만을 적용한다.
> ㉣ 주택의 중개에 대한 보수 규정을 적용한다.

① ㉢
② ㉠, ㉢
③ ㉡, ㉣
④ ㉠, ㉡, ㉢
⑤ ㉠, ㉡, ㉣

키워드 중개보수의 계산

난이도

해설 ㉠ 중개보수는 중개의뢰인 쌍방으로부터 각각 받는다.
㉢ 동일한 중개대상물에 대하여 동일 당사자 간에 매매를 포함한 둘 이상의 거래가 동일 기회에 이루어지는 경우에는 매매계약에 관한 거래금액만을 적용한다.
㉡ 주택의 면적이 3분의 1인 건축물은 주택 이외의 중개대상물에 해당한다. 따라서 甲은 거래금액의 1천분의 9 이내에서 협의로 중개보수를 받아야 한다.
㉣ 주택 이외의 중개대상물에 관한 중개보수 규정을 적용한다.

보충 중개보수의 계산

1. 중개대상물인 건축물 중 주택의 면적이 2분의 1 이상인 경우에는 주택의 중개에 대한 보수규정을 적용하고, 주택의 면적이 2분의 1 미만인 경우에는 주택 외의 중개대상물에 대한 중개보수 규정을 적용한다.
2. 주택 이외(토지, 상가 등)의 중개보수 요율(규칙 제20조 제4항)

중개대상물	중개보수 요율 결정
주거용 오피스텔 (전용 85m² 이하)	다음의 요율범위에서 중개보수를 결정 • 매매·교환: 1천분의 5 • 임대차 등: 1천분의 4
이외의 중개대상물	거래금액의 1천분의 9 이내에서 중개의뢰인과 개업공인중개사가 서로 협의하여 결정

정답 04 ②

05 기본 기출

공인중개사법령상 개업공인중개사의 중개보수 등에 관한 설명으로 틀린 것은?   제29회

① 중개대상물의 권리관계 등의 확인에 소요되는 실비를 받을 수 있다.
② 다른 약정이 없는 경우 중개보수의 지급시기는 중개대상물의 거래대금 지급이 완료된 날로 한다.
③ 주택 외의 중개대상물에 대한 중개보수는 국토교통부령으로 정하고, 중개의뢰인 쌍방에게 각각 받는다.
④ 개업공인중개사의 고의 또는 과실로 중개의뢰인 간의 거래행위가 해제된 경우 중개보수를 받을 수 없다.
⑤ 중개대상물인 주택 소재지와 중개사무소 소재지가 다른 경우 주택 소재지를 관할하는 시·도 조례에서 정한 기준에 따라 중개보수를 받아야 한다.

키워드 중개보수

난이도

해설 중개대상물인 주택 소재지와 중개사무소 소재지가 다른 경우 중개사무소 소재지를 관할하는 시·도 조례에서 정한 기준에 따라 중개보수를 받아야 한다.

06 기본 기출

공인중개사법령상 일방으로부터 받을 수 있는 중개보수의 한도 및 거래금액의 계산 등에 관한 설명으로 틀린 것은? (다툼이 있으면 판례에 따름)   제29회 수정

① 주택의 임대차에 대한 중개보수는 국토교통부령으로 정하는 범위 안에서 시·도 조례로 정한다.
② 아파트 분양권의 매매를 중개한 경우 당사자가 거래 당시 수수하게 되는 총 대금(통상적으로 계약금, 기납부한 중도금, 프리미엄을 합한 금액)을 거래가액으로 보아야 한다.
③ 교환계약의 경우 거래금액은 교환대상 중개대상물 중 거래금액이 큰 중개대상물의 가액으로 한다.
④ 중개대상물인 건축물 중 주택의 면적이 2분의 1 이상인 건축물은 주택의 중개보수 규정을 적용한다.
⑤ 전용면적이 85m^2 이하이고, 상·하수도 시설이 갖추어진 전용입식 부엌, 전용수세식 화장실 및 목욕시설을 갖춘 오피스텔의 임대차에 대한 중개보수의 상한요율은 거래금액의 1천분의 5이다.

키워드 중개보수

난이도

해설 전용면적이 85m^2 이하이고, 상·하수도 시설이 갖추어진 전용입식 부엌, 전용수세식 화장실 및 목욕시설을 갖춘 오피스텔의 임대차에 대한 중개보수의 상한요율은 거래금액의 1천분의 4이다.

정답 05 ⑤ 06 ⑤

07 공인중개사법령상 중개보수 등에 관한 설명으로 옳은 것은? (다툼이 있으면 판례에 따름) 제28회

① 개업공인중개사와 중개의뢰인 간의 약정이 없는 경우, 중개보수의 지급시기는 거래계약이 체결된 날로 한다.
② 공인중개사법령에서 정한 한도를 초과하는 중개보수 약정은 그 한도를 초과하는 범위 내에서 무효이다.
③ 주택 외의 중개대상물의 중개보수의 한도는 시 · 도의 조례로 정한다.
④ 개업공인중개사는 계약금등의 반환채무이행보장을 위해 실비가 소요되더라도 보수 이외에 실비를 받을 수 없다.
⑤ 주택인 중개대상물 소재지와 중개사무소 소재지가 다른 경우, 개업공인중개사는 중개대상물 소재지를 관할하는 시 · 도의 조례에서 정한 기준에 따라 중개보수를 받아야 한다.

키워드 〉 중개보수
난이도 〉
해설 〉 ① 개업공인중개사와 중개의뢰인 간의 약정이 없는 경우, 중개보수의 지급시기는 중개대상물의 거래대금 지급이 완료된 날로 한다.
③ 주택 외의 중개대상물의 중개보수의 한도는 국토교통부령으로 정한다(법 제32조 제4항).
④ 개업공인중개사는 계약금등의 반환채무이행보장을 위해 실비가 소요된 경우 영수증 등을 첨부하여 매수 · 임차 그 밖의 권리를 취득하고자 하는 중개의뢰인에게 청구할 수 있다.
⑤ 주택인 중개대상물 소재지와 중개사무소 소재지가 다른 경우, 개업공인중개사는 중개사무소 소재지를 관할하는 시 · 도의 조례에서 정한 기준에 따라 중개보수를 받아야 한다.

정답 07 ②

08 완성기출

개업공인중개사가 X시에 소재하는 주택의 면적이 3분의 1인 건축물에 대하여 매매와 임대차계약을 동시에 중개하였다. 개업공인중개사가 甲으로부터 받을 수 있는 중개보수의 최고한도액은?

제25회 수정

〈계약조건〉
1. 계약당사자: 甲(매도인, 임차인)과 乙(매수인, 임대인)
2. 매매계약
   ① 매매대금: 1억원
   ② 매매계약에 대하여 합의된 중개보수: 100만원
3. 임대차계약
   ① 임대보증금: 3천만원
   ② 월차임: 30만원
   ③ 임대기간: 2년

〈X시 중개보수 조례기준〉
1. 매매대금 5천만원 이상 2억원 미만: 상한요율 0.5%(한도액 80만원)
2. 보증금액 5천만원 이상 1억원 미만: 상한요율 0.4%(한도액 30만원)

① 50만원
② 74만원
③ 90만원
④ 100만원
⑤ 124만원

키워드 중개보수의 계산

난이도

해설 주택의 면적이 3분의 1이므로 이 건물은 주택 이외의 중개대상물로 중개보수를 계산하여야 한다. 따라서 0.9% 이내에서 협의로 정하면 되고, 주택 이외의 중개대상물이므로 X시가 규정한 조례의 적용 대상이 아니다. 문제에서는 최고한도액을 묻고 있으므로 0.9%를 적용하면 된다. 여기에서 주의할 점은 점유개정의 경우이므로 매매의 경우만 받아야 한다는 점이며, 합의된 중개보수가 100만원이지만 최대로 받을 수 있는 중개보수는 90만원이므로 초과된 10만원은 청구할 수 없다는 점이다. 그러므로 甲으로부터 받을 수 있는 중개보수의 최고한도액은 90만원이다.

정답 08 ③

THEME 19 공인중개사협회

| THEME 키워드 |
공인중개사협회, 협회의 설립절차, 공제사업

□ 1회독 □ 2회독

> **기출분석**
> - **기출회차:** 제34회
> - **키워드:** 공인중개사협회
> - **난이도:** ■■□□□

기본으로 알아야 하는 대표기출

공인중개사법령상 공인중개사협회(이하 '협회'라 함) 및 공제사업에 관한 설명으로 옳은 것은?

① 협회는 총회의 의결내용을 10일 이내에 시·도지사에게 보고하여야 한다.
② 협회는 매 회계연도 종료 후 3개월 이내에 공제사업 운용실적을 일간신문에 공시하거나 협회의 인터넷 홈페이지에 게시해야 한다.
③ 협회의 창립총회를 개최할 경우 특별자치도에서는 10인 이상의 회원이 참여하여야 한다.
④ 공제규정에는 책임준비금의 적립비율을 공제료 수입액의 100분의 5 이상으로 정한다.
⑤ 협회는 공제사업을 다른 회계와 구분하여 별도의 회계로 관리하여야 한다.

> **해설**
> ① 협회는 총회의 의결내용을 지체 없이 국토교통부장관에게 보고하여야 한다.
> ② 협회는 매 회계연도 종료 후 3개월 이내에 공제사업 운용실적을 일간신문 또는 협회보에 공시하고 협회의 인터넷 홈페이지에 게시해야 한다.
> ③ 창립총회에는 서울특별시에서는 100인 이상, 광역시·도 및 특별자치도에서는 각각 20인 이상의 회원이 참여하여야 한다
> ④ 책임준비금의 적립비율은 공제사고 발생률 및 공제금 지급액 등을 종합적으로 고려하여 정하되, 공제료 수입액의 100분의 10 이상으로 정한다.
>
> **정답** ⑤

> **함정을 피하는 TIP**
> - 공인중개사협회 및 공제사업의 내용에 관하여 학습하여야 한다.

단단하게 정리하는 핵심이론

1 협회의 설립목적과 성격

핵심단단 협회 비교 내용

1. **인가**: 협회 설립 ⇨ 허가 × ⇨ 비영리 사단법인
2. **승인**: 공제규정 제정 및 변경, 책임준비금 전용 ⇨ 국토교통부장관
3. **보고**: 총회 의결내용 ⇨ 지체 없이 ⇨ 국토교통부장관
4. **신고**: 지부 ⇨ 시·도지사, 지회 ⇨ 등록관청(지도·감독 ⇨ 국토교통부장관)

(1) 설립목적

① 개업공인중개사인 공인중개사(부칙 제6조 제2항에 따라 중개사무소등록을 한 것으로 보는 자를 포함)는 그 자질향상 및 품위유지와 중개업에 관한 제도의 개선 및 운용에 관한 업무를 효율적으로 수행하기 위하여 공인중개사협회를 설립할 수 있다.

② 협회는 법인으로 한다.

(2) 성격

협회는 비영리 사단법인의 성격을 지닌다.

⚠ 1. 법인 설립에 있어서 국토교통부장관의 인가를 받아야 한다.
2. 개업공인중개사가 설립하여야 할 의무가 없으며, 복수설립도 가능하다.
3. 개업공인중개사가 협회에 가입하여야 할 의무가 없으며, 복수가입도 가능하다.

(3) 「민법」의 준용

협회에 관하여 이 법에 규정된 것 외에는 「민법」 중 사단법인에 관한 규정을 적용한다.

2 협회의 설립절차

정관작성	창립총회 의결	설립인가	설립등기
회원 300인 이상이 발기인이 되어 정관작성 후 서명·날인	• 회원 600인 이상 출석 • 출석자의 과반수 동의 • 서울특별시 100인, 광역시·도 및 특별자치도에서 각각 20인 이상 참석	국토교통부장관의 설립인가	• 주된 사무소 소재지에 설립등기 • 설립등기(= 성립요건)

(1) 발기인 모임에서 정관작성

회원 300인 이상이 발기인이 되어 정관을 작성하여 서명·날인하여야 한다.

(2) 창립총회에서 설립동의

① 회원 600인 이상이 출석한 창립총회에서 출석한 개업공인중개사 과반수의 동의를 얻어야 한다.

② 창립총회에는 서울특별시에서 100인 이상, 광역시·도 및 특별자치도에서 각각 20인 이상의 개업공인중개사가 참여하여야 한다.

(3) 국토교통부장관의 설립인가

협회설립등기를 하기 전에 국토교통부장관의 인가를 받아야 한다.

(4) 설립등기

협회는 주된 사무소의 소재지에서 설립등기를 함으로써 성립한다.

3 협회의 구성 및 기관

(1) 협회의 조직

① **지부 및 지회의 설치의 임의성**: 협회는 정관이 정하는 바에 따라 서울특별시·광역시·도에 지부를, 시·군·구에는 지회를 둘 수 있다.

② **지부 및 지회의 설치사실의 신고의무**: 협회가 지부를 설치한 때에는 시·도지사에게, 지회를 설치한 때에는 등록관청에 신고하여야 한다.

> ⚠ 1. 지부 및 지회의 설치사실을 국토교통부장관에게 신고하여야 한다. (×)
> 2. 협회가 지부·지회를 설치하고자 하는 때에는 국토교통부장관의 승인을 얻어야 한다. (×)

(2) 총회 의결사항의 보고

협회는 총회의 의결내용을 지체 없이 국토교통부장관에게 보고하여야 한다.

4 협회의 업무

(1) 고유업무

협회는 회원의 품위유지 및 자질향상을 위한 지도·교육·연수에 관한 업무, 부동산정보제공에 관한 업무, 공제사업 등을 할 수 있다.

> ⚠ 1. 협회는 중개업을 할 수 없다.
> 2. 개업공인중개사는 협회에 가입하여야 할 의무가 없으며, 비회원인 개업공인중개사도 협회가 운영하는 부동산거래 정보망 및 공제에 가입하여 이를 이용할 수 있다.

(2) 수탁업무

① 시·도지사로부터 교육업무를 위탁받을 수 있다.

② 시험시행기관의 장으로부터 공인중개사자격시험에 관한 업무를 위탁받을 수 있다.

(3) 공제사업

① **공제사업의 임의성**: 협회는 개업공인중개사의 손해배상책임을 보장하기 위하여 공제사업을 할 수 있다. 공제사업은 비영리사업으로서 회원 간의 상호 부조를 목적으로 한다.

② **공제사업의 범위**: 협회가 할 수 있는 공제사업의 범위는 다음과 같다.

> ㉠ 개업공인중개사의 손해배상책임을 보장하기 위한 공제기금의 조성 및 공제금의 지급에 관한 사업
> ㉡ 공제사업의 부대업무로서 공제규정으로 정하는 사업

③ **공제규정**

㉠ **공제규정의 제정**: 협회가 공제사업을 하고자 하는 때에는 공제규정을 제정하여 국토교통부장관의 승인을 얻어야 한다. 공제규정을 변경하고자 하는 때에도 또한 같다.

㉡ **공제규정의 기준**: 공제규정에는 대통령령으로 정하는 바에 따라 공제사업의 범위, 공제계약의 내용, 공제금, 공제료, 회계기준 및 책임준비금의 적립비율 등 공제사업의 운용에 관하여 필요한 사항을 정하여야 한다. 공제규정에는 다음의 사항을 정하여야 한다.

> - 공제계약의 내용: 협회의 공제책임, 공제금, 공제료, 공제기간, 공제금의 청구와 지급절차, 구상 및 대위권, 공제계약의 실효 그 밖에 공제계약에 필요한 사항을 정한다. 이 경우 공제료는 공제사고발생률, 보증보험료 등을 종합적으로 고려하여 결정한 금액으로 한다.
> - 회계기준: 공제사업을 손해배상기금과 복지기금으로 구분하여 각 기금별 목적 및 회계원칙에 부합되는 세부기준을 정한다.
> - 책임준비금의 적립비율: 공제사고발생률 및 공제금 지급액 등을 종합적으로 고려하여 정하되, 공제료 수입액의 100분의 10 이상으로 정한다.

④ **공제사업의 관리**: 협회는 공제사업을 다른 회계와 구분하여 별도의 회계로 관리하여야 한다.

⑤ **책임준비금의 전용**: 협회가 책임준비금을 다른 용도로 사용하고자 하는 경우에는 국토교통부장관의 승인을 얻어야 한다.

⑥ **운용실적의 공시**: 협회는 매 연도의 공제사업 운용실적을 매 회계연도 종료 후 3개월 이내에 일간신문 또는 협회보에 공시하고 협회의 인터넷 홈페이지에 게시해야 한다. 협회가 공시할 사항은 다음과 같다.

> ㉠ 결산서인 요약 재무상태표, 손익계산서 및 감사보고서
> ㉡ 공제료 수입액, 공제금 지급액, 책임준비금 적립액
> ㉢ 그 밖에 공제사업의 운용과 관련된 참고사항

⑦ **조사 또는 검사**: 「금융위원회의 설치 등에 관한 법률」에 따른 금융감독원의 원장은 국토교통부장관의 요청이 있는 경우에는 공제사업에 관하여 조사 또는 검사를 할 수 있다.

⑧ 운영위원회

구분	공인중개사 정책심의위원회	공제사업 운영위원회
성격	국토교통부에 정책심의위원회를 둘 수 있다.	공제사업에 관한 사항을 심의하고 그 업무집행을 감독하기 위하여 협회에 운영위원회를 둔다.
심의 사항	㉠ 자격취득에 관한 사항 ㉡ 중개업의 육성에 관한 사항 ㉢ 중개보수 변경에 관한 사항 ㉣ 손해배상책임의 보장에 관한 사항 공인중개사 정책심의위원회에서 심의한 사항 중 공인중개사의 시험 등 공인중개사의 자격 취득에 관한 사항의 경우에는 시·도지사는 이에 따라야 한다.	㉠ 사업계획·운영 및 관리에 관한 기본 방침 ㉡ 예산 및 결산에 관한 사항 ㉢ 차입금에 관한 사항 ㉣ 주요 예산집행에 관한 사항 ㉤ 공제약관·공제규정의 변경과 공제와 관련된 내부 규정의 제정·개정 및 폐지에 관한 사항 ㉥ 공제금, 공제가입금, 공제료 및 요율에 관한 사항 ㉦ 정관으로 정하는 사항 ㉧ 그 밖에 위원장이 필요하다고 인정하여 회의에 부치는 사항
구성 인원 수	위원장 1명을 포함하여 7명 이상 11명 이내의 위원으로 구성한다.	운영위원회의 위원은 협회의 임원, 중개업·법률·회계·금융·보험·부동산 분야 전문가, 관계 공무원 및 그 밖에 중개업 관련 이해관계자로 구성하되, 그 수는 19명 이내로 한다.
구성	㉠ 위원장: 국토교통부 제1차관 ㉡ 위원: 국토교통부장관이 임명하거나 위촉 ⓐ 국토교통부의 4급 이상 또는 이에 상당하는 공무원이나 고위공무원단에 속하는 일반직공무원 ⓑ 「고등교육법」에 따른 학교에서 부교수 이상의 직(職)에 재직하고 있는 사람 ⓒ 변호사 또는 공인회계사의 자격이 있는 사람 ⓓ 공인중개사협회에서 추천하는 사람 ⓔ 공인중개사 자격시험(이하 '시험'이라 함)의 시행에 관한 업무를 위탁받은 기관의 장이 추천하는 사람 ⓕ 「비영리민간단체 지원법」에 따라 등록한 비영리민간단체에서 추천한 사람 ⓖ 「소비자기본법」에 따라 등록한 소비자단체 또는 한국소비자원의 임직원으로 재직하고 있는 사람 ⓗ 그 밖에 부동산·금융 관련 분야에 학식과 경험이 풍부한 사람	㉠ 위원장과 부위원장 각각 1명을 두되, 위원장과 부위원장은 위원 중에서 호선한다. ㉡ 운영위원회는 다음의 사람으로 구성한다. 이 경우 ⓑ, ⓒ에 해당하는 위원의 수는 전체 위원 수의 3분의 1 미만으로 한다. ⓐ 국토교통부장관이 소속 공무원 중에서 지명하는 사람 1명 ⓑ 협회의 회장 ⓒ 협회 이사회가 협회의 임원 중에서 선임하는 사람 ⓓ 다음의 어느 하나에 해당하는 사람으로서 협회의 회장이 추천하여 국토교통부장관의 승인을 받아 위촉하는 사람 • 대학 또는 정부출연연구기관에서 부교수 또는 책임연구원 이상으로 재직하고 있거나 재직하였던 사람으로서 부동산 분야 또는 법률·회계·금융·보험 분야를 전공한 사람 • 변호사·공인회계사 또는 공인중개사의 자격이 있는 사람 • 금융감독원 또는 금융기관에서 임원 이상의 직에 있거나 있었던 사람 • 공제조합 관련 업무에 관한 학식과 경험이 풍부한 사람으로서 해당 업무에 5년 이상 종사한 사람 • 「소비자기본법」 제29조에 따라 등록한 소비자단체 및 제33조에 따른 한국소비자원의 임원으로 재직 중인 사람

구분	공인중개사 정책심의위원회	공제사업 운영위원회
임기	위원의 임기는 2년, 새로 위촉된 위원의 임기는 전임위원 임기의 남은 기간으로 한다.	위원의 임기는 2년으로 하되 1회에 한하여 연임할 수 있으며, 보궐위원의 임기는 전임자의 남은 임기로 한다.
내용	㉠ 위원장은 심의위원회를 대표하고, 심의위원회의 업무를 총괄한다. ㉡ 위원장이 부득이한 사유로 직무를 수행할 수 없을 때에는 위원장이 미리 지명한 위원이 그 직무를 대행한다. ㉢ 위원장은 심의위원회의 회의를 소집하고, 그 의장이 된다. ㉣ 심의위원회의 회의는 재적위원 과반수의 출석으로 개의(開議)하고, 출석위원 과반수의 찬성으로 의결한다. ㉤ 위원장은 심의위원회의 회의를 소집하려면 회의 개최 7일 전까지 회의의 일시, 장소 및 안건을 각 위원에게 통보하여야 한다. 다만, 긴급하게 개최하여야 하거나 부득이한 사유가 있는 경우에는 회의 개최 전날까지 통보할 수 있다. ㉥ 위원장은 심의에 필요하다고 인정하는 경우 관계 전문가를 출석하게 하여 의견을 듣거나 의견제출을 요청할 수 있다.	㉠ 운영위원회의 위원장은 운영위원회의 회의를 소집하며 그 의장이 된다. ㉡ 운영위원회의 부위원장은 위원장을 보좌하며, 위원장이 부득이한 사유로 그 직무를 수행할 수 없을 때에는 그 직무를 대행한다. ㉢ 운영위원회의 회의는 재적위원 과반수의 출석으로 개의(開議)하고, 출석위원 과반수의 찬성으로 심의 사항을 의결한다.
위원의 제척·기피·회피 등	㉠ 위원의 제척: 심의위원회의 위원이 다음의 어느 하나에 해당하는 경우에는 심의위원회의 심의·의결에서 제척(除斥)된다. 　ⓐ 위원 또는 그 배우자나 배우자이었던 사람이 해당 안건의 당사자(당사자가 법인·단체 등인 경우에는 그 임원을 포함)가 되거나 그 안건의 당사자와 공동권리자 또는 공동의무자인 경우 　ⓑ 위원이 해당 안건의 당사자와 친족이거나 친족이었던 경우 　ⓒ 위원이 해당 안건에 대하여 증언, 진술, 자문, 조사, 연구, 용역 또는 감정을 한 경우 　ⓓ 위원이나 위원이 속한 법인·단체 등이 해당 안건의 당사자의 대리인이거나 대리인이었던 경우 ㉡ 위원의 기피신청: 해당 안건의 당사자는 위원에게 공정한 심의·의결을 기대하기 어려운 사정이 있는 경우에는 심의위원회에 기피신청을 할 수 있고, 심의위원회는 의결로 이를 결정한다. 이 경우 기피신청의 대상인 위원은 그 의결에 참여하지 못한다. ㉢ 위원의 회피: 위원 본인이 제척사유에 해당하는 경우에는 스스로 해당 안건의 심의·의결에서 회피(回避)하여야 한다. ㉣ 위원의 해촉: 국토교통부장관은 위원이 제척사유의 어느 하나에 해당하는 데에도 불구하고 회피하지 아니한 경우에는 해당 위원을 해촉(解囑)할 수 있다.	

구분	공인중개사 정책심의위원회	공제사업 운영위원회
간사	㉠ 심의위원회에 심의위원회의 사무를 처리할 간사 1명을 둔다. ㉡ 간사는 심의위원회의 위원장이 국토교통부 소속 공무원 중에서 지명한다.	㉠ 운영위원회의 사무를 처리하기 위하여 간사 및 서기를 두되, 간사 및 서기는 공제업무를 담당하는 협회의 직원 중에서 위원장이 임명한다. ㉡ 간사는 회의 때마다 회의록을 작성하여 다음 회의에 보고하고 이를 보관하여야 한다.

⑨ **공제사업 운영의 개선명령**: 국토교통부장관은 협회의 공제사업 운영이 적정하지 아니하거나 자산상황이 불량하여 중개사고 피해자 및 공제 가입자 등의 권익을 해칠 우려가 있다고 인정하면 다음의 조치를 명할 수 있다.

> ㉠ 업무집행방법의 변경
> ㉡ 자산예탁기관의 변경
> ㉢ 자산의 장부가격의 변경
> ㉣ 불건전한 자산에 대한 적립금의 보유
> ㉤ 가치가 없다고 인정되는 자산의 손실처리
> ㉥ 그 밖에 이 법 및 공제규정을 준수하지 아니하여 공제사업의 건전성을 해할 우려가 있는 경우 이에 대한 개선명령

⑩ **임원에 대한 제재 등**: 국토교통부장관은 협회의 임원이 다음의 어느 하나에 해당하여 공제사업을 건전하게 운영하지 못할 우려가 있는 경우 그 임원에 대한 징계·해임을 요구하거나 해당 위반행위를 시정하도록 명할 수 있다.

> ㉠ 공제규정을 위반하여 업무를 처리한 경우
> ㉡ 개선명령을 이행하지 아니한 경우
> ㉢ 재무건전성 기준을 지키지 아니한 경우

⑪ **재무건전성의 유지**: 협회는 공제금 지급능력과 경영의 건전성을 확보하기 위하여 다음의 사항에 관하여 재무건전성 기준을 지켜야 한다.

> ㉠ 자본의 적정성에 관한 사항
> ㉡ 자산의 건전성에 관한 사항
> ㉢ 유동성의 확보에 관한 사항

⑫ **재무건전성 기준**: 협회는 지급여력비율은 100분의 100 이상을 유지하여야 한다.

핵심단단 공제사업에 관한 중요 내용 정리

구분	내용
책임준비금	공제료 수입액의 100분의 10 이상으로 정하여야 한다.
회계	다른 회계와 구분하여 별도의 회계로 관리하여야 한다.
운용실적	운용실적을 회계연도 종료 후 3개월 이내에 공시해야 한다.
시정명령	국토교통부장관은 협회가 공제사업의 건전성을 해할 우려가 있다고 인정되는 경우 시정을 명할 수 있다.
조사·검사	금융감독원장은 국토교통부장관의 요청이 있는 경우 공제사업에 관하여 조사 또는 검사를 할 수 있다.
운영위원회	공제사업에 관한 사항을 심의하고 그 업무집행을 감독하기 위하여 협회에 운영위원회를 둔다.
개선명령	국토교통부장관은 협회의 공제사업 운영이 적정하지 아니하거나 자산 상황이 불량하다고 인정하면 개선명령 등의 조치를 명할 수 있다.
재무건전성 기준	지급여력비율은 100분의 100 이상을 유지하여야 한다.
징계·해임 등	국토교통부장관은 협회의 임원이 공제사업을 건전하게 운영하지 못할 우려가 있는 경우 그 임원에 대한 징계·해임, 시정명령을 할 수 있다.

기본문제와 완성문제로 단단기출

01 공인중개사법령상 공인중개사협회(이하 '협회'라 함)의 공제사업에 관한 설명으로 틀린 것은? 제33회

기본 기출

① 협회는 공제사업을 다른 회계와 구분하여 별도의 회계로 관리해야 한다.
② 공제규정에서 정하는 책임준비금의 적립비율은 공제료 수입액의 100분의 20 이상으로 한다.
③ 국토교통부장관은 협회의 자산상황이 불량하여 공제가입자의 권익을 해칠 우려가 있다고 인정하면 자산예탁기관의 변경을 명할 수 있다.
④ 국토교통부장관은 협회의 자산상황이 불량하여 중개사고 피해자의 권익을 해칠 우려가 있다고 인정하면 불건전한 자산에 대한 적립금의 보유를 명할 수 있다.
⑤ 협회는 대통령령이 정하는 바에 따라 매년도의 공제사업 운용실적을 일간신문·협회보 등을 통하여 공제계약자에게 공시해야 한다.

> 키워드 > 공제사업
> 난이도 >
> 해설 > 책임준비금의 적립비율은 공제사고 발생률 및 공제금 지급액 등을 종합적으로 고려하여 정하되, 공제료 수입액의 100분의 10 이상으로 정한다(영 제34조 제3호).

정답 01 ②

02 공인중개사법령상 공인중개사협회(이하 '협회'라 함)에 관한 설명으로 틀린 것은? 제32회

① 협회는 시·도지사로부터 위탁을 받아 실무교육에 관한 업무를 할 수 있다.
② 협회는 공제사업을 하는 경우 책임준비금을 다른 용도로 사용하려면 국토교통부장관의 승인을 얻어야 한다.
③ 협회는 「공인중개사법」에 따른 협회의 설립목적을 달성하기 위한 경우에도 부동산 정보제공에 관한 업무를 수행할 수 없다.
④ 협회에 관하여 「공인중개사법」에 규정된 것 외에는 「민법」 중 사단법인에 관한 규정을 적용한다.
⑤ 협회는 공제사업을 다른 회계와 구분하여 별도의 회계로 관리해야 한다.

> 키워드 〉 공인중개사협회
> 난이도 〉
> 해설 〉 ③ 부동산 정보제공에 관한 업무는 협회의 설립목적을 달성하기 위한 협회의 업무에 해당한다.
> ① 협회는 수탁업무로서 실무교육업무, 시험시행에 관한 업무를 할 수 있다.
> ② 법 제42조 제4항
> ④ 법 제43조
> ⑤ 법 제42조 제4항
> 보충 〉 협회 설립목적을 달성하기 위한 협회의 업무(영 제31조)
> 1. 회원의 품위유지를 위한 업무
> 2. 부동산중개제도의 연구·개선에 관한 업무
> 3. 회원의 자질향상을 위한 지도 및 교육·연수에 관한 업무
> 4. 회원의 윤리헌장 제정 및 그 실천에 관한 업무
> 5. 부동산 정보제공에 관한 업무
> 6. 법 제42조의 규정에 따른 공제사업. 이 경우 공제사업은 비영리사업으로서 회원 간의 상호부조를 목적으로 한다.
> 7. 그 밖에 협회의 설립목적 달성을 위하여 필요한 업무

정답 02 ③

03 공인중개사법령상 '공인중개사협회'(이하 '협회'라 함)에 관한 설명으로 옳은 것은?

제30회

① 협회는 영리사업으로서 회원 간의 상호부조를 목적으로 공제사업을 할 수 있다.
② 협회는 총회의 의결내용을 지체 없이 등록관청에게 보고하고 등기하여야 한다.
③ 협회가 그 지부 또는 지회를 설치한 때에는 그 지부는 시·도지사에게, 지회는 등록관청에 신고하여야 한다.
④ 협회는 개업공인중개사에 대한 행정제재처분의 부과와 집행의 업무를 할 수 있다.
⑤ 협회는 부동산 정보제공에 관한 업무를 직접 수행할 수 없다.

키워드 공인중개사협회

난이도

해설 ① 협회는 비영리사업으로서 회원 간의 상호부조를 목적으로 공제사업을 할 수 있다(법 제42조 제1항, 영 제31조 제6호).
② 협회는 총회의 의결내용을 지체 없이 국토교통부장관에게 보고하여야 한다(영 제32조 제1항).
④ 협회의 고유업무(영 제31조), 수탁업무에는 개업공인중개사에 대한 행정제재처분의 부과와 집행의 업무를 할 수 있다는 규정이 없다.
⑤ 협회는 협회의 설립목적을 달성하기 위하여 다음의 업무를 수행할 수 있다(영 제31조). 이 경우 협회는 부동산 정보제공에 관한 업무를 수행할 수 있다.
 1. 회원의 품위유지를 위한 업무
 2. 부동산중개제도의 연구·개선에 관한 업무
 3. 회원의 자질향상을 위한 지도 및 교육·연수에 관한 업무
 4. 회원의 윤리헌장 제정 및 그 실천에 관한 업무
 5. 부동산 정보제공에 관한 업무
 6. 법 제42조의 규정에 따른 공제사업. 이 경우 공제사업은 비영리사업으로서 회원 간의 상호부조를 목적으로 한다.
 7. 그 밖에 협회의 설립목적 달성을 위하여 필요한 업무

정답 03 ③

04 기본 기출

「공인중개사법 시행령」 제30조(협회의 설립)의 내용이다. (   )에 들어갈 숫자를 올바르게 나열한 것은?

제30회

- 공인중개사협회를 설립하고자 하는 때에는 발기인이 작성하여 서명·날인한 정관에 대하여 회원 (㉠)인 이상이 출석한 창립총회에서 출석한 회원 과반수의 동의를 얻어 국토교통부장관의 설립인가를 받아야 한다.
- 창립총회에는 서울특별시에서는 (㉡)인 이상, 광역시·도 및 특별자치도에서는 각각 (㉢)인 이상의 회원이 참여하여야 한다.

① ㉠: 300, ㉡: 50, ㉢: 20
② ㉠: 300, ㉡: 100, ㉢: 50
③ ㉠: 600, ㉡: 50, ㉢: 20
④ ㉠: 600, ㉡: 100, ㉢: 20
⑤ ㉠: 800, ㉡: 50, ㉢: 50

키워드 협회의 설립절차

난이도

해설
- 공인중개사협회를 설립하고자 하는 때에는 발기인이 작성하여 서명·날인한 정관에 대하여 회원 (㉠ 600)인 이상이 출석한 창립총회에서 출석한 회원 과반수의 동의를 얻어 국토교통부장관의 설립인가를 받아야 한다(영 제30조 제1항).
- 창립총회에는 서울특별시에서는 (㉡ 100)인 이상, 광역시·도 및 특별자치도에서는 각각 (㉢ 20)인 이상의 회원이 참여하여야 한다(영 제30조 제2항).

정답 04 ④

05 완성기출

공인중개사법령상 국토교통부장관이 공인중개사협회의 공제사업 운영개선을 위하여 명할 수 있는 조치를 모두 고른 것은? 제29회

> ㉠ 업무집행방법의 변경 ㉡ 자산예탁기관의 변경
> ㉢ 자산의 장부가격의 변경 ㉣ 불건전한 자산에 대한 적립금의 보유

① ㉡, ㉣
② ㉠, ㉡, ㉢
③ ㉠, ㉢, ㉣
④ ㉡, ㉢, ㉣
⑤ ㉠, ㉡, ㉢, ㉣

키워드 공제사업

난이도

해설 ㉠㉡㉢㉣ 모두 협회가 공제사업의 운영개선을 위하여 명할 수 있는 조치에 해당한다.

보충 국토교통부장관은 협회의 공제사업 운영이 적정하지 아니하거나 자산상황이 불량하여 중개사고 피해자 및 공제가입자 등의 권익을 해칠 우려가 있다고 인정하면 다음의 조치를 명할 수 있다(법 제42조의4).
1. 업무집행방법의 변경(㉠)
2. 자산예탁기관의 변경(㉡)
3. 자산의 장부가격의 변경(㉢)
4. 불건전한 자산에 대한 적립금의 보유(㉣)
5. 가치가 없다고 인정되는 자산의 손실 처리
6. 그 밖에 이 법 및 공제규정을 준수하지 아니하여 공제사업의 건전성을 해할 우려가 있는 경우 이에 대한 개선명령

정답 05 ⑤

THEME 20 교육

| THEME 키워드 |
실무교육, 연수교육, 직무교육

기출분석
- **기출회차:** 제34회
- **키워드:** 실무교육, 연수교육, 직무교육
- **난이도:** ■■□

기본으로 알아야 하는 대표기출

공인중개사법령상 개업공인중개사등의 교육 등에 관한 설명으로 옳은 것은?

① 폐업신고 후 400일이 지난 날 중개사무소의 개설등록을 다시 신청하려는 자는 실무교육을 받지 않아도 된다.
② 중개보조원의 직무수행에 필요한 직업윤리에 대한 교육시간은 5시간이다.
③ 시·도지사는 연수교육을 실시하려는 경우 실무교육 또는 연수교육을 받은 후 2년이 되기 2개월 전까지 연수교육의 일시·장소·내용 등을 대상자에게 통지하여야 한다.
④ 부동산중개 및 경영실무에 대한 교육시간은 36시간이다.
⑤ 시·도지사가 부동산거래사고 예방을 위한 교육을 실시하려는 경우에는 교육일 7일 전까지 교육일시·교육장소 및 교육내용을 교육대상자에게 통지하여야 한다.

> **해설**
> ① 폐업신고 후 1년 이내에 중개사무소의 개설등록을 다시 신청하려는 자는 실무교육을 이수하지 않아도 된다. 따라서 폐업신고 후 400일이 지난 날 중개사무소의 개설등록을 다시 신청하려는 자는 실무교육을 받아야 한다.
> ② 중개보조원의 직무수행에 필요한 직업윤리에 대한 직무교육시간은 3시간 이상 4시간 이내이므로 5시간은 틀린 지문이 된다.
> ④ 부동산중개 및 경영실무에 대한 교육은 실무교육과 연수교육의 내용이다. 이 경우 실무교육이라면 28시간 이상 32시간 이내로 하며, 연수교육이라면 12시간 이상 16시간 이내로 한다. 따라서 36시간은 실무교육과 연수교육에 모두 해당하지 않으므로 틀린 지문이 된다.
> ⑤ 국토교통부장관, 시·도지사 및 등록관청은 부동산거래질서를 확립하고, 부동산거래사고로 인한 피해를 방지하기 위하여 부동산거래사고 예방을 위한 교육을 실시하려는 경우에는 교육일 10일 전까지 교육일시·교육장소 및 교육내용 그 밖에 교육에 필요한 사항을 공고하거나 교육대상자에게 통지하여야 한다.
>
> **정답** ③

함정을 피하는 TIP
- 실무교육, 연수교육, 직무교육, 거래사고 예방교육 등에 관하여 학습하여야 한다.

단단하게 정리하는 **핵심이론**

구분	실무교육	연수교육	직무교육	거래사고 예방교육
실시 권자	시·도지사	시·도지사 ⚠️ 시·도지사는 연수교육을 실시하려는 경우 실무교육 또는 연수교육을 받은 후 **2년이 되기 2개월 전까지** 연수교육의 일시·장소·내용 등을 대상자에게 통지하여야 한다.	시·도지사, 등록관청	국토교통부장관, 시·도지사, 등록관청
교육 대상자	① 등록을 신청하는 공인중개사 ② 법인의 사원·임원 (대표자를 포함) ③ 분사무소 책임자 ④ 소속공인중개사 ⚠️ 실무교육 면제: 폐업신고 후 1년 이내에 중개사무소의 개설등록을 다시 신청하려는 자 및 소속공인중개사로서 고용관계 종료신고 후 1년 이내에 중개사무소의 개설등록을 신청하려 하거나 고용신고를 다시 하려는 자	① 실무교육을 받은 개업공인중개사 ② 실무교육을 받은 소속공인중개사	중개보조원 ⚠️ 직무교육 면제: 고용관계 종료신고 후 **1년 이내**에 고용신고를 다시 하려는 자	개업공인중개사등
교육 시기	등록신청일·분사무소 설치신고일·고용신고일 전 **1년 이내**	실무교육을 받은 후 **2년마다**	고용신고일 전 **1년 이내**	규정 없음
성격	받아야 함	받아야 함	받아야 함	필수교육 아님 (실시할 수 있음) ⚠️ 예방교육은 교육비를 지원할 수 있다.

구분	실무교육	연수교육	직무교육	거래사고 예방교육
교육 시간	28시간 이상 32시간 이하	12시간 이상 16시간 이하	3시간 이상 4시간 이하	규정 없음
교육 내용	직업윤리의식 및 전문지식 함양(×) ⇨ 법률지식, 부동산 중개 및 경영 실무, 직업윤리 등	부동산 중개 관련 법·제도의 변경사항, 부동산 중개 및 경영 실무, 직업윤리 등	중개보조원의 직무수행에 필요한 직업윤리 등	부동산거래사고로 인한 피해 방지
교육위탁	학교, 협회, 공기업 또는 준정부기관에 위탁할 수 있음			규정 없음
교육지침	국토교통부장관이 실무교육·연수교육·직무교육의 지침을 마련하여 시행 가능			규정 없음
통지	규정 없음	실무교육 또는 연수교육을 받은 후 2년이 되기 2개월 전까지 통지	규정 없음	교육일 10일 전까지 통지

기본문제와 완성문제로 단단기출

01 공인중개사법령상 개업공인중개사등의 교육에 관한 설명으로 옳은 것은? (단, 다른 법률의 규정은 고려하지 않음)
완성 기출   제31회

① 중개사무소 개설등록을 신청하려는 법인의 공인중개사가 아닌 사원은 실무교육 대상이 아니다.
② 개업공인중개사가 되려는 자의 실무교육시간은 26시간 이상 32시간 이하이다.
③ 중개보조원이 받는 실무교육에는 부동산 중개 관련 법·제도의 변경사항이 포함된다.
④ 국토교통부장관, 시·도지사, 등록관청은 개업공인중개사등에 대한 부동산거래사고 예방 등의 교육을 위하여 교육 관련 연구에 필요한 비용을 지원할 수 있다.
⑤ 소속공인중개사는 2년마다 국토교통부장관이 실시하는 연수교육을 받아야 한다.

키워드 실무교육, 연수교육

난이도

해설 ① 중개사무소 개설등록을 신청하려는 법인의 공인중개사가 아닌 사원은 실무교육 대상이다. 법인의 등록기준으로 대표자, 임원 또는 사원 및 분사무소의 책임자는 실무교육을 받아야 한다.
② 개업공인중개사가 되려는 자의 실무교육시간은 28시간 이상 32시간 이하이다.
③ 중개보조원이 받는 교육은 직무교육이며, 교육내용에는 중개보조원의 직무수행에 필요한 직업윤리 등이 포함된다.
⑤ 소속공인중개사는 2년마다 시·도지사가 실시하는 연수교육을 받아야 한다.

정답 01 ④

02 공인중개사법령상 개업공인중개사등의 교육에 관한 설명으로 옳은 것을 모두 고른 것은? (단, 다른 법률의 규정은 고려하지 않음) 제29회

기본 기출

> ㉠ 실무교육을 받는 것은 중개사무소 개설등록의 기준에 해당한다.
> ㉡ 개업공인중개사로서 폐업신고를 한 후 1년 이내에 소속공인중개사로 고용신고를 하려는 자는 실무교육을 받아야 한다.
> ㉢ 연수교육의 교육시간은 28시간 이상 32시간 이하이다.
> ㉣ 연수교육을 정당한 사유 없이 받지 않으면 500만원 이하의 과태료를 부과한다.

① ㉠, ㉡
② ㉠, ㉣
③ ㉡, ㉢
④ ㉠, ㉢, ㉣
⑤ ㉡, ㉢, ㉣

키워드 실무교육, 연수교육

난이도

해설 ㉡ 개업공인중개사로서 폐업신고를 한 후 1년 이내에 소속공인중개사로 고용신고를 하려는 자는 실무교육을 받지 않아도 된다.
㉢ 연수교육의 교육시간은 12시간 이상 16시간 이하이다.

03 공인중개사법령상 개업공인중개사등의 교육에 관한 설명으로 틀린 것은? 제28회

기본 기출

① 실무교육은 그에 관한 업무의 위탁이 없는 경우 시·도지사가 실시한다.
② 연수교육을 실시하려는 경우 그 교육의 일시·장소를 관보에 공고한 후 대상자에게 통지해야 한다.
③ 실무교육을 받은 개업공인중개사 및 소속공인중개사는 그 실무교육을 받은 후 2년마다 연수교육을 받아야 한다.
④ 직무교육의 교육시간은 3시간 이상 4시간 이하로 한다.
⑤ 국토교통부장관, 시·도지사 및 등록관청은 필요하다고 인정하면 개업공인중개사등의 부동산 거래사고 예방을 위한 교육을 실시할 수 있다.

키워드 연수교육

난이도

해설 시·도지사는 연수교육을 실시하려는 경우 실무교육 또는 연수교육을 받은 후 2년이 되기 2개월 전까지 연수교육의 일시·장소·내용 등을 대상자에게 통지하여야 한다. 따라서 '관보에 공고한 후'라는 지문은 틀린 내용이다.

정답 02 ② 03 ②

THEME 21

보칙(업무위탁, 포상금, 행정수수료, 신고센터)

| THEME 키워드 |
포상금, 수수료 납부사유

> **기출분석**
> - **기출회차:** 제30회
> - **키워드:** 포상금
> - **난이도:**

기본으로 알아야 하는 대표기출

공인중개사법령상 포상금 지급에 관한 설명으로 옳은 것은?

① 포상금은 1건당 150만원으로 한다.
② 검사가 신고사건에 대하여 기소유예의 결정을 한 경우에는 포상금을 지급하지 않는다.
③ 포상금의 지급에 소요되는 비용 중 시·도에서 보조할 수 있는 비율은 100분의 50 이내로 한다.
④ 포상금지급신청서를 제출받은 등록관청은 그 사건에 관한 수사기관의 처분내용을 조회한 후 포상금의 지급을 결정하고, 그 결정일로부터 1개월 이내에 포상금을 지급하여야 한다.
⑤ 등록관청은 하나의 사건에 대하여 2건 이상의 신고가 접수된 경우, 공동으로 신고한 것이 아니면 포상금을 균등하게 배분하여 지급한다.

해설
① 포상금은 1건당 50만원으로 한다.
② 검사가 신고사건에 대하여 기소유예의 결정을 한 경우에는 포상금을 지급한다.
③ 포상금의 지급에 소요되는 비용 중 국고에서 보조할 수 있는 비율은 100분의 50 이내로 한다.
⑤ 등록관청은 하나의 사건에 대하여 2건 이상의 신고가 접수된 경우, 공동으로 신고한 것이 아니면 최초로 신고 또는 고발한 자에게 포상금을 지급한다.

정답 ④

> **함정을 피하는 TIP**
> - 포상금 지급대상, 내용에 관하여 학습하여야 한다.

1 업무의 위탁

(1) 의의

국토교통부장관, 시·도지사 또는 등록관청은 업무의 일부를 협회 또는 대통령령으로 정하는 기관·단체에 위탁할 수 있다.

(2) 위탁할 수 있는 업무의 종류

구분	실무교육의 위탁실시	시험의 위탁실시
위탁자	시·도지사	시험시행기관의 장
수탁가능자	① 협회 ② 공기업 또는 준정부기관 ③ 학교(대학 등)	① 협회 ② 공기업 또는 준정부기관 ⚠ 학교(대학 등) ×
위탁 후 조치	관보에 고시	관보에 고시

2 포상금

(1) 포상금 지급관청 – 등록관청

등록관청은 신고 및 고발 대상자를 등록관청, 수사기관이나 부동산거래질서교란행위 신고센터에 신고 또는 고발한 자에 대하여 포상금을 지급할 수 있다.

(2) 포상금 지급대상자

다음에 해당하는 자를 신고 또는 고발한 자에 대하여 포상금을 지급할 수 있다.

① 중개사무소의 개설등록을 하지 아니하고 중개업을 한 자
② 거짓이나 그 밖의 부정한 방법으로 중개사무소의 개설등록을 한 자
③ 중개사무소등록증 또는 공인중개사자격증을 다른 사람에게 양도·대여하거나 다른 사람으로부터 양수·대여받은 자
④ 개업공인중개사가 아닌 자로서 중개대상물에 대한 표시·광고를 하여서는 아니 된다는 규정을 위반한 자
⑤ 부당한 이익을 얻거나 제3자에게 부당한 이익을 얻게 할 목적으로 거짓으로 거래가 완료된 것처럼 꾸미는 등 중개대상물의 시세에 부당한 영향을 주거나 줄 우려가 있는 행위를 한 자
⑥ 단체를 구성하여 특정 중개대상물에 대하여 중개를 제한하거나 단체 구성원 이외의 자와 공동중개를 제한하는 행위를 한 자
⑦ 안내문, 온라인 커뮤니티 등을 이용하여 특정 개업공인중개사등에 대한 중개의뢰를 제한하거나 제한을 유도하는 행위를 한 자

⑧ 안내문, 온라인 커뮤니티 등을 이용하여 중개대상물에 대하여 시세보다 현저하게 높게 표시·광고 또는 중개하는 특정 개업공인중개사등에게만 중개의뢰를 하도록 유도함으로써 다른 개업공인중개사등을 부당하게 차별하는 행위를 한 자
⑨ 안내문, 온라인 커뮤니티 등을 이용하여 특정 가격 이하로 중개를 의뢰하지 아니하도록 유도하는 행위를 한 자
⑩ 정당한 사유 없이 개업공인중개사등의 중개대상물에 대한 정당한 표시·광고 행위를 방해하는 행위를 한 자
⑪ 개업공인중개사등에게 중개대상물을 시세보다 현저하게 높게 표시·광고하도록 강요하거나 대가를 약속하고 시세보다 현저하게 높게 표시·광고하도록 유도하는 행위를 한 자

(3) 포상금 지급조건
① 행정기관에 발각되기 전에 신고 또는 고발하였을 것
② 신고 또는 고발한 사건에 대하여 검사가 공소제기 또는 기소유예의 결정을 하였을 것
⚠ 검사가 무혐의처분을 한 경우에는 포상금을 지급하지 않는다.

(4) 포상금 지급
① **포상금액**: 포상금은 1건당 50만원으로 한다.
② **국고보조**: 포상금의 지급에 소요되는 비용 중 일부를 국고에서 보조할 수 있다.
⚠ 국고에서 보조할 수 있는 비율은 100분의 50 이내로 한다.
③ **포상금 지급신청**: 포상금을 지급받고자 하는 자는 등록관청에 포상금지급신청서를 제출하여야 한다.
④ **포상금 지급**
㉠ 포상금지급신청을 받은 등록관청은 수사기관에 처분내용을 조회한 후 포상금의 지급을 결정하고, 그 결정일로부터 1개월 이내에 포상금을 지급하여야 한다.
㉡ 등록관청은 하나의 사건에 대하여 2인 이상이 공동으로 신고 또는 고발한 경우에는 포상금을 균등하게 지급한다.
⚠ 다만, 이 경우 포상금을 지급받을 자가 배분방법에 관하여 미리 합의하여 포상금 지급을 신청한 경우에는 그 합의된 방법에 따라 지급한다.
㉢ 등록관청은 하나의 사건에 대하여 2건 이상의 신고 또는 고발이 접수된 경우에는 최초로 신고 또는 고발한 자에게 포상금을 지급한다.

3 행정수수료

(1) 지방자치단체의 조례가 정하는 수수료

① 공인중개사 자격시험에 응시하는 자
　⇨ 자격시험 응시수수료 ─ 시·도지사 ⇨ 지방자치단체 조례
　　　　　　　　　　　　└ 국토교통부장관 ⇨ 결정·공고
② 공인중개사자격증의 재교부를 신청하는 자
③ 중개사무소의 개설등록을 신청하는 자

④ 중개사무소등록증의 **재교부**를 신청하는 자(**사무소 이전신고, 종별변경 포함**)
⑤ 분사무소 설치의 신고를 하는 자
⑥ 분사무소 설치 신고확인서의 **재교부**를 신청하는 자

⚠ 자격증, 등록증, 신고확인서를 처음으로 교부받는 경우에는 수수료를 납부하지 않는다.

(2) 국토교통부장관이 결정·공고하는 수수료

국토교통부장관이 공인중개사시험을 직접 시행하는 경우 시험에 응시하는 자는 국토교통부장관이 결정하여 공고하는 수수료를 납부하여야 한다.

(3) 업무를 위탁받은 자가 결정·공고하는 수수료

공인중개사시험 업무 등을 위탁한 경우 시험에 응시하고자 하는 자 등은 업무를 위탁받은 자가 업무를 위탁한 자의 승인을 얻어 결정·공고하는 수수료를 납부하여야 한다.

4 부동산거래질서교란행위 신고센터

(1) 신고센터의 설치·운영

국토교통부장관은 부동산 시장의 건전한 거래질서를 조성하기 위하여 부동산거래질서교란행위 신고센터(이하 '신고센터'라 함)를 설치·운영할 수 있다.

(2) 신고센터의 업무

신고센터는 다음의 업무를 수행한다.

① 부동산거래질서교란행위 신고의 접수 및 상담
② 신고사항에 대한 확인 또는 시·도지사 및 등록관청 등에 신고사항에 대한 조사 및 조치 요구
③ 신고인에 대한 신고사항 처리결과 통보

(3) 부동산거래질서교란행위의 신고

① 누구든지 부동산중개업 및 부동산 시장의 건전한 거래질서를 해치는 다음의 어느 하나에 해당하는 행위(이하 '부동산거래질서교란행위'라 함)를 발견하는 경우 그 사실을 신고센터에 신고할 수 있다.

■ 「공인중개사법」상 부동산거래질서교란행위
1. 자격증 대여 등의 금지규정을 위반한 경우
2. 유사명칭의 사용금지규정을 위반한 경우
3. 중개사무소의 개설등록규정을 위반한 경우
4. 중개보조원의 고지의무규정을 위반한 경우
5. 금지행위(제33조 제1항·제2항)규정을 위반한 경우

6. 거짓이나 그 밖의 부정한 방법으로 중개사무소의 개설등록을 한 경우
7. 이중등록, 이중소속의 금지 등의 규정을 위반한 경우
8. 둘 이상의 사무소를 설치하거나 임시중개시설물을 설치한 경우
9. 법인인 개업공인중개사의 겸업제한규정을 위반한 경우
10. 개업공인중개사가 중개보조원 고용인원수 규정을 위반한 경우
11. 중개사무소등록증 등의 게시의무규정을 위반한 경우
12. 사무소명칭표시규정을 위반한 경우
13. 중개사무소등록증 대여 등의 금지규정을 위반한 경우
14. 개업공인중개사가 중개대상물의 확인·설명의무규정을 위반한 경우
15. 개업공인중개사가 임대차중개 시의 설명의무규정을 위반한 경우
16. 개업공인중개사가 거래계약서를 작성하는 때 거래금액 등 거래내용을 거짓으로 기재하거나 서로 다른 둘 이상의 거래계약서를 작성한 경우
17. 개업공인중개사등이 비밀준수의무규정을 위반한 경우

■ 「부동산 거래신고 등에 관한 법률」상 부동산거래질서교란행위
18. 부동산거래의 신고에 관한 규정을 위반한 경우
19. 부동산거래의 해제등 신고에 관한 규정을 위반한 경우
20. 부동산거래신고 또는 부동산거래의 해제등 신고에 관하여 다음의 어느 하나에 해당하는 행위를 한 경우
   • 개업공인중개사에게 부동산거래신고를 하지 아니하게 하거나 거짓으로 신고하도록 요구하는 행위
   • 부동산거래신고대상에 해당하는 계약을 체결한 후 신고의무자가 아닌 자가 거짓으로 부동산거래신고를 하는 행위
   • 거짓으로 부동산거래신고 또는 부동산거래의 해제등 신고에 따른 신고를 하는 행위를 조장하거나 방조하는 행위
   • 부동산거래신고대상에 해당하는 계약을 체결하지 아니하였음에도 불구하고 거짓으로 부동산거래신고를 하는 행위
   • 부동산거래신고 후 해당 계약이 해제 등이 되지 아니하였음에도 불구하고 거짓으로 부동산거래의 해제등 신고를 하는 행위

② 신고센터에 부동산거래질서교란행위를 신고하려는 자는 다음의 사항을 서면(전자문서를 포함)으로 제출해야 한다.

㉠ 신고인 및 피신고인의 인적사항
㉡ 부동산거래질서교란행위의 발생일시·장소 및 그 내용
㉢ 신고내용을 증명할 수 있는 증거자료 또는 참고인의 인적사항
㉣ 그 밖에 신고처리에 필요한 사항

③ 신고센터는 신고받은 사항에 대해 보완이 필요한 경우 기간을 정하여 신고인에게 보완을 요청할 수 있다.

④ 신고센터는 제출받은 신고사항에 대해 시·도지사 및 등록관청 등에 조사 및 조치를 요구해야 한다. 다만, 다음의 어느 하나에 해당하는 경우에는 국토교통부장관의 승인을 받아 접수된 신고사항의 처리를 종결할 수 있다.

> ㉠ 신고내용이 명백히 거짓인 경우
> ㉡ 신고인이 신고센터의 보완요청에 대해 보완을 하지 않은 경우
> ㉢ 신고사항의 처리결과를 통보받은 사항에 대하여 정당한 사유 없이 다시 신고한 경우로서 새로운 사실이나 증거자료가 없는 경우
> ㉣ 신고내용이 이미 수사기관에서 수사 중이거나 재판에 계류 중이거나 법원의 판결에 의해 확정된 경우

⑤ 신고센터의 요구를 받은 시·도지사 및 등록관청 등은 신속하게 조사 및 조치를 완료하고, 완료한 날부터 10일 이내에 그 결과를 신고센터에 통보해야 한다.

⑥ 신고센터는 시·도지사 및 등록관청 등으로부터 처리결과를 통보받은 경우 신고인에게 신고사항 처리결과를 통보해야 한다.

⑦ 신고센터는 매월 10일까지 직전 달의 신고사항 접수 및 처리결과 등을 국토교통부장관에게 제출해야 한다.

(4) 신고센터업무의 위탁

① 국토교통부장관은 신고센터의 업무를 「한국부동산원법」에 따른 한국부동산원에 위탁한다.
② 한국부동산원은 신고센터의 업무처리 방법, 절차 등에 관한 운영규정을 정하여 국토교통부장관의 승인을 받아야 한다. 이를 변경하려는 경우에도 또한 같다.

핵심단단 부동산거래질서교란행위 신고센터

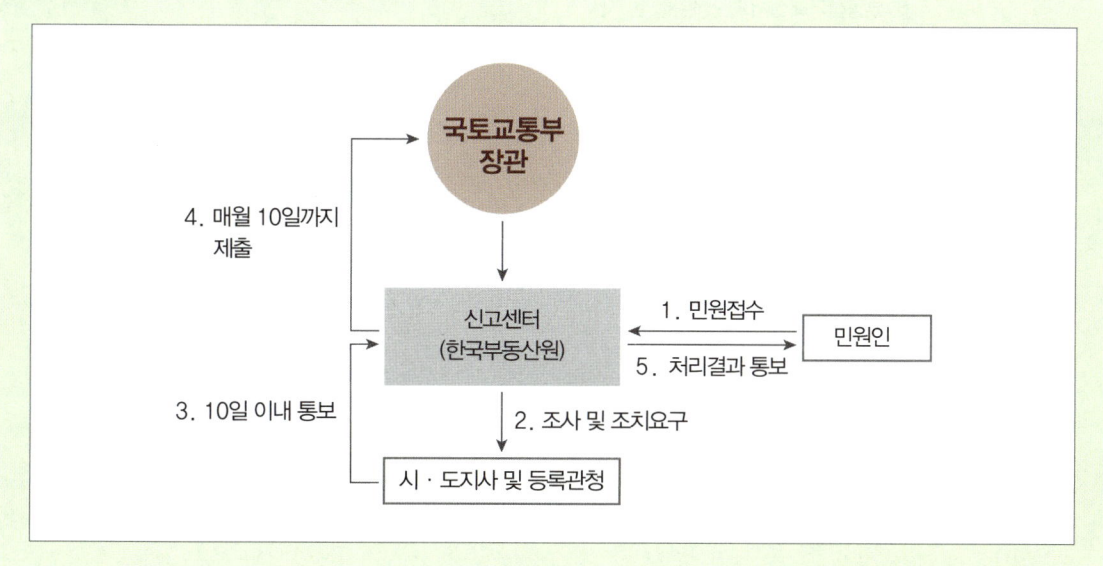

기본문제와 완성문제로 **단단기출**

01 공인중개사법령상 포상금을 지급받을 수 있는 신고 또는 고발의 대상을 모두 고른 것은? 제33회

기본 기출

㉠ 중개대상물의 매매를 업으로 하는 행위를 한 자
㉡ 공인중개사자격증을 다른 사람으로부터 대여받은 자
㉢ 해당 중개대상물의 거래상의 중요사항에 관하여 거짓된 언행으로 중개의뢰인의 판단을 그르치게 하는 행위를 한 자

① ㉠
② ㉡
③ ㉠, ㉢
④ ㉡, ㉢
⑤ ㉠, ㉡, ㉢

키워드 포상금

난이도

해설 ㉠㉢은 부동산거래질서교란행위가 아니므로 포상금 지급사유에 해당하지 않는다.

보충 등록관청은 다음의 어느 하나에 해당하는 자가 행정기관에 의하여 발각되기 전에 등록관청, 수사기관이나 부동산거래질서교란행위 신고센터에 신고 또는 고발한 자에게 대통령령으로 정하는 바에 따라 포상금을 지급할 수 있다(법 제46조 제1항).
1. 중개사무소의 개설등록을 하지 아니하고 중개업을 한 자
2. 거짓이나 그 밖의 부정한 방법으로 중개사무소의 개설등록을 한 자
3. 중개사무소등록증을 다른 사람에게 양도·대여하거나 다른 사람으로부터 양수·대여받은 자
4. 공인중개사자격증을 다른 사람에게 양도·대여하거나 다른 사람으로부터 양수·대여받은 자(㉡)
5. 개업공인중개사가 아닌 자는 중개대상물에 대한 표시·광고를 하여서는 아니 된다는 규정을 위반한 자
6. 부동산거래질서교란행위를 한 자

정답 01 ②

02 공인중개사법령상 포상금을 지급받을 수 있는 신고 또는 고발의 대상이 아닌 것은?

기본 기출

제32회

① 중개사무소의 개설등록을 하지 않고 중개업을 한 자
② 부정한 방법으로 중개사무소의 개설등록을 한 자
③ 공인중개사자격증을 다른 사람으로부터 양수받은 자
④ 개업공인중개사로서 부당한 이익을 얻을 목적으로 거짓으로 거래가 완료된 것처럼 꾸미는 등 중개대상물의 시세에 부당한 영향을 줄 우려가 있는 행위를 한 자
⑤ 개업공인중개사로서 중개의뢰인과 직접 거래를 한 자

> **키워드** 포상금
>
> **난이도**
>
> **해설** 포상금 지급대상에 개업공인중개사로서 중개의뢰인과 직접 거래를 한 자는 포함되지 않는다.
>
> **보충** 등록관청은 다음의 어느 하나에 해당하는 자가 행정기관에 의하여 발각되기 전에 등록관청, 수사기관이나 부동산거래질서교란행위 신고센터에 신고 또는 고발한 자에게 대통령령으로 정하는 바에 따라 포상금을 지급할 수 있다(법 제46조 제1항).
> 1. 중개사무소의 개설등록을 하지 아니하고 중개업을 한 자
> 2. 거짓이나 그 밖의 부정한 방법으로 중개사무소의 개설등록을 한 자
> 3. 중개사무소등록증을 다른 사람에게 양도·대여하거나 다른 사람으로부터 양수·대여받은 자
> 4. 공인중개사자격증을 다른 사람에게 양도·대여하거나 다른 사람으로부터 양수·대여받은 자
> 5. 개업공인중개사가 아닌 자는 중개대상물에 대한 표시·광고를 하여서는 아니 된다는 규정을 위반한 자
> 6. 부동산거래질서교란행위를 한 자

정답 02 ⑤

03 공인중개사법령에 관한 설명으로 틀린 것은? 　　　　　제28회

① 소속공인중개사를 고용한 경우, 그의 공인중개사자격증 원본도 해당 중개사무소 안의 보기 쉬운 곳에 게시해야 한다.
② 법인인 개업공인중개사의 분사무소의 경우, 분사무소설치신고확인서 원본을 해당 분사무소 안의 보기 쉬운 곳에 게시해야 한다.
③ 개업공인중개사가 아닌 자는 중개대상물에 대한 표시·광고를 해서는 안 된다.
④ 중개사무소의 명칭을 명시하지 아니하고 중개대상물의 표시·광고를 한 자를 신고한 자는 포상금 지급대상에 해당한다.
⑤ 개업공인중개사는 이중으로 중개사무소의 개설등록을 하여 중개업을 할 수 없다.

키워드 포상금

난이도

해설 포상금 지급대상에 중개사무소의 명칭을 사용하지 아니하고 중개대상물의 표시·광고를 한 자를 신고한 자는 포함되지 않는다.

보충 포상금을 지급받을 수 있는 신고 또는 고발의 대상(법 제46조 제1항)
1. 중개사무소의 개설등록을 하지 아니하고 중개업을 한 자
2. 거짓이나 그 밖의 부정한 방법으로 중개사무소의 개설등록을 한 자
3. 중개사무소등록증을 다른 사람에게 양도·대여하거나 다른 사람으로부터 양수·대여받은 자
4. 공인중개사자격증을 다른 사람에게 양도·대여하거나 다른 사람으로부터 양수·대여받은 자
5. 개업공인중개사가 아닌 자는 중개대상물에 대한 표시·광고를 하여서는 아니 된다는 규정을 위반한 자
6. 부동산거래질서교란행위를 한 자

정답 03 ④

04 공인중개사법령상 甲과 乙이 받을 수 있는 포상금의 최대금액은?

제27회

- 甲은 중개사무소를 부정한 방법으로 개설등록한 A와 B를 각각 고발하였으며, 검사는 A를 공소제기하였고, B를 무혐의처분하였다.
- 乙은 중개사무소를 부정한 방법으로 개설등록한 C를 신고하였으며, C는 형사재판에서 무죄판결을 받았다.
- 甲과 乙은 포상금 배분에 관한 합의 없이 중개사무소등록증을 대여한 D를 공동으로 고발하여 D는 기소유예의 처분을 받았다.
- 중개사무소의 개설등록을 하지 않고 중개업을 하는 E를 乙이 신고한 이후에 甲도 E를 신고하였고, E는 형사재판에서 유죄판결을 받았다.
- A, B, C, D, E는 甲 또는 乙의 위 신고·고발 전에 행정기관에 의해 발각되지 않았다.

① 甲: 75만원, 乙: 50만원
② 甲: 75만원, 乙: 75만원
③ 甲: 75만원, 乙: 125만원
④ 甲: 125만원, 乙: 75만원
⑤ 甲: 125만원, 乙: 125만원

키워드 포상금

난이도

해설
- 甲은 중개사무소를 부정한 방법으로 개설등록한 A를 고발하였으며, 이 경우 검사가 공소제기를 하였다. 따라서 甲은 50만원의 포상금을 받을 수 있다. 그러나 B의 경우는 포상금 대상이 되지 않는다.
- 乙은 중개사무소를 부정한 방법으로 개설등록한 C를 신고하였으며, 이 경우 C가 무죄판결을 받았다는 것은 검사가 공소제기를 하였다는 것을 의미하므로 포상금 대상이 된다. 따라서 乙은 50만원의 포상금을 받을 수 있다.
- 甲과 乙은 포상금 배분에 관한 합의 없이 중개사무소등록증을 대여한 D를 공동으로 고발하여 기소유예처분을 받았으므로 포상금 대상이 된다. 따라서 甲과 乙은 25만원씩 포상금을 받을 수 있다.
- 乙은 중개사무소의 개설등록을 하지 않고 중개업을 하는 E를 신고하였다. 그러나 甲은 乙이 신고한 이후에 신고하였으므로 포상금의 대상이 되지 않는다. 이 경우 E는 형사재판에서 유죄판결을 받았으므로 乙은 포상금 50만원을 받을 수 있다.

따라서 甲은 최대 75만원, 乙은 최대 125만원의 포상금을 받을 수 있다.

정답 04 ③

05 공인중개사법령상 조례가 정하는 바에 따라 수수료를 납부해야 하는 경우를 모두 고른 것은? 제30회

기본 기출

> ㉠ 분사무소설치신고확인서의 재교부 신청
> ㉡ 국토교통부장관이 시행하는 공인중개사자격시험 응시
> ㉢ 중개사무소의 개설등록 신청
> ㉣ 분사무소설치의 신고

① ㉠, ㉡
② ㉠, ㉡, ㉣
③ ㉠, ㉢, ㉣
④ ㉡, ㉢, ㉣
⑤ ㉠, ㉡, ㉢, ㉣

키워드 수수료 납부사유

난이도

해설 ㉠㉢㉣은 조례가 정하는 바에 따라 수수료를 납부해야 하는 경우에 해당한다. 그러나 ㉡의 경우 국토교통부장관이 시행하는 공인중개사자격시험에 응시하고자 하는 자는 국토교통부장관이 결정·공고하는 수수료를 납부하여야 한다(법 제47조 제1항 후단).

보충 다음에 해당하는 자는 해당 지방자치단체의 조례가 정하는 바에 따라 수수료를 납부하여야 한다(법 제47조 제1항).
1. 시·도지사가 시행하는 공인중개사자격시험에 응시하는 자
2. 공인중개사자격증의 재교부를 신청하는 자
3. 중개사무소의 개설등록을 신청하는 자
4. 중개사무소등록증의 재교부를 신청하는 자
5. 분사무소설치의 신고를 하는 자
6. 분사무소설치신고확인서의 재교부를 신청하는 자

정답 05 ③

THEME 22
지도·감독 및 행정처분 (등록취소, 업무정지)

| THEME 키워드 |
등록취소, 업무정지, 공인중개사법령상 금지행위 규정

> **기출분석**
> - **기출회차**: 제30회
> - **키워드**: 등록취소
> - **난이도**:

기본으로 알아야 하는 대표기출

공인중개사법령상 중개사무소 개설등록의 절대적 취소사유가 아닌 것은?

① 개업공인중개사인 법인이 해산한 경우
② 자격정지처분을 받은 소속공인중개사로 하여금 자격정지기간 중에 중개업무를 하게 한 경우
③ 거짓이나 그 밖의 부정한 방법으로 중개사무소의 개설등록을 한 경우
④ 법인이 아닌 개업공인중개사가 파산선고를 받고 복권되지 아니한 경우
⑤ 공인중개사법령을 위반하여 둘 이상의 중개사무소를 둔 경우

> **함정을 피하는 TIP**
> - 등록취소사유를 암기하여야 한다.

| 해설 |
공인중개사법령을 위반하여 둘 이상의 중개사무소를 둔 경우 등록관청은 중개사무소의 개설등록을 취소할 수 있다(법 제38조 제2항 제2호). 즉, 상대적 취소사유에 해당한다.

정답 ⑤

단단하게 정리하는 **핵심이론**

1 감독상 명령

(1) 감독상 명령권자 및 대상자

① 국토교통부장관, 시·도지사 및 등록관청(법인인 개업공인중개사의 분사무소 소재지의 시장·군수 또는 구청장을 포함)은 개업공인중개사 또는 거래정보사업자에 대하여 그 업무에 관한 사항을 보고하게 하거나 자료의 제출 그 밖에 필요한 명령을 할 수 있으며, 소속 공무원으로 하여금 중개사무소(무등록중개업을 하는 자의 사무소를 포함)에 출입하여 장부·서류 등을 조사 또는 검사하게 할 수 있다.

② 출입·검사 등을 하는 공무원은 국토교통부령으로 정하는 증표를 지니고 상대방에게 이를 내보여야 한다.

⚠ 1. 국토교통부령으로 정하는 증표라 함은 공무원증 및 중개사무소 조사·검사증명서를 말한다.
   2. 협회에 대해서는 국토교통부장관이 감독상 필요한 명령을 할 수 있다.
   3. 국토교통부장관, 시·도지사 및 등록관청은 불법 중개행위 등에 대한 단속을 하는 경우 필요한 때에는 협회 및 관계기관에 협조를 요청할 수 있다. 이 경우 협회는 특별한 사정이 없는 한 이에 따라야 한다.

(2) 감독상 명령을 할 수 있는 사유

① 부동산투기 등 거래동향의 파악을 위하여 필요한 경우
② 이 법 위반행위의 확인, 공인중개사의 자격취소·정지 및 개업공인중개사에 대한 등록취소·업무정지 등 행정처분을 위하여 필요한 경우

⚠ 등록기준 또는 지정요건의 적합 여부 확인을 목적으로는 감독상 명령을 할 수 없다.

(3) 감독상 명령 위반에 대한 제재

감독상 명령에 대하여 업무의 보고, 자료의 제출, 조사 또는 검사를 거부·방해 또는 기피하거나 그 밖의 명령을 이행하지 아니하거나 거짓으로 보고 또는 자료제출을 한 경우 개업공인중개사에게는 업무정지처분을 할 수 있으며, 거래정보사업자는 500만원 이하의 과태료에 처한다.

2 행정처분

핵심단단 행정처분 개요

처분권자	대상자	처분내용	처분성격	처분 전	반납 여부
등록관청	개업공인중개사	등록취소	하여야 한다	청문 실시	7일 이내 등록증 반납
			할 수 있다		
		업무정지	할 수 있다	청문 ×	등록증 반납 ×
자격증 교부한 시·도지사	공인중개사	자격취소	하여야 한다	청문 실시	7일 이내 자격증 반납
	소속공인중개사	자격정지	할 수 있다	청문 ×	자격증 반납 ×
국토교통부장관	거래정보사업자	지정취소	할 수 있다	청문 실시	지정서 반납 ×

⚠️ 등록취소·자격취소·지정취소처분을 하고자 하는 자는 청문 개시 10일 전까지 취소처분 대상자에게 청문서를 송달하여 청문을 실시하여야 한다(행정절차법). 그러나 업무정지·자격정지처분을 하고자 하는 경우에는 청문을 실시하지 아니한다.

> 처분상대방에게 충분한 의견진술의 기회를 부여하여 자신의 이익을 방어하게 함으로써 처분의 적법성을 확보하고, 부당한 처분을 예방하기 위한 행정절차

(1) 등록취소

① 절대적 등록취소(필요적 취소): 등록관청은 다음의 어느 하나에 해당하는 경우에는 중개사무소의 등록을 취소하여야 한다.

  ⚠️ 등록관청은 등록취소처분에 앞서 청문을 실시하여야 한다. 다만, 개인인 개업공인중개사의 사망 또는 법인인 개업공인중개사의 해산으로 인한 경우에는 청문을 실시하지 아니한다.

> ㉠ 개인인 개업공인중개사가 사망하거나 개업공인중개사인 법인이 해산한 경우
> ㉡ 거짓이나 그 밖의 부정한 방법으로 중개사무소의 개설등록을 한 경우
> ㉢ 제10조 제1항 제2호부터 제6호·제11호·제12호에 따른 결격사유에 해당하게 된 경우. 다만, 법인의 사원 또는 임원이 결격사유에 해당하는 경우로서 그 사유가 발생한 날부터 2개월 이내에 그 사유를 해소한 경우에는 그러하지 아니하다.
> ㉣ 이중으로 중개사무소의 개설등록을 한 경우
> ㉤ 개업공인중개사·소속공인중개사·중개보조원 또는 개업공인중개사인 법인의 사원·임원(이하 '개업공인중개사등'이라 함)이 다른 개업공인중개사의 소속공인중개사·중개보조원 또는 개업공인중개사인 법인의 사원·임원이 된 경우
> ㉥ 다른 사람에게 자기의 성명 또는 상호를 사용하여 중개업무를 하게 하거나 중개사무소등록증을 양도 또는 대여한 경우
> ㉦ 업무정지기간 중에 중개업무를 하거나 자격정지처분을 받은 소속공인중개사로 하여금 자격정지기간 중에 중개업무를 하게 한 경우
> ㉧ 최근 1년 이내에 이 법에 의하여 2회 이상 업무정지처분을 받고 다시 업무정지처분에 해당하는 행위를 한 경우
> ㉨ 개업공인중개사와 소속공인중개사를 합한 수의 5배를 초과하여 중개보조원을 고용한 경우

② **상대적 등록취소(임의적 취소·재량취소)**: 등록관청은 다음의 어느 하나에 해당하는 경우에는 개업공인중개사의 등록을 취소할 수 있다.

> ㉠ 등록기준에 미달하게 된 경우
> ㉡ 둘 이상의 중개사무소를 둔 경우
> ㉢ 임시중개시설물을 설치한 경우
> ㉣ 법인인 개업공인중개사가 다른 법률에 규정된 경우는 제외하고 중개업 및 겸업으로 규정된 업무와 「민사집행법」에 의한 경매 및 「국세징수법」 그 밖의 법령에 의한 공매대상 부동산에 대한 권리분석 및 취득의 알선과 매수신청 또는 입찰신청의 대리업무 외에 다른 업무를 한 경우
> ㉤ 질병으로 인한 요양 등의 부득이한 사유가 있는 경우는 제외하고 6개월을 초과하여 휴업한 경우
> ㉥ 개업공인중개사가 전속중개계약을 체결한 때에 중개대상물에 관한 정보를 공개하지 아니하거나 중개의뢰인의 비공개요청에도 불구하고 정보를 공개한 경우
> ㉦ 개업공인중개사가 거래계약서를 작성하는 때에 거래계약서에 거래금액 등 거래내용을 거짓으로 기재하거나 서로 다른 둘 이상의 거래계약서를 작성한 경우
> ㉧ 개업공인중개사가 손해배상책임을 보장하기 위한 조치를 이행하지 아니하고 업무를 개시한 경우
> ㉨ 법 제33조 제1항 각 호에 규정된 금지행위를 한 경우
> ㉩ 최근 1년 이내에 이 법에 의하여 3회 이상 업무정지 또는 과태료의 처분을 받고 다시 업무정지 또는 과태료의 처분에 해당하는 행위를 한 경우(단, 절대적 등록취소 사유의 ⓘ의 사유에 해당하는 경우는 제외)
> ㉪ 개업공인중개사가 조직한 사업자단체 또는 그 구성원인 개업공인중개사가 「독점규제 및 공정거래에 관한 법률」 제51조를 위반하여 같은 법 제52조(시정조치) 또는 제53조(과징금)에 따른 처분을 최근 2년 이내에 2회 이상 받은 경우

핵심단단 거짓 관련 내용 정리

거짓(3인방) ⇨ ┬ 거짓 기재 ⇨ 상대적 등록취소
　　　　　　 ├ 거짓 공개 ⇨ 업무정지
　　　　　　 └ 거짓 신고 ⇨ 취득가액 10% 이하 과태료

(2) 업무정지

① 업무정지 중요 내용

> ㉠ 가중·경감 ⇨ 2분의 1 범위 ┬ ⓐ 최대기간 ⇨ 6개월 초과 ×
> 　　　　　　　　　　　　　　 └ ⓑ 자격정지도 동일
> ㉡ 주사무소, 분사무소별로 가능
> ㉢ 제척기간(3년) ⇨ 사유 발생 ⇨ 3년 경과 ⇨ 처분 ×
> ㉣ 승계 ┬ ⓐ **효**과승계 ⇨ 업 / 과 ⇨ 처분일(폐업일 ×) ⇨ 1년간 승계
> 　　　　 └ ⓑ **위**반행위 승계 ┬ 등록취소 ⇨ 폐업기간 3년 ⇨ 처분 ×
> 　　　　　　　　　　　　　　　　└ 업무정지 ⇨ 폐업기간 1년 ⇨ 처분 ×
> ㉤ 업무정지기간을 늘리거나 줄이는 경우 업무정지기간 1개월은 30일로 한다.

② **업무정지사유**: 등록관청은 개업공인중개사가 다음의 어느 하나에 해당하는 경우에는 6개월의 범위 안에서 기간을 정하여 업무의 정지를 명할 수 있다.

> ㉠ 결격사유에 해당하는 자를 소속공인중개사 또는 중개보조원으로 둔 경우. 다만, 그 사유가 발생한 날부터 2개월 이내에 그 사유를 해소한 경우에는 그러하지 아니하다.
> ㉡ 개업공인중개사 인장등록을 하지 아니하거나 등록하지 아니한 인장을 사용한 경우
> ㉢ 개업공인중개사가 전속중개계약을 체결한 때에 전속중개계약서에 의하지 아니하고 전속중개계약을 체결하거나 전속중개계약서를 보존하지 아니한 경우
> ㉣ 개업공인중개사가 전속중개계약을 체결한 때에 중개대상물에 관한 정보를 거짓으로 공개하거나 거래정보사업자에게 공개를 의뢰한 중개대상물의 거래가 완성된 사실을 해당 거래정보사업자에게 통보하지 아니한 경우
> ㉤ 개업공인중개사가 중개가 완성되어 거래계약서를 작성하는 때에 중개대상물 확인·설명서를 교부하지 아니하거나 보존하지 아니한 경우
> ㉥ 개업공인중개사가 작성된 중개대상물 확인·설명서에 서명 및 날인을 하지 아니한 경우
> ㉦ 개업공인중개사가 중개가 완성된 때에 적정하게 거래계약서를 작성·교부하지 아니하거나 보존하지 아니한 경우
> ㉧ 개업공인중개사가 작성된 거래계약서에 서명 및 날인을 하지 아니한 경우
> ㉨ 개업공인중개사가 감독관청의 그 업무에 관한 사항의 보고, 자료의 제출, 조사 또는 검사를 거부·방해 또는 기피하거나 그 밖의 명령을 이행하지 아니하거나 거짓으로 보고 또는 자료제출을 한 경우
> ㉩ 개업공인중개사가 상대적 등록취소 사유 중 어느 하나에 해당하는 경우
> ㉪ 최근 1년 이내에 이 법에 의하여 2회 이상 업무정지 또는 과태료의 처분을 받고 다시 과태료의 처분에 해당하는 행위를 한 경우
> ㉫ 개업공인중개사가 조직한 사업자단체 또는 그 구성원인 개업공인중개사가 「독점규제 및 공정거래에 관한 법률」 제51조를 위반하여 같은 법에 따른 시정조치 또는 과징금의 처분을 받은 경우
> ㉬ 그 밖에 이 법 또는 이 법에 의한 명령이나 처분을 위반한 경우
> ㉭ 부칙 규정에 의한 개업공인중개사가 업무지역 범위를 위반한 경우

③ **업무정지 부과기준**: 개업공인중개사의 업무정지 부과기준은 국토교통부령으로 정한다. 업무정지의 대표적인 부과기준은 다음과 같다.

핵심단단 개업공인중개사 업무정지의 기준(제25조 관련)

위반행위	근거 법조문	업무정지기간
1. 법 제10조 제2항을 위반하여 같은 조 제1항 제1호부터 제11호까지의 어느 하나에 해당하는 자를 소속공인중개사 또는 중개보조원으로 둔 경우. 다만, 그 사유가 발생한 날부터 2개월 이내에 그 사유를 해소한 경우는 제외한다.	법 제39조 제1항 제1호	업무정지 6개월
2. 법 제16조를 위반하여 인장등록을 하지 않거나 등록하지 않은 인장을 사용한 경우	법 제39조 제1항 제2호	업무정지 3개월
3. 법 제23조 제2항을 위반하여 별지 제15호 서식의 전속중개계약서에 따르지 않고 전속중개계약을 체결하거나 계약서를 보존하지 않은 경우	법 제39조 제1항 제3호	업무정지 3개월

4. 법 제24조 제7항을 위반하여 중개대상물에 관한 정보를 거짓으로 공개한 경우	법 제39조 제1항 제4호	업무정지 6개월
5. 법 제24조 제7항을 위반하여 거래정보사업자에게 공개를 의뢰한 중개대상물의 거래가 완성된 사실을 그 거래정보사업자에게 통보하지 않은 경우	법 제39조 제1항 제4호	업무정지 3개월
6. 법 제25조 제3항을 위반하여 중개대상물 확인·설명서를 교부하지 않거나 보존하지 않은 경우	법 제39조 제1항 제6호	업무정지 3개월
7. 법 제25조 제4항을 위반하여 중개대상물 확인·설명서에 서명·날인을 하지 않은 경우	법 제39조 제1항 제7호	업무정지 3개월
8. 법 제26조 제1항을 위반하여 적정하게 거래계약서를 작성·교부하지 않거나 보존하지 않은 경우	법 제39조 제1항 제8호	업무정지 3개월
9. 법 제26조 제2항을 위반하여 거래계약서에 서명·날인을 하지 않은 경우	법 제39조 제1항 제9호	업무정지 3개월
10. 법 제37조 제1항에 따른 보고, 자료의 제출, 조사 또는 검사를 거부·방해 또는 기피하거나 그 밖의 명령을 이행하지 않거나 거짓으로 보고 또는 자료제출을 한 경우	법 제39조 제1항 제10호	업무정지 3개월
11. 법 제38조 제2항 각 호의 어느 하나를 최근 1년 이내에 1회 위반한 경우	법 제39조 제1항 제11호	업무정지 6개월
12. 최근 1년 이내에 이 법에 따라 2회 이상 업무정지 또는 과태료의 처분을 받고 다시 과태료의 처분에 해당하는 행위를 한 경우	법 제39조 제1항 제12호	업무정지 6개월
13. 개업공인중개사가 조직한 사업자단체 또는 그 구성원인 개업공인중개사가 「독점규제 및 공정거래에 관한 법률」 제26조를 위반하여 같은 법 제27조(시정조치) 또는 제28조(과징금)에 따른 처분을 받은 경우	법 제39조 제1항 제13호	
1) 「독점규제 및 공정거래에 관한 법률」 제26조 제1항 제1호를 위반하여 같은 법 제27조에 따른 처분을 받은 경우		업무정지 3개월
2) 「독점규제 및 공정거래에 관한 법률」 제26조 제1항 제1호를 위반하여 같은 법 제28조에 따른 처분을 받은 경우 또는 같은 법 제27조와 제28조에 따른 처분을 동시에 받은 경우		업무정지 6개월
3) 「독점규제 및 공정거래에 관한 법률」 제26조 제1항 제2호 또는 제4호를 위반하여 같은 법 제27조에 따른 처분을 받은 경우		업무정지 1개월
4) 「독점규제 및 공정거래에 관한 법률」 제26조 제1항 제2호 또는 제4호를 위반하여 같은 법 제28조에 따른 처분을 받은 경우 또는 같은 법 제27조와 제28조에 따른 처분을 동시에 받은 경우		업무정지 2개월
5) 「독점규제 및 공정거래에 관한 법률」 제26조 제1항 제3호를 위반하여 같은 법 제27조에 따른 처분을 받은 경우		업무정지 2개월
6) 「독점규제 및 공정거래에 관한 법률」 제26조 제1항 제3호를 위반하여 같은 법 제28조에 따른 처분을 받은 경우 또는 같은 법 제27조와 제28조에 따른 처분을 동시에 받은 경우		업무정지 4개월

14. 법률 제7638호 부동산중개업법 전부개정법률 부칙 제6조 제6항에 규정된 업무지역의 범위를 위반하여 중개행위를 한 경우	법률 제7638호 부동산중개업법 전부개정법률 부칙 제6조 제7항	업무정지 3개월
15. 그 밖에 이 법 또는 이 법에 따른 명령이나 처분을 위반한 경우로서 가목부터 하목까지에 해당하지 않는 경우	법 제39조 제1항 제14호	업무정지 1개월

(3) 개업공인중개사에 대한 행정처분 후의 사항

① 등록취소된 자에 대한 사항

㉠ **등록증의 반납**: 등록취소된 자는 등록취소일로부터 7일 이내에 등록증을 등록관청에 반납하여야 한다.

> ⚠ 1. 개업공인중개사의 사망에 의한 경우에는 반납의무가 없다.
> 2. 법인인 개업공인중개사의 해산에 의한 경우에는 대표자였던 자가 반납하여야 한다.

㉡ **등록 등의 결격사유의 적용**: 결격기간 3년

> ⚠ 다만, 사망 또는 해산으로 인하여 등록취소된 경우, 결격사유에 해당되어 등록취소된 경우, 등록기준 미달로 등록취소된 경우, 폐업 전의 위반행위를 사유로 등록취소된 경우에는 등록취소 후 3년의 결격사유가 적용되지 아니한다.

② 업무정지처분을 받은 자에 대한 사항

㉠ 등록증 반납의무는 없다.

㉡ 업무정지기간에는 중개업무에 종사할 수 없다.

기본문제와 완성문제로 **단단기출**

01 공인중개사법령상 등록관청이 중개사무소의 개설등록을 취소하여야 하는 사유로 명시되지 <u>않은</u> 것은?
기본 기출
제33회

① 개업공인중개사가 업무정지기간 중에 중개업무를 한 경우
② 개인인 개업공인중개사가 사망한 경우
③ 개업공인중개사가 이중으로 중개사무소의 개설등록을 한 경우
④ 개업공인중개사가 천막 그 밖에 이동이 용이한 임시 중개시설물을 설치한 경우
⑤ 개업공인중개사가 최근 1년 이내에 이 법에 의하여 2회 이상 업무정지처분을 받고 다시 업무정지처분에 해당하는 행위를 한 경우

키워드 ▶ 등록취소

난이도 ▶

해설 ▶ 개업공인중개사가 천막 그 밖에 이동이 용이한 임시 중개시설물을 설치한 경우 등록관청은 중개사무소의 개설등록을 취소할 수 있다(법 제38조 제2항 제3호).

02 공인중개사법령상 중개사무소 개설등록을 취소하여야 하는 사유에 해당하는 것을 모두 고른 것은?
기본 기출
제32회

㉠ 개업공인중개사인 법인이 해산한 경우
㉡ 개업공인중개사가 거짓으로 중개사무소 개설등록을 한 경우
㉢ 개업공인중개사가 이중으로 중개사무소 개설등록을 한 경우
㉣ 개업공인중개사가 개설등록 후 금고 이상의 형의 집행유예를 받고 그 유예기간 중에 있게 된 경우

① ㉠, ㉡, ㉢
② ㉠, ㉡, ㉣
③ ㉠, ㉢, ㉣
④ ㉡, ㉢, ㉣
⑤ ㉠, ㉡, ㉢, ㉣

키워드 ▶ 등록취소

난이도 ▶

해설 ▶ ㉠㉡㉢㉣ 모두 공인중개사법령상 중개사무소 개설등록을 취소하여야 하는 사유에 해당한다.
㉠ 법 제38조 제1항 제1호
㉡ 법 제38조 제1항 제2호
㉢ 법 제38조 제1항 제4호
㉣ 법 제38조 제1항 제3호

정답 01 ④ 02 ⑤

03 공인중개사법령상 개업공인중개사에 대한 업무정지처분을 할 수 있는 사유에 해당하는 것을 모두 고른 것은? 제32회

> ㉠ 부동산거래정보망에 중개대상물에 관한 정보를 거짓으로 공개한 경우
> ㉡ 거래당사자에게 교부해야 하는 중개대상물 확인·설명서를 교부하지 않은 경우
> ㉢ 거래당사자에게 교부해야 하는 거래계약서를 적정하게 작성·교부하지 않은 경우
> ㉣ 해당 중개대상물의 거래상의 중요사항에 관하여 거짓된 언행으로 중개의뢰인의 판단을 그르치게 하는 행위를 한 경우

① ㉠, ㉢   ② ㉡, ㉣   ③ ㉠, ㉡, ㉢
④ ㉡, ㉢, ㉣   ⑤ ㉠, ㉡, ㉢, ㉣

키워드 업무정지

해설 ㉠㉡㉢㉣ 모두 공인중개사법령상 개업공인중개사에 대한 업무정지처분을 할 수 있는 사유에 해당한다.
㉠ 법 제39조 제1항 제4호   ㉡ 법 제39조 제1항 제6호
㉢ 법 제39조 제1항 제8호   ㉣ 법 제39조 제1항 제11호

---

04 「공인중개사법」의 내용으로 (   )에 들어갈 숫자를 바르게 나열한 것은? 제32회

> • 등록관청은 개업공인중개사가 최근 (㉠)년 이내에 이 법에 의하여 (㉡)회 이상 업무정지처분을 받고 다시 업무정지처분에 해당하는 행위를 한 경우에는 중개사무소의 개설등록을 취소하여야 한다.
> • 금고 이상의 실형의 선고를 받고 그 집행이 종료(집행이 종료된 것으로 보는 경우를 포함한다)되거나 집행이 면제된 날부터 (㉢)년이 지나지 아니한 자는 중개사무소의 개설등록을 할 수 없다.
> • 중개행위와 관련된 손해배상책임을 보장하기 위하여 이 법에 따라 공탁한 공탁금은 개업공인중개사가 폐업한 날부터 (㉣)년 이내에는 회수할 수 없다.

① ㉠: 1, ㉡: 2, ㉢: 1, ㉣: 3   ② ㉠: 1, ㉡: 2, ㉢: 3, ㉣: 3
③ ㉠: 1, ㉡: 3, ㉢: 3, ㉣: 1   ④ ㉠: 2, ㉡: 3, ㉢: 1, ㉣: 1
⑤ ㉠: 2, ㉡: 3, ㉢: 3, ㉣: 3

키워드 등록취소

해설
• 등록관청은 개업공인중개사가 최근 (㉠ 1)년 이내에 이 법에 의하여 (㉡ 2)회 이상 업무정지처분을 받고 다시 업무정지처분에 해당하는 행위를 한 경우에는 중개사무소의 개설등록을 취소하여야 한다.
• 금고 이상의 실형의 선고를 받고 그 집행이 종료(집행이 종료된 것으로 보는 경우를 포함한다)되거나 집행이 면제된 날부터 (㉢ 3)년이 지나지 아니한 자는 중개사무소의 개설등록을 할 수 없다.
• 중개행위와 관련된 손해배상책임을 보장하기 위하여 이 법에 따라 공탁한 공탁금은 개업공인중개사가 폐업한 날부터 (㉣ 3)년 이내에는 회수할 수 없다.

정답 03 ⑤ 04 ②

05 공인중개사법령상 등록관청이 인지하였다면 공인중개사인 개업공인중개사 甲의 중개사무소 개설등록을 취소하여야 하는 경우에 해당하지 <u>않는</u> 것은? 제29회 수정

① 甲이 2021년 9월 12일에 사망한 경우
② 공인중개사법령을 위반한 甲에게 2021년 9월 12일에 400만원 벌금형이 선고되어 확정된 경우
③ 甲이 2021년 9월 12일에 배임죄로 징역 1년, 집행유예 1년 6개월이 선고되어 확정된 경우
④ 甲이 최근 1년 이내에 공인중개사법령을 위반하여 1회 업무정지처분, 2회 과태료처분을 받고 다시 업무정지처분에 해당하는 행위를 한 경우
⑤ 甲이 2021년 9월 12일에 다른 사람에게 자기의 성명을 사용하여 중개업무를 하게 한 경우

키워드 등록취소

해설 절대적 등록취소사유에 해당하려면 최근 1년 이내에 이 법에 의하여 2회 이상 업무정지처분을 받고 다시 업무정지처분에 해당하는 행위를 한 경우에 해당해야 한다.

06 공인중개사법령상 개업공인중개사에게 금지되어 있는 행위를 모두 고른 것은? 제28회

> ㉠ 다른 사람에게 자기의 상호를 사용하여 중개업무를 하게 하는 행위
> ㉡ 중개업을 하려는 공인중개사에게 중개사무소등록증을 대여하는 행위
> ㉢ 공인중개사를 고용하여 중개업무를 보조하게 하는 행위

① ㉡
② ㉢
③ ㉠, ㉡
④ ㉠, ㉢
⑤ ㉠, ㉡, ㉢

키워드 공인중개사법령상 금지행위 규정

해설 「공인중개사법」 제38조 제1항 제6호, 동법 제35조 제1항 제2호의 규정에 의하면, 다른 사람에게 자신의 성명을 사용하여 중개업무를 하게 한 경우 절대적 등록취소, 자격취소사유에 해당한다. 또한 동법 제38조 제1항 제6호의 규정에 의하면, 중개사무소의 등록증을 양도 또는 대여한 경우 절대적 등록취소사유에 해당한다. 그러므로 금지되어 있는 행위는 ㉠㉡이다.

정답 05 ④ 06 ③

07 공인중개사법령상 개업공인중개사 중개사무소의 개설등록을 취소하여야 하는 경우를 모두 고른 것은?

완성 기출   제27회

> ⊙ 최근 1년 이내에 「공인중개사법」에 의하여 2회 업무정지처분을 받고 다시 업무정지처분에 해당하는 행위를 한 경우
> ⓒ 최근 1년 이내에 「공인중개사법」에 의하여 1회 업무정지처분, 2회 과태료처분을 받고 다시 업무정지처분에 해당하는 행위를 한 경우
> ⓒ 최근 1년 이내에 「공인중개사법」에 의하여 2회 업무정지처분, 1회 과태료처분을 받고 다시 업무정지처분에 해당하는 행위를 한 경우
> ② 최근 1년 이내에 「공인중개사법」에 의하여 3회 과태료처분을 받고 다시 업무정지처분에 해당하는 행위를 한 경우

① ㉠
② ㉠, ㉢
③ ㉡, ㉣
④ ㉢, ㉣
⑤ ㉠, ㉡, ㉢

키워드 등록취소

난이도

해설 ㉠ 최근 1년 이내에 「공인중개사법」에 의하여 2회 업무정지처분을 받고 다시 업무정지처분에 해당하는 행위를 한 경우 ⇨ 절대적 등록취소사유
㉢ 최근 1년 이내에 「공인중개사법」에 의하여 2회 업무정지처분, 1회 과태료처분을 받고 다시 업무정지처분에 해당하는 행위를 한 경우 ⇨ 절대적 등록취소사유
㉡ 최근 1년 이내에 「공인중개사법」에 의하여 1회 업무정지처분, 2회 과태료처분을 받고 다시 업무정지처분에 해당하는 행위를 한 경우 ⇨ 상대적 등록취소사유
㉣ 최근 1년 이내에 「공인중개사법」에 의하여 3회 과태료처분을 받고 다시 업무정지처분에 해당하는 행위를 한 경우 ⇨ 상대적 등록취소사유

정답 07 ②

08 공인중개사법령상 지도·감독에 관한 설명으로 옳은 것은? 제28회

① 공인중개사자격증을 교부한 시·도지사와 공인중개사사무소의 소재지를 관할하는 시·도지사가 서로 다른 경우, 국토교통부장관이 공인중개사의 자격취소처분을 행한다.
② 개업공인중개사가 등록하지 아니한 인장을 사용한 경우, 등록관청이 명할 수 있는 업무정지기간의 기준은 3개월이다.
③ 시·도지사가 가중하여 자격정지처분을 하는 경우, 그 자격정지기간은 6개월을 초과할 수 있다.
④ 등록관청은 개업공인중개사가 이동이 용이한 임시 중개시설물을 설치한 경우에는 중개사무소의 개설등록을 취소해야 한다.
⑤ 업무정지처분은 그 사유가 발생한 날부터 2년이 경과한 때에는 이를 할 수 없다.

> 키워드 › 업무정지
> 난이도 ›
> 해설 › ① 자격취소처분권자는 공인중개사자격증을 교부한 시·도지사가 된다.
> ③ 자격정지기간은 가중하여도 최대기간은 6개월을 초과할 수 없다.
> ④ 임시 중개시설물을 설치한 경우 등록관청은 중개사무소의 개설등록을 취소할 수 있다.
> ⑤ 업무정지처분은 그 사유가 발생한 날부터 3년이 경과한 때에는 이를 할 수 없다.

09 공인중개사법령상 개업공인중개사의 업무정지사유이면서 중개행위를 한 소속공인중개사의 자격정지사유에 해당하는 것을 모두 고른 것은? 제29회

┌───┐
㉠ 인장등록을 하지 아니한 경우
㉡ 중개대상물 확인·설명서에 서명 및 날인을 하지 아니한 경우
㉢ 거래계약서에 서명 및 날인을 하지 아니한 경우
㉣ 중개대상물 확인·설명서를 교부하지 않은 경우
└───┘

① ㉠, ㉡
② ㉢, ㉣
③ ㉠, ㉡, ㉢
④ ㉡, ㉢, ㉣
⑤ ㉠, ㉡, ㉢, ㉣

> 키워드 › 업무정지, 자격정지
> 난이도 ›
> 해설 › ㉣ 중개대상물 확인·설명서를 교부하지 않은 경우는 개업공인중개사를 대상으로 하며, 이 경우 업무정지의 대상이다.

정답 08 ② 09 ③

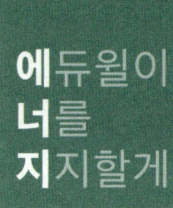

행동의 가치는 그 행동을 끝까지 이루는 데 있다.

– 칭기즈칸(Chingiz Khan)

THEME 23 효과승계 및 위반행위승계

| THEME 키워드 |
행정제재처분효과의 승계, 위반행위의 승계

기출분석
- **기출회차**: 제34회
- **키워드**: 행정제재처분효과의 승계
- **난이도**: ■■■

함정을 피하는 TIP
- 재등록 개업공인중개사의 효과승계, 위반행위승계 규정을 학습하여야 한다.

기본으로 알아야 하는 대표기출

공인중개사법령상 행정제재처분효과의 승계 등에 관한 설명으로 옳은 것은?

① 폐업신고한 개업공인중개사의 중개사무소에 다른 개업공인중개사가 중개사무소를 개설등록한 경우 그 지위를 승계한다.
② 중개대상물에 관한 정보를 거짓으로 공개한 사유로 행한 업무정지처분의 효과는 그 처분에 대한 불복기간이 지난 날부터 1년간 다시 중개사무소의 개설등록을 한 자에게 승계된다.
③ 폐업신고 전의 위반행위에 대한 행정처분이 업무정지에 해당하는 경우로서 폐업기간이 6개월인 경우 재등록 개업공인중개사에게 그 위반행위에 대해서 행정처분을 할 수 없다.
④ 재등록 개업공인중개사에 대하여 폐업신고 전의 업무정지에 해당하는 위반행위를 이유로 행정처분을 할 때 폐업기간과 폐업의 사유는 고려하지 않는다.
⑤ 개업공인중개사가 2022.4.1. 과태료 부과처분을 받은 후 폐업신고를 하고 2023.3.2. 다시 중개사무소의 개설등록을 한 경우 그 처분의 효과는 승계된다.

> **해설**
> ① 폐업신고한 개업공인중개사의 중개사무소에 다른 개업공인중개사가 중개사무소를 개설등록한 경우 그 지위는 승계되지 않는다.
> ② 중개대상물에 관한 정보를 거짓으로 공개한 사유로 행한 업무정지처분의 효과는 그 처분일로부터 1년간 다시 중개사무소의 개설등록을 한 자에게 승계된다.
> ③ 폐업신고 전의 위반행위에 대한 행정처분이 업무정지에 해당하는 경우로서 폐업기간이 6개월인 경우 재등록 개업공인중개사에게 그 위반행위에 대해서 행정처분을 할 수 있다.
> ④ 재등록 개업공인중개사에 대하여 폐업신고 전의 업무정지에 해당하는 위반행위를 이유로 행정처분을 할 때 폐업기간과 폐업의 사유 등을 고려하여야 한다.
>
> 정답 ⑤

단단하게 정리하는 **핵심이론**

1 재등록 개업공인중개사

개업공인중개사가 폐업신고 후 다시 중개사무소의 개설등록을 한 때에는 폐업신고 전의 개업공인중개사의 지위를 승계한다.

2 행정제재처분효과의 승계

폐업신고 전의 개업공인중개사에 대하여 업무정지, 과태료에 해당하는 위반행위를 사유로 행한 행정처분의 효과는 그 처분일부터 1년간 다시 중개사무소의 개설등록을 한 자(재등록 개업공인중개사)에게 승계된다.

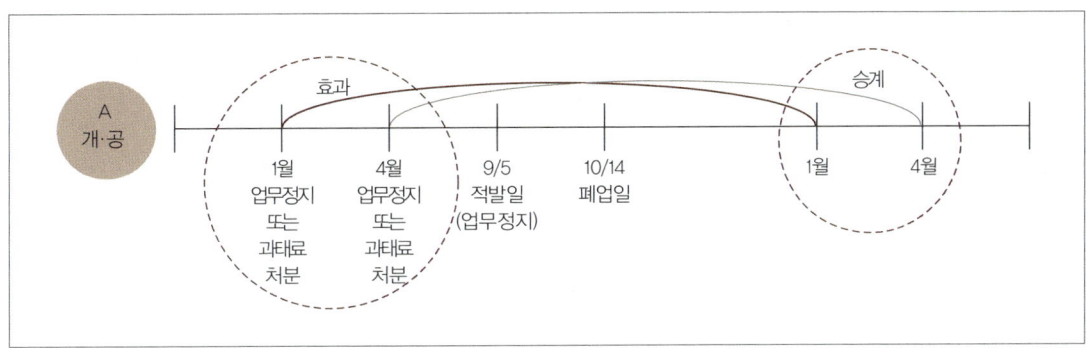

3 위반행위의 승계

① 재등록 개업공인중개사에 대하여 폐업신고 전의 등록취소 및 업무정지사유에 해당하는 위반행위에 대한 행정처분을 할 수 있다. 다만, 다음에 해당하는 경우를 제외한다.
  ㉠ 폐업신고를 한 날부터 다시 중개사무소의 개설등록을 한 날까지의 기간, 즉 폐업기간이 3년을 초과한 경우

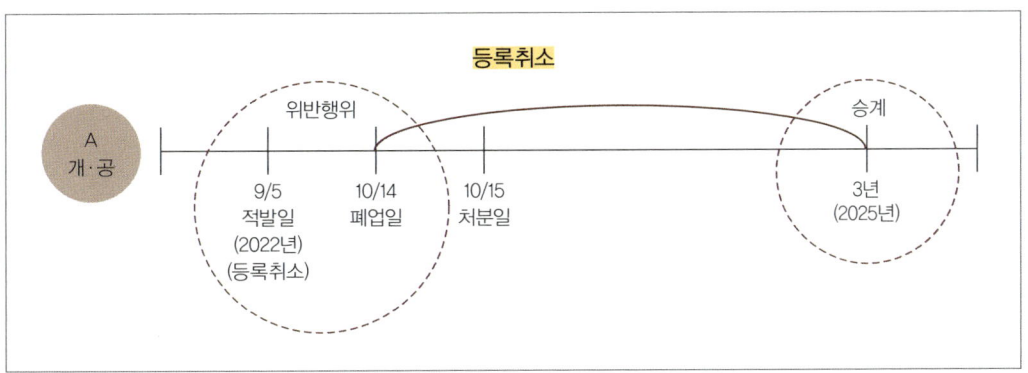

ⓒ 폐업신고 전의 위반행위에 대한 행정처분이 업무정지에 해당하는 경우로서 <mark>폐업기간이 1년</mark>을 초과한 경우

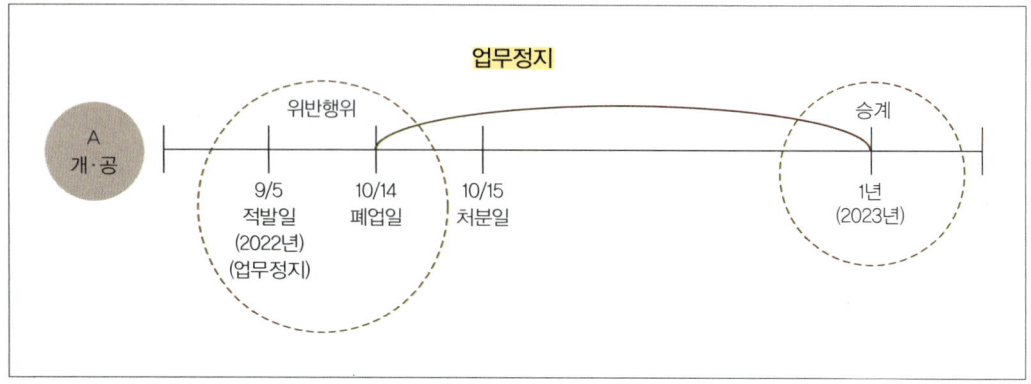

② **재등록 개업공인중개사에 대한 등록취소의 경우 결격기간**: 원래 등록이 취소된 자의 결격사유기간은 3년이다. 그러나 폐업 전의 위반행위를 원인으로 재등록 개업공인중개사의 등록이 취소된 경우에는 등록취소 후 3년에서 폐업기간을 공제한 기간이 결격사유기간이 된다.

③ 폐업 전의 위반행위를 사유로 재등록 개업공인중개사에 대하여 행정처분을 함에 있어서 폐업기간과 폐업의 사유 등을 고려하여야 한다.

④ **법인의 경우**: 대표자에 관하여 승계규정을 준용한다.

기본문제와 완성문제로 단단기출

01 공인중개사법령상 행정제재처분효과의 승계 등에 관한 설명으로 옳은 것을 모두 고른 것은? 제33회

기본 기출

㉠ 폐업신고 전에 개업공인중개사에게 한 업무정지처분의 효과는 그 처분일부터 2년간 재등록 개업공인중개사에게 승계된다.
㉡ 폐업기간이 2년을 초과한 재등록 개업공인중개사에 대해 폐업신고 전의 중개사무소 업무정지사유에 해당하는 위반행위를 이유로 행정처분을 할 수 없다.
㉢ 폐업신고 전에 개업공인중개사에게 한 과태료부과처분의 효과는 그 처분일부터 10개월된 때에 재등록을 한 개업공인중개사에게 승계된다.
㉣ 폐업기간이 3년 6개월이 지난 재등록 개업공인중개사에게 폐업신고 전의 중개사무소 개설등록 취소사유에 해당하는 위반행위를 이유로 개설등록취소처분을 할 수 없다.

① ㉠
② ㉠, ㉣
③ ㉡, ㉢
④ ㉡, ㉢, ㉣
⑤ ㉠, ㉡, ㉢, ㉣

키워드 행정제재처분효과의 승계, 위반행위의 승계

난이도

해설 ㉠ 폐업신고 전의 개업공인중개사에 대한 업무정지처분사유나, 과태료처분사유로 행한 행정처분(업무정지처분, 과태료처분)의 효과는 그 처분일로부터 1년간 다시 중개사무소의 개설등록을 한 자(이하 '재등록 개업공인중개사'라 함)에게 승계한다(법 제40조 제2항). 따라서 "폐업신고 전에 개업공인중개사에게 한 업무정지처분의 효과는 그 처분일부터 1년간 재등록 개업공인중개사에게 승계된다."로 하여야 옳은 지문이 된다.

정답 01 ④

02 완성 기출

개업공인중개사 甲·乙·丙에 대한 「공인중개사법」 제40조(행정제재처분효과의 승계 등)의 적용에 관한 설명으로 옳은 것을 모두 고른 것은?

제32회

> ⊙ 甲이 2020.11.16. 「공인중개사법」에 따른 과태료 부과처분을 받았으나 2020.12.16. 폐업신고를 하였다가 2021.10.15. 다시 중개사무소의 개설등록을 하였다면, 위 과태료 부과처분의 효과는 승계된다.
> ⓒ 乙이 2020.8.1. 국토교통부령으로 정하는 전속중개계약서에 의하지 않고 전속중개계약을 체결한 후, 2020.9.1. 폐업신고를 하였다가 2021.10.1. 다시 중개사무소의 개설등록을 하였다면, 등록관청은 업무정지처분을 할 수 있다.
> ⓒ 丙이 2018.8.5. 다른 사람에게 자기의 상호를 사용하여 중개업무를 하게 한 후, 2018.9.5. 폐업신고를 하였다가 2021.10.5. 다시 중개사무소의 개설등록을 하였다면, 등록관청은 개설등록을 취소해야 한다.

① ⊙
② ⊙, ⓒ
③ ⊙, ⓒ
④ ⓒ, ⓒ
⑤ ⊙, ⓒ, ⓒ

키워드 행정제재처분효과의 승계, 위반행위의 승계

난이도

해설 ⓒ 전속중개계약서에 의하지 않고 전속중개계약을 체결한 경우 업무정지사유에 해당한다. 이 경우 폐업신고 전의 위반행위에 대한 행정처분이 업무정지에 해당하는 경우로서 폐업기간이 1년을 초과하는 경우 업무정지처분을 할 수 없다. 따라서 2020.9.1. 폐업신고를 하였다가 2021.10.1. 다시 중개사무소의 개설등록을 하였다면 폐업기간이 1년을 초과한 경우이므로 업무정지처분을 할 수 없다.
ⓒ 다른 사람에게 자기의 상호를 사용하여 중개업무를 하게 한 경우 등록취소사유에 해당한다. 이 경우 폐업신고를 한 날부터 다시 중개사무소의 개설등록을 한 날까지의 기간(폐업기간)이 3년을 초과한 경우 등록취소처분을 할 수 없다. 따라서 2018.9.5. 폐업신고를 하였다가 2021.10.5. 다시 중개사무소의 개설등록을 하였다면, 폐업기간이 3년을 초과한 경우이므로 등록관청은 개설등록취소처분을 할 수 없다.

정답 02 ①

03 공인중개사법령상 공인중개사인 개업공인중개사 甲의 중개사무소 폐업 및 재등록에 관한 설명으로 옳은 것은? 제31회

① 甲이 중개사무소를 폐업하고자 하는 경우, 국토교통부장관에게 미리 신고하여야 한다.
② 甲이 폐업 사실을 신고하고 중개사무소 간판을 철거하지 아니한 경우, 과태료 부과처분을 받을 수 있다.
③ 甲이 공인중개사법령 위반으로 2019.2.8. 1개월의 업무정지처분을 받았으나 2019.7.1. 폐업신고를 하였다가 2019.12.11. 다시 중개사무소 개설등록을 한 경우, 종전의 업무정지처분의 효과는 승계되지 않고 소멸한다.
④ 甲이 공인중개사법령 위반으로 2019.1.8. 1개월의 업무정지처분에 해당하는 행위를 하였으나 2019.3.5. 폐업신고를 하였다가 2019.12.5. 다시 중개사무소 개설등록을 한 경우, 종전의 위반행위에 대하여 1개월의 업무정지처분을 받을 수 있다.
⑤ 甲이 공인중개사법령 위반으로 2018.2.5. 등록취소처분에 해당하는 행위를 하였으나 2018.3.6. 폐업신고를 하였다가 2020.10.16. 다시 중개사무소 개설등록을 한 경우, 그에게 종전의 위반행위에 대한 등록취소처분을 할 수 없다.

키워드 위반행위의 승계

난이도

해설 ① 甲이 중개사무소를 폐업하고자 하는 경우, 등록관청에 미리 신고하여야 한다.
② 과태료 부과처분대상에 해당하지 않는다. 이 경우 등록관청은 간판의 철거를 개업공인중개사가 이행하지 아니하는 경우에는 「행정대집행법」에 따라 대집행을 할 수 있다.
③ 업무정지처분의 효과는 처분일로부터 1년간 다시 중개사무소의 개설등록을 한 자에게 승계되므로, 종전의 업무정지처분의 효과는 승계된다.
⑤ 폐업신고를 한 날부터 다시 중개사무소의 개설등록을 한 날까지의 기간(폐업기간)이 3년을 초과한 경우 등록취소처분을 할 수 없다. 그러나 3년이 지나지 아니하였으므로 종전의 위반행위에 대한 등록취소처분을 할 수 있다.

정답 03 ④

THEME 24
행정처분(자격취소, 자격정지, 지정취소)

| THEME 키워드 |
자격취소, 자격정지

기출분석
- **기출회차:** 제34회 수정
- **키워드:** 자격취소
- **난이도:**

함정을 피하는 TIP
- 자격취소 및 자격정지사유를 학습하여야 한다.

기본으로 알아야 하는 대표기출

공인중개사법령상 공인중개사의 자격취소 등에 관한 설명으로 **틀린** 것은?

① 공인중개사의 자격취소처분은 청문을 거쳐 중개사무소의 개설등록증을 교부한 시·도지사가 행한다.
② 공인중개사가 자격정지처분을 받은 기간 중에 법인인 개업공인중개사의 임원이 되는 경우 시·도지사는 그 자격을 취소하여야 한다.
③ 자격취소처분을 받아 공인중개사자격증을 반납하려는 자는 그 처분을 받은 날부터 7일 이내에 반납해야 한다.
④ 시·도지사는 공인중개사의 자격취소처분을 한 때에는 5일 이내에 이를 국토교통부장관과 다른 시·도지사에게 통보해야 한다.
⑤ 분실로 인하여 공인중개사자격증을 반납할 수 없는 자는 자격증 반납을 대신하여 그 이유를 기재한 사유서를 시·도지사에게 제출하여야 한다.

해설
공인중개사의 자격취소처분은 청문을 거쳐 공인중개사자격증을 교부한 시·도지사가 행한다.

정답 ①

단단하게 정리하는 **핵심이론**

1 공인중개사에 대한 행정처분

(1) 자격취소처분

① **처분권자**: 자격증을 교부한 시·도지사

> ⚠ 자격증을 교부한 시·도지사와 중개사무소 관할 시·도지사가 다른 경우에는 중개사무소를 관할하는 시·도지사가 자격취소처분에 필요한 절차를 이행한 후 그 결과를 자격증을 교부한 시·도지사에게 통보하여야 한다.

② **자격취소사유**: 자격증을 교부한 시·도지사는 공인중개사가 다음의 사유 중 어느 하나에 해당하는 경우에는 공인중개사의 자격을 취소하여야 한다.

> ㉠ 부정한 방법으로 공인중개사의 자격을 취득한 경우
> ㉡ 다른 사람에게 자기의 성명을 사용하여 중개업무를 하게 하거나 공인중개사자격증을 양도 또는 대여한 경우
> ㉢ 자격정지처분을 받고 그 자격정지기간 중에 중개업무를 행한 경우(이 경우 다른 개업공인중개사의 소속공인중개사·중개보조원 또는 법인인 개업공인중개사의 사원·임원이 되는 경우를 포함)
> ㉣ 이 법 또는 공인중개사의 직무와 관련하여 「형법」 규정을 위반하여 금고 이상의 형(집행유예를 포함 ○)을 선고받은 경우

> ⚠ **「형법」 규정의 적용내용**
> 1. 제114조: 범죄단체 등의 조직
> 2. 제231조: 사문서 등의 위조·변조
> 3. 제234조: 위조사문서 등의 행사
> 4. 제347조: 사기
> 5. 제355조: 횡령·배임
> 6. 제356조: 업무상의 횡령과 배임

> ⚠ 시·도지사는 자격취소처분(자격정지처분 ×)을 하고자 하는 경우에는 청문을 실시하여야 한다.

(2) 자격정지처분

① **처분권자**: 자격증을 교부한 시·도지사

> ⚠ 자격증을 교부한 시·도지사와 중개사무소 관할 시·도지사가 다른 경우에는 중개사무소를 관할하는 시·도지사가 자격정지처분에 필요한 절차를 이행한 후 그 결과를 자격증을 교부한 시·도지사에게 통보하여야 한다.

② **자격정지사유 및 부과기준**: 자격증을 교부한 시·도지사는 공인중개사가 소속공인중개사로서 업무를 수행하는 기간 중에 다음(핵심단단)의 사유 중 어느 하나에 해당하는 경우에는 6개월의 범위 안에서 기간을 정하여 공인중개사의 자격을 정지할 수 있다.

> ⚠ 1. 시·도지사는 국토교통부령에서 정하는 자격정지 부과기준의 2분의 1의 범위 안에서 그 기간을 가중·경감할 수 있고, 가중하여 처분하는 때에도 그 자격정지기간은 6개월을 초과할 수 없다.
> 2. 등록관청은 공인중개사가 자격정지처분(자격취소처분 ×)에 해당하는 사실을 알게 된 때에는 지체 없이 그 사실을 시·도지사에게 통보하여야 한다.
> 3. 자격정지기간의 부과기준은 국토교통부령으로 정한다.

③ **자격정지사유**: 자격증을 교부한 시·도지사는 공인중개사가 소속공인중개사로서 다음의 어느 하나에 해당하는 경우에는 6개월의 범위 안에서 기간을 정하여 그 자격을 정지할 수 있다.

> ㉠ 둘 이상의 중개사무소에 소속된 경우
> ㉡ 인장등록을 하지 아니하거나 등록하지 아니한 인장을 사용한 경우
> ㉢ 성실·정확하게 중개대상물의 확인·설명을 하지 아니하거나 설명의 근거 자료를 제시하지 아니한 경우
> ㉣ 중개대상물 확인·설명서에 서명 및 날인을 하지 아니한 경우
> ㉤ 거래계약서에 서명 및 날인을 하지 아니한 경우
> ㉥ 거래계약서에 거래금액 등 거래내용을 거짓으로 기재하거나 서로 다른 둘 이상의 거래계약서를 작성한 경우
> ㉦ 「공인중개사법」 제33조 제1항에 규정된 금지행위를 한 경우

핵심단단 **자격정지의 기준**(시행규칙 제22조 관련)

위반행위	해당 법조문	자격정지 기준
1. 법 제12조 제2항의 규정을 위반하여 둘 이상의 중개사무소에 소속된 경우	법 제36조 제1항 제1호	자격정지 6개월
2. 법 제16조의 규정을 위반하여 인장등록을 하지 아니하거나 등록하지 아니한 인장을 사용한 경우	법 제36조 제1항 제2호	자격정지 3개월
3. 법 제25조 제1항의 규정을 위반하여 성실·정확하게 중개대상물의 확인·설명을 하지 아니하거나 설명의 근거 자료를 제시하지 아니한 경우	법 제36조 제1항 제3호	자격정지 3개월
4. 법 제25조 제4항의 규정을 위반하여 중개대상물 확인·설명서에 서명 및 날인을 하지 아니한 경우	법 제36조 제1항 제4호	자격정지 3개월
5. 법 제26조 제2항의 규정을 위반하여 거래계약서에 서명 및 날인을 하지 아니한 경우	법 제36조 제1항 제5호	자격정지 3개월
6. 법 제26조 제3항의 규정을 위반하여 거래계약서에 거래금액 등 거래내용을 거짓으로 기재하거나 서로 다른 둘 이상의 거래계약서를 작성한 경우	법 제36조 제1항 제6호	자격정지 6개월
7. 법 제33조 제1항 각 호에 규정된 금지행위를 한 경우	법 제36조 제1항 제7호	자격정지 6개월

(3) 자격취소 및 자격정지처분 후의 조치

① 자격취소처분을 받은 자

㉠ 자격취소된 자는 3년간 중개보조원, 법인의 사원 또는 임원이 될 수 없고, 공인중개사도 될 수 없다.

ⓒ 자격취소된 자는 7일 이내에 자격증을 반납하여야 한다.

> 자격증의 분실·훼손으로 인하여 반납할 수 없는 경우에는 반납할 수 없는 사유서를 제출하여야 한다. 이 경우 사유서를 거짓으로 제출하여서는 아니 된다. 위반 시는 100만원 이하의 과태료에 처한다.

⚠ 자격취소처분(자격정지처분 ×)을 한 시·도지사는 5일 이내에 국토교통부장관과 다른 시·도지사에게 통보해야 한다.

② 자격정지처분을 받은 자: 자격정지기간 동안은 중개업무에 종사할 수 없다. 자격증은 반납하지 아니한다.

■ 자격취소와 자격정지 절차

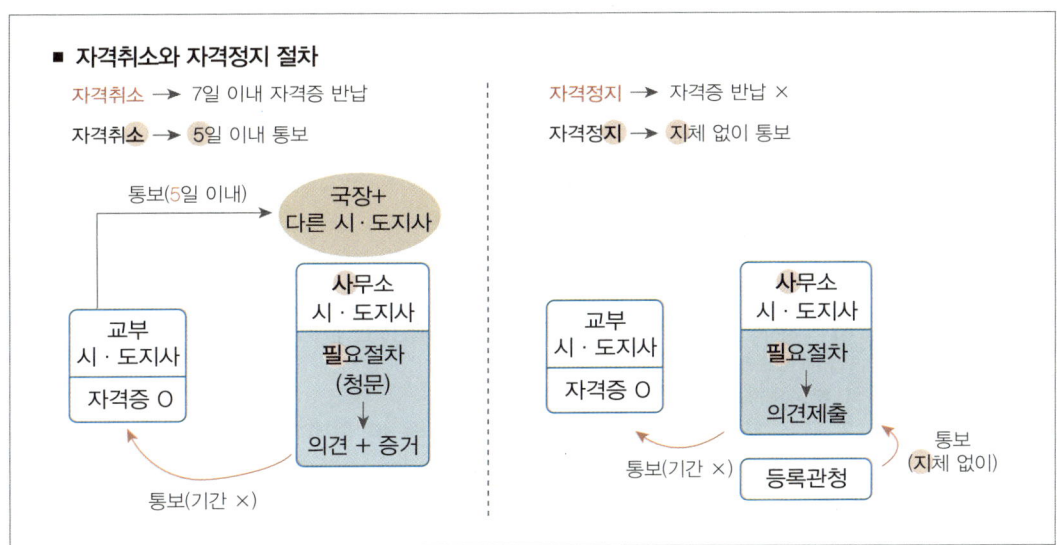

2 거래정보사업자에 대한 행정처분

국토교통부장관은 거래정보사업자가 다음의 어느 하나에 해당하는 경우에는 그 지정을 취소할 수 있다.
⚠ 이 경우 국토교통부장관은 사전에 청문을 실시하여야 한다. 다만, 개인인 거래정보사업자의 사망 또는 법인의 해산인 경우에는 청문을 실시하지 아니한다.

> ① 거짓이나 그 밖의 부정한 방법으로 지정을 받은 경우
> ② 운영규정의 승인 또는 변경승인을 받지 아니하거나, 운영규정을 위반하여 부동산거래정보망을 운영한 경우
> ③ 거래정보사업자가 개업공인중개사로부터 의뢰받지 아니한 중개대상물을 공개하거나 의뢰받은 내용과 다르게 정보를 공개한 경우 또는 개업공인중개사에 따라 차별적으로 정보를 공개한 경우
> ④ 개인인 거래정보사업자의 사망 또는 법인인 거래정보사업자의 해산 그 밖의 사유로 부동산거래정보망의 계속적인 운영이 불가능한 경우
> ⑤ 정당한 사유 없이 지정받은 날부터 1년 이내에 부동산거래정보망을 설치·운영하지 아니한 경우

기본문제와 완성문제로 **단단기출**

01 공인중개사법령상 공인중개사의 자격취소에 관한 설명으로 <u>틀린</u> 것은? 제33회 수정

기본 기출

① 시·도지사는 공인중개사가 이 법을 위반하여 300만원 이상 벌금형의 선고를 받은 경우에는 그 자격을 취소해야 한다.
② 공인중개사의 자격이 취소된 자는 공인중개사자격증을 교부한 시·도지사에게 반납해야 한다.
③ 시·도지사는 공인중개사의 자격취소처분을 한 때에는 5일 이내에 이를 국토교통부장관과 다른 시·도지사에게 통보해야 한다.
④ 시·도지사는 공인중개사의 자격을 취소하고자 하는 경우에는 청문을 실시해야 한다.
⑤ 시·도지사는 공인중개사가 부정한 방법으로 공인중개사의 자격을 취득한 경우에는 그 자격을 취소해야 한다.

키워드 › 자격취소

난이도 ›

해설 › 시·도지사는 공인중개사가 다음의 어느 하나에 해당하는 경우에는 공인중개사 자격을 취소하여야 한다 (법 제35조 제1항).
  1. 부정한 방법으로 자격을 취득한 경우
  2. 공인중개사가 다른 사람에게 자기의 성명을 사용하여 중개업무를 하게 하거나 다른 사람에게 자격증을 양도 또는 대여한 경우
  3. 자격정지기간 중에 중개업무를 한 경우: 자격정지처분을 받고 자격정지기간 중에 있는 소속공인중개사가 중개업무를 하거나 그 기간 중에 다른 개업공인중개사의 소속공인중개사·중개보조원 또는 법인인 개업공인중개사의 사원·임원이 되는 경우
  4. 이 법 또는 공인중개사의 직무와 관련하여 「형법」 규정을 위반하여 금고 이상의 형(집행유예 포함)을 선고받은 경우
  위 4가지 경우에 '이 법을 위반하여 300만원 이상 벌금형의 선고를 받은 경우'는 없으므로 자격취소사유가 아니다. 다만, 이 경우는 「공인중개사법」 제10조 결격사유에 해당한다.

정답 01 ①

02 공인중개사법령상 공인중개사 자격의 취소사유에 해당하는 것을 모두 고른 것은?
제32회

기본 기출

㉠ 부정한 방법으로 공인중개사의 자격을 취득한 경우
㉡ 다른 사람에게 자기의 공인중개사자격증을 대여한 경우
㉢ 「공인중개사법」에 따라 공인중개사 자격정지처분을 받고 그 자격정지기간 중에 중개업무를 행한 경우

① ㉠ ② ㉢ ③ ㉠, ㉡ ④ ㉡, ㉢ ⑤ ㉠, ㉡, ㉢

키워드 ▶ 자격취소

난이도 ▶

해설 ▶ ㉠㉡㉢ 모두 자격의 취소사유에 해당한다.

보충 ▶ 시·도지사가 공인중개사 자격을 취소해야 하는 사유는 다음과 같다.
1. 부정한 방법으로 자격을 취득한 경우(㉠)
2. 공인중개사가 다른 사람에게 자기의 성명을 사용하여 중개업무를 하게 하거나 다른 사람에게 자격증을 양도 또는 대여한 경우(㉡)
3. 자격정지기간 중에 중개업무를 한 경우(자격정지기간 중에 다른 개업공인중개사의 소속공인중개사·중개보조원 또는 법인인 개업공인중개사의 사원·임원이 되는 경우를 포함)(㉢)
4. 이 법 또는 공인중개사의 직무와 관련하여 「형법」 규정을 위반하여 금고 이상의 형(집행유예 포함)을 선고받은 경우

03 공인중개사법령상 소속공인중개사로서 업무를 수행하는 기간 동안 발생한 사유 중 자격정지사유로 규정되어 있지 않은 것은?
제32회 수정

기본 기출

① 둘 이상의 중개사무소에 소속된 경우
② 성실·정확하게 중개대상물의 확인·설명을 하지 않은 경우
③ 등록관청에 등록하지 않은 인장을 사용하여 중개행위를 한 경우
④ 「공인중개사법」을 위반하여 금고 이상의 형 선고를 받은 경우
⑤ 중개대상물의 매매를 업으로 하는 행위를 한 경우

키워드 ▶ 자격정지

난이도 ▶

해설 ▶ 「공인중개사법」을 위반하여 금고 이상의 형 선고를 받은 경우는 자격취소사유에 해당한다.

보충 ▶ 시·도지사는 공인중개사가 소속공인중개사로서 업무를 수행하는 기간 중에 다음의 어느 하나에 해당하는 경우에는 6개월의 범위 안에서 기간을 정하여 그 자격을 정지할 수 있다(법 제36조 제1항).
1. 둘 이상의 중개사무소에 소속된 경우
2. 인장등록을 하지 아니하거나 등록하지 아니한 인장을 사용한 경우
3. 성실·정확하게 중개대상물의 확인·설명을 하지 아니하거나 설명의 근거자료를 제시하지 아니한 경우
4. 해당 중개업무를 수행한 경우 중개대상물 확인·설명서에 서명 및 날인을 하지 아니한 경우
5. 해당 중개업무를 수행한 경우 거래계약서에 서명 및 날인을 하지 아니한 경우
6. 거래계약서에 거래금액 등 거래내용을 거짓으로 기재하거나 서로 다른 둘 이상의 거래계약서를 작성한 경우
7. 법 제33조 제1항에 규정된 금지행위를 한 경우

정답 02 ⑤ 03 ④

04 기본 기출

공인중개사법령상 공인중개사의 자격취소사유와 소속공인중개사의 자격정지사유에 관한 구분으로 옳은 것을 모두 고른 것은?

제31회 수정

> ㉠ 다른 사람에게 자기의 성명을 사용하여 중개업무를 하게 한 경우 – 취소사유
> ㉡ 「공인중개사법」을 위반하여 금고 이상의 집행유예를 받은 경우 – 취소사유
> ㉢ 거래계약서를 작성할 때 거래금액 등 거래내용을 거짓으로 기재한 경우 – 정지사유
> ㉣ 중개대상물의 매매를 업으로 하는 경우 – 정지사유

① ㉠
② ㉠, ㉣
③ ㉢, ㉣
④ ㉠, ㉡, ㉢
⑤ ㉠, ㉡, ㉢, ㉣

키워드 자격취소, 자격정지

난이도

해설 ㉠㉡㉢㉣ 모두 자격취소와 자격정지에 관하여 옳은 설명이다.

보충 1. 자격취소사유는 다음과 같다.
  (1) 부정한 방법으로 자격을 취득한 경우
  (2) 공인중개사가 다른 사람에게 자기의 성명을 사용하여 중개업무를 하게 하거나 다른 사람에게 자격증을 양도 또는 대여한 경우
  (3) 자격정지기간 중에 중개업무를 한 경우: 자격정지처분을 받고 자격정지기간 중에 있는 소속공인중개사가 중개업무를 하거나 그 기간 중에 다른 개업공인중개사의 소속공인중개사·중개보조원 또는 법인인 개업공인중개사의 사원·임원이 되는 경우
  (4) 이 법 또는 공인중개사의 직무와 관련하여 「형법」 규정을 위반하여 금고 이상의 형(집행유예 포함)을 선고받은 경우
2. 자격정지사유는 다음과 같다.
  (1) 둘 이상의 중개사무소에 소속된 경우
  (2) 인장등록을 하지 아니하거나 등록하지 아니한 인장을 사용한 경우
  (3) 성실·정확하게 중개대상물의 확인·설명을 하지 아니하거나 설명의 근거자료를 제시하지 아니한 경우
  (4) 해당 중개업무를 수행한 경우 중개대상물 확인·설명서에 서명 및 날인을 하지 아니한 경우
  (5) 해당 중개업무를 수행한 경우 거래계약서에 서명 및 날인을 하지 아니한 경우
  (6) 거래계약서에 거래금액 등 거래내용을 거짓으로 기재하거나 서로 다른 둘 이상의 거래계약서를 작성한 경우
  (7) 법 제33조 제1항에 규정된 금지행위를 한 경우

정답 04 ⑤

05 공인중개사법령상 공인중개사등에 관한 설명으로 틀린 것은?

제31회

① 공인중개사의 자격이 취소된 후 3년이 지나지 아니한 자는 중개보조원이 될 수 없다.
② 공인중개사는 자기의 공인중개사자격증을 무상으로도 대여해서는 안 된다.
③ 자격정지처분을 받은 날부터 6개월이 경과한 공인중개사는 법인인 개업공인중개사의 임원이 될 수 있다.
④ 다른 사람에게 자기의 성명을 사용하여 중개업무를 하게 한 경우에는 자격정지처분사유에 해당한다.
⑤ 공인중개사가 아닌 자는 공인중개사 또는 이와 유사한 명칭을 사용하지 못한다.

키워드 자격취소, 자격정지

난이도

해설 공인중개사가 다른 사람에게 자기의 성명을 사용하여 중개업무를 하게 하거나 다른 사람에게 자격증을 양도 또는 대여한 경우 자격취소사유에 해당한다.

06 공인중개사법령상 중개업무를 수행하는 소속공인중개사의 자격정지사유에 해당하지 않는 것은?

제30회

① 고객을 위하여 거래내용에 부합하는 동일한 거래계약서를 4부 작성한 경우
② 둘 이상의 중개사무소에 소속된 경우
③ 고객의 요청에 의해 거래계약서에 거래금액을 거짓으로 기재한 경우
④ 권리를 취득하고자 하는 중개의뢰인에게 중개가 완성되기 전까지 등기사항증명서 등 확인·설명의 근거자료를 제시하지 않은 경우
⑤ 법인의 분사무소의 책임자가 서명 및 날인하였기에 해당 중개행위를 한 소속공인중개사가 확인·설명서에 서명 및 날인을 하지 않은 경우

키워드 자격정지

난이도

해설 거래당사자가 다수인 경우 고객을 위하여 거래내용에 부합하는 동일한 거래계약서를 4부 작성한 경우는 소속공인중개사의 자격정지사유에 해당하지 않는다.

보충 시·도지사는 공인중개사가 소속공인중개사로서 업무를 수행하는 기간 중에 다음의 어느 하나에 해당하는 경우에는 6개월의 범위 안에서 기간을 정하여 그 자격을 정지할 수 있다.
  1. 둘 이상의 중개사무소에 소속된 경우
  2. 인장등록을 하지 아니하거나 등록하지 아니한 인장을 사용한 경우
  3. 성실·정확하게 중개대상물의 확인·설명을 하지 아니하거나 설명의 근거자료를 제시하지 아니한 경우
  4. 해당 중개업무를 수행한 경우 중개대상물 확인·설명서에 서명 및 날인을 하지 아니한 경우
  5. 해당 중개업무를 수행한 경우 거래계약서에 서명 및 날인을 하지 아니한 경우
  6. 거래계약서에 거래금액 등 거래내용을 거짓으로 기재하거나 서로 다른 둘 이상의 거래계약서를 작성한 경우
  7. 법 제33조 제1항에 규정된 금지행위를 한 경우

정답 05 ④ 06 ①

07 공인중개사법령상 공인중개사의 자격취소에 관한 설명으로 옳은 것은? 제30회 수정

① 공인중개사의 자격취소처분은 공인중개사의 현주소지를 관할하는 시장·군수·구청장이 행한다.
② 시·도지사는 공인중개사의 자격취소처분을 한 때에는 5일 이내에 이를 국토교통부장관과 다른 시·도지사에게 통보해야 한다.
③ 자격취소사유가 발생한 경우에는 청문을 실시하지 않아도 해당 공인중개사의 자격을 취소할 수 있다.
④ 공인중개사의 자격이 취소된 자는 공인중개사자격증을 7일 이내에 한국산업인력공단에 반납하여야 한다.
⑤ 공인중개사자격이 취소되었으나 공인중개사자격증을 분실 등의 사유로 반납할 수 없는 자는 신규발급절차를 거쳐 발급된 공인중개사자격증을 반납하여야 한다.

키워드 › 자격취소
난이도 ›
해설 › ① 공인중개사의 자격취소처분은 그 공인중개사자격증을 교부한 시·도지사가 행한다(영 제29조 제1항).
③ 자격취소처분을 하고자 하는 시·도지사는 청문을 실시하여야 한다(법 제35조 제2항).
④ 공인중개사의 자격이 취소된 자는 자격취소처분을 받은 날부터 7일 이내에 그 공인중개사자격증을 교부한 시·도지사에게 공인중개사자격증을 반납하여야 한다(법 제35조 제3항, 규칙 제21조).
⑤ 자격증의 분실 등의 사유로 공인중개사자격증을 반납할 수 없는 자는 자격증반납을 대신하여 그 이유를 기재한 사유서를 시·도지사에게 제출하여야 한다(법 제35조 제4항).

08 공인중개사법령상 공인중개사의 자격취소에 관한 설명으로 틀린 것은? 제29회 수정

① 자격취소처분은 그 자격증을 교부한 시·도지사가 행한다.
② 처분권자가 자격을 취소하려면 청문을 실시해야 한다.
③ 자격취소처분을 받아 그 자격증을 반납하고자 하는 자는 그 처분을 받은 날부터 7일 이내에 반납해야 한다.
④ 처분권자가 자격취소처분을 한 때에는 5일 이내에 이를 국토교통부장관과 다른 시·도지사에게 통보해야 한다.
⑤ 자격증을 교부한 시·도지사와 중개사무소의 소재지를 관할하는 시·도지사가 서로 다른 경우에는 자격증을 교부한 시·도지사가 자격취소처분에 필요한 절차를 이행해야 한다.

키워드 › 자격취소
난이도 ›
해설 › 자격증을 교부한 시·도지사와 중개사무소의 소재지를 관할하는 시·도지사가 서로 다른 경우에는 중개사무소의 소재지를 관할하는 시·도지사가 자격취소처분에 필요한 절차를 이행해야 한다.

정답 07 ② 08 ⑤

09 공인중개사법령상 소속공인중개사의 규정 위반행위 중 자격정지 기준이 6개월에 해당하는 것을 모두 고른 것은?

완성 기출   제34회

> ㉠ 2 이상의 중개사무소에 소속된 경우
> ㉡ 거래계약서에 서명·날인을 하지 아니한 경우
> ㉢ 등록하지 아니한 인장을 사용한 경우
> ㉣ 확인·설명의 근거자료를 제시하지 아니한 경우

① ㉠
② ㉠, ㉢
③ ㉡, ㉢
④ ㉠, ㉡, ㉣
⑤ ㉡, ㉢, ㉣

키워드 자격정지

난이도 ■■□

해설 자격정지기간이 6개월에 해당하는 것은 ㉠이다. 나머지는 3개월에 해당하는 사유이다.

보충 자격정지기간은 다음과 같다.
1. 둘 이상의 중개사무소에 소속된 경우 – 6개월
2. 인장등록을 하지 아니하거나 등록하지 아니한 인장을 사용한 경우 – 3개월(㉢)
3. 성실·정확하게 중개대상물의 확인·설명을 하지 아니하거나 설명의 근거자료를 제시하지 아니한 경우 – 3개월(㉣)
4. 해당 중개업무를 수행한 경우 중개대상물 확인·설명서에 서명 및 날인을 하지 아니한 경우 – 3개월
5. 해당 중개업무를 수행한 경우 거래계약서에 서명 및 날인을 하지 아니한 경우 – 3개월(㉡)
6. 거래계약서에 거래금액 등 거래내용을 거짓으로 기재하거나 서로 다른 둘 이상의 거래계약서를 작성한 경우 – 6개월
7. 법 제33조 제1항에 규정된 금지행위를 한 경우 – 6개월

10 공인중개사법령상 중개업무를 수행하는 소속공인중개사의 자격정지사유에 해당하지 <u>않는</u> 것은?

기본 기출   제29회

① 하나의 거래에 대하여 서로 다른 둘 이상의 거래계약서를 작성한 경우
② 국토교통부령으로 정하는 전속중개계약서에 의하지 않고 전속중개계약을 체결한 경우
③ 성실·정확하게 중개대상물의 확인·설명을 하지 않은 경우
④ 거래계약서에 거래금액 등 거래내용을 거짓으로 기재한 경우
⑤ 둘 이상의 중개사무소에 소속공인중개사로 소속된 경우

키워드 자격정지

난이도 ■■□

해설 전속중개계약이 체결된 경우 전속중개계약서의 작성의무는 개업공인중개사에게 있다. 그러므로 소속공인중개사를 대상으로 하는 자격정지사유와는 무관하다.

정답 09 ① 10 ②

11 기본 기출

공인중개사법령상 소속공인중개사의 자격정지사유에 해당하는 것을 모두 고른 것은?

제28회

> ⊙ 공인중개사자격증을 대여한 경우
> ⓒ 부정한 방법으로 공인중개사의 자격을 취득한 경우
> ⓒ 둘 이상의 중개사무소의 소속공인중개사가 된 경우
> ⓔ 거래당사자 쌍방을 대리하는 행위를 한 경우

① ㉠, ㉡
② ㉠, ㉢
③ ㉢, ㉣
④ ㉠, ㉡, ㉣
⑤ ㉡, ㉢, ㉣

키워드	자격정지
난이도	
해설	공인중개사자격증을 대여한 경우(㉠)와 부정한 방법으로 공인중개사의 자격을 취득한 경우(㉡)는 자격취소사유에 해당한다. 따라서 자격정지사유에 해당하는 것은 ㉢㉣이다.

정답 11 ③

THEME 25

행정벌 (행정형벌, 행정질서벌)

| THEME 키워드 |
행정형벌, 행정질서벌(과태료)

기출분석
- **기출회차:** 제27회
- **키워드:** 행정형벌
- **난이도:**

함정을 피하는 TIP
- 행정형벌 및 행정질서벌의 사유를 암기하여야 한다.

기본으로 알아야 하는 대표기출

공인중개사법령상 개업공인중개사가 1년 이하의 징역 또는 1천만원 이하의 벌금에 처해지는 사유로 명시된 것이 아닌 것은?

① 공인중개사자격증을 대여한 경우
② 중개사무소등록증을 양도한 경우
③ 이중으로 중개사무소의 개설등록을 한 경우
④ 중개의뢰인과 직접 거래를 한 경우
⑤ 천막, 그 밖에 이동이 용이한 임시 중개시설물을 설치한 경우

해설

중개의뢰인과 직접 거래를 한 경우 3년 이하의 징역 또는 3천만원 이하의 벌금사유에 해당한다.

정답 ④

… 단단하게 정리하는 **핵심이론**

1 행정형벌(징역, 벌금)

핵심단단 행정벌의 구분

구분	종류	대상자	처분기관
행정형벌	3년 이하 징역 또는 3천만원 이하 벌금	개업공인중개사등, 무등록중개업자, 거래정보사업자, 공인중개사, 일반인	법원
	1년 이하 징역 또는 1천만원 이하 벌금		
행정질서벌	500만원 이하 과태료	거래정보사업자, 협회, 정보통신서비스 제공자	국토교통부장관
		개업공인중개사, 소속공인중개사(연수교육의무 위반)	시·도지사
		개업공인중개사, 중개보조원(고지의무 위반)	등록관청
		개업공인중개사(확인·설명의무 위반)	등록관청
	100만원 이하 과태료	공인중개사(자격증 반납 위반)	시·도지사
		개업공인중개사(등록증 반납 위반 등)	등록관청

(1) 3년 이하의 징역 또는 3천만원 이하의 벌금형

① 중개사무소의 개설등록을 하지 아니하고 중개업을 한 자
② 거짓이나 그 밖의 부정한 방법으로 중개사무소의 개설등록을 한 자
③ 관계 법령에서 양도·알선 등이 금지된 부동산의 분양·임대 등과 관련 있는 증서 등의 매매·교환 등을 중개하거나 그 매매를 업으로 하는 행위
④ 중개의뢰인과 직접 거래를 하거나 거래당사자 쌍방을 대리하는 행위
⑤ 탈세 등 관계 법령을 위반할 목적으로 소유권보존등기 또는 이전등기를 하지 아니한 부동산이나 관계 법령의 규정에 의하여 전매 등 권리의 변동이 제한된 부동산의 매매를 중개하는 등 부동산투기를 조장하는 행위
⑥ 부당한 이익을 얻거나 제3자에게 부당한 이익을 얻게 할 목적으로 거짓으로 거래가 완료된 것처럼 꾸미는 등 중개대상물의 시세에 부당한 영향을 주거나 줄 우려가 있는 행위
⑦ 단체를 구성하여 특정 중개대상물에 대하여 중개를 제한하거나 단체 구성원 이외의 자와 공동중개를 제한하는 행위
⑧ 안내문, 온라인 커뮤니티 등을 이용하여 특정 개업공인중개사등에 대한 중개의뢰를 제한하거나 제한을 유도하는 행위

⑨ 안내문, 온라인 커뮤니티 등을 이용하여 중개대상물에 대하여 시세보다 현저하게 높게 표시·광고 또는 중개하는 특정 개업공인중개사등에게만 중개의뢰를 하도록 유도함으로써 다른 개업공인중개사등을 부당하게 차별하는 행위

⑩ 안내문, 온라인 커뮤니티 등을 이용하여 특정 가격 이하로 중개를 의뢰하지 아니하도록 유도하는 행위

⑪ 정당한 사유 없이 개업공인중개사등의 중개대상물에 대한 정당한 표시·광고 행위를 방해하는 행위

⑫ 개업공인중개사등에게 중개대상물을 시세보다 현저하게 높게 표시·광고하도록 강요하거나 대가를 약속하고 시세보다 현저하게 높게 표시·광고하도록 유도하는 행위

(2) 1년 이하의 징역 또는 1천만원 이하의 벌금형

① 다른 사람에게 자기의 성명을 사용하여 중개업무를 하게 하거나 공인중개사자격증을 양도·대여한 자 또는 다른 사람의 공인중개사자격증을 양수·대여받은 자

② 누구든지 ①에서 금지한 행위를 알선한 자

③ 공인중개사가 아닌 자로서 공인중개사 또는 이와 유사한 명칭을 사용한 자

④ 이중으로 중개사무소의 개설등록을 하거나 둘 이상의 중개사무소에 소속된 자

⑤ 둘 이상의 중개사무소를 둔 자

⑥ 임시중개시설물을 설치한 자

⑦ 개업공인중개사와 소속공인중개사를 합한 수의 5배를 초과하여 중개보조원을 고용한 자

⑧ 개업공인중개사가 아닌 자로서 '공인중개사사무소', '부동산중개' 또는 이와 유사한 명칭을 사용한 자

⑨ 개업공인중개사가 아닌 자로서 중개업을 하기 위하여 중개대상물에 대한 표시·광고를 한 자

⑩ 다른 사람에게 자기의 성명 또는 상호를 사용하여 중개업무를 하게 하거나 중개사무소등록증을 다른 사람에게 양도·대여한 자 또는 다른 사람의 성명·상호를 사용하여 중개업무를 하거나 중개사무소등록증을 양수·대여받은 자

⑪ 누구든지 ⑩에서 금지한 행위를 알선한 자

⑫ 개업공인중개사로부터 공개를 의뢰받은 중개대상물의 정보에 한정하여 이를 부동산거래정보망에 공개하여야 하며, 의뢰받은 내용과 다르게 정보를 공개하거나 어떠한 방법으로든지 개업공인중개사에 따라 정보가 차별적으로 공개되도록 하여서는 아니 된다는 규정을 위반하여 정보를 공개한 거래정보사업자

⑬ 이 법 및 다른 법률에 특별한 규정이 있는 경우는 제외하고 그 업무상 알게 된 비밀을 누설하여서는 아니 된다는 규정을 위반하여 업무상 비밀을 누설한 개업공인중개사

⑭ 중개대상물의 매매를 업으로 하는 행위

⑮ 중개사무소의 개설등록을 하지 아니하고 중개업을 영위하는 자인 사실을 알면서 그를 통하여 중개를 의뢰받거나 그에게 자기의 명의를 이용하게 하는 행위

⑯ 사례·증여 그 밖의 어떠한 명목으로도 제32조에 따른 보수 또는 실비를 초과하여 금품을 받는 행위

⑰ 해당 중개대상물의 거래상의 중요사항에 관하여 거짓된 언행 그 밖의 방법으로 중개의뢰인의 판단을 그르치게 하는 행위

⚠ 서로 다른 둘 이상의 거래계약서를 작성하거나 거짓으로 거래계약서를 작성한 경우에 행정처분은 받을 수 있지만, 행정형벌은 받지 아니한다.

(3) 양벌규정

① **양벌규정의 내용**: 소속공인중개사, 중개보조원 또는 개업공인중개사인 법인의 사원·임원이 중개업무에 관하여 이 법 제48조(3년/3천만원) 또는 제49조(1년/1천만원)의 규정에 해당하는 위반행위를 한 때에는 그 행위자를 벌하는 외에 그 개업공인중개사에 대하여도 해당 조에 규정된 벌금형을 과한다. 다만, 개업공인중개사가 그 위반행위를 방지하기 위하여 해당 업무에 관하여 상당한 주의와 감독을 게을리하지 아니한 경우에는 그러하지 아니한다.

⚠ 1. 중개 관련 업무가 아닌 경우(예 폭행 등)에는 양벌규정이 적용되지 않는다.
　2. 과태료 사유에 해당하는 위반행위도 양벌규정이 적용되지 않는다.

② **양벌규정의 효과**

㉠ 개업공인중개사가 양벌규정의 적용으로 벌금형을 선고받은 경우에도 등록 등의 결격사유가 적용되지 아니하므로 등록이 취소되는 것은 아니다.

㉡ 벌금형 선고는 자격취소사유가 아니므로 공인중개사인 개업공인중개사가 양벌규정의 적용으로 벌금형을 선고받았다 하더라도 공인중개사의 자격은 취소되지 아니한다.

㉢ 양벌규정에 따른 벌금납부는 구상권 행사의 대상이 아니다.

2 행정질서벌(과태료)

(1) 500만원 이하의 과태료

① 개업공인중개사

> ㉠ 개업공인중개사가 다음의 부당한 표시·광고 행위를 한 경우
> - 중개대상물이 존재하지 않아서 실제로 거래를 할 수 없는 중개대상물에 대한 표시·광고를 한 경우
> - 중개대상물의 가격 등 내용을 사실과 다르게 거짓으로 표시·광고하거나 사실을 과장되게 하는 표시·광고를 한 경우
> - 그 밖에 표시·광고의 내용이 부동산거래질서를 해치거나 중개의뢰인에게 피해를 줄 우려가 있는 것으로서 대통령령으로 정하는 내용의 표시·광고를 한 경우
>
> ㉡ 제25조 제1항을 위반하여 성실·정확하게 중개대상물의 확인·설명을 하지 아니하거나 설명의 근거자료를 제시하지 아니한 경우

② 정보통신서비스 제공자

> ㉠ 국토교통부장관은 표시·광고가 관련규정을 준수하였는지 여부를 모니터링하기 위하여 필요한 때에는 정보통신서비스 제공자에게 관련 자료의 제출을 요구할 수 있는데, 관련 자료의 제출을 요구받은 정보통신서비스 제공자가 정당한 사유 없이 요구에 따르지 아니하여 관련 자료를 제출하지 아니한 경우

> ⓒ 국토교통부장관은 모니터링 결과에 따라 정보통신서비스 제공자에게 이 법 위반이 의심되는 표시·광고에 대한 확인 또는 추가정보의 게재 등 필요한 조치를 요구할 수 있는데, 필요한 조치를 요구받은 정보통신서비스 제공자가 정당한 사유 없이 요구에 따르지 아니하여 필요한 조치를 하지 아니한 경우

③ 거래정보사업자

> ㉠ 운영규정의 승인 또는 변경승인을 얻지 아니하거나 운영규정의 내용을 위반하여 부동산거래정보망을 운영한 경우
> ㉡ 법 제37조 제1항에 따른 보고, 자료의 제출, 조사 또는 검사를 거부·방해 또는 기피하거나 그 밖의 명령을 이행하지 아니하거나 거짓으로 보고 또는 자료제출을 한 경우

④ 협회

> ㉠ 공제사업 운용실적을 공시하지 아니한 경우
> ㉡ 공제업무의 개선명령을 이행하지 아니한 경우
> ㉢ 임원에 대한 징계·해임의 요구를 이행하지 아니하거나 시정명령을 이행하지 아니한 자
> ㉣ 국토교통부장관의 요청이 있는 경우로서 금융감독원장의 공제사업에 관한 조사 또는 검사에 관한 규정을 위반한 경우
> ㉤ 법 제44조 제1항에 따른 보고, 자료의 제출, 조사 또는 검사를 거부·방해 또는 기피하거나 그 밖의 명령을 이행하지 아니하거나 거짓으로 보고 또는 자료제출을 한 경우

⑤ 개업공인중개사·소속공인중개사: 실무교육을 받은 후 2년마다 시·도지사가 실시하는 연수교육을 받아야 한다는 규정을 위반한 경우
⑥ 개업공인중개사·중개보조원: 중개보조원은 현장안내 등 중개업무를 보조하는 경우 중개의뢰인에게 본인이 중개보조원이라는 사실을 미리 알리지 않은 사람 및 그가 소속된 개업공인중개사는 500만원 이하의 과태료를 부과한다. 다만, 개업공인중개사가 그 위반행위를 방지하기 위하여 해당 업무에 관하여 상당한 주의와 감독을 게을리하지 아니한 경우는 제외한다.

(2) 100만원 이하의 과태료

> ① 중개사무소등록증 등을 게시하지 아니한 자
> ② 사무소의 명칭에 '공인중개사사무소', '부동산중개'라는 문자를 사용하지 아니한 자 또는 옥외광고물에 성명을 표기하지 아니하거나 거짓으로 표기한 자
> ③ 개업공인중개사가 의뢰받은 중개대상물에 대하여 표시·광고를 하는 경우로서 중개사무소, 개업공인중개사에 관한 사항 등을 명시하여야 하며, 중개보조원에 관한 사항은 명시해서는 아니 된다는 규정을 위반하여 표시·광고한 경우
> ④ 개업공인중개사가 인터넷을 이용하여 중개대상물에 대한 표시·광고를 하는 때에는 중개대상물의 종류별로 소재지, 면적, 가격 등의 사항을 명시하여야 한다는 규정을 위반하여 표시·광고한 경우
> ⑤ 중개사무소의 이전신고를 하지 아니한 자
> ⑥ 휴업, 폐업, 휴업한 중개업의 재개 또는 휴업기간의 변경신고를 하지 아니한 자
> ⑦ 손해배상책임에 관한 사항을 설명하지 아니하거나 관계 증서의 사본 또는 관계 증서에 관한 전자문서를 교부하지 아니한 자

⑧ 공인중개사자격증을 반납하지 아니하거나 공인중개사자격증을 반납할 수 없는 사유서를 제출하지 아니한 자 또는 거짓으로 공인중개사자격증을 반납할 수 없는 사유서를 제출한 자
⑨ 중개사무소등록증을 반납하지 아니한 자
⑩ 부칙 규정에 의한 개업공인중개사가 사무소의 명칭에 '공인중개사사무소'의 문자를 사용한 경우

(3) 과태료 부과권자

① 정보통신서비스 제공자, 거래정보사업자, 협회에 대한 과태료: 국토교통부장관

② 연수교육을 받아야 한다는 규정을 위반한 경우, 자격취소 후 자격증 반납 규정을 위반한 경우: 시·도지사

③ ①과 ②를 제외한 경우: 등록관청

기본문제와 완성문제로 **단단기출**

01 기본 기출

공인중개사법령상 3년 이하의 징역 또는 3천만원 이하의 벌금에 처해지는 개업공인중개사등의 행위가 아닌 것은?

제33회

① 관계 법령에서 양도가 금지된 부동산의 분양과 관련 있는 증서의 매매를 중개하는 행위
② 법정 중개보수를 초과하여 수수하는 행위
③ 중개의뢰인과 직접 거래를 하는 행위
④ 거래당사자 쌍방을 대리하는 행위
⑤ 단체를 구성하여 특정 중개대상물에 대하여 중개를 제한하는 행위

> 키워드 > 행정형벌
> 난이도 >
> 해설 > 법정 중개보수를 초과하여 수수하는 행위는 1년 이하의 징역 또는 1천만원 이하의 벌금사유에 해당한다 (법 제49조 제1항 제10호).

02 기본 기출

공인중개사법령상 벌금부과기준에 해당하는 자를 모두 고른 것은?

제31회

㉠ 중개사무소 개설등록을 하지 아니하고 중개업을 한 공인중개사
㉡ 거짓으로 중개사무소의 개설등록을 한 자
㉢ 등록관청의 관할구역 안에 두 개의 중개사무소를 개설등록한 개업공인중개사
㉣ 임시 중개시설물을 설치한 개업공인중개사
㉤ 중개대상물이 존재하지 않아서 거래할 수 없는 중개대상물을 광고한 개업공인중개사

① ㉠
② ㉠, ㉡
③ ㉡, ㉢, ㉤
④ ㉠, ㉡, ㉢, ㉣
⑤ ㉠, ㉡, ㉢, ㉣, ㉤

> 키워드 > 행정형벌
> 난이도 >
> 해설 > ㉤ 중개대상물이 존재하지 않아서 거래할 수 없는 중개대상물을 광고한 개업공인중개사는 부당한 표시·광고행위를 한 것이며, 이 경우 500만원 이하의 과태료 부과대상이 된다.

정답 01 ② 02 ④

THEME 25 행정벌(행정형벌, 행정질서벌)

03 공인중개사법령상 1년 이하의 징역 또는 1천만원 이하의 벌금에 해당하지 않는 자는? 제29회

① 공인중개사가 아닌 자로서 공인중개사 또는 이와 유사한 명칭을 사용한 자
② 개업공인중개사가 아닌 자로서 중개업을 하기 위하여 중개대상물에 대한 표시·광고를 한 자
③ 개업공인중개사가 아닌 자로서 '공인중개사사무소', '부동산중개' 또는 이와 유사한 명칭을 사용한 자
④ 관계 법령에서 양도·알선 등이 금지된 부동산의 분양·임대 등과 관련 있는 증서 등의 매매·교환 등을 중개한 개업공인중개사
⑤ 다른 사람에게 자기의 상호를 사용하여 중개업무를 하게 한 개업공인중개사

키워드 > 행정형벌
난이도 >
해설 > 관계 법령에서 양도·알선 등이 금지된 부동산의 분양·임대 등과 관련 있는 증서 등의 매매·교환 등을 중개한 개업공인중개사는 3년 이하의 징역 또는 3천만원 이하의 벌금사유에 해당한다.

04 공인중개사법령상 법정형이 1년 이하의 징역 또는 1천만원 이하의 벌금에 해당하는 자를 모두 고른 것은? 제28회

㉠ 공인중개사가 아닌 자로서 공인중개사 명칭을 사용한 자
㉡ 이중으로 중개사무소의 개설등록을 하여 중개업을 한 개업공인중개사
㉢ 개업공인중개사로부터 공개를 의뢰받지 아니한 중개대상물의 정보를 부동산거래정보망에 공개한 거래정보사업자
㉣ 중개의뢰인과 직접 거래를 한 개업공인중개사

① ㉠, ㉣
② ㉡, ㉢
③ ㉠, ㉡, ㉢
④ ㉡, ㉢, ㉣
⑤ ㉠, ㉡, ㉢, ㉣

키워드 > 행정형벌
난이도 >
해설 > ㉣ 중개의뢰인과 직접 거래를 한 개업공인중개사의 경우 3년 이하의 징역 또는 3천만원 이하의 벌금사유에 해당한다.

정답 03 ④ 04 ③

05 공인중개사법령상 개업공인중개사의 행위 중 과태료 부과대상이 <u>아닌</u> 것은? 제32회

기본 기출

① 중개대상물의 거래상의 중요사항에 관해 거짓된 언행으로 중개의뢰인의 판단을 그르치게 한 경우
② 휴업신고에 따라 휴업한 중개업을 재개하면서 등록관청에 그 사실을 신고하지 않은 경우
③ 중개대상물에 관한 권리를 취득하려는 중개의뢰인에게 해당 중개대상물의 권리관계를 성실·정확하게 확인·설명하지 않은 경우
④ 인터넷을 이용하여 중개대상물에 대한 표시·광고를 하면서 중개대상물의 종류별로 가격 및 거래형태를 명시하지 않은 경우
⑤ 연수교육을 정당한 사유 없이 받지 않은 경우

키워드 ▶ 행정질서벌(과태료)

난이도 ▶

해설 ▶ ① 법 제38조 제2항 제9호에 해당하므로 상대적 등록취소사유에 해당한다.
② 100만원 이하의 과태료 부과대상이다.
③ 500만원 이하의 과태료 부과대상이다.
④ 100만원 이하의 과태료 부과대상이다.
⑤ 500만원 이하의 과태료 부과대상이다.

06 공인중개사법령상 과태료의 부과대상자와 부과기관이 바르게 연결된 것을 모두 고른 것은? 제31회

완성 기출

㉠ 부동산거래정보망의 이용 및 정보제공방법 등에 관한 운영규정의 내용을 위반하여 부동산거래정보망을 운영한 거래정보사업자 – 국토교통부장관
㉡ 공인중개사법령에 따른 보고의무를 위반하여 보고를 하지 아니한 거래정보사업자 – 국토교통부장관
㉢ 중개사무소등록증을 게시하지 아니한 개업공인중개사 – 등록관청
㉣ 공인중개사 자격이 취소된 자로 공인중개사자격증을 반납하지 아니한 자 – 등록관청
㉤ 중개사무소 개설등록이 취소된 자로 중개사무소등록증을 반납하지 아니한 자 – 시·도지사

① ㉠, ㉢   ② ㉠, ㉡, ㉢
③ ㉡, ㉣, ㉤   ④ ㉠, ㉡, ㉢, ㉣
⑤ ㉠, ㉡, ㉢, ㉣, ㉤

키워드 ▶ 행정질서벌(과태료)

난이도 ▶

해설 ▶ ㉣ 공인중개사 자격이 취소된 자로 공인중개사자격증을 반납하지 아니한 자 – 시·도지사
㉤ 중개사무소 개설등록이 취소된 자로 중개사무소등록증을 반납하지 아니한 자 – 등록관청

정답 05 ① 06 ②

07 다음 중 공인중개사법령상 과태료를 부과할 경우 과태료의 부과기준에서 정하는 과태료 금액이 가장 큰 경우는?   제30회

① 공제업무의 개선명령을 이행하지 않은 경우
② 휴업한 중개업의 재개신고를 하지 않은 경우
③ 중개사무소의 이전신고를 하지 않은 경우
④ 중개사무소등록증을 게시하지 않은 경우
⑤ 휴업기간의 변경신고를 하지 않은 경우

키워드 〉 행정질서벌(과태료)
난이도 〉
해설 〉 ① 공제업무의 개선명령을 이행하지 않은 경우 – 500만원 이하의 과태료
② 휴업한 중개업의 재개신고를 하지 않은 경우 – 100만원 이하의 과태료
③ 중개사무소의 이전신고를 하지 않은 경우 – 100만원 이하의 과태료
④ 중개사무소등록증을 게시하지 않은 경우 – 100만원 이하의 과태료
⑤ 휴업기간의 변경신고를 하지 않은 경우 – 100만원 이하의 과태료

08 공인중개사법령상 과태료 부과대상자와 부과기관의 연결이 틀린 것은?   제29회

① 공제사업 운용실적을 공시하지 아니한 자 – 국토교통부장관
② 공인중개사협회의 임원에 대한 징계·해임의 요구를 이행하지 아니한 자 – 국토교통부장관
③ 연수교육을 정당한 사유 없이 받지 아니한 자 – 등록관청
④ 휴업기간의 변경신고를 하지 아니한 자 – 등록관청
⑤ 성실·정확하게 중개대상물의 확인·설명을 하지 아니한 자 – 등록관청

키워드 〉 행정질서벌(과태료)
난이도 〉
해설 〉 연수교육을 정당한 사유 없이 받지 아니한 자는 시·도지사가 과태료 부과기관이다.

정답 07 ① 08 ③

09 공인중개사법령상 과태료 부과대상자가 아닌 것은?

제28회

① 연수교육을 정당한 사유 없이 받지 아니한 소속공인중개사
② 신고한 휴업기간을 변경하고 변경신고를 하지 아니한 개업공인중개사
③ 중개사무소의 개설등록 취소에 따른 중개사무소등록증 반납의무를 위반한 자
④ 중개사무소의 이전신고의무를 위반한 개업공인중개사
⑤ 개업공인중개사가 아닌 자로서 중개업을 하기 위하여 중개대상물에 대한 표시·광고를 한 자

키워드 행정질서벌(과태료)

난이도

해설 ⑤ 개업공인중개사가 아닌 자로서 중개업을 하기 위하여 중개대상물에 대한 표시·광고를 한 자는 1년 이하의 징역 또는 1천만원 이하의 벌금사유에 해당한다.
① 연수교육을 정당한 사유 없이 받지 아니한 소속공인중개사는 500만원 이하의 과태료 대상에 해당한다.
② 신고한 휴업기간을 변경하고 변경신고를 하지 아니한 개업공인중개사는 100만원 이하의 과태료 대상에 해당한다.
③ 중개사무소등록증을 반납하지 아니한 개업공인중개사는 100만원 이하의 과태료 대상에 해당한다.
④ 중개사무소의 이전신고의무를 위반한 개업공인중개사는 100만원 이하의 과태료 대상에 해당한다.

정답 09 ⑤

THEME 26 부동산거래신고

| THEME 키워드 |
부동산거래신고, 부동산거래계약신고서, 정정신청

기출분석
- **기출회차**: 제34회
- **키워드**: 부동산거래계약 신고서
- **난이도**: ■■■

기본으로 알아야 하는 대표기출

부동산 거래신고 등에 관한 법령상 부동산거래계약신고서의 작성방법으로 **틀린** 것은?

① 관련 필지 등 기재사항이 복잡한 경우에는 다른 용지에 작성하여 간인 처리한 후 첨부한다.
② '거래대상'의 '종류' 중 '공급계약'은 시행사 또는 건축주등이 최초로 부동산을 공급(분양)하는 계약을 말한다.
③ '계약대상면적'란에는 실제 거래면적을 계산하여 적되, 집합건축물이 아닌 건축물의 경우 건축물면적은 연면적을 적는다.
④ '거래대상'의 '종류' 중 '임대주택 분양전환'은 법인이 아닌 임대주택사업자가 임대기한이 완료되어 분양전환하는 주택인 경우에 ∨표시를 한다.
⑤ 전매계약(분양권, 입주권)의 경우 '물건별 거래가격'란에는 분양가격, 발코니 확장 등 선택비용 및 추가 지급액 등을 각각 적되, 각각의 비용에 대한 부가가치세가 있는 경우 이를 포함한 금액으로 적는다.

| 해 설 |

「부동산 거래신고 등에 관한 법률 시행규칙」 별지 제1호 서식에 의하면 공급계약은 시행사 또는 건축주 등이 최초로 부동산을 공급(분양)하는 계약을 말하며, 준공 전과 준공 후 계약 여부에 따라 ∨표시하고, '임대주택 분양전환'은 임대주택사업자(법인으로 한정)가 임대기한이 완료되어 분양전환하는 주택인 경우에 ∨표시한다. 전매는 부동산을 취득할 수 있는 권리의 매매로서, '분양권' 또는 '입주권'에 ∨표시를 한다.

정답 ④

함정을 피하는 TIP
- 부동산거래신고 내용에 관하여 학습하여야 한다.

단단하게 정리하는 핵심이론

1 신고의무자 및 신고대상

(1) 거래당사자는 다음에 해당하는 계약을 체결한 경우 그 실제 거래가격 등 대통령령으로 정하는 사항을 거래계약의 체결일부터 30일 이내에 그 권리의 대상인 부동산 등(권리에 관한 계약의 경우에는 그 권리의 대상인 부동산을 말함)의 소재지를 관할하는 시장·군수 또는 구청장(이하 '신고관청'이라 함)에게 공동으로 신고하여야 한다.

핵심단단 의제 내용

1. 부동산거래신고 ⇌ 외국인 신고 (○/×)
2. 외국인 허가 ⇌ 토지거래허가 (○/○)
3. 부동산거래신고 ⇌ 검인 (○/×)
4. 토지거래허가 ⇌ 검인 (○/×)

① 부동산거래신고 대상인 계약

　㉠ 부동산의 매매계약

　㉡ 「택지개발촉진법」, 「주택법」 등 다음의 법률에 따른 부동산에 대한 공급계약

　　ⓐ 「건축물의 분양에 관한 법률」
　　ⓑ 「공공주택 특별법」
　　ⓒ 「도시개발법」
　　ⓓ 「도시 및 주거환경정비법」
　　ⓔ 「빈집 및 소규모주택 정비에 관한 특례법」
　　ⓕ 「산업입지 및 개발에 관한 법률」
　　ⓖ 「주택법」
　　ⓗ 「택지개발촉진법」

　㉢ 다음에 해당하는 지위의 매매계약

　　ⓐ 「택지개발촉진법」, 「주택법」 등에 따른 부동산에 대한 공급계약을 통하여 부동산을 공급받는 자로 선정된 지위(분양권)
　　ⓑ 「도시 및 주거환경정비법」에 따른 관리처분계획의 인가 및 「빈집 및 소규모주택 정비에 관한 특례법」에 따른 사업시행계획인가로 취득한 입주자로 선정된 지위(입주권)

② 부동산거래신고사항

㉠ 공통 신고사항

> ⓐ 거래당사자의 인적사항
> ⓑ 계약 체결일, 중도금 지급일 및 잔금 지급일
> ⓒ 거래대상 부동산 등(부동산을 취득할 수 있는 권리에 관한 계약의 경우에는 그 권리의 대상인 부동산을 말함)의 소재지·지번·지목 및 면적
> ⓓ 거래대상 부동산 등의 종류(부동산을 취득할 수 있는 권리에 관한 계약의 경우에는 그 권리의 종류를 말함)
> ⓔ 실제 거래가격
> ⓕ 계약의 조건이나 기한이 있는 경우에는 그 조건 또는 기한
> ⓖ 매수인이 국내에 주소 또는 거소(잔금 지급일부터 60일을 초과하여 거주하는 장소를 말함)를 두지 않을 경우(매수인이 외국인인 경우로서 「출입국관리법」 제31조에 따른 외국인등록을 하거나 「재외동포의 출입국과 법적 지위에 관한 법률」 제6조에 따른 국내거소신고를 한 경우에는 그 체류기간 만료일이 잔금 지급일부터 60일 이내인 경우를 포함)에는 위탁관리인의 인적사항
> ⓗ 개업공인중개사가 거래계약서를 작성·교부한 경우에는 다음의 사항
> • 개업공인중개사의 인적사항
> • 개업공인중개사가 「공인중개사법」 제9조에 따라 개설등록한 중개사무소의 상호·전화번호 및 소재지

㉡ 법인이 주택의 거래계약을 체결하는 경우

ⓐ 법인의 현황에 관한 다음의 사항(거래당사자 중 국가등이 포함되어 있거나 거래계약이 「택지개발촉진법」, 「주택법」 등 대통령령으로 정하는 법률에 따른 부동산에 대한 공급계약 또는 「택지개발촉진법」, 「주택법」 등 대통령령으로 정하는 법률에 따른 계약을 통하여 부동산을 공급받는 자로 선정된 지위에 해당하는 경우는 제외)

> i) 법인의 등기 현황
> ii) 법인과 거래상대방 간의 관계가 다음의 어느 하나에 해당하는지 여부
> • 거래상대방이 개인인 경우: 그 개인이 해당 법인의 임원이거나 법인의 임원과 친족관계가 있는 경우
> • 거래상대방이 법인인 경우: 거래당사자인 매도법인과 매수법인의 임원 중 같은 사람이 있거나 거래당사자인 매도법인과 매수법인의 임원 간 친족관계가 있는 경우

⚠ 위의 내용을 신고해야 하는 경우에는 신고서를 제출할 때 법인 주택 거래계약 신고서(이하 '법인 신고서')를 신고관청에 함께 제출해야 한다.

ⓑ 주택 취득 목적 및 취득 자금 등에 관한 다음의 사항(법인이 주택의 매수자인 경우만 해당)

> i) 거래대상인 주택의 취득목적
> ii) 거래대상 주택의 취득에 필요한 자금의 조달계획 및 지급방식. 이 경우 투기과열지구에 소재하는 주택의 거래계약을 체결한 경우에는 자금의 조달계획을 증명하는 서류로서 국토교통부령으로 정하는 서류를 첨부해야 한다.
> iii) 임대 등 거래대상 주택의 이용계획

ⓒ 법인 외의 자가 실제 거래가격이 6억원 이상인 주택을 매수하거나 투기과열지구 또는 조정대상지역에 소재하는 주택을 매수하는 경우(매수인 중 국가등이 포함되어 있는 경우는 제외)

　ⓐ 거래대상 주택의 취득에 필요한 자금의 조달계획 및 지급방식. 이 경우 투기과열지구에 소재하는 주택의 거래계약을 체결한 경우 매수자는 자금의 조달계획을 증명하는 서류로서 국토교통부령으로 정하는 서류를 첨부해야 한다.

　ⓑ 거래대상 주택에 매수자 본인이 입주할지 여부, 입주 예정 시기 등 거래대상 주택의 이용계획

　⚠ 위의 내용을 신고해야 하는 경우에는 신고서를 제출할 때 자금조달·입주계획서를 신고관청에 함께 제출해야 한다.

핵심단단　자금조달·입주계획서에 첨부하여야 하는 서류

위 ⓒ의 ⓑ의 ⅱ), ⓒ의 ⓐ에서 국토교통부령으로 정하는 서류란 다음의 서류를 말한다. 이 경우 자금조달·입주계획서의 제출일을 기준으로 주택취득에 필요한 자금의 대출이 실행되지 않았거나 본인 소유 부동산의 매매계약이 체결되지 않은 경우 등 항목별 금액 증명이 어려운 경우에는 그 사유서를 첨부해야 한다.

1. 자금조달·입주계획서에 금융기관 예금액 항목을 적은 경우: 예금잔액증명서 등 예금 금액을 증명할 수 있는 서류
2. 자금조달·입주계획서에 주식·채권 매각대금 항목을 적은 경우: 주식거래내역서 또는 예금잔액증명서 등 주식·채권 매각 금액을 증명할 수 있는 서류
3. 자금조달·입주계획서에 증여·상속 항목을 적은 경우: 증여세·상속세 신고서 또는 납세증명서 등 증여 또는 상속받은 금액을 증명할 수 있는 서류
4. 자금조달·입주계획서에 현금 등 그 밖의 자금 항목을 적은 경우: 소득금액증명원 또는 근로소득 원천징수영수증 등 소득을 증명할 수 있는 서류
5. 자금조달·입주계획서에 부동산 처분대금 등 항목을 적은 경우: 부동산 매매계약서 또는 부동산 임대차계약서 등 부동산 처분 등에 따른 금액을 증명할 수 있는 서류
6. 자금조달·입주계획서에 금융기관 대출액 합계 항목을 적은 경우: 금융거래확인서, 부채증명서 또는 금융기관 대출신청서 등 금융기관으로부터 대출받은 금액을 증명할 수 있는 서류
7. 자금조달·입주계획서에 임대보증금 항목을 적은 경우: 부동산 임대차계약서
8. 자금조달·입주계획서에 회사지원금·사채 또는 그 밖의 차입금 항목을 적은 경우: 금전을 빌린 사실과 그 금액을 확인할 수 있는 서류

핵심단단　주택 – 자금조달계획서 및 입주계획서

1. **자금계획서, 입주계획서** ⇨ ┌ 규제지역(투기·조정) ⇨ 모든 거래(개인, 법인)
　　　　　　　　　　　　　　└ 비규제지역 ⇨ ┌ 개인 ⇨ 6억원 이상
　　　　　　　　　　　　　　　　　　　　　　└ 법인 ⇨ 모든 거래
2. **증명서류** ⇨ 투기과열지구 ⇨ 모든 거래(개인, 법인)

ⓔ 실제거래가격이 수도권 등에 소재하는 토지의 경우 1억원 이상, 수도권 등 이외의 지역에 소재하는 토지의 경우 6억원 이상인 토지를 매수하는 경우(매수인이 국가등이거나 매수인에 국가등이 포함되어 있는 토지거래, 토지거래허가를 받아야 하는 토지거래는 제외) 다음의 내용을 신고하여야 한다.

> ⓐ 거래대상 토지의 취득에 필요한 자금의 조달계획
> ⓑ 거래대상 토지의 이용계획

ⓜ 실제거래가격이 수도권 등에 소재하는 토지를 지분으로 매수하는 경우 모든 거래, 수도권 등 이외의 지역에 소재하는 토지의 경우 6억원 이상인 토지를 매수하는 경우(매수인이 국가등이거나 매수인에 국가등이 포함되어 있는 토지거래, 토지거래허가를 받아야 하는 토지거래는 제외) 다음의 내용을 신고하여야 한다.

> ⓐ 거래대상 토지의 취득에 필요한 자금의 조달계획
> ⓑ 거래대상 토지의 이용계획

⚠ 위의 내용을 신고해야 하는 경우에는 신고서를 제출할 때 자금조달·토지이용계획서를 신고관청에 함께 제출해야 한다.

핵심단단 토지 – 자금조달 및 이용계획서

1. 토지매수 ⇨ ┌ 수도권 등에 소재하는 토지 ⇨ 1억원 이상
               └ 수도권 등 외의 지역에 소재하는 토지 ⇨ 6억원 이상
2. 토지지분매수 ⇨ ┌ 수도권 등에 소재하는 토지 ⇨ 모든 거래
                   └ 수도권 등 외의 지역에 소재하는 토지 ⇨ 6억원 이상

③ 법인 또는 매수인이 법인 신고서, 자금조달·입주계획서, 제7항 각 호의 구분에 따른 서류, 같은 항 후단에 따른 사유서 및 자금조달·토지이용계획서(이하 '법인신고서등'이라 함)를 부동산거래계약 신고서와 분리하여 제출하기를 희망하는 경우 법인 또는 매수인은 법인신고서등을 거래계약의 체결일부터 30일 이내에 별도로 제출할 수 있다.

④ 부동산거래계약을 신고하려는 자 중 법인 또는 매수인 외의 자가 법인신고서등을 제출하는 경우 법인 또는 매수인은 부동산거래계약을 신고하려는 자에게 거래계약의 체결일부터 25일 이내에 법인신고서등을 제공해야 하며, 이 기간 내에 제공하지 않은 경우에는 법인 또는 매수인이 별도로 법인 신고서 또는 자금조달·입주계획서를 제출해야 한다.

⑤ 신고 또는 제출을 하려는 사람은 주민등록증, 운전면허증, 여권 등 본인의 신분을 증명할 수 있는 증명서(이하 '신분증명서'라 함)를 신고관청에 보여 주어야 한다.

⑥ 신고관청은 부동산거래계약신고서(법인신고서등을 제출해야 하는 경우에는 법인신고서등을 포함함. 이하 같음)가 제출된 때에 부동산거래계약 신고필증(이하 '부동산거래 신고필증'이라 함)을 발급한다.

⑦ 부동산거래계약 관련 정보시스템(이하 '부동산거래계약시스템'이라 함)을 통하여 부동산거래계약을 체결한 경우에는 부동산거래계약이 체결된 때에 부동산거래계약신고서를 제출한 것으로 본다.

(2) 거래당사자 간 직접 거래한 경우

거래당사자는 부동산거래계약신고서에 공동으로 서명 또는 날인하여 신고관청에 제출하여야 한다.

(3) 단독신고의 경우

① 거래당사자 중 일방이 신고를 거부하는 경우에는 단독으로 신고할 수 있다. 단독으로 부동산거래계약을 신고하려는 자는 부동산거래계약신고서에 단독으로 서명 또는 날인한 후 다음의 서류를 첨부하여 신고관청에 제출해야 한다. 이 경우 신고관청은 단독신고사유에 해당하는지 여부를 확인해야 한다.

> ⊙ 부동산거래계약서 사본
> ⓒ 단독신고사유서

② 단독으로 부동산거래계약을 신고하려는 국가, 지방자치단체 또는 「공공기관의 운영에 관한 법률」에 따른 공공기관, 「지방공기업법」에 따른 지방직영기업·지방공사 또는 지방공단은 부동산거래계약신고서에 단독으로 서명 또는 날인하여 신고관청에 제출하여야 한다.

(4) 개업공인중개사의 중개로 거래한 경우

① 「공인중개사법」에 따라 개업공인중개사가 거래계약서를 작성·교부한 경우에는 해당 개업공인중개사가 신고를 하여야 한다. 이 경우 공동으로 중개를 한 경우에는 해당 개업공인중개사가 공동으로 신고하여야 한다.
② 부동산거래계약을 신고하려는 개업공인중개사는 부동산거래계약신고서에 서명 또는 날인하여 신고관청에 제출하여야 한다. 이 경우 공동으로 중개를 한 경우에는 해당 개업공인중개사가 공동으로 서명 또는 날인하여야 한다.
③ 일방이 거부한 경우에는 (3)의 ① 내용을 준용한다.

(5) 신고필증의 발급

신고를 받은 신고관청은 그 신고내용을 확인한 후 신고인에게 신고필증을 지체 없이 발급하여야 한다.

핵심단단 외국인 등의 취득신고 절차

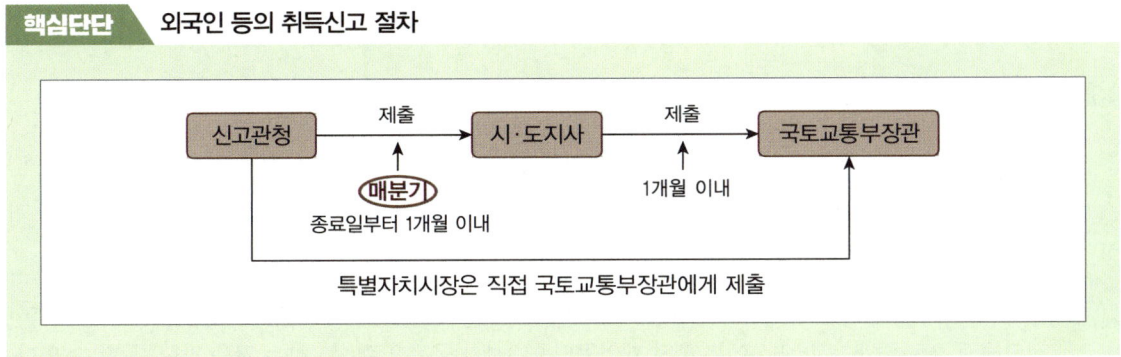

(6) 의제규정

신고필증을 발급받은 때에 「부동산등기 특별조치법」에 따른 검인을 받은 것으로 본다.

2 부동산거래신고서 등의 제출대행

① 거래당사자 또는 매수인의 위임을 받은 사람은 부동산거래계약신고서의 제출을 대행할 수 있다. 이 경우 부동산거래계약신고서의 제출을 대행하는 사람은 신분증명서를 신고관청에 보여 주고, 다음의 서류를 함께 제출하여야 한다.

> ㉠ 신고서 등의 제출을 위임한 거래당사자가 서명 또는 날인한 위임장(거래당사자가 법인인 경우에는 법인인 감을 날인한 위임장)
> ㉡ 신고서 등의 제출을 위임한 거래당사자의 신분증명서 사본

② 개업공인중개사의 위임을 받은 소속공인중개사는 부동산거래계약신고서의 제출을 대행할 수 있다. 이 경우 소속공인중개사는 신분증명서를 신고관청에 보여 주어야 한다.

3 신고내용의 검증 등

① 국토교통부장관은 신고받은 내용, 「부동산 가격공시 및 감정평가에 관한 법률」에 따라 공시된 토지 및 주택의 가액, 그 밖의 부동산 가격정보를 활용하여 부동산거래가격 검증체계를 구축·운영하여야 한다.
② 신고관청은 신고를 받은 경우 검증체계를 활용하여 그 적정성을 검증하여야 한다.

핵심단단 부동산거래신고 내용 조사 결과보고 절차

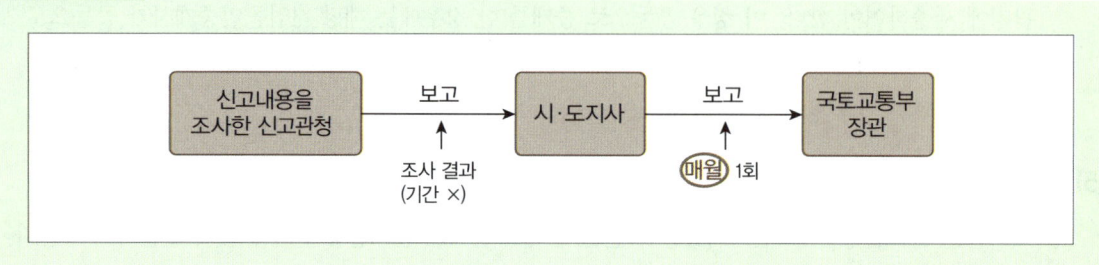

4 해제등의 신고

① 거래당사자는 부동산거래신고를 한 후 해당 거래계약이 해제, 무효 또는 취소(이하 '해제등'이라 함)된 경우 해제등이 확정된 날부터 30일 이내에 해당 신고관청에 공동으로 신고하여야 한다. 다만, 거래당사자 중 일방이 신고를 거부하는 경우에는 단독으로 신고할 수 있다.
② 개업공인중개사가 거래계약서를 작성·교부하여 신고를 한 경우에는 30일 이내에 개업공인중개사가 신고(공동으로 중개를 한 경우에는 해당 개업공인중개사가 공동으로 신고하는 것을 말함)를 할 수 있다. 다만, 개업공인중개사가 해제등의 신고를 하는 경우 일방이 신고를 거부한 경우에는 단독으로 신고할 수 있다.

③ 부동산거래계약의 해제, 무효 또는 취소(이하 '해제등'이라 함)를 신고하려는 거래당사자 또는 개업공인중개사는 부동산거래계약 해제등 신고서(이하 '부동산거래계약 해제등 신고서'라 함)에 공동으로 서명 또는 날인하여 신고관청에 제출해야 한다. 이 경우 거래당사자 중 일방이 국가등인 경우 국가등이 단독으로 서명 또는 날인하여 신고관청에 제출할 수 있다.

④ 단독으로 부동산거래계약의 해제등을 신고하려는 자는 부동산거래계약 해제등 신고서에 단독으로 서명 또는 날인한 후 다음의 서류를 첨부하여 신고관청에 제출해야 한다. 이 경우 신고관청은 단독신고사유에 해당하는지 여부를 확인해야 한다.

> ㉠ 확정된 법원의 판결문 등 해제등이 확정된 사실을 입증할 수 있는 서류
> ㉡ 단독신고사유서

⑤ 신고를 받은 신고관청은 그 내용을 확인한 후 부동산거래계약 해제등 확인서를 신고인에게 지체 없이 발급해야 한다.

⑥ 부동산거래계약시스템을 통하여 부동산거래계약 해제등을 한 경우에는 부동산거래계약 해제등이 이루어진 때에 부동산거래계약 해제등 신고서를 제출한 것으로 본다.

5 정정신청 및 변경신고

(1) 정정신청

① 거래당사자 또는 개업공인중개사는 부동산거래계약 신고내용 중 다음의 어느 하나에 해당하는 사항이 잘못 기재된 경우에는 신고관청에 신고내용의 정정을 신청할 수 있다.

> ㉠ 거래당사자의 주소·전화번호 또는 휴대전화번호
> ㉡ 거래 지분 비율
> ㉢ 개업공인중개사의 전화번호·상호 또는 사무소 소재지
> ㉣ 거래대상 건축물의 종류
> ㉤ 거래대상 부동산 등(부동산을 취득할 수 있는 권리에 관한 계약의 경우에는 그 권리의 대상인 부동산을 말함)의 지목·면적·거래 지분 및 대지권비율

② 정정신청을 하려는 거래당사자 또는 개업공인중개사는 발급받은 신고확인서에 정정사항을 표시하고 해당 정정 부분에 서명 또는 날인을 하여 신고관청에 제출하여야 한다. 다만, 거래당사자의 주소·전화번호 또는 휴대전화번호를 정정하는 경우에는 해당 거래당사자 일방이 단독으로 서명 또는 날인하여 정정을 신청할 수 있다.

③ 정정신청을 받은 신고관청은 정정사항을 확인한 후 지체 없이 해당 내용을 정정하고, 정정사항을 반영한 신고필증을 재발급해야 한다.

(2) 변경신고

① 거래당사자 또는 개업공인중개사는 부동산거래계약신고 내용 중 다음의 어느 하나에 해당하는 사항이 변경된 경우에는 「부동산등기법」에 따른 부동산에 관한 등기신청 전에 신고관청에 신고내용의 변경을 신고할 수 있다.

> ㉠ 거래 지분 비율
> ㉡ 거래 지분
> ㉢ 거래대상 부동산 등의 면적
> ㉣ 계약의 조건 또는 기한
> ㉤ 거래가격
> ㉥ 중도금·잔금 및 지급일
> ㉦ 공동매수의 경우 일부 매수인의 변경(매수인 중 일부가 제외되는 경우만 해당)
> ㉧ 거래대상 부동산 등이 다수인 경우 일부 부동산 등의 변경(거래대상 부동산 등 중 일부가 제외되는 경우만 해당)
> ㉨ 위탁관리인의 성명, 주민등록번호, 주소 및 전화번호(휴대전화번호 포함)

② 변경신고를 하는 거래당사자 또는 개업공인중개사는 부동산거래계약 변경신고서에 서명 또는 날인하여 신고관청에 제출하여야 한다. 다만, 부동산 등의 면적 변경이 없는 상태에서 거래가격이 변경된 경우에는 거래계약서 사본 등 그 사실을 증명할 수 있는 서류를 첨부하여야 한다.

③ 다음에 해당하는 계약인 경우 변경신고사항인 거래가격 중 분양가격 및 선택품목은 거래당사자 일방이 단독으로 변경신고를 할 수 있다. 이 경우 거래계약서 사본 등 그 사실을 증명할 수 있는 서류를 첨부해야 한다.

> ㉠ 「택지개발촉진법」, 「주택법」 등 다음의 법률에 따른 부동산에 대한 공급계약
> • 「건축물의 분양에 관한 법률」
> • 「공공주택 특별법」
> • 「도시개발법」
> • 「도시 및 주거환경정비법」
> • 「빈집 및 소규모주택 정비에 관한 특례법」
> • 「산업입지 및 개발에 관한 법률」
> • 「주택법」
> • 「택지개발촉진법」
> ㉡ 다음에 해당하는 지위의 매매계약
> • 「택지개발촉진법」, 「주택법」 등에 따른 부동산에 대한 공급계약을 통하여 부동산을 공급받는 자로 선정된 지위
> • 「도시 및 주거환경정비법」에 따른 관리처분계획의 인가 및 「빈집 및 소규모주택 정비에 관한 특례법」에 따른 사업시행계획인가로 취득한 입주자로 선정된 지위

④ 변경신고를 받은 신고관청은 변경사항을 확인한 후 지체 없이 해당 내용을 변경하고, 변경사항을 반영한 신고필증을 재발급해야 한다.

■ 부동산 거래신고 등에 관한 법률 시행규칙 [별지 제1호 서식] 〈개정 2023.8.22.〉   부동산거래관리시스템(rtms.molit.go.kr)에서도 신청할 수 있습니다.

부동산거래계약 신고서

※ 뒤쪽의 유의사항·작성방법을 읽고 작성하시기 바라며, [ ]에는 해당하는 곳에 ∨표를 합니다. (앞쪽)

접수번호		접수일시		처리기간	지체 없이

① 매도인	성명(법인명)		주민등록번호(법인·외국인등록번호)		국적	
	주소(법인 소재지)				거래 지분 비율 (분의)	
	전화번호		휴대전화번호			

② 매수인	성명(법인명)		주민등록번호(법인·외국인등록번호)		국적	
	주소(법인 소재지)				거래 지분 비율 (분의)	
	전화번호		휴대전화번호			
	③ 법인신고서등	[ ] 제출 [ ] 별도 제출 [ ] 해당 없음				
	외국인의 부동산 등 매수용도	[ ] 주거용(아파트) [ ] 레저용	[ ] 주거용(단독주택) [ ] 상업용	[ ] 주거용(그 밖의 주택) [ ] 공업용	[ ] 그 밖의 용도	
	위탁관리인 (국내에 주소 또는 거소가 없는 경우)	성명		주민등록번호		
		주소				
		전화번호		휴대전화번호		

개업 공인중개사	성명(법인명)		주민등록번호(법인·외국인등록번호)	
	전화번호		휴대전화번호	
	상호		등록번호	
	사무소 소재지			

거래대상	종류	④ [ ] 토지 [ ] 건축물( ) [ ] 토지 및 건축물( )			
		⑤ [ ] 공급계약 [ ] 전매 [ ] 분양권 [ ] 입주권 [ ] 준공 전 [ ] 준공 후 [ ] 임대주택 분양전환			
	⑥ 소재지/지목/면적	소재지			
		지목	토지면적 m²	토지 거래지분 (분의)	
		대지권비율 (분의)	건축물면적 m²	건축물 거래지분 (분의)	
	⑦ 계약대상면적	토지 m²	건축물 m²		
	⑧ 물건별 거래가격	공급계약 또는 전매	분양가격 원	발코니 확장 등 선택비용 원	추가 지급액 등 원
⑨ 총 실제 거래가격(전체)	합계 원	계약금 원		계약 체결일	
		중도금 원		중도금 지급일	
		잔금 원		잔금 지급일	
⑩ 종전 부동산	소재지/지목/면적	소재지			
		지목	토지면적 m²	토지 거래지분 (분의)	
		대지권비율 (분의)	건축물면적 m²	건축물 거래지분 (분의)	
	계약대상 면적	토지 m²	건축물 m²	건축물 유형( )	
	거래금액	합계 원	추가 지급액 등 원	권리가격 원	
		계약금 원	중도금 원	잔금 원	
⑪ 계약의 조건 및 참고사항					

「부동산 거래신고 등에 관한 법률」 제3조 제1항부터 제4항까지 및 같은 법 시행규칙 제2조 제1항부터 제4항까지의 규정에 따라 위와 같이 부동산거래계약 내용을 신고합니다.

년 월 일

신고인 매도인: (서명 또는 인)
매수인: (서명 또는 인)
개업공인중개사: (서명 또는 인)
(개업공인중개사가 중개 시)

시장·군수·구청장 귀하

210mm×297mm[백상지(80g/m²) 또는 중질지(80g/m²)]

(뒤쪽)

첨부서류	1. 부동산 거래계약서 사본(부동산 거래신고 등에 관한 법률 제3조 제2항 또는 제4항에 따라 단독으로 부동산거래의 신고를 하는 경우에만 해당합니다) 2. 단독신고사유서(부동산 거래신고 등에 관한 법률 제3조 제2항 또는 제4항에 따라 단독으로 부동산거래의 신고를 하는 경우에만 해당합니다)

유의사항

1. 「부동산 거래신고 등에 관한 법률」 제3조 및 같은 법 시행령 제3조의 실제 거래가격은 매수인이 매수한 부동산을 양도하는 경우 「소득세법」 제97조 제1항·제7항 및 같은 법 시행령 제163조 제11항 제2호에 따라 취득 당시의 실제 거래가격으로 보아 양도차익이 계산될 수 있음을 유의하시기 바랍니다.
2. 거래당사자 간 직접 거래의 경우에는 공동으로 신고서에 서명 또는 날인을 하여 거래당사자 중 일방이 신고서를 제출하고, 중개거래의 경우에는 개업공인중개사가 신고서를 제출해야 하며, 거래당사자 중 일방이 국가 및 지자체, 공공기관인 경우(국가 등)에는 국가 등이 신고해야 합니다.
3. 부동산거래계약 내용을 기간 내에 신고하지 않거나, 거짓으로 신고하는 경우 「부동산 거래신고 등에 관한 법률」 제28조 제1항부터 제3항까지의 규정에 따라 과태료가 부과되며, 신고한 계약이 해제, 무효 또는 취소가 된 경우 거래당사자는 해제 등이 확정된 날로부터 30일 이내에 같은 법 제3조의2에 따라 신고를 해야 합니다.
4. 담당 공무원은 「부동산 거래신고 등에 관한 법률」 제6조에 따라 거래당사자 또는 개업공인중개사에게 거래계약서, 거래대금지급 증명 자료 등 관련 자료의 제출을 요구할 수 있으며, 이 경우 자료를 제출하지 않거나, 거짓으로 자료를 제출하거나, 그 밖의 필요한 조치를 이행하지 않으면 같은 법 제28조 제1항 또는 제2항에 따라 과태료가 부과됩니다.
5. 거래대상의 종류가 공급계약(분양) 또는 전매계약(분양권, 입주권)인 경우 ⑧ 물건별 거래가격 및 ⑨ 총 실제거래가격에 부가가치세를 포함한 금액을 적고, 그 외의 거래대상의 경우 부가가치세를 제외한 금액을 적습니다.
6. '거래계약의 체결일'이란 거래당사자가 구체적으로 특정되고, 거래목적물 및 거래대금 등 거래계약의 중요 부분에 대하여 거래당사자가 합의한 날을 말합니다. 이 경우 합의와 더불어 계약금의 전부 또는 일부를 지급한 경우에는 그 지급일을 거래계약의 체결일로 보되, 합의한 날이 계약금의 전부 또는 일부를 지급한 날보다 앞서는 것이 서면 등을 통해 인정되는 경우에는 합의한 날을 거래계약의 체결일로 봅니다.

작성방법

①·② 거래당사자가 다수인 경우 매도인 또는 매수인의 주소란에 ⑥의 거래대상별 거래 지분을 기준으로 각자의 거래 지분 비율(매도인과 매수인의 거래 지분 비율은 일치해야 합니다)을 표시하고, 거래당사자가 외국인인 경우 거래당사자의 국적을 반드시 적어야 하며, 외국인이 부동산 등을 매수하는 경우 매수용도란의 주거용(아파트), 주거용(단독주택), 주거용(그 밖의 주택), 레저용, 상업용, 공장용, 그 밖의 용도 중 하나에 √표시를 합니다.
③ '법인신고서등'란은 별지 제1호의2 서식의 법인 주택 거래계약신고서, 별지 제1호의3 서식의 주택취득자금 조달 및 입주계획서, 제2조 제7항 각 호의 구분에 따른 서류, 같은 항 후단에 따른 사유서 및 별지 제1호의4 서식의 토지취득자금 조달 및 토지이용계획서를 이 신고서와 함께 제출하는지 또는 별도로 제출하는지를 √표시를 하고, 그 밖의 경우에는 해당 없음에 √표시를 합니다.
④ 부동산 매매의 경우 '종류'란에는 토지, 건축물 또는 토지 및 건축물(복합부동산의 경우)에 √표시를 하고, 해당 부동산이 '건축물' 또는 '토지 및 건축물'인 경우에는 (   )에 건축물의 종류를 '아파트, 연립, 다세대, 단독, 다가구, 오피스텔, 근린생활시설, 사무소, 공장 등' 「건축법 시행령」 별표 1에 따른 용도별 건축물의 종류를 적습니다.
⑤ 공급계약은 시행사 또는 건축주 등이 최초로 부동산을 공급(분양)하는 계약을 말하며, 준공 전과 준공 후 계약 여부에 따라 √표시를 하고, '임대주택 분양전환'은 임대주택사업자(법인으로 한정)가 임대기한이 완료되어 분양전환하는 주택인 경우에 √표시를 합니다. 전매는 부동산을 취득할 수 있는 권리의 매매로서, '분양권' 또는 '입주권'에 √표시를 합니다.
⑥ 소재지는 지번(아파트 등 집합건축물의 경우에는 동·호수)까지, 지목/면적은 토지대장상의 지목·면적, 건축물대장상의 건축물 면적(집합건축물의 경우 호수별 전용면적, 그 밖의 건축물의 경우 연면적), 등기사항증명서상의 대지권 비율, 각 거래대상의 토지와 건축물에 대한 거래 지분을 정확하게 적습니다.
⑦ 계약대상면적에는 실제 거래면적을 계산하여 적되, 건축물면적은 집합건축물의 경우 전용면적을 적고, 그 밖의 건축물의 경우 연면적을 적습니다.
⑧ 물건별 거래가격란에는 각각의 부동산별 거래가격을 적습니다. 최초 공급계약(분양) 또는 전매계약(분양권, 입주권)의 경우 분양가격, 발코니 확장 등 선택비용 및 추가 지급액(프리미엄 등 분양가격을 초과 또는 미달하는 금액)을 각각 적습니다. 이 경우 각각의 비용에 부가가치세가 있는 경우 부가가치세를 포함한 금액으로 적습니다.
⑨ 총 실제 거래가격란에는 전체 거래가격(둘 이상의 부동산을 함께 거래하는 경우 각각의 부동산별 거래가격의 합계 금액)을 적고, 계약금/중도금/잔금 및 그 지급일을 적습니다.
⑩ 종전 부동산란은 입주권 매매의 경우에만 작성하고, 거래금액란에는 추가 지급액 등(프리미엄 등 분양가격을 초과 또는 미달하는 금액) 및 권리가격, 합계 금액, 계약금, 중도금, 잔금을 적습니다.
⑪ 계약의 조건 및 참고사항란은 부동산거래계약 내용에 계약조건이나 기한을 붙인 경우, 거래와 관련한 참고내용이 있을 경우에 적습니다.
※ 다수의 부동산, 관련 필지, 매도·매수인, 개업공인중개사등 기재사항이 복잡한 경우에는 다른 용지에 작성하여 간인 처리 후 첨부합니다.
※ 소유권이전등기 신청은 「부동산등기 특별조치법」 제2조 제1항 각 호의 구분에 따른 날부터 60일 이내에 신청해야 하며, 이를 이행하지 않는 경우에는 같은 법 제11조에 따라 과태료가 부과될 수 있으니 유의하시기 바랍니다.

처리절차

신고서 작성(인터넷, 방문신고) ⇨ 접수 ⇨ 신고처리 ⇨ 신고필증 발급

신고인　　　　　　　　　　　　　　　　　　　　　　　　　　　　　처리기관: 시·군·구(담당 부서)

기본문제와 완성문제로 **단단기출**

01 부동산 거래신고 등에 관한 법령상 부동산 매매계약의 거래신고에 관한 설명으로 **틀린** 것은? (단, 거래당사자는 모두 자연인이고, 공동중개는 고려하지 않음) 제34회

① 신고할 때는 실제 거래가격을 신고해야 한다.
② 거래당사자 간 직접 거래의 경우 매도인이 거래신고를 거부하면 매수인이 단독으로 신고할 수 있다.
③ 거래신고 후에 매도인이 매매계약을 취소하면 매도인이 단독으로 취소를 신고해야 한다.
④ 개업공인중개사가 매매계약의 거래계약서를 작성·교부한 경우에는 그 개업공인중개사가 신고를 해야 한다.
⑤ 개업공인중개사가 매매계약을 신고한 경우에 그 매매계약이 해제되면 그 개업공인중개사가 해제를 신고할 수 있다.

키워드 부동산거래신고

난이도

해설 거래당사자는 부동산거래신고를 한 후 해당 거래계약이 해제, 무효 또는 취소(이하 '해제등'이라 함)된 경우 해제등이 확정된 날부터 30일 이내에 해당 신고관청에 공동으로 신고하여야 한다.

02 부동산 거래신고 등에 관한 법령상 부동산거래계약신고서 작성에 관한 설명으로 **틀린** 것은? 제33회

① 거래당사자가 외국인인 경우 거래당사자의 국적을 반드시 적어야 한다.
② '계약대상면적'란에는 실제 거래면적을 계산하여 적되, 건축물면적은 집합건축물의 경우 전용면적을 적는다.
③ '종전 부동산'란은 입주권 매매의 경우에만 작성한다.
④ '계약의 조건 및 참고사항'란은 부동산거래계약 내용에 계약조건이나 기한을 붙인 경우, 거래와 관련한 참고내용이 있을 경우에 적는다.
⑤ 거래대상의 종류가 공급계약(분양)인 경우 물건별 거래가격 및 총 실제거래가격에 부가가치세를 제외한 금액을 적는다.

키워드 부동산거래계약신고서

난이도

해설 최초 공급계약(분양) 또는 전매계약(분양권, 입주권)의 경우 분양가격, 발코니 확장 등 선택비용 및 추가지급액(프리미엄 등 분양가격을 초과 또는 미달하는 금액)을 각각 적는다. 이 경우 각각의 비용에 부가가치세가 있는 경우 부가가치세를 포함한 금액으로 적는다.

정답 01 ③ 02 ⑤

03 완성 기출

甲이 「건축법 시행령」에 따른 단독주택을 매수하는 계약을 체결하였을 때, 부동산 거래신고 등에 관한 법령에 따라 甲 본인이 그 주택에 입주할지 여부를 신고해야 하는 경우를 모두 고른 것은?
(甲·乙·丙은 자연인이고, 丁은 지방공기업법상 지방공단임)   제32회

> ⊙ 甲이 「주택법」상 투기과열지구에 소재하는 乙 소유의 주택을 실제 거래가격 3억원으로 매수하는 경우
> ⓒ 甲이 「주택법」상 '투기과열지구 또는 조정대상지역' 외의 장소에 소재하는 丙 소유의 주택을 실제 거래가격 5억원으로 매수하는 경우
> ⓒ 甲이 「주택법」상 투기과열지구에 소재하는 丁 소유의 주택을 실제 거래가격 10억원으로 매수하는 경우

① ㉠　　　　　　　　　　　　　　② ㉡
③ ㉠, ㉡　　　　　　　　　　　　④ ㉠, ㉢
⑤ ㉡, ㉢

키워드 부동산거래신고

난이도 ■■■□□

해설 ㉠ 법인 외의 자가 투기과열지구 또는 조정대상지역에 소재하는 주택을 매수하는 경우 금액에 상관없이 입주할지 여부를 신고해야 한다.
㉢ 「부동산 거래신고 등에 관한 법률」 제3조 제1항의 규정에 따라 매수인 중 국가 등(丁)이 포함되어 있는 경우, 그 주택에 입주할지 여부는 신고사항이 아니다. 하지만 국가 등(丁)이 매도인이므로 그 주택에 입주할지 여부는 신고사항에 해당한다.

정답 03 ④

04 부동산 거래신고 등에 관한 법령상 부동산거래신고에 관한 설명으로 옳은 것은? 제31회

① 부동산매매계약을 체결한 경우 거래당사자는 거래계약의 체결일부터 3개월 이내에 신고관청에 단독 또는 공동으로 신고하여야 한다.
② 「주택법」에 따라 지정된 조정대상지역에 소재하는 주택으로서 실제거래가격이 5억원이고, 매수인이 국가인 경우 국가는 매도인과 공동으로 실제거래가격 등을 신고하여야 한다.
③ 권리대상인 부동산 소재지를 관할하는 특별자치도 행정시의 시장은 부동산거래신고의 신고관청이 된다.
④ 개업공인중개사가 거래계약서를 작성·교부한 경우에는 거래당사자 또는 해당 개업공인중개사가 신고할 수 있다.
⑤ 부동산거래계약을 신고하려는 개업공인중개사는 부동산거래계약신고서에 서명 또는 날인하여 관할 등록관청에 제출하여야 한다.

> 키워드 ▸ 부동산거래신고
> 난이도 ▸
> 해설 ▸ ① 부동산매매계약을 체결한 경우 거래당사자는 거래계약의 체결일부터 30일 이내에 신고관청에 공동으로 신고하여야 한다.
> ② 「주택법」에 따라 지정된 조정대상지역에 소재하는 주택으로서 실제거래가격이 5억원이고, 매수인이 국가인 경우 국가가 단독으로 실제거래가격 등을 신고하여야 한다.
> ④ 개업공인중개사가 거래계약서를 작성·교부한 경우에는 해당 개업공인중개사가 신고하여야 한다.
> ⑤ 부동산거래계약을 신고하려는 개업공인중개사는 부동산거래계약신고서에 서명 또는 날인하여 관할 신고관청에 제출하여야 한다.

정답 04 ③

05 완성 기출

부동산 거래신고 등에 관한 법령상 부동산 매매계약에 관한 신고사항 및 신고서의 작성에 관한 설명으로 옳은 것은? 제31회

① 「국토의 계획 및 이용에 관한 법률」에 따른 개발제한사항은 신고사항에 포함되지 않는다.
② 「주택법」에 따라 지정된 투기과열지구에 소재하는 주택으로서 실제 거래가격이 3억원 이상인 주택의 거래계약을 체결한 경우 신고서를 제출할 때 매수인과 매도인이 공동으로 서명 및 날인한 자금조달·입주계획서를 함께 제출하여야 한다.
③ 부동산거래계약신고서의 물건별 거래가격란에 발코니 확장 등 선택비용에 대한 기재란은 없다.
④ 부동산거래계약신고서를 작성할 때 건축물의 면적은 집합건축물의 경우 연면적을 적고, 그 밖의 건축물의 경우 전용면적을 적는다.
⑤ 개업공인중개사가 거짓으로 부동산거래계약신고서를 작성하여 신고한 경우에는 벌금형 부과 사유가 된다.

키워드 〉 부동산거래신고

난이도 〉

해설 〉 ② 투기과열지구 또는 조정대상지역에 소재하는 주택의 경우에는 주택의 실제 거래가격에 관계없이 매수인이 단독으로 서명 또는 날인한 자금조달계획 및 입주계획을 제출해야 한다.
③ 부동산거래계약신고서의 물건별 거래가격란에 발코니 확장 등 선택비용에 대한 내용을 기재하여야 한다.
④ 부동산거래계약신고서를 작성할 때 건축물의 면적은 집합건축물의 경우 전용면적을 적고, 그 밖의 건축물의 경우 연면적을 적는다.
⑤ 개업공인중개사가 거짓으로 부동산거래계약신고서를 작성하여 신고한 경우 벌금형 부과사유가 아니다. 이 경우 취득가액의 100분의 10 이하에 상당하는 금액의 과태료의 대상이 된다.

06 기본 기출

부동산 거래신고 등에 관한 법령상 부동산거래신고의 대상이 되는 계약이 아닌 것은? 제30회

① 「주택법」에 따라 공급된 주택의 매매계약
② 「택지개발촉진법」에 따라 공급된 토지의 임대차계약
③ 「도시개발법」에 따른 부동산에 대한 공급계약
④ 「체육시설의 설치·이용에 관한 법률」에 따라 등록된 시설이 있는 건물의 매매계약
⑤ 「도시 및 주거환경정비법」에 따른 관리처분계약의 인가로 취득한 입주자로 선정된 지위의 매매계약

키워드 〉 부동산거래신고

난이도 〉

해설 〉 「택지개발촉진법」에 따라 공급된 토지의 임대차계약은 부동산거래신고의 대상이 되지 않는다.

정답 05 ① 06 ②

07 부동산 거래신고 등에 관한 법령상 부동산거래신고에 관한 설명으로 옳은 것은? (다툼이 있으면 판례에 따름)   제30회

① 개업공인중개사가 거래계약서를 작성·교부한 경우 거래당사자는 60일 이내에 부동산거래신고를 하여야 한다.
② 소속공인중개사 및 중개보조원은 부동산거래신고를 할 수 있다.
③ 「지방공기업법」에 따른 지방공사와 개인이 매매계약을 체결한 경우 양 당사자는 공동으로 신고하여야 한다.
④ 거래대상 부동산의 공법상 거래규제 및 이용제한에 관한 사항은 부동산거래계약신고서의 기재사항이다.
⑤ 매매대상 토지 중 공장부지로 편입되지 아니할 부분의 토지를 매도인에게 원가로 반환한다는 조건을 당사자가 약정한 경우 그 사항은 신고사항이다.

키워드 〉 부동산거래신고

난이도 〉

해설 〉 ① 개업공인중개사가 거래계약서를 작성·교부한 경우 개업공인중개사는 30일 이내에 부동산거래신고를 하여야 한다.
② 소속공인중개사는 개업공인중개사를 대신하여 부동산거래신고를 할 수 있지만, 중개보조원은 불가능하다.
③ 「지방공기업법」에 따른 지방공사와 개인이 매매계약을 체결한 경우, 즉 거래당사자 중 일방이 국가 및 지방자치단체, 공공기관인 경우(국가등)에는 국가등이 신고하여야 한다.
④ 거래대상 부동산의 공법상 거래규제 및 이용제한에 관한 사항은 「공인중개사법」상 중개대상물 확인·설명 및 확인·설명서 기재사항이고, 부동산거래계약신고서의 기재사항에 포함되지 않는다.

보충 〉 부동산거래신고사항 중 공통신고사항
1. 거래당사자의 인적사항
2. 계약 체결일, 중도금 지급일 및 잔금 지급일
3. 거래대상 부동산 등(부동산을 취득할 수 있는 권리에 관한 계약의 경우에는 그 권리의 대상인 부동산을 말함)의 소재지·지번·지목 및 면적
4. 거래대상 부동산 등의 종류(부동산을 취득할 수 있는 권리에 관한 계약의 경우에는 그 권리의 종류를 말함)
5. 실제 거래가격
6. 계약의 조건이나 기한이 있는 경우에는 그 조건 또는 기한
7. 매수인이 국내에 주소 또는 거소(잔금 지급일부터 60일을 초과하여 거주하는 장소를 말함)를 두지 않을 경우(매수인이 외국인인 경우로서 「출입국관리법」 제31조에 따른 외국인등록을 하거나 「재외동포의 출입국과 법적 지위에 관한 법률」 제6조에 따른 국내거소신고를 한 경우에는 그 체류기간 만료일이 잔금 지급일부터 60일 이내인 경우를 포함)에는 위탁관리인의 인적사항
8. 개업공인중개사가 거래계약서를 작성·교부한 경우에는 다음의 사항
   (1) 개업공인중개사의 인적사항
   (2) 개업공인중개사가 개설등록한 중개사무소의 상호·전화번호 및 소재지

정답 07 ⑤

08

부동산 거래신고 등에 관한 법령상 부동산거래계약 신고내용의 정정신청사항이 아닌 것은? 제30회

① 거래대상 건축물의 종류
② 개업공인중개사의 성명·주소
③ 거래대상 부동산의 면적
④ 거래 지분 비율
⑤ 거래당사자의 전화번호

> 키워드 〉 정정신청
>
> 난이도 〉
>
> 해설 〉 개업공인중개사의 성명·주소는 정정신청사항에 포함되지 않는다.
>
> 보충 〉 거래당사자 또는 개업공인중개사는 부동산거래계약 신고내용 중 다음의 어느 하나에 해당하는 사항이 잘못 기재된 경우에는 신고관청에 신고내용의 정정을 신청할 수 있다.
> 1. 거래당사자의 주소·전화번호 또는 휴대전화번호
> 2. 거래 지분 비율
> 3. 개업공인중개사의 전화번호·상호 또는 사무소 소재지
> 4. 거래대상 건축물의 종류
> 5. 거래대상 부동산 등(부동산을 취득할 수 있는 권리에 관한 계약의 경우에는 그 권리의 대상인 부동산을 말함)의 지목, 면적, 거래 지분 및 대지권 비율

09

부동산 거래신고 등에 관한 법령상 부동산거래신고에 관한 설명으로 틀린 것은? 제29회

① 지방자치단체가 개업공인중개사의 중개 없이 토지를 매수하는 경우 부동산거래계약신고서에 단독으로 서명 또는 날인하여 신고관청에 제출해야 한다.
② 개업공인중개사가 공동으로 토지의 매매를 중개하여 거래계약서를 작성·교부한 경우 해당 개업공인중개사가 공동으로 신고해야 한다.
③ 매수인은 신고인이 거래신고를 하고 신고필증을 발급받은 때에 「부동산등기 특별조치법」에 따른 검인을 받은 것으로 본다.
④ 「공공주택 특별법」에 따른 공급계약에 의해 부동산을 공급받는 자로 선정된 지위를 매매하는 계약은 부동산거래신고의 대상이 아니다.
⑤ 매매계약에 조건이나 기한이 있는 경우 그 조건 또는 기한도 신고해야 한다.

> 키워드 〉 부동산거래신고
>
> 난이도 〉
>
> 해설 〉 「공공주택 특별법」에 따른 공급계약에 의해 부동산을 공급받는 자로 선정된 지위를 매매하는 계약은 부동산거래신고의 대상이다.

정답 08 ② 09 ④

10 부동산 거래신고 등에 관한 법령상 부동산거래계약신고서 작성방법으로 **틀린** 것은? 제29회 수정

① 거래당사자가 외국인인 경우 거래당사자의 국적을 반드시 기재해야 한다.
② 거래당사자 간 직접 거래의 경우 공동으로 신고서에 서명 또는 날인을 하여 공동으로 신고서를 제출해야 한다.
③ 종전 부동산란은 입주권 매매의 경우에만 작성한다.
④ '임대주택 분양전환'은 법인인 임대주택사업자가 임대기한이 완료되어 분양전환하는 주택인 경우에 ∨표시를 한다.
⑤ 계약대상면적에는 실제 거래면적을 계산하여 적되, 건축물면적은 집합건축물의 경우 전용면적을 적는다.

| 키워드 | 부동산거래계약신고서 |

| 난이도 | |

| 해설 | 「부동산 거래신고 등에 관한 법률 시행규칙」 별지 제1호 서식인 부동산거래계약신고서에 의하면 "거래당사자 간 직접 거래의 경우에는 공동으로 신고서에 서명 또는 날인을 하여 거래당사자 중 일방이 신고서를 제출하고, 중개거래의 경우에는 개업공인중개사가 신고서를 제출하여야 하며, 거래당사자 중 일방이 국가 및 지방자치단체, 공공기관인 경우(국가등)에는 국가등이 신고하여야 한다."라고 명시되어 있다.

정답 **10** ②

THEME 27

주택임대차계약의 신고

| THEME 키워드 |
주택임대차계약의 신고

기본으로 알아야 하는 대표기출

> **기출분석**
> - **기출회차**: 제34회
> - **키워드**: 주택임대차계약의 신고
> - **난이도**: ■■■

甲이 서울특별시에 있는 자기 소유의 주택에 대해 임차인 乙과 보증금 3억원의 임대차계약을 체결하는 경우, 「부동산 거래신고 등에 관한 법률」에 따른 신고에 관한 설명으로 옳은 것을 모두 고른 것은? (단, 甲과 乙은 자연인임)

㉠ 보증금이 증액되면 乙이 단독으로 신고해야 한다.
㉡ 乙이 「주민등록법」에 따라 전입신고를 하는 경우 주택임대차계약의 신고를 한 것으로 본다.
㉢ 임대차계약서를 제출하면서 신고를 하고 접수가 완료되면 「주택임대차보호법」에 따른 확정일자가 부여된 것으로 본다.

① ㉠
② ㉡
③ ㉠, ㉡
④ ㉡, ㉢
⑤ ㉠, ㉡, ㉢

해설

㉠ 임대차계약당사자는 주택(주택임대차보호법 제2조에 따른 주택을 말하며, 주택을 취득할 수 있는 권리를 포함함. 이하 같음)에 대하여 보증금이 6천만원을 초과하거나 월차임이 30만원을 초과하는 주택임대차계약(계약을 갱신하는 경우로서 보증금 및 차임의 증감 없이 임대차 기간만 연장하는 계약은 제외함)을 체결한 경우 임대차계약의 체결일부터 30일 이내에 주택 소재지를 관할하는 신고관청에 공동으로 신고하여야 한다. 따라서 보증금이 증액된 경우 공동으로 신고하여야 한다.

정답 ④

> **함정을 피하는 TIP**
> - 주택임대차신고대상금액, 지역에 관하여 학습하여야 한다.

단단하게 정리하는 **핵심이론**

1 주택임대차계약의 신고

(1) 주택임대차계약의 신고

임대차계약당사자는 주택(주택임대차보호법 제2조에 따른 주택을 말하며, 주택을 취득할 수 있는 권리를 포함함. 이하 같음)에 대하여 보증금이 6천만원을 초과하거나 월차임이 30만원을 초과하는 주택임대차계약(계약을 갱신하는 경우로서 보증금 및 차임의 증감 없이 임대차기간만 연장하는 계약은 제외함)을 체결한 경우 그 보증금 또는 차임 등 다음에서 정하는 사항을 임대차계약의 체결일부터 30일 이내에 주택 소재지를 관할하는 신고관청에 공동으로 신고하여야 한다. 다만, 임대차계약당사자 중 일방이 국가등인 경우에는 국가등이 신고하여야 한다. 국가등이 주택임대차계약을 신고하려는 경우에는 임대차신고서에 단독으로 서명 또는 날인해 신고관청에 제출해야 한다.

(2) 주택임대차 신고사항

① 임대차계약당사자의 인적사항
  ㉠ **자연인인 경우**: 성명, 주소, 주민등록번호(외국인인 경우에는 외국인등록번호) 및 연락처
  ㉡ **법인인 경우**: 법인명, 사무소 소재지, 법인등록번호 및 연락처
  ㉢ **법인 아닌 단체인 경우**: 단체명, 소재지, 고유번호 및 연락처
② 임대차 목적물(주택을 취득할 수 있는 권리에 관한 계약인 경우에는 그 권리의 대상인 주택을 말함)의 소재지, 종류, 임대 면적 등 임대차 목적물 현황
③ 보증금 또는 월차임
④ 계약체결일 및 계약기간
⑤ 계약갱신요구권의 행사 여부(계약을 갱신한 경우만 해당)

(3) 신고대상지역

① 주택임대차계약의 신고는 임차가구 현황 등을 고려하여 대통령령으로 정하는 지역에 적용한다.
② 주택임대차계약의 신고지역은 특별자치시·특별자치도·시·군(광역시 및 경기도의 관할구역에 있는 군으로 한정)·구(자치구를 말함)를 말한다.

(4) 신고방법 및 절차(개업공인중개사 ×)

① **원칙(공동신고)**: 주택임대차계약을 신고하려는 임대차계약당사자는 주택임대차계약신고서(이하 '임대차신고서'라 함)에 공동으로 서명 또는 날인해 신고관청에 제출해야 한다.

⚠ **공동신고 의제**
임대차계약당사자 일방이 임대차신고서에 단독으로 서명 또는 날인한 후 다음의 서류 등을 첨부해 신고관청에 제출한 경우에는 임대차계약당사자가 공동으로 임대차신고서를 제출한 것으로 본다.
1. 주택임대차계약서(계약서를 작성한 경우만 해당)

THEME 27 주택임대차계약의 신고

2. 입금증, 주택임대차계약과 관련된 금전거래내역이 적힌 통장사본 등 주택임대차계약 체결 사실을 입증할 수 있는 서류 등(주택임대차계약서를 작성하지 않은 경우만 해당)
3. 「주택임대차보호법」 제6조의3에 따른 계약갱신요구권을 행사한 경우 이를 확인할 수 있는 서류 등

② 예외(단독신고)

㉠ 임대차계약당사자 중 일방이 신고를 거부하는 경우에는 국토교통부령으로 정하는 바에 따라 단독으로 신고할 수 있다.

㉡ 단독으로 주택임대차계약을 신고하려는 임대차계약당사자는 임대차신고서에 서명 또는 날인한 후 다음의 서류 등과 단독신고사유서를 첨부해 신고관청에 제출해야 한다.

> - 주택임대차계약서(계약서를 작성한 경우만 해당)
> - 입금증, 주택임대차계약과 관련된 금전거래내역이 적힌 통장사본 등 주택임대차계약 체결 사실을 입증할 수 있는 서류 등(주택임대차계약서를 작성하지 않은 경우만 해당)
> - 「주택임대차보호법」 제6조의3에 따른 계약갱신요구권을 행사한 경우 이를 확인할 수 있는 서류 등

㉢ 신고를 받은 신고관청은 단독신고사유에 해당하는지를 확인해야 한다.

③ **국가등이 신고하는 경우**: 임대차계약당사자 중 일방이 국가등인 경우에는 국가등이 신고해야 한다. 국가등이 주택임대차계약을 신고하려는 경우에는 임대차신고서에 단독으로 서명 또는 날인해 신고관청에 제출해야 한다.

④ **신분증명서의 제시**: 신고하려는 자는 신분증명서를 신고관청에 보여 주어야 한다.

⑤ **주택임대차계약신고서 등의 제출대행**

㉠ 임대차계약당사자의 위임을 받은 사람은 임대차신고서 등(임대차변경신고서 및 임대차해제신고서 포함)의 작성·제출 및 정정신청을 대행할 수 있다.

㉡ 이 경우 임대차신고서 등의 작성·제출 및 정정신청을 대행하는 사람은 임대차신고서 등의 작성·제출 및 정정신청을 위임한 임대차계약당사자가 서명 또는 날인한 위임장(임대차계약당사자가 법인인 경우에는 법인인감을 날인한 위임장)과 신분증명서 사본을 함께 제출해야 한다. 임대차신고서 등의 제출을 대행하는 사람은 신분증명서를 신고관청에 보여 주어야 한다.

> ⚠ **임대차신고서의 공동제출 의제**
> 1. 임대차계약당사자 일방 또는 임대차계약당사자의 위임을 받은 사람이 임대차 신고사항이 모두 적혀 있고 임대차계약당사자의 서명이나 날인이 되어 있는 주택임대차계약서를 신고관청에 제출하면 임대차계약당사자가 공동으로 임대차신고서를 제출한 것으로 본다.
> 2. 부동산거래계약시스템을 통해 주택임대차계약을 체결한 경우에는 임대차계약당사자가 공동으로 임대차신고서를 제출한 것으로 본다.

(5) 신고필증의 발급

주택임대차계약 신고를 받은 신고관청은 신고사항의 누락 여부 등을 확인한 후 지체 없이 주택임대차계약 신고필증(이하 '임대차 신고필증'이라 함)을 내주어야 한다.

(6) 권한의 위임

신고관청은 주택임대차계약의 신고의 사무에 대한 해당 권한의 일부를 그 지방자치단체의 조례로 정하는 바에 따라 읍·면·동장 또는 출장소장에게 위임할 수 있다.

2 주택임대차계약의 변경 및 해제신고

(1) 주택임대차계약의 변경 및 해제신고

임대차계약당사자는 주택임대차계약 신고를 한 후 해당 주택임대차계약의 보증금, 차임 등 임대차 가격이 변경되거나 임대차계약이 해제된 때에는 변경 또는 해제가 확정된 날부터 30일 이내에 해당 신고관청에 공동으로 신고하여야 한다. 다만, 임대차계약당사자 중 일방이 국가등인 경우에는 국가등이 신고하여야 한다.

> ⚠️ **공동신고 의제(주택임대차 신고규정 준용)**
> 1. 임대차계약당사자 일방이 임대차 변경신고서 또는 해제신고서에 단독으로 서명 또는 날인한 후 주택임대차 변경계약서 또는 주택임대차 해제합의서 등을 첨부해 신고관청에 제출한 경우에는 임대차계약당사자가 공동으로 임대차 변경신고서 또는 임대차해제신고서를 제출한 것으로 본다.
> 2. 부동산거래계약시스템을 통해 주택임대차계약을 해제한 경우에는 임대차계약당사자가 공동으로 임대차해제신고서를 제출한 것으로 본다.

(2) 변경 또는 해제신고의 방법 및 절차

① 원칙(공동신고): 주택임대차 가격의 변경 또는 주택임대차계약의 해제를 신고하려는 임대차계약당사자는 주택임대차계약 변경신고서(이하 '임대차변경신고서'라 함) 또는 주택임대차계약 해제신고서(이하 '임대차해제신고서'라 함)에 공동으로 서명 또는 날인해 신고관청에 제출해야 한다.

② 예외(단독신고): 임대차계약당사자 중 일방이 신고를 거부하는 경우에는 단독으로 신고할 수 있다. 국가등이 주택임대차 변경계약 또는 주택임대차계약 해제 합의를 신고하려는 경우에는 임대차 변경신고서 또는 해제신고서에 단독으로 서명 또는 날인해 신고관청에 제출해야 한다.

　㉠ 임대차계약당사자 중 일방이 신고를 거부해 단독으로 변경 또는 해제신고를 하려는 자는 임대차변경신고서 또는 임대차해제신고서에 단독으로 서명 또는 날인한 후 다음 서류를 첨부해 신고관청에 제출해야 한다.

> - 변경신고 시: 단독신고사유서와 주택임대차 변경계약서 또는 임대차 가격이 변경된 사실을 입증할 수 있는 서류 등
> - 해제신고 시: 단독신고사유서와 주택임대차계약 해제합의서 또는 주택임대차계약이 해제된 사실을 입증할 수 있는 서류 등

　㉡ 신고를 받은 신고관청은 단독신고사유에 해당하는지를 확인해야 한다.

③ **신고서의 제출대행**: 임대차계약당사자의 위임을 받은 사람은 임대차변경신고서 및 임대차해제신고서의 작성·제출 및 정정신청을 대행할 수 있다. 임대차변경신고서 및 임대차해제신고서의 작성·제출을 대행하는 사람은 임대차변경신고서 및 임대차해제신고서의 작성·제출을 위임한 임대차계약당사자가 서명 또는 날인한 위임장(임대차계약당사자가 법인인 경우에는 법인인감을 날인한 위임장)과 신분증명서 사본을 함께 제출해야 한다.

④ **신분증명서의 제시**: 주택임대차계약의 변경 및 해제신고를 하려는 자는 신분증명서를 신고관청에 보여 주어야 한다.

(3) 신고필증 또는 해제확인서의 발급

신고관청은 신고사항의 누락 여부 등을 확인한 후 지체 없이 변경 사항을 반영한 임대차 신고필증 또는 주택임대차계약 해제확인서를 내주어야 한다.

(4) 권한의 위임

신고관청은 주택임대차계약의 변경 및 해제신고 사무에 대한 해당 권한의 일부를 그 지방자치단체의 조례로 정하는 바에 따라 읍·면·동장 또는 출장소장에게 위임할 수 있다.

3 주택임대차계약 신고내용의 정정

(1) 정정신청사유

임대차계약당사자는 주택임대차 신고사항 또는 주택임대차계약 변경신고의 내용이 잘못 적힌 경우에는 신고관청에 신고내용의 정정을 신청할 수 있다.

(2) 정정신청방법

① **원칙(공동신청)**: 정정신청을 하려는 임대차계약당사자는 임대차 신고필증에 정정 사항을 표시하고 해당 정정 부분에 공동으로 서명 또는 날인한 후 주택임대차 계약서 또는 주택임대차 변경계약서를 첨부해 신고관청에 제출해야 한다.

② **예외(단독신청)**
  ㉠ 임대차계약당사자 중 일방이 단독으로 신청할 수 있다.
  ㉡ 단독으로 정정신청을 하려는 자는 신고필증에 단독으로 서명 또는 날인한 후 다음 서류를 첨부해 신고관청에 제출해야 한다. 신고를 받은 신고관청은 단독신고사유에 해당하는지를 확인해야 한다.

> - 주택임대차계약서(계약서를 작성한 경우만 해당)
> - 입금증, 주택임대차계약과 관련된 금전거래내역이 적힌 통장사본 등 주택임대차계약 체결 사실을 입증할 수 있는 서류 등(주택임대차계약서를 작성하지 않은 경우만 해당)
> - 「주택임대차보호법」 제6조의3에 따른 계약갱신요구권을 행사한 경우 이를 확인할 수 있는 서류 등

ⓒ 임대차계약당사자 일방이 단독으로 서명 또는 날인한 후 정정신청을 한 경우에는 임대차계약당사자가 공동으로 주택임대차계약신고 내용 정정신청을 한 것으로 본다.
③ **정정신청의 대행**: 임대차계약당사자의 위임을 받은 사람은 정정신청을 대행할 수 있다. 이 경우 정정신청을 위임한 임대차계약당사자의 자필서명이 있는 위임장과 신분증명서 사본을 함께 제출해야 한다.
④ 정정신청을 하려는 자는 신분증명서를 신고관청에 보여 주어야 한다.

(3) 신고필증의 발급

정정신청을 받은 신고관청은 정정할 사항을 확인한 후 지체 없이 해당 내용을 정정하고, 정정사항을 반영한 임대차 신고필증을 신청인에게 다시 내주어야 한다.

4 주택임대차계약신고에 대한 준용규정

① 주택임대차계약신고의 금지행위에 관하여는 부동산거래신고의 금지행위규정을 준용한다.
② 주택임대차계약신고 내용의 검증에 관하여는 부동산거래신고내용의 검증규정을 준용한다.
③ 주택임대차계약신고 내용의 조사 등에 관하여는 부동산거래신고내용의 조사 등에 관한 규정을 준용한다.

5 다른 법률에 따른 신고 등의 의제

(1) 전입신고를 한 경우 주택임대차계약신고 의제

임차인이 「주민등록법」에 따라 전입신고를 하는 경우 이 법에 따른 주택임대차계약의 신고를 한 것으로 본다. 이 경우 주택임대차계약서 또는 임대차신고서(주택임대차계약서를 작성하지 않은 경우로 한정함)를 제출해야 한다.

(2) 임대사업자의 주택임대차계약의 신고 또는 변경신고 의제

「공공주택 특별법」에 따른 공공주택사업자 및 「민간임대주택에 관한 특별법」에 따른 임대사업자는 관련 법령에 따른 주택임대차계약의 신고 또는 변경신고를 하는 경우 이 법에 따른 주택임대차계약의 신고 또는 변경신고를 한 것으로 본다.

(3) 확정일자부여 의제

주택임대차계약의 신고, 주택임대차계약의 변경 및 해제에 따른 신고에 대한 접수를 완료한 때에는 「주택임대차보호법」에 따른 확정일자를 부여한 것으로 본다(임대차계약서가 제출된 경우로 한정). 이 경우 신고관청은 「주택임대차보호법」에 따라 확정일자부를 작성하거나 「주택임대차보호법」의 확정일자 부여 기관에 신고사실을 통보하여야 한다.

핵심단단 부동산거래신고 및 주택임대차신고 비교정리

구분	부동산거래신고	주택임대차신고
정정신청	거래당사자, 개업공인중개사 정정신청 ⇨ 할 수 있다	임대차계약당사자 정정신청 ⇨ 할 수 있다
변경신고	거래당사자, 개업공인중개사 변경신고 ⇨ 할 수 있다	임대차계약당사자 – 30일 이내 변경신고 ⇨ 하여야 한다
해제신고	1. 거래당사자 – 30일 이내 해제신고 　⇨ 하여야 한다 2. 개업공인중개사 – 30일 이내 해제신고 　⇨ 할 수 있다	임대차계약당사자 – 30일 이내 해제신고 ⇨ 하여야 한다

기본문제와 완성문제로 단단기출

01
기본 기출

개업공인중개사 甲이 A도 B시 소재의 X주택에 관한 乙과 丙 간의 임대차계약 체결을 중개하면서 「부동산 거래신고 등에 관한 법률」에 따른 주택임대차계약의 신고에 관하여 설명한 내용의 일부이다. (   )에 들어갈 숫자를 바르게 나열한 것은? (X주택은 「주택임대차보호법」의 적용대상이며, 乙과 丙은 자연인임)   제32회

> 보증금이 (㉠)천만원을 초과하거나 월차임이 (㉡)만원을 초과하는 주택임대차계약을 신규로 체결한 계약당사자는 그 보증금 또는 차임 등을 임대차계약의 체결일부터 (㉢)일 이내에 주택 소재지를 관할하는 신고관청에 공동으로 신고해야 한다.

① ㉠: 3, ㉡: 30, ㉢: 60
② ㉠: 3, ㉡: 50, ㉢: 30
③ ㉠: 6, ㉡: 30, ㉢: 30
④ ㉠: 6, ㉡: 30, ㉢: 60
⑤ ㉠: 6, ㉡: 50, ㉢: 60

키워드 주택임대차계약의 신고

난이도

해설 보증금이 (㉠ 6)천만원을 초과하거나 월차임이 (㉡ 30)만원을 초과하는 주택임대차계약을 신규로 체결한 계약당사자는 그 보증금 또는 차임 등을 임대차계약의 체결일부터 (㉢ 30)일 이내에 주택 소재지를 관할하는 신고관청에 공동으로 신고해야 한다.

정답 01 ③

THEME 28
외국인 등의 부동산 취득 등에 관한 특례

| THEME 키워드 |
부동산 거래신고 등에 관한 법령상 외국인 정의, 외국인등의 부동산 취득

> **기출분석**
- **기출회차**: 제34회
- **키워드**: 외국인등의 부동산 취득
- **난이도**:

기본으로 알아야 하는 대표기출

부동산 거래신고 등에 관한 법령상 국내 토지를 외국인이 취득하는 것에 관한 설명이다. (　　)에 들어갈 숫자로 옳은 것은? (단, 상호주의에 따른 제한은 고려하지 않음)

- 외국인이 토지를 매수하는 계약을 체결하면 계약체결일부터 (㉠)일 이내에 신고해야 한다.
- 외국인이 토지를 증여받는 계약을 체결하면 계약체결일부터 (㉡)일 이내에 신고해야 한다.
- 외국인이 토지를 상속받으면 취득일부터 (㉢)개월 이내에 신고해야 한다.

① ㉠: 30, ㉡: 30, ㉢: 3
② ㉠: 30, ㉡: 30, ㉢: 6
③ ㉠: 30, ㉡: 60, ㉢: 6
④ ㉠: 60, ㉡: 30, ㉢: 3
⑤ ㉠: 60, ㉡: 60, ㉢: 6

> 해설
- 외국인이 토지를 매수하는 계약을 체결하면 계약체결일부터 (㉠ 30)일 이내에 신고해야 한다.
  ⇨ 외국인등이 매매계약을 체결한 경우 부동산거래신고대상이며, 이 경우 계약체결일부터 30일 이내에 신고해야 한다.
- 외국인이 토지를 증여받는 계약을 체결하면 계약체결일부터 (㉡ 60)일 이내에 신고해야 한다.
  ⇨ 외국인등이 대한민국 안의 부동산등을 취득하는 계약(부동산거래신고대상 계약을 한 경우는 제외)을 체결하였을 때에는 계약체결일부터 60일 이내에 신고관청에 신고해야 한다.
- 외국인이 토지를 상속받으면 취득일부터 (㉢ 6)개월 이내에 신고해야 한다.
  ⇨ 외국인등이 상속·경매 그 밖에 대통령령으로 정하는 계약 외의 원인으로 대한민국 안의 부동산등을 취득한 때에는 부동산등을 취득한 날부터 6개월 이내에 신고관청에 신고해야 한다.

정답 ③

> **함정을 피하는 TIP**
- 외국인등의 부동산 취득 규정에 관하여 학습하여야 한다.

단단하게 정리하는 핵심이론

1 외국인등

다음의 어느 하나에 해당하는 개인·법인 또는 단체를 말한다.

① 대한민국의 국적을 보유하고 있지 아니한 개인
② 외국의 법령에 따라 설립된 법인 또는 단체
③ 사원 또는 구성원의 2분의 1 이상이 대한민국의 국적을 보유하고 있지 아니한 개인에 해당하는 자인 법인 또는 단체
④ 업무를 집행하는 사원이나 이사 등 임원의 2분의 1 이상이 대한민국의 국적을 보유하고 있지 아니한 개인에 해당하는 자인 법인 또는 단체
⑤ 대한민국의 국적을 보유하고 있지 아니한 개인에 해당하는 사람이나 외국의 법령에 따라 설립된 법인 또는 단체에 해당하는 법인 또는 단체가 자본금의 2분의 1 이상이나 의결권의 2분의 1 이상을 가지고 있는 법인 또는 단체
⑥ 외국 정부
⑦ 대통령령으로 정하는 국제기구
    ㉠ 국제연합과 그 산하기구·전문기구
    ㉡ 정부 간 기구
    ㉢ 준정부 간 기구
    ㉣ 비정부 간 국제기구

2 외국인등의 부동산 취득·보유신고

① 외국인등이 대한민국 안의 부동산등을 취득하는 **계약(부동산거래신고를 한 경우 제외)**을 체결하였을 때에는 계약체결일부터 **60일 이내**에 신고관청에 신고하여야 한다. ─ 매매계약(30일)
   ─ 300만원 과태료
② 외국인등이 상속·경매, 건축물의 신축·증축·개축·재축 등 **계약 외의 원인**으로 대한민국 안의 부동산등을 취득한 때에는 부동산등을 취득한 날부터 **6개월 이내**에 신고관청에 신고하여야 한다.
   ─ 경매 ⇨ 대금납부일   ─ 100만원↓ 과태료
③ 대한민국 안의 부동산등을 가지고 있는 대한민국국민이나 대한민국의 법령에 따라 설립된 법인 또는 단체가 **외국인등으로 변경**된 경우 그 외국인등이 해당 부동산 등을 계속 보유하려는 경우에는 외국인등으로 변경된 날부터 **6개월 이내**에 신고관청에 신고하여야 한다.
   ─ 시민권자 된 날   ─ 100만원↓ 과태료

3 외국인등의 토지거래허가

(1) 허가대상

외국인 등이 취득하려는 토지가 다음에 해당하는 구역·지역 등에 있으면 토지취득계약을 체결하기 전에 신고관청으로부터 토지취득의 허가를 받아야 한다. 다만, 토지거래허가구역에서 토지거래계약에 관한 허가를 받은 경우에는 그러하지 아니하다.

> ① 「군사기지 및 군사시설 보호법」에 따른 군사기지 및 군사시설 보호구역, 그 밖에 국방목적을 위하여 외국인 등의 토지취득을 특별히 제한할 필요가 있는 지역으로서 국방목적상 필요한 다음의 어느 하나에 해당하는 지역으로서 국방부장관 또는 국가정보원장의 요청이 있는 경우에 국토교통부장관이 관계 중앙행정기관의 장과 협의한 후 「국토의 계획 및 이용에 관한 법률」에 따른 중앙도시계획위원회의 심의를 거쳐 고시하는 지역
> ㉠ 섬 지역
> ㉡ 「국방·군사시설사업에 관한 법률」에 따른 군부대주둔지와 그 인근지역
> ㉢ 「통합방위법」에 따른 국가중요시설과 그 인근지역
> ② 「문화재보호법」에 따른 지정문화재와 이를 위한 보호물 또는 보호구역
> ③ 「자연유산의 보존 및 활용에 관한 법률」에 따른 천연기념물·명승 및 시·도자연유산과 이를 위한 보호물 또는 보호구역
> ④ 「자연환경보전법」에 따른 생태·경관보전지역
> ⑤ 「야생생물 보호 및 관리에 관한 법률」에 따른 야생생물 특별보호구역

(2) 허가절차

① 신고관청은 관계 행정기관의 장과 협의를 거쳐 외국인 등이 허가대상에 해당하는 구역·지역 등의 토지를 취득하는 것이 해당 구역·지역 등의 지정목적 달성에 지장을 주지 아니한다고 인정하는 경우에는 허가를 하여야 한다.

② 신고관청은 신청서를 받은 날부터 다음의 구분에 따른 기간 안에 허가 또는 불허가처분을 해야 한다. 다만, 부득이한 사유로 ㉠에 따른 기간 안에 허가 또는 불허가 처분을 할 수 없는 경우에는 30일의 범위에서 그 기간을 연장할 수 있으며 기간을 연장하는 경우에는 연장사유와 처리예정일을 지체 없이 신청인에게 알려야 한다.
  ㉠ 「군사기지 및 군사시설 보호법」에 따른 군사기지 및 군사시설 보호구역: 30일
  ㉡ 이외 지역: 15일

③ 신고관청은 군사기지 및 군사시설 보호구역 그 밖에 국방목적을 위하여 외국인등의 토지취득을 특별히 제한할 필요가 있는 지역으로서 대통령령으로 정하는 지역에 대한 토지취득의 허가 여부를 결정하기 위해 국방부장관 또는 국가정보원장 등 관계 행정기관의 장과 협의하려는 경우에는 신청서 등 국토교통부령으로 정하는 서류를 해당 관계 행정기관의 장에게 보내야 한다.

④ 신고관청은 외국인이 법 제3조에 따른 부동산거래신고한 내용, 법 제8조에 따른 신고한 내용 및 법 제9조에 따른 허가내용을 매 분기 종료일부터 1개월 이내에 특별시장·광역시장·도지사 또는 특별자치도지사에게 제출(전자문서에 의한 제출을 포함)하여야 한다. 다만, 특별자치시장은 직접 국토교통부장관에게 제출하여야 한다.

⑤ ④에 따른 신고내용 및 허가내용을 제출받은 특별시장·광역시장·도지사 또는 특별자치도지사는 제출받은 날부터 1개월 이내에 그 내용을 국토교통부장관에게 제출하여야 한다.

⑥ 토지취득의 허가 신청을 하려는 외국인등은 외국인 토지취득 허가신청서에 서명 또는 날인한 후 토지거래계약 당사자 간의 합의서를 첨부하여 신고관청에 제출해야 한다.

⑦ 신청을 받은 신고관청은 「전자정부법」에 따라 행정정보의 공동이용을 통해 토지등기사항증명서를 확인해야 한다.

⑧ 신청을 받은 신고관청은 제출된 첨부서류를 확인한 후 외국인 토지취득 허가증을 발급해야 한다.

⑨ 외국인등의 위임을 받은 사람은 외국인 토지취득 허가신청서의 작성 및 제출을 대행할 수 있다. 이 경우 다음의 서류를 함께 제출해야 한다.

　㉠ 신청서 제출을 위임한 외국인등의 서명 또는 날인이 있는 위임장

　㉡ 신청서 제출을 위임한 외국인등의 신분증명서 사본

⑩ 토지취득의 허가 신청을 하려는 사람 또는 외국인등의 위임을 받고 신고를 대행하려는 사람은 본인의 신분증명서를 신고관청에 보여주어야 한다.

⑪ 신고관청은 군사기지 및 군사시설 보호구역에 대한 토지취득의 허가 여부를 결정하기 위해 국방부장관 또는 국가정보원장 등 관계 행정기관의 장과 협의하려는 경우에는 신청서 등 다음의 서류를 해당 관계 행정기관의 장에게 보내야 한다.

　㉠ 외국인 토지취득 허가신청서

　㉡ 토지거래계약 당사자 간의 합의서

핵심단단 신고와 허가

1. 신고 ─ ❶ 계약(교환, 증여) ⇨ 60일 이내 신고 × ⇨ 300만원 이하 과태료
　　　　　　매매계약 ⇨ 부동산거래신고대상 ⇨ 30일 이내 신고 × ⇨ 500만원 이하 과태료
　　　─ ❷ 계약 이외(상속, 경매, 합병, 판결) ⇨ 경매 ⇨ 대금납부일(취득일) ⇨ 6개월 이내 신고 × ⇨ 100만원 이하 과태료
　　　─ ❸ 계속 보유 ⇨ 시민권자 ⇨ 변경된 날 ⇨ 6개월 이내 신고 × ⇨ 100만원 이하 과태료

2. 허가 ⇨ 신고관청 ⇨ 군, 문, 생, 야, 천연기념물 ⇨ 30일, 15일 이내 처분 ⇨ 2년 이하 징역 또는 2천만원 이하 벌금

❶ 「군사기지 및 군사시설 보호법」에 따른 군사기지 및 군사시설 보호구역, 그 밖에 국방목적을 위하여 외국인등의 토지취득을 특별히 제한할 필요가 있는 지역으로서 국방목적상 필요한 섬 지역으로서 국토교통부장관이 국방부장관 등 관계 중앙행정기관의 장과 협의하여 고시하는 지역
　• 섬 지역
　• 「국방·군사시설사업에 관한 법률」에 따른 군부대주둔지와 그 인근지역
　• 「통합방위법」에 따른 국가중요시설과 그 인근지역

❷ 「문화재보호법」에 따른 지정문화유산과 이를 위한 보호물 또는 보호구역

❸ 「자연유산의 보존 및 활용에 관한 법률」에 따른 천연기념물·명승 및 시·도자연유산과 이를 위한 보호물 또는 보호구역

❹ 「자연환경보전법」에 따른 생태·경관보전지역

❺ 「야생생물 보호 및 관리에 관한 법률」에 따른 야생생물 특별보호구역

4 세부절차

① 신고관청은 외국인 등이 부동산 등의 취득을 신고한 내용 및 허가내용을 매분기 종료일부터 1개월 이내에 특별시장·광역시장·도지사 또는 특별자치도지사에게 제출하여야 한다. 다만, 특별자치시장은 직접 국토교통부장관에게 제출하여야 한다.

② ①에 따라 신고내용을 제출받은 특별시장·광역시장·도지사 또는 특별자치도지사는 제출받은 날부터 1개월 이내에 그 내용을 국토교통부장관에게 제출하여야 한다.

기본문제와 완성문제로 **단단기출**

01 부동산 거래신고 등에 관한 법령상 외국인의 부동산 취득 등에 관한 설명으로 옳은 것은? (단, 상호주의에 따른 제한은 고려하지 않음) 제33회

① 「자연환경보전법」에 따른 생태·경관보전지역에서 외국인이 토지취득의 허가를 받지 아니하고 체결한 토지취득계약은 유효하다.
② 외국인이 건축물의 신축을 원인으로 대한민국 안의 부동산을 취득한 때에는 신고관청으로부터 부동산 취득의 허가를 받아야 한다.
③ 외국인이 취득하려는 토지가 토지거래허가구역과 「문화재보호법」에 따른 지정문화재와 이를 위한 보호물 또는 보호구역에 있으면 토지거래계약허가와 토지취득허가를 모두 받아야 한다.
④ 대한민국 안의 부동산을 가지고 있는 대한민국국민이 외국인으로 변경된 경우 그 외국인이 해당 부동산을 계속보유하려는 경우에는 부동산 보유의 허가를 받아야 한다.
⑤ 외국인으로부터 토지취득의 허가 신청서를 받은 신고관청은 신청서를 받은 날부터 15일 이내에 허가 또는 불허가 처분을 해야 한다.

키워드	외국인 등의 부동산 취득
난이도	
해설	① 「자연환경보전법」에 따른 생태·경관보전지역에서 외국인이 토지취득의 허가를 받지 아니하고 체결한 토지취득계약은 무효이다.

② 외국인이 건축물의 신축을 원인으로 대한민국 안의 부동산을 취득한 때에는 부동산 등을 취득한 날부터 6개월 이내에 신고관청에 신고하여야 한다.
③ 외국인이 취득하려는 토지가 토지거래허가구역과 「문화재보호법」에 따른 지정문화재와 이를 위한 보호물 또는 보호구역에 있으면 토지거래계약허가와 토지취득허가 중 하나만 받으면 된다.
④ 외국인이 해당 부동산 등을 계속보유하려는 경우에는 외국인 등으로 변경된 날부터 6개월 이내에 신고관청에 신고하여야 한다.

정답 01 ⑤

02 부동산 거래신고 등에 관한 법령상 외국인 등에 해당되는 것을 모두 고른 것은?

제33회

기본 기출

㉠ 국제연합의 전문기구
㉡ 대한민국의 국적을 보유하고 있지 아니한 개인
㉢ 외국의 법령에 따라 설립된 법인
㉣ 비정부 간 국제기구
㉤ 외국 정부

① ㉠, ㉡
② ㉡, ㉢, ㉤
③ ㉠, ㉡, ㉢, ㉤
④ ㉠, ㉢, ㉣, ㉤
⑤ ㉠, ㉡, ㉢, ㉣, ㉤

키워드 부동산 거래신고 등에 관한 법령상 외국인 정의

난이도

해설 외국인 등이란 다음에 해당하는 개인·법인 또는 단체를 말한다.
1. 대한민국의 국적을 보유하고 있지 아니한 개인(㉡)
2. 외국의 법령에 따라 설립된 법인 또는 단체(㉢)
3. 사원 또는 구성원의 2분의 1 이상이 대한민국의 국적을 보유하고 있지 아니한 법인 또는 단체
4. 업무를 집행하는 사원이나 이사 등 임원의 2분의 1 이상이 대한민국의 국적을 보유하고 있지 아니한 법인 또는 단체
5. 대한민국의 국적을 보유하고 있지 아니한 사람이나 외국의 법령에 따라 설립된 법인 또는 단체가 자본금의 2분의 1 이상이나 의결권의 2분의 1 이상을 가지고 있는 법인 또는 단체
6. 외국 정부(㉤)
7. 대통령령으로 정하는 국제기구
   (1) 국제연합과 그 산하기구·전문기구(㉠)
   (2) 정부 간 기구
   (3) 준정부 간 기구
   (4) 비정부 간 국제기구(㉣)

정답 02 ⑤

03 기본 기출

부동산 거래신고 등에 관한 법령상 외국인 등의 부동산 취득에 관한 설명으로 옳은 것을 모두 고른 것은? (단, 법 제7조에 따른 상호주의는 고려하지 않음) 제32회

> ㉠ 대한민국의 국적을 보유하고 있지 않은 개인이 이사 등 임원의 2분의 1 이상인 법인은 외국인 등에 해당한다.
> ㉡ 외국인 등이 건축물의 개축을 원인으로 대한민국 안의 부동산을 취득한 때에도 부동산 취득신고를 해야 한다.
> ㉢ 「군사기지 및 군사시설 보호법」에 따른 군사기지 및 군사시설 보호구역 안의 토지는 외국인 등이 취득할 수 없다.
> ㉣ 외국인 등이 허가 없이 「자연환경보전법」에 따른 생태·경관보전지역 안의 토지를 취득하는 계약을 체결한 경우 그 계약은 효력이 발생하지 않는다.

① ㉠, ㉢
② ㉠, ㉣
③ ㉠, ㉡, ㉣
④ ㉡, ㉢, ㉣
⑤ ㉠, ㉡, ㉢, ㉣

키워드 〉 외국인 등의 부동산 취득

난이도 〉

해설 〉 ㉠ 「부동산 거래신고 등에 관한 법률」 제2조 제4호 라목
㉡ 「부동산 거래신고 등에 관한 법률 시행령」 제5조 제2항 제4호
㉣ 「부동산 거래신고 등에 관한 법률」 제9조 제3항
㉢ 군사기지 및 군사시설 보호구역 안의 토지는 신고관청으로부터 토지취득허가를 받아 취득할 수 있다.

정답 03 ③

04 부동산 거래신고 등에 관한 법령상 외국인 등의 부동산 취득 등에 관한 설명으로 옳은 것을 모두 고른 것은?

제31회

> ㉠ 국제연합도 외국인 등에 포함된다.
> ㉡ 외국인 등이 대한민국 안의 부동산에 대한 매매계약을 체결하였을 때에는 계약체결일부터 60일 이내에 신고관청에 신고하여야 한다.
> ㉢ 외국인이 상속으로 대한민국 안의 부동산을 취득한 때에는 부동산을 취득한 날부터 1년 이내에 신고관청에 신고하여야 한다.
> ㉣ 외국인이 「수도법」에 따른 상수원보호구역에 있는 토지를 취득하려는 경우 토지취득계약을 체결하기 전에 신고관청으로부터 토지취득의 허가를 받아야 한다.

① ㉠
② ㉠, ㉣
③ ㉡, ㉢
④ ㉠, ㉡, ㉣
⑤ ㉠, ㉡, ㉢, ㉣

키워드 외국인 등의 부동산 취득

난이도

해설 ㉡ 외국인 등이 대한민국 안의 부동산에 대한 매매계약을 체결하였을 때에는 계약체결일부터 30일 이내에 신고관청에 부동산거래신고를 하여야 한다.
㉢ 외국인이 상속으로 대한민국 안의 부동산을 취득한 때에는 부동산을 취득한 날부터 6개월 이내에 신고관청에 신고하여야 한다.
㉣ 외국인 등이 취득하려는 토지가 다음에 해당하는 구역·지역 등에 있으면 토지취득계약을 체결하기 전에 신고관청으로부터 토지취득의 허가를 받아야 한다. 「수도법」에 따른 상수원보호구역에 있는 토지를 취득하려는 경우는 허가대상에 포함되지 않는다.
  1. 「군사기지 및 군사시설 보호법」에 따른 군사기지 및 군사시설 보호구역, 그 밖에 국방목적을 위하여 외국인 등의 토지취득을 특별히 제한할 필요가 있는 지역으로서 국방목적상 필요한 섬 지역으로서 국토교통부장관이 국방부장관 등 관계 중앙행정기관의 장과 협의하여 고시하는 지역
  2. 「문화재보호법」에 따른 지정문화재와 이를 위한 보호물 또는 보호구역
  3. 「자연유산의 보존 및 활용에 관한 법률」에 따라 지정된 천연기념물·명승 및 시·도자연유산과 이를 위한 보호물 또는 보호구역
  4. 「자연환경보전법」에 따른 생태·경관보전지역
  5. 「야생생물 보호 및 관리에 관한 법률」에 따른 야생생물 특별보호구역

정답 04 ①

05 부동산 거래신고 등에 관한 법령상 외국인 등의 부동산 취득 등에 관한 특례에 대한 설명으로 옳은 것은? (단, 헌법과 법률에 따라 체결된 조약의 이행에 필요한 경우는 고려하지 않음) 제30회 수정

① 국제연합의 전문기구가 경매로 대한민국 안의 부동산 등을 취득한 때에는 부동산 등을 취득한 날부터 3개월 이내에 신고관청에 신고하여야 한다.
② 외국인 등이 상가건물 등 임대차계약을 체결하는 경우 계약체결일로부터 6개월 이내에 신고관청에 신고하여야 한다.
③ 특별자치시장은 외국인 등이 신고한 부동산 등의 취득·계속보유 신고내용을 매 분기 종료일부터 1개월 이내에 직접 국토교통부장관에게 제출하여야 한다.
④ 외국인 등의 토지거래 허가신청서를 받은 신고관청은 신청서를 받은 날부터 30일 이내에 허가 또는 불허가 처분을 하여야 한다.
⑤ 외국인 등이 법원의 확정판결로 대한민국 안의 부동산 등을 취득한 때에는 신고하지 않아도 된다.

키워드 > 외국인 등의 부동산 취득

난이도 >

해설 > ① 국제연합의 전문기구가 경매로 대한민국 안의 부동산 등을 취득한 때에는 부동산 등을 취득한 날부터 6개월 이내에 신고관청에 신고하여야 한다.
② 외국인 등이 상가건물 등 임대차계약을 체결하는 경우 신고대상이 되지 않는다.
④ 외국인 등의 토지거래 허가신청서를 받은 신고관청은 신청서를 받은 날부터 15일 이내에 허가 또는 불허가 처분을 하여야 한다.
⑤ 외국인 등이 법원의 확정판결로 대한민국 안의 부동산 등을 취득한 때에는 6개월 이내에 신고관청에 신고하여야 한다.

정답 05 ③

06 기본 기출

부동산 거래신고 등에 관한 법령상 외국인 등의 국내 부동산의 취득·보유 등에 관한 설명으로 틀린 것은? (단, 헌법과 법률에 따라 체결된 조약의 이행에 필요한 경우는 고려하지 않음) 제29회

① 대한민국 국적을 보유하고 있지 아니한 자가 토지를 증여받은 경우 계약체결일부터 60일 이내에 취득신고를 해야 한다.
② 외국의 법령에 의하여 설립된 법인이 합병을 통하여 부동산을 취득한 경우에는 취득한 날부터 6개월 이내에 취득신고를 해야 한다.
③ 부동산을 소유한 대한민국 국민이 대한민국 국적을 상실한 경우 부동산을 계속 보유하려면 국적을 상실한 때부터 6개월 이내에 계속보유 신고를 해야 한다.
④ 외국정부가 「군사기지 및 군사시설 보호법」에 따른 군사시설 보호지역 내 토지를 취득하려는 경우 계약체결 전에 국토교통부장관에게 취득허가를 받아야 한다.
⑤ 국제연합의 산하기구가 허가 없이 「자연환경보전법」상 생태·경관보전지역의 토지를 취득하는 계약을 체결한 경우 그 효력은 발생하지 않는다.

키워드 〉 외국인 등의 부동산 취득

난이도 〉

해설 〉 외국인 등이 취득하려는 토지가 「군사기지 및 군사시설 보호법」에 따른 군사시설 보호지역 내 토지인 경우 계약체결 전에 신고관청으로부터 허가를 받아야 한다.

정답 06 ④

07 개업공인중개사가 외국인에게 부동산 거래신고 등에 관한 법령의 내용을 설명한 것으로 틀린 것은?

제28회

① 외국인이 부동산거래신고의 대상인 계약을 체결하여 부동산거래신고를 한 때에도 부동산취득신고를 해야 한다.
② 외국인이 경매로 대한민국 안의 부동산을 취득한 때에는 취득한 날부터 6개월 이내에 신고관청에 신고해야 한다.
③ 외국인이 취득하려는 토지가 「자연환경보전법」에 따른 생태·경관보전지역에 있으면, 「부동산 거래신고 등에 관한 법률」에 따라 토지거래계약에 관한 허가를 받은 경우를 제외하고는 토지취득계약을 체결하기 전에 신고관청으로부터 토지취득의 허가를 받아야 한다.
④ 대한민국 안의 부동산을 가지고 있는 대한민국 국민이 외국인으로 변경되었음에도 해당 부동산을 계속 보유하려는 경우, 외국인으로 변경된 날부터 6개월 이내에 신고관청에 계속보유에 관한 신고를 해야 한다.
⑤ 외국의 법령에 따라 설립된 법인이 자본금의 2분의 1 이상을 가지고 있는 법인은 '외국인 등'에 해당한다.

키워드 외국인 등의 부동산 취득

난이도

해설 외국인이 부동산거래신고의 대상인 계약(매매계약)을 체결하여 부동산거래신고(30일 이내)를 한 경우에는 부동산취득신고는 하지 않아도 된다.

정답 07 ①

THEME 29

토지거래허가구역 등

| THEME 키워드 |
토지거래허가구역, 토지거래허가, 매수청구, 이행강제금, 신고포상금

기출분석
- **기출회차**: 제34회
- **키워드**: 토지거래허가구역
- **난이도**:

기본으로 알아야 하는 대표기출

부동산 거래신고 등에 관한 법령상 토지거래허가구역 등에 관한 설명으로 틀린 것은? (단, 거래당사자는 모두 대한민국 국적의 자연인임)

① 허가구역의 지정은 그 지정을 공고한 날부터 7일 후에 그 효력이 발생한다.
② 허가구역에 있는 토지거래에 대한 처분에 이의가 있는 자는 그 처분을 받은 날부터 1개월 이내에 시장·군수 또는 구청장에게 이의를 신청할 수 있다.
③ 허가구역에 있는 토지에 관하여 사용대차계약을 체결하는 경우에는 토지거래허가를 받을 필요가 없다.
④ 허가관청은 허가신청서를 받은 날부터 15일 이내에 허가 또는 불허가처분을 하여야 한다.
⑤ 허가신청에 대하여 불허가처분을 받은 자는 그 통지를 받은 날부터 1개월 이내에 시장·군수 또는 구청장에게 해당 토지에 관한 권리의 매수를 청구할 수 있다.

함정을 피하는 TIP
- 토지거래허가구역의 내용에 관하여 학습하여야 한다.

해설
허가구역의 지정은 허가구역의 지정을 공고한 날부터 5일 후에 그 효력이 발생한다.

정답 ①

단단하게 정리하는 **핵심이론**

핵심단단 토지거래허가구역 등 – 토지거래허가구역의 지정, 심의, 공고·열람 절차

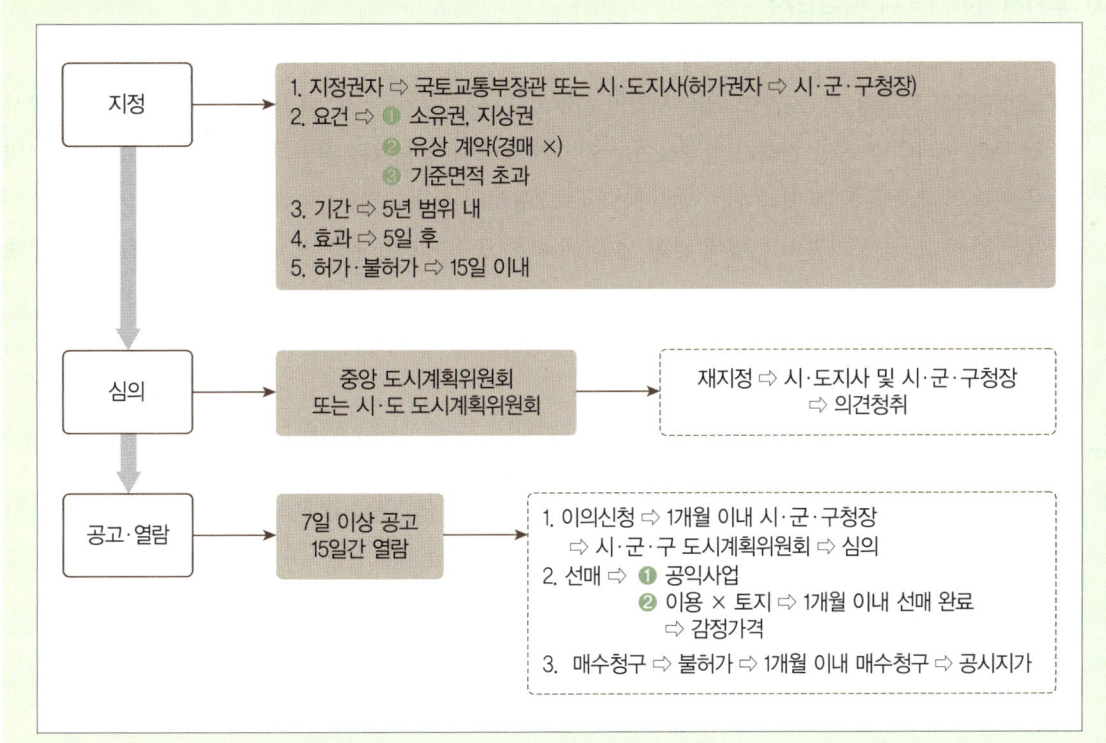

1 토지거래허가구역의 지정(= 해제, 취소)

(1) 토지거래허가구역 지정

국토교통부장관 또는 시·도지사는 국토의 이용 및 관리에 관한 계획의 원활한 수립과 집행, 합리적인 토지 이용 등을 위하여 토지의 투기적인 거래가 성행하거나 지가(地價)가 급격히 상승하는 지역과 그러한 우려가 있는 지역으로서 다음의 지역에 대하여 5년 이내의 기간을 정하여 토지거래계약에 관한 허가구역으로 지정할 수 있다.

① 「국토의 계획 및 이용에 관한 법률」에 따른 광역도시계획, 도시·군기본계획, 도시·군관리계획 등 토지이용계획이 새로 수립되거나 변경되는 지역

② 법령의 제정·개정 또는 폐지나 그에 따른 고시·공고로 인하여 토지이용에 대한 행위제한이 완화되거나 해제되는 지역

③ 법령에 따른 개발사업이 진행 중이거나 예정되어 있는 지역과 그 인근지역

④ 그 밖에 국토교통부장관 또는 특별시장·광역시장·특별자치시장·도지사·특별자치도지사(이하 '시·도지사'라 함)가 투기우려가 있다고 인정하는 지역 또는 관계 행정기관의 장이 특별히 투기가 성행할 우려가 있다고 인정하여 국토교통부장관 또는 시·도지사에게 요청하는 지역

(2) 토지거래허가구역 지정권자

① 허가구역이 둘 이상의 시·도의 관할 구역에 걸쳐 있는 경우: 국토교통부장관이 지정
② 허가구역이 동일한 시·도 안의 일부지역인 경우: 시·도지사가 지정. 다만, 국가가 시행하는 개발사업 등에 따라 투기적인 거래가 성행하거나 지가가 급격히 상승하는 지역과 그러한 우려가 있는 지역 등 다음의 내용을 모두 충족하는 경우에는 국토교통부장관이 지정할 수 있다.
  ㉠ 국가 또는 「공공기관의 운영에 관한 법률」에 따른 공공기관이 관련 법령에 따른 개발사업을 시행하는 경우일 것
  ㉡ 해당 지역의 지가변동률 등이 인근지역 또는 전국 평균에 비하여 급격히 상승하거나 상승할 우려가 있는 경우일 것

(3) 토지거래허가대상자, 허가대상 용도, 지목

국토교통부장관 또는 시·도지사는 허가대상자(외국인등을 포함), 허가대상 용도와 지목 등을 특정하여 허가구역을 지정할 수 있다.
① 허가대상자: 지가변동률 및 거래량 등을 고려할 때 투기우려가 있다고 인정되는 자
② 허가대상 용도: 다음에 해당하는 토지 중 투기우려가 있다고 인정되는 토지의 용도
  ㉠ 나대지
  ㉡ 「건축법」 제2조 제2항에 해당하는 건축물의 용도로 사용되는 부지
③ 허가대상 지목: 투기우려가 있다고 인정되는 「공간정보의 구축 및 관리 등에 관한 법률」에 따른 지목

(4) 토지거래허가구역 지정통지

국토교통부장관 또는 시·도지사는 허가구역으로 지정한 때에는 지체 없이 허가대상자, 허가대상 용도와 지목 등 다음의 사항을 공고하고, 그 공고 내용을 국토교통부장관은 시·도지사를 거쳐 시장·군수 또는 구청장에게 통지하고, 시·도지사는 국토교통부장관, 시장·군수 또는 구청장에게 통지하여야 한다.
① 토지거래계약에 관한 허가구역(이하 '허가구역'이라 함)의 지정기간
② 허가대상자, 허가대상 용도와 지목
③ 허가구역 내 토지의 소재지·지번·지목·면적 및 용도지역
④ 허가구역에 대한 축척 5만분의 1 또는 2만5천분의 1의 지형도
⑤ 허가 면제 대상 토지면적

2 허가구역 내 토지거래에 대한 허가

(1) 허가신청대상

허가구역에 있는 토지에 관한 <mark>소유권·지상권</mark>(소유권·지상권의 취득을 목적으로 하는 권리 포함)을 이전하거나 설정(<mark>대가를 받고 이전하거나 설정하는 경우만 해당</mark>)하는 계약(예약 포함. 이하 '토지거래계약'이라 함)을 체결하려는 당사자는 공동으로 시장·군수 또는 구청장의 허가를 받아야 한다. 허가받은 사항을 변경하려는 경우에도 또한 같다.

(2) 허가신청서류

① 토지이용계획서(농지법에 따라 농지취득자격증명을 발급받아야 하는 농지의 경우에는 농업경영계획서를 말함)
② 토지취득자금조달계획서

(3) 기준면적

국토교통부장관 또는 시·도지사가 허가구역을 지정할 당시 해당 지역에서의 거래실태 등을 고려하여 다음의 면적으로 하는 것이 타당하지 않다고 인정하여 해당 기준면적의 10% 이상 300% 이하의 범위에서 따로 정하여 공고한 경우에는 그에 따른다. 다음의 어느 하나에 해당하는 경우에는 허가가 필요하지 아니하다.

① 경제 및 지가의 동향과 거래단위면적 등을 종합적으로 고려하여 대통령령으로 정하는 용도별 면적 이하의 토지에 대한 토지거래계약을 체결하려는 경우

> ㉠ 「국토의 계획 및 이용에 관한 법률」에 따른 도시지역: 다음의 세부 용도지역별 구분에 따른 면적
>   ⓐ 주거지역: 60m^2
>   ⓑ 상업지역: 150m^2
>   ⓒ 공업지역: 150m^2
>   ⓓ 녹지지역: 200m^2
>   ⓔ ⓐ부터 ⓓ까지의 구분에 따른 용도지역의 지정이 없는 구역: 60m^2
> ㉡ 도시지역 외의 지역: 250m^2. 다만, 농지(농지법에 따른 농지를 말함)의 경우에는 500m^{2}로 하고, 임야의 경우에는 1천m^{2}로 한다.

② 토지거래계약을 체결하려는 당사자 또는 그 계약의 대상이 되는 토지가 허가대상자, 허가대상 용도와 지목 등 공고된 사항에 해당하지 아니하는 경우

3 이의신청

불허가처분에 이의가 있는 자는 그 처분을 받은 날부터 <mark>1개월 이내</mark>에 시장·군수 또는 구청장에게 이의를 신청할 수 있다. 이의신청을 받은 시장·군수·구청장은 시·군·구 도시계획위원회의 심의를 거쳐 그 결과를 이의신청인에게 알려 주어야 한다.

4 선매

① **시장·군수 또는 구청장**은 토지거래계약에 관한 허가신청이 있는 경우 다음에 해당하는 토지에 대하여 국가, 지방자치단체, 한국토지주택공사, 그 밖에 공공기관 또는 공공단체가 그 매수를 원하는 경우에는 이들 중에서 해당 토지를 매수할 자[선매자(先買者)]를 지정하여 그 토지를 협의 매수하게 할 수 있다.

> ㉠ **공익사업용 토지**
> ㉡ **토지거래계약허가를 받아 취득한 토지를 그 이용목적대로 이용하고 있지 아니한 토지**

② 시장·군수 또는 구청장은 위 ①의 ㉠, ㉡에 해당하는 토지에 대하여 토지거래계약 허가신청이 있는 경우에는 그 신청이 있는 날부터 **1개월 이내**에 선매자를 지정하여 토지소유자에게 알려야 하며, 선매자는 지정통지를 받은 날부터 **1개월 이내**에 그 토지소유자와 선매협의를 끝내야 한다.

③ 선매자로 지정된 자는 지정통지를 받은 날부터 **15일 이내**에 매수가격 등 선매조건을 기재한 서면을 토지소유자에게 통지하여 선매협의를 하여야 하며, 지정통지를 받은 날부터 **1개월 이내**에 거래계약서 사본(선매협의가 이루어진 경우로 한정)을 첨부하여 선매협의조서를 허가관청에 제출하여야 한다.

④ 선매자가 토지를 매수할 때의 가격은 「감정평가 및 감정평가사에 관한 법률」에 따라 감정평가법인 등이 감정평가한 **감정가격을 기준**으로 하되, 토지거래계약 허가신청서에 적힌 가격이 감정가격보다 낮은 경우에는 허가신청서에 적힌 가격으로 할 수 있다.

> 선매자가 될 수 있는 자는 다음의 기관 또는 단체를 말한다.
> ㉠ 「한국농수산식품유통공사법」에 따른 한국농수산식품유통공사
> ㉡ 「대한석탄공사법」에 따른 대한석탄공사
> ㉢ 「한국토지주택공사법」에 따른 한국토지주택공사
> ㉣ 「한국관광공사법」에 따른 한국관광공사
> ㉤ 「한국농어촌공사 및 농지관리기금법」에 따른 한국농어촌공사
> ㉥ 「한국도로공사법」에 따른 한국도로공사
> ㉦ 「한국석유공사법」에 따른 한국석유공사
> ㉧ 「한국수자원공사법」에 따른 한국수자원공사
> ㉨ 「한국전력공사법」에 따른 한국전력공사
> ㉩ 「한국철도공사법」에 따른 한국철도공사

5 불허가처분 토지에 대한 매수청구

① 허가신청에 대하여 불허가처분을 받은 자는 그 통지를 받은 날부터 **1개월 이내**에 시장·군수 또는 구청장에게 해당 토지에 관한 권리의 매수를 청구할 수 있다.

② 매수청구를 받은 시장·군수 또는 구청장은 국가, 지방자치단체, 한국토지주택공사, 그 밖에 대통령령으로 정하는 공공기관 또는 공공단체 중에서 매수할 자를 지정하여, 매수할 자로 하여금 예산의 범위에서 공시지가를 기준으로 하여 해당 토지를 매수하게 하여야 한다.

> 매수자가 될 수 있는 자는 다음의 기관 또는 단체를 말한다.
> ㉠ 「한국농수산식품유통공사법」에 따른 한국농수산식품유통공사
> ㉡ 「대한석탄공사법」에 따른 대한석탄공사
> ㉢ 「한국토지주택공사법」에 따른 한국토지주택공사
> ㉣ 「한국관광공사법」에 따른 한국관광공사
> ㉤ 「한국농어촌공사 및 농지관리기금법」에 따른 한국농어촌공사
> ㉥ 「한국도로공사법」에 따른 한국도로공사
> ㉦ 「한국석유공사법」에 따른 한국석유공사
> ㉧ 「한국수자원공사법」에 따른 한국수자원공사
> ㉨ 「한국전력공사법」에 따른 한국전력공사
> ㉩ 「한국철도공사법」에 따른 한국철도공사

③ 매수청구를 받은 시장·군수·구청장은 **공시지가를 기준**으로 해당 토지를 매수하게 하여야 한다. 다만, 토지거래계약 허가신청서에 적힌 가격이 공시지가보다 낮은 경우에는 허가신청서에 적힌 가격으로 할 수 있다.

6 다른 법률에 따른 인가·허가 등의 의제

① 농지에 대하여 토지거래계약허가를 받은 경우 「농지법」에 따른 **농지취득자격증명을 받은 것으로 본다.**
② 토지거래허가증을 발급받은 경우에는 「부동산등기 특별조치법」에 따른 **검인을 받은 것으로 본다.**

7 허가목적대로 이용하여야 하는 기간

(1) 토지 취득일부터 **2년**

> ① **자기의 거주용 주택용지**로 이용하려는 경우
> ② 허가구역을 포함한 지역의 주민을 위한 **복지시설** 또는 **편익시설**로서 관할 시장·군수 또는 구청장이 확인한 시설의 설치에 이용하려는 경우
> ③ 허가구역에 거주하는 농업인·임업인·어업인 또는 대통령령으로 정하는 자가 그 허가구역에서 **농업·축산업·임업 또는 어업을 경영**하기 위하여 필요한 경우

(2) 토지 취득일부터 4년

① 「공익사업을 위한 토지 등의 취득 및 보상에 관한 법률」이나 그 밖의 법률에 따라 토지를 수용하거나 사용할 수 있는 사업을 시행하는 자가 그 사업을 시행하기 위하여 필요한 경우
② 허가구역을 포함한 지역의 건전한 발전을 위하여 필요하고 관계 법률에 따라 지정된 지역·지구·구역 등의 지정목적에 적합하다고 인정되는 사업을 시행하는 자나 시행하려는 자가 그 사업에 이용하려는 경우
③ 허가구역의 지정 당시 그 구역이 속한 특별시·광역시·특별자치시·시(제주특별자치도 설치 및 국제자유도시 조성을 위한 특별법 제10조 제2항에 따른 행정시를 포함. 이하 이 조에서 같음)·군 또는 인접한 특별시·광역시·특별자치시·시·군에서 사업을 시행하고 있는 자가 그 사업에 이용하려는 경우나 그 자의 사업과 밀접한 관련이 있는 사업을 하는 자가 그 사업에 이용하려는 경우

(3) 토지 취득일부터 2년

「공익사업을 위한 토지 등의 취득 및 보상에 관한 법률」 또는 그 밖의 법령에 따라 농지 외의 토지를 공익사업용으로 협의 양도하거나 수용된 사람이 그 협의 양도하거나 수용된 날부터 3년 이내에 그 허가구역에서 협의 양도하거나 수용된 토지에 대체되는 토지(종전의 토지가액 이하인 토지로 한정)를 취득하려는 경우

(4) 토지 취득일부터 5년

관계 법령에 따라 개발·이용행위가 제한되거나 금지된 토지로서 국토교통부령으로 정하는 토지에 대하여 현상 보존의 목적으로 토지를 취득하려는 경우

(5) 토지 취득일부터 5년

(1)부터 (4)까지 외의 경우

8 이행강제금

(1) 이행명령 및 이행강제금의 부과

시장·군수 또는 구청장은 이행명령이 정하여진 기간에 이행되지 아니한 경우에는 토지 취득가액의 100분의 10의 범위에서 다음에서 정하는 금액의 이행강제금을 부과한다. 이행명령은 문서로 하여야 하며, 이행기간은 3개월 이내로 정하여야 한다.

① 토지거래계약허가를 받아 토지를 취득한 자가 당초의 목적대로 이용하지 아니하고 방치한 경우: 토지 취득가액의 100분의 10에 상당하는 금액
② 토지거래계약허가를 받아 토지를 취득한 자가 직접 이용하지 아니하고 임대한 경우: 토지 취득가액의 100분의 7에 상당하는 금액
③ 토지거래계약허가를 받아 토지를 취득한 자가 허가관청의 승인 없이 당초의 이용목적을 변경하여 이용하는 경우: 토지 취득가액의 100분의 5에 상당하는 금액
④ ①부터 ③까지에 해당하지 아니하는 경우: 토지 취득가액의 100분의 7에 상당하는 금액

(2) 부과횟수

최초의 이행명령이 있었던 날을 기준으로 하여 1년에 한 번씩 그 이행명령이 이행될 때까지 반복하여 이행강제금을 부과·징수할 수 있다.

(3) 부과정지

이용의무기간이 지난 후에는 이행강제금을 부과할 수 없다.

(4) 중지·징수

이행명령을 이행하는 경우에는 새로운 이행강제금의 부과를 즉시 중지하되, 명령을 이행하기 전에 이미 부과된 이행강제금은 징수하여야 한다.

(5) 이의제기

이행강제금 부과처분을 받은 자가 이의를 제기하려는 경우에는 부과처분의 고지를 받은 날부터 30일 이내에 이의를 제기하여야 한다.

9 부동산정보관리

(1) 부동산정책 관련 자료 등 종합관리

① 국토교통부장관 또는 시장·군수·구청장은 적절한 부동산정책의 수립 및 시행을 위하여 부동산거래상황, 주택임대차계약 상황, 외국인 부동산 취득현황, 부동산 가격동향 등 이 법에 규정된 사항에 관한 정보를 종합적으로 관리하고, 이를 관련 기관·단체 등에 제공할 수 있다.

② 국토교통부장관 또는 시장·군수·구청장은 정보의 관리를 위하여 관계 행정기관이나 그 밖에 필요한 기관에 필요한 자료를 요청할 수 있다. 이 경우 관계 행정기관 등은 특별한 사유가 없으면 요청에 따라야 한다.

(2) 부동산정보체계의 구축·운영

국토교통부장관은 효율적인 정보 관리 및 국민편의 증진을 위하여 대통령령으로 정하는 바에 따라 부동산거래 및 주택임대차의 계약·신고·허가·관리 등의 업무와 관련된 정보체계를 구축·운영할 수 있다.

① 국토교통부장관은 효율적인 정보 관리 및 국민편의 증진을 위하여 다음의 정보를 관리할 수 있는 정보체계를 구축·운영할 수 있다.

> ㉠ 부동산거래신고 정보
> ㉡ 검증체계 관련 정보
> ㉢ 주택임대차계약신고 정보
> ㉣ 주택임대차계약의 변경 및 해제 신고 정보
> ㉤ 외국인 등의 부동산 취득·보유 신고 자료 및 관련 정보
> ㉥ 토지거래계약의 허가 관련 정보
> ㉦ 「부동산등기 특별조치법」에 따른 검인 관련 정보
> ㉧ 부동산거래계약 등 부동산거래 관련 정보

② 국토교통부장관은 정보체계에 구축되어 있는 정보를 수요자에게 제공할 수 있다. 이 경우 정보체계 운영을 위하여 불가피한 사유가 있거나 개인정보의 보호를 위하여 필요하다고 인정할 때에는 제공하는 정보의 종류와 내용을 제한할 수 있다.

③ 위 ①과 ②에서 규정한 사항 외에 정보체계의 구축·운영 및 이용에 필요한 사항은 국토교통부장관이 정한다.

④ 국토교통부장관의 권한은 그 일부를 시·도지사, 시장·군수 또는 구청장에게 위임할 수 있다.

⑤ 국토교통부장관은 부동산거래가격 검증체계 구축·운영, 신고내용조사 및 부동산정보체계의 구축·운영업무를 부동산시장 관련 전문성이 있는 공공기관에 위탁할 수 있다. 즉, 국토교통부장관은 다음의 업무를 「한국부동산원법」에 따른 한국부동산원에 위탁한다.

> ㉠ 부동산거래가격 검증체계의 구축·운영
> ㉡ 신고내용의 조사업무 중 다음의 업무
>   ⓐ 조사 대상자의 선정
>   ⓑ 법 제3조, 제3조의2 또는 제8조에 따라 제출한 자료 중 누락되었거나 정확하지 않은 자료 및 신고한 내용의 사실 여부를 확인하기 위한 자료의 제출 요구 및 접수
>   ⓒ ⓑ에 따라 제출받은 자료의 적정성 검토
>   ⓓ ⓐ부터 ⓒ까지의 규정에 따른 업무를 수행하기 위하여 필요한 업무
> ㉢ 부동산정보체계의 구축·운영

10 신고포상금의 지급

(1) 포상금 지급대상

① 시장·군수 또는 구청장은 다음의 어느 하나에 해당하는 자를 관계 행정기관이나 수사기관에 신고하거나 고발한 자에게 예산의 범위에서 포상금을 지급할 수 있다. 신고관청 또는 허가관청은 다음의 어느 하나에 해당하는 경우에는 포상금을 지급해야 한다.

> ㉠ 부동산 등의 실제 거래가격을 거짓으로 신고한 자(신고의무자가 아닌 자가 거짓으로 신고를 한 경우 포함)
> ㉡ 신고대상에 해당하는 계약을 체결하지 아니하였음에도 불구하고 거짓으로 부동산거래신고를 한 자
> ㉢ 신고 후 해당 계약이 해제등이 되지 아니하였음에도 불구하고 거짓으로 부동산거래의 해제등 신고를 한 자
> ㉣ 주택임대차계약의 신고, 변경 및 해제신고 규정을 위반하여 주택임대차계약의 보증금·차임 등 계약금액을 거짓으로 신고한 자
> ㉤ 토지거래허가 또는 변경허가를 받지 아니하고 토지거래계약을 체결한 자 또는 거짓이나 그 밖의 부정한 방법으로 토지거래계약허가를 받은 자
> ㉥ 토지거래계약허가를 받아 취득한 토지에 대하여 허가받은 목적대로 이용하지 아니한 자

② 포상금의 지급에 드는 비용은 시·군이나 구의 재원으로 충당한다.

③ 다음의 어느 하나에 해당하는 경우에는 포상금을 지급하지 아니할 수 있다.

> ㉠ 공무원이 직무와 관련하여 발견한 사실을 신고하거나 고발한 경우
> ㉡ 해당 위반행위를 하거나 위반행위에 관여한 자가 신고하거나 고발한 경우
> ㉢ 익명이나 가명으로 신고 또는 고발하여 신고인 또는 고발인을 확인할 수 없는 경우

(2) 포상금 지급기준

포상금은 신고 또는 고발 건별로 다음의 구분에 따라 지급한다.

> ① 부동산 등의 실제 거래가격을 거짓으로 신고한 자(신고의무자가 아닌 자가 거짓으로 신고를 한 경우 포함), 계약을 체결하지 아니하였음에도 불구하고 거짓으로 부동산거래신고를 한 자, 계약이 해제등이 되지 아니하였음에도 불구하고 거짓으로 부동산거래의 해제등 신고를 한 자, 주택임대차계약의 신고, 변경 및 해제신고 규정을 위반하여 주택임대차계약의 보증금·차임 등 계약금액을 거짓으로 신고한 자의 포상금: 부과되는 과태료의 100분의 20에 해당하는 금액을 지급한다. 이 경우 부동산 등의 실제 거래가격을 거짓으로 신고한 자(신고의무자가 아닌 자가 거짓으로 신고를 한 경우 포함)의 지급한도액은 1천만원으로 한다.
> ② 토지거래허가 또는 변경허가를 받지 아니하고 토지거래계약을 체결한 자 또는 거짓이나 그 밖의 부정한 방법으로 토지거래계약허가를 받은 자, 토지거래계약허가를 받아 취득한 토지에 대하여 허가받은 목적대로 이용하지 아니한 자에 따른 포상금: 50만원

(3) 포상금 지급절차

① 포상금 지급사유에 해당하는 자를 신고하려는 자는 신고서 및 증거자료[부동산 등의 실제 거래가격을 거짓으로 신고한 자(신고의무자가 아닌 자가 거짓으로 신고를 한 경우 포함), 계약을 체결하지 아니하였음에도 불구하고 거짓으로 부동산거래신고를 한 자, 계약이 해제등이 되지 아니하였음에도 불구하고 거짓으로 부동산거래의 해제등 신고를 한 자, 주택임대차계약의 신고, 변경 및 해제신고 규정을 위반하여 주택임대차계약의 보증금·차임 등 계약금액을 거짓으로 신고한 자의 경우만 해당]를 신고관청 또는 허가관청에 제출해야 한다.

② 수사기관은 토지거래허가 또는 변경허가를 받지 아니하고 토지거래계약을 체결한 자 또는 거짓이나 그 밖의 부정한 방법으로 토지거래계약허가를 받은 자에 대한 신고 또는 고발 사건을 접수하여 수사를 종료하거나 공소제기 또는 기소유예의 결정을 하였을 때에는 지체 없이 허가관청에 통보하여야 한다.

③ 신고서를 제출받거나 수사기관의 통보를 받은 신고관청 또는 허가관청은 포상금 지급 여부를 결정하고 이를 신고인 또는 고발인에게 알려야 한다.

④ 포상금 지급 결정을 통보받은 신고인 또는 고발인은 포상금 지급신청서를 작성하여 신고관청 또는 허가관청에 제출하여야 한다.

⑤ 신고관청 또는 허가관청은 신청서가 접수된 날부터 2개월 이내에 포상금을 지급하여야 한다.

⑥ 신고관청 또는 허가관청은 하나의 위반행위에 대하여 2명 이상이 공동으로 신고 또는 고발한 경우에는 포상금을 균등하게 배분하여 지급한다. 다만, 포상금을 지급받을 사람이 배분방법에 관하여 미리 합의하여 포상금의 지급을 신청한 경우에는 그 합의한 방법에 의한다.
⑦ 신고관청 또는 허가관청은 하나의 위반행위에 대하여 2명 이상이 각각 신고 또는 고발한 경우에는 최초로 신고 또는 고발한 사람에게 포상금을 지급한다.
⑧ 신고관청 또는 허가관청은 자체조사 등에 따라 포상금 지급사유에 해당하는 위반행위를 알게 된 때에는 지체 없이 그 내용을 부동산정보체계에 기록하여야 한다.

11 벌칙

(1) 행정형벌

① 3년 이하의 징역 또는 3천만원 이하의 벌금: 부당하게 재물이나 재산상 이득을 취하거나 제3자로 하여금 이를 취득하게 할 목적으로 부동산거래계약을 체결하지 아니하였음에도 불구하고 거짓으로 거래신고를 하거나, 부동산거래신고를 한 후 해제 등이 되지 아니하였음에도 불구하고 거짓으로 부동산거래신고 또는 부동산해제 등 신고를 한 자
② 2년 이하의 징역 또는 2천만원 이하의 벌금: 외국인 등이 허가를 받지 아니하고 토지취득계약을 체결하거나 부정한 방법으로 허가를 받아 토지취득계약을 체결한 경우
③ 2년 이하의 징역 또는 토지가격의 100분의 30에 해당하는 금액 이하의 벌금: 토지거래허가구역 내에서 허가 또는 변경허가를 받지 아니하고 토지거래계약을 체결하거나 속임수나 그 밖의 부정한 방법으로 토지거래계약 허가를 받은 경우
④ 1년 이하의 징역 또는 1천만원 이하의 벌금: 토지거래허가구역 내에서 허가취소, 처분 또는 조치명령을 위반한 경우

(2) 행정질서벌

① 3천만원 이하의 과태료

> ㉠ 부동산거래신고대상에 해당하는 계약을 체결하지 아니하였음에도 불구하고 거짓으로 부동산거래신고를 하는 경우(3년 이하의 징역 또는 3천만원 이하의 벌금형을 부과받을 경우는 제외)
> ㉡ 부동산거래신고 후 해당 계약이 해제등이 되지 아니하였음에도 불구하고 거짓으로 부동산거래의 해제등 신고를 하는 경우(3년 이하의 징역 또는 3천만원 이하의 벌금을 부과받을 경우는 제외)
> ㉢ 거래대금 지급을 증명할 수 있는 자료를 제출하지 아니하거나 거짓으로 제출한 자 또는 그 밖의 필요한 조치를 이행하지 아니한 자

② 500만원 이하의 과태료

> ③ 부동산거래신고를 하지 아니한 자(공동신고를 거부한 자 포함)
> ⑥ 부동산거래의 해제등에 관한 신고를 하지 아니한 자(공동신고를 거부한 자 포함)
> ⓒ 개업공인중개사에게 부동산거래신고를 하지 아니하게 하거나 거짓으로 신고하도록 요구한 자
> ⓔ 거짓으로 부동산거래신고를 하는 행위를 조장하거나 방조한 자
> ⓜ 거래대금 지급을 증명할 수 있는 자료 외의 자료를 제출하지 아니하거나 거짓으로 제출한 자

③ 취득가액의 100분의 10 이하에 상당하는 금액의 과태료: 계약을 체결한 후 부동산거래신고를 거짓으로 한 자 또는 신고의무자가 아닌 자가 거짓으로 부동산거래신고를 하는 행위

④ 300만원 이하의 과태료: 외국인 등이 대한민국 안의 부동산 등을 취득하는 계약을 체결하였을 때 계약체결일로부터 60일 이내에 신고관청에 신고를 하지 아니하거나 거짓으로 신고를 한 경우

⑤ 100만원 이하의 과태료

> ③ 외국인 등이 상속·경매, 건축물의 신축·증축·개축·재축 등 계약 외의 원인으로 대한민국 안의 부동산 등을 취득한 때에 6개월 이내에 신고를 하지 아니하거나 거짓으로 신고한 경우
> ⑥ 외국인 등이 해당 부동산 등을 계속 보유하려는 경우 6개월 이내에 계속 보유 신고를 하지 아니하거나 거짓으로 신고한 경우
> ⓒ 임대차계약의 당사자가 주택임대차계약의 신고, 변경 및 해제신고를 하지 아니하거나(공동신고를 거부한 자 포함) 그 신고를 거짓으로 한 경우

⑥ 과태료 부과사실 통보: 개업공인중개사에게 과태료를 부과한 신고관청은 부과일부터 10일 이내에 해당 개업공인중개사의 중개사무소(법인의 경우에는 주된 중개사무소를 말함)를 관할하는 시장·군수 또는 구청장에 과태료 부과사실을 통보하여야 한다.

기본문제와 완성문제로 **단단기출**

01 부동산 거래신고 등에 관한 법령상 토지거래허가구역 내의 토지매매에 관한 설명으로 옳은 것을 모두 고른 것은? (단, 법령상 특례는 고려하지 않으며, 다툼이 있으면 판례에 따름)   제34회

> ㉠ 허가를 받지 아니하고 체결한 매매계약은 그 효력이 발생하지 않는다.
> ㉡ 허가를 받기 전에 당사자는 매매계약상 채무불이행을 이유로 계약을 해제할 수 있다.
> ㉢ 매매계약의 확정적 무효에 일부 귀책사유가 있는 당사자도 그 계약의 무효를 주장할 수 있다.

① ㉠
② ㉡
③ ㉠, ㉢
④ ㉡, ㉢
⑤ ㉠, ㉡, ㉢

키워드 토지거래허가구역

난이도

해설 ㉢ 토지거래허가를 받지 아니하여 유동적 무효상태에 있는 계약이라고 하더라도 일단 거래허가신청을 하여 불허되었다면 특별한 사정이 없는 한, 불허된 때로부터는 그 거래계약은 확정적으로 무효가 된다고 보아야 하고, 거래허가신청을 하지 아니하여 유동적 무효인 상태에 있던 거래계약이 확정적으로 무효가 된 경우에는 거래계약이 확정적으로 무효로 됨에 있어서 귀책사유가 있는 자라고 하더라도 그 계약의 무효를 주장하는 것이 신의칙에 반한다고 할수는 없다(이 경우 상대방은 그로 인한 손해의 배상을 청구할 수는 있음)(대판 1995.2.28, 94다51789).

㉡ 「국토의 계획 및 이용에 관한 법률」상 토지거래허가구역 내의 토지에 관한 매매계약은 관할관청으로부터 허가받기 전의 상태에서는 법률상 미완성의 법률행위로서 이른바 유동적 무효의 상태에 있어 그 계약내용에 따른 본래적 효력은 발생하지 아니하므로, 관할관청의 거래허가를 받아 매매계약이 소급하여 유효한 계약이 되기 전까지 양쪽 당사자는 서로 소유권의 이전이나 대금의 지급과 관련하여 어떠한 내용의 이행청구를 할 수 없으며, 일방 당사자는 상대방의 매매계약내용에 따른 채무불이행을 이유로 하여 계약을 해제할 수도 없다(대판 2010.5.13, 2009다92685).

정답 01 ③

02 부동산 거래신고 등에 관한 법령상 토지거래허가구역 등에 관한 설명으로 틀린 것은? 제33회

① 시장·군수 또는 구청장은 공익사업용 토지에 대해 토지거래계약에 관한 허가신청이 있는 경우, 한국토지주택공사가 그 매수를 원하는 경우에는 한국토지주택공사를 선매자(先買者)로 지정하여 그 토지를 협의 매수하게 할 수 있다.
② 국토교통부장관은 또는 시·도지사는 허가구역의 지정 사유가 없어졌다고 인정되면 지체 없이 허가구역의 지정을 해제해야 한다.
③ 토지거래허가신청에 대해 불허가처분을 받은 자는 그 통지를 받은 날부터 1개월 이내에 시장·군수 또는 구청장에게 해당 토지에 관한 권리의 매수를 청구할 수 있다.
④ 허가구역의 지정은 허가구역의 지정을 공고한 날의 다음 날부터 그 효력이 발생한다.
⑤ 토지거래허가를 받으려는 자는 그 허가신청서에 계약내용과 그 토지의 이용계획, 취득자금 조달계획 등을 적어 시장·군수 또는 구청장에게 제출해야 한다.

키워드 토지거래허가구역

난이도

해설 허가구역의 지정은 허가구역의 지정을 공고한 날부터 5일 후에 그 효력이 발생한다.

정답 02 ④

03 기본 기출

부동산 거래신고 등에 관한 법령상 이행강제금에 관한 설명이다. (   )에 들어갈 숫자로 옳은 것은?

제33회

> 시장·군수는 토지거래계약허가를 받아 토지를 취득한 자가 당초의 목적대로 이용하지 아니하고 방치한 경우 그에 대하여 상당한 기간을 정하여 토지의 이용의무를 이행하도록 명할 수 있다. 그 의무의 이행기간은 (㉠)개월 이내에 정하여야 하며, 그 정해진 기간 내에 이행되지 않은 경우, 토지 취득가액의 100분의 (㉡)에 상당하는 금액의 이행강제금을 부과한다.

① ㉠: 3,   ㉡: 7
② ㉠: 3,   ㉡: 10
③ ㉠: 6,   ㉡: 7
④ ㉠: 6,   ㉡: 10
⑤ ㉠: 12, ㉡: 15

키워드 이행강제금

난이도

해설 시장·군수 또는 구청장은 토지의 이용의무를 이행하지 아니한 자에 대하여는 상당한 기간을 정하여 토지의 이용의무를 이행하도록 명할 수 있다. 이 경우 이행명령은 문서로 하여야 하며, 이행기간은 (㉠ 3)개월 이내로 정하여야 한다. 시장·군수 또는 구청장은 이행명령이 정하여진 기간에 이행되지 아니한 경우에는 토지 취득가액의 100분의 (㉡ 10)의 범위에서 다음에서 정하는 금액의 이행강제금을 부과한다.

1. 토지거래계약허가를 받아 토지를 취득한 자가 당초의 목적대로 이용하지 아니하고 방치한 경우: 토지 취득가액의 100분의 10에 상당하는 금액
2. 토지거래계약허가를 받아 토지를 취득한 자가 직접 이용하지 아니하고 임대한 경우: 토지 취득가액의 100분의 7에 상당하는 금액
3. 토지거래계약허가를 받아 토지를 취득한 자가 허가관청의 승인 없이 당초의 이용목적을 변경하여 이용하는 경우: 토지 취득가액의 100분의 5에 상당하는 금액
4. 위 1.부터 3.까지에 해당하지 아니하는 경우: 토지 취득가액의 100분의 7에 상당하는 금액

정답 03 ②

04 부동산 거래신고 등에 관한 법령상 토지거래허가에 관한 내용으로 옳은 것은? 제32회 수정

① 토지거래허가구역의 지정은 지정을 공고한 날부터 3일 후에 효력이 발생한다.
② 토지거래허가구역의 지정 당시 국토교통부장관 또는 시·도지사가 따로 정하여 공고하지 않은 경우, 「국토의 계획 및 이용에 관한 법률」에 따른 도시지역 중 녹지지역 안의 280㎡ 면적의 토지거래계약에 관하여는 허가가 필요 없다.
③ 토지거래계약을 허가받은 자는 대통령령으로 정하는 사유가 있는 경우 외에는 토지 취득일부터 10년간 그 토지를 허가받은 목적대로 이용해야 한다.
④ 허가받은 목적대로 토지를 이용하지 않았음을 이유로 이행강제금 부과처분을 받은 자가 시장·군수·구청장에게 이의를 제기하려면 그 처분을 고지받은 날부터 60일 이내에 해야 한다.
⑤ 토지거래허가신청에 대해 불허가처분을 받은 자는 그 통지를 받은 날부터 1개월 이내에 시장·군수·구청장에게 해당 토지에 관한 권리의 매수를 청구할 수 있다.

키워드 > 토지거래허가

난이도 >

해설 > ① 토지거래허가구역의 지정은 지정을 공고한 날부터 5일 후에 효력이 발생한다.
② 토지거래허가구역의 지정 당시 국토교통부장관 또는 시·도지사가 따로 정하여 공고하지 않은 경우, 「국토의 계획 및 이용에 관한 법률」에 따른 도시지역 중 녹지지역 안의 200㎡ 이하 면적의 토지거래계약에 관하여는 허가가 필요 없다.
③ 토지거래계약을 허가받은 자는 대통령령으로 정하는 사유가 있는 경우 외에는 토지 취득일부터 5년의 범위에서 대통령령으로 정하는 기간에 그 토지를 허가받은 목적대로 이용해야 한다.
④ 허가받은 목적대로 토지를 이용하지 않았음을 이유로 이행강제금 부과처분을 받은 자가 시장·군수·구청장에게 이의를 제기하려면 그 처분을 고지받은 날부터 30일 이내에 해야 한다.

정답 04 ⑤

05 부동산 거래신고 등에 관한 법령상 토지거래계약허가를 받아 취득한 토지를 허가받은 목적대로 이용하고 있지 않은 경우 시장·군수·구청장이 취할 수 있는 조치가 <u>아닌</u> 것은? 제32회

① 과태료를 부과할 수 있다.
② 토지거래계약허가를 취소할 수 있다.
③ 3개월 이내의 기간을 정하여 토지의 이용의무를 이행하도록 문서로 명할 수 있다.
④ 해당 토지에 관한 토지거래계약 허가신청이 있을 때 국가, 지방자치단체, 한국토지주택공사가 그 토지의 매수를 원하면 이들 중에서 매수할 자를 지정하여 협의 매수하게 할 수 있다.
⑤ 해당 토지를 직접 이용하지 않고 임대하고 있다는 이유로 이행명령을 했음에도 정해진 기간에 이행되지 않은 경우, 토지 취득가액의 100분의 7에 상당하는 금액의 이행강제금을 부과한다.

키워드 〉 토지거래허가

난이도 〉

해설 〉 시장·군수 또는 구청장은 토지의 이용의무를 이행하지 아니한 자에 대하여는 상당한 기간을 정하여 토지의 이용의무를 이행하도록 명할 수 있다. 이 경우 이행명령은 문서로 하여야 하며, 이행기간은 3개월 이내로 정하여야 한다. 시장·군수 또는 구청장은 이행명령이 정하여진 기간에 이행되지 아니한 경우에는 토지 취득가액의 100분의 10의 범위에서 다음에서 정하는 금액의 이행강제금을 부과한다. 따라서 과태료 부과사유는 아니다.
1. 토지거래계약허가를 받아 토지를 취득한 자가 당초의 목적대로 이용하지 아니하고 방치한 경우: 토지 취득가액의 100분의 10에 상당하는 금액
2. 토지거래계약허가를 받아 토지를 취득한 자가 직접 이용하지 아니하고 임대한 경우: 토지 취득가액의 100분의 7에 상당하는 금액
3. 토지거래계약허가를 받아 토지를 취득한 자가 허가관청의 승인 없이 당초의 이용목적을 변경하여 이용하는 경우: 토지 취득가액의 100분의 5에 상당하는 금액
4. 위 1.부터 3.까지에 해당하지 아니하는 경우: 토지 취득가액의 100분의 7에 상당하는 금액

정답 05 ①

06 완성기출

부동산 거래신고 등에 관한 법령상 토지거래허가구역(이하 '허가구역'이라 함)에 관한 설명으로 옳은 것은?
제32회

① 시·도지사는 법령의 개정으로 인해 토지이용에 대한 행위제한이 강화되는 지역을 허가구역으로 지정할 수 있다.
② 토지의 투기적인 거래 성행으로 지가가 급격히 상승하는 등의 특별한 사유가 있으면 5년을 넘는 기간으로 허가구역을 지정할 수 있다.
③ 허가구역 지정의 공고에는 허가구역에 대한 축척 5만분의 1 또는 2만5천분의 1의 지형도가 포함되어야 한다.
④ 허가구역을 지정한 시·도지사는 지체 없이 허가구역지정에 관한 공고내용을 관할 등기소의 장에게 통지해야 한다.
⑤ 허가구역 지정에 이의가 있는 자는 그 지정이 공고된 날부터 1개월 내에 시장·군수·구청장에게 이의를 신청할 수 있다.

키워드 토지거래허가구역

난이도

해설 ① 시·도지사는 법령의 제정·개정 또는 폐지나 그에 따른 고시·공고로 인하여 토지이용에 대한 행위제한이 완화되거나 해제되는 지역을 허가구역으로 지정할 수 있다.
② 토지의 투기적인 거래 성행으로 지가가 급격히 상승하는 등의 특별한 사유가 있으면 5년 이내의 기간을 정하여 허가구역을 지정할 수 있다.
④ 국토교통부장관 또는 시·도지사는 허가구역을 지정한 때에는 공고내용을 국토교통부장관은 시·도지사를 거쳐 시장·군수 또는 구청장에게 통지하고, 시·도지사는 국토교통부장관, 시장·군수 또는 구청장에게 통지하여야 한다. 통지를 받은 시장·군수 또는 구청장은 지체 없이 그 공고내용을 그 허가구역을 관할하는 등기소의 장에게 통지하여야 하며, 지체 없이 그 사실을 7일 이상 공고하고, 그 공고내용을 15일간 일반이 열람할 수 있도록 하여야 한다.
⑤ 토지거래허가처분에 이의가 있는 자는 그 처분을 받은 날부터 1개월 이내에 시장·군수 또는 구청장에게 이의를 신청할 수 있다. 그러나 허가구역 지정에 이의가 있는 경우 동법에서는 이의신청제도를 두고 있지 않다.

보충 허가구역으로 지정한 때에 공고되는 내용은 다음과 같다.
1. 토지거래계약에 관한 허가구역의 지정기간
2. 허가대상자, 허가대상 용도와 지목
3. 허가구역 내 토지의 소재지·지번·지목·면적 및 용도지역(국토의 계획 및 이용에 관한 법률에 따른 용도지역을 말함)
4. 허가구역에 대한 축척 5만분의 1 또는 2만5천분의 1의 지형도
5. 허가 면제대상 토지면적
따라서 허가구역 지정의 공고에는 허가구역에 대한 축척 5만분의 1 또는 2만5천분의 1의 지형도가 포함되어야 하므로 옳은 지문이 된다.

정답 06 ③

07 부동산 거래신고 등에 관한 법령상 토지거래허가구역에 관한 설명으로 옳은 것은? 제31회

① 국토교통부장관은 토지의 투기적인 거래가 성행하는 지역에 대해서는 7년의 기간을 정하여 토지거래계약에 관한 허가구역을 지정할 수 있다.
② 시·도지사가 토지거래허가구역을 지정하려면 시·도도시계획위원회의 심의를 거쳐 인접 시·도지사의 의견을 들어야 한다.
③ 시·도지사가 토지거래허가구역을 지정한 때에는 이를 공고하고 그 공고내용을 국토교통부장관, 시장·군수 또는 구청장에게 통지하여야 한다.
④ 허가구역의 지정은 허가구역의 지정을 공고한 날부터 3일 후에 효력이 발생한다.
⑤ 「국토의 계획 및 이용에 관한 법률」에 따른 도시지역 중 주거지역의 경우 600m² 이하의 토지에 대해서는 토지거래계약허가가 면제된다.

> 키워드 › 토지거래허가구역
>
> 난이도 ›
>
> 해설 › ① 국토교통부장관 또는 시·도지사는 토지의 투기적인 거래가 성행하거나 지가가 급격히 상승하는 지역과 그러한 우려가 있는 지역에 대해서는 5년 이내의 기간을 정하여 토지거래계약에 관한 허가구역으로 지정할 수 있다.
> ② 국토교통부장관 또는 시·도지사는 허가구역을 지정하려면 「국토의 계획 및 이용에 관한 법률」에 따른 중앙도시계획위원회 또는 시·도도시계획위원회의 심의를 거쳐야 한다. 다만, 지정기간이 끝나는 허가구역을 계속하여 다시 허가구역으로 지정하려면 중앙도시계획위원회 또는 시·도도시계획위원회의 심의 전에 미리 시·도지사(국토교통부장관이 허가구역을 지정하는 경우만 해당) 및 시장·군수 또는 구청장의 의견을 들어야 한다.
> ④ 허가구역의 지정은 허가구역의 지정을 공고한 날부터 5일 후에 그 효력이 발생한다.
> ⑤ 「국토의 계획 및 이용에 관한 법률」에 따른 도시지역 중 주거지역의 경우 60m² 이하의 토지에 대해서는 토지거래계약허가가 면제된다.

정답 07 ③

08 부동산 거래신고 등에 관한 법령상 이행강제금에 관한 설명으로 옳은 것은? 제31회

① 이행명령은 구두 또는 문서로 하며 이행기간은 3개월 이내로 정하여야 한다.
② 토지거래계약허가를 받아 토지를 취득한 자가 당초의 목적대로 이용하지 아니하고 방치하여 이행명령을 받고도 정하여진 기간에 이를 이행하지 아니한 경우, 시장·군수 또는 구청장은 토지 취득가액의 100분의 10에 상당하는 금액의 이행강제금을 부과한다.
③ 이행강제금 부과처분에 불복하는 경우 이의를 제기할 수 있으나, 그에 관한 명문의 규정을 두고 있지 않다.
④ 이행명령을 받은 자가 그 명령을 이행하는 경우 새로운 이행강제금의 부과를 즉시 중지하며, 명령을 이행하기 전에 부과된 이행강제금도 징수할 수 없다.
⑤ 최초의 이행명령이 있었던 날을 기준으로 1년에 두 번씩 그 이행명령이 이행될 때까지 반복하여 이행강제금을 부과·징수할 수 있다.

키워드 이행강제금

해설
① 이행명령은 문서로 하여야 하며, 이행기간은 3개월 이내로 정하여야 한다.
③ 이행강제금 부과처분에 불복하는 경우 이의를 제기할 수 있으며, 이의를 제기하려는 경우에는 부과처분을 고지받은 날부터 30일 이내에 하여야 한다.
④ 시장·군수 또는 구청장은 이행명령을 받은 자가 그 명령을 이행하는 경우 새로운 이행강제금의 부과를 즉시 중지하되, 명령을 이행하기 전에 이미 부과된 이행강제금은 징수하여야 한다.
⑤ 시장·군수 또는 구청장은 최초의 이행명령이 있었던 날을 기준으로 1년에 한 번씩 그 이행명령이 이행될 때까지 반복하여 이행강제금을 부과·징수할 수 있다.

정답 08 ②

09 부동산 거래신고 등에 관한 법령상 이행강제금에 대하여 개업공인중개사가 중개의뢰인에게 설명한 내용으로 옳은 것은? 제30회

기본 기출

① 군수는 최초의 의무이행 위반이 있었던 날을 기준으로 1년에 한 번씩 그 이행명령이 이행될 때까지 반복하여 이행강제금을 부과·징수할 수 있다.
② 시장은 토지의 이용의무기간이 지난 후에도 이행명령 위반에 대해서는 이행강제금을 반복하여 부과할 수 있다.
③ 시장·군수 또는 구청장은 이행명령을 받은 자가 그 명령을 이행하는 경우라도 명령을 이행하기 전에 이미 부과된 이행강제금은 징수하여야 한다.
④ 토지거래계약허가를 받아 토지를 취득한 자가 직접 이용하지 아니하고 임대한 경우에는 토지 취득가액의 100분의 20에 상당하는 금액을 이행강제금으로 부과한다.
⑤ 이행강제금 부과처분을 받은 자가 국토교통부장관에게 이의를 제기하려는 경우에는 부과처분을 고지받은 날부터 14일 이내에 하여야 한다.

키워드 > 이행강제금

난이도 >

해설 > ① 시장·군수 또는 구청장은 최초의 이행명령이 있었던 날을 기준으로 1년에 한 번씩 그 이행명령이 이행될 때까지 반복하여 이행강제금을 부과·징수할 수 있다.
② 시장·군수 또는 구청장은 토지의 이용의무기간이 지난 후에는 이행강제금을 부과할 수 없다.
④ 토지거래계약허가를 받아 토지를 취득한 자가 직접 이용하지 아니하고 임대한 경우에는 토지 취득가액의 100분의 7에 상당하는 금액을 이행강제금으로 부과한다.
⑤ 이행강제금 부과처분을 받은 자가 시장·군수 또는 구청장에게 이의를 제기하려는 경우에는 부과처분을 고지받은 날부터 30일 이내에 하여야 한다.

정답 09 ③

10 완성 기출

부동산 거래신고 등에 관한 법령상 토지거래계약 불허가처분 토지에 대하여 매수청구를 받은 경우, 매수할 자로 지정될 수 있는 자를 모두 고른 것은? 제30회

> ㉠ 지방자치단체
> ㉡ 「한국은행법」에 따른 한국은행
> ㉢ 「지방공기업법」에 따른 지방공사
> ㉣ 「한국석유공사법」에 따른 한국석유공사
> ㉤ 「항만공사법」에 따른 항만공사
> ㉥ 「한국관광공사법」에 따른 한국관광공사

① ㉡, ㉤
② ㉠, ㉣, ㉥
③ ㉡, ㉢, ㉤
④ ㉠, ㉣, ㉤, ㉥
⑤ ㉠, ㉡, ㉢, ㉣, ㉤, ㉥

키워드 매수청구

난이도

해설 매수할 자로 지정될 수 있는 자는 ㉠㉣㉥이다.

보충 매수청구를 받은 시장·군수 또는 구청장은 국가, 지방자치단체(㉠), 한국토지주택공사, 다음에서 정하는 공공기관 또는 공공단체 중에서 매수할 자를 지정하여, 매수할 자로 하여금 예산의 범위에서 공시지가를 기준으로 하여 해당 토지를 매수하게 하여야 한다. 따라서 ㉡㉢㉤은 다음의 기관에 해당하지 않는다.
1. 「한국농수산식품유통공사법」에 따른 한국농수산식품유통공사
2. 「대한석탄공사법」에 따른 대한석탄공사
3. 「한국토지주택공사법」에 따른 한국토지주택공사
4. 「한국관광공사법」에 따른 한국관광공사(㉥)
5. 「한국농어촌공사 및 농지관리기금법」에 따른 한국농어촌공사
6. 「한국도로공사법」에 따른 한국도로공사
7. 「한국석유공사법」에 따른 한국석유공사(㉣)
8. 「한국수자원공사법」에 따른 한국수자원공사
9. 「한국전력공사법」에 따른 한국전력공사
10. 「한국철도공사법」에 따른 한국철도공사

정답 10 ②

11 완성 기출

부동산 거래신고 등에 관한 법령상 토지거래계약 허가신청서에 기재하거나 별지로 제출해야 할 것이 아닌 것은? (단, 농지의 경우는 고려하지 않음) 제29회

① 매매의 경우 매도인과 매수인의 성명 및 주소
② 거래를 중개한 개업공인중개사의 성명 및 주소
③ 이전 또는 설정하려는 권리의 종류
④ 토지이용계획서
⑤ 토지취득자금조달계획서

키워드 토지거래허가

난이도

해설 토지거래계약 허가신청서에 매도인, 매수인의 성명(법인명), 주민등록번호(법인·외국인등록번호), 주소(법인 소재지), (휴대)전화번호 등은 기재되지만, 거래를 중개한 개업공인중개사의 성명 및 주소는 포함되지 않는다.

12 기본 기출

부동산 거래신고 등에 관한 법령상 토지거래허가구역 등에 관한 설명으로 옳은 것을 모두 고른 것은? 제28회

㉠ 허가구역의 지정은 그 지정을 공고한 날부터 5일 후에 그 효력이 발생한다.
㉡ 「민사집행법」에 따른 경매의 경우에는 허가구역 내 토지거래에 대한 허가의 규정은 적용하지 아니한다.
㉢ 자기의 거주용 주택용지로 이용할 목적으로 토지거래계약을 허가받은 자는 대통령령으로 정하는 사유가 있는 경우 외에는 토지취득일부터 2년간 그 토지를 허가받은 목적대로 이용해야 한다.
㉣ 토지의 이용의무를 이행하지 않아 이행명령을 받은 자가 그 명령을 이행하는 경우에는 새로운 이행강제금의 부과를 즉시 중지하고, 명령을 이행하기 전에 이미 부과된 이행강제금을 징수해서는 안 된다.

① ㉠, ㉡
② ㉡, ㉢
③ ㉠, ㉡, ㉢
④ ㉠, ㉢, ㉣
⑤ ㉠, ㉡, ㉢, ㉣

키워드 토지거래허가구역

난이도

해설 ㉣ 시장·군수·구청장은 이행명령을 받은 자가 그 명령을 이행하는 경우에는 새로운 이행강제금의 부과를 즉시 중지하되, 명령을 이행하기 전에 이미 부과된 이행강제금은 징수하여야 한다.

정답 11 ② 12 ③

13 부동산 거래신고 등에 관한 법령상 포상금의 지급에 관한 설명으로 **틀린** 것을 모두 고른 것은?

제34회

> ㉠ 가명으로 신고하여 신고인을 확인할 수 없는 경우에는 포상금을 지급하지 아니할 수 있다.
> ㉡ 신고관청에 포상금지급신청서가 접수된 날부터 1개월 이내에 포상금을 지급하여야 한다.
> ㉢ 신고관청은 하나의 위반행위에 대하여 2명 이상이 각각 신고한 경우에는 포상금을 균등하게 배분하여 지급한다.

① ㉠
② ㉠, ㉡
③ ㉠, ㉢
④ ㉡, ㉢
⑤ ㉠, ㉡, ㉢

키워드 ▶ 신고포상금

난이도 ▶

해설 ▶ ㉡ 신고관청 또는 허가관청은 신청서가 접수된 날부터 2개월 이내에 포상금을 지급하여야 한다.
㉢ 신고관청 또는 허가관청은 하나의 위반행위에 대하여 2명 이상이 각각 신고 또는 고발한 경우에는 최초로 신고 또는 고발한 사람에게 포상금을 지급한다.

정답 13 ④

14 부동산 거래신고 등에 관한 법령상 신고포상금 지급대상에 해당하는 위반행위를 모두 고른 것은?

기본 기출

제32회

> ㉠ 부동산 매매계약의 거래당사자가 부동산의 실제 거래가격을 거짓으로 신고하는 행위
> ㉡ 부동산 매매계약에 관하여 개업공인중개사에게 신고를 하지 않도록 요구하는 행위
> ㉢ 토지거래계약허가를 받아 취득한 토지를 허가받은 목적대로 이용하지 않는 행위
> ㉣ 부동산 매매계약에 관하여 부동산의 실제 거래가격을 거짓으로 신고하도록 조장하는 행위

① ㉠, ㉢
② ㉠, ㉣
③ ㉡, ㉣
④ ㉠, ㉡, ㉢
⑤ ㉡, ㉢, ㉣

키워드 신고포상금

난이도

해설 시장·군수 또는 구청장은 다음의 어느 하나에 해당하는 자를 관계 행정기관이나 수사기관에 신고하거나 고발한 자에게 예산의 범위에서 포상금을 지급할 수 있다(동법 제25조의2 제1항).
1. 부동산 등의 실제 거래가격을 거짓으로 신고한 자(신고의무자 아닌 자가 거짓으로 신고를 한 경우 포함)(㉠)
2. 신고대상에 해당하는 계약을 체결하지 아니하였음에도 불구하고 거짓으로 부동산거래신고를 한 자
3. 신고 후 해당 계약이 해제등이 되지 아니하였음에도 불구하고 거짓으로 부동산거래의 해제등 신고를 한 자
4. 주택임대차계약의 신고, 변경 및 해제신고 규정을 위반하여 주택임대차계약의 보증금·차임 등 계약금 액을 거짓으로 신고한 자
5. 토지거래허가 또는 변경허가를 받지 아니하고 토지거래계약을 체결한 자 또는 거짓이나 그 밖의 부정한 방법으로 토지거래계약허가를 받은 자
6. 토지거래계약허가를 받아 취득한 토지에 대하여 허가받은 목적대로 이용하지 아니한 자(㉢)

따라서 ㉡㉣은 포상금 지급사유에 해당하지 않으며, 동법에서 규정하고 있는 500만원 이하의 과태료사 유에 해당한다(동법 제28조 제2항 제2호·제3호).

정답 14 ①

15 부동산 거래신고 등에 관한 법령상 신고포상금에 관한 설명으로 옳은 것은? 제30회

① 포상금의 지급에 드는 비용은 국고로 충당한다.
② 해당 위반행위에 관여한 자가 신고한 경우라도 신고포상금은 지급하여야 한다.
③ 익명으로 고발하여 고발인을 확인할 수 없는 경우에는 해당 신고포상금은 국고로 환수한다.
④ 부동산 등의 거래가격을 신고하지 않은 자를 수사기관이 적발하기 전에 수사기관에 1건 고발한 경우 1천5백만원의 신고포상금을 받을 수 있다.
⑤ 신고관청 또는 허가관청으로부터 포상금 지급 결정을 통보받은 신고인은 포상금을 받으려면 국토교통부령으로 정하는 포상금 지급신청서를 작성하여 신고관청 또는 허가관청에 제출하여야 한다.

키워드 〉 신고포상금

난이도 〉

해설 〉 ① 포상금의 지급에 드는 비용은 시·군이나 구의 재원으로 충당한다.
②③ 다음에 해당하는 자는 포상금을 지급하지 아니할 수 있다.
  1. 공무원이 직무와 관련하여 발견한 사실을 신고하거나 고발한 경우
  2. 해당 위반행위를 하거나 위반행위에 관여한 자가 신고하거나 고발한 경우
  3. 익명이나 가명으로 신고 또는 고발하여 신고인 또는 고발인을 확인할 수 없는 경우
④ 부동산 등의 거래가격을 신고하지 않은 자는 포상금 지급대상에 포함되지 않는다. 포상금 지급사유는 다음과 같다.
  1. 부동산 등의 실제 거래가격을 거짓으로 신고한 자(신고의무자 아닌 자가 거짓으로 신고를 한 경우 포함)
  2. 신고대상에 해당하는 계약을 체결하지 아니하였음에도 불구하고 거짓으로 부동산거래신고를 한 자
  3. 신고 후 해당 계약이 해제등이 되지 아니하였음에도 불구하고 거짓으로 부동산거래의 해제등 신고를 한 자
  4. 주택임대차계약의 신고, 변경 및 해제신고 규정을 위반하여 주택임대차계약의 보증금·차임 등 계약금액을 거짓으로 신고한 자
  5. 토지거래허가 또는 변경허가를 받지 아니하고 토지거래계약을 체결한 자 또는 거짓이나 그 밖의 부정한 방법으로 토지거래계약허가를 받은 자
  6. 토지거래계약허가를 받아 취득한 토지에 대하여 허가받은 목적대로 이용하지 아니한 자

정답 15 ⑤

PART 02 중개실무

최근 5개년 출제비중 및 학습전략

PART 02 **18.5%**

최근 제34회 시험에서 중개실무는 8문제가 출제되었습니다. 특히, 「집합건물의 소유 및 관리에 관한 법률」에서 3개년 연속 문제가 출제되어 새로운 출제 파트로 자리매김하였습니다. 전통적으로 자주 출제되는 「부동산 실권리자명의 등기에 관한 법률」, 「주택임대차보호법」, 「상가건물 임대차보호법」, 경매는 매년 출제되고 있으므로 이에 유념하여 학습하여야 합니다.

단타 공인중개사법령 및 중개실무

THEME 30	중개실무 총설 및 부동산중개계약
THEME 31	중개대상물 조사·확인
THEME 32	중개대상물 확인·설명서 작성
THEME 33	거래계약서 작성 및 부동산전자계약시스템
THEME 34	부동산등기 특별조치법상 검인제도
THEME 35	부동산 실권리자명의 등기에 관한 법률
THEME 36	주택임대차보호법
THEME 37	상가건물 임대차보호법
THEME 38	법원경매
THEME 39	매수신청대리인 등록의 규칙 및 예규
THEME 40	집합건물의 소유 및 관리에 관한 법률

THEME 30 중개실무 총설 및 부동산중개계약

| THEME 키워드 |
중개실무

* 본 THEME는 최신 기출문제가 없어 '단단기출' 문제를 수록하지 않음

> **기출분석**
> - **기출회차**: 제32회
> - **키워드**: 중개실무
> - **난이도**: ■■□

> **함정을 피하는 TIP**
> - 중개실무의 의의와 범위에 관하여 학습하여야 한다.

기본으로 알아야 하는 대표기출

공인중개사법령상 중개행위 등에 관한 설명으로 옳은 것은? (다툼이 있으면 판례에 따름)

① 중개행위에 해당하는지 여부는 개업공인중개사의 행위를 객관적으로 보아 판단할 것이 아니라 개업공인중개사의 주관적 의사를 기준으로 판단해야 한다.
② 임대차계약을 알선한 개업공인중개사가 계약 체결 후에도 목적물의 인도 등 거래당사자의 계약상 의무의 실현에 관여함으로써 계약상 의무가 원만하게 이행되도록 주선할 것이 예정되어 있는 경우, 그러한 개업공인중개사의 행위는 사회통념상 중개행위의 범주에 포함된다.
③ 소속공인중개사는 자신의 중개사무소 개설등록을 신청할 수 있다.
④ 개업공인중개사는 거래계약서를 작성하는 경우 거래계약서에 서명하거나 날인하면 된다.
⑤ 개업공인중개사가 국토교통부장관이 정한 거래계약서 표준서식을 사용하지 않는 경우 과태료 부과처분을 받게 된다.

> **해설**
> ① 중개행위에 해당하는지 여부는 개업공인중개사의 행위가 사회통념상 거래의 알선·중개를 위한 행위라고 인정되는지 여부를 기준으로 판단해야 한다.
> ③ 중개사무소 개설등록은 공인중개사인 개업공인중개사 및 법인인 개업공인중개사만 신청할 수 있다.
> ④ 개업공인중개사는 거래계약서를 작성하는 경우 거래계약서에 서명 '및' 날인하면 된다.
> ⑤ 거래계약서 표준서식은 법상 정함이 없으므로 과태료사유에 해당하지 않는다.
>
> 정답 ②

단단하게 정리하는 **핵심이론**

1 중개실무의 의의

개업공인중개사가 중개의뢰인으로부터 중개의뢰를 접수받는 것으로 시작해서 중개완성인 거래계약의 체결에 이르기까지 개업공인중개사가 중개행위와 관련해서 전개해 나가는 일련의 활동을 의미한다.

2 중개실무의 범위

중개의뢰를 접수받아 중개완성인 거래계약의 체결에 이르기까지 개업공인중개사가 중개의뢰인을 상대로 전개해 나가는 업무사항이 중개실무의 범위에 속한다.

※ 매매·교환·임대차 그 밖의 권리의 득실변경에 관한 행위

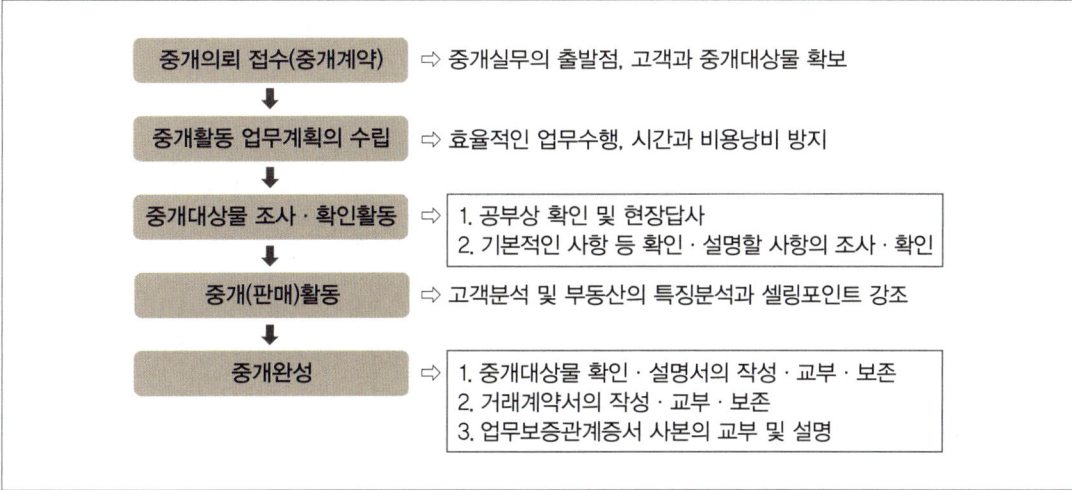

3 중개계약별 의의와 특징

(1) 일반중개계약(법 제22조)

① 의의: 중개의뢰인이 다수의 개업공인중개사에게 중개의뢰를 할 수 있고 가장 먼저 중개를 완성한 개업공인중개사만 중개보수청구가 가능한 중개계약이다.

② 특징
  ㉠ 개업공인중개사는 보수가 보장되지 아니하므로 개업공인중개사의 책임중개를 기대할 수 없고, 거래계약이 지연되므로 개업공인중개사와 의뢰인 모두에게 불리한 계약이다.
  ㉡ 대부분 구두로 체결되므로 법률관계가 복잡하지만, 우리나라에서 가장 많이 이용한다.

(2) 전속중개계약(법 제23조)

① 의의: 특정한 개업공인중개사에게 독점적으로 중개를 의뢰하는 형태이지만, 의뢰인이 스스로 발견한 상대방과 직접 거래를 성립시킨 경우에는 중개보수를 받을 수 없다.
② 특징: 개업공인중개사는 정보공개 및 전속중개계약서 사용의무가 있고, 의뢰인은 위약금 등의 지급의무가 있으므로 개업공인중개사 및 의뢰인 모두에게 유리한 계약이다.

(3) 독점중개계약

① 의의: 중개의뢰인이 특정한 개업공인중개사에게 중개를 의뢰하고 독점중개계약의 유효기간 중에는 독점개업공인중개사에게 중개의 독점권을 인정하는 중개계약을 말한다.
② 특징
  ㉠ 개업공인중개사의 책임중개를 실현하여 신속한 거래계약 체결이 기대된다.
  ㉡ 계약기간 중에 누가 중개를 완성하든 불문하고 의뢰인은 보수지급의 의무가 있으므로 개업공인중개사에게 보수가 가장 확실히 보장된다.

(4) 공동중개계약

① 의의: 중개의뢰를 받은 개업공인중개사가 개업공인중개사단체 등에 정보를 공개하고 이들의 협력을 받아 중개를 완성하는 것을 인정하는 중개계약이다.
② 특징
  ㉠ 중개업의 조직화와 능률화에 가장 이상적인 형태이다.
  ㉡ 부동산거래정보망을 이용한 거래계약 체결을 중개하는 것은 공동중개의 유형이다.

(5) 순가중개계약

① 의의: 중개의뢰인이 중개대상물의 가격을 사전에 개업공인중개사에게 제시하고 그 금액을 초과하거나 미달된 금액으로 거래계약을 성립시킨 경우에 그 차액을 보수로 인정하는 계약이다.
② 특징: 가격상승과 투기조장이 우려되며, 중개보수가 과다하여 의뢰인에게 피해를 줄 우려가 있으므로 금지행위에 해당할 수 있는 중개계약이지만 「공인중개사법」상 순가중개계약의 체결 자체를 금지하지는 않는다.

4 중개계약의 일반적 내용

(1) 중개계약의 의미

① 중개계약은 중개실무의 출발점이 된다.
② 보수청구의 근거가 된다.

(2) 법적 성질

① 민사중개계약

② 낙성·불요식계약

③ 유상·쌍무계약(조건부의 특수한 편무적 쌍무계약)

④ 위임유사의 비전형계약(무명계약)

(3) 중개수집 방법

① **직접수집**: 개업공인중개사가 직접 의뢰인에게 접근하여 중개의뢰를 받는 것을 말한다(예 방문, 전화, 공지나 공가의 조사, 기타 개업식 등에서의 직접수집).

② **간접수집**: 개업공인중개사와 고객 사이에 제3자를 개입시켜 제3자의 소개를 받아 중개의뢰를 받는 것을 말한다.

(4) 중개계약의 서면화 기능

① 거래내용을 확정하는 기능

② 분쟁예방 및 해결 기능

③ 유통시장의 정비 및 근대화 기능

④ 부동산투기의 예방적 기능

⑤ 자주통제의 강화 기능(관청의 통제가 약화)

(5) 중개계약의 종료

① 중개완성

② 중개계약기간의 경과

③ 계약의 해지

④ 중개의 불능(목적물의 멸실, 개업공인중개사의 사망, 법인의 해산, 중개의뢰인의 사망 등)

THEME 31

중개대상물 조사·확인

| THEME 키워드 |
중개대상물의 조사·확인방법, 법정지상권, 분묘기지권, 「장사 등에 관한 법률」, 「농지법」

▶ 기출분석
- **기출회차**: 제27회
- **키워드**: 중개대상물의 조사·확인방법
- **난이도**: ■■□□

▶ 함정을 피하는 TIP
- 현장답사, 공부상 조사·확인방법에 관하여 학습하여야 한다.

기본으로 알아야 하는 대표기출

공인중개사가 중개의뢰인에게 중개대상물에 대하여 설명한 내용으로 옳은 것을 모두 고른 것은? (다툼이 있으면 판례에 따름)

> ㉠ 토지의 소재지, 지목, 지형 및 경계는 토지대장을 통해 확인할 수 있다.
> ㉡ 분묘기지권은 등기사항증명서를 통해 확인할 수 없다.
> ㉢ 지적도상의 경계와 실제경계가 일치하지 않는 경우 특별한 사정이 없는 한 실제경계를 기준으로 한다.
> ㉣ 동일한 건물에 대하여 등기부상의 면적과 건축물대장의 면적이 다른 경우 건축물대장을 기준으로 한다.

① ㉠, ㉢
② ㉡, ㉣
③ ㉠, ㉡, ㉢
④ ㉠, ㉢, ㉣
⑤ ㉡, ㉢, ㉣

해설
㉠ 토지의 소재지, 지목, 지형 및 경계의 내용 중 지형 및 경계는 토지대장을 통해 확인할 수 없으며, 지적도나 임야도를 통하여 확인하여야 한다.
㉢ 지적도상의 경계와 실제경계가 일치하지 않는 경우 특별한 사정이 없는 한 지적도상의 경계를 기준으로 한다.

정답 ②

단단하게 정리하는 핵심이론

1 중개대상물 조사·확인활동의 필요성

중개대상물에 대한 조사·확인활동을 통하여 파악한 사실관계 및 법률관계 등은 다음의 의미를 가진다.

> ① 권리를 확인하고자 하는 의뢰인에 대한 확인·설명의 기초자료가 된다.
> ② 고객설득의 자료로 활용할 수 있다.
> ③ 중개완성 시 중개대상물 확인·설명서 작성의 근거가 된다.
> ④ 그 밖에 개업공인중개사가 중개대상물에 대한 조사·확인활동을 성실히 수행함으로써 책임중개를 실현할 수 있을 뿐만 아니라 손해배상책임의 발생을 예방할 수 있다.

2 중개대상물의 조사·확인방법

중개대상물을 조사하고 확인하는 방법은 다음과 같다. **(1)** 일반적으로 먼저 각종 공부를 통하여 확인한다. ⇨ **(2)** 개업공인중개사가 직접 현장을 답사하여 확인하는 현장답사(임장활동)에 의한 방법으로 조사하여 확인한다. ⇨ **(3)** 부족한 사항은 개별법규의 확인, 해당 관청의 확인, 의뢰인이나 주변사람에게 문의 등을 하여 확인한다.

(1) 공부상 조사에 의한 확인

공부의 종류	확인사항	특징
토지·임야대장	소재지·지목·면적·소유자	물적 사항(소재지, 지목, 면적 등)은 지적대장, 건축물대장이 조사의 기준임
건축물대장	소재지·구조·용도·면적·소유자 등	
등기사항증명서	① 표제부(부동산의 표시) ② 갑구(소유권 및 제한사항) ③ 을구(제한물권 및 제한사항)	권리관계에 관한 사항의 조사는 등기사항증명서가 기준임
토지이용계획확인서	공법상 제한사항(용도지역 등, 행위제한, 토지거래허가구역 등)	공법상 제한사항의 기준이 되는 공부임 ⚠ 1. 건폐율상한·용적률상한은 해당 시·군조례를 확인해야 함 2. 소유자 및 면적은 기재 ×
지적도(임야도)	소재지·지번·지목·경계·지형	소재지·지번·지목은 지적대장이, 경계·지형은 지적도가 조사의 기준임
환지예정지지정증명원	환지예정지 확인	환지의 소재지, 지목, 면적 등 조사
무허가건축물관리대장	건축주 확인	건축주는 소유자로 간주·추정 ×
법인등기사항증명서	법인등기사실, 대표자 확인	법인격, 대표자, 목적사항 등 확인

개별공시지가확인서	토지의 공시지가 확인	-
가족관계등록부	가족관계등록부란 가족관계 등록사항을 개인별로 입력처리한 전산정보자료를 말하며, 증명 목적에 따라 5종류의 증명서가 발급된다. ① 가족관계증명서(친권자 확인) ② 기본증명서(행위무능력확인 및 행위무능력자의 법정대리인 확인) ③ 혼인관계증명서(혼인한 미성년자 확인) ④ 입양관계증명서(입양관계 확인) ⑤ 친양자입양관계증명서(친자관계 확인)	

(2) 현장조사

공부에 기재되지 아니한 사항(지세, 지질, 건물의 방향, 건물기능의 문제점, 분묘기지권, 법정지상권, 미등기임차권 등) 및 공부와 실제사항의 일치 여부를 확인하기 위하여 현장조사에 의한 확인이 필요하다.

(3) 자료요구권

분묘기지권 등 미공시된 권리관계와 같이 공부 및 현장답사를 통하여도 확인할 수 없는 사항 등에 대하여는 의뢰인에게 문의하거나 주변에 탐문을 통하여 조사한다. 그 밖에 개업공인중개사는 확인·설명을 위하여 필요한 경우에는 매도의뢰인·임대의뢰인 등에게 해당 중개대상물의 상태에 관한 자료를 요구하여 조사할 수 있다.

3 조사·확인의 기준

(1) 중개대상물에 관한 기본적인 사항

① 소재지
  ㉠ 조사방법: 토지는 지적공부(토지대장, 임야대장)로, 건축물은 건축물대장으로 조사하여야 한다.
  ㉡ 조사 및 설명의 범위: 토지는 지번까지, 건축물은 1필지에 수동의 건물이 있을 수 있으므로 건물의 명칭과 건물의 번호까지 정확히 조사하여 설명하여야 하며, 구분소유건물은 동·호수까지 확인하여야 한다.

② 지목
  ㉠ 조사방법: 지목의 확인은 지적공부(토지대장, 임야대장)에 의하고, 공부상 지목과 실제 이용상의 지목이 불일치한 경우가 있으므로 현장답사를 통하여 조사하여야 한다.
  ㉡ 설명의 범위: 공부상 지목과 실제 이용상의 지목이 불일치한 경우에는 그 상이점을 설명하고, 중개가 완성된 경우에는 중개대상물 확인·설명서에 이를 기재하여야 한다.
  ㉢ 환지의 경우: 환지예정지 지정증명원을 통하여 확인한다. 환지로 지정된 토지의 경우 거래 목적물은 종전의 토지이나, 거래의 대상과 기준은 환지이므로 환지의 지목을 설명하여야 한다.

③ 면적
  ㉠ 조사의 방법: 토지는 토지대장 또는 임야대장으로 확인하여야 하며, 환지로 지정된 토지의 경우에는 환지의 면적을 설명하여야 한다. 건물의 면적은 건축물대장으로 확인하여야 한다.
  ㉡ 면적의 단위는 m^2이다. 1평 = $3.3058m^2$이고, $1m^2$ = 0.3025평이다.

> - 평 = m^2 × 0.3025 또는 평 = m^2 ÷ 3.3058
> - m^2 = 평 × 3.3058 또는 m^2 = 평 ÷ 0.3025

④ 경계: 토지의 경계는 지적도(임야도)로 조사한다. 구체적인 경계를 확인할 경우에는 논두렁 등 사실상의 경계를 기초로 하여 지적도상의 경계와 대조하여 확인하며, 지적도상의 지번을 통하여 위치를 파악한다.

판례
1. 지적도상의 경계와 실제상의 경계가 일치하지 아니할 경우에는 지적도(임야도)의 경계를 기준으로 한다. 다만, 측량기점을 잘못 잡는 등 특별한 사정이 있는 경우에는 현실상의 경계가 기준이 된다.
2. 어떤 토지가 지적공부상 1필의 토지로 등록되면 그 지적공부상의 경계가 현실의 경계와 다르다 하더라도 특별한 사정이 없는 한 그 경계는 지적공부상의 경계에 의하여 특정되는 것이지, 담장이나 경계표 등에 의해 정해지는 것이 아니다.
3. 개업공인중개사가 중개대상물의 현황을 측량까지 하여 확인·설명할 의무는 없다.

⑤ 지형(토지의 형상): 지적도·임야도로 확인한 후 현장답사로 확인한다. 정방형 또는 장방형이 이상적이나 상가인 경우는 도로와 연접한 면적이 많은 것이 좋다.
⑥ 지세(토지의 경사) 및 맹지인지 여부: 현장답사를 통하여 확인한다. 특히 맹지에 대하여는 현장답사를 통하여 통로 유무를 확인한다.
⑦ 건축구조, 건축연도, 건축물의 용도: 건축물대장으로 확인한 후 현장답사를 통하여 확인한다.
⑧ 방향: 토지의 방향은 지적도로 확인한 후 현장조사를 하고, 건축물의 방향은 현장조사를 통하여 확인한다. 건축물의 방향은 주택의 경우 거실이나 안방 등 주실의 방향이며, 그 밖의 건축물은 주된 출입구의 방향을 기준으로 한다.

(2) 벽면·바닥면·도배의 상태 및 수도·전기·가스 등의 상태

공부로는 확인할 수 없으므로 현장조사를 통하여 조사·확인하거나 중개의뢰인에게 문의하여 조사할 수 있을 것이며, 필요한 경우에는 매도의뢰인, 임대의뢰인 등에게 자료제공을 요구하여 확인할 수 있다.

(3) 입지조건과 환경조건 및 비선호시설 유무

① 입지조건(도로 및 대중교통수단과의 연계성, 시장·학교 등과의 근접성, 지형 등): 현장답사를 통하여 직접 조사하거나 중개의뢰인에게 문의하여 조사할 수 있을 것이나, 상태에 관련된 자료제공을 요청할 수는 없다.

② 환경조건(일조·소음·진동): 현장답사를 통하여 직접 조사하거나 중개의뢰인에게 문의하여 조사할 수도 있고 필요한 경우에는 매도의뢰인, 임대의뢰인 등에게 상태에 관련된 자료(일조량, 소음, 진동에 관한 자료)제출을 요구하여 확인할 수 있을 것이다.

③ 비선호시설: 1km 이내의 비선호시설 유무에 대하여도 현장조사를 통하여 확인하여야 한다. 화장장, 납골당, 공동묘지, 쓰레기처리장, 쓰레기소각장, 분묘처리장, 하수종말처리장 등 비선호시설에 관한 자료는 매도인 등 권리이전중개의뢰인에게 요구할 수 없다.

(4) 소유권·전세권·임차권 등 중개대상물에 대한 권리관계에 관한 사항

① 등기된 권리: 등기사항증명서로 확인할 수 있다.

㉠ 등기의 기재
- **표제부**: 부동산의 소재지·지목·면적 등이 기재된다.
- **갑구**: 소유권과 소유권을 제한하는 권리(가압류·가등기·가처분)가 기재된다.
- **을구**: 제한물권(지상권·지역권·전세권·저당권·임차권 등)과 이를 제한하는 권리(가압류·가등기·가처분)가 기재된다.

㉡ 등기된 권리의 순위
- 등기된 권리의 순위는 등기의 선후에 따른다.
- 동구 간의 권리의 순위는 순위번호에, 별구 간의 권리는 접수번호에 따른다.
- 부기등기는 주등기의 순위에 따른다.
- 소유권이전청구권 보존가등기는 후일 본등기를 한 때에는 본등기의 순위가 가등기한 때로 소급한다. 따라서 가등기 후 본등기 전에 이루어진 제3의 중간등기는 실효하게 된다.

핵심단단 등기된 권리의 중개 가능 여부

종류	중개 가능 여부의 판단
1. 저당권	피담보채권을 말소하거나 매수인이 인수하는 조건으로 중개할 수 있다.
2. 근저당권	채권을 말소하거나 인수하는 조건으로 중개할 수 있다. 개업공인중개사는 채권최고액을 설명하면 되며, 현재 채무액까지 확인하여 설명할 의무는 없다.
3. 가압류등기	채권액을 말소하거나 인수하는 조건으로 중개하면 된다.
4. 가처분등기	등기를 말소하는 조건으로만 중개하여야 한다.
5. 환매등기	환매권자의 권리실행으로 매수인의 권리가 상실될 수 있는 위험성을 설명하고 중개하면 된다.
6. 경매·압류	경매등기·압류등기를 말소하는 조건으로 중개하여야 한다.

② 등기되지 아니한 권리: 등기사항증명서에 등기되지 아니한 법정지상권, 분묘기지권, 유치권 등은 현장조사·문의하여 조사하여야 한다.

> 타인의 물건 또는 유가증권을 점유한 자가 그 물건이나 유가증권에 관하여 생긴 채권이 변제기에 있는 경우에 변제를 받을 때까지 그 물건 또는 유가증권을 유치할 수 있는 권리

> **핵심단단** 법정지상권

1. 의의
(1) 토지와 그 지상의 건물이 동일인에게 속하고 있었으나 토지와 그 지상건물이 각각 소유자를 달리하게 된 때에 건물소유를 위하여 법률상 인정되는 지상권이다.
(2) 토지와 건물 중 어느 하나가 처분될 당시에 토지와 지상건물이 동일인의 소유에 속하였으면 족하고 원시적으로 동일인의 소유이었을 것을 요하지 않는다.

2. 법정지상권의 종류
(1) 건물의 전세권과 법정지상권(민법 제305조)
대지와 건물이 동일인에 속한 경우에 건물에 전세권을 설정한 때에는 그 대지소유권의 특별승계인은 전세권설정자에 대하여 지상권을 설정한 것으로 본다.
(2) 저당물의 경매로 인한 법정지상권(민법 제366조)
① 저당물의 경매로 인하여 토지와 그 지상건물이 다른 소유자에게 속한 경우에 토지소유자는 건물소유자에 대하여 지상권을 설정한 것으로 본다.
② 성립요건
  ㉠ 저당권 설정 당시 토지와 건물이 동일소유자에게 속하고 있을 것
  ㉡ 토지와 건물 어느 한쪽이나 또는 양쪽에 저당권이 설정되어 있을 것
  ㉢ 경매로 인하여 토지·건물소유자가 각각 소유자를 달리할 것
   - 무허가, 미등기건물, 건축 중인 건물도 건물로 인정
   - 증축, 개축한 건물도 건물로 인정(단, 구건물을 기준으로 인정)
   ⚠ 단, 명의신탁에 의한 소유자는 토지·건물의 동일인으로 불인정
(3) 「가등기담보 등에 관한 법률」에 의한 법정지상권(제10조)
가등기권리자의 본등기실행 또는 담보권실행 등(경매)으로 토지·건물소유자가 분리되는 경우에는 건물소유자는 법정지상권을 취득한다.
(4) 입목의 경매 등으로 인한 법정지상권(입목에 관한 법률 제6조)
경매 등 사유로 토지와 입목소유자가 다르게 된 경우에는 입목소유자는 법정지상권을 취득한다.
(5) 관습법상 법정지상권(판례)
매각·증여 기타 사유로 토지·건물의 소유자가 분리되는 경우 건물철거특약이 없으면 건물소유자는 법정지상권을 취득한다.

3. 법정지상권의 성립 여부 및 이전 여부
(1) 법정지상권이 성립되지 아니하는 사례
① 건물 없는 토지에 대하여 저당권이 설정된 후 저당권설정자가 그 위에 건물을 건축하였다가 담보권의 실행을 위한 경매절차에서 경매로 인하여 그 토지와 지상건물이 소유자를 달리하였을 경우에는 법정지상권이 인정되지 아니한다.
② 미등기건물을 대지와 함께 매도하였으나 대지에 관하여만 소유권이전등기가 경료된 경우에는 매도인에게 관습법상의 법정지상권이 인정되지 아니한다.
③ 소유권귀속이 원인무효로 이루어졌다가 그 뒤 원인무효임이 밝혀져 그 등기가 말소됨으로써 그 건물과 토지의 소유자가 달라지게 된 경우에는 관습법상의 법정지상권이 인정되지 아니한다.
(2) 법정지상권이 이전되지 아니하는 사례
법정지상권부 건물의 양수인은 법정지상권을 취득하지 못하였으나 토지소유자가 소유권에 기한 건물철거를 요구하는 것은 신의칙상 인정되지 아니한다. 이 경우 건물의 양수인은 양도인을 대위하여 대지소유자에 대하여 법정지상권설정등기를 양도인에게 해 줄 것을 청구할 수 있다.

핵심단단 분묘기지권

1. **분묘기지권의 개념**
   타인의 토지에 분묘를 설치한 자가 그 분묘를 소유하기 위하여 그 묘지부분의 타인 소유 토지를 사용(소유 ×)할 수 있는 권리이다.

2. **분묘기지권의 성립조건 및 성립요건**
   (1) 성립조건
       ① 「장사 등에 관한 법률」이 시행되기 이전에 설치된 분묘이어야 한다.
       ② 시신이 안장된 봉분의 형태로 분묘가 설치되어야 한다.
       ⚠ 평장·암장 및 가묘는 인정되지 아니한다.
   (2) 성립요건
       ① 토지소유자의 승낙을 얻어 분묘를 설치한 경우
       ② 토지소유자의 승낙을 얻지 아니하고 분묘를 설치한 후 20년간 평온·공연하게 분묘기지를 점유한 경우
       ③ 분묘의 이전 또는 철거의 특약 없이 토지를 처분하는 경우

3. **분묘기지권자**
   분묘의 소유자(제사를 주재하는 자)가 분묘기지권자이다.

4. **분묘기지권의 효력**
   (1) 분묘기지권의 효력이 미치는 범위
       ① 분묘기지와 분묘를 수호하고 봉제사하는 데 필요한 주위의 공지를 포함한 지역까지 미친다.
       ② 사성이 조성되었다 하여 반드시 사성까지 효력이 미치는 것은 아니다.
       ③ 분묘기지권의 효력이 미치는 일단의 범위 내에서는 이장 또는 합장된 분묘도 분묘기지권의 효력이 유지되지만, 이장하기 전의 토지부분은 분묘기지권의 효력이 소멸한다.
       ④ 분묘기지권의 효력이 미치는 범위 내로 새로운 분묘를 설치할 권능은 없다. 따라서 기존 분묘에 합장을 위한 쌍분이나 단분 형태의 분묘설치도 허용되지 아니한다.
   (2) 분묘기지권의 존속기간
       분묘기지권자(권리자)가 분묘의 수호와 봉제사를 계속하고 그 분묘가 존속하고 있는 동안은 존속한다.
   (3) 분묘기지권의 소멸 여부
       ① 분묘가 멸실된 경우라 하더라도 유골이 존재하여 분묘의 원상회복이 가능하고 일시적인 멸실에 불과한 경우라면 분묘기지권은 소멸하지 아니하고 존속한다.
       ② 분묘를 폐장하거나 분묘기지권의 효력이 미치지 아니하는 지역으로 이장하면 분묘기지권은 소멸한다.
       ③ 분묘기지권에 대한 포기의 의사를 표시하면 분묘기지권은 소멸한다. 이 경우 포기의 의사표시 외에 점유의 포기까지는 요하지 아니한다.

5. **지료의 지급 여부**
   (1) 「장사 등에 관한 법률」 시행일 이전에 타인의 토지에 분묘를 설치한 다음 20년간 평온·공연하게 그 분묘의 기지를 점유함으로써 분묘기지권을 시효로 취득하였더라도, 분묘기지권자는 토지소유자가 분묘기지에 관한 지료를 청구하면 그 청구한 날부터의 지료를 지급할 의무가 있다고 보아야 한다(대판 전합체 2021.4.29, 2017다228007).
   (2) 분묘에 대해서 이장(철거)특약 없이 토지를 양도한 경우 분묘기지권이 성립한 때부터 지료를 지급해야 한다.

핵심단단 「장사 등에 관한 법률」

1. 사설묘지의 설치제한
   (1) 사설묘지의 설치면적
      ① 개인묘지: 30m² 이하
      ② 가족묘지: 100m² 이하
      ③ 종중·문중묘지: 1,000m² 이하
      ④ 법인묘지: 10만m² 이상
      ⚠ 개인묘지를 설치한 자는 묘지를 설치한 후 30일 이내에 시장·군수·구청장에게 신고하여야 하고, 가족묘지, 종중·문중묘지 또는 법인묘지를 설치하고자 하는 자는 시장·군수·구청장의 허가를 받아야 한다.
   (2) 사설묘지의 설치제한
      주거·상업 및 공업지역, 녹지지역 중 대통령령으로 정하는 지역, 상수원보호구역 등
   (3) 묘지의 사전매매 등의 금지
      묘지는 매장할 자가 사망하기 전에는 매매·양도·임대·사용계약 등을 할 수 없다.

2. 분묘설치의 제한
   (1) 매장의 신고
      매장 후 30일 이내에 시장·군수·구청장에게 신고하여야 한다.
   (2) 분묘 1기 및 시설물의 점유면적
      ① 개인묘지 안에 설치하는 경우에는 30m²를 초과할 수 없다.
      ② 가족묘지, 종중·문중묘지, 법인묘지 안에 설치하는 경우에는 10m²(합장의 경우에는 15m²)를 초과할 수 없다.
   (3) 분묘의 존속기간
      ① 분묘의 설치기간은 30년으로 한다.
      ② 설치기간의 연장을 신청하는 경우에는 1회에 한정하여 그 설치기간을 30년으로 하여 연장하여야 한다.
      ③ 설치기간이 만료된 분묘의 연고자는 설치기간이 끝난 날부터 1년 이내에 해당 분묘에 설치된 시설을 철거하고 매장된 유골을 화장하거나 봉안하여야 한다.

3. 타인의 토지 등에 설치된 분묘의 처리 등
   (1) 토지소유자 등은 승낙 없이 해당 토지에 설치한 분묘에 대하여 시장·군수·구청장의 허가를 받아 분묘에 매장된 시체 또는 유골을 개장할 수 있다.
      ⚠ 허가를 받아 분묘를 개장하고자 하는 경우 3개월 이상의 기간을 정하여 그 뜻을 해당 분묘의 설치자 등에게 통보하여야 한다.
   (2) 타인의 토지에 승낙 없이 분묘를 설치한 자는 토지사용권 기타 분묘의 보존을 위한 권리를 주장할 수 없다.

핵심단단 묘지설치 주요 내용 정리

구분	개인묘지	가족묘지	종중·문중묘지	법인묘지
설치	사후 신고(30일 이내)	사전 허가	사전 허가	사전 허가
관청	특별자치시장·특별자치도지사, 시·군·구	좌동	좌동	좌동
설치면적	30m² 이하	100m² 이하	1,000m² 이하	10만m² 이상
점유면적	규정 없음	10m²(합장은 15m²)		

(5) 토지이용계획, 공법상 이용제한 및 거래규제에 관한 사항

① 조사·확인 방법

　　㉠ 도시지역 내·외를 불문하고 토지이용계획확인서로 확인한다. <!-- 필지별 지역·지구등의 지정 내용과 행위제한 내용 등의 토지이용 관련 정보를 확인할 수 있는 서류 -->

　　㉡ 토지이용계획확인서로 확인되는 사항
- 지역·지구 등의 지정내용
- 지역·지구 등의 행위제한내용

② 「농지법」(농지취득자격증명제)

　　㉠ 농지의 개념: 전·답·과수원 그 밖에 법적 지목을 불문하고 농작물 또는 다년생식물 재배지로 이용되는 토지로서, 농지취득자격증명원이 있어야 소유권을 취득할 수 있는 토지를 말한다.
- 지목이 전·답·과수원·목장용지인 토지
- 지목이 전·답·과수원·목장용지가 아닌 토지로서 농지로 이용되는 기간이 3년 이상인 토지
- 지목이 임야로서 형질변경을 받고 다년생식물 재배지로 이용되는 토지

　　㉡ 농지취득자격의 필요 여부

필요한 경우	필요하지 않은 경우
• 매매·교환·증여계약	• 상속·유증에 의한 취득
• 경매 및 공매(모든 공매)	• 금융기관의 담보농지의 취득
• 판결 및 조서	• 토지거래허가를 받은 농지
• 주말·체험영농을 위한 농지	• 농지전용협의를 완료한 농지
• 농지전용허가·농지전용신고한 농지	• 주거·상업·공업지역 내의 농지
• 도시계획사업에 필요치 않은 녹지지역 내 농지	• 도시계획사업에 필요한 녹지지역 내 농지

　　㉢ 발급절차
- 농지취득자격증명신청서에 농업경영계획서, 주말·체험영농계획서를 작성·첨부하여 농지의 소재지 시·구·읍·면장에게 제출하여야 한다.
- 시·구·읍·면장은 7일 이내에 농지취득자격증명을 발급하여야 한다(농업경영계획서를 작성하지 않으면 4일 이내, 농지위원회 심의대상인 경우 14일 이내).

　　㉣ 농지취득자격증명은 농지취득의 효력발생요건(계약의 효력발생요건 ×)이다.

　　㉤ 농지소유상한 여부: 영농인은 농지소유상한의 제한이 없으나, 비영농인은 제한이 있다.
- **주말·체험영농**: 세대원 전원의 합산 면적은 $1{,}000m^2$ 미만까지만 소유 가능
- **비영농인의 농지상속**: $1만m^2$ 이내까지만 소유 가능
- **8년 이상 농업경영 후 이농**: 이농 당시 소유농지의 $1만m^2$ 이내까지만 소유 가능

　　㉥ 농지처분
- 농지를 농업경영에 이용하지 아니하는 농지소유자는 그 사유가 발생한 날부터 1년 이내에 농지를 처분할 의무가 있다.
- 처분을 하지 아니하는 경우 시·군·구청장은 6개월 이내에 농지를 처분할 것을 명령할 수 있다.

- 시장·군수·구청장은 감정가격 또는 개별공시지가(해당 토지의 개별공시지가가 없는 경우에는 표준지공시지가를 기준으로 산정한 금액을 말함) 중 더 높은 가액의 100분의 25에 해당하는 이행강제금을 부과한다.
- ⓐ 농지의 위탁경영: 농지소유자는 다음의 어느 하나에 해당하는 경우 외에는 소유농지를 위탁경영할 수 없다.

> - 「병역법」에 따라 징집 또는 소집된 경우
> - 3개월 이상 국외 여행 중인 경우
> - 농업법인이 청산 중인 경우
> - 질병, 취학, 선거에 따른 공직 취임, 그 밖에 대통령령으로 정하는 사유(부상으로 3개월 이상의 치료가 필요한 경우 등)로 자경할 수 없는 경우
> - 농지이용증진사업 시행계획에 따라 위탁경영하는 경우
> - 농업인이 자기 노동력이 부족하여 농작업의 일부를 위탁하는 경우

◎ 농지의 임대차 또는 사용대차
- 농지의 임대차계약과 사용대차계약은 서면계약을 원칙으로 한다.
- 농지의 임대차계약은 그 등기가 없는 경우에도 임차인이 농지소재지를 관할하는 시·구·읍·면의 장의 확인을 받고, 해당 농지를 인도(引渡)받은 경우에는 그 다음 날부터 제삼자에 대하여 효력이 생긴다.
- 농지의 임대차 기간은 3년 이상으로 하여야 한다. 다만, 다년생식물 재배지 등 대통령령으로 정하는 농지의 경우에는 5년 이상으로 하여야 한다.
- 임대차 기간을 정하지 아니하거나 3년(다년생식물 재배지 등일 경우 5년) 미만으로 정한 경우에는 3년(다년생식물 재배지 등일 경우 5년)으로 약정된 것으로 본다. 다만, 임차인은 3년(다년생식물 재배지 등일 경우 5년) 미만으로 정한 임대차 기간이 유효함을 주장할 수 있다.
- 임대인은 질병, 징집 등 대통령령으로 정하는 불가피한 사유가 있는 경우에는 임대차 기간을 3년(다년생식물 재배지 등일 경우 5년) 미만으로 정할 수 있다.
- 임대차계약의 당사자는 임대차 기간, 임차료 등 임대차계약에 관하여 서로 협의가 이루어지지 아니한 경우에는 농지소재지를 관할하는 시장·군수 또는 자치구구청장에게 조정을 신청할 수 있다.
- 임대인이 임대차 기간이 끝나기 3개월 전까지 임차인에게 임대차계약을 갱신하지 아니한다는 뜻이나 임대차계약 조건을 변경한다는 뜻을 통지하지 아니하면 그 임대차 기간이 끝난 때에 이전의 임대차계약과 같은 조건으로 다시 임대차계약을 한 것으로 본다.
- 임대 농지의 양수인(讓受人)은 이 법에 따른 임대인의 지위를 승계한 것으로 본다.

기본문제와 완성문제로 단단기출

01 개업공인중개사가 분묘가 있는 토지를 매수하려는 의뢰인에게 분묘기지권에 관해 설명한 것으로 옳은 것은? (다툼이 있으면 판례에 따름)   제33회

기본 기출

① 분묘기지권의 존속기간은 지상권의 존속기간에 대한 규정이 유추적용되어 30년으로 인정된다.
② 「장사 등에 관한 법률」이 시행되기 전에 설치된 분묘의 경우 그 법의 시행 후에는 분묘기지권의 시효취득이 인정되지 않는다.
③ 자기 소유 토지에 분묘를 설치한 사람이 분묘이장의 특약 없이 토지를 양도함으로써 분묘기지권을 취득한 경우, 특별한 사정이 없는 한 분묘기지권이 성립한 때부터 지료지급의무가 있다.
④ 분묘기지권을 시효로 취득한 사람은 토지소유자의 지료지급청구가 있어도 지료지급의무가 없다.
⑤ 분묘가 멸실된 경우, 유골이 존재하여 분묘의 원상회복이 가능한 일시적인 멸실에 불과하여도 분묘기지권은 소멸한다.

키워드 › 분묘기지권

난이도 ›

해설 › ① 분묘기지권은 지상권에 유사한 일종의 물권으로, 그 존속기간에 관하여는 「민법」의 지상권에 관한 규정에 따를 것이 아니라, 당사자 사이에 약정이 있는 등 특별한 사정이 있으면 그에 따를 것이며, 그런 사정이 없는 경우에는 권리자가 분묘의 수호와 봉제사를 계속하고 그 분묘가 존속하고 있는 동안은 분묘기지권은 존속한다(대판 2009.5.14, 2009다1092).
② 「장사 등에 관한 법률」이 시행되기 전에 설치된 분묘의 경우 그 법의 시행 후에도 분묘기지권의 시효취득은 인정된다.
④ 「장사 등에 관한 법률」 시행일 이전에 타인의 토지에 분묘를 설치한 다음 20년간 평온·공연하게 그 분묘의 기지를 점유함으로써 분묘기지권을 시효로 취득하였더라도, 분묘기지권자는 토지소유자가 분묘기지에 관한 지료를 청구하면 그 청구한 날부터의 지료를 지급할 의무가 있다고 보아야 한다(대판 전합체 2021.4.29, 2017다228007).
⑤ 분묘가 멸실되면 분묘기지권은 소멸하는 것이 원칙이지만, 다만 분묘가 멸실된 경우라 하더라도 유골이 존재하여 분묘의 원상회복이 가능하여 일시적인 멸실에 불과한 경우라면 분묘기지권은 소멸하지 아니하고 존속한다(대판 2007.6.28, 2005다44114).

정답 01 ③

02 X대지에 Y건물이 있고, X대지와 Y건물은 동일인의 소유이다. 개업공인중개사가 Y건물에 대해서만 매매를 중개하면서 중개의뢰인에게 설명한 내용으로 옳은 것을 모두 고른 것은? (다툼이 있으면 판례에 따름)

기본 기출   제31회

> ㉠ Y건물에 대한 철거특약이 없는 경우, Y건물이 건물로서의 요건을 갖추었다면 무허가건물이라도 관습상의 법정지상권이 인정된다.
> ㉡ 관습상의 법정지상권이 성립한 후 Y건물을 증축하더라도 구 건물을 기준으로 관습상의 법정지상권은 인정된다.
> ㉢ Y건물 취득 시 Y건물을 위해 X대지에 대한 임대차계약을 체결하더라도 관습상의 법정지상권을 포기한 것은 아니다.
> ㉣ 대지소유자가 Y건물만을 매도하여 관습상의 법정지상권이 인정되면 Y건물 매수인은 대지소유자에게 지료를 지급할 의무가 없다.

① ㉠, ㉡
② ㉡, ㉢
③ ㉢, ㉣
④ ㉠, ㉡, ㉣
⑤ ㉠, ㉢, ㉣

키워드 〉 법정지상권

난이도 〉

해설 〉 ㉢ 동일인 소유의 토지와 그 토지상에 건립되어 있는 건물 중 어느 하나만이 타에 처분되어 토지와 건물의 소유자를 각 달리하게 된 경우에는 관습상의 법정지상권이 성립한다고 할 것이나, 건물소유자가 토지소유자와 사이에 건물의 소유를 목적으로 하는 토지임대차계약을 체결한 경우에는 관습상의 법정지상권을 포기한 것으로 봄이 상당하다(대판 1992.10.27, 92다3984).

㉣ "자기의 소유의 건물을 위하여 그 기지소유자 '甲'의 대지 위에 법적지상권을 취득한 '乙'은 그 사용에 있어서 어떠한 제한이나 하자도 없는 타인 소유의 토지를 직접적으로 완전하게 사용하고 있다고 할 수 있고 이 경우에 '乙'이 '甲'에게 지급하여야 할 지료는 아무런 제한 없이 '甲' 소유의 토지를 사용함으로써 얻는 이익에 상당하는 대가가 되어야 하고 건물이 건립되어 있는 것을 전제로 한 임료상당 금액이 되어서는 안 된다(대판 1975.12.23, 75다2066)."라고 판례에서도 판시하고 있으므로 건물소유자는 대지소유자에게 지료를 지급하여야 한다.

정답 02 ①

03 개업공인중개사가 중개의뢰인에게 분묘가 있는 토지에 관하여 설명한 내용으로 <u>틀린</u> 것을 모두 고른 것은? (다툼이 있으면 판례에 따름)　　제34회

> ㉠ 토지소유자의 승낙에 의하여 성립하는 분묘기지권의 경우 성립 당시 토지소유자와 분묘의 수호·관리자가 지료 지급의무의 존부에 관하여 약정을 하였다면 그 약정의 효력은 분묘기지의 승계인에게 미치지 않는다.
> ㉡ 분묘기지권은 지상권 유사의 관습상 물권이다.
> ㉢ 「장사 등에 관한 법률」 시행일(2001.1.13.) 이후 토지소유자의 승낙 없이 설치한 분묘에 대해서 분묘기지권의 시효취득을 주장할 수 있다.

① ㉠
② ㉢
③ ㉠, ㉢
④ ㉡, ㉢
⑤ ㉠, ㉡, ㉢

키워드 분묘기지권

해설 ㉠ 분묘의 기지인 토지가 분묘의 수호·관리권자 아닌 다른 사람의 소유인 경우에 그 토지소유자가 분묘 수호·관리권자에 대하여 분묘의 설치를 승낙한 때에는 그 분묘의 기지에 관하여 분묘기지권을 설정한 것으로 보아야 한다. 이와 같이 승낙에 의하여 성립하는 분묘기지권의 경우 성립 당시 토지소유자와 분묘의 수호·관리자가 지료 지급의무의 존부나 범위 등에 관하여 약정을 하였다면 그 약정의 효력은 분묘기지의 승계인에 대하여도 미친다(대판 2021.9.16, 2017다271834·271841).
㉢ 「장사 등에 관한 법률」 시행일(2001.1.13.) 이후 토지소유자의 승낙 없이 설치한 분묘에 대해서 분묘기지권의 시효취득을 주장할 수 없다(대판 전합체 2021.4.29, 2017다228007).

04 개업공인중개사가 묘지를 설치하고자 토지를 매수하려는 중개의뢰인에게 장사 등에 관한 법령에 관하여 설명한 내용으로 <u>틀린</u> 것은?　　제34회

① 가족묘지는 가족당 1개소로 제한하되, 그 면적은 $100m^2$ 이하여야 한다.
② 개인묘지란 1기의 분묘 또는 해당 분묘에 매장된 자와 배우자 관계였던 자의 분묘를 같은 구역 안에 설치하는 묘지를 말한다.
③ 법인묘지에는 폭 4m 이상의 도로와 그 도로로부터 각 분묘로 통하는 충분한 진출입로를 설치하여야 한다.
④ 화장한 유골을 매장하는 경우 매장 깊이는 지면으로부터 30cm 이상이어야 한다.
⑤ 「민법」에 따라 설립된 사단법인은 법인묘지의 설치 허가를 받을 수 없다.

키워드 「장사 등에 관한 법률」

해설 「장사 등에 관한 법률」에 의하면 법인묘지에는 폭 5m 이상의 도로와 그 도로로부터 각 분묘로 통하는 충분한 진출입로를 설치하고, 주차장을 마련하여야 한다.

정답 03 ③ 04 ③

05 분묘가 있는 토지에 관하여 개업공인중개사가 중개의뢰인에게 설명한 내용으로 틀린 것은? (다툼이 있으면 판례에 따름) 제32회

① 분묘기지권은 등기사항증명서를 통해 확인할 수 없다.
② 분묘기지권은 분묘의 설치 목적인 분묘의 수호와 제사에 필요한 범위 내에서 분묘기지 주위의 공지를 포함한 지역에까지 미친다.
③ 분묘기지권이 인정되는 경우 분묘가 멸실되었더라도 유골이 존재하여 분묘의 원상회복이 가능하고 일시적인 멸실에 불과하다면 분묘기지권은 소멸하지 않는다.
④ 분묘기지권에는 그 효력이 미치는 범위 안에서 새로운 분묘를 설치할 권능은 포함되지 않는다.
⑤ 甲이 자기 소유 토지에 분묘를 설치한 후 그 토지를 乙에게 양도하면서 분묘를 이장하겠다는 특약을 하지 않음으로써 甲이 분묘기지권을 취득한 경우, 특별한 사정이 없는 한 甲은 분묘의 기지에 대한 토지사용의 대가로서 지료를 지급할 의무가 없다.

키워드 분묘기지권

난이도

해설 ⑤ 甲이 자기 소유 토지에 분묘를 설치한 후 그 토지를 乙에게 양도하면서 분묘를 이장하겠다는 특약을 하지 않음으로써 甲이 분묘기지권을 취득한 경우, 특별한 사정이 없는 한 甲은 분묘의 기지에 대한 토지사용의 대가로서 지료를 지급하여야 한다.
① 현장답사 등을 통해 확인할 수 있다.
② 그 확실한 범위는 각 구체적인 경우에 개별적으로 정하여야 한다.
③ 대판 2007.6.28, 2005다44114
④ 대판 2001.8.21, 2001다28367

보충 양도형 분묘기지권 관련 판례(대판 2021.5.27, 2020다295892)
대법원은 "자기 소유 토지에 분묘를 설치한 사람이 토지를 양도하면서 분묘를 이장하겠다는 특약을 하지 않음으로써 분묘기지권을 취득한 경우, 분묘기지권자는 분묘기지권이 성립한 때부터 토지소유자에게 그 분묘의 기지에 대한 토지사용의 대가로서 지료를 지급할 의무가 있다."라고 판시하였다.

정답 05 ⑤

06 기본 기출

개업공인중개사가 묘소가 설치되어 있는 임야를 중개하면서 중개의뢰인에게 설명한 내용으로 <u>틀린</u> 것은? (다툼이 있으면 판례에 따름) 제30회 수정

① 분묘가 1995년에 설치되었다 하더라도 「장사 등에 관한 법률」이 2001년에 시행되었기 때문에 분묘기지권을 시효취득할 수 없다.
② 암장되어 있어 객관적으로 인식할 수 있는 외형을 갖추고 있지 않은 묘소에는 분묘기지권이 인정되지 않는다.
③ 아직 사망하지 않은 사람을 위한 장래의 묘소인 경우 분묘기지권이 인정되지 않는다.
④ 분묘기지권이 시효취득된 경우 토지소유자가 지료를 청구하면 분묘기지권자는 지료를 지급하여야 한다.
⑤ 분묘기지권의 효력이 미치는 지역의 범위 내라고 할지라도 기존의 분묘 외에 새로운 분묘를 신설할 권능은 포함되지 않는다.

키워드 〉 분묘기지권

난이도 〉

해설 〉 분묘가 1995년에 설치되었다면 「장사 등에 관한 법률」이 2001년에 시행되었기 때문에 분묘기지권을 시효취득할 수 있다.

보충 〉 「장사 등에 관한 법률」상 분묘기지권
「장사 등에 관한 법률」은 매장, 화장 및 개장에 관한 사항 등을 규정함으로써 국토의 효율적인 이용에 이바지하기 위하여 2001년 1월 13일부터 설치하는 장사시설에 관하여 적용되는 법이다. 동법이 시행되기 전에 설치된 묘지는 동법이 적용되지 않는다. 따라서 분묘가 1995년에 설치된 경우 동법이 적용되지 않으므로 분묘기지권을 시효취득할 수 있다(대판 전합체 2017.1.19, 2013다17292).

정답 06 ①

07 개업공인중개사가 분묘가 있는 토지에 관하여 중개의뢰인에게 설명한 내용으로 **틀린** 것은? (다툼이 있으면 판례에 따름) 제29회

① 분묘기지권이 성립하기 위해서는 그 내부에 시신이 안장되어 있고, 봉분 등 외부에서 분묘의 존재를 인식할 수 있는 형태를 갖추고 있어야 한다.
② 분묘기지권이 인정되는 분묘가 멸실되었더라도 유골이 존재하여 분묘의 원상회복이 가능하고 일시적인 멸실에 불과하다면 분묘기지권은 소멸하지 않는다.
③ 「장사 등에 관한 법률」의 시행에 따라 그 시행일 이전의 분묘기지권은 존립 근거를 상실하고, 그 이후에 설치된 분묘에는 분묘기지권이 인정되지 않는다.
④ 분묘기지권은 분묘의 기지 자체뿐만 아니라 분묘의 설치 목적인 분묘의 수호와 제사에 필요한 범위 내에서 분묘기지 주위의 공지를 포함한 지역까지 미친다.
⑤ 분묘기지권은 권리자가 의무자에 대하여 그 권리를 포기하는 의사표시를 하는 외에 점유까지도 포기해야만 그 권리가 소멸하는 것은 아니다.

키워드 〉 분묘기지권
난이도 〉
해설 〉 「장사 등에 관한 법률」은 2001년 1월 13일부터 설치되는 장사시설에 관하여 적용된다. 따라서 그 시행일 이전의 분묘기지권은 존립하며, 그 이후에 설치된 분묘에는 분묘기지권이 인정되지 않는다.

08 개업공인중개사가 「장사 등에 관한 법률」에 대해 중개의뢰인에게 설명한 것으로 **틀린** 것은? 제27회

① 개인묘지는 20m²를 초과해서는 안 된다.
② 매장을 한 자는 매장 후 30일 이내에 매장지를 관할하는 시장 등에게 신고해야 한다.
③ 가족묘지란 「민법」에 따라 친족관계였던 자의 분묘를 같은 구역 안에 설치하는 묘지를 말한다.
④ 시장 등은 묘지의 설치·관리를 목적으로 「민법」에 따라 설립된 재단법인에 한정하여 법인묘지의 설치·관리를 허가할 수 있다.
⑤ 설치기간이 끝난 분묘의 연고자는 설치기간이 끝난 날부터 1년 이내에 해당 분묘에 설치된 시설물을 철거하고 매장된 유골을 화장하거나 봉안해야 한다.

키워드 〉 「장사 등에 관한 법률」
난이도 〉
해설 〉 개인묘지는 30m²를 초과해서는 안 된다.

정답 07 ③ 08 ①

THEME 32

중개대상물 확인·설명서 작성

| THEME 키워드 |
중개대상물 확인·설명서, 중개대상물 확인·설명서[Ⅰ](주거용 건축물), 중개대상물 확인·설명서[Ⅱ](비주거용 건축물)

기출분석
- **기출회차**: 제34회
- **키워드**: 중개대상물 확인·설명서[Ⅰ]
- **난이도**: ■■□

기본으로 알아야 하는 대표기출

공인중개사법령상 중개대상물 확인·설명서[Ⅰ](주거용 건축물)의 작성방법으로 옳은 것을 모두 고른 것은?

> ㉠ 임대차의 경우 '취득 시 부담할 조세의 종류 및 세율'은 적지 않아도 된다.
> ㉡ '환경조건'은 중개대상물에 대해 개업공인중개사가 매도(임대)의뢰인에게 자료를 요구하여 확인한 사항을 적는다.
> ㉢ 중개대상물에 법정지상권이 있는지 여부는 '실제 권리관계 또는 공시되지 않은 물건의 권리사항'란에 개업공인중개사가 직접 확인한 사항을 적는다.

① ㉠
② ㉠, ㉡
③ ㉠, ㉢
④ ㉡, ㉢
⑤ ㉠, ㉡, ㉢

해설

㉢ 실제 권리관계 또는 공시되지 않은 물건의 권리사항은 매도(임대)의뢰인이 고지한 사항(법정지상권, 유치권, 주택임대차보호법에 따른 임대차, 토지에 부착된 조각물 및 정원수, 계약 전 소유권 변동 여부, 도로의 점용허가 여부 및 권리·의무 승계대상 여부 등)을 적는다.

정답 ②

▶ 함정을 피하는 TIP
- 중개대상물 확인·설명서에 관하여 학습하여야 한다.

단단하게 정리하는 **핵심이론**

중개대상물 확인·설명서는 ① 주거용 건축물에 대한 확인·설명서, ② 비주거용 건축물에 대한 확인·설명서, ③ 토지에 대한 확인·설명서, ④ 입목·광업재단·공장재단에 대한 확인·설명서 4가지로 구분되어 법정서식화되어 있다.

핵심단단 중개대상물 확인·설명서의 내용정리

중개대상물 확인·설명사항				확인·설명서(기재사항)			
				Ⅰ (주거용)	Ⅱ (비주거용)	Ⅲ (토지)	Ⅳ (입목 등)
1. 기본 확인 사항 [①~⑧]	개업공인중개사 확인	① 대상물건의 표시	토지, 건축물(내진설계 적용 여부, 내진능력)	○	○	○	○
		② 권리관계	등기부기재사항	○	○	○	○
		③ 토지이용계획, 공법상 이용제한 및 거래규제에 관한 사항(토지)	건폐율, 용적율 (시·군 조례)	○	○	○	×
			지역·지구 등 (토지이용계획확인서)	○	○	○	×
			도시·군계획시설 등 (개업공인중개사 확인)	○	○	○	×
		④ 입지조건	도로(접근성)	○	○	○	×
			대중교통	○	○	○	×
			주차장	○	○	×	×
			판매시설	○	×	×	×
			의료시설	○	×	×	×
			교육시설	○	×	×	×
		⑤ 관리에 관한 사항		○	○	×	×
		⑥ 비선호시설(1km 이내)		○	×	○	×
		⑦ 거래예정금액 등		○	○	○	○
		⑧ 취득 시 부담할 조세의 종류 및 세율		○	○	○	○

중개대상물 확인·설명사항				확인·설명서(기재사항)			
				Ⅰ (주거용)	Ⅱ (비주거용)	Ⅲ (토지)	Ⅳ (입목 등)
2. 세부 확인 사항 [⑨~⑫]	매도 (임대) 고지	⑨ 실제 권리관계 또는 공시되지 않은 물건의 권리사항		○	○	○(실)	○(실)
	매도 (임대) 자료 요구	⑩ 내부·외부 시설물의 상태(건축물)	수도	○	○	×	×
			전기	○	○	×	×
			가스(취사용)	○	○	×	×
			소방	○ 단독경보 형감지기	○ 소화전, 비상벨	×	×
			난방방식 및 연료공급	○	○	×	×
			승강기	○	○	×	×
			배수	○	○	×	×
			그 밖의 시설물 (가정 자동화시설)	○	○	×	×
		⑪ 벽면·바닥면 및 도배상태	벽면, 바닥면	○	○	×	×
			도배상태	○	×	×	×
		⑫ 환경조건(일조량, 소음)		○	×	×	×
3. 중개 보수 ⑬		⑬ 중개보수 (부가세 별도)	중개보수, 실비, 계, 지급시기	○	○	○	○

■ 공인중개사법 시행규칙 [별지 제20호 서식] 〈개정 2021.12.31.〉 (4쪽 중 제1쪽)

중개대상물 확인·설명서[I] (주거용 건축물)
([ ] 단독주택 [ ] 공동주택 [ ] 매매·교환 [ ] 임대)

확인·설명 자료	확인·설명 근거자료 등	[ ] 등기권리증 [ ] 등기사항증명서 [ ] 토지대장 [ ] 건축물대장 [ ] 지적도 [ ] 임야도 [ ] 토지이용계획확인서 [ ] 그 밖의 자료( )
	대상물건의 상태에 관한 자료요구 사항	

유의사항	
개업공인중개사의 확인·설명 의무	개업공인중개사는 중개대상물에 관한 권리를 취득하려는 중개의뢰인에게 성실·정확하게 설명하고, 토지대장 등본, 등기사항증명서 등 설명의 근거자료를 제시해야 합니다.
실제 거래가격 신고	「부동산 거래신고 등에 관한 법률」 제3조 및 같은 법 시행령 별표 1 제1호 마목에 따른 실제 거래가격은 매수인이 매수한 부동산을 양도하는 경우 「소득세법」 제97조 제1항 및 제7항과 같은 법 시행령 제163조 제11항 제2호에 따라 취득 당시의 실제 거래가액으로 보아 양도차익이 계산될 수 있음을 유의하시기 바랍니다.

I. 개업공인중개사 기본 확인사항

① 대상물건의 표시	토지	소재지				
		면적(m²)		지목	공부상 지목	
					실제 이용 상태	
	건축물	전용면적(m²)			대지지분(m²)	
		준공년도 (증개축년도)		용도	건축물대장상 용도	
					실제 용도	
		구조		방향		(기준:)
		내진설계 적용 여부		내진능력		
		건축물대장상 위반건축물 여부	[ ] 위반 [ ] 적법	위반내용		

② 권리관계	등기부 기재사항		소유권에 관한 사항	소유권 외의 권리사항
		토지		토지
		건축물		건축물
	민간 임대 등록 여부	등록	[ ] 장기일반민간임대주택 [ ] 공공지원민간임대주택 [ ] 그 밖의 유형( )	
			임대의무기간	임대개시일
		미등록	[ ] 해당사항 없음	
	계약갱신 요구권 행사 여부		[ ] 확인(확인서류 첨부) [ ] 미확인 [ ] 해당 없음	
	다가구주택 확인서류 제출 여부		[ ] 제출(확인서류 첨부) [ ] 미제출 [ ] 해당 없음	

③ 토지이용 계획, 공법상 이용 제한 및 거래 규제에 관한 사항(토지)	지역·지구	용도지역		건폐율 상한	용적률 상한
		용도지구		%	%
		용도구역			
	도시·군 계획시설		허가·신고 구역 여부	[ ] 토지거래허가구역	
			투기지역 여부	[ ] 토지투기지역 [ ] 주택투기지역 [ ] 투기과열지구	
	지구단위계획구역, 그 밖의 도시·군관리계획			그 밖의 이용제한 및 거래규제사항	

210mm×297mm[백상지(80g/m²) 또는 중질지(80g/m²)]

(4쪽 중 제2쪽)

④ 입지조건	도로와의 관계	(m × m) 도로에 접함 [ ] 포장 [ ] 비포장		접근성	[ ] 용이함 [ ] 불편함		
	대중교통	버스	( ) 정류장,	소요시간: ([ ] 도보 [ ] 차량)		약	분
		지하철	( ) 역,	소요시간: ([ ] 도보 [ ] 차량)		약	분
	주차장	[ ] 없음 [ ] 전용주차시설 [ ] 공동주차시설 [ ] 그 밖의 주차시설 ( )					
	교육시설	초등학교	( ) 학교,	소요시간: ([ ] 도보 [ ] 차량)		약	분
		중학교	( ) 학교,	소요시간: ([ ] 도보 [ ] 차량)		약	분
		고등학교	( ) 학교,	소요시간: ([ ] 도보 [ ] 차량)		약	분
	판매 및 의료시설	백화점 및 할인매장	( ),	소요시간: ([ ] 도보 [ ] 차량)		약	분
		종합의료시설	( ),	소요시간: ([ ] 도보 [ ] 차량)		약	분
⑤ 관리에 관한 사항	경비실	[ ] 있음 [ ] 없음		관리주체	[ ] 위탁관리 [ ] 자체관리 [ ] 그 밖의 유형		

⑥ 비선호시설(1km 이내)	[ ] 없음 [ ] 있음 (종류 및 위치:)

⑦ 거래예정금액 등	거래예정금액			
	개별공시지가(㎡당)		건물(주택) 공시가격	

⑧ 취득 시 부담할 조세의 종류 및 세율	취득세	%	농어촌특별세	%	지방교육세	%

※ 재산세와 종합부동산세는 6월 1일 기준 대상물건 소유자가 납세의무를 부담

II. 개업공인중개사 세부 확인사항

⑨ 실제 권리관계 또는 공시되지 않은 물건의 권리사항

⑩ 내부·외부 시설물의 상태 (건축물)	수도	파손 여부	[ ] 없음 [ ] 있음 (위치:)
		용수량	[ ] 정상 [ ] 부족함 (위치:)
	전기	공급상태	[ ] 정상 [ ] 교체 필요 (교체할 부분:)
	가스(취사용)	공급방식	[ ] 도시가스 [ ] 그 밖의 방식 ( )
	소방	단독경보형 감지기	[ ] 없음 [ ] 있음(수량: 개) ※ 「화재예방, 소방시설 설치·유지 및 안전관리에 관한 법률」 제8조 및 같은 법 시행령 제13조에 따른 주택용 소방시설로서 아파트(주택으로 사용하는 층수가 5개층 이상인 주택을 말한다)를 제외한 주택의 경우만 작성합니다.
	난방방식 및 연료공급	공급방식	[ ] 중앙공급 [ ] 개별공급 시설작동 [ ] 정상 [ ] 수선 필요 ( ) ※ 개별 공급인 경우 사용연한 ( ) [ ] 확인불가
		종류	[ ] 도시가스 [ ] 기름 [ ] 프로판가스 [ ] 연탄 [ ] 그 밖의 종류 ( )
	승강기	[ ] 있음 ([ ] 양호 [ ] 불량) [ ] 없음	
	배수	[ ] 정상 [ ] 수선 필요 ( )	
	그 밖의 시설물		

(4쪽 중 제3쪽)

⑪ 벽면·바닥면 및 도배 상태	벽면	균열	[ ] 없음 [ ] 있음 (위치:)		
		누수	[ ] 없음 [ ] 있음 (위치:)		
	바닥면		[ ] 깨끗함 [ ] 보통임 [ ] 수리 필요 (위치:)		
	도배		[ ] 깨끗함 [ ] 보통임 [ ] 도배 필요		
⑫ 환경 조건	일조량		[ ] 풍부함 [ ] 보통임 [ ] 불충분 (이유:)		
	소음		[ ] 아주 작음 [ ] 보통임 [ ] 심한 편임	진동	[ ] 아주 작음 [ ] 보통임 [ ] 심한 편임

Ⅲ. 중개보수 등에 관한 사항

⑬ 중개보수 및 실비의 금액과 산출내역	중개보수		〈산출내역〉 중개보수:
	실비		
	계		실 비:
	지급시기		※ 중개보수는 시·도 조례로 정한 요율한도에서 중개의뢰인과 개업공인중개사가 서로 협의하여 결정하며 부가가치세는 별도로 부과될 수 있습니다.

「공인중개사법」 제25조 제3항 및 제30조 제5항에 따라 거래당사자는 개업공인중개사로부터 위 중개대상물에 관한 확인·설명 및 손해배상책임의 보장에 관한 설명을 듣고, 같은 법 시행령 제21조 제3항에 따른 본 확인·설명서와 같은 법 시행령 제24조 제2항에 따른 손해배상책임 보장 증명서류(사본 또는 전자문서)를 수령합니다.

년 월 일

매도인 (임대인)	주소		성명	(서명 또는 날인)
	생년월일		전화번호	
매수인 (임차인)	주소		성명	(서명 또는 날인)
	생년월일		전화번호	
개업 공인중개사	등록번호		성명 (대표자)	(서명 및 날인)
	사무소 명칭		소속 공인중개사	(서명 및 날인)
	사무소 소재지		전화번호	
개업 공인중개사	등록번호		성명 (대표자)	(서명 및 날인)
	사무소 명칭		소속 공인중개사	(서명 및 날인)
	사무소 소재지		전화번호	

(4쪽 중 제4쪽)

작성방법(주거용 건축물)

〈작성일반〉
1. '[ ]' 있는 항목은 해당하는 '[ ]' 안에 ∨로 표시합니다.

2. 세부항목 작성 시 해당 내용을 작성란에 모두 작성할 수 없는 경우에는 별지로 작성하여 첨부하고, 해당란에는 '별지 참고'라고 적습니다.

〈세부항목〉
1. 「확인·설명자료」 항목의 '확인·설명 근거자료 등'에는 개업공인중개사가 확인·설명 과정에서 제시한 자료를 적으며, '대상물건의 상태에 관한 자료요구 사항'에는 매도(임대)의뢰인에게 요구한 사항 및 그 관련 자료의 제출 여부와 ⑨ 실제 권리관계 또는 공시되지 않은 물건의 권리사항부터 ⑫ 환경조건까지의 항목을 확인하기 위한 자료의 요구 및 그 불응 여부를 적습니다.

2. ① 대상물건의 표시부터 ⑧ 취득 시 부담할 조세의 종류 및 세율까지는 개업공인중개사가 확인한 사항을 적어야 합니다.

3. ① 대상물건의 표시는 토지대장 및 건축물대장 등을 확인하여 적고, 건축물의 방향은 주택의 경우 거실이나 안방 등 주실(主室)의 방향을, 그 밖의 건축물은 주된 출입구의 방향을 기준으로 남향, 북향 등 방향을 적고 방향의 기준이 불분명한 경우 기준(예: 남동향 – 거실 앞 발코니 기준)을 표시하여 적습니다.

4. ② 권리관계의 '등기부 기재사항'은 등기사항증명서를 확인하여 적습니다.

5. ② 권리관계의 '민간임대 등록 여부'는 대상물건이 「민간임대주택에 관한 특별법」에 따라 등록된 민간임대주택인지 여부를 같은 법 제60조에 따른 임대주택정보체계에 접속하여 확인하거나 임대인에게 확인하여 '[ ]' 안에 ∨로 표시하고, 민간임대주택인 경우 「민간임대주택에 관한 특별법」에 따른 권리·의무사항을 임차인에게 설명해야 합니다.

* 민간임대주택은 「민간임대주택에 관한 특별법」 제5조에 따른 임대사업자가 등록한 주택으로서, 임대인과 임차인 간 임대차 계약(재계약 포함) 시 다음과 같은 사항이 적용됩니다.
  ① 같은 법 제44조에 따라 임대의무기간 중 임대료 증액청구는 5%의 범위에서 주거비 물가지수, 인근 지역의 임대료 변동률 등을 고려하여 같은 법 시행령으로 정하는 증액비율을 초과하여 청구할 수 없으며, 임대차계약 또는 임대료 증액이 있은 후 1년 이내에는 그 임대료를 증액할 수 없습니다.
  ② 같은 법 제45조에 따라 임대사업자는 임차인이 의무를 위반하거나 임대차를 계속하기 어려운 경우 등에 해당하지 않으면 임대의무기간 동안 임차인과의 계약을 해제·해지하거나 재계약을 거절할 수 없습니다.

6. ② 권리관계의 '계약갱신요구권 행사 여부' 및 '다가구주택 확인서류 제출 여부'는 다음 각 목의 구분에 따라 적습니다.
  가. '계약갱신요구권 행사 여부'는 대상물건이 「주택임대차보호법」의 적용을 받는 주택으로서 임차인이 있는 경우 매도인(임대인)으로부터 계약갱신요구권 행사 여부에 관한 사항을 확인할 수 있는 서류를 받으면 '확인'에 ∨로 표시하여 해당 서류를 첨부하고, 서류를 받지 못한 경우 '미확인'에 ∨로 표시하며, 임차인이 없는 경우에는 '해당 없음'에 ∨로 표시합니다. 이 경우 개업공인중개사는 「주택임대차보호법」에 따른 임대인과 임차인의 권리·의무사항을 매수인에게 설명해야 합니다.
  나. '다가구주택 확인서류 제출 여부'는 대상물건이 다가구주택인 경우로서 매도인(임대인) 또는 개업공인중개사가 주민센터 등에서 발급받은 다가구주택 확정일자 부여현황(임대차기간, 보증금 및 차임)이 적힌 서류를 제출하면 '제출'에 ∨로 표시하고, 제출하지 않은 경우에는 '미제출'에 ∨로 표시하며, 다가구주택이 아닌 경우에는 '해당 없음'에 ∨로 표시하고 그 사실을 중개의뢰인에게 설명해야 합니다.

7. ③ 토지이용계획, 공법상 이용제한 및 거래규제에 관한 사항(토지)의 '건폐율 상한 및 용적률 상한'은 시·군의 조례에 따라 적고, '도시·군계획시설', '지구단위계획구역, 그 밖의 도시·군관리계획'은 개업공인중개사가 확인하여 적으며, '그 밖의 이용제한 및 거래규제사항'은 토지이용계획확인서의 내용을 확인하고, 공부에서 확인할 수 없는 사항은 부동산종합공부시스템 등에서 확인하여 적습니다(임대차의 경우에는 생략할 수 있습니다).

8. ⑥ 비선호시설(1km 이내)의 '종류 및 위치'는 대상물건으로부터 1km 이내에 사회통념상 기피 시설인 화장장·납골당·공동묘지·쓰레기처리장·쓰레기소각장·분뇨처리장·하수종말처리장 등의 시설이 있는 경우, 그 시설의 종류 및 위치를 적습니다.

9. ⑦ 거래예정금액 등의 '거래예정금액'은 중개가 완성되기 전 거래예정금액을, '개별공시지가(m²당)' 및 '건물(주택)공시가격'은 중개가 완성되기 전 공시된 공시지가 또는 공시가격을 적습니다[임대차의 경우에는 '개별공시지가(m²당)' 및 '건물(주택)공시가격'을 생략할 수 있습니다].

10. ⑧ 취득 시 부담할 조세의 종류 및 세율은 중개가 완성되기 전 「지방세법」의 내용을 확인하여 적습니다(임대차의 경우에는 제외합니다).

11. ⑨ 실제 권리관계 또는 공시되지 않은 물건의 권리 사항은 매도(임대)의뢰인이 고지한 사항(법정지상권, 유치권, 「주택임대차보호법」에 따른 임대차, 토지에 부착된 조각물 및 정원수, 계약 전 소유권 변동 여부 및 권리·의무 승계 대상 여부 등)을 적습니다. 「건축법 시행령」 별표 1 제2호에 따른 공동주택(기숙사는 제외합니다) 중 분양을 목적으로 건축되었으나 분양되지 않아 보존등기만 마쳐진 상태의 공동주택에 대해 임대차계약을 알선하는 경우에는 이를 임차인에게 설명해야 합니다.
  ※ 임대차계약의 경우 임대보증금, 월 단위의 차임액, 계약기간, 장기수선충당금의 처리 등을 확인하고, 근저당 등이 설정된 경우 채권최고액을 확인하여 적습니다. 그 밖에 경매 및 공매 등의 특이사항이 있는 경우 이를 확인하여 적습니다.

12. ⑩ 내부·외부 시설물의 상태(건축물), ⑪ 벽면·바닥면 및 도배 상태와 ⑫ 환경조건은 중개대상물에 대해 개업공인중개사가 매도(임대)의뢰인에게 자료를 요구하여 확인한 사항을 적고, ⑩ 내부·외부 시설물의 상태(건축물)의 '그 밖의 시설물'은 가정자동화 시설(Home Automation 등 IT 관련 시설)의 설치 여부를 적습니다.

13. ⑬ 중개보수 및 실비는 개업공인중개사와 중개의뢰인이 협의하여 결정한 금액을 적되 '중개보수'는 거래예정금액을 기준으로 계산하고, '산출내역(중개보수)'은 '거래예정금액(임대차의 경우에는 임대보증금 + 월 단위의 차임액 × 100) × 중개보수 요율'과 같이 적습니다. 다만, 임대차로서 거래예정금액이 5천만원 미만인 경우에는 '임대보증금 + 월 단위의 차임액 × 70'을 거래예정금액으로 합니다.

14. 공동중개 시 참여한 개업공인중개사(소속공인중개사를 포함합니다)는 모두 서명·날인해야 하며, 2명을 넘는 경우에는 별지로 작성하여 첨부합니다.

■ 공인중개사법 시행규칙 [별지 제20호의2 서식] 〈개정 2021.12.31.〉 (4쪽 중 제1쪽)

중개대상물 확인·설명서[Ⅱ] (비주거용 건축물)

([ ]업무용 [ ]상업용 [ ]공업용 [ ]매매·교환 [ ]임대 [ ]그 밖의 경우)

확인·설명 자료	확인·설명 근거자료 등	[ ] 등기권리증 [ ] 등기사항증명서 [ ] 토지대장 [ ] 건축물대장 [ ] 지적도 [ ] 임야도 [ ] 토지이용계획확인서 [ ] 그 밖의 자료( )
	대상물건의 상태에 관한 자료요구 사항	

유의사항	
개업공인중개사의 확인·설명 의무	개업공인중개사는 중개대상물에 관한 권리를 취득하려는 중개의뢰인에게 성실·정확하게 설명하고, 토지대장 등본, 등기사항증명서 등 설명의 근거자료를 제시해야 합니다.
실제 거래가격 신고	「부동산 거래신고 등에 관한 법률」 제3조 및 같은 법 시행령 별표 1 제1호 마목에 따른 실제 거래가격은 매수인이 매수한 부동산을 양도하는 경우 「소득세법」 제97조 제1항 및 제7항과 같은 법 시행령 제163조 제11항 제2호에 따라 취득 당시의 실제 거래가액으로 보아 양도차익이 계산될 수 있음을 유의하시기 바랍니다.

Ⅰ. 개업공인중개사 기본 확인사항

① 대상물건의 표시	토지	소재지				
		면적(m²)		지목	공부상 지목	
					실제 이용 상태	
	건축물	전용면적(m²)			대지지분(m²)	
		준공년도 (증개축년도)		용도	건축물대장상 용도	
					실제 용도	
		구조		방향		(기준:)
		내진설계 적용 여부		내진능력		
		건축물대장상 위반건축물 여부	[ ] 위반 [ ] 적법	위반내용		

② 권리관계	등기부 기재사항		소유권에 관한 사항		소유권 외의 권리사항	
			토지		토지	
			건축물		건축물	
	민간 임대 등록 여부	등록	[ ] 장기일반민간임대주택 [ ] 공공지원민간임대주택 [ ] 그 밖의 유형( )			
			임대의무기간		임대개시일	
		미등록	[ ] 해당사항 없음			
	계약갱신 요구권 행사 여부		[ ] 제출(확인서류 첨부)	[ ] 미제출	[ ] 해당 없음	

③ 토지이용 계획, 공법상 이용 제한 및 거래 규제에 관한 사항(토지)	지역·지구	용도지역		건폐율 상한	용적률 상한
		용도지구		%	%
		용도구역			
	도시·군 계획시설		허가·신고 구역 여부	[ ] 토지거래허가구역	
			투기지역 여부	[ ] 토지투기지역 [ ] 주택투기지역 [ ] 투기과열지구	
	지구단위계획구역, 그 밖의 도시·군관리계획		그 밖의 이용제한 및 거래규제사항		

210mm×297mm[백상지(80g/m²) 또는 중질지(80g/m²)]

(4쪽 중 제2쪽)

④ 입지조건	도로와의 관계	(m × m) 도로에 접함 [ ] 포장 [ ] 비포장		접근성	[ ] 용이함 [ ] 불편함
	대중교통	버스	( ) 정류장, 소요시간: ([ ] 도보 [ ] 차량) 약 분		
		지하철	( ) 역, 소요시간: ([ ] 도보 [ ] 차량) 약 분		
	주차장	[ ] 없음 [ ] 전용주차시설 [ ] 공동주차시설 [ ] 그 밖의 주차시설 ( )			
⑤ 관리에 관한 사항	경비실	[ ] 있음 [ ] 없음	관리주체	[ ] 위탁관리 [ ] 자체관리 [ ] 그 밖의 유형	
⑥ 거래예정금액 등	거래예정금액				
	개별공시지가(m²당)		건물(주택) 공시가격		
⑦ 취득 시 부담할 조세의 종류 및 세율	취득세 % 농어촌특별세 % 지방교육세 % ※ 재산세와 종합부동산세는 6월 1일 기준 대상물건 소유자가 납세의무를 부담				

II. 개업공인중개사 세부 확인사항

⑧ 실제 권리관계 또는 공시되지 않은 물건의 권리사항

⑨ 내부·외부 시설물의 상태 (건축물)	수도	파손 여부	[ ] 없음 [ ] 있음 (위치:)
		용수량	[ ] 정상 [ ] 부족함 (위치:)
	전기	공급상태	[ ] 정상 [ ] 교체 필요 (교체할 부분:)
	가스(취사용)	공급방식	[ ] 도시가스 [ ] 그 밖의 방식 ( )
	소방	소화전	[ ] 없음 [ ] 있음 (위치:)
		비상벨	[ ] 없음 [ ] 있음 (위치:)
	난방방식 및 연료공급	공급방식	[ ] 중앙공급 [ ] 개별공급 시설작동 [ ] 정상 [ ] 수선 필요 ( ) ※ 개별 공급인 경우 사용연한 ( ) [ ] 확인불가
		종류	[ ] 도시가스 [ ] 기름 [ ] 프로판가스 [ ] 연탄 [ ] 그 밖의 종류 ( )
	승강기	[ ] 있음 ([ ] 양호 [ ] 불량) [ ] 없음	
	배수	[ ] 정상 [ ] 수선 필요 ( )	
	그 밖의 시설물		
⑩ 벽면 및 바닥면	벽면	균열	[ ] 없음 [ ] 있음 (위치:)
		누수	[ ] 없음 [ ] 있음 (위치:)
	바닥면	[ ] 깨끗함 [ ] 보통임 [ ] 수리 필요 (위치:)	

(4쪽 중 제3쪽)

Ⅲ. 중개보수 등에 관한 사항

⑪ 중개보수 및 실비의 금액과 산출내역	중개보수		〈산출내역〉 중개보수: 실 비:
	실비		
	계		
	지급시기		

「공인중개사법」 제25조 제3항 및 제30조 제5항에 따라 거래당사자는 개업공인중개사로부터 위 중개대상물에 관한 확인·설명 및 손해배상책임의 보장에 관한 설명을 듣고, 같은 법 시행령 제21조 제3항에 따른 본 확인·설명서와 같은 법 시행령 제24조 제2항에 따른 손해배상책임 보장 증명서류(사본 또는 전자문서)를 수령합니다.

년   월   일

매도인 (임대인)	주소		성명	(서명 또는 날인)
	생년월일		전화번호	
매수인 (임차인)	주소		성명	(서명 또는 날인)
	생년월일		전화번호	
개업 공인중개사	등록번호		성명 (대표자)	(서명 및 날인)
	사무소 명칭		소속 공인중개사	(서명 및 날인)
	사무소 소재지		전화번호	
개업 공인중개사	등록번호		성명 (대표자)	(서명 및 날인)
	사무소 명칭		소속 공인중개사	(서명 및 날인)
	사무소 소재지		전화번호	

(4쪽 중 제4쪽)

작성방법(비주거용 건축물)

〈작성일반〉

1. 「[ ]」 있는 항목은 해당하는 「[ ]」 안에 ∨로 표시합니다.

2. 세부항목 작성 시 해당 내용을 작성란에 모두 작성할 수 없는 경우에는 별지로 작성하여 첨부하고, 해당란에는 '별지 참고'라고 적습니다.

〈세부항목〉

1. 「확인·설명자료」 항목의 '확인·설명 근거자료 등'에는 개업공인중개사가 확인·설명 과정에서 제시한 자료를 적으며, '대상물건의 상태에 관한 자료요구 사항'에는 매도(임대)의뢰인에게 요구한 사항 및 그 관련 자료의 제출 여부와 ⑧ 실제 권리관계 또는 공시되지 않은 물건의 권리 사항부터 ⑩ 벽면까지의 항목을 확인하기 위한 자료의 요구 및 그 불응 여부를 적습니다.

2. ① 대상물건의 표시부터 ⑦ 취득 시 부담할 조세의 종류 및 세율까지는 개업공인중개사가 확인한 사항을 적어야 합니다.

3. ① 대상물건의 표시는 토지대장 및 건축물대장 등을 확인하여 적습니다.

4. ② 권리관계의 '등기부 기재사항'은 등기사항증명서를 확인하여 적습니다.

5. ② 권리관계의 '민간임대 등록 여부'는 대상물건이 「민간임대주택에 관한 특별법」에 따라 등록된 민간임대주택인지 여부를 같은 법 제60조에 따른 임대주택정보체계에 접속하여 확인하거나 임대인에게 확인하여 '[ ]' 안에 ∨로 표시하고, 민간임대주택인 경우 「민간임대주택에 관한 특별법」에 따른 권리·의무사항을 임차인에게 설명해야 합니다.

* 민간임대주택은 「민간임대주택에 관한 특별법」 제5조에 따른 임대사업자가 등록한 주택으로서, 임대인과 임차인 간 임대차계약(재계약 포함) 시 다음과 같은 사항이 적용됩니다.
  ① 같은 법 제44조에 따라 임대의무기간 중 임대료 증액청구는 5%의 범위에서 주거비 물가지수, 인근 지역의 임대료 변동률 등을 고려하여 같은 법 시행령으로 정하는 증액비율을 초과하여 청구할 수 없으며, 임대차계약 또는 임대료 증액이 있은 후 1년 이내에는 그 임대료를 증액할 수 없습니다.
  ② 같은 법 제45조에 따라 임대사업자는 임차인이 의무를 위반하거나 임대차를 계속하기 어려운 경우 등에 해당하지 않으면 임대의무기간 동안 임차인과의 계약을 해제·해지하거나 재계약을 거절할 수 없습니다.

6. ② 권리관계의 '계약갱신요구권 행사 여부'는 대상물건이 「주택임대차보호법」 및 「상가건물 임대차보호법」의 적용을 받는 임차인이 있는 경우 매도(임대인)으로부터 계약갱신요구권 행사 여부에 관한 사항을 확인할 수 있는 서류를 받으면 '확인'에 ∨로 표시하여 해당 서류를 첨부하고, 서류를 받지 못한 경우 '미확인'에 ∨로 표시합니다. 이 경우 「주택임대차보호법」 및 「상가건물 임대차보호법」에 따른 임대인과 임차인의 권리·의무사항을 매수인에게 설명해야 합니다.

7. ③ 토지이용계획, 공법상 이용제한 및 거래규제에 관한 사항(토지)의 '건폐율 상한 및 용적률 상한'은 시·군의 조례에 따라 적고, '도시·군계획시설', '지구단위계획구역, 그 밖의 도시·군관리계획'은 개업공인중개사가 확인하여 적으며, '그 밖의 이용제한 및 거래규제사항'은 토지이용계획확인서의 내용을 확인하고, 공부에서 확인할 수 없는 사항은 부동산종합공부시스템 등에서 확인하여 적습니다(임대차의 경우에는 생략할 수 있습니다).

8. ⑥ 거래예정금액 등의 '거래예정금액'은 중개가 완성되기 전 거래예정금액을, '개별공시지가(m^2당)' 및 '건물(주택)공시가격'은 중개가 완성되기 전 공시된 공시지가 또는 공시가격을 적습니다[임대차의 경우에는 '개별공시지가(m^2당)' 및 '건물(주택)공시가격'을 생략할 수 있습니다].

9. ⑦ 취득 시 부담할 조세의 종류 및 세율은 중개가 완성되기 전 「지방세법」의 내용을 확인하여 적습니다(임대차의 경우에는 제외합니다).

10. ⑧ 실제 권리관계 또는 공시되지 않은 물건의 권리 사항은 매도(임대)의뢰인이 고지한 사항(법정지상권, 유치권, 「상가건물 임대차보호법」에 따른 임대차, 토지에 부착된 조각물 및 정원수, 계약 전 소유권 변동 여부, 도로의 점용허가 여부 및 권리·의무 승계 대상 여부 등)을 적습니다. 「건축법 시행령」 별표 1 제2호에 따른 공동주택(기숙사는 제외합니다) 중 분양을 목적으로 건축되었으나 분양되지 않아 보존등기만 마쳐진 상태인 공동주택에 대해 임대차계약을 알선하는 경우에는 이를 임차인에게 설명해야 합니다.
    ※ 임대차계약의 경우 임대보증금, 월 단위의 차임액, 계약기간, 장기수선충당금의 처리 등을 확인하고, 근저당 등이 설정된 경우 채권최고액을 확인하여 적습니다. 그 밖에 경매 및 공매 등의 특이사항이 있는 경우 이를 확인하여 적습니다.

11. ⑨ 내부·외부 시설물의 상태(건축물) 및 ⑩ 벽면 및 바닥면은 중개대상물에 대하여 개업공인중개사가 매도(임대)의뢰인에게 자료를 요구하여 확인한 사항을 적고, ⑨ 내부·외부 시설물의 상태(건축물)의 '그 밖의 시설물'에는 건축물이 상업용인 경우에는 오수정화시설용량, 공업용인 경우에는 전기용량, 오수정화시설용량 및 용수시설의 내용에 대하여 개업공인중개사가 매도(임대)의뢰인에게 자료를 요구하여 확인한 사항을 적습니다.

12. ⑪ 중개보수 및 실비의 금액과 산출내역은 개업공인중개사와 중개의뢰인이 협의하여 결정한 금액을 적되 '중개보수'는 거래예정금액을 기준으로 계산하고, '산출내역(중개보수)'은 '거래예정금액(임대차의 경우에는 임대보증금 + 월 단위의 차임액 × 100) × 중개보수 요율'과 같이 적습니다. 다만, 임대차로서 거래예정금액이 5천만원 미만인 경우에는 '임대보증금 + 월 단위의 차임액 × 70'을 거래예정금액으로 합니다.

13. 공동중개 시 참여한 개업공인중개사(소속공인중개사를 포함합니다)는 모두 서명·날인해야 하며, 2명을 넘는 경우에는 별지로 작성하여 첨부합니다.

■ 공인중개사법 시행규칙 [별지 제20호의3 서식] 〈개정 2020.10.27.〉 (3쪽 중 제1쪽)

중개대상물 확인·설명서[Ⅲ] (토지)
([ ] 매매·교환 [ ] 임대)

확인·설명 자료	확인·설명 근거자료 등	[ ] 등기권리증 [ ] 등기사항증명서 [ ] 토지대장 [ ] 건축물대장 [ ] 지적도 [ ] 임야도 [ ] 토지이용계획확인서 [ ] 그 밖의 자료( )
	대상물건의 상태에 관한 자료요구 사항	

유의사항

개업공인중개사의 확인·설명 의무	개업공인중개사는 중개대상물에 관한 권리를 취득하려는 중개의뢰인에게 성실·정확하게 설명하고, 토지대장등본, 등기사항증명서 등 설명의 근거자료를 제시해야 합니다.
실제 거래가격 신고	「부동산 거래신고 등에 관한 법률」 제3조 및 같은 법 시행령 별표 1 제1호 마목에 따른 실제 거래가격은 매수인이 매수한 부동산을 양도하는 경우 「소득세법」 제97조 제1항 및 제7항과 같은 법 시행령 제163조 제11항 제2호에 따라 취득 당시의 실제 거래가액으로 보아 양도차익이 계산될 수 있음을 유의하시기 바랍니다.

Ⅰ. 개업공인중개사 기본 확인사항

① 대상물건의 표시	토지	소재지			
		면적(m²)		지목	공부상 지목
					실제 이용 상태

② 권리관계	등기부 기재사항	소유권에 관한 사항	소유권 외의 권리사항
		토지	토지

③ 토지이용계획, 공법상 이용제한 및 거래규제에 관한 사항(토지)	지역·지구	용도지역		건폐율 상한	용적률 상한
		용도지구		%	%
		용도구역			
	도시·군 계획시설		허가·신고 구역 여부	[ ] 토지거래허가구역	
			투기지역 여부	[ ] 토지투기지역 [ ] 주택투기지역 [ ] 투기과열지구	
	지구단위계획구역, 그 밖의 도시·군관리계획		그 밖의 이용제한 및 거래규제사항		

④ 입지조건	도로와의 관계	(m × m)도로에 접함 [ ] 포장 [ ] 비포장	접근성	[ ] 용이함 [ ] 불편함
	대중교통	버스	( ) 정류장, 소요시간: ([ ] 도보 [ ] 차량) 약 분	
		지하철	( ) 역, 소요시간: ([ ] 도보 [ ] 차량) 약 분	

⑤ 비선호시설(1km 이내)	[ ] 없음 [ ] 있음(종류 및 위치:)

⑥ 거래예정금액 등	거래예정금액	
	개별공시지가(m²당)	건물(주택) 공시가격

⑦ 취득 시 부담할 조세의 종류 및 세율	취득세	%	농어촌특별세	%	지방교육세	%
	※ 재산세는 6월 1일 기준 대상물건 소유자가 납세의무를 부담					

210mm×297mm[백상지(80g/m²) 또는 중질지(80g/m²)]

(3쪽 중 제2쪽)

Ⅱ. 개업공인중개사 세부 확인사항

⑧ 실제 권리관계 또는 공시되지 않은 물건의 권리 사항	

Ⅲ. 중개보수 등에 관한 사항

⑨ 중개보수 및 실비의 금액과 산출내역	중개보수		〈산출내역〉 중개보수:
	실비		실 비:
	계		※ 중개보수는 거래금액의 1천분의 9 이내에서 중개의뢰인과 개업공인중개사가 서로 협의하여 결정하며, 부가가치세는 별도로 부과될 수 있습니다.
	지급시기		

「공인중개사법」 제25조 제3항 및 제30조 제5항에 따라 거래당사자는 개업공인중개사로부터 위 중개대상물에 관한 확인·설명 및 손해배상책임의 보장에 관한 설명을 듣고, 같은 법 시행령 제21조 제3항에 따른 본 확인·설명서와 같은 법 시행령 제24조 제2항에 따른 손해배상책임 보장 증명서류(사본 또는 전자문서)를 수령합니다.

년   월   일

매도인 (임대인)	주소		성명	(서명 또는 날인)
	생년월일		전화번호	
매수인 (임차인)	주소		성명	(서명 또는 날인)
	생년월일		전화번호	
개업 공인중개사	등록번호		성명 (대표자)	(서명 및 날인)
	사무소 명칭		소속 공인중개사	(서명 및 날인)
	사무소 소재지		전화번호	
개업 공인중개사	등록번호		성명 (대표자)	(서명 및 날인)
	사무소 명칭		소속 공인중개사	(서명 및 날인)
	사무소 소재지		전화번호	

(3쪽 중 제3쪽)

작성방법(토지)

〈작성일반〉

1. '[ ]' 있는 항목은 해당하는 '[ ]' 안에 ∨로 표시합니다.

2. 세부항목 작성 시 해당 내용을 작성란에 모두 작성할 수 없는 경우에는 별지로 작성하여 첨부하고, 해당란에는 '별지 참고'라고 적습니다.

〈세부항목〉

1. 「확인·설명 자료」 항목의 '확인·설명 근거자료 등'에는 개업공인중개사가 확인·설명 과정에서 제시한 자료를 적으며, '대상물건의 상태에 관한 자료요구 사항'에는 매도(임대)의뢰인에게 요구한 사항 및 그 관련 자료의 제출 여부와 ⑧ 실제 권리관계 또는 공시되지 않은 물건의 권리 사항의 항목을 확인하기 위한 자료요구 및 그 불응 여부를 적습니다.

2. ① 대상물건의 표시부터 ⑦ 취득 시 부담할 조세의 종류 및 세율까지는 개업공인중개사가 확인한 사항을 적어야 합니다.

3. ① 대상물건의 표시는 토지대장 등을 확인하여 적습니다.

4. ② 권리관계의 '등기부 기재사항'은 등기사항증명서를 확인하여 적습니다.

5. ③ 토지이용계획, 공법상 이용제한 및 거래규제에 관한 사항(토지)의 '건폐율 상한' 및 '용적률 상한'은 시·군의 조례에 따라 적고, '도시·군계획시설', '지구단위계획구역, 그 밖의 도시·군관리계획'은 개업공인중개사가 확인하여 적으며, 그 밖의 사항은 토지이용계획확인서의 내용을 확인하고, 공부에서 확인할 수 없는 사항은 부동산종합공부시스템 등에서 확인하여 적습니다(임대차의 경우에는 생략할 수 있습니다).

6. ⑥ 거래예정금액 등의 '거래예정금액'은 중개가 완성되기 전 거래예정금액을, '개별공시지가'는 중개가 완성되기 전 공시가격을 적습니다(임대차의 경우에는 '개별공시지가'를 생략할 수 있습니다).

7. ⑦ 취득 시 부담할 조세의 종류 및 세율은 중개가 완성되기 전 「지방세법」의 내용을 확인하여 적습니다(임대차의 경우에는 제외합니다).

8. ⑧ 실제 권리관계 또는 공시되지 않은 물건의 권리 사항은 매도(임대)의뢰인이 고지한 사항(임대차, 지상에 점유권 행사 여부, 구축물, 적치물, 진입로, 경작물, 계약 전 소유권 변동 여부 등)을 적습니다.
   ※ 임대차계약이 있는 경우 임대보증금, 월 단위의 차임액, 계약기간 등을 확인하고, 근저당 등이 설정된 경우 채권최고액을 확인하여 적습니다. 그 밖에 경매 및 공매 등의 특이사항이 있는 경우 이를 확인하여 적습니다.

9. ⑨ 중개보수 및 실비의 금액과 산출내역의 '중개보수'는 거래예정금액을 기준으로 계산하고, '산출내역(중개보수)'은 '거래예정금액(임대차의 경우에는 임대보증금 + 월 단위의 차임액 × 100) × 중개보수 요율'과 같이 적습니다. 다만, 임대차로서 거래예정금액이 5천만원 미만인 경우에는 '임대보증금 + 월 단위의 차임액 × 70'을 거래예정금액으로 합니다.

10. 공동중개 시 참여한 개업공인중개사(소속공인중개사를 포함합니다)는 모두 서명·날인해야 하며, 2명을 넘는 경우에는 별지로 작성하여 첨부합니다.

■ 공인중개사법 시행규칙 [별지 제20호의4 서식] 〈개정 2020.10.27.〉 (3쪽 중 제1쪽)

중개대상물 확인·설명서[Ⅳ] (입목·광업재단·공장재단)
([ ] 매매·교환   [ ] 임대)

확인·설명 자료	확인·설명 근거자료 등	[ ] 등기권리증 [ ] 등기사항증명서 [ ] 토지대장 [ ] 건축물대장 [ ] 지적도 [ ] 임야도 [ ] 토지이용계획확인서 [ ] 그 밖의 자료( )
	대상물건의 상태에 관한 자료요구 사항	

유의사항

개업공인중개사의 확인·설명 의무	개업공인중개사는 중개대상물에 관한 권리를 취득하려는 중개의뢰인에게 성실·정확하게 설명하고, 토지대장등본, 등기사항증명서 등 설명의 근거자료를 제시해야 합니다.
실제 거래가격 신고	「부동산 거래신고 등에 관한 법률」 제3조 및 같은 법 시행령 별표 1 제1호 마목에 따른 실제 거래가격은 매수인이 매수한 부동산을 양도하는 경우 「소득세법」 제97조 제1항 및 제7항과 같은 법 시행령 제163조 제11항 제2호에 따라 취득 당시의 실제 거래가액으로 보아 양도차익이 계산될 수 있음을 유의하시기 바랍니다.

Ⅰ. 개업공인중개사 기본 확인사항

① 대상물건의 표시	토지	대상물 종별	[ ] 입목 [ ] 광업재단 [ ] 공장재단	
		소재지 (등기·등록지)		

② 권리관계	등기부 기재사항	소유권에 관한 사항	성명	
			주소	
		소유권 외의 권리사항		

③ 재단목록 또는 입목의 생육상태	

④ 그 밖의 참고사항	

⑤ 거래예정금액 등	거래예정금액	
	개별공시지가(m²당)	건물(주택)공시가격

210mm×297mm[백상지(80g/m²) 또는 중질지(80g/m²)]

(3쪽 중 제2쪽)

⑥ 취득 시 부담할 조세의 종류 및 세율	취득세	%	농어촌특별세	%	지방교육세	%
	※ 재산세는 6월 1일 기준 대상물건 소유자가 납세의무를 부담					

Ⅱ. 개업공인중개사 세부 확인사항

⑦ 실제 권리관계 또는 공시되지 않은 물건의 권리 사항	

Ⅲ. 중개보수 등에 관한 사항

⑧ 중개보수 및 실비의 금액과 산출내역	중개보수		〈산출내역〉 중개보수:
	실비		실 비:
	계		※ 중개보수는 거래금액의 1천분의 9 이내에서 중개의뢰인과 개업공인중개사가 서로 협의하여 결정하며 부가가치세는 별도로 부과될 수 있습니다.
	지급시기		

「공인중개사법」 제25조 제3항 및 제30조 제5항에 따라 거래당사자는 개업공인중개사로부터 위 중개대상물에 관한 확인·설명 및 손해배상책임의 보장에 관한 설명을 듣고, 같은 법 시행령 제21조 제3항에 따른 본 확인·설명서와 같은 법 시행령 제24조 제2항에 따른 손해배상책임 보장 증명서류(사본 또는 전자문서)를 수령합니다.

년   월   일

매도인 (임대인)	주소		성명	(서명 또는 날인)
	생년월일		전화번호	
매수인 (임차인)	주소		성명	(서명 또는 날인)
	생년월일		전화번호	
개업 공인중개사	등록번호		성명 (대표자)	(서명 및 날인)
	사무소 명칭		소속 공인중개사	(서명 및 날인)
	사무소 소재지		전화번호	
개업 공인중개사	등록번호		성명 (대표자)	(서명 및 날인)
	사무소 명칭		소속 공인중개사	(서명 및 날인)
	사무소 소재지		전화번호	

(3쪽 중 제3쪽)

작성방법(입목 · 광업재단 · 공장재단)

⟨작성일반⟩

1. '[ ]' 있는 항목은 해당하는 '[ ]' 안에 ∨로 표시합니다.

2. 세부항목 작성 시 해당 내용을 작성란에 모두 작성할 수 없는 경우에는 별지로 작성하여 첨부하고, 해당란에는 '별지 참고'라고 적습니다.

⟨세부항목⟩

1. 「확인 · 설명 자료」 항목의 '확인 · 설명 근거자료 등'에는 개업공인중개사가 확인 · 설명 과정에서 제시한 자료를 적으며, '대상물건의 상태에 관한 자료요구 사항'에는 매도(임대)의뢰인에게 요구한 사항 및 그 관련 자료의 제출 여부와 ⑦ 실제 권리관계 또는 공시되지 않은 물건의 권리 사항의 항목을 확인하기 위한 자료요구 및 그 불응 여부를 적습니다.

2. ① 대상물건의 표시부터 ⑥ 취득 시 부담할 조세의 종류 및 세율까지는 개업공인중개사가 확인한 사항을 적어야 합니다.

3. ① 대상물건의 표시는 대상물건별 등기사항증명서 등을 확인하여 적습니다.

4. ② 권리관계의 '등기부 기재사항'은 등기사항증명서를 확인하여 적습니다.

5. ③ 재단목록 또는 입목의 생육상태는 공장재단의 경우에는 공장재단 목록과 공장재단 등기사항증명서를, 광업재단의 경우에는 광업재단 목록과 광업재단 등기사항증명서를, 입목의 경우에는 입목등록원부와 입목 등기사항증명서를 확인하여 적습니다.

6. ⑤ 거래예정금액 등의 '거래예정금액'은 중개가 완성되기 전의 거래예정금액을 적으며, '개별공시지가' 및 '건물(주택)공시가격'은 해당하는 경우에 중개가 완성되기 전 공시된 공시지가 또는 공시가격을 적습니다[임대차계약의 경우에는 '개별공시지가' 및 '건물(주택)공시가격'을 생략할 수 있습니다].

7. ⑥ 취득 시 부담할 조세의 종류 및 세율은 중개가 완성되기 전 「지방세법」의 내용을 확인하여 적습니다(임대차의 경우에는 제외합니다).

8. ⑦ 실제 권리관계 또는 공시되지 않은 물건의 권리 사항은 매도(임대)의뢰인이 고지한 사항(임대차, 법정지상권, 법정저당권, 유치권, 계약 전 소유권 변동 여부 등)을 적습니다.
   ※ 임대차계약이 있는 경우 임대보증금, 월 단위의 차임액, 계약기간 등을 확인하고, 근저당 등이 설정된 경우 채권최고액을 확인하여 적습니다. 그 밖에 경매 및 공매 등의 특이사항이 있는 경우 이를 확인하여 적습니다.

9. 중개보수 및 실비의 금액과 산출내역의 '중개보수'는 거래예정금액을 기준으로 계산하고, '산출내역(중개보수)'은 '거래예정금액(임대차의 경우에는 임대보증금 + 월 단위의 차임액 × 100) × 중개보수 요율'과 같이 적습니다. 다만, 임대차로서 거래예정금액이 5천만원 미만인 경우에는 '임대보증금 + 월 단위의 차임액 × 70'을 거래예정금액으로 합니다.

10. 공동중개 시 참여한 개업공인중개사(소속공인중개사를 포함합니다)는 모두 서명 · 날인해야 하며, 2명을 넘는 경우에는 별지로 작성하여 첨부합니다.

기본문제와 완성문제로 **단단기출**

01 개업공인중개사가 주택의 임대차를 중개하면서 중개대상물 확인·설명서[Ⅰ](주거용 건축물)를 작성하는 경우 제외하거나 생략할 수 있는 것을 모두 고른 것은? 제33회

> ㉠ 취득 시 부담할 조세의 종류 및 세율
> ㉡ 개별공시지가(m^2당) 및 건물(주택)공시가격
> ㉢ 다가구주택 확인서류 제출 여부
> ㉣ 건축물의 방향

① ㉠, ㉡
② ㉠, ㉢
③ ㉢, ㉣
④ ㉠, ㉡, ㉣
⑤ ㉡, ㉢, ㉣

키워드 〉 중개대상물 확인·설명서[Ⅰ](주거용 건축물)

난이도 〉

해설 〉 ㉠ 취득 시 부담할 조세의 종류 및 세율은 중개가 완성되기 전 「지방세법」의 내용을 확인하여 적는다(임대차의 경우에는 제외).
㉡ 거래예정금액 등의 '거래예정금액'은 중개가 완성되기 전 거래예정금액을, '개별공시지가(m^2당)' 및 '건물(주택)공시가격'은 중개가 완성되기 전 공시된 공시지가 또는 공시가격을 적는다[임대차계약의 경우에는 '개별공시지가(m^2당)' 및 '건물(주택)공시가격'을 생략할 수 있음].

02 공인중개사법령상 중개대상물 확인·설명서[Ⅱ](비주거용 건축물)에서 개업공인중개사의 기본 확인사항이 <u>아닌</u> 것은? 제33회

① 소재지, 면적 등 대상물건의 표시에 관한 사항
② 소유권 외의 권리사항
③ 비선호시설(1km 이내)의 유무에 관한 사항
④ 관리주체 등 관리에 관한 사항
⑤ 소유권에 관한 사항

키워드 〉 중개대상물 확인·설명서[Ⅱ](비주거용 건축물)

난이도 〉

해설 〉 비선호시설(1km 이내)의 유무에 관한 사항은 확인·설명서[Ⅰ](주거용 건축물), 확인·설명서[Ⅲ](토지)에는 기재되지만, 확인·설명서[Ⅱ](비주거용 건축물), 확인·설명서[Ⅳ](입목·공장재단·광업재단)에는 기재되지 않는다.

정답 01 ① 02 ③

THEME 32 중개대상물 확인·설명서 작성

03 공인중개사법령상 개업공인중개사가 확인·설명하여야 할 사항 중 중개대상물 확인·설명서[Ⅰ] (주거용 건축물), [Ⅱ](비주거용 건축물), [Ⅲ](토지), [Ⅳ](입목·광업재단·공장재단) 서식에 공통적으로 기재되어 있는 것을 모두 고른 것은?

제31회

> ㉠ 권리관계(등기부 기재사항)
> ㉡ 비선호시설
> ㉢ 거래예정금액
> ㉣ 환경조건(일조량·소음)
> ㉤ 실제 권리관계 또는 공시되지 않은 물건권리사항

① ㉠, ㉡
② ㉡, ㉣
③ ㉠, ㉢, ㉤
④ ㉠, ㉢, ㉣, ㉤
⑤ ㉠, ㉡, ㉢, ㉣, ㉤

키워드 중개대상물 확인·설명서

난이도

해설 ㉡ 확인·설명서[Ⅰ](주거용 건축물), 확인·설명서[Ⅲ](토지)에는 기재되지만, 확인·설명서[Ⅱ](비주거용 건축물), 확인·설명서[Ⅳ](입목·광업재단·공장재단)에는 기재되지 않는다.
㉣ 확인·설명서[Ⅰ](주거용 건축물)에는 기재되지만, 확인·설명서[Ⅱ](비주거용 건축물), 확인·설명서[Ⅲ](토지), 확인·설명서[Ⅳ](입목·광업재단·공장재단)에는 기재되지 않는다.

보충 확인·설명서 기재사항

기재사항	Ⅰ(주거용)	Ⅱ(비주거용)	Ⅲ(토지)	Ⅳ(입목·광업재단·공장재단)
권리관계	○	○	○	○
거래예정금액	○	○	○	○
중개보수	○	○	○	○
취득조세	○	○	○	○
실제 권리관계 또는 공시되지 않은 물건권리사항	○	○	○	○
내·외부 시설물의 상태	○	○	×	×
비선호시설	○	×	○	×
환경조건	○	×	×	×

정답 03 ③

04 완성 기출

공인중개사법령상 중개대상물 확인·설명서[Ⅱ](비주거용 건축물)에서 개업공인중개사의 확인사항으로 옳은 것을 모두 고른 것은?   제29회

> ㉠ '단독경보형 감지기' 설치 여부는 세부 확인사항이다.
> ㉡ '내진설계 적용 여부'는 기본 확인사항이다.
> ㉢ '실제 권리관계 또는 공시되지 않은 물건의 권리사항'은 세부 확인사항이다.
> ㉣ '환경조건(일조량·소음·진동)'은 세부 확인사항이다.

① ㉠, ㉡
② ㉠, ㉣
③ ㉡, ㉢
④ ㉠, ㉡, ㉢
⑤ ㉡, ㉢, ㉣

키워드 중개대상물 확인·설명서[Ⅱ](비주거용 건축물)

난이도

해설 ㉠ 중개대상물 확인·설명서[Ⅰ](주거용 건축물)에서는 '단독경보형 감지기' 설치 여부는 세부 확인사항에 해당한다. 그러나 중개대상물 확인·설명서[Ⅱ](비주거용 건축물)에서는 내부·외부시설물의 상태의 내용인 소방에 관한 사항에 '소화전, 비상벨'은 포함되지만 '단독경보형 감지기'는 포함되지 않는다.
㉣ 중개대상물 확인·설명서[Ⅰ](주거용 건축물)에서는 '환경조건(일조량·소음·진동)'은 세부 확인사항이다. 그러나 중개대상물 확인·설명서[Ⅱ](비주거용 건축물)에서는 세부 확인사항에 환경조건이 포함되지 않는다.

05 기본 기출

공인중개사법령상 개업공인중개사가 주거용 건축물의 중개대상물 확인·설명서[Ⅰ]를 작성하는 방법에 관한 설명으로 틀린 것은?   제28회

① 개업공인중개사 기본 확인사항은 개업공인중개사가 확인한 사항을 적어야 한다.
② 건축물의 내진설계 적용 여부와 내진능력은 개업공인중개사 기본 확인사항이다.
③ 거래예정금액은 중개가 완성되기 전 거래예정금액을 적는다.
④ 벽면·바닥면 및 도배상태는 매도(임대)의뢰인에게 자료를 요구하여 확인한 사항을 적는다.
⑤ 아파트를 제외한 주택의 경우, 단독경보형 감지기 설치 여부는 개업공인중개사 세부 확인사항이 아니다.

키워드 중개대상물 확인·설명서[Ⅰ](주거용 건축물)

난이도

해설 아파트를 제외한 주택의 경우, 단독경보형 감지기 설치 여부는 개업공인중개사의 세부 확인사항 중 내부·외부시설물의 상태의 내용에 해당한다. 따라서 개업공인중개사의 세부 확인사항에 해당한다.

정답 04 ③ 05 ⑤

THEME 33 거래계약서 작성 및 부동산전자계약시스템

| THEME 키워드 |
부동산전자계약

기출분석
- 기출회차: 제30회
- 키워드: 부동산전자계약
- 난이도: ■■■

기본으로 알아야 하는 대표기출

부동산전자계약에 관한 설명으로 옳은 것은?

① 시·도지사는 부동산거래의 계약·신고·허가·관리 등의 업무와 관련된 정보체계를 구축·운영하여야 한다.
② 부동산거래계약의 신고를 하는 경우 전자인증의 방법으로 신분을 증명할 수 없다.
③ 정보처리시스템을 이용하여 주택임대차계약을 체결하였더라도 해당 주택의 임차인은 정보처리시스템을 통하여 전자계약증서에 확정일자 부여를 신청할 수 없다.
④ 개업공인중개사가 부동산거래계약시스템을 통하여 부동산거래계약을 체결한 경우 부동산거래계약이 체결된 때에 부동산거래계약신고서를 제출한 것으로 본다.
⑤ 거래계약서 작성 시 확인·설명사항이 「전자문서 및 전자거래 기본법」에 따른 공인전자문서센터에 보관된 경우라도 개업공인중개사는 확인·설명사항을 서면으로 작성하여 보존하여야 한다.

> **해설**
> ① 국토교통부장관은 부동산거래 및 주택임대차의 계약·신고·허가·관리 등의 업무와 관련된 정보체계를 구축·운영할 수 있다.
> ② 전자인증의 방법으로 신분을 증명할 수 있다.
> ③ 정보처리시스템을 통하여 전자계약증서에 확정일자 부여를 신청할 수 있다.
> ⑤ 서면으로 작성하여 보존하지 않아도 된다.
>
> 정답 ④

함정을 피하는 TIP
- 부동산전자계약서 내용에 대해 학습하여야 한다.

단단하게 정리하는 핵심이론

1 거래계약 체결 전의 확인사항

(1) 자연인인 경우의 조사·확인

① 진정한 소유자인지의 여부: 진정한 소유자인지의 여부는 주민등록증과 등기사항증명서 및 등기필증으로 확인한다.

⚠ 개업공인중개사는 매도의뢰인을 알지 못하는 등 사정이 있는 경우에는 등기권리증을 제시받아 조사하여야 할 의무가 있다.

② 처분능력(행위무능력 여부)의 조사·확인

㉠ 미성년자
- 미성년자인지의 여부는 주민등록증을 통하여 조사·확인한다.
- 미성년자인 경우에는 미성년자와 직접 계약을 체결하지 말고, 가족관계등록부(가족관계증명서)를 통하여 확인된 법정대리인(친권자 또는 미성년후견인)과 거래계약 체결을 중개하여야 한다.
- 다만, 법정대리인의 동의가 있으면 미성년자와 계약체결을 중개해도 된다.
- 미성년자에 대한 친권행사는 부모가 공동으로 행사하여야 하며, 부모 중 일방이 행사할 경우에는 배우자의 동의가 필요하다.

  ⚠ 혼인한 미성년자인 경우에는 가족관계등록부(혼인관계증명서)를 통하여 그와의 거래계약 체결을 중개하여도 되므로 법정대리인의 동의를 확인할 필요가 없다.

㉡ 피한정후견인: 피한정후견인인지의 여부는 후견등기사항증명서를 통하여 조사·확인한다.

㉢ 피성년후견인: 피성년후견인인지의 여부는 후견등기사항증명서를 통하여 조사·확인한다.

③ 임의대리권의 조사

㉠ 임의처분대리권의 유무는 본인의 인감증명서가 첨부된 위임장으로 확인한다.

㉡ 이와 같은 방법으로 대리권의 존재를 확인하였다면, 개업공인중개사는 본인에게 대리권의 수여 사실을 확인하여야 할 의무가 없다.

㉢ 개업공인중개사가 본인에게 직접 연락하여 대리권의 존재 여부를 확인하는 것이 바람직하지만, 반드시 그렇게 해야 할 의무가 있는 것은 아니다. 직접 연락하여 조사하지 않았다고 하여 과실이 있다고 할 수 없지만, 거래사고를 예방하기 위해 본인에게 확인하는 것이 좋다.

(2) 법인인 경우의 조사·확인

① 법인인 경우에 개업공인중개사는 법인등기사항증명서를 통하여 법인격 유무를 확인한다.

② 법인격이 있음을 확인한 후, 대표자에게 처분권한이 있는지 등기를 통하여 확인한 후에 대표자와 계약체결을 중개해야 한다.

③ 법인의 정관에서 대표자의 처분권을 제한하였다 하더라도 그와 같은 취지를 등기하지 않은 경우에는 법인은 선·악을 불문하고 제3자에게 대항할 수 없으므로, 이 경우 그 대표자와 계약체결을 중개해도 된다.

(3) 공동소유재산의 처분

구분	공동소유의 개념	지분	지분 처분	공동소유물 처분
공유	지분에 의해 공동소유	인정	공유자 동의 불요	공유자 전원 동의
합유	조합체가 공동소유	인정	합유자 전원 동의	합유자 전원 동의
총유	비법인체가 공동소유	불인정	지분 없음	사원총회결의(규약 우선)

2 거래계약서의 작성

(1) 계약서의 서식

거래계약서에는 법정된 서식이 없다. 다만, 국토교통부장관은 개업공인중개사가 사용하는 거래계약서에 관한 표준서식을 정하여 권장할 수 있도록 하고 있을 뿐이다. 인쇄된 서식을 사용하는 경우에는 거래실정에 맞게 그 내용을 보정(補正)하여야 할 것이다.

(2) 매매계약서의 기재사항 및 기재방법

① 거래당사자의 인적사항: 권리를 취득하려는 자로 구분하여 성명·주민등록번호·주소 등을 각각 기재한다.

② 물건의 표시

　㉠ 대장을 중심으로 다른 공부와 비교하여 토지는 소재지·지목·면적 등을 기재하고, 건물인 경우에는 소재지·가옥번호·층수·구조·면적 등을 표시한다.

　㉡ 면적을 기재하는 때에 단위면적(m^2)당 거래대금을 기재하는 경우에는 특별한 사정이 없는 한 실측 시 부족한 면적에 대하여 매수인이 감액을 주장할 수 있다.

③ 물건의 인도일시: 중개대상물의 인도일시 및 이행일시를 명확히 기재한다.

④ 권리이전의 내용

　㉠ 중개대상물이 이전하는 권리의 내용을 기재한다. 어떤 권리가 이전되는 것인지, 이전되지 않는 것인지를 명백히 기재한다.

　㉡ 특약이 없을 경우 매도인이 매도목적물에 설정된 가압류 등 제한권리를 말소할 책임을 진다(판례).

⑤ 거래금액·계약금 등의 지급방법: 거래대금의 지급방법은 거래당사자가 자유롭게 정할 수 있다. 그런데 일반적으로 거래대금이 고액이므로 일시에 지불하기보다는 계약금·중도금·잔금의 형태로 나누어 지급하는 것이 일반적이다.

　㉠ 계약금

　　• 계약금액에 대한 제한은 없다.

　　• 양 당사자의 특별한 약정이 없으면 계약금은 해약금으로 추정된다. 따라서 계약금만 지급된 단계에서는 교부자는 계약금을 포기하고, 수령자는 계약금의 배액을 상환하고 계약을 해제할 수 있다.

ⓒ 중도금
- 중도금이 지급되면 이행이 착수된 것이므로 계약은 확정되었다고 할 수 있다.
- 중도금이 지급된 후부터는 거래당사자는 계약을 해제할 수 없는 것이 원칙이다. 다만, 합의해제, 약정해제, 법정해제는 할 수 있다.

ⓒ 잔금: 잔금은 등기이전이나 물건의 인도와 동시에 지급되는 것이 일반적이다.

⑥ 그 밖의 약정사항: 매도인의 담보책임, 위험부담, 과실의 귀속, 매매비용(측량비·감정비용) 등에 대하여 약정하지 아니한 경우에도 법에 정하여진 바에 따라 그 효력이 발생한다. 그러나 약정이 있는 경우에는 약정이 우선한다.
_{매매계약의 목적물인 권리 또는 물건에 결함이 있는 경우 매도인의 귀책사유에 관계없이 매도인이 부담하는 책임}

⑦ 중개대상물 확인·설명서 교부일자: 중개대상물 확인·설명서를 작성한 후에 거래계약서를 작성하게 된다. 이 경우 확인·설명서의 교부일자를 거래계약서에 기재함으로써 개업공인중개사의 확인·설명서 교부의 증거 및 손해배상책임의 근거로 삼을 수 있을 것이다.

⑧ 거래계약의 조건이나 기한이 있는 경우에는 조건이나 기한: 거래당사자 간에 해제사유를 정하거나 이행의 완결시기에 대한 기한을 정한 경우에는 이러한 사항을 기재하여야 한다.

⑨ 계약일: 실제 거래계약이 체결된 날을 기재하여야 한다.

⑩ 서명 및 날인: 계약서에는 최종적으로 거래당사자가 서명 또는 날인하고, 개업공인중개사와 해당 중개업무를 수행한 공인중개사가 함께 서명 및 날인하여야 한다.

3 부동산전자계약시스템

(1) 전자계약의 절차 흐름도

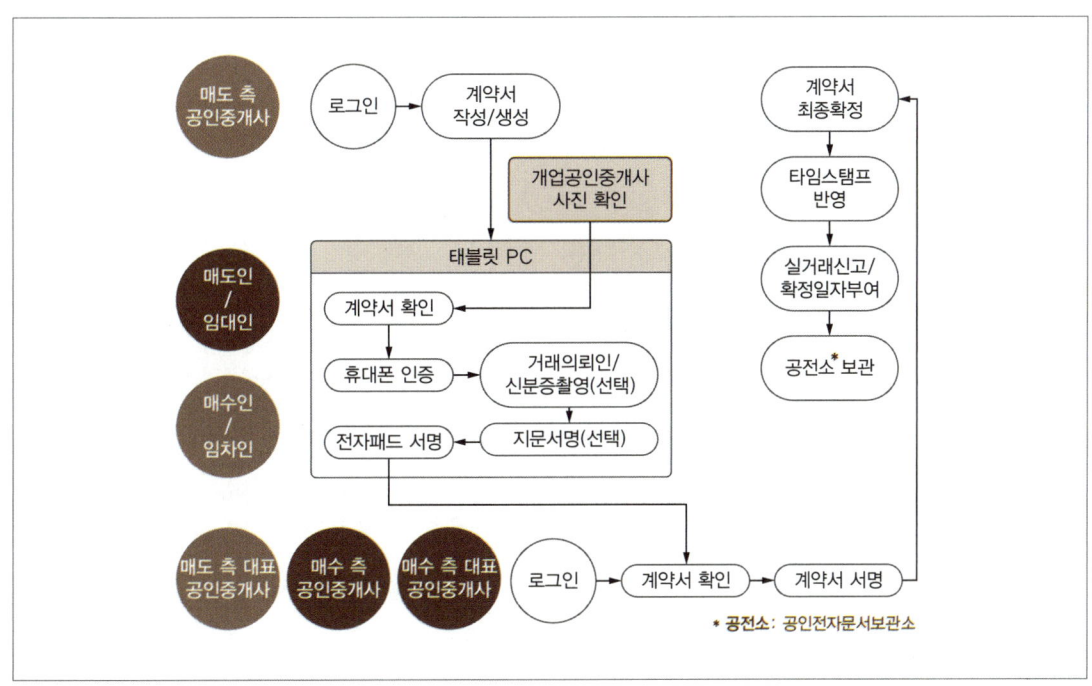

(2) 부동산전자계약의 혜택

① 편리성

소비자(거래의뢰인) 혜택	공인중개사 혜택
㉠ 공인중개사 신분확인 및 계약결과 안내 서비스 ㉡ 주택임대차 확정일자 자동 부여(수수료 면제)	㉠ 부동산 실거래신고의무 면제 ㉡ 종이계약서 보관 불필요

② 경제성

소비자(거래의뢰인) 혜택	공인중개사 혜택
대출 우대금리 적용	부동산 서류 발급 최소화(건축물대장, 토지대장 등 생략)

③ 안전성

소비자(거래의뢰인) 혜택	공인중개사 혜택
계약서류 위·변조 및 부실한 확인·설명 차단	㉠ 무자격·무등록 불법 중개행위 차단 ㉡ 개인정보 암호화로 안심거래 지원

기본문제와 완성문제로 단단기출

01 「전자문서 및 전자거래 기본법」에 따른 공인전자문서센터에 보관된 경우, 공인중개사법령상 개업공인중개사가 원본, 사본 또는 전자문서를 보존기간 동안 보존해야 할 의무가 면제된다고 명시적으로 규정된 것을 모두 고른 것은?

제32회

> ㉠ 중개대상물 확인·설명서
> ㉡ 손해배상책임보장에 관한 증서
> ㉢ 소속공인중개사 고용신고서
> ㉣ 거래계약서

① ㉠
② ㉠, ㉣
③ ㉡, ㉢
④ ㉡, ㉢, ㉣
⑤ ㉠, ㉡, ㉢, ㉣

키워드 부동산전자계약

난이도

해설 ㉠ 법 제25조 제3항에 규정되어 있다.
㉣ 법 제26조 제1항에 규정되어 있다.

보충 중개대상물 확인·설명서와 거래계약서의 보존기간 비교

중개대상물 확인·설명서	거래계약서
3년(공인전자문서센터에 보관된 경우, 원본, 사본 또는 전자문서를 보존기간 동안 보존해야 할 의무 면제됨)	5년(공인전자문서센터에 보관된 경우, 원본, 사본 또는 전자문서를 보존기간 동안 보존해야 할 의무 면제됨)

정답 01 ②

02 개업공인중개사 甲의 중개로 丙이 乙의 소유의 X토지를 매수한 후 乙에게 계약금과 중도금을 지급하였다. 그 후 甲은 乙이 X토지를 丁에게 다시 매각한 사실을 알게 되었다. 甲의 설명으로 옳은 것을 모두 고른 것은? (다툼이 있으면 판례에 의함)   제24회

> ㉠ 丁이 乙과 丙 사이의 매매계약이 있음을 미리 알았다는 사실만으로도 乙과 丁 사이의 매매계약은 무효가 된다.
> ㉡ 특별한 사정이 없는 한, 乙은 丙으로부터 받은 계약금의 배액과 중도금을 반환하고 丙과의 매매계약을 해제할 수 있다.
> ㉢ 특별한 사정이 없는 한, 丙과 丁 중에서 소유권이전등기를 먼저 하는 자가 X토지의 소유자가 된다.

① ㉠
② ㉡
③ ㉢
④ ㉠, ㉡
⑤ ㉡, ㉢

키워드 이중매매
난이도 ■■■
해설 ㉠ 丁이 매매계약에 적극 가담한 경우가 아니라면 계약은 유효이므로 무효라는 지문은 잘못된 것이다.
㉡ 중도금이 지급된 경우라면 계약의 이행에 착수한 것이므로 원칙적으로 계약은 해제할 수 없다. 따라서 매매계약을 해제할 수 있다는 지문은 잘못된 것이다.

정답 02 ③

THEME 34 부동산등기 특별조치법상 검인제도

| THEME 키워드 |
검인제도, 검인대상

기본으로 알아야 하는 대표기출

> 기출분석
> - 기출회차: 제24회
> - 키워드: 검인제도
> - 난이도: ■■■□□

개업공인중개사 甲이 乙소유의 X토지를 매수하려는 丙의 의뢰를 받아 매매를 중개하는 경우에 관한 설명으로 옳은 것은?

① 계약서를 작성한 甲이 자신의 이름으로는 그 계약서의 검인을 신청할 수 없다.
② X토지의 소유권을 이전받은 丙이 매수대금의 지급을 위하여 X토지에 저당권을 설정하는 경우, 저당권설정계약서도 검인의 대상이 된다.
③ 丙이 X토지에 대하여 매매를 원인으로 소유권이전청구권 보전을 위한 가등기에 기하여 본등기를 하는 경우, 매매계약서는 검인의 대상이 된다.
④ 甲이 부동산거래 신고필증을 교부받아도 계약서에 검인을 받지 않는 한 소유권이전등기를 신청할 수 없다.
⑤ 丙으로부터 검인신청을 받은 X토지 소재지 관할청이 검인할 때에는 계약서 내용의 진정성을 확인해야 한다.

| 해 설 |
③ 가등기에 기한 본등기를 신청하는 경우는 계약을 원인으로 하는 소유권이전등기의 대상인 검인대상에 해당하므로 정답이 된다.
① 개업공인중개사도 검인신청자가 될 수 있다.
② 저당권의 설정은 검인의 대상이 되지 않는다.
④ 부동산거래신고를 하여 신고필증을 교부받으면 검인은 의제되므로 소유권이전등기를 신청할 수 있다.
⑤ 검인권자는 진정성의 확인을 하지 않으며 형식적인 확인만 한다.

정답 ③

> 함정을 피하는 TIP
> - 검인대상, 검인내용에 관하여 학습하여야 한다.

단단하게 정리하는 핵심이론

1 검인제도

(1) 검인계약서

매매계약서 등에 대하여 시·군·구청장 또는 시·군·구청장으로부터 위임을 받은 자로부터 검인을 받은 계약서를 말한다.

(2) 검인제도

계약을 원인으로 토지 및 건물에 대한 소유권이전등기(본등기를 말함)를 신청하는 때에 검인계약서를 관할 등기소에 제출하도록 하는 제도를 말한다.

(3) 검인대상 여부

검인이 필요한 경우	검인이 필요하지 않은 경우
① 교환 및 증여계약서	① 입목·광업재단·공장재단
② 신탁계약서 및 신탁해지약정서	② 소유권 외의 권리이전(임대차·지상권·저당권 등)
③ 공유물분할약정서	③ 가등기를 하는 경우
④ 양도담보계약서	④ 법률규정에 의한 물권변동(상속·경매·압류공매 등)
⑤ 이행판결서 및 조서	⑤ 당사자 중 1인이 국가나 지방자치단체인 경우
⑥ 상가분양권 매매계약서	⑥ 검인을 받은 것으로 보는 경우 　㉠ 토지거래허가증을 교부받은 경우 　㉡ 부동산거래신고필증을 교부받은 경우

(4) 검인신청 관할 – 부동산 소재지 시·군·구청장 또는 그 위임을 받은 자

① 시·군·구청장이 읍·면·동장에게 위임한 경우에는 지체 없이 등기소장에 위임사실을 통지하여야 한다.
② 부동산이 둘 이상의 시·군·구에 있는 경우에는 그중 1개의 시·군·구청장에게 검인을 신청할 수 있다.

(5) 검인신청인

당사자 중 1인, 그 위임을 받은 자, 개업공인중개사, 법무사, 변호사가 신청할 수 있다.

(6) 검인을 받기 위하여 계약서 등에 기재되어야 할 필요적 기재사항

> ① 당사자
> ② 목적부동산
> ③ 계약연월일
> ④ 거래대금 및 그 지급일자, 평가액, 차액 및 그 정산에 관한 사항
> ⑤ 개업공인중개사가 있을 때는 개업공인중개사
> ⑥ 계약의 조건이나 기한이 있을 때는 그 조건 또는 기한

(7) 검인절차

① 제출서류: 계약서의 원본 또는 판결서 등의 정본을 제출하여야 한다.
  ⚠ 부동산이 둘 이상의 시·군·구에 나누어져 있는 경우 그중 하나의 시·군·구청장에게 검인을 신청하는 경우에는 시·군·구 숫자에 1을 더한 통수의 사본을 제출하여야 한다.
② 검인권자: 형식적 요건을 심사(실질적 내용을 심사 ×)한 후 검인을 날인하여 지체 없이 계약서 원본을 교부하여야 한다.
③ 검인관청은 사본 1통은 보관, 1통은 부동산 소재지 관할 세무서장에게 송부하여야 한다.

(8) 전매 시 검인신청

매수인이 다시 제3자와 소유권이전내용의 계약을 체결하고자 하는 때에는 먼저 체결된 계약서에 검인을 받아야 한다.

2 벌칙

(1) 조세포탈 등 목적으로 미등기전매를 한 경우

3년 이하의 징역 또는 1억원 이하의 벌금에 처한다.

(2) 조세포탈 목적은 없으나 검인받지 않고 미등기전매를 한 경우

1년 이하의 징역 또는 3천만원 이하의 벌금에 처한다.

기본문제와 완성문제로 단단기출

01 개업공인중개사가 중개한 계약 중 「부동산등기 특별조치법」에 따른 검인을 받아야 하는 것은?

기본 기출

제18회

① 지상권설정계약서
② 증여계약서
③ 임대차계약서
④ 전세권설정계약서
⑤ 저당권설정계약서

키워드 > 검인대상

난이도 >

해설 > 계약을 원인으로 소유권이전등기를 신청할 때 검인을 받는다(부동산등기 특별조치법 제3조 제1항 참조). 따라서 임대차계약이나 지상권·저당권·전세권설정계약 등은 '소유권이전'과 관계없는 계약이므로 검인 대상이 아니다.

정답 01 ②

THEME 35 부동산 실권리자명의 등기에 관한 법률

| THEME 키워드 |
「부동산 실권리자명의 등기에 관한 법률」, 등기명의신탁, 계약명의신탁, 명의신탁약정

기출분석
- 기출회차: 제27회
- 키워드: 등기명의신탁
- 난이도:

기본으로 알아야 하는 대표기출

甲은 乙과 乙 소유 부동산의 매매계약을 체결하면서 세금을 줄이기 위해 甲과 丙 간의 명의신탁약정에 따라 丙 명의로 소유권이전등기를 하기로 하였다. 丙에게 이전등기가 이루어질 경우에 대하여 개업공인중개사가 甲과 乙에게 설명한 내용으로 옳은 것은? (다툼이 있으면 판례에 따름)

① 계약명의신탁에 해당한다.
② 丙 명의의 등기는 유효하다.
③ 丙 명의로 등기가 이루어지면 소유권은 甲에게 귀속된다.
④ 甲은 매매계약에 기하여 乙에게 소유권이전등기를 청구할 수 있다.
⑤ 丙이 소유권을 취득하고 甲은 丙에게 대금 상당의 부당이득반환청구권을 행사할 수 있다.

해설
④ 丙으로의 소유권이전등기는 무효이며, 신탁자 甲은 원소유자 乙을 대위하여 수탁자 丙 명의의 이전등기의 말소를 청구한 후 원소유자 乙을 상대로 매매계약에 기한 소유권이전등기를 청구할 수 있다.
① 3자간 등기명의신탁에 해당한다.
② 丙 명의의 등기는 무효이다.
③ 丙 명의로 등기가 이루어지더라도 소유권은 乙에게 남아 있다.
⑤ 소유권은 원소유자인 乙에게 귀속하고 丙이 명의신탁된 부동산을 취득한 사실이 없으므로, 甲은 丙에게 대금 상당의 부당이득반환청구권을 행사할 수 없다.

정답 ④

함정을 피하는 TIP
- 「부동산 실권리자명의 등기에 관한 법률」에 관하여 학습하여야 한다.

단단하게 정리하는 핵심이론

1 용어의 정의

(1) 명의신탁자

명의신탁약정에 의하여 자신의 부동산에 관한 물권(가등기를 포함)을 타인의 명의로 등기하게 하는 실권리자를 말한다.

(2) 명의수탁자

명의신탁약정에 의하여 실권리자의 부동산에 관한 물권을 자신의 명의로 등기하는 자를 말한다.

(3) 명의신탁약정

① 의의: 부동산에 관한 소유권 기타 물권을 보유한 자 또는 사실상 취득하거나 취득하려고 하는 자가 타인과의 사이에서 대내적으로는 실권리자(신탁자)가 부동산에 관한 물권을 보유하거나 보유하기로 하고 그에 관한 등기는 그 타인(수탁자)의 명의로 하기로 하는 약정을 말한다.
② 약정의 효력: 명의신탁의 약정은 예외 없이 무효이다.
③ 등기의 효력: 명의신탁에 따라 행하여진 등기는 무효이고, 이에 따른 부동산에 관한 물권변동(등기)도 무효이다. 이 경우 명의수탁자의 점유는 타주점유이므로 등기취득시효의 대상이 될 수 없으며, 상속의 대상도 될 수 없다.
  ⚠ 부동산에 관한 물권을 취득하기 위한 계약에서 명의수탁자가 그 일방 당사자가 되고 그 타방 당사자(매도인)는 명의신탁의 사실을 알지 못한 경우(계약명의신탁의 경우)에는 명의신탁의 약정은 무효이지만, 그 등기 및 물권변동은 유효이다.

2 명의신탁의 유형

(1) 2자 간 명의신탁

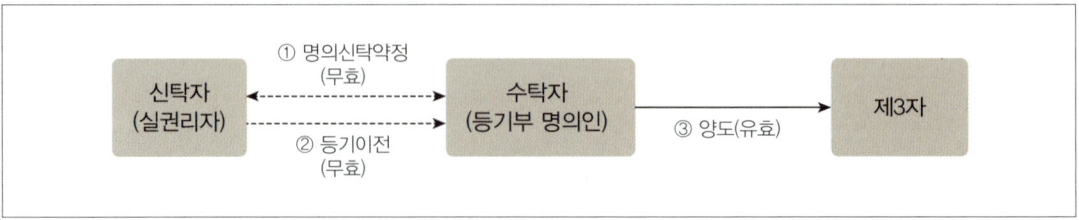

① 신탁자와 수탁자 사이의 명의신탁약정은 무효이므로 수탁자로의 등기이전도 무효이고, 소유권은 신탁자에게 귀속한다.
② 신탁자는 수탁자에게 소유권이전등기의 말소를 요구할 수 있고, 이를 거부하면 신탁자는 수탁자를 상대로 소유권이전등기 말소청구소송을 제기할 수 있다.

③ 만일 명의수탁자가 제3자에게 권리를 양도한 경우 제3자는 선의·악의를 불문하고 유효하게 권리를 취득할 수 있다.

④ 위 ③의 경우 신탁자는 수탁자에 대해 민사상으로는 부당이득금반환청구권을 행사할 수 있다. 판례에 의하면, 횡령죄는 성립하지 않는다(대판 전합체 2021.2.18, 2016도18761).

(2) 3자 간 등기명의신탁(중간생략형 명의신탁)
> 명의신탁자가 원소유자(매도인)로부터 부동산을 매수하면서 명의신탁약정에 기초하여 명의수탁자의 명의를 빌어 이전등기를 하는 형태

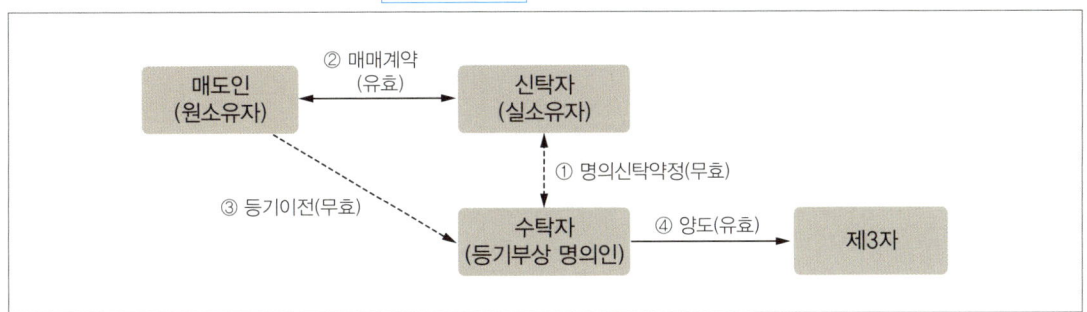

① 신탁자와 수탁자 간의 명의신탁약정 및 수탁자로의 소유권이전등기는 무효이다. 따라서 소유권은 원소유자인 매도인에 귀속한다.

② 매매계약은 유효하므로 신탁자는 매도인을 대위하여 수탁자로 이전된 등기의 말소를 주장할 수 있다. 또한 동시에 매도인에게 소유권을 신탁자에게 이전하도록 요구할 수 있다.

③ 수탁자가 제3자에게 해당 부동산을 처분한 경우 제3자는 선의·악의를 불문하고 권리를 취득할 수 있다.

④ 위 ③의 경우 신탁자는 수탁자에 대해 부당이득금반환청구권을 행사할 수 있지만, 수탁자에게 횡령죄를 물을 수 없다.

⚠ 그러나 제3자가 수탁자의 배임행위에 적극 가담함으로써 반사회적 법률행위에 해당하는 경우 수탁자와 제3자 간의 매매계약은 무효이고, 제2매매계약을 원인으로 제3자 앞으로 경료된 소유권이전등기는 무효이다.

(3) 계약명의신탁(위임형 명의신탁)
> 원소유자가 명의신탁자와 명의수탁자 간에 명의신탁약정이 있다는 사실을 모르고 매매자금을 제공받은 명의수탁자와 직접 매매계약 등을 체결하여 명의수탁자에게 등기를 이전하여 주는 형태

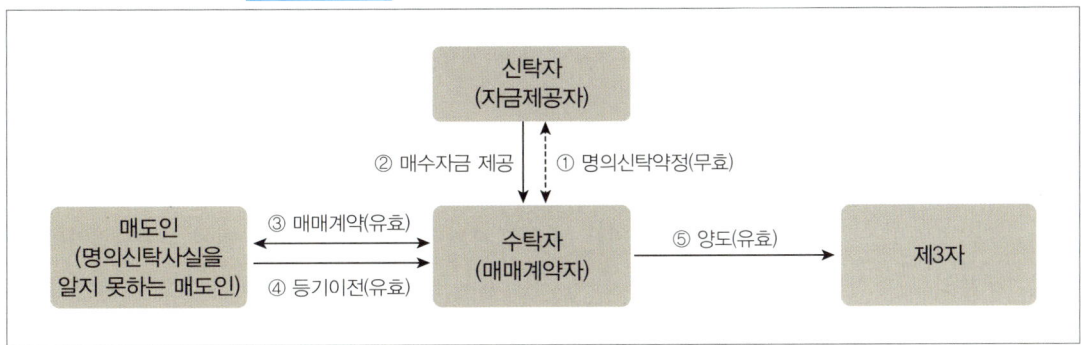

① 신탁자와 수탁자 간의 명의신탁약정은 무효이다.

② 그러나 수탁자로의 등기이전은 유효하므로 소유권을 취득하게 된다.

③ 수탁자가 제3자에게 해당 부동산을 매각한 경우 제3자는 선의·악의를 불문하고 소유권을 취득한다.

④ 앞의 ③의 경우 신탁자는 수탁자에 대해 부당이득금반환청구권을 행사할 수 있으나, 수탁자에게 횡령죄를 물을 수 없다.

⚠️ 계약명의신탁이라 하더라도 매도인이 명의신탁의 사실을 알고 있는 경우에는 매도인과 수탁자와의 매매계약은 무효이고, 수탁자로의 이전등기도 무효이다.

3 명의신탁이 아닌 경우

① 양도담보·가등기담보
② 상호명의신탁등기(구분소유적 공유등기)
③ 「신탁법」 또는 「자본시장과 금융투자업에 관한 법률」에 따른 신탁재산등기

4 명의신탁의 특례

다음에 해당하는 경우로서 조세포탈, 강제집행의 면탈 또는 법령상 제한의 회피를 목적으로 하지 아니하는 경우에는 이 법 규정(명의신탁약정의 무효, 수탁자로의 등기무효, 처벌규정)을 적용하지 아니한다.

① 종중이 보유한 부동산에 관한 물권을 종중 외의 자의 명의로 등기한 경우
② 배우자 명의로 부동산에 관한 물권을 등기한 경우(사실혼 배우자는 포함 ×)
③ 종교단체의 명의로 그 산하조직이 보유한 부동산에 관한 물권을 등기한 경우

5 위반자에 대한 제재

(1) 명의신탁자

① 5년 이하의 징역 또는 2억원 이하의 벌금
② 과징금: 위법한 명의신탁약정을 한 신탁자는 해당 부동산 가액의 100분의 30에 해당하는 금액의 범위에서 과징금을 부과한다.
③ 이행강제금
  ㉠ 과징금을 부과받은 신탁자는 지체 없이 해당 부동산에 관한 물권을 자신의 명의로 등기해야 한다.
  ㉡ 실명등기를 이행하지 아니한 신탁자는 과징금 부과일부터 1년이 지난 때에 부동산평가액의 100분의 10에 해당하는 금액을, 다시 1년이 지난 때에 부동산평가액의 100분의 20에 해당하는 금액을 각각 이행강제금으로 부과한다.

(2) 명의수탁자

3년 이하의 징역 또는 1억원 이하의 벌금

기본문제와 완성문제로 단단기출

01 2023.10.7. 甲은 친구 乙과 X부동산에 대하여 乙을 명의수탁자로 하는 명의신탁약정을 체결하였다. 개업공인중개사가 이에 관하여 설명한 내용으로 옳은 것을 모두 고른 것은? (다툼이 있으면 판례에 따름) 제34회

> ㉠ 甲과 乙 사이의 명의신탁약정은 무효이다.
> ㉡ X부동산의 소유자가 甲이라면, 명의신탁약정에 기하여 甲에서 乙로 소유권이전등기가 마쳐졌다는 이유만으로 당연히 불법원인급여에 해당한다고 볼 수 없다.
> ㉢ X부동산의 소유자가 丙이고 계약명의신탁이라면, 丙이 그 약정을 알았더라도 丙으로부터 소유권이전등기를 마친 乙은 유효하게 소유권을 취득한다.

① ㉠
② ㉡
③ ㉢
④ ㉠, ㉡
⑤ ㉠, ㉡, ㉢

키워드 명의신탁약정

난이도

해설 ㉡ X부동산의 소유자가 甲이라면, 명의신탁약정에 기하여 甲에서 乙로 소유권이전등기가 마쳐졌다는 이유만으로 당연히 불법원인급여에 해당한다고 볼 수 없다(대판 전합체 2019.6.20, 2013다218156).
㉢ X부동산의 소유자가 丙이고 계약명의신탁이라면, 丙이 그 약정을 안 경우 丙으로부터 소유권이전등기를 마친 乙은 유효하게 소유권을 취득하지 못하며, 소유권이전등기의 효력은 무효이다.

정답 01 ④

02 개업공인중개사가 중개의뢰인에게「부동산 실권리자명의 등기에 관한 법률」의 내용에 관하여 설명한 것으로 옳은 것을 모두 고른 것은? (다툼이 있으면 판례에 따름) 제33회

> ㉠ 부동산의 위치와 면적을 특정하여 2인 이상이 구분소유하기로 하는 약정을 하고 그 구분소유자의 공유로 등기한 경우, 그 등기는「부동산 실권리자명의 등기에 관한 법률」위반으로 무효이다.
> ㉡ 배우자 명의로 부동산에 관한 물권을 등기한 경우 조세포탈, 강제집행의 면탈 또는 법령상 제한의 회피를 목적으로 하지 아니하는 경우 그 등기는 유효하다.
> ㉢ 명의신탁자가 계약의 당사자가 되는 3자간 등기명의신탁이 무효인 경우 명의신탁자는 매도인을 대위하여 명의수탁자 명의의 등기의 말소를 청구할 수 있다.

① ㉠
② ㉡
③ ㉠, ㉢
④ ㉡, ㉢
⑤ ㉠, ㉡, ㉢

키워드「부동산 실권리자명의 등기에 관한 법률」

난이도

해설 ㉠ 부동산의 위치와 면적을 특정하여 2인 이상이 구분소유하기로 하는 약정을 하고 그 구분소유자의 공유로 등기하는 이른바 상호명의신탁은「부동산 실권리자명의 등기에 관한 법률」상의 명의신탁약정에 해당하지 않는다. 따라서 그 등기는「부동산 실권리자명의 등기에 관한 법률」위반이 아니므로 유효하다.

03 2020.10.1. 甲과 乙은 甲 소유의 X토지에 관해 매매계약을 체결하였다. 乙과 丙은「농지법」상 농지소유제한을 회피할 목적으로 명의신탁약정을 하였다. 그 후 甲은 乙의 요구에 따라 丙 명의로 소유권이전등기를 마쳐주었다. 그 사정을 아는 개업공인중개사가 X토지의 매수의뢰인에게 설명한 내용으로 옳은 것을 모두 고른 것은? (다툼이 있으면 판례에 따름) 제32회

> ㉠ 甲이 丙 명의로 마쳐준 소유권이전등기는 유효하다.
> ㉡ 乙은 丙을 상대로 매매대금 상당의 부당이득반환청구권을 행사할 수 있다.
> ㉢ 乙은 甲을 대위하여 丙 명의의 소유권이전등기의 말소를 청구할 수 있다.

① ㉠
② ㉡
③ ㉢
④ ㉠, ㉡
⑤ ㉡, ㉢

키워드 등기명의신탁

난이도

해설 ㉠ 3자 간 등기명의신탁(중간생략형 명의신탁)이므로, 甲이 丙 명의로 마쳐준 소유권이전등기는 무효이다.
㉡ 명의신탁자 乙은 매도인 甲에 대한 소유권이전등기청구권을 보유하고 있으므로 손해가 발생하지 않는다. 따라서 매매대금 상당의 부당이득반환청구권을 행사할 수 없다.

정답 02 ④ 03 ③

04 A주식회사는 공장부지를 확보하기 위하여 그 직원 甲과 명의신탁약정을 맺고, 甲은 2020.6.19. 개업공인중개사 乙의 중개로 丙 소유 X토지를 매수하여 2020.8.20. 甲 명의로 등기하였다. 이에 관한 설명으로 틀린 것은? (다툼이 있으면 판례에 따름) 제31회

① A와 甲 사이의 명의신탁약정은 丙의 선의·악의를 묻지 아니하고 무효이다.
② 丙이 甲에게 소유권이전등기를 할 때 비로소 A와 甲 사이의 명의신탁약정 사실을 알게 된 경우 X토지의 소유자는 丙이다.
③ A는 甲에게 X토지의 소유권이전등기를 청구할 수 없다.
④ 甲이 X토지를 丁에게 처분하고 소유권이전등기를 한 경우 丁은 유효하게 소유권을 취득한다.
⑤ A와 甲의 명의신탁약정을 丙이 알지 못한 경우, 甲은 X토지의 소유권을 취득한다.

| 키워드 | 계약명의신탁 |

| 난이도 |

| 해설 | 丙이 甲에게 소유권이전등기를 할 때 비로소 A와 甲 사이의 명의신탁약정 사실을 알게 된 경우라면 X토지의 소유자는 甲이다. 이유는 丙은 A와 甲 사이의 명의신탁약정이 있다는 사실을 모르고 계약을 체결한 것이 되기 때문이다. 甲과 거래계약을 체결하는 당시에 A와 甲 사이의 명의신탁약정 사실을 모르고 계약한 경우이므로 등기이전의 효과는 유효이며, 이 경우 X토지의 소유자는 甲이 된다.

정답 04 ②

05 甲은 乙과 乙 소유의 X부동산의 매매계약을 체결하고, 친구 丙과의 명의신탁약정에 따라 乙로부터 바로 丙 명의로 소유권이전등기를 하였다. 이와 관련하여 개업공인중개사가 甲과 丙에게 설명한 내용으로 옳은 것을 모두 고른 것은? (다툼이 있으면 판례에 따름) 제30회

> ㉠ 甲과 丙 간의 약정이 조세포탈, 강제집행의 면탈 또는 법령상 제한의 회피를 목적으로 하지 않은 경우 명의신탁약정 및 그 등기는 유효하다.
> ㉡ 丙이 X부동산을 제3자에게 처분한 경우 丙은 甲과의 관계에서 횡령죄가 성립하지 않는다.
> ㉢ 甲과 乙 사이에 매매계약은 유효하므로 甲은 乙을 상대로 소유권이전등기를 청구할 수 있다.
> ㉣ 丙이 소유권을 취득하고 甲은 丙에게 대금 상당의 부당이득반환청구권을 행사할 수 있다.

① ㉠, ㉢
② ㉠, ㉣
③ ㉡, ㉢
④ ㉠, ㉡, ㉣
⑤ ㉡, ㉢, ㉣

키워드 등기명의신탁

난이도

해설 ㉠ 조세포탈, 강제집행의 면탈 또는 법령상 제한의 회피를 목적으로 하지 않는 경우 명의신탁의 효력이 인정되고, 그 등기이전도 유효가 되는 경우는 다음의 경우이다.
1. 종중이 보유한 부동산에 관한 물권을 종중(종중과 그 대표자를 같이 표시하여 등기한 경우를 포함) 외의 자의 명의로 등기한 경우
2. 배우자 명의로 부동산에 관한 물권을 등기한 경우
3. 종교단체의 명의로 그 산하조직이 보유한 부동산에 관한 물권을 등기한 경우
甲과 乙은 위 세 가지 내용에 해당하지 않으므로 명의신탁약정 및 그 등기는 무효이다.
㉣ 명의신탁약정 및 수탁자로의 소유권이전등기는 무효이므로 소유권은 원소유자인 乙에게 귀속된다. 그러므로 丙은 소유권을 취득하지 못한다. 이 경우 甲은 손해가 발생하지 않았으므로 丙에게 부당이득반환청구권을 행사할 수 없다.

정답 05 ③

THEME 36 주택임대차보호법

| THEME 키워드 |
「주택임대차보호법」

기본으로 알아야 하는 대표기출

> **기출분석**
> - 기출회차: 제34회
> - 키워드: 「주택임대차보호법」
> - 난이도: ■■□

개업공인중개사가 「주택임대차보호법」의 적용에 관하여 설명한 내용으로 틀린 것을 모두 고른 것은? (다툼이 있으면 판례에 따름)

> ㉠ 주택의 미등기 전세계약에 관하여는 「주택임대차보호법」을 준용한다.
> ㉡ 주거용 건물에 해당하는지 여부는 임대차목적물의 공부상의 표시만을 기준으로 정하여야 한다.
> ㉢ 임차권등기 없이 우선변제청구권이 인정되는 소액임차인의 소액보증금반환채권은 배당요구가 필요한 배당요구채권에 해당하지 않는다.

① ㉠
② ㉡
③ ㉠, ㉢
④ ㉡, ㉢
⑤ ㉠, ㉡, ㉢

해설

㉡ 「주택임대차보호법」 제2조 소정의 주거용 건물에 해당하는지 여부는 임대차목적물의 공부상의 표시만을 기준으로 할 것이 아니라 그 실지용도에 따라서 정하여야 하고 건물의 일부가 임대차의 목적이 되어 주거용과 비주거용으로 겸용되는 경우에는 구체적인 경우에 따라 그 임대차의 목적, 전체 건물과 임대차목적물의 구조와 형태 및 임차인의 임대차목적물의 이용관계 그리고 임차인이 그곳에서 일상생활을 영위하는지 여부 등을 아울러 고려하여 합목적적으로 결정하여야 한다(대판 1996.3.12. 95다51953).
㉢ 임차권등기 없이 우선변제청구권이 인정되는 소액임차인의 소액보증금반환채권은 배당요구가 필요한 배당요구채권에 해당한다.

정답 ④

> **함정을 피하는 TIP**
> - 「주택임대차보호법」에 관하여 학습하여야 한다.

단단하게 정리하는 핵심이론

1 대항력

(1) 주택임차권의 대항력

주택의 점유와 주민등록은 대항력의 취득요건이자 동시에 존속요건이 된다. 따라서 임차인은 대항력을 계속 유지하려면 그 주택에 계속 주거하고 주민등록도 계속 유지하여야 한다. 만일 임차인이 어떤 사정으로 주민등록을 일시 다른 곳으로 옮기면 재전입신고를 한 날짜에 대항력을 가지게 된다.

(2) 주택임대인의 지위 승계

임차주택의 양수인(기타 임대할 권리를 승계한 자를 포함)은 임대인의 지위를 승계한 것으로 본다.

2 주택임차권등기명령

(1) 신청

임대차가 종료한 후에도 임차인이 보증금을 반환받을 때까지는 임대차관계는 존속하는 것으로 본다. 임대차가 종료된 후 보증금을 반환받지 못한 임차인이 법원에 임차권등기명령을 신청하여 임차권등기가 경료되면 등기와 동시에 대항력 또는 우선변제권을 취득하도록 하고, 만일 임차인이 이미 대항력과 우선변제권을 취득한 경우에는 종전의 대항력과 우선변제권을 유지하며, 임차권등기 이후에는 주택의 점유와 주민등록의 요건을 갖추지 아니하더라도 임차인이 종전에 가지고 있던 대항력과 우선변제권이 유지되도록 함으로써 임차권등기의 효력을 강화하고 임차인이 자유롭게 주거를 이전할 수 있도록 한다.

(2) 효력

임차권등기명령의 집행에 의한 임차권등기가 경료된 주택(임대차의 목적이 주택의 일부분인 경우에는 해당 부분에 한함)을 그 이후에 임차한 임차인은 법 제8조의 규정에 의한 우선변제(최우선변제)를 받을 권리가 없다.

3 임대인의 정보제시의무

임대차계약을 체결할 때 임대인은 다음의 사항을 임차인에게 제시하여야 한다.
① 해당 주택의 확정일자 부여일, 차임 및 보증금 등 정보. 다만, 임대인이 임대차계약을 체결하기 전에 확정일자부여기관에 임차인의 정보제공요청에 동의함으로써 이를 갈음할 수 있다.
② 「국세징수법」에 따른 납세증명서 및 「지방세징수법」에 따른 납세증명서. 다만, 임대인이 임대차계약을 체결하기 전에 「국세징수법」에 따른 미납국세와 체납액의 열람 및 「지방세징수법」에 따른 미납지방세의 열람에 각각 동의함으로써 이를 갈음할 수 있다.

4 존속기간

(1) 최단기간
주택임대차 계약기간을 정하지 아니하거나 2년 미만으로 정한 임대차는 그 기간을 2년으로 본다(법 제4조 제1항).

(2) 경매에 의한 임차권 소멸
임차권은 임차주택에 대하여 「민사집행법」에 의한 경매가 행하여진 경우에는 그 임차주택의 경락에 의하여 소멸된다. 다만, 보증금이 전액 변제되지 아니한 대항력이 있는 임차권은 그러하지 아니하다.

(3) 계약의 갱신
① 약정에 의한 갱신: 주택임대차계약이 종료된 후에 합의에 의하여 갱신할 수 있다.

② 묵시적 갱신(법정갱신): 임대인이 임대차기간이 끝나기 6개월 전부터 2개월 전까지 임차인에 대하여 갱신거절의 통지 또는 조건을 변경하지 아니하면 갱신하지 아니한다는 뜻의 통지를 하지 아니한 경우에는 그 기간이 끝난 때에 전 임대차와 동일한 조건으로 다시 임대차한 것으로 본다. 임차인이 임대차기간이 끝나기 2개월 전까지 통지하지 아니한 경우에도 또한 같다. 이 경우 임대차기간은 2년으로 본다.

③ 계약갱신요구권
  ㉠ 임대인은 임차인이 임대차기간이 끝나기 6개월 전부터 2개월 전까지의 기간 이내에 계약갱신을 요구할 경우 정당한 사유 없이 거절하지 못한다. 다만, 다음의 어느 하나에 해당하는 경우에는 그러하지 아니하다.

  - 임차인이 2기의 차임액에 해당하는 금액에 이르도록 차임을 연체한 사실이 있는 경우
  - 임차인이 거짓이나 그 밖의 부정한 방법으로 임차한 경우
  - 서로 합의하여 임대인이 임차인에게 상당한 보상을 제공한 경우
  - 임차인이 임대인의 동의 없이 목적 주택의 전부 또는 일부를 전대(轉貸)한 경우
  - 임차인이 임차한 주택의 전부 또는 일부를 고의나 중대한 과실로 파손한 경우
  - 임차한 주택의 전부 또는 일부가 멸실되어 임대차의 목적을 달성하지 못할 경우
  - 임대인이 다음의 어느 하나에 해당하는 사유로 목적 주택의 전부 또는 대부분을 철거하거나 재건축하기 위하여 목적 주택의 점유를 회복할 필요가 있는 경우
    - 임대차계약 체결 당시 공사시기 및 소요기간 등을 포함한 철거 또는 재건축계획을 임차인에게 구체적으로 고지하고 그 계획에 따르는 경우
    - 건물이 노후·훼손 또는 일부 멸실되는 등 안전사고의 우려가 있는 경우
    - 다른 법령에 따라 철거 또는 재건축이 이루어지는 경우
  - 임대인(임대인의 직계존속·직계비속 포함)이 목적 주택에 실제 거주하려는 경우
  - 그 밖에 임차인이 임차인으로서의 의무를 현저히 위반하거나 임대차를 계속하기 어려운 중대한 사유가 있는 경우 등

  ㉡ 임차인은 ㉠에 따른 계약갱신요구권을 1회에 한하여 행사할 수 있다. 이 경우 갱신되는 임대차의 존속기간은 2년으로 본다.

ⓒ **갱신된 임대차의 효력**: 갱신되는 임대차는 전 임대차와 동일한 조건으로 다시 계약된 것으로 본다. 다만, 차임과 보증금은 약정한 차임이나 보증금의 20분의 1의 범위에서 증액이 가능하고, 제한 없이 감액할 수 있다.

ⓔ **갱신되는 임대차의 해지**: 계약이 갱신된 경우 임대차의 존속기간 2년의 규정에도 불구하고 임차인은 언제든지 임대인에게 계약해지(契約解止)를 통지할 수 있다. 갱신되는 임대차의 해지는 임대인이 그 통지를 받은 날부터 3개월이 지나면 그 효력이 발생한다.

ⓜ **손해의 배상**: 임대인(임대인의 직계존속·직계비속 포함)이 목적 주택에 실제 거주하려는 사유로 갱신을 거절하였음에도 불구하고 갱신요구가 거절되지 아니하였더라면 갱신되었을 기간이 만료되기 전에 정당한 사유 없이 제3자에게 목적 주택을 임대한 경우 임대인은 갱신거절로 인하여 임차인이 입은 손해를 배상하여야 한다.

ⓗ **손해배상액**: 거절 당시 당사자 간에 손해배상액의 예정에 관한 합의가 이루어지지 않는 한 다음의 금액 중 큰 금액으로 한다.

> - 갱신거절 당시 월차임(차임 외에 보증금이 있는 경우에는 그 보증금을 다음 중 낮은 비율에 따라 월 단위의 차임으로 전환한 금액을 포함하며, 이하 '환산월차임'이라 함)의 3개월분에 해당하는 금액
>   - 「은행법」에 따른 은행에서 적용하는 대출금리와 해당 지역의 경제 여건 등을 고려하여 대통령령으로 정하는 비율인 연 1할
>   - 한국은행에서 공시한 기준금리에 대통령령으로 정하는 이율인 연 2%를 더한 비율
> - 임대인이 제3자에게 임대하여 얻은 환산월차임과 갱신거절 당시 환산월차임 간 차액의 2년분에 해당하는 금액
> - 임대인(임대인의 직계존속·직계비속 포함)이 목적 주택에 실제 거주하려는 사유로 인한 갱신거절로 인하여 임차인이 입은 손해액

5 차임 등 증감청구권 및 월차임 전환 시 산정률의 제한

(1) 차임·보증금의 증감청구권

증액의 경우에는 대통령령이 정하는 기준에 따른 비율을 초과하지 못한다. 법 제7조의 규정에 의한 차임 또는 보증금(이하 '차임 등'이라 함)의 증액청구는 약정한 차임 등의 20분의 1의 금액을 초과하지 못한다. 다만, 지역별 여건을 고려하여 증액청구 상한을 조례로 달리 정할 수 있다. 또한 증액청구는 임대차계약 또는 약정한 차임 등의 증액이 있은 후 1년 이내에는 이를 하지 못한다.

(2) 월차임 전환 시 산정률의 제한

연 10%와 한국은행 공시 기준금리에 연 2%를 더한 비율 중 낮은 비율을 초과할 수 없다.

6 우선변제권

(1) 확정일자부 임차인의 우선변제권

① **특징**: 임대차계약증서상의 확정일자를 갖춘 임차인은「민사집행법」에 의한 경매 또는「국세징수법」에 의한 공매 시 임차주택(대지 포함)의 환가대금에서 후순위 권리자, 기타 채권자보다 우선하여 보증금을 변제받을 권리가 있다.

② 부여장소
  ㉠ 공증인 사무소나 법무법인 또는 공증인가 합동법률사무소 등 공증기관
  ㉡ 전국 지방법원 또는 지원의 등기소
  ㉢ 전국의 읍·면·동 주민센터

③ **효력**: 확정일자를 부여받았다 하여 주택임대차계약이라는 채권의 성질이 물권으로 변하는 것은 아니므로 임차인에게 '경매신청권' 또는 '전전세권' 등이 주어지는 것은 아니다.

(2) 보증금 중 일정액의 보호(소액임차인의 최우선변제권)

① **특징**: 최우선변제권이라 함은 대통령령이 정하는 소액보증금의 임차인이 경매신청등기 전에 대항요건을 갖춘 경우 부동산 경·공매 시 임차주택(대지 포함)의 환가대금에서 보증금 중 일정액에 대하여 후순위 담보권자, 일반채권권자뿐만 아니라 선순위 담보권자보다도 우선하여 변제받을 수 있는 권리를 말한다.

선순위 담보물권 설정등기일	지역	소액보증금 규모	최우선변제액
2023.2.21. ~ 현재	서울특별시	1억 6,500만원 이하	5,500만원까지
	과밀억제권역(서울 제외) 세종특별자치시, 용인시, 화성시 및 김포시	1억 4,500만원 이하	4,800만원까지
	광역시(과밀억제권역 제외, 군지역 제외), 안산시, 광주시, 파주시, 이천시 및 평택시	8,500만원 이하	2,800만원까지
	그 밖의 지역	7,500만원 이하	2,500만원까지

② **보증금 중 일정액의 범위와 기준**: 보증금 중 일정액을 다른 담보물권자보다 우선하여 변제받을 임차인 및 보증금 중 일정액의 범위와 기준은 주택가액(대지의 가액 포함)의 2분의 1을 넘지 못한다.

③ 임대차 정보 제공 등
  ㉠ 주택의 임대차에 이해관계가 있는 자는 확정일자 부여기관에 해당 주택의 확정일자 부여일, 차임 및 보증금 등 정보의 제공을 요청할 수 있다. 이 경우 요청을 받은 확정일자 부여기관은 정당한 사유 없이 이를 거부할 수 없다.

ⓒ 임대차계약을 체결하려는 자는 임대인의 동의를 받아 확정일자 부여기관에 정보제공을 요청할 수 있다.

> **핵심단단** 최우선변제권과 우선변제권 비교

최우선변제권	우선변제권
주택인도 + 주민등록(대항요건) ⇩ 다음 날 ⇩ 선순위보다 우선(보증금 중 일정액)	확정일자 ⇩ 즉시 ⇩ 후순위보다 우선

7 주택임차권의 승계

① 임차인이 상속인 없이 사망한 경우에는 그 주택에서 가정 공동생활을 하던 사실상의 혼인관계에 있는 자가 임차인의 권리와 의무를 승계한다.
② 임차인이 사망한 때에 사망 당시 상속인이 그 주택에서 가정공동생활을 하고 있지 아니한 때에는 그 주택에서 가정공동생활을 하던 사실상의 혼인관계에 있는 자와 2촌 이내의 친족이 공동으로 임차인의 권리와 의무를 승계한다.
③ ①과 ②의 경우 임차인이 사망한 후 1개월 이내에 임대인에게 승계대상자가 반대의사를 표시한 경우에는 그러하지 아니하다.

> **핵심단단** 주택임차권의 승계 내용

```
                    법정 상속인 ○
                        ⇩
1. 법정 상속인 ○ ⇨ ┌ 가정공동생활 ○ ⇨ 단독승계
                  └ 가정공동생활 × ⇨ 사실혼 배우자 + 2촌 이내 친족

                    사실혼 배우자 ○
                        ⇩
2. 법정 상속인 × ⇨ ┌ 가정공동생활 ○ ⇨ 단독승계
                  └ 가정공동생활 × ⇨ 국고
```

기본문제와 완성문제로 단단기출

01 개업공인중개사가 중개의뢰인에게 「주택임대차보호법」의 내용에 관하여 설명한 것으로 틀린 것은? (단, 임차인은 자연인임) 제33회

① 「주택임대차보호법」은 주거용 건물의 임대차에 적용되며, 그 임차주택의 일부가 주거 외의 목적으로 사용되는 경우에도 적용된다.
② 임차인의 계약갱신요구권의 행사를 통해 갱신되는 임대차의 존속기간은 2년으로 본다.
③ 임차인은 임차주택에 대한 경매신청의 등기 전에 대항요건을 갖추지 않은 경우에도 보증금 중 일정액에 대해서는 다른 담보물권자보다 우선하여 변제받을 권리가 있다.
④ 임차인이 대항력을 갖춘 경우 임차주택의 양수인은 임대인의 지위를 승계한 것으로 본다.
⑤ 임차권등기명령의 집행에 따른 임차권등기를 마친 임차인은 이후 대항요건을 상실하더라도 이미 취득한 대항력 또는 우선변제권을 상실하지 아니한다.

> 키워드 「주택임대차보호법」
>
> 난이도
>
> 해설 임차주택이 경매 또는 공매되었을 경우에 일정보증금액 이하에 해당하는 소액임차인이 경매신청기입등기 전까지 대항요건을 갖춘 경우, 그 소액임차인은 경락된 주택가액(대지가액 포함)의 2분의 1 범위 안에서 보증금 중 일정금액을 다른 선순위담보권자나 기타 권리자보다 우선하여 변제받을 권리가 있다.

정답 01 ③

02 기본 기출

개업공인중개사 甲의 중개로 乙과 丙은 丙 소유의 주택에 관하여 임대차계약(이하 '계약'이라 함)을 체결하려 한다. 「주택임대차보호법」의 적용에 관한 甲의 설명으로 틀린 것은? (임차인 乙은 자연인임)

제32회

① 乙과 丙이 임대차기간을 2년 미만으로 정한다면 乙은 그 임대차기간이 유효함을 주장할 수 없다.
② 계약이 묵시적으로 갱신되면 임대차의 존속기간은 2년으로 본다.
③ 계약이 묵시적으로 갱신되면 乙은 언제든지 丙에게 계약해지를 통지할 수 있고, 丙이 그 통지를 받은 날부터 3개월이 지나면 해지의 효력이 발생한다.
④ 乙이 丙에게 계약갱신요구권을 행사하여 계약이 갱신되면, 갱신되는 임대차의 존속기간은 2년으로 본다.
⑤ 乙이 丙에게 계약갱신요구권을 행사하여 계약이 갱신된 경우 乙은 언제든지 丙에게 계약해지를 통지할 수 있다.

키워드 「주택임대차보호법」

난이도

해설 주택임대차는 그 기간의 정함이 없거나 기간을 2년 미만으로 정한 임대차는 그 기간을 2년으로 본다. 다만, 임차인은 2년 미만으로 정한 기간의 유효함을 주장할 수 있다. 따라서 임차인 乙과 임대인 丙이 임대차기간을 2년 미만으로 정한다면 임차인 乙은 그 임대차기간이 유효함을 주장할 수 있다.

보충 임대인이 임차인의 계약갱신요구를 거절할 수 있는 경우
1. 임차인이 2기의 차임액에 해당하는 금액에 이르도록 차임을 연체한 사실이 있는 경우
2. 임차인이 거짓이나 그 밖의 부정한 방법으로 임차한 경우
3. 서로 합의하여 임대인이 임차인에게 상당한 보상을 제공한 경우
4. 임차인이 임대인의 동의 없이 목적 주택의 전부 또는 일부를 전대(轉貸)한 경우
5. 임차인이 임차한 주택의 전부 또는 일부를 고의나 중대한 과실로 파손한 경우
6. 임차한 주택의 전부 또는 일부가 멸실되어 임대차의 목적을 달성하지 못할 경우
7. 임대인이 다음의 어느 하나에 해당하는 사유로 목적 주택의 전부 또는 대부분을 철거하거나 재건축하기 위하여 목적 주택의 점유를 회복할 필요가 있는 경우
   (1) 임대차계약 체결 당시 공사시기 및 소요기간 등을 포함한 철거 또는 재건축계획을 임차인에게 구체적으로 고지하고 그 계획에 따르는 경우
   (2) 건물이 노후·훼손 또는 일부 멸실되는 등 안전사고의 우려가 있는 경우
   (3) 다른 법령에 따라 철거 또는 재건축이 이루어지는 경우
8. 임대인(임대인의 직계존속·직계비속 포함)이 목적 주택에 실제 거주하려는 경우
9. 그 밖에 임차인이 임차인으로서의 의무를 현저히 위반하거나 임대차를 계속하기 어려운 중대한 사유가 있는 경우

정답 02 ①

03 개업공인중개사 甲의 중개로 丙은 2018.10.17. 乙 소유의 용인시 소재 X주택에 대하여 보증금 5,000만원에 2년 기간으로 乙과 임대차계약을 체결하고, 계약 당일 주택의 인도와 주민등록 이전, 임대차계약증서상의 확정일자를 받았다. 丙이 임차권등기명령을 신청하는 경우 주택임대차보호법령의 적용에 관한 甲의 설명으로 옳은 것은? 제31회

① 丙은 임차권등기명령 신청서에 신청의 취지와 이유를 적어야 하지만, 임차권등기의 원인이 된 사실을 소명할 필요는 없다.
② 丙이 임차권등기와 관련하여 든 비용은 乙에게 청구할 수 있으나, 임차권등기명령 신청과 관련하여 든 비용은 乙에게 청구할 수 없다.
③ 임차권등기명령의 집행에 따른 임차권등기를 마치면 丙은 대항력을 유지하지만 우선변제권은 유지하지 못한다.
④ 임차권등기명령의 집행에 따른 임차권등기 후에 丙이 주민등록을 서울특별시로 이전한 경우 대항력을 상실한다.
⑤ 임차권등기명령의 집행에 따라 임차권등기가 끝난 X주택을 임차한 임차인 丁은 소액보증금에 관한 최우선변제를 받을 권리가 없다.

키워드 「주택임대차보호법」

난이도

해설 ① 丙은 임차권등기명령 신청서에 신청의 취지와 이유를 적어야 하며, 임차권등기의 원인이 된 사실을 소명하여야 한다.
② 丙은 임차권등기명령의 신청 및 그에 따른 임차권등기와 관련하여 소요된 비용을 乙에게 청구할 수 있다.
③ 임차권등기명령의 집행에 따른 임차권등기를 마치면 丙은 대항력과 우선변제권을 모두 유지한다.
④ 임차권등기명령의 집행에 따른 임차권등기 후에 丙이 주민등록을 서울특별시로 이전한 경우에도 대항력은 유지된다.

보충 임차권등기명령의 신청서에 기재되는 사항은 다음과 같다.
1. 신청의 취지 및 이유
2. 임대차의 목적인 주택(임대차의 목적이 주택의 일부분인 경우에는 해당 부분의 도면을 첨부함)
3. 임차권등기의 원인이 된 사실(임차인이 대항력을 취득하였거나 우선변제권을 취득한 경우에는 그 사실)
4. 그 밖에 대법원규칙으로 정하는 사항

정답 03 ⑤

04 甲 소유의 X주택에 대하여 임차인 乙이 주택의 인도를 받고 2019.6.3. 10:00에 확정일자를 받으면서 주민등록을 마쳤다. 그런데 甲의 채권자 丙이 같은 날 16:00에, 다른 채권자 丁은 다음 날 16:00에 X주택에 대해 근저당권설정등기를 마쳤다. 임차인 乙에게 개업공인중개사가 설명한 내용으로 옳은 것은? (다툼이 있으면 판례에 따름) 제30회

① 丁이 근저당권을 실행하여 X주택이 경매로 매각된 경우, 乙은 매수인에 대하여 임차권으로 대항할 수 있다.
② 丙 또는 丁 누구든 근저당권을 실행하여 X주택이 경매로 매각된 경우, 매각으로 인하여 乙의 임차권은 소멸한다.
③ 乙은 X주택의 경매 시 경매법원에 배당요구를 하면 丙과 丁보다 우선하여 보증금 전액을 배당받을 수 있다.
④ X주택이 경매로 매각된 후 乙이 우선변제권 행사로 보증금을 반환받기 위해서는 X주택을 먼저 법원에 인도하여야 한다.
⑤ X주택에 대해 乙이 집행권원을 얻어 강제경매를 신청하였더라도 우선변제권을 인정받기 위해서는 배당요구의 종기까지 별도로 배당요구를 하여야 한다.

> 키워드 「주택임대차보호법」
> 난이도
> 해설 ① 임차인 乙이 대항력을 가지는 날짜는 2019년 6월 4일 0시이다. 그러나 저당권자인 丙은 2019년 6월 3일에 설정되었으므로 임차인 乙보다 앞선다. 따라서 임차인 乙은 대항력이 없으므로 매수인에 대하여 임차권으로 대항할 수 없다.
> ③ 문제에서 임차보증금액이 주어지지 아니하였고 乙이 대항요건과 확정일자인을 갖추었으므로, 乙은 丁보다 우선하여 보증금 전액을 배당받을 수 있다.
> ④ X주택이 경매로 매각된 후 乙이 우선변제권 행사로 보증금을 반환받기 위해서는 X주택을 먼저 매수인에게 인도하여야 한다.
> ⑤ X주택에 대해 乙이 집행권원을 얻어 강제경매를 신청한 경우, 우선변제권을 인정받기 위해서는 배당요구를 하지 않아도 배당받을 채권자에 해당한다.

정답 04 ②

05 개업공인중개사가 중개의뢰인에게 「주택임대차보호법」을 설명한 내용으로 틀린 것은? 제29회

① 임차인이 임차주택에 대하여 보증금반환청구소송의 확정판결에 따라 경매를 신청하는 경우 반대의무의 이행이나 이행의 제공을 집행개시의 요건으로 하지 아니한다.
② 임차권등기명령의 집행에 따른 임차권등기가 끝난 주택을 그 이후에 임차한 임차인은 보증금 중 일정액을 다른 담보물권자보다 우선하여 변제받을 권리가 없다.
③ 임대차계약을 체결하려는 자는 임차인의 동의를 받아 확정일자부여기관에 해당 주택의 확정일자 부여일 정보의 제공을 요청할 수 있다.
④ 임차인이 상속인 없이 사망한 경우 그 주택에서 가정공동생활을 하던 사실상의 혼인관계에 있는 자가 임차인의 권리와 의무를 승계한다.
⑤ 주택의 등기를 하지 아니한 전세계약에 관하여는 「주택임대차보호법」을 준용한다.

키워드 「주택임대차보호법」

난이도

해설 임대차계약을 체결하려는 자는 임대인의 동의를 받아 확정일자부여기관에 해당 주택의 확정일자 부여일 정보의 제공을 요청할 수 있다.

정답 05 ③

THEME 37 상가건물 임대차보호법

| THEME 키워드 |
「상가건물 임대차보호법」

기출분석
- 기출회차: 제27회
- 키워드: 「상가건물 임대차보호법」
- 난이도: ■■■□□

기본으로 알아야 하는 대표기출

개업공인중개사가 보증금 5천만원, 월차임 1백만원으로 하여 「상가건물 임대차보호법」이 적용되는 상가건물의 임대차를 중개하면서 임차인에게 설명한 내용으로 옳은 것은?

① 임차인의 계약갱신요구권은 전체 임대차기간이 2년을 초과하지 아니하는 범위에서만 행사할 수 있다.
② 임대인의 차임증액청구가 인정되더라도 10만원까지만 인정된다.
③ 임차인의 차임연체액이 2백만원에 이르는 경우 임대인은 계약을 해지할 수 있다.
④ 상가건물이 서울특별시에 있을 경우 그 건물의 경매 시 임차인은 2천5백만원을 다른 담보권자보다 우선하여 변제받을 수 있다.
⑤ 임차인이 임대인의 동의 없이 건물의 전부를 전대한 경우 임대인은 임차인의 계약갱신요구를 거절할 수 있다.

해설
① 임차인의 계약갱신요구권은 전체 임대차기간이 10년을 초과하지 아니하는 범위에서만 행사할 수 있다.
② 증액의 경우에는 기존의 차임 또는 보증금의 100분의 5를 초과하여 차임 또는 보증금을 증액할 수 없다. 따라서 차임을 기준으로 5만원까지만 인정된다.
③ 임차인의 차임연체액이 3기에 달하는 때에 임대인은 계약을 해지할 수 있다. 따라서 차임연체액이 3백만원에 이르는 경우에 계약을 해지할 수 있다.
④ 보증금 5천만원, 월차임 1백만원을 환산하면 환산보증금은 1억 5천만원이다. 이 경우 상가건물이 서울특별시에 있을 경우 최우선변제대상은 6천5백만원 이하의 경우 2천2백만원까지 변제의 대상이 된다. 따라서 1억 5천만원은 6천5백만원을 넘어간 경우이므로 최우선변제의 대상이 되지 않는다.

정답 ⑤

함정을 피하는 TIP
- 「상가건물 임대차보호법」에 대하여 학습하여야 한다.

단단하게 정리하는 **핵심이론**

1 「상가건물 임대차보호법」의 적용범위

핵심단단 「상가건물 임대차보호법」의 적용범위

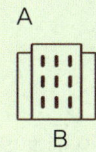

서울특별시 ⇨ 적용범위 ⇨ 9억원/6,500만원 ⇨ 2,200만원
⇩
환산보증금

(1) 적용대상 보증금액

지역	「상가건물 임대차보호법」 적용대상 보증금액
서울특별시	9억원 이하
과밀억제권역, 부산광역시	6억 9천만원 이하
광역시(세종, 파주, 화성, 안산, 용인, 김포, 광주)	5억 4천만원 이하
그 밖의 지역	3억 7천만원 이하

(2) 보증금액을 초과하는 임대차에도 적용되는 경우

(1)의 규정에도 불구하고 다음의 경우는 보증금을 초과하는 임대차에 대하여도 적용된다.

① 차임 및 보증금의 증감청구: 보증금을 초과하는 임대차는 5% 초과 금지규정이 적용되지 않는다.
② 권리금 보호규정: 3기에 달하는 차임 연체 시 계약해지가 가능하다. 보증금을 초과하는 임대차의 경우도 권리금 관련 규정은 적용된다.
③ 임차인의 계약갱신요구권: 보증금을 초과한 임대차의 경우도 10년을 넘지 않는 범위 내에서 인정된다.
④ 대항력: 양수인은 전 임대인의 지위를 승계한다.
⑤ 표준계약서 작성: 법무부장관은 국토교통부장관과 협의를 거쳐 상가건물 임대차 표준계약서를 정하여 그 사용을 권장할 수 있다.
⑥ 폐업으로 인한 임차인의 해지권(법 제11조의2)
 ㉠ 임차인은 「감염병의 예방 및 관리에 관한 법률」에 따른 집합제한 또는 금지조치(운영시간을 제한한 조치 포함)를 총 3개월 이상 받음으로써 발생한 경제사정의 변동으로 폐업한 경우에는 임대차계약을 해지할 수 있다.
 ㉡ ㉠에 따른 해지는 임대인이 계약해지의 통고를 받은 날부터 3개월이 지나면 효력이 발생한다.
⑦ 계약 갱신요구 등에 관한 임시특례(법 제10조의9): 임차인이 이 법 시행일부터 6개월까지의 기간 동안 연체한 차임액은 제10조 제1항 제1호, 제10조의4 제1항 단서 및 제10조의8의 적용에 있어서는 차임연체액으로 보지 아니한다. 이 경우 연체한 차임액에 대한 임대인의 그 밖의 권리는 영향을 받지 아니한다.

2 대항력

① 상가건물임대차는 그 등기가 없는 경우에 임차인이 건물의 인도와 「부가가치세법」, 「소득세법」 또는 「법인세법」의 규정에 의한 사업자등록을 신청한 때에는 그 다음 날부터 제3자에 대하여 효력이 생긴다.
② 임차건물의 양수인은 임대인의 지위를 승계한 것으로 본다.

3 존속기간

(1) 최단기간
상가건물임대차 계약기간을 정함이 없거나 기간을 1년 미만으로 정한 임대차는 그 기간을 1년으로 본다.

(2) 경매에 의한 임차권 소멸
임차권은 임차건물에 대하여 「민사집행법」에 의한 경매가 행하여진 경우에는 그 임차건물의 낙찰에 의하여 소멸된다. 다만, 보증금이 전액 변제되지 아니한 대항력 있는 임차권은 그러하지 아니하다.

(3) 계약의 갱신
① 약정에 의한 갱신
② 묵시적 갱신(상가는 임차인 법정갱신규정이 없음): 「상가건물 임대차보호법」은 「민법」의 임대차계약상의 묵시적 갱신에 대한 특칙을 두고 있다. 이는 영세상인의 경제활동에 안정을 꾀하기 위함이다. 즉, 임대인이 임대차기간이 만료되기 6개월 전부터 1개월 전까지 임차인에 대하여 갱신거절의 통지 또는 조건 통지를 하지 아니한 경우에는 그 기간이 만료된 때에 전 임대차와 동일한 조건으로 다시 임대차한 것으로 본다.
③ 임차인의 계약 갱신요구권
  ㉠ 임대인은 임차인이 임대차기간이 만료되기 6개월 전부터 1개월 전까지 사이에 행하는 계약 갱신을 요구할 경우 정당한 사유 없이 이를 거절하지 못한다. 다만, 다음의 경우에는 그러하지 아니하다.

> - 임차인이 3기의 차임액에 해당하는 금액에 이르도록 차임을 연체한 사실이 있는 경우
> - 임차인이 거짓이나 그 밖의 부정한 방법으로 임차한 경우
> - 서로 합의하여 임대인이 임차인에게 상당한 보상을 제공한 경우
> - 임차인이 임대인의 동의 없이 목적건물의 일부 또는 전부를 전대한 경우
> - 임차인이 임차한 건물의 전부 또는 일부를 고의나 중대한 과실로 파손한 경우
> - 임차한 건물의 전부 또는 일부가 멸실되어 임대차의 목적을 달성하지 못할 경우
> - 임대인이 다음의 어느 하나에 해당하는 사유로 목적 건물의 전부 또는 대부분을 철거하거나 재건축하기 위해 목적건물의 점유를 회복할 필요가 있는 경우
>   - 임대차계약 체결 당시 공사시기 및 소요기간 등을 포함한 철거 또는 재건축계획을 임차인에게 구체적으로 고지하고 그 계획에 따르는 경우
>   - 건물이 노후·훼손 또는 일부 멸실되는 등 안전사고의 우려가 있는 경우
>   - 다른 법령에 따라 철거 또는 재건축이 이루어지는 경우

ⓒ 임차인의 계약 갱신요구권은 최초의 임대차기간을 포함한 전체 임대차기간이 10년을 초과하지 않는 범위 내에서만 행사할 수 있다.
　　ⓒ 갱신되는 임대차는 전 임대차와 동일한 조건으로 다시 계약된 것으로 본다. 다만, 차임과 보증금은 제11조의 규정에 의한 범위 안에서 증감할 수 있다. 이 경우 감액에는 제한이 없지만 증액의 경우에는 청구 당시 차임 또는 보증금의 100분의 5의 금액을 초과하지 못한다.

4 차임 등의 증감청구권 및 월차임 전환 시 산정률의 제한

(1) 차임 · 보증금의 증감청구권

① 증액의 경우에는 청구 당시의 차임 또는 보증금의 100분의 5의 금액을 초과하지 못한다.
② 증액청구는 임대차계약 또는 약정한 차임 등의 증액이 있은 후 1년 이내에는 이를 하지 못한다.
③ 감액청구에 관하여는 100분의 5의 금액을 초과하지 못한다는 규정은 적용되지 않는다.

(2) 월차임 전환 시 산정률의 제한

연 12%와 한국은행 공시 기준금리에 4.5배수를 곱한 비율 중 낮은 비율을 초과할 수 없다.

5 우선변제권

① 대항요건을 갖추고 관할 세무서장으로부터 임대차계약서상의 확정일자를 받은 임차인은 경매 또는 공매 시 임차건물(임대인 소유의 대지 포함)의 환가대금에서 후순위권리자 그 밖의 채권자보다 우선하여 보증금을 변제받을 권리가 있다.
② 임차인이 임차건물에 대하여 보증금반환청구소송의 확정판결 그 밖에 이에 준하는 집행권원에 기한 경매를 신청하는 경우에는 반대의무의 이행이나 이행의 제공을 집행개시의 요건으로 하지 아니한다.
③ 임차인은 임차건물을 양수인에게 인도하지 않으면 우선변제권 행사에 따른 보증금을 수령할 수 없다.

6 보증금 중 일정액의 범위와 기준

(1) 최우선 변제범위

지역	보증금액	
	임차인범위 (환산보증금)	최우선 변제한도 (보증금)
서울특별시	6,500만원 이하	2,200만원까지
과밀억제권역(인천 포함)	5,500만원 이하	1,900만원까지
광역시, 안산시, 용인시, 김포시, 광주시	3,800만원 이하	1,300만원까지
그 밖의 지역	3,000만원 이하	1,000만원까지

(2) 임차인의 보증금 중 일정액이 상가건물 가액의 2분의 1을 초과하는 경우에는 상가건물의 가액의 2분의 1에 해당하는 금액에 한하여 우선변제권이 있다.

7 권리금 관련 규정

(1) 권리금 회수기회의 보호

① 임대인은 임대차기간이 끝나기 **6개월 전부터 임대차 종료 시까지** 다음의 어느 하나에 해당하는 행위를 함으로써 권리금 계약에 따라 임차인이 주선한 신규임차인이 되려는 자로부터 권리금을 지급받는 것을 방해하여서는 아니 된다.

> ㉠ 임차인이 주선한 신규임차인이 되려는 자에게 권리금을 요구하거나 임차인이 주선한 신규임차인이 되려는 자로부터 권리금을 수수하는 행위
> ㉡ 임차인이 주선한 신규임차인이 되려는 자로 하여금 임차인에게 권리금을 지급하지 못하게 하는 행위
> ㉢ 임차인이 주선한 신규임차인이 되려는 자에게 상가건물에 관한 조세, 공과금, 주변 상가건물의 차임 및 보증금, 그 밖의 부담에 따른 금액에 비추어 **현저히 고액의 차임과 보증금을 요구하는 행위**
> ㉣ 그 밖에 정당한 사유 없이 임대인이 임차인이 주선한 신규임차인이 되려는 자와 임대차계약의 체결을 거절하는 행위

핵심단단 기간 내용

1. 6개월~2개월 ⇨ 임대인의 해지통고, 임차인의 계약 갱신요구(주택임대차보호법)
2. 6개월~1개월 ⇨ 임대인의 해지통고, 임차인의 계약 갱신요구(상가건물 임대차보호법)
3. 6개월~종료 ⇨ 권리금 방해(상가건물 임대차보호법)

② 다음의 어느 하나에 해당하는 경우에는 위 ㉣의 정당한 사유가 있는 것으로 본다.

> ㉠ 임차인이 주선한 신규임차인이 되려는 자가 보증금 또는 차임을 지급할 자력이 없는 경우
> ㉡ 임차인이 주선한 신규임차인이 되려는 자가 임차인으로서의 의무를 위반할 우려가 있거나 그 밖에 임대차를 유지하기 어려운 상당한 사유가 있는 경우
> ㉢ 임대차 목적물인 상가건물을 1년 6개월 이상 영리목적으로 사용하지 아니한 경우
> ㉣ 임대인이 선택한 신규임차인이 임차인과 권리금 계약을 체결하고 그 권리금을 지급한 경우

> **판례**
>
> 임대인이 1년 6개월 이상 상가건물을 영리목적으로 사용하지 않을 것이라는 이유로 신규임차인과의 임대차계약 체결을 거절하였는데, 이후 그 상가건물을 제3자에게 매도한 사안에서, 소유권 변동과 무관하게 실제 1년 6개월 이상 영리목적으로 사용하지 않았다면 정당한 사유가 인정된다.
>
> 종전 소유자인 임대인이 임대차 종료 후 상가건물을 영리목적으로 사용하지 아니한 기간이 1년 6개월에 미치지 못하는 사이에 상가건물의 소유권이 변동되었더라도, 임대인이 상가건물을 영리목적으로 사용하지 않는 상태가 새로운 소유자의 소유기간에도 계속하여 그대로 유지될 것을 전제로 처분하고, 실제 새로운 소유자가 그 기간 중에 상가건물을 영리목적으로 사용하지 않으며, 임대인과 새로운 소유자의 비영리 사용기간을 합쳐서 1년 6개월 이상이 되는 경우라면, 임대인에게 임차인의 권리금을 가로챌 의도가 있었다고 보기 어려우므로, 그러한 임대인에 대하여는 위 조항에 의한 정당한 사유를 인정할 수 있다(대판 2022.1.14, 2021다272346).

(2) 손해배상책임

① 임대인이 권리금 관련 규정을 위반하여 임차인에게 손해를 발생하게 한 때에는 그 손해를 배상할 책임이 있다. 이 경우 그 손해배상액은 신규임차인이 임차인에게 지급하기로 한 권리금과 임대차 종료 당시의 권리금 중 낮은 금액을 넘지 못한다.

② 임대인에게 손해배상을 청구할 권리는 임대차가 종료한 날부터 **3년 이내**에 행사하지 아니하면 시효의 완성으로 소멸한다.

(3) 권리금 회수기회 보호규정의 적용 제외

다음의 어느 하나에 해당하는 상가건물 임대차의 경우에는 적용하지 아니한다.

> ① 임대차 목적물인 상가건물이 「유통산업발전법」 제2조에 따른 대규모점포 또는 준대규모점포의 일부인 경우(다만, 「전통시장 및 상점가 육성을 위한 특별법」 제2조 제1호에 따른 전통시장은 제외)
> ② 임대차 목적물인 상가건물이 「국유재산법」에 따른 국유재산 또는 「공유재산 및 물품 관리법」에 따른 공유재산인 경우

8 차임연체와 계약해지

임차인의 차임연체액이 3기의 차임액에 달하는 때에는 임대인은 계약을 해지할 수 있다.

9 폐업으로 인한 임차인의 해지권

① 임차인은 「감염병의 예방 및 관리에 관한 법률」에 따른 집합제한 또는 금지조치(운영시간을 제한한 조치 포함)를 총 **3개월** 이상 받음으로써 발생한 경제사정의 변동으로 폐업한 경우에는 임대차계약을 해지할 수 있다.

② ①에 따른 해지는 임대인이 계약해지의 통고를 받은 날부터 3개월이 지나면 효력이 발생한다.

기본문제와 완성문제로 **단단기출**

01 개업공인중개사가 중개의뢰인에게 「상가건물 임대차보호법」의 내용에 관하여 설명한 것으로 옳은 것을 모두 고른 것은?
_{기본 기출} 제33회

> ㉠ 대통령령으로 정하는 보증금액을 초과하는 임대차인 경우에도 「상가건물 임대차보호법」상 권리금에 관한 규정이 적용된다.
> ㉡ 임차인이 2기의 차임액에 해당하는 금액에 이르도록 차임을 연체한 사실이 있는 경우, 임대인은 임차인의 계약갱신요구를 거절할 수 있다.
> ㉢ 임대인의 동의를 받고 전대차계약을 체결한 전차인은 임차인의 계약갱신요구권 행사기간 이내에 임차인을 대위하여 임대인에게 계약갱신요구권을 행사할 수 있다.

① ㉠
② ㉡
③ ㉠, ㉢
④ ㉡, ㉢
⑤ ㉠, ㉡, ㉢

키워드 「상가건물 임대차보호법」

난이도

해설 ㉡ 임차인이 3기의 차임액에 해당하는 금액에 이르도록 차임을 연체한 사실이 있는 경우, 임대인은 임차인의 계약갱신요구를 거절할 수 있다.

보충 임대인은 다음의 경우에 임차인의 갱신요구를 거절할 수 있다.
1. 임차인이 3기의 차임액에 해당하는 금액에 이르도록 차임을 연체한 사실이 있는 경우
2. 임차인이 거짓이나 그 밖의 부정한 방법으로 임차한 경우
3. 서로 합의하여 임대인이 임차인에게 상당한 보상을 제공한 경우
4. 임차인이 임대인의 동의 없이 목적건물의 전부 또는 일부를 전대한 경우
5. 임차인이 임차한 건물의 전부 또는 일부를 고의 또는 중대한 과실로 파손한 경우
6. 임차한 건물의 전부 또는 일부가 멸실되어 임대차의 목적을 달성하지 못할 경우
7. 임대인이 다음의 어느 하나에 해당하는 사유로 목적건물의 전부 또는 대부분을 철거하거나 재건축하기 위해 목적건물의 점유회복이 필요한 경우
   (1) 임대차계약체결 당시 공사시기 및 소요기간 등을 포함한 철거 또는 재건축계획을 임차인에게 구체적으로 고지하고 그 계획에 따르는 경우
   (2) 건물이 노후·훼손 또는 일부 멸실되는 등 안전사고의 우려가 있는 경우
   (3) 다른 법령에 따라 철거 또는 재건축이 이루어지는 경우

정답 01 ③

02 개업공인중개사 甲의 중개로 乙은 丙 소유의 서울특별시 소재 X상가건물에 대하여 보증금 10억원에 1년 기간으로 丙과 임대차계약을 체결하였다. 乙은 X건물을 인도받아 2020.3.10. 사업자등록을 신청하였으며 2020.3.13. 임대차계약서상의 확정일자를 받았다. 이 사례에서 상가건물 임대차보호법령의 적용에 관한 甲의 설명으로 틀린 것은? 제31회

① 乙은 2020.3.11. 대항력을 취득한다.
② 乙은 2020.3.13. 보증금에 대한 우선변제권을 취득한다.
③ 丙은 乙이 임대차기간 만료되기 6개월 전부터 1개월 전까지 사이에 계약갱신을 요구할 경우, 정당한 사유 없이 거절하지 못한다.
④ 乙의 계약갱신요구권은 최초의 임대차기간을 포함한 전체 임대차기간이 10년을 초과하지 아니하는 범위에서만 행사할 수 있다.
⑤ 乙의 계약갱신요구권에 의하여 갱신되는 임대차는 전 임대차와 동일한 조건으로 다시 계약된 것으로 본다.

키워드 「상가건물 임대차보호법」

난이도

해설 서울특별시는 보증금액이 9억원 이하인 경우에 「상가건물 임대차보호법」이 적용되므로, 10억원인 X상가건물에 대해서는 「상가건물 임대차보호법」이 적용되지 않는다. 따라서 확정일자를 받은 경우라도 우선변제권은 취득하지 못한다.

보충 다음의 경우는 보증금(서울특별시의 경우 9억원)을 초과하는 임대차에 대하여도 적용된다.
1. 대항력 등(법 제3조)
2. 계약갱신의 특례(법 제10조의2)
3. 권리금 관련 규정(법 제10조의3~7)
4. 차임연체와 해지(법 제10조의8)
5. 계약 갱신요구 등에 관한 임시특례(법 제10조의9)
6. 표준계약서의 작성 등(법 제19조)
7. 계약 갱신요구 등(법 제10조)
8. 폐업으로 인한 임차인의 해지권(법 제11조의2)
   (1) 임차인은 「감염병의 예방 및 관리에 관한 법률」에 따른 집합 제한 또는 금지 조치(운영시간을 제한한 조치를 포함)를 총 3개월 이상 받음으로써 발생한 경제사정의 중대한 변동으로 폐업한 경우에는 임대차계약을 해지할 수 있다.
   (2) 위 (1)에 따른 해지는 임대인이 계약해지의 통고를 받은 날부터 3개월이 지나면 효력이 발생한다.

정답 02 ②

03 개업공인중개사가 선순위 저당권이 설정되어 있는 서울시 소재 상가건물(상가건물 임대차보호법이 적용됨)에 대해 임대차기간 2018.10.1.부터 1년, 보증금 5천만원, 월차임 100만원으로 임대차를 중개하면서 임대인 甲과 임차인 乙에게 설명한 내용으로 옳은 것은? 제30회

① 乙의 연체차임액이 200만원에 이르는 경우 甲은 계약을 해지할 수 있다.
② 차임 또는 보증금의 감액이 있은 후 1년 이내에는 다시 감액을 하지 못한다.
③ 甲이 2019.4.1.부터 2019.8.31. 사이에 乙에게 갱신거절 또는 조건 변경의 통지를 하지 않은 경우, 2019.10.1. 임대차계약이 해지된 것으로 본다.
④ 상가건물에 대한 경매개시 결정등기 전에 乙이 건물의 인도와 「부가가치세법」에 따른 사업자등록을 신청한 때에는, 보증금 5천만원을 선순위 저당권자보다 우선변제받을 수 있다.
⑤ 乙이 임대차의 등기 및 사업자등록을 마치지 못한 상태에서 2019.1.5. 甲이 상가건물을 丙에게 매도한 경우, 丙의 상가건물 인도청구에 대하여 乙은 대항할 수 없다.

키워드 「상가건물 임대차보호법」

해설 ① 乙의 연체차임액이 300만원에 이르는 경우 甲은 계약을 해지할 수 있다. 임차인의 연체차임액이 3기에 달하는 경우 임대인은 계약을 해지할 수 있으므로 200만원이 아닌 300만원이 되어야 한다.
② 차임 또는 보증금의 감액에는 동법상 제한이 없으므로 감액이 있은 후 1년 이내에 다시 감액할 수 있다.
③ 임대인이 임대차기간이 만료되기 6개월 전부터 1개월 전까지 임차인에 대하여 갱신거절의 통지 또는 조건 통지를 하지 아니한 경우에는 그 기간이 만료된 때에 전 임대차와 동일한 조건으로 다시 임대차한 것으로 본다.
④ 보증금 5천만원, 월차임 100만원이므로 이를 환산하면 환산보증금은 1억 5천만원이 된다. 따라서 임차인은 소액임차인이 되지 않으므로 선순위 저당권자보다 우선하여 변제받을 수 없다.

정답 03 ⑤

04 개업공인중개사가 중개의뢰인에게 상가건물 임대차계약에 관하여 설명한 내용으로 **틀린** 것은?

제29회

① 임차인은 임차권등기명령의 신청과 관련하여 든 비용을 임대인에게 청구할 수 없다.
② 임대차계약의 당사자가 아닌 이해관계인은 관할 세무서장에게 임대인·임차인의 인적사항이 기재된 서면의 열람을 요청할 수 없다.
③ 임대인의 동의를 받고 전대차계약을 체결한 전차인은 임차인의 계약갱신요구권 행사기간 이내에 임차인을 대위하여 임대인에게 계약갱신요구권을 행사할 수 있다.
④ 임대차는 그 등기가 없는 경우에도 임차인이 건물의 인도와 법령에 따른 사업자등록을 신청하면 그 다음 날부터 제3자에 대하여 효력이 생긴다.
⑤ 차임이 경제사정의 침체로 상당하지 않게 된 경우 당사자는 장래의 차임 감액을 청구할 수 있다.

키워드 「상가건물 임대차보호법」

난이도

해설 「상가건물 임대차보호법」에 의하면, 임차인은 임차권등기명령의 신청 및 그에 따른 임차권등기와 관련하여 든 비용을 임대인에게 청구할 수 있다.

정답 04 ①

05 甲과 乙은 2019.4.20. 서울특별시 소재 甲 소유 X상가건물에 대하여 보증금 5억원, 월차임 500만원으로 하는 임대차계약을 체결한 후, 乙은 X건물을 인도받고 사업자등록을 신청하였다. 이 사안에서 개업공인중개사가 「상가건물 임대차보호법」의 적용과 관련하여 설명한 내용으로 <u>틀린</u> 것을 모두 고른 것은? (일시사용을 위한 임대차계약은 고려하지 않음)   제28회 수정

> ㉠ 甲과 乙이 계약기간을 정하지 않은 경우 그 기간을 1년으로 본다.
> ㉡ 甲으로부터 X건물을 양수한 丙은 甲의 지위를 승계한 것으로 본다.
> ㉢ 乙의 차임연체액이 2기의 차임액에 달하는 경우 甲은 임대차계약을 해지할 수 있다.
> ㉣ 乙은 사업자등록 신청 후 X건물에 대하여 저당권을 취득한 丁보다 경매절차에서 우선하여 보증금을 변제받을 권리가 있다.

① ㉢
② ㉠, ㉣
③ ㉡, ㉢
④ ㉠, ㉢, ㉣
⑤ ㉡, ㉢, ㉣

키워드 「상가건물 임대차보호법」

난이도

해설
㉠ 최단존속기간의 규정은 적용되지 않는다.
㉢ 임차인의 차임연체액이 3기의 차임액에 달하는 때에는 임대인은 계약을 해지할 수 있다.
㉣ 환산보증금이 9억원을 넘어가는 경우이므로 우선변제적 효력은 인정되지 않는다.
㉡ 보증금액을 초과하더라도 동법 제3조 대항력규정은 적용되며, 동법 제3조 제2항에는 "임차건물의 양수인(그 밖에 임대할 권리를 승계한 자를 포함한다)은 임대인의 지위를 승계한 것으로 본다."라고 규정하고 있다. 따라서 옳은 지문이 된다.

보충 「상가건물 임대차보호법」에 의하면, 서울특별시 기준으로 환산보증금이 9억원을 넘어가면 동법을 적용하지 않는다. 그러나 다음의 경우는 예외적으로 적용된다.
1. 대항력 등(법 제3조) – 양수인의 임대인 지위 승계 포함
2. 계약갱신의 특례(법 제10조의2) – 100분의 5 초과하여 증액 청구 가능
3. 권리금 관련 규정(법 제10조의3~7)
4. 차임연체와 해지(법 제10조의8)
5. 계약 갱신요구 등에 관한 임시특례(법 제10조의9)
6. 표준계약서의 작성 등(법 제19조)
7. 계약 갱신요구 등(법 제10조)
8. 폐업으로 인한 임차인의 해지권(법 제11조의2)
    (1) 임차인은 「감염병의 예방 및 관리에 관한 법률」에 따른 집합 제한 또는 금지 조치(운영시간을 제한한 조치를 포함)를 총 3개월 이상 받음으로써 발생한 경제사정의 중대한 변동으로 폐업한 경우에는 임대차계약을 해지할 수 있다.
    (2) 위 (1)에 따른 해지는 임대인이 계약해지의 통고를 받은 날부터 3개월이 지나면 효력이 발생한다.
보증금 5억원, 월차임 500만원의 환산보증금은 10억원이다. 따라서 동법이 적용되지 않지만, 위에서 언급한 8가지 내용은 예외로 한다.

정답 05 ④

THEME 38 법원경매

| THEME 키워드 |
경매절차, 차순위 매수신고

기본으로 알아야 하는 대표기출

> 기출분석
> - 기출회차: 제27회
> - 키워드: 차순위 매수신고
> - 난이도: ■■□

다음 ( )에 들어갈 금액으로 옳은 것은?

> 법원에 매수신청대리인으로 등록된 개업공인중개사 甲은 乙로부터 매수신청대리의 위임을 받았다. 甲은 법원에서 정한 최저매각가격 2억원의 부동산입찰(보증금액은 최저매각가격의 10분의 1)에 참여하였다. 최고가매수신고인의 신고액이 2억 5천만원인 경우, 甲이 乙의 차순위 매수신고를 대리하려면 그 신고액이 ( )원을 넘어야 한다.

① 2천만
② 2억
③ 2억 2천만
④ 2억 2천5백만
⑤ 2억 3천만

| 해설 |
차순위 매수신고인의 경우 최고가매수신고가액에서 입찰보증금을 뺀 금액을 넘어야 한다. 따라서 2억 5천만원에서 2천만원을 뺀 금액, 즉 최소한 '2억 3천만'원은 넘어야 한다.

정답 ⑤

> 함정을 피하는 TIP
> - 경매절차와 차순위 매수신고인에 관하여 학습하여야 한다.

단단하게 정리하는 핵심이론

1 경매 및 권리분석

(1) 경매의 의의

경매는 채무자가 채무를 변제하지 않은 경우에 채권자의 신청에 의하여 채무자·물상보증인의 부동산을 강제적으로 매각하는 제도이다. 강제경매의 경우 미등기건물도 경매집행의 대상이 된다.

(2) 경매의 종류

① 강제경매: 집행권원(확정된 이행판결문 등)에 의하여 강제매각하는 절차이다.
② 임의경매(담보권 실행을 위한 경매): 저당권자·전세권자 등이 담보권에 의하여 실행하는 경매로서 그 실행에 집행권원을 요하지 않는다.

(3) 경매종류별 특징

강제경매	임의경매
경매신청 시 집행권원 필요	경매신청 시 담보물권 필요(집행권원 불요)
예견되지 않은 경매	예견된 경매
① 채무자의 일반재산에 대한 집행 ② 인적 책임의 성격	① 저당권 등이 설정된 특정재산에 대한 집행 ② 물적 책임의 성격
⚠ 예 임차인의 경매신청	⚠ 예 저당권자의 경매신청

(4) 경매진행방식

기일입찰, 기간입찰, 호가경매 3가지가 있으며, 이 3가지 방식 중에서 집행법원이 직권으로 그 방식을 정할 수 있다.

(5) 권리분석

① 권리분석의 의의: 경매가 종결되어 매수인이 매각의 목적인 권리(소유권 등)를 취득하는 경우 경매부동산에 설정되어 있는 권리들 중에서 인수할 권리가 있는지 또는 소멸되는 권리들은 어떤 것들이 있는지를 판별하는 것을 권리분석이라고 한다.
② 경매종결 시 무조건 매수인이 인수해야 하는 권리: 경매등기 전부터 설정된 유치권·분묘기지권·법정지상권 등이 있다.
③ 경매종결 시 무조건 소멸되는 권리: 저당권·근저당권·담보가등기·가압류등기·경매결정등기·압류등기 등이 있다.
⚠ '말소기준권리'란 경매종결 시 무조건 소멸되는 권리들 중에서 가장 먼저 설정된 권리를 말한다.

④ 권리분석하는 방법: 말소기준권리보다 먼저 설정된 권리들은 매수인이 인수하여야 하고, 말소기준권리 이후에 설정된 권리들은 말소기준권리와 함께 소멸한다. 다만, 경매등기 전에 설정된 유치권·법정지상권·분묘기지권은 무조건 매수인이 인수한다.

⑤ 소멸주의와 인수주의 비교

소멸주의	인수주의
저당권·근저당·압류·가압류·담보가등기 └ 말소기준권리, 경매개시결정등기보다 　앞·뒤 ⇨ 모두 소멸	유치권·법정지상권·분묘기지권 └ 말소기준권리보다 앞·뒤 ⇨ 모두 인수 　(단, 경매개시결정등기 후 유치권 ⇨ 소멸)
말소기준권리보다 앞서 설정된 전세권 중 배당 요구의 종기까지 배당요구를 한 전세권	보증금이 전액 변제되지 아니한 대항력 있는 임차인은 인수됨
말소기준권리보다 뒤에 설정된 용익물권 등 ㉠ 지상권 ㉡ 임차권 ㉢ 주택의 인도+전입 신고한 주택임차권 ㉣ 가등기, 가처분등기, 환매등기	말소기준권리보다 앞서 설정된 용익물권 등 좌동 (㉠, ㉡, ㉢, ㉣)
경매개시 결정등기보다 늦게 경료된 위의 용익물권 등 상동(㉠, ㉡, ㉢, ㉣)	경매개시 결정등기보다 앞선 용익물권 등(단, 그보다 앞선 담보물권이 없어야 함) 좌동(㉠, ㉡, ㉢, ㉣)

2 경매절차

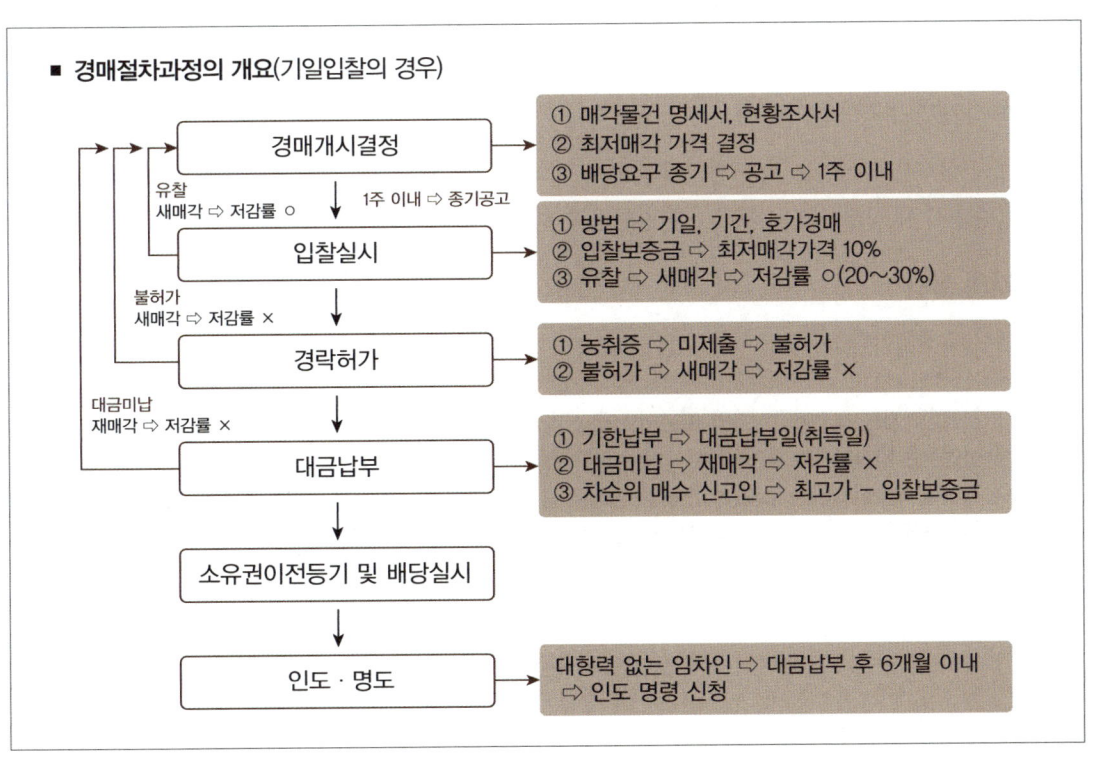

(1) 채권자의 경매신청

법원은 경매개시결정을 한 후 등기소에 경매기입등기를 촉탁한다.

> ① 법원은 채무자·소유자에게 경매결정 사실을 송달한다.
> ② 경매개시결정의 기입등기가 되면 압류의 효력이 발생하며, 경매신청자(압류채권자)가 경매를 취하하면 압류의 효력은 소멸한다.

(2) 배당요구의 종기 결정·공고

> ① 배당요구의 종기는 최초 매각기일 이전의 날 중에서 법원이 정한다.
> ② 배당을 받을 수 있는 채권자는 배당요구의 종기일까지 배당을 요구하여야 배당에 참가할 수 있다. 다만, 등기된 채권자(저당권자, 가압류권자, 등기된 임차권자, 임차권등기명령에 따른 임차권자 등)는 배당요구 여부와 상관없이 배당에 참가할 수 있다.
> ③ 배당을 요구한 자가 배당요구의 철회로 인하여 매수인의 부담이 바뀌는 경우에는 배당요구의 종기가 지난 후에는 배당요구를 철회할 수 없다.

(3) 법원의 매각준비

(4) 매각기일 및 매각결정기일의 지정 및 공고

> ① 최초 매각기일은 매각공고일로부터 14일 이후의 날로 정한다.
> ② 매각결정기일은 매각기일로부터 1주 이내의 날로 정한다.

(5) 경매참가자의 경매참가준비

경매에 참가하고자 하는 자는 법원에 비치된 자료(현황조사보고서, 감정평가서 등)를 열람한 후 ⇨ 등기사항증명서 등 공부를 조사하고 ⇨ 현장답사로 시세 등을 파악한다.

(6) 매각의 실시

집행관이 진행한다.

> ① 경매참가자는 **최저매각가격의 10분의 1에 해당하는 보증금을 납부**하여야 한다.
> ② 집행관은 입찰참가자 중에서 최고가매수신고인을 결정한다.
> ③ 허가할 매수신고인이 없으면 집행관은 새매각을 실시한다. 이 경우 1기일 2회 입찰은 종전 조건대로, 새기일을 지정하는 경우는 종전의 최저매각금액의 30% 범위 안에서 저감률을 적용한다.

(7) 매각결정(허가 또는 불허가결정)

매각기일부터 1주 이내에 결정한다.

> ① 매각물건이 농지인 경우 매각결정기일까지 농지취득자격증명원을 제출하여야 한다.
> ② 이해관계인은 매각결정기일로부터 7일 이내에 항고를 제기할 수 있다. 항고를 하고자 하는 자는 보증으로 매각대금의 10분의 1을 공탁하여야 한다.

(8) 매각대금의 납부

매각대금은 일시불로 완납한다.

최고가매수신고인이 대금납부를 하지 않는 경우 재매각절차를 거치지 않고 차순위 매수신고인에게 매각을 허가하여 절차지연을 방지하기 위한 제도

> ① 매각대금을 완납한 때에 소유권을 취득한다.
> ② 최고가매수신고인이 대금을 납부하지 않으면 보증금은 몰수되며, 차순위 매수신고인을 결정하여 그에게 대금을 납부하도록 한다.
>   ⚠ 차순위 매수신고는 최고가매수신고금액에서 입찰보증금을 공제한 금액을 초과하여 매수신고한 자만 할 수 있다.
> ③ 차순위 매수신고인도 대금을 납부하지 않으면 보증금은 몰수되며, 저감하지 아니하고 재매각을 실시한다.
> ④ 대금완납 후 법원은 등기소에 소유권이전 및 말소등기를 촉탁한다.

(9) 인도명령

> ① 매수인에 대항할 수 없는 점유자가 인도를 거부한 경우에는 매수인은 대금완납 후 6개월 이내에 법원에 인도명령을 신청할 수 있다.
> ② 매수인에게 대항할 수 있는 자는 인도명령의 대상이 되지 못한다.
> ③ 매수인이 인도명령 신청시기를 놓친 경우 명도소송을 제기할 수 있다.

기본문제와 완성문제로 **단단기출**

01 매수신청대리인으로 등록한 개업공인중개사가 X부동산에 대한 「민사집행법」상 경매절차에서 매수신청대리의 위임인에게 설명한 내용으로 **틀린** 것은? (다툼이 있으면 판례에 따름)   제34회

[완성 기출]

① 최선순위의 전세권자는 배당요구 없이도 우선변제를 받을 수 있으며, 이때 전세권은 매각으로 소멸한다.
② X부동산에 대한 경매개시결정의 기입등기 전에 유치권을 취득한 자는 경매절차의 매수인에게 자기의 유치권으로 대항할 수 있다.
③ 최선순위의 지상권은 경매절차의 매수인이 인수한다.
④ 후순위 저당권자의 신청에 의한 경매라 하여도 선순위 저당권자의 저당권은 매각으로 소멸한다.
⑤ 집행법원은 배당요구의 종기를 첫 매각기일 이전으로 정한다.

> 키워드 › 경매절차
> 난이도 ›
> 해설 › 최선순위 전세권자가 배당요구를 하면 우선변제를 받을 수 있다. 이 경우 배당받은 전세권은 매각으로 인해 소멸하게 된다. 따라서 우선변제를 받으려면 배당요구를 하여야 한다.

02 매수신청대리인으로 등록한 개업공인중개사가 매수신청대리 위임인에게 「민사집행법」의 내용에 관하여 설명한 것으로 **틀린** 것은? (다툼이 있으면 판례에 따름)   제33회

[기본 기출]

① 후순위 저당권자가 경매신청을 하면 매각부동산 위의 모든 저당권은 매각으로 소멸된다.
② 전세권 및 등기된 임차권은 저당권·압류채권·가압류채권에 대항할 수 없는 경우에는 매각으로 소멸된다.
③ 유치권자는 유치권이 성립된 목적물을 경매로 매수한 자에 대하여 그 피담보채권의 변제를 청구할 수 있다.
④ 최선순위 전세권은 그 전세권자가 배당요구를 하면 매각으로 소멸된다.
⑤ 매수인은 매각대금을 다 낸 때에 매각의 목적인 권리를 취득한다.

> 키워드 › 경매절차
> 난이도 ›
> 해설 › 유치권자는 경락인에 대하여 그 피담보채권의 변제가 있을 때까지 유치목적물인 부동산의 인도를 거절할 수 있을 뿐이고 그 피담보채권의 변제를 청구할 수 없다.

정답 01 ① 02 ③

03 기본 기출

매수신청대리인으로 등록한 개업공인중개사가 매수신청대리 위임인에게 「민사집행법」에 따른 부동산경매에 관하여 설명한 내용으로 **틀린** 것은? 제31회

① 매수인은 매각 대상 부동산에 경매개시결정의 기입등기가 마쳐진 후 유치권을 취득한 자에게 그 유치권으로 담보하는 채권을 변제할 책임이 있다.
② 차순위 매수신고는 그 신고액이 최고가매수신고액에서 그 보증액을 뺀 금액을 넘는 때에만 할 수 있다.
③ 매수인은 매각대금을 다 낸 때에 매각의 목적인 권리를 취득한다.
④ 재매각절차에서는 전(前)의 매수인은 매수신청을 할 수 없으며 매수신청의 보증을 돌려 줄 것을 요구하지 못한다.
⑤ 후순위 저당권자가 경매신청을 하였더라도 매각부동산 위의 모든 저당권은 매각으로 소멸된다.

키워드 > 경매절차

난이도 >

해설 > 매각 대상 부동산에 경매개시결정의 기입등기가 마쳐진 후 취득한 유치권은 매수인에게 인수되지 않는다. 따라서 경락인은 유치권으로 담보하는 채권을 변제할 책임이 없다.

정답 03 ①

04 법원은 X부동산에 대하여 담보권 실행을 위한 경매절차를 개시하는 결정을 내렸고, 최저매각가격을 1억원으로 정하였다. 기일입찰로 진행되는 이 경매에서 매수신청을 하고자 하는 중개의뢰인 甲에게 개업공인중개사가 설명한 내용으로 옳은 것은? 제30회

① 甲이 1억 2천만원에 매수신청을 하려는 경우, 법원에서 달리 정함이 없으면 1천2백만원을 보증금액으로 제공하여야 한다.
② 최고가 매수신고를 한 사람이 2명인 때에는 법원은 그 2명뿐만 아니라 모든 사람에게 다시 입찰하게 하여야 한다.
③ 甲이 다른 사람과 동일한 금액으로 최고가 매수신고를 하여 다시 입찰하는 경우, 전의 입찰가격에 못미치는 가격으로 입찰하여 매수할 수 있다.
④ 1억 5천만원의 최고가 매수신고인이 있는 경우, 법원에서 보증금액을 달리 정하지 않았다면 甲이 차순위 매수신고를 하기 위해서는 신고액이 1억 4천만원을 넘어야 한다.
⑤ 甲이 차순위 매수신고인인 경우 매각기일이 종결되면 즉시 매수신청의 보증을 돌려줄 것을 신청할 수 있다.

> 키워드 경매절차
> 난이도
> 해설 ① 입찰에 참가하는 자는 법원에서 정한 최저매각가격의 10분의 1에 해당하는 금액을 매수보증금으로 제공하여야 한다. 따라서 최저매각가격이 1억원이므로 매수신청보증금은 1천만원이 된다.
> ② 최고가 매수신고를 한 사람이 2명인 때에는 법원은 그 2명을 상대로 다시 입찰하게 하여 최고가 매수인을 결정한다.
> ③ 다른 사람과 동일한 금액으로 최고가 매수신고를 하여 다시 입찰하는 경우, 전의 입찰가격에 못 미치는 가격으로는 입찰하여 매수할 수 없다.
> ⑤ 차순위 매수신고인의 경우 매수인이 대금지급기한 이내에 대금을 납부한 경우, 즉시 매수신청의 보증을 돌려줄 것을 신청할 수 있다.

정답 04 ④

05 중개의뢰인에게 「민사집행법」에 따른 부동산경매에 관하여 설명한 내용으로 옳은 것을 모두 고른 것은?

제29회

> ㉠ 차순위 매수신고는 그 신고액이 최고가 매수신고액에서 그 보증액을 뺀 금액을 넘지 않는 때에만 할 수 있다.
> ㉡ 매각허가결정이 확정되어 대금지급기한의 통지를 받으면 매수인은 그 기한까지 매각대금을 지급해야 한다.
> ㉢ 매수인은 매각대금을 다 낸 후 소유권이전등기를 촉탁한 때 매각의 목적인 권리를 취득한다.
> ㉣ 매각부동산의 후순위 저당권자가 경매신청을 하여 매각되어도 선순위 저당권은 매각으로 소멸되지 않는다.

① ㉠
② ㉡
③ ㉠, ㉢
④ ㉡, ㉣
⑤ ㉢, ㉣

키워드 > 경매절차

난이도 >

해설 > ㉠ 차순위 매수신고는 그 신고액이 최고가 매수신고액에서 그 보증액을 뺀 금액을 넘는 때에만 할 수 있다.
㉢ 매수인은 매각대금을 납부하면 소유권을 취득한다.
㉣ 매각부동산의 후순위 저당권자가 경매신청을 하여 매각된 경우 선순위 저당권은 매각으로 소멸된다.

정답 05 ②

06 개업공인중개사가 중개의뢰인에게 「민사집행법」에 따른 부동산의 경매에 관하여 설명한 내용으로 틀린 것은?

기본 기출
제28회

① 부동산의 매각은 호가경매(呼價競賣), 기일입찰 또는 기간입찰의 세 가지 방법 중 집행법원이 정한 방법에 따른다.
② 강제경매신청을 기각하거나 각하하는 재판에 대하여는 즉시항고를 할 수 있다.
③ 경매개시결정을 한 부동산에 대하여 다른 강제경매의 신청이 있는 때에는 법원은 뒤의 경매신청을 각하해야 한다.
④ 경매신청이 취하되면 압류의 효력은 소멸된다.
⑤ 매각허가결정에 대하여 항고를 하고자 하는 사람은 보증으로 매각대금의 10분의 1에 해당하는 금전 또는 법원이 인정한 유가증권을 공탁해야 한다.

| 키워드 | 경매절차 |

| 난이도 |

| 해설 | 2중 경매에 관한 내용이다. 경매개시결정을 한 부동산에 대하여 다른 강제경매의 신청이 있는 때에는 법원은 뒤의 경매신청을 각하해야 하는 것이 아니라, 다시 경매개시결정을 하고, 먼저 경매개시결정을 한 집행절차에 따라 경매를 한다.

| 보충 | 「민사집행법」 제87조

> 제87조【압류의 경합】① 강제경매절차 또는 담보권 실행을 위한 경매절차를 개시하는 결정을 한 부동산에 대하여 다른 강제경매의 신청이 있는 때에는 법원은 다시 경매개시결정을 하고, 먼저 경매개시결정을 한 집행절차에 따라 경매한다.
> ② 먼저 경매개시결정을 한 경매신청이 취하되거나 그 절차가 취소된 때에는 법원은 제91조 제1항의 규정에 어긋나지 아니하는 한도 안에서 뒤의 경매개시결정에 따라 절차를 계속 진행하여야 한다.

정답 06 ③

THEME 39 매수신청대리인 등록의 규칙 및 예규

| THEME 키워드 |
「공인중개사의 매수신청대리인 등록 등에 관한 규칙」, 매수신청대리, 매수신청대리의 위임

기출분석
- **기출회차:** 제27회
- **키워드:** 「공인중개사의 매수신청대리인 등록 등에 관한 규칙」
- **난이도:** ■■■□

기본으로 알아야 하는 대표기출

「공인중개사의 매수신청대리인 등록 등에 관한 규칙」의 내용으로 옳은 것은?

① 중개사무소의 개설등록을 하지 않은 공인중개사라도 매수신청대리인으로 등록할 수 있다.
② 매수신청대리인으로 등록된 개업공인중개사는 매수신청대리행위를 함에 있어 매각장소 또는 집행법원에 중개보조원을 대리출석하게 할 수 있다.
③ 매수신청대리인이 되고자 하는 법인인 개업공인중개사는 주된 중개사무소가 있는 곳을 관할하는 지방법원장에게 매수신청대리인 등록을 해야 한다.
④ 매수신청대리인으로 등록된 개업공인중개사는 매수신청대리의 위임을 받은 경우 법원의 부당한 매각허가결정에 대하여 항고할 수 있다.
⑤ 매수신청대리인으로 등록된 개업공인중개사는 본인의 인감증명서가 첨부된 위임장과 매수신청대리인 등록증 사본을 한 번 제출하면 그 다음 날부터는 대리행위마다 대리권을 증명할 필요가 없다.

해설
① 중개사무소 개설등록을 하지 않으면 매수신청대리인으로 대리등록을 할 수 없다.
② 매수신청대리인으로 등록된 개업공인중개사는 매수신청대리행위 시 매각장소 또는 집행법원에 직접 출석해야 하며, 중개보조원을 대리출석하게 할 수 없다.
④ 매수신청대리인으로 등록된 개업공인중개사는 매수신청대리의 위임을 받은 경우라도 항고업무는 할 수 없다.
⑤ 개업공인중개사는 매수신청대리행위를 하는 경우 같은 날 같은 장소에서 대리행위를 동시에 하는 경우가 아니라면 각 대리행위마다 대리권을 증명하는 문서(본인의 인감증명서가 첨부된 위임장과 대리인등록증 사본)를 제출하여야 한다.

정답 ③

함정을 피하는 TIP
- 「공인중개사의 매수신청대리인 등록 등에 관한 규칙」에 관하여 학습하여야 한다.

단단하게 정리하는 **핵심이론**

1 매수신청대리인 등록신청

(1) 등록신청자 및 등록기관

① 등록신청 가능자: 법인인 개업공인중개사 및 공인중개사인 개업공인중개사

> ㉠ 부칙 제6조 제2항에 규정된 개업공인중개사는 매수신청대리인 등록을 신청할 수 없다.
> ㉡ 공인중개사는 중개업등록을 하지 아니하는 한 매수신청대리인 등록을 신청할 수 없다.

② 등록관청: 중개사무소(법인은 주된 중개사무소를 말함)가 있는 곳을 관할하는 지방법원의 장에게 매수신청대리인 등록을 하여야 한다.

핵심단단 매수신청대리인 등록을 할 수 없는 결격사유

1. 매수신청대리인 등록이 취소된 후 3년이 지나지 아니한 자. 단, 중개업 또는 매수신청대리업의 폐업신고에 의한 등록취소는 제외한다.
2. 경매에 관한 유죄판결을 받고 그 판결 확정일부터 2년이 지나지 아니한 자
3. 매수신청대리업무에 관하여 업무정지처분을 받고 매수신청대리업무의 폐업신고를 한 자로서 해당 업무정지기간이 경과되지 아니한 자
4. 매수신청대리에 관한 업무정지처분을 받은 개업공인중개사인 법인의 업무정지사유가 발생한 당시의 사원 또는 임원이었던 자로서 당해 개업공인중개사에 대한 업무정지기간 중에 있는 자
5. 위 1.에서 4. 중 어느 하나에 해당하는 자가 사원 또는 임원으로 있는 법인인 개업공인중개사

(2) 개업공인중개사의 매수신청대리인 등록요건

① 공인중개사인 개업공인중개사이거나 법인인 개업공인중개사일 것
② 중개사무소 개설등록을 하였을 것
③ 부동산경매에 관한 실무교육을 이수하였을 것

핵심단단 부동산경매에 관한 실무교육

1. **실무교육의 이수**: 매수신청대리인 등록을 하고자 하는 개업공인중개사(다만, 법인인 개업공인중개사의 경우에 공인중개사인 대표자)는 등록신청일 전 1년 이내에 법원행정처장(지방법원장 ×)이 지정하는 교육기관에서 부동산경매에 관한 실무교육을 이수하여야 한다. 다만, 매수신청대리인 등록의 폐업신고 후 1년 이내에 다시 등록신청을 하고자 하는 자는 그러하지 아니하다. ⇨ 실무교육을 받지 않아도 된다.
   ⚠ 중개사무소 개설등록에 관한 실무교육 이수 외에 경매 관련 실무교육을 받아야 한다.
2. **실무교육의 시간**: 교육시간은 32시간 이상 44시간 이내로 한다.
3. **실무교육의 내용**: 실무교육은 직업윤리, 「민사소송법」, 「민사집행법」, 경매실무 등 필수과목 및 교육기관이 자체적으로 정한 부동산경매 관련 과목의 수강과 교육 과목별 평가로 한다.

④ 경매 관련 보증설정을 하였을 것(보증보험 또는 공제에 가입하였거나 공탁)

> **핵심단단** 경매 관련 보증의 설정금액
>
> 1. **법인인 개업공인중개사**: 4억원 이상. 다만, 분사무소를 두는 경우에는 분사무소마다 2억원 이상을 추가로 설정하여야 한다.
> 2. **법인이 아닌 개업공인중개사**: 2억원 이상

(3) 등록신청

① 등록신청 시 제출서류
  ㉠ 공인중개사자격증 사본 1부(법인의 경우에는 대표자의 공인중개사자격증 사본)
  ㉡ 법인의 등기사항증명서 1부(법인의 경우에 한하며, 행정정보의 공동이용이 가능한 때에는 제출을 생략할 수 있음)
  ㉢ 「공인중개사의 매수신청대리인 등록 등에 관한 규칙」에 따른 실무교육 이수증 사본 1부
  ㉣ 중개사무소등록증 사본 1부
  ㉤ 여권용 사진 2매
  ㉥ 보증을 설정하였음을 증명하는 보증보험증서 사본, 공제증서 사본 또는 공탁증서 사본 중 어느 하나

② **등록신청수수료**: 공인중개사인 개업공인중개사의 경우 2만원, 법인인 개업공인중개사의 경우 3만원이고, 정부수입인지로 납부하여야 한다.

(4) 등록의 처분

매수신청대리인 등록신청을 받은 지방법원장은 14일 이내에 다음의 개업공인중개사의 종별에 따라 구분하여 등록을 하여야 한다.

① 개업공인중개사
② 법인인 개업공인중개사

(5) 등록증의 교부

지방법원장은 매수신청대리인 등록을 한 자에게 매수신청대리인등록증을 교부하고, 매수신청대리인등록대장에 그 등록에 관한 사항을 기록·유지하여야 한다.

2 매수신청대리 대상물의 범위

① 토지
② 건물 그 밖의 토지의 정착물
③ 입목
④ 광업재단
⑤ 공장재단

3 매수신청대리인의 업무범위

법원에 매수신청대리인으로 등록된 개업공인중개사가 매수신청대리의 위임을 받은 경우 다음의 행위를 할 수 있다.

① 매수신청 보증의 제공
② 입찰표의 작성 및 제출
③ 차순위 매수신고
④ 매수신청의 보증을 돌려 줄 것을 신청하는 행위
⑤ 공유자의 우선매수신고
⑥ 임차인의 임대주택 우선매수신고
⑦ 공유자 또는 임대주택 임차인의 우선매수신고에 따라 차순위 매수신고인으로 보게 되는 경우 그 차순위 매수신고인의 지위를 포기하는 행위
⚠ 매각기일변경신청, 항고제기, 잔금납부, 인도명령, 명도소송은 대리할 수 없다.

4 매수신청대리행위의 방식

(1) 직접출석

개업공인중개사(법인은 대표자)는 대리행위를 하는 경우 매각장소 또는 집행법원에 직접 출석하여야 한다. 소속공인중개사가 대리하여 출석할 수 없다.

(2) 대리권을 증명하는 문서의 제출

개업공인중개사는 매수신청대리행위를 하는 경우 각 대리행위마다 대리권을 증명하는 문서(본인의 인감증명서가 첨부된 위임장과 매수신청대리인등록증 사본)를 제출하여야 한다. 법인인 개업공인중개사의 경우에는 대리권을 증명하는 문서 이외에 대표자의 자격을 증명하는 문서를 제출하여야 한다. 다만, 같은 날 같은 장소에서 대리행위를 동시에 하는 경우에는 하나의 서면으로 갈음할 수 있다.

5 금지행위

매수신청대리인 등록을 한 개업공인중개사는 다음의 행위를 하여서는 아니 된다.

① 이중으로 매수신청대리인 등록을 신청하는 행위
② 매수신청대리인이 된 사건에 있어서 매수신청인으로서 매수신청을 하는 행위
③ 동일 부동산에 대하여 이해관계가 다른 2인 이상의 대리인이 되는 행위
④ 명의대여를 하거나 등록증을 대여 또는 양도하는 행위
⑤ 다른 개업공인중개사의 명의를 사용하는 행위
⑥ 경매·입찰방해죄에 해당하는 행위
⑦ 사건카드 또는 확인·설명서에 허위기재하거나 필수적 기재사항을 누락하는 행위
⑧ 그 밖에 다른 법령에 따라 금지되는 행위

6 매수대리인의 업무상 의무

(1) 사건카드의 작성 및 보존

개업공인중개사는 매수신청대리 사건카드를 비치하고, 사건을 위임받은 때에는 사건카드에 위임받은 순서에 따라 일련번호, 경매사건번호, 위임받은 연월일, 보수액과 위임인의 주소·성명 기타 필요한 사항을 기재하고, 서명·날인한 후 5년간 이를 보존하여야 한다.

(2) 등록인장의 사용

사건카드 등 매수대리인이 작성하는 서류에는 등록한 인장을 사용하여야 한다.

(3) 매수신청대리 대상물의 확인·설명

① 개업공인중개사는 매수신청대리의 위임을 받기 전에 매수신청대리보수에 대하여 설명하여야 하고, 위임을 받은 경우에는 매수신청대리 대상물의 표시, 권리관계, 매수신청대리 대상물의 경제적 가치, 제한사항, 매수인이 부담 및 인수하여야 할 권리 등의 사항에 대하여 위임인에게 성실·정확하게 설명하고 등기사항증명서 등 설명의 근거자료를 제시하여야 한다.
⚠ 위반 시에는 1개월 이상 2년 이하의 범위 안에서 매수신청대리업무의 정지처분을 받을 수 있다.
그러나 보수표와 보수에 대해서는 위임계약 전에 설명하여야 한다.
② 개업공인중개사는 위임계약을 체결한 경우 위임인에게 확인·설명사항을 서면(매수신청대리 대상물 확인·설명서)으로 작성하여 서명·날인한 후 위임인에게 교부하고, 그 사본을 사건카드에 철하여 5년간 보존하여야 한다.

(4) 등록증 등의 게시

개업공인중개사가 해당 사무소 안에 게시하여야 할 사항은 다음과 같다.

> ① 등록증
> ② 매수신청대리 등 보수표
> ③ 보증의 설정을 증명할 수 있는 서류

(5) 법원휘장의 표시금지

① 매수신청대리인 등록을 한 개업공인중개사는 그 사무소의 명칭이나 간판에 고유한 지명 등 법원행정처장이 인정하는 특별한 경우는 제외하고 '법원'의 명칭이나 휘장 등을 표시하여서는 아니 된다.
② 개업공인중개사는 매수신청대리인 등록이 취소된 때에는 사무실 내·외부에 매수신청대리업무에 관한 표시 등을 제거하여야 하며, 업무정지처분을 받은 때에는 업무정지사실을 해당 중개사사무소의 출입문에 표시하여야 한다.

(6) 지도·감독

① 법원행정처장은 매수신청대리업무에 관하여 협회를 감독한다.
② 지방법원장은 매수신청대리업무에 관하여 관할 안에 있는 협회의 시·도 지부와 매수신청대리인 등록을 한 개업공인중개사를 감독한다.

7 행정처분

(1) 절대적 등록취소

지방법원장은 다음의 어느 하나에 해당하는 경우에는 매수신청대리인 등록을 취소하여야 한다. 매수신청대리인 등록이 취소된 자는 등록증을 관할 지방법원장에게 반납하여야 한다.

> ① 「공인중개사법」 제10조 제1항의 결격사유에 해당하는 경우
> ② 「공인중개사법」, 「공인중개사의 매수신청대리인 등록 등에 관한 규칙」에 따라 폐업신고를 한 경우
> ③ 「공인중개사법」에 따라 공인중개사자격이 취소된 경우
> ④ 「공인중개사법」에 따라 중개사무소 개설등록이 취소된 경우
> ⑤ 매수신청대리인 등록 당시 등록요건을 갖추지 않았던 경우
> ⑥ 등록 당시 매수신청대리인 등록의 결격사유가 있었던 경우

(2) 상대적 등록취소

지방법원장은 다음의 어느 하나에 해당하는 경우에는 매수신청대리인 등록을 취소할 수 있다. 매수신청대리인 등록이 취소된 자는 등록증을 관할 지방법원장에게 반납하여야 한다.

① **등록 후** 매수신청대리인 등록요건을 갖추지 못하게 된 경우
② **등록 후** 매수신청대리인 등록의 결격사유가 있게 된 경우
③ 사건카드를 작성하지 아니하거나 보존하지 아니한 경우
④ 매수대리 확인·설명서를 교부하지 아니하거나 보존하지 아니한 경우
⑤ 보수 이외의 명목으로 돈 또는 물건을 받은 경우 또는 예규에서 정한 보수를 초과하여 받은 경우, 보수의 영수증을 교부하지 아니한 경우
⑥ 비밀누설금지의무에 위반한 경우
⑦ 집행관의 조치에 따르지 아니한 경우
⑧ 개업공인중개사가 금지행위를 한 경우
⑨ 감독상의 명령이나 중개사무소의 출입, 조사 또는 검사에 대하여 기피, 거부 또는 방해하거나 거짓으로 보고 또는 제출한 경우
⑩ 최근 1년 이내에 이 규칙에 따라 2회 이상 업무정지처분을 받고 다시 업무정지처분에 해당하는 행위를 한 경우

(3) 절대적 업무정지

지방법원장은 개업공인중개사(이 경우 분사무소를 포함)가 다음의 어느 하나에 해당하는 경우에는 그 기간 동안 매수신청대리업무를 정지하는 처분을 하여야 한다. **업무정지기간은 1개월 이상 2년 이하로 한다.**

① 개업공인중개사가 「공인중개사법」, 「공인중개사의 매수신청대리인 등록 등에 관한 규칙」에 따라 휴업하였을 경우
② 「공인중개사법」에 위반하여 공인중개사자격을 정지당한 경우
③ 「공인중개사법」에 위반하여 업무의 정지를 당한 경우
④ 매수신청대리인 등록을 취소할 수 있는 사유 중 어느 하나에 해당하는 경우

(4) 상대적 업무정지

지방법원장은 매수신청대리인 등록을 한 개업공인중개사(이 경우 분사무소를 포함)가 다음의 어느 하나에 해당하는 경우에는 기간을 정하여 매수신청대리업무의 정지를 명할 수 있다. **업무정지기간은 1개월 이상 2년 이하로 한다.**

① 경매를 방해한 경우. 즉, 다른 사람의 매수신청을 방해하거나, 부당하게 다른 사람과 담합 또는 매각의 적정한 실시를 방해하거나, 이러한 행위를 교사하는 경우
② 등록증 등을 게시하지 아니한 경우
③ 사건카드, 확인·설명서, 영수증에 등록된 인장을 날인하지 아니한 경우
④ 사무소 이전 등의 신고를 하지 아니한 경우
⑤ 감독상 명령 등에 위반한 경우
⑥ '법원'의 명칭이나 휘장 등을 표시하였을 경우
⑦ 그 밖에 이 규칙에 따른 명령이나 처분에 위반한 경우

8 매수신청대리인의 보수

(1) 매수신청대리 등 보수표

> ① 상담 및 권리분석 보수
>   ㉠ 50만원 안에서 당사자의 협의에 의하여 결정한다.
>   ㉡ 단, 4개 부동산 이상의 일괄매각의 경우에는 3개를 초과하는 것부터 1부동산당 5만원의 범위 안에서 상한선을 증액할 수 있다.
> ② 매수신청대리 보수
>   ㉠ 최고가매수신고인 또는 매수인으로 된 경우: 감정가의 1% 이하 또는 최저매각가격의 1.5% 이하의 범위 안에서 당사자의 협의에 의하여 결정한다.
>   ㉡ 최고가매수신고인 또는 매수인으로 되지 못한 경우: 50만원 안에서 당사자의 협의에 의하여 결정한다.
> ③ 실비: 매수신청대리 대상물의 권리관계 등의 확인 또는 매수신청대리의 실행과 관련하여 발생하는 특별한 비용(원거리 출장비, 원거리 교통비 등)을 30만원 안에서 당사자의 협의에 의하여 위임인으로부터 받을 수 있다. 다만, 매수신청대리에 필요한 통상의 비용(등기사항증명서 비용, 근거리 교통비 등)은 보수에 포함된 것으로 본다.

(2) 매수신청대리 보수지급시기

약정이 없는 경우 매각대금의 지급기한일로 한다.

핵심단단 중개사무소 개설등록과 매수신청대리인 등록의 비교

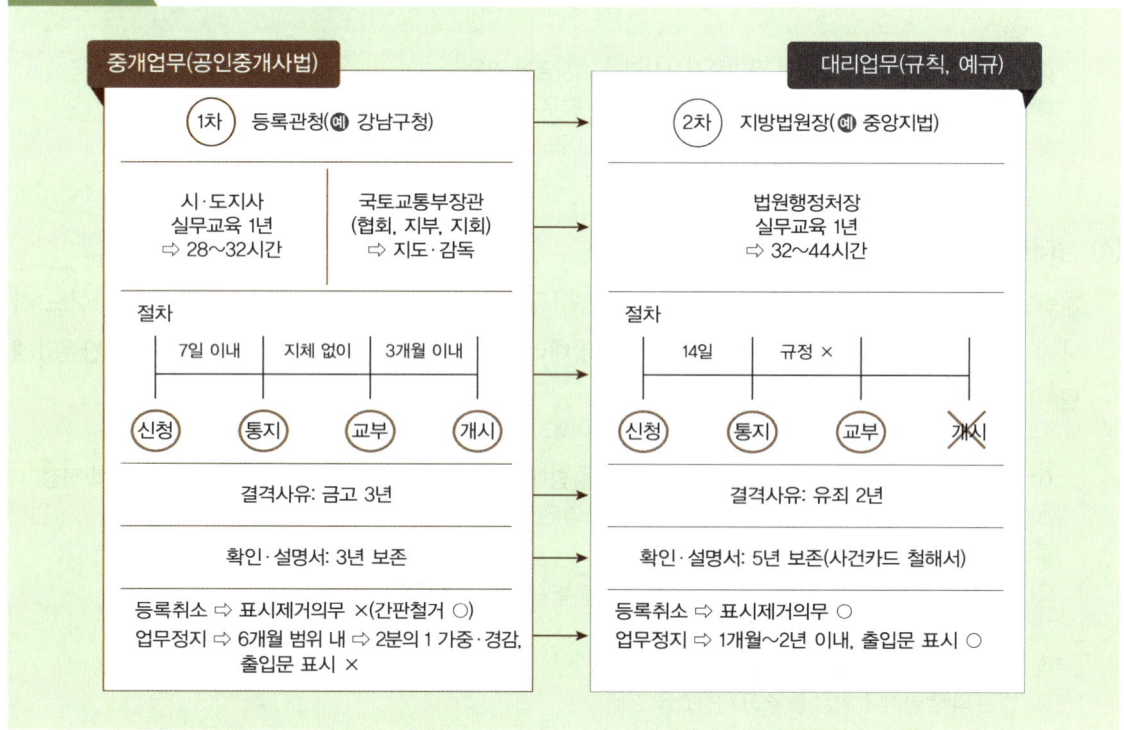

구분	중개업 등록	매수신청대리인 등록
1. 등록신청자	① 공인중개사 ② 법인	① 공인중개사인 개업공인중개사 ② 법인인 개업공인중개사
2. 등록관청	사무소 관할: 시장·군수·구청장	사무소 관할: 지방법원장
3. 등록신청 제한	① 결격사유자 ② 업무정지처분기간 중인 자	① 매수신청대리인 등록취소 후 3년 미경과자 ② 경매 관련 유죄선고 후 2년 미경과자 등
4. 등록신청 및 처분	① 신청 후 7일 이내 등록통지 ② 등록 후 보증설정 신고 ⇨ 등록증 교부	신청 후 14일 이내 등록통지 및 등록증 교부
5. 등록 전 조치	① 실무교육 　㉠ 시·도지사가 실시 　㉡ 법인인 개업공인중개사는 모든 임원·사원 ② 중개사무소 건물 확보	① 실무교육 　㉠ 법원행정처장이 지정하는 교육기관에서 함 　㉡ 법인인 개업공인중개사는 대표자만 교육대상자임 ② 등록신청 전에 업무보증설정
6. 수수료 납부	지방자치단체의 조례로 정함	정부수입인지로 납부
7. 보증설정시기 및 금액	등록 후 중개업무개시 전 ① 법인이 아닌 개업공인중개사: 2억원 이상 ② 법인인 개업공인중개사: 4억원 이상(분사무소는 1개소당 2억원 이상)	① 매수신청대리인 등록을 신청하기 전 ② 보증금액은 좌동
8. 취급물건	토지·건축물 그 밖의 토지정착물·입목·광업재단·공장재단	토지·건축물 그 밖의 토지정착물·입목·광업재단·공장재단
9. 업무범위	중개업이 본업	① 매수신청 보증의 제공 ② 입찰표의 작성 및 제출 ③ 차순위 매수신고 ④ 매수보증금의 반환신청 ⑤ 공유자 우선매수신고 ⑥ 임대주택의 우선매수신고 ⑦ 차순위 매수신고인의 지위포기
10. 고용인의 업무 수행 가능 여부	소속공인중개사는 가능	개업공인중개사가 직접 법원에 출석 ⚠ 소속공인중개사의 대리 출석 ×
11. 설명할 사항	기본적인 사항 등	① 위임받기 전: 매수대리보수 ② 위임받은 후: 물건상태, 권리관계, 제한사항, 경제적 가치, 부담 및 인수할 권리
12. 확인·설명서 보존	3년	5년
13. 영수증 작성·교부의무	작성·교부 및 보존의무 없음	작성·교부의무 있음(단, 보존의무는 없음)

구분	중개업 등록	매수신청대리인 등록
14. 업무정지기간	6개월 범위 이내	1개월 이상 2년 이하의 범위 이내
15. 금지행위	① 중개대상물 매매를 업으로 하는 행위 ② 무등록중개업자와의 협조행위 ③ 법정중개보수 이외의 수수행위 ④ 거짓된 언행 그 밖의 방법으로 중개의뢰인의 판단을 그르치는 행위 ⑤ 증서 등의 중개 또는 매매를 업으로 하는 행위 ⑥ 직접 거래 및 쌍방대리 ⑦ 투기를 조장하는 행위 ⑧ 시세에 영향을 주거나 줄 우려가 있는 행위 ⑨ 단체를 구성하여 특정 중개대상물의 중개를 제한하거나 구성원 외의 자와 공동 중개를 제한하는 행위	① 이중으로 매수신청대리인 등록신청을 하는 행위 ② 매수신청대리인이 된 사건에 있어서 매수신청인으로서 직접 매수신청을 하는 행위 ③ 동일 부동산에 대하여 이해관계가 다른 2인 이상의 대리인이 되는 행위 ④ 명의를 대여하거나 등록증을 대여 또는 양도하는 행위 ⑤ 다른 개업공인중개사의 명의를 사용하는 행위 ⑥ 경매·입찰방해죄에 해당하는 행위 ⑦ 사건카드 등을 허위로 기재하는 행위
16. 등록취소	7일 이내 등록증 반납(등록관청)	7일 이내 등록증 반납(지방법원장)
17. 게시사항	① 중개사무소등록증 원본 ⚠ 분사무소는 분사무소설치신고확인서 원본 ② 공인중개사자격증 원본(개업공인중개사·소속공인중개사) ③ 중개업무 보증설정증명서류 ④ 중개보수 및 실비의 요율표 ⑤ 사업자등록증	[좌동 + 추가 게시사항 3가지] ① 매수신청대리인등록증 ② 매수신청대리의 업무보증설정증명서류 ③ 매수신청대리 등 보수표
18. 보수·실비	① 주택의 중개보수 ② 주택 외의 중개보수 ③ 실비	[예규 규정] ① 상담 및 권리분석 보수: 50만원 이내에서 협의(3개를 초과하는 부동산의 일괄매각의 경우는 1부동산당 5만원 이내에서 증액 가능) ② 매수신청대리 보수 　㉠ 최고가매수신고인이 된 경우: 감정가의 1%와 최저매각가격의 1.5% 중에서 협의 　㉡ 최고가매수신고인이 되지 못한 경우: 50만원 이내에서 협의 ③ 실비: 30만원 이내에서 협의
19. 문자사용	중개사무소 문자사용의무 있음	① 사무소 문자사용의무 없음 ② 법원의 명칭 또는 휘장 등의 표시 금지
20. 업무정지사실	표시의무 없음	출입문에 표시의무 있음

기본문제와 완성문제로 **단단기출**

01 기본 기출

개업공인중개사 甲은 「공인중개사의 매수신청대리인 등록 등에 관한 규칙」에 따라 매수신청대리인으로 등록하였다. 이에 관한 설명으로 옳은 것을 모두 고른 것은? 제33회

> ㉠ 甲은 「공장 및 광업재단 저당법」에 따른 광업재단에 대한 매수신청대리를 할 수 있다.
> ㉡ 甲의 중개사무소 개설등록이 취소된 경우 시·도지사는 매수신청대리인 등록을 취소해야 한다.
> ㉢ 중개사무소 폐업신고로 甲의 매수신청대리인 등록이 취소된 경우 3년이 지나지 아니하면 甲은 다시 매수신청대리인 등록을 할 수 없다.

① ㉠
② ㉡
③ ㉠, ㉢
④ ㉡, ㉢
⑤ ㉠, ㉡, ㉢

키워드 「공인중개사의 매수신청대리인 등록 등에 관한 규칙」

난이도

해설 ㉡ 甲의 중개사무소 개설등록이 취소된 경우 지방법원장은 매수신청대리인 등록을 취소해야 한다. 지방법원장은 다음에 해당하는 경우에는 매수신청대리인 등록을 취소하여야 하며, 그 사유는 다음과 같다.
1. 「공인중개사법」 제10조 제1항의 결격사유에 해당하는 경우
2. 「공인중개사법」, 「공인중개사의 매수신청대리인 등록 등에 관한 규칙」에 따라 폐업신고를 한 경우
3. 「공인중개사법」에 따라 공인중개사 자격이 취소된 경우
4. 「공인중개사법」에 따라 중개사무소 개설등록이 취소된 경우
5. 매수신청대리인 등록 당시 등록요건을 갖추지 않았던 경우
6. 등록 당시 매수신청대리인 등록의 결격사유가 있었던 경우

㉢ 매수신청대리인 등록이 취소된 경우 3년이 지나지 아니한 자는 매수신청대리인 등록을 할 수 없다. 단, 중개업의 폐업신고 또는 매수신청대리업의 폐업신고에 의한 등록취소는 제외한다(규칙 제6조 제1호). 따라서 중개사무소 폐업신고로 甲의 매수신청대리인 등록이 취소된 경우 3년이 지나지 않아도 甲은 다시 매수신청대리인 등록을 할 수 있다.

정답 01 ①

02 완성 기출

매수신청대리인으로 등록한 개업공인중개사 甲이 매수신청대리 위임인 乙에게「공인중개사의 매수신청대리인 등록 등에 관한 규칙」에 관하여 설명한 내용으로 **틀린** 것은? (단, 위임에 관하여 특별한 정함이 없음)

제32회

① 甲의 매수신고액이 차순위이고 최고가매수신고액에서 그 보증액을 뺀 금액을 넘는 때에만 甲은 차순위매수신고를 할 수 있다.
② 甲은 乙을 대리하여 입찰표를 작성·제출할 수 있다.
③ 甲의 입찰로 乙이 최고가매수신고인이나 차순위매수신고인이 되지 않은 경우, 甲은「민사집행법」에 따라 매수신청의 보증을 돌려 줄 것을 신청할 수 있다.
④ 乙의 甲에 대한 보수의 지급시기는 당사자 간 약정이 없으면 매각허가결정일로 한다.
⑤ 甲은 기일입찰의 방법에 의한 매각기일에 매수신청대리행위를 할 때 집행법원이 정한 매각장소 또는 집행법원에 직접 출석해야 한다.

키워드 「공인중개사의 매수신청대리인 등록 등에 관한 규칙」

난이도

해설 매수신청인과 매수신청대리인의 약정에 따르며, 약정이 없을 때에는 매각대금의 지급기한일로 한다.

보충 매수신청대리인의 업무범위
1. 매수신청 보증의 제공
2. 입찰표의 작성 및 제출
3. 차순위 매수신고
4. 매수신청의 보증을 돌려줄 것을 신청하는 행위
5. 공유자의 우선매수신고
6. 임차인의 임대주택 우선매수신고
7. 공유자 또는 임대주택 임차인의 우선매수신고에 따라 차순위 매수신고인으로 보게 되는 경우 그 차순위 매수신고인의 지위를 포기하는 행위

정답 02 ④

03 기본 기출

「공인중개사의 매수신청대리인 등록 등에 관한 규칙」에 따라 甲은 매수신청대리인으로 등록하였다. 이에 관한 설명으로 틀린 것은?

제31회

① 甲이 매수신청대리의 위임을 받은 경우 「민사집행법」의 규정에 따라 차순위 매수신고를 할 수 있다.
② 甲은 매수신청대리권의 범위에 해당하는 대리행위를 할 때 매각장소 또는 집행법원에 직접 출석해야 한다.
③ 매수신청대리 보수의 지급시기는 甲과 매수신청인의 약정이 없을 때에는 매각대금의 지급기한일로 한다.
④ 甲이 중개사무소를 이전한 경우 그 날부터 10일 이내에 관할 지방법원장에게 그 사실을 신고하여야 한다.
⑤ 甲이 매수신청대리 업무의 정지처분을 받을 수 있는 기간은 1개월 이상 6개월 이하이다.

키워드 〉 매수신청대리
난이도 〉
해설 〉 甲이 매수신청대리 업무의 정지처분을 받을 수 있는 기간은 1개월 이상 2년 이하이다.

정답 03 ⑤

04 기본 기출

「공인중개사의 매수신청대리인 등록 등에 관한 규칙」에 따라 매수신청대리인으로 등록한 甲에 관한 설명으로 틀린 것은? 제29회

① 甲은 공인중개사인 개업공인중개사이거나 법인인 개업공인중개사이다.
② 매수신청대리의 위임을 받은 甲은 「민사집행법」에 따른 공유자의 우선매수신고를 할 수 있다.
③ 폐업신고를 하여 매수신청대리인 등록이 취소된 후 3년이 지나지 않은 甲은 매수신청대리인 등록을 할 수 없다.
④ 甲의 공인중개사자격이 취소된 경우 지방법원장은 매수신청대리인 등록을 취소해야 한다.
⑤ 甲은 매수신청대리권의 범위에 해당하는 대리행위를 할 때 매각장소 또는 집행법원에 직접 출석해야 한다.

키워드 〉 매수신청대리

난이도 〉

해설 〉 중개사무소의 폐업신고를 하여 매수신청대리인 등록이 취소된 후 3년이 지나지 않은 甲은 매수신청대리인 등록을 할 수 있다.

정답 04 ③

05 甲은 매수신청대리인으로 등록한 개업공인중개사 乙에게 「민사집행법」에 의한 경매대상 부동산에 대한 매수신청대리의 위임을 하였다. 이에 관한 설명으로 <u>틀린</u> 것은? 제28회

기본 기출

① 보수의 지급시기에 관하여 甲과 乙의 약정이 없을 때에는 매각대금의 지급기한일로 한다.
② 乙은 「민사집행법」에 따른 차순위 매수신고를 할 수 있다.
③ 乙은 매수신청대리인등록증을 자신의 중개사무소 안의 보기 쉬운 곳에 게시해야 한다.
④ 乙이 중개업을 휴업한 경우 관할 지방법원장은 乙의 매수신청대리인 등록을 취소해야 한다.
⑤ 乙은 매수신청대리 사건카드에 중개행위에 사용하기 위해 등록한 인장을 사용하여 서명날인 해야 한다.

키워드 매수신청대리의 위임
난이도
해설 개업공인중개사가 중개업을 휴업하였을 경우 「공인중개사의 매수신청대리인 등록 등에 관한 규칙」 제22 조 제1항 제1호에 따라 지방법원장은 매수신청대리업무를 정지하는 처분을 하여야 한다. 즉, 절대적 업무정지사유에 해당한다.

정답 05 ④

THEME 40

집합건물의 소유 및 관리에 관한 법률

| THEME 키워드 |
「집합건물의 소유 및 관리에 관한 법률」, 전유부분과 대지사용권

기본으로 알아야 하는 대표기출

> **기출분석**
> - 기출회차: 제34회
> - 키워드: 「집합건물의 소유 및 관리에 관한 법률」
> - 난이도: ■■■

개업공인중개사가 집합건물을 매수하려는 의뢰인에게 「집합건물의 소유 및 관리에 관한 법률」에 관하여 설명한 것으로 틀린 것은? (다툼이 있으면 판례에 따름)

① 전유부분이란 구분소유권의 목적인 건물부분을 말한다.
② 소유자가 기존 건물에 증축을 하고 기존 건물에 마쳐진 등기를 증축한 건물의 현황과 맞추어 1동의 건물로서 증축으로 인한 건물표시변경등기를 마친 경우, 그 증축부분에 대해서는 구분소유권이 성립하지 않는다.
③ 구분소유자는 건물의 관리 및 사용에 관하여 구분소유자 공동의 이익에 어긋나는 행위를 하여서는 아니 된다.
④ 일부의 구분소유자만이 공용하도록 제공되는 것임이 명백한 공용부분은 그들 구분소유자의 공유에 속한다.
⑤ 일부공용부분의 관리에 관한 사항 중 구분소유자 전원에게 이해관계가 있는 사항은 그것을 공용하는 구분소유자만의 집회결의로써 결정한다.

> **함정을 피하는 TIP**
> - 「집합건물의 소유 및 관리에 관한 법률」에 관하여 학습하여야 한다.

해설

일부공용부분의 관리에 관한 사항 중 구분소유자 전원에게 이해관계가 있는 사항과 제29조 제2항의 규약으로써 정한 사항은 구분소유자 전원의 집회결의로써 결정하고, 그 밖의 사항은 그것을 공용하는 구분소유자만의 집회결의로써 결정한다.

정답 ⑤

단단하게 정리하는 핵심이론

1 서설

(1) 구분소유권의 의의

1동의 건물을 구분하여 각각의 부분을 별개의 물건으로 하여 소유하는 것을 구분소유라고 한다.

(2) 구분소유권의 성립

① 구분건물이 되기 위하여는 객관적·물리적인 측면에서 구분건물이 구조상·이용상의 독립성을 갖추어야 한다. 또한 그 건물을 구분소유권의 객체로 하려는 의사표시, 즉 구분행위가 있어야 한다.
② 구분소유권을 취득하기 위해서 집합건축물대장의 등록이나 구분건물의 표시에 관한 등기를 요하는 것은 아니다.
③ 건물 완성 전에 구분행위를 하더라도 나중에 건물이 완성되면 유효한 구분행위로 인정될 수 있다.

> **핵심단단**
>
> 1. **구분소유권의 성립요소**
>   ❶ 구조상·이용상 독립성
>   ❷ 구분행위
> 2. **구분소유권 인정 여부**
>   ❶ 아파트 지하주차장 판례: 구조적으로 독립적이지만 별도의 구분행위가 없으므로 공용부분에 속한다.
>   ❷ 상가 지하주차장 판례: 분양계약상 특약으로 별도 분양하였고, 구조상으로도 독립적이므로 구분소유권으로 인정된다.

2 전유부분과 공용부분

(1) 의의

① **전유부분**: 구분소유권의 목적인 건물부분을 전유부분이라고 한다.
② **공용부분**: 전유부분 외의 건물부분, 전유부분에 속하지 아니하는 건물의 부속물 및 기타 공용부분으로 된 부속의 건물을 공용부분이라고 한다.
③ 공용부분은 전유부분의 면적의 비율에 따라 구분소유자의 공유에 속한다.

(2) 공용부분

① 공용부분의 종류

㉠ 전유부분 이외의 건물부분(예 계단, 지붕 등 구조상 공용부분), 건물의 부속물(예 수도관, 전기배선 등) 등은 법정공용부분에 해당하며 등기 없이 당연히 공유로 된다.

ⓒ 규약을 통해 공유로 하기로 한 시설 등(⑩ 관리사무실, 창고, 노인정 등)을 규약상 공용부분이라고 하며, 규약상 공용부분은 등기를 하여야 한다.

② **공용부분의 법률관계**

　　㉠ 공용부분은 공유자 전원의 공유에 속한다.

　　㉡ 각 공유자의 지분은 그가 가지는 전유부분의 면적의 비율에 의한다.

　　㉢ 공유자의 공용부분에 대한 지분은 그가 가지는 전유부분의 처분에 따른다.

　　㉣ 공유자는 그가 가지는 전유부분과 분리하여 공용부분에 대한 지분을 처분할 수 없다.

　　㉤ 공용부분에 대한 물권의 득실변경은 등기를 요하지 아니한다.

　　㉥ 공용부분의 변경에 관한 사항은 관리단 집회에서 구분소유자 및 의결권의 각 3분의 2 이상이 결의함으로써 결정한다. ==다만, 구분소유권 및 대지사용권에 변동을 일으키는 사항은 구분소유자 및 의결권의 5분의 4 이상의 결의가 필요하다.==

　　㉦ 공용부분의 각 공유자는 공용부분을 그 용도에 따라 사용할 수 있다.
　　　⚠ 구분소유자 중 일부가 정당한 권원 없이 공용부분을 배타적으로 사용한 경우, 다른 구분소유자들에게 부당이득반환의무를 부담한다(판례).

　　㉧ 공용부분에 대한 공유물 분할청구는 허용되지 않는다.

　　㉨ 전유부분이 속하는 1동의 건물의 설치 또는 보존의 하자로 인하여 타인에게 손해를 가한 때에는 그 하자는 공용부분에 존재하는 것으로 추정한다.

　　㉩ 공유자가 공용부분에 관하여 다른 공유자에 대하여 가지는 채권은 그 특별승계인에 대하여도 행사할 수 있다.

> **핵심단단**
>
> 1. **일부공용부분**: 일부의 구분소유자만이 공용하도록 제공되는 것임이 명백한 공용부분은 그들 (일부)구분소유자의 공유에 속한다(집합건물의 소유 및 관리에 관한 법률 제10조 제1항 단서).
> 2. **「민법」상 공유와의 비교**
>
> | 구분 | 「민법」상 공유 | 집합건물의 공용부분 |
> |---|---|---|
> | 지분 | 균등추정 | 전유부분 면적비율 |
> | 지분 처분 | 자유 | 전유부분 처분 따라 |
> | 처분 | 전원동의 | 불가능 |
> | 변경 | 전원동의 | ==3분의 2, 5분의 4== |
> | 사용 | 지분비율 | 용도에 따름 |
> | 분할 | 자유 | 불가능 |

(3) 대지사용권

① 대지사용권이란 건물의 구분소유자가 전유부분을 소유하기 위하여 전유부분이 속하는 건물이 소재하는 토지 등에 대하여 가지는 권리를 말한다.
② 구분소유자의 대지사용권은 그가 가지는 전유부분의 처분에 따른다.
③ 구분소유자는 규약으로 달리 정한 때를 제외하고 그가 가지는 전유부분과 분리하여 대지사용권을 처분할 수 없다.
④ 대지 위에 구분소유권의 목적인 건물이 속하는 1동의 건물이 있는 때에는 그 대지의 공유자는 그 건물의 사용에 필요한 범위 내의 대지에 대하여는 분할을 청구하지 못한다.
⑤ 구분 건물의 전유부분에 관하여 설정된 저당권의 효력은 특별한 사정이 없는 한 그 대지사용권에까지 미치고, 여기의 대지사용권에는 지상권 등 용익권 이외에 대지소유권도 포함된다.

> **핵심단단**
>
> 1. **대지사용권의 유형**: 대지사용권은 통상 대지에 대한 소유권인 경우가 일반적이지만 그 외에 용익권(지상권, 전세권, 임차권, 미등기 매수인의 지위) 형태의 대지사용권도 가능하다.
> 2. **전유부분과 분리처분**:
>   ❶ 공용부분의 지분 ⇨ 전유부분과 분리처분 불가능
>   ❷ 대지사용권 ⇨ 원칙적으로 분리처분 불가능 / 규약으로 달리 정하면 가능

3 구분소유자의 권리 · 의무

(1) 구분소유자의 하자담보청구권

① 집합주택의 관리방법과 기준, 하자담보책임에 관한 「주택법」의 특별한 규정은 이 법에 저촉되어 구분소유자의 기본적인 권리를 해치지 아니하는 범위에서 효력이 있다.
② 집합건물을 건축하여 분양한 자와 분양자와의 계약에 따라 건물을 건축한 자로서 대통령령으로 정하는 자(이하 '시공자'라 함)는 구분소유자에 대하여 담보책임을 진다.
③ 시공자의 담보책임 중 손해배상책임은 분양자에게 회생절차개시 신청, 파산 신청, 해산, 무자력(무자력) 또는 그 밖에 이에 준하는 사유가 있는 경우에만 진다.

> **핵심단단** 담보책임의 존속기간
>
> 1. 건물의 주요 구조부 및 지반공사의 하자 ⇨ 10년
> 2. 1. 이외의 하자 ⇨ 5년 범위에서 대통령령으로 정하는 기간
>   ❶ 기산일 전에 발생한 하자 ⇨ 5년
>   ❷ 기산일 이후에 발생한 하자
>   • 건물의 구조상 또는 안전상 하자 ⇨ 5년
>   • 건물의 기능상 또는 미관상 하자 ⇨ 3년
>   • 마감공사의 하자 등 하자의 발견·교체 및 보수가 용이한 하자 ⇨ 2년

(2) 구분소유자의 의무와 위반 시 조치

① 구분소유자의 의무
  ㉠ 공동이익에 반하는 행위의 금지
  ㉡ 용도변경 및 증·개축의 금지
  ㉢ 타인 소유 부분 사용청구권
  ㉣ 재건축 결의 시 매도청구권

② 의무 위반 시 조치
  ㉠ 공동이익에 반하는 행위의 정지청구
  ㉡ 전유부분의 사용금지청구
  ㉢ 구분소유권의 경매청구
  ㉣ 전유부분의 점유자에 대한 인도청구

③ 체납관리비 승계의무
  ㉠ 관리규약에 의하여 전유부분의 특별승계인에게 승계되는 체납관리비는 <mark>공용부분 관리비에 한정</mark>되며, 전유부분 관리비와 공용부분 관리비에서 발생한 <mark>연체료는 포함되지 않는다</mark>.
  ㉡ 구분소유권의 특별승계인이 그 구분소유권을 다시 제3자에게 이전한 경우에도 자신의 전(全) 구분소유자의 공용부분에 대한 체납관리비를 지급할 책임이 있다.

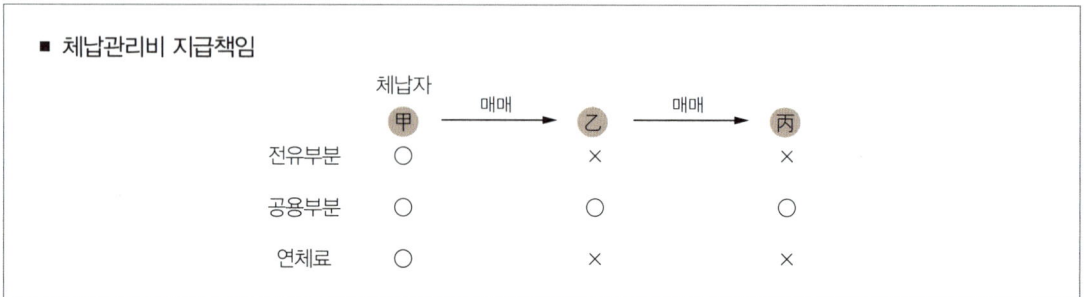

■ 체납관리비 지급책임

> **핵심단단**
>
> 1. **의무위반자에 대한 조치**: 전유부분의 사용금지청구 및 구분소유권의 경매청구는 관리단집회의 특별결의(4분의 3 이상)에 의하여 재판상으로만 행사가 가능하다.
> 2. 체납관리비 승계 여부
>   ❶ 전유부분 관리비 ⇨ 승계되지 않음
>   ❷ 공용부분 관리비 ⇨ 승계 가능
>   ❸ 공용부분 관리비의 연체료 ⇨ 승계되지 않음

기본문제와 완성문제로 단단기출

01 개업공인중개사가 아파트를 매수하려는 의뢰인에게 「집합건물의 소유 및 관리에 관한 법률」의 내용에 관하여 설명한 것으로 옳은 것은? 제33회

① 전유부분이 속하는 1동의 건물의 설치 또는 보존의 흠으로 인하여 다른 자에게 손해를 입힌 경우, 그 흠은 공용부분에 존재하는 것으로 추정한다.
② 구분소유자는 그 전유부분을 개량하기 위하여 필요한 범위에서 다른 구분소유자의 전유부분의 사용을 청구할 수 없다.
③ 공용부분의 공유자가 공용부분에 관하여 다른 공유자에 대하여 가지는 채권은 그 특별승계인에 대하여 행사할 수 없다.
④ 대지 위에 구분소유권의 목적인 건물이 속하는 1동의 건물이 있을 때에는 그 대지의 공유자는 그 건물 사용에 필요한 범위의 대지에 대하여 분할을 청구할 수 있다.
⑤ 공용부분에 대한 공유자의 지분은 그가 가지는 전유부분의 처분에 따르지 않는다.

> 키워드 「집합건물의 소유 및 관리에 관한 법률」
> 난이도
> 해설 ② 구분소유자는 그 전유부분이나 공용부분을 보존하거나 개량하기 위하여 필요한 범위에서 다른 구분소유자의 전유부분 또는 자기의 공유에 속하지 아니하는 공용부분의 사용을 청구할 수 있다.
> ③ 공유자가 공용부분에 관하여 다른 공유자에 대하여 가지는 채권은 그 특별승계인에 대하여도 행사할 수 있다.
> ④ 대지 위에 구분소유권의 목적인 건물이 속하는 1동의 건물이 있을 때에는 그 대지의 공유자는 그 건물 사용에 필요한 범위의 대지에 대하여 분할을 청구하지 못한다.
> ⑤ 공용부분에 대한 공유자의 지분은 그가 가지는 전유부분의 처분에 따른다. 즉, 공용부분은 그의 전유부분의 처분에 따르고, 공용부분에 대한 지분권만을 분리하여 처분할 수 없는 것이 원칙이다.

정답 01 ①

02 개업공인중개사가 집합건물의 매매를 중개하면서 설명한 내용으로 틀린 것은? (다툼이 있으면 판례에 따름)

제32회

① 아파트 지하실은 특별한 사정이 없는 한 구분소유자 전원의 공용부분으로, 따로 구분소유의 목적이 될 수 없다.
② 전유부분이 주거 용도로 분양된 경우, 구분소유자는 정당한 사유 없이 그 부분을 주거 외의 용도로 사용해서는 안 된다.
③ 구분소유자는 구조상 구분소유자 전원의 공용에 제공된 건물부분에 대한 공유지분을 그가 가지는 전유부분과 분리하여 처분할 수 없다.
④ 규약으로써 달리 정한 경우에도 구분소유자는 그가 가지는 전유부분과 분리하여 대지사용권을 처분할 수 없다.
⑤ 일부의 구분소유자만이 공용하도록 제공되는 것임이 명백한 공용부분은 그들 구분소유자의 공유에 속한다.

키워드 전유부분과 대지사용권

난이도

해설 「집합건물의 소유 및 관리에 관한 법률」 제20조 제2항의 단서에 따르면, 규약으로 달리 정한 경우에는 대지사용권은 전유부분과 분리하여 처분할 수 있다.

> 제20조 【전유부분과 대지사용권의 일체성】 ① 구분소유자의 대지사용권은 그가 가지는 전유부분의 처분에 따른다.
> ② 구분소유자는 그가 가지는 전유부분과 분리하여 대지사용권을 처분할 수 없다. 다만, 규약으로써 달리 정한 경우에는 그러하지 아니하다.
> ③ 제2항 본문의 분리처분금지는 그 취지를 등기하지 아니하면 선의(善意)로 물권을 취득한 제3자에게 대항하지 못한다.
> ④ 제2항 단서의 경우에는 제3조 제3항을 준용한다.

정답 02 ④

단타 공인중개사법령 및 중개실무

2023년 제34회
최신 기출문제

제34회 시험분석

제34회 공인중개사법령 및 중개실무는 최근 10년간의 시험 중 가장 어렵게 출제되었습니다. 최근 전세 사기 관련 피해가 늘어남에 따라 중개업에 관한 내용을 강화하는 방향으로 법이 개정되었고, 시험의 난도 또한 다소 높아졌습니다. 특히,「민법」판례를 중개실무 영역에 다수 출제하여 2차 시험만 보는 수험생은 체감 난도가 더 높았을 것으로 생각됩니다. 이러한 출제경향을 미루어 볼 때, 제35회 시험도 어렵게 출제될 것으로 예상됩니다.

2023년 제34회 최신 기출문제

01 공인중개사법령상 금지되는 행위를 모두 고른 것은? (단, 다른 법령의 규정은 고려하지 않음)

> ㉠ 법인인 개업공인중개사가 중개업과 함께 주택의 분양대행을 겸업하는 행위
> ㉡ 다른 사람의 중개사무소등록증을 양수하여 이를 사용하는 행위
> ㉢ 공인중개사로 하여금 그의 공인중개사자격증을 다른 사람에게 대여하도록 알선하는 행위

① ㉡
② ㉠, ㉡
③ ㉠, ㉢
④ ㉡, ㉢
⑤ ㉠, ㉡, ㉢

키워드 법인의 겸업가능 범위

난이도

해설 ㉡ 누구든지 다른 사람의 성명 또는 상호를 사용하여 중개업무를 하거나 다른 사람의 중개사무소등록증을 양수 또는 대여받아 이를 사용하는 행위를 하여서는 아니 된다. 이를 위반한 자는 등록이 취소되고, 1년 이하의 징역 또는 1천만원 이하의 벌금형에 처해진다.
㉢ 공인중개사는 다른 사람에게 자기의 성명을 사용하여 중개업무를 하게 하거나 자기의 공인중개사자격증을 양도 또는 대여하여서는 아니 된다. 이를 위반한 자는 자격이 취소되고 1년 이하의 징역이나 1천만원 이하의 벌금형에 처해진다. 또한 누구든지 자격증의 양도 또는 대여를 알선하여서는 아니 된다.
㉠ 법 제14조 겸업내용에 의하면 법인인 개업공인중개사는 상업용 건축물 및 주택의 분양대행업무를 할 수 있으므로 중개업과 함께 주택의 분양대행을 겸업하는 행위는 금지되는 행위에 해당하지 않는다.

정답 01 ④

02 공인중개사법령상 공인중개사 정책심의위원회(이하 '위원회'라 함)에 관한 설명으로 틀린 것은?

① 위원은 위원장이 임명하거나 위촉한다.
② 심의사항에는 중개보수 변경에 관한 사항이 포함된다.
③ 위원회에서 심의한 사항 중 공인중개사의 자격취득에 관한 사항의 경우 시·도지사는 이에 따라야 한다.
④ 위원장 1명을 포함하여 7명 이상 11명 이내의 위원으로 구성한다.
⑤ 위원이 속한 법인이 해당 안건의 당사자의 대리인이었던 경우 그 위원은 위원회의 심의·의결에서 제척된다.

키워드 공인중개사 정책심의위원회
난이도 ■■□□
해설 심의위원회 위원장은 국토교통부 제1차관이 되고, 위원은 국토교통부장관이 임명하거나 위촉한다.

03 공인중개사법령상 용어에 관한 설명으로 옳은 것은?

① 중개대상물을 거래당사자 간에 교환하는 행위는 '중개'에 해당한다.
② 다른 사람의 의뢰에 의하여 중개를 하는 경우는 그에 대한 보수를 받지 않더라도 '중개업'에 해당한다.
③ 개업공인중개사인 법인의 임원으로서 공인중개사인 자가 중개업무를 수행하는 경우에는 '개업공인중개사'에 해당한다.
④ 공인중개사가 개업공인중개사에 소속되어 개업공인중개사의 중개업무와 관련된 단순한 업무를 보조하는 경우에는 '중개보조원'에 해당한다.
⑤ 공인중개사자격을 취득한 자는 중개사무소의 개설등록 여부와 관계없이 '공인중개사'에 해당한다.

키워드 용어의 정의
난이도 ■■□□
해설 ① 중개대상물을 거래당사자 간에 교환하는 행위를 알선하는 것이 '중개'에 해당한다.
② '중개업'이란 다른 사람의 의뢰에 의하여 일정한 보수를 받고 중개를 업으로 하는 행위를 말한다. 따라서 다른 사람의 의뢰에 의하여 중개를 하는 경우 그에 대한 보수를 받지 않았다면 이는 '중개업'에 해당하지 않는다.
③ 개업공인중개사인 법인의 임원으로서 공인중개사인 자가 중개업무를 수행하는 경우에는 '소속공인중개사'에 해당한다.
④ 공인중개사가 아닌 자로서 개업공인중개사에 소속되어 개업공인중개사의 중개업무와 관련된 단순한 업무를 보조하는 경우에는 '중개보조원'에 해당한다.

정답 02 ① 03 ⑤

04 공인중개사법령상 중개사무소의 설치에 관한 설명으로 <u>틀린</u> 것은?

① 개업공인중개사는 그 등록관청의 관할구역 안에 1개의 중개사무소만을 둘 수 있다.
② 개업공인중개사는 이동이 용이한 임시 중개시설물을 설치하여서는 아니 된다.
③ 주된 사무소의 소재지가 속한 군에는 분사무소를 설치할 수 없다.
④ 법인이 아닌 개업공인중개사가 그 관할구역 외의 지역에 분사무소를 설치하기 위해서는 등록관청에 신고하여야 한다.
⑤ 분사무소 설치신고를 받은 등록관청은 그 신고내용이 적합한 경우에는 신고확인서를 교부하여야 한다.

키워드 분사무소의 설치
난이도
해설 법인인 개업공인중개사는 대통령령으로 정하는 기준과 절차에 따라 등록관청에 신고하고, 그 관할구역 외의 지역에 분사무소를 둘 수 있다. 법인(중개법인뿐만 아니라 특수법인도 포함)은 분사무소를 설치할 수 있으나, 개인인 개업공인중개사에게는 분사무소 설치가 허용되지 않는다.

05 공인중개사법령상 법인의 중개사무소 개설등록의 기준으로 <u>틀린</u> 것은? (단, 다른 법령의 규정은 고려하지 않음)

① 대표자는 공인중개사일 것
② 대표자를 포함한 임원 또는 사원(합명회사 또는 합자회사의 무한책임사원을 말함)의 3분의 1 이상은 공인중개사일 것
③ 「상법」상 회사인 경우 자본금은 5천만원 이상일 것
④ 대표자, 임원 또는 사원(합명회사 또는 합자회사의 무한책임사원을 말함) 전원이 실무교육을 받았을 것
⑤ 분사무소를 설치하려는 경우 분사무소의 책임자가 실무교육을 받았을 것

키워드 법인의 등록기준
난이도
해설 법인의 등록기준으로 대표자는 공인중개사이어야 하며, 대표자를 제외한 임원 또는 사원(합명회사 또는 합자회사의 무한책임사원을 말함)의 3분의 1 이상은 공인중개사이어야 한다.

정답 04 ④ 05 ②

06

공인중개사법령상 중개대상물에 해당하는 것을 모두 고른 것은? (다툼이 있으면 판례에 따름)

> ㉠ 근저당권이 설정되어 있는 피담보채권
> ㉡ 아직 완성되기 전이지만 동·호수가 특정되어 분양계약이 체결된 아파트
> ㉢ 「입목에 관한 법률」에 따른 입목
> ㉣ 점포 위치에 따른 영업상의 이점 등 무형의 재산적 가치

① ㉠, ㉣
② ㉡, ㉢
③ ㉡, ㉣
④ ㉠, ㉡, ㉢
⑤ ㉠, ㉢, ㉣

키워드 중개대상물

난이도

해설 ㉠ 근저당권이 설정되어 있는 피담보채권은 중개대상물에 해당하지 않는다.
㉣ 거래처, 신용 또는 점포 위치에 따른 영업상의 이점 등 무형물은 권리금의 형태로 거래되므로 중개대상물에 해당하지 않는다.

07

공인중개사법령상 개업공인중개사의 고용인에 관한 설명으로 옳은 것은?

① 중개보조원의 업무상 행위는 그를 고용한 개업공인중개사의 행위로 보지 아니한다.
② 소속공인중개사를 고용하려는 개업공인중개사는 고용 전에 미리 등록관청에 신고해야 한다.
③ 개업공인중개사는 중개보조원과의 고용관계가 종료된 때에는 고용관계가 종료된 날부터 10일 이내에 등록관청에 신고하여야 한다.
④ 개업공인중개사가 소속공인중개사의 고용신고를 할 때에는 해당 소속공인중개사의 실무교육 수료확인증을 제출하여야 한다.
⑤ 개업공인중개사는 외국인을 중개보조원으로 고용할 수 없다.

키워드 고용인

난이도

해설 ① 소속공인중개사 또는 중개보조원의 업무상 행위는 그를 고용한 개업공인중개사의 행위로 본다.
② 개업공인중개사는 소속공인중개사 또는 중개보조원을 고용한 경우에는 업무개시 전까지 등록관청에 신고(전자문서에 의한 신고 포함)하여야 한다.
④ 고용신고를 받은 등록관청은 결격사유 해당 여부와 실무교육 수료 여부를 확인하여야 한다(규칙 제8조 제3항). 따라서 별도로 실무교육 수료확인증을 제출하지 않아도 된다.
⑤ 개업공인중개사는 외국인도 중개보조원으로 고용할 수 있다.

정답 06 ② 07 ③

08 공인중개사법령상 중개사무소의 개설등록을 위한 제출서류에 관한 설명으로 **틀린** 것은?

① 공인중개사자격증 사본을 제출하여야 한다.
② 사용승인을 받았으나 건축물대장에 기재되지 아니한 건물에 중개사무소를 확보하였을 경우에는 건축물대장 기재가 지연되는 사유를 적은 서류를 제출하여야 한다.
③ 여권용 사진을 제출하여야 한다.
④ 실무교육을 위탁받은 기관이 실무교육 수료 여부를 등록관청이 전자적으로 확인할 수 있도록 조치한 경우에는 실무교육의 수료확인증 사본을 제출하지 않아도 된다.
⑤ 외국에 주된 영업소를 둔 법인의 경우에는 「상법」상 외국회사 규정에 따른 영업소의 등기를 증명할 수 있는 서류를 제출하여야 한다.

키워드 중개사무소의 개설등록

난이도

해설 「공인중개사법 시행규칙」 별지 제5호 서식(부동산중개사무소 개설등록신청서)에 의하면 시장·군수·구청장은 「공인중개사법」 제5조 제2항에 따라 공인중개사자격증을 발급한 시·도지사에게 개설등록을 하려는 자(법인의 경우에는 대표자를 포함한 공인중개사인 임원 또는 사원을 말함)의 공인중개사 자격확인을 요청하여야 하므로 별도의 공인중개사자격증 사본은 제출하지 않는다.

09 공인중개사법령상 개업공인중개사의 부동산중개업 휴업 또는 폐업에 관한 설명으로 옳은 것을 모두 고른 것은?

㉠ 분사무소의 폐업신고를 하는 경우 분사무소설치신고확인서를 첨부해야 한다.
㉡ 임신은 6개월을 초과하여 휴업할 수 있는 사유에 해당한다.
㉢ 업무정지처분을 받고 부동산중개업 폐업신고를 한 개업공인중개사는 업무정지기간이 지나지 아니하더라도 중개사무소 개설등록을 할 수 있다.

① ㉡　　　　　　　　　　　② ㉠, ㉡
③ ㉠, ㉢　　　　　　　　　④ ㉡, ㉢
⑤ ㉠, ㉡, ㉢

키워드 휴업 및 폐업

난이도

해설 ㉢ 「공인중개사법」을 위반하여 업무정지처분을 받고 폐업신고를 한 자로서 업무정지기간이 지나지 아니한 자는 결격사유에 해당하므로, 업무정지기간이 지나지 아니한 경우에는 중개사무소의 개설등록을 할 수 없다.

정답 08 ① 09 ②

10 공인중개사법령상 인장등록 등에 관한 설명으로 **틀린** 것은?

① 개업공인중개사는 중개사무소 개설등록 후에도 업무를 개시하기 전이라면 중개행위에 사용할 인장을 등록할 수 있다.
② 소속공인중개사의 인장등록은 소속공인중개사에 대한 고용신고와 같이 할 수 있다.
③ 분사무소에서 사용할 인장의 경우에는 「상업등기규칙」에 따라 법인의 대표자가 보증하는 인장을 등록할 수 있다.
④ 소속공인중개사가 등록하여야 할 인장의 크기는 가로·세로 각각 7mm 이상 30mm 이내이어야 한다.
⑤ 소속공인중개사가 등록한 인장을 변경한 경우에는 변경일부터 10일 이내에 그 변경된 인장을 등록해야 한다.

키워드 인장등록

난이도 ■■□

해설 개업공인중개사 및 소속공인중개사는 등록한 인장을 변경한 경우에는 변경일부터 7일 이내에 그 변경된 인장을 등록관청에 등록(전자문서에 의한 등록 포함)하여야 한다(규칙 제9조 제2항).

11 공인중개사법령상 개업공인중개사의 중개사무소 이전신고 등에 관한 설명으로 **틀린** 것은?

① 개업공인중개사가 중개사무소를 등록관청의 관할지역 외의 지역으로 이전한 경우에는 이전 후의 중개사무소를 관할하는 시장·군수 또는 구청장에게 신고하여야 한다.
② 개업공인중개사가 등록관청에 중개사무소의 이전사실을 신고한 경우에는 지체 없이 사무소의 간판을 철거하여야 한다.
③ 분사무소의 이전신고를 하려는 경우에는 주된 사무소의 소재지를 관할하는 등록관청에 중개사무소이전신고서를 제출해야 한다.
④ 업무정지기간 중에 있는 개업공인중개사는 중개사무소의 이전신고를 하는 방법으로 다른 개업공인중개사의 중개사무소를 공동으로 사용할 수 없다.
⑤ 공인중개사인 개업공인중개사가 중개사무소이전신고서를 제출할 때 중개사무소등록증을 첨부하지 않아도 된다.

키워드 중개사무소의 이전신고

난이도 ■■□

해설 중개사무소이전신고서를 제출할 때 중개사무소등록증을 첨부하여야 한다.

보충 개업공인중개사는 중개사무소이전신고서(별지 제12호 서식)에 다음의 서류를 첨부하여 등록관청에 제출해야 한다. 첨부할 서류는 다음과 같다(규칙 제11조 제1항).
1. 중개사무소등록증(분사무소의 경우에는 분사무소설치신고확인서를 말함)
2. 건축물대장에 기재된 건물에 중개사무소를 확보(소유·전세·임대차 또는 사용대차 등의 방법에 의하여 사용권을 확보하여야 함)하였음을 증명하는 서류. 다만, 건축물대장에 기재되지 아니한 건물에 중개사무소를 확보하였을 경우에는 건축물대장 기재가 지연되는 사유를 적은 서류도 함께 내야 한다.

정답 10 ⑤ 11 ⑤

12 공인중개사법령상 중개의뢰인 甲과 개업공인중개사 乙의 중개계약에 관한 설명으로 옳은 것은?

① 甲의 요청에 따라 乙이 일반중개계약서를 작성한 경우 그 계약서를 3년간 보존해야 한다.
② 일반중개계약은 표준이 되는 서식이 정해져 있다.
③ 전속중개계약은 법령이 정하는 계약서에 의하여야 하며, 乙이 서명 및 날인하되 소속공인중개사가 있는 경우 소속공인중개사가 함께 서명 및 날인해야 한다.
④ 전속중개계약의 유효기간은 甲과 乙이 별도로 정하더라도 3개월을 초과할 수 없다.
⑤ 전속중개계약을 체결한 甲이 그 유효기간 내에 스스로 발견한 상대방과 거래한 경우 중개보수에 해당하는 금액을 乙에게 위약금으로 지급해야 한다.

키워드 일반중개계약, 전속중개계약

난이도

해설 ① 전속중개계약서의 작성과 달리 甲의 요청에 따라 乙이 일반중개계약서를 작성한 경우 그 계약서를 일정 기간 동안 보존해야 한다는 내용은 「공인중개사법」상 규정에 없다.
③ 일반중개계약서·전속중개계약서 모두 해당 업무를 소속공인중개사가 수행한 경우라도 소속공인중개사의 서명 또는 날인, 서명 및 날인의무는 「공인중개사법」상 규정에 없다.
④ 전속중개계약의 유효기간은 甲과 乙이 별도로 정한 경우 3개월을 초과할 수 있다.
⑤ 전속중개계약을 체결한 甲이 그 유효기간 내에 스스로 발견한 상대방과 거래한 경우 중개보수의 50%에 해당하는 금액의 범위 안에서 개업공인중개사가 중개행위를 하는 경우 소요된 비용(사회통념에 비추어 상당하다고 인정되는 비용을 말함)을 지불하여야 한다.

정답 12 ②

13 부동산 거래신고 등에 관한 법령상 부동산거래계약신고서의 작성방법으로 틀린 것은?

① 관련 필지 등 기재사항이 복잡한 경우에는 다른 용지에 작성하여 간인 처리한 후 첨부한다.
② '거래대상'의 '종류' 중 '공급계약'은 시행사 또는 건축주등이 최초로 부동산을 공급(분양)하는 계약을 말한다.
③ '계약대상면적'란에는 실제 거래면적을 계산하여 적되, 집합건축물이 아닌 건축물의 경우 건축물면적은 연면적을 적는다.
④ '거래대상'의 '종류' 중 '임대주택 분양전환'은 법인이 아닌 임대주택사업자가 임대기한이 완료되어 분양전환하는 주택인 경우에 ∨표시를 한다.
⑤ 전매계약(분양권, 입주권)의 경우 '물건별 거래가격'란에는 분양가격, 발코니 확장 등 선택비용 및 추가 지급액 등을 각각 적되, 각각의 비용에 대한 부가가치세가 있는 경우 이를 포함한 금액으로 적는다.

키워드 부동산거래계약신고서

해설 「부동산 거래신고 등에 관한 법률 시행규칙」 별지 제1호 서식에 의하면 공급계약은 시행사 또는 건축주등이 최초로 부동산을 공급(분양)하는 계약을 말하며, 준공 전과 준공 후 계약 여부에 따라 ∨표시하고, '임대주택 분양전환'은 임대주택사업자(법인으로 한정)가 임대기한이 완료되어 분양전환하는 주택인 경우에 ∨표시한다. 전매는 부동산을 취득할 수 있는 권리의 매매로서, '분양권' 또는 '입주권'에 ∨표시를 한다.

14 공인중개사법령상 개업공인중개사 甲의 중개대상물 확인·설명에 관한 설명으로 틀린 것은? (다툼이 있으면 판례에 따름)

① 甲은 중개가 완성되어 거래계약서를 작성하는 때에 중개대상물 확인·설명서를 작성하여 거래당사자에게 교부해야 한다.
② 甲은 중개대상물에 근저당권이 설정된 경우, 실제의 피담보채무액을 조사·확인하여 설명할 의무가 있다.
③ 甲은 중개대상물의 범위 외의 물건이나 권리 또는 지위를 중개하는 경우에도 선량한 관리자의 주의로 권리관계 등을 조사·확인하여 설명할 의무가 있다.
④ 甲은 자기가 조사·확인하여 설명할 의무가 없는 사항이라도 중개의뢰인이 계약을 맺을지를 결정하는 데 중요한 것이라면 그에 관해 그릇된 정보를 제공해서는 안 된다.
⑤ 甲이 성실·정확하게 중개대상물의 확인·설명을 하지 않거나 설명의 근거자료를 제시하지 않은 경우 500만원 이하의 과태료 부과사유에 해당한다.

키워드 중개대상물 확인·설명의무

해설 甲은 중개대상물에 근저당권이 설정된 경우, '채권최고액'을 조사·확인하여 설명할 의무가 있다.

정답 13 ④ 14 ②

15 공인중개사법령상 공인중개사인 개업공인중개사 甲의 손해배상책임의 보장에 관한 설명으로 <u>틀린</u> 것은?

① 甲은 업무를 시작하기 전에 손해배상책임을 보장하기 위한 조치를 하여야 한다.
② 甲은 2억원 이상의 금액을 보장하는 보증보험 또는 공제에 가입하거나 공탁을 해야 한다.
③ 甲은 보증보험금·공제금 또는 공탁금으로 손해배상을 한 때에는 15일 이내에 보증보험 또는 공제에 다시 가입하거나 공탁금 중 부족하게 된 금액을 보전해야 한다.
④ 甲이 손해배상책임을 보장하기 위한 조치를 이행하지 아니하고 업무를 개시한 경우는 업무정지 사유에 해당하지 않는다.
⑤ 甲은 자기의 중개사무소를 다른 사람의 중개행위의 장소로 제공함으로써 거래당사자에게 재산상의 손해를 발생하게 한 때에는 그 손해를 배상할 책임이 있다.

키워드 업무보증설정

난이도

해설 甲이 손해배상책임을 보장하기 위한 조치를 이행하지 아니하고 업무를 개시한 경우는 법 제38조 제2항의 상대적 등록취소사유에 해당한다. 이 경우 등록취소가 부과되지 않는다면 6개월의 업무정지사유에 해당한다.

---

16 공인중개사법령상 중개사무소의 명칭 및 등록증 등의 게시에 관한 설명으로 <u>틀린</u> 것은?

① 공인중개사인 개업공인중개사는 공인중개사자격증 원본을 해당 중개사무소 안의 보기 쉬운 곳에 게시하여야 한다.
② 개업공인중개사는 「부가가치세법 시행령」에 따른 사업자등록증을 해당 중개사무소 안의 보기 쉬운 곳에 게시하여야 한다.
③ 법인인 개업공인중개사는 그 사무소의 명칭에 '공인중개사사무소' 또는 '부동산중개'라는 문자를 사용하여야 한다.
④ 법인인 개업공인중개사의 분사무소에 옥외광고물을 설치하는 경우 분사무소설치신고확인서에 기재된 책임자의 성명을 표기하여야 한다.
⑤ 법 제7638호 부칙 제6조 제2항에 따른 개업공인중개사는 그 사무소의 명칭에 '공인중개사사무소' 및 '부동산중개'라는 문자를 사용하여서는 아니 된다.

키워드 중개사무소의 명칭

난이도

해설 법 제7638호 부칙 제6조 제2항에 따른 개업공인중개사는 사무소 명칭에 '공인중개사사무소'라는 문자를 사용하여서는 아니 된다(부칙 제6조 제3항). 따라서 '부동산중개'라는 문자를 사용하여야 한다.

정답 15 ④ 16 ⑤

17 공인중개사법령상 개업공인중개사등의 교육 등에 관한 설명으로 옳은 것은?

① 폐업신고 후 400일이 지난 날 중개사무소의 개설등록을 다시 신청하려는 자는 실무교육을 받지 않아도 된다.
② 중개보조원의 직무수행에 필요한 직업윤리에 대한 교육시간은 5시간이다.
③ 시·도지사는 연수교육을 실시하려는 경우 실무교육 또는 연수교육을 받은 후 2년이 되기 2개월 전까지 연수교육의 일시·장소·내용 등을 대상자에게 통지하여야 한다.
④ 부동산중개 및 경영실무에 대한 교육시간은 36시간이다.
⑤ 시·도지사가 부동산거래사고 예방을 위한 교육을 실시하려는 경우에는 교육일 7일 전까지 교육일시·교육장소 및 교육내용을 교육대상자에게 통지하여야 한다.

키워드 실무교육, 연수교육, 직무교육

난이도

해설 ① 폐업신고 후 1년 이내에 중개사무소의 개설등록을 다시 신청하려는 자는 실무교육을 이수하지 않아도 된다. 따라서 폐업신고 후 400일이 지난 날 중개사무소의 개설등록을 다시 신청하려는 자는 실무교육을 받아야 한다.
② 중개보조원의 직무수행에 필요한 직업윤리에 대한 직무교육시간은 3시간 이상 4시간 이내이므로 5시간은 틀린 지문이 된다.
④ 부동산중개 및 경영실무에 대한 교육은 실무교육과 연수교육의 내용이다. 이 경우 실무교육이라면 28시간 이상 32시간 이내로 하며, 연수교육이라면 12시간 이상 16시간 이내로 한다. 따라서 36시간은 실무교육과 연수교육에 모두 해당하지 않으므로 틀린 지문이 된다.
⑤ 국토교통부장관, 시·도지사 및 등록관청은 부동산거래질서를 확립하고, 부동산거래사고로 인한 피해를 방지하기 위하여 부동산거래사고 예방을 위한 교육을 실시하려는 경우에는 교육일 10일 전까지 교육일시·교육장소 및 교육내용 그 밖에 교육에 필요한 사항을 공고하거나 교육대상자에게 통지하여야 한다.

정답 17 ③

18 공인중개사법령상 계약금등을 예치하는 경우 예치명의자가 될 수 있는 자를 모두 고른 것은?

> ㉠ 「보험업법」에 따른 보험회사
> ㉡ 「자본시장과 금융투자업에 관한 법률」에 따른 투자중개업자
> ㉢ 「자본시장과 금융투자업에 관한 법률」에 따른 신탁업자
> ㉣ 「한국지방재정공제회법」에 따른 한국지방재정공제회

① ㉠
② ㉠, ㉢
③ ㉠, ㉡, ㉢
④ ㉡, ㉢, ㉣
⑤ ㉠, ㉡, ㉢, ㉣

키워드 예치명의자

난이도

해설 「공인중개사법」상 예치명의자가 될 수 있는 자는 다음에 규정된 자로 한정되어 있다(법 제31조 제1항, 영 제27조 제1항).
1. 개업공인중개사
2. 「은행법」에 따른 은행
3. 「보험업법」에 따른 보험회사(㉠)
4. 「자본시장과 금융투자업에 관한 법률」에 따른 신탁업자(㉢)
5. 「우체국예금·보험에 관한 법률」에 따른 체신관서
6. 법 제42조의 규정에 따라 공제사업을 하는 자
7. 부동산거래계약의 이행을 보장하기 위하여 계약금·중도금 또는 잔금(이하 '계약금등'이라 함) 및 계약 관련 서류를 관리하는 업무를 수행하는 전문회사

정답 18 ②

19 공인중개사법령상 규정 위반으로 과태료가 부과되는 경우 과태료 부과기준에서 정하는 금액이 가장 적은 경우는?

① 휴업한 중개업의 재개신고를 하지 않은 경우
② 중개사무소등록증을 게시하지 않은 경우
③ 중개사무소의 이전신고를 하지 않은 경우
④ 연수교육을 정당한 사유 없이 받지 않은 기간이 50일인 경우
⑤ 손해배상책임의 보장에 관한 사항을 설명하지 않은 경우

키워드 행정질서벌(과태료)

난이도 ■■■□□

해설 「공인중개사법 시행령」 별표 2에 의하면 과태료 금액은 다음과 같다.
① 휴업한 중개업의 재개신고를 하지 않은 경우: 20만원
② 중개사무소등록증을 게시하지 않은 경우: 30만원
③ 중개사무소의 이전신고를 하지 않은 경우: 30만원
④ 연수교육을 정당한 사유 없이 받지 않은 기간이 50일인 경우: 30만원
⑤ 손해배상책임의 보장에 관한 사항을 설명하지 않은 경우: 30만원

정답 19 ①

20

A시에 중개사무소를 둔 개업공인중개사가 A시에 소재하는 주택(부속토지 포함)에 대하여 아래와 같이 매매와 임대차계약을 동시에 중개하였다. 공인중개사법령상 개업공인중개사가 甲으로부터 받을 수 있는 중개보수의 최고한도액은?

【계약에 관한 사항】

1. 계약당사자: 甲(매도인, 임차인)과 乙(매수인, 임대인)
2. 매매계약
   1) 매매대금: 2억 5천만원
   2) 매매계약에 대하여 합의된 중개보수: 160만원
3. 임대차계약
   1) 임대보증금: 1천만원
   2) 월차임: 30만원
   3) 임대기간: 2년

【A시 중개보수 조례 기준】

1. 거래금액 2억원 이상 9억원 미만(매매·교환): 상한요율 0.4%
2. 거래금액 5천만원 미만(임대차 등): 상한요율 0.5%(한도액 20만원)

① 100만원 ② 115만 5천원
③ 120만원 ④ 160만원
⑤ 175만 5천원

> **키워드** 중개보수의 계산
>
> **난이도**
>
> **해설** 계약당사자, 즉 매매계약의 당사자와 임대차계약의 당사자가 동일하므로 매매계약에 관한 거래금액만을 적용하면 된다. 따라서 매매대금이 2억 5천만원이고 중개보수요율이 0.4%이므로 2억 5천만원 × 0.4% = 100만원이 된다.

정답 20 ①

21 공인중개사법령상 소속공인중개사에게 금지되는 행위를 모두 고른 것은?

㉠ 공인중개사 명칭을 사용하는 행위
㉡ 중개대상물에 대한 표시·광고를 하는 행위
㉢ 중개대상물의 매매를 업으로 하는 행위
㉣ 시세에 부당한 영향을 줄 목적으로 온라인 커뮤니티 등을 이용하여 특정 가격 이하로 중개를 의뢰하지 아니하도록 유도함으로써 개업공인중개사의 업무를 방해하는 행위

① ㉠, ㉡
② ㉡, ㉣
③ ㉢, ㉣
④ ㉡, ㉢, ㉣
⑤ ㉠, ㉡, ㉢, ㉣

키워드 금지행위

난이도

해설 ㉡ 개업공인중개사의 의무사항이며, 소속공인중개사에게는 금지되는 행위에 해당한다.
㉢㉣ 「공인중개사법」 제33조의 금지행위에 해당하며, 이는 개업공인중개사등(개업공인중개사, 소속공인중개사, 중개보조원 및 개업공인중개사인 법인의 임원·사원)에게 적용된다. 따라서 소속공인중개사에게 금지되는 행위에 해당한다.

정답 21 ④

22 공인중개사법령상 소속공인중개사의 규정 위반행위 중 자격정지 기준이 6개월에 해당하는 것을 모두 고른 것은?

> ㉠ 2 이상의 중개사무소에 소속된 경우
> ㉡ 거래계약서에 서명·날인을 하지 아니한 경우
> ㉢ 등록하지 아니한 인장을 사용한 경우
> ㉣ 확인·설명의 근거자료를 제시하지 아니한 경우

① ㉠
② ㉠, ㉢
③ ㉡, ㉢
④ ㉠, ㉡, ㉣
⑤ ㉡, ㉢, ㉣

키워드 자격정지

난이도

해설 자격정지기간이 6개월에 해당하는 것은 ㉠이다. 나머지는 3개월에 해당하는 사유이다.

보충 자격정지기간은 다음과 같다.
1. 둘 이상의 중개사무소에 소속된 경우 – 6개월
2. 인장등록을 하지 아니하거나 등록하지 아니한 인장을 사용한 경우 – 3개월(㉢)
3. 성실·정확하게 중개대상물의 확인·설명을 하지 아니하거나 설명의 근거자료를 제시하지 아니한 경우 – 3개월(㉣)
4. 해당 중개업무를 수행한 경우 중개대상물 확인·설명서에 서명 및 날인을 하지 아니한 경우 – 3개월
5. 해당 중개업무를 수행한 경우 거래계약서에 서명 및 날인을 하지 아니한 경우 – 3개월(㉡)
6. 거래계약서에 거래금액 등 거래내용을 거짓으로 기재하거나 서로 다른 둘 이상의 거래계약서를 작성한 경우 – 6개월
7. 법 제33조 제1항에 규정된 금지행위를 한 경우 – 6개월

정답 22 ①

23 공인중개사법령상 행정제재처분효과의 승계 등에 관한 설명으로 옳은 것은?

① 폐업신고한 개업공인중개사의 중개사무소에 다른 개업공인중개사가 중개사무소를 개설등록한 경우 그 지위를 승계한다.
② 중개대상물에 관한 정보를 거짓으로 공개한 사유로 행한 업무정지처분의 효과는 그 처분에 대한 불복기간이 지난 날부터 1년간 다시 중개사무소의 개설등록을 한 자에게 승계된다.
③ 폐업신고 전의 위반행위에 대한 행정처분이 업무정지에 해당하는 경우로서 폐업기간이 6개월인 경우 재등록 개업공인중개사에게 그 위반행위에 대해서 행정처분을 할 수 없다.
④ 재등록 개업공인중개사에 대하여 폐업신고 전의 업무정지에 해당하는 위반행위를 이유로 행정처분을 할 때 폐업기간과 폐업의 사유는 고려하지 않는다.
⑤ 개업공인중개사가 2022.4.1. 과태료 부과처분을 받은 후 폐업신고를 하고 2023.3.2. 다시 중개사무소의 개설등록을 한 경우 그 처분의 효과는 승계된다.

키워드 행정제재처분효과의 승계

난이도

해설 ① 폐업신고한 개업공인중개사의 중개사무소에 다른 개업공인중개사가 중개사무소를 개설등록한 경우 그 지위는 승계되지 않는다.
② 중개대상물에 관한 정보를 거짓으로 공개한 사유로 행한 업무정지처분의 효과는 그 처분일로부터 1년간 다시 중개사무소의 개설등록을 한 자에게 승계된다.
③ 폐업신고 전의 위반행위에 대한 행정처분이 업무정지에 해당하는 경우로서 폐업기간이 6개월인 경우 재등록 개업공인중개사에게 그 위반행위에 대해서 행정처분을 할 수 있다.
④ 재등록 개업공인중개사에 대하여 폐업신고 전의 업무정지에 해당하는 위반행위를 이유로 행정처분을 할 때 폐업기간과 폐업의 사유 등을 고려하여야 한다.

정답 23 ⑤

24 공인중개사법령상 공인중개사의 자격취소 등에 관한 설명으로 틀린 것은?

① 공인중개사의 자격취소처분은 청문을 거쳐 중개사무소의 개설등록증을 교부한 시·도지사가 행한다.
② 공인중개사가 자격정지처분을 받은 기간 중에 법인인 개업공인중개사의 임원이 되는 경우 시·도지사는 그 자격을 취소하여야 한다.
③ 자격취소처분을 받아 공인중개사자격증을 반납하려는 자는 그 처분을 받은 날부터 7일 이내에 반납해야 한다.
④ 시·도지사는 공인중개사의 자격취소처분을 한 때에는 5일 이내에 이를 국토교통부장관과 다른 시·도지사에게 통보해야 한다.
⑤ 분실로 인하여 공인중개사자격증을 반납할 수 없는 자는 자격증 반납을 대신하여 그 이유를 기재한 사유서를 시·도지사에게 제출하여야 한다.

키워드 자격취소
난이도
해설 공인중개사의 자격취소처분은 청문을 거쳐 공인중개사자격증을 교부한 시·도지사가 행한다.

25 공인중개사법령상 공인중개사협회(이하 '협회'라 함) 및 공제사업에 관한 설명으로 옳은 것은?

① 협회는 총회의 의결내용을 10일 이내에 시·도지사에게 보고하여야 한다.
② 협회는 매 회계연도 종료 후 3개월 이내에 공제사업 운용실적을 일간신문에 공시하거나 협회의 인터넷 홈페이지에 게시해야 한다.
③ 협회의 창립총회를 개최할 경우 특별자치도에서는 10인 이상의 회원이 참여하여야 한다.
④ 공제규정에는 책임준비금의 적립비율을 공제료 수입액의 100분의 5 이상으로 정한다.
⑤ 협회는 공제사업을 다른 회계와 구분하여 별도의 회계로 관리하여야 한다.

키워드 공인중개사협회
난이도
해설 ① 협회는 총회의 의결내용을 지체 없이 국토교통부장관에게 보고하여야 한다.
② 협회는 매 회계연도 종료 후 3개월 이내에 공제사업 운용실적을 일간신문 또는 협회보에 공시하고 협회의 인터넷 홈페이지에 게시해야 한다.
③ 창립총회에는 서울특별시에서는 100인 이상, 광역시·도 및 특별자치도에서는 각각 20인 이상의 회원이 참여하여야 한다.
④ 책임준비금의 적립비율은 공제사고 발생률 및 공제금 지급액 등을 종합적으로 고려하여 정하되, 공제료 수입액의 100분의 10 이상으로 정한다.

정답 24 ① 25 ⑤

26 공인중개사법령상 중개대상물 확인·설명서[I](주거용 건축물)의 작성방법으로 옳은 것을 모두 고른 것은?

㉠ 임대차의 경우 '취득 시 부담할 조세의 종류 및 세율'은 적지 않아도 된다.
㉡ '환경조건'은 중개대상물에 대해 개업공인중개사가 매도(임대)의뢰인에게 자료를 요구하여 확인한 사항을 적는다.
㉢ 중개대상물에 법정지상권이 있는지 여부는 '실제 권리관계 또는 공시되지 않은 물건의 권리사항'란에 개업공인중개사가 직접 확인한 사항을 적는다.

① ㉠
② ㉠, ㉡
③ ㉠, ㉢
④ ㉡, ㉢
⑤ ㉠, ㉡, ㉢

키워드 중개대상물 확인·설명서[I]

난이도

해설 ㉢ 실제 권리관계 또는 공시되지 않은 물건의 권리사항은 매도(임대)의뢰인이 고지한 사항(법정지상권, 유치권, 주택임대차보호법에 따른 임대차, 토지에 부착된 조각물 및 정원수, 계약 전 소유권 변동 여부, 도로의 점용허가 여부 및 권리·의무 승계대상 여부 등)을 적는다.

정답 26 ②

27 「공인중개사의 매수신청대리인 등록 등에 관한 규칙」에 따른 개업공인중개사의 매수신청대리에 관한 설명으로 옳은 것은? (다툼이 있으면 판례에 따름)

① 미등기건물은 매수신청대리의 대상물이 될 수 없다.
② 공유자의 우선매수신고에 따라 차순위매수신고인으로 보게 되는 경우 그 차순위매수신고인의 지위를 포기하는 행위는 매수신청대리권의 범위에 속하지 않는다.
③ 소속공인중개사도 매수신청대리인으로 등록할 수 있다.
④ 매수신청대리인이 되려면 관할 지방자치단체의 장에게 매수신청대리인 등록을 하여야 한다.
⑤ 개업공인중개사는 매수신청대리행위를 함에 있어서 매각장소 또는 집행법원에 직접 출석하여야 한다.

키워드 「공인중개사의 매수신청대리인 등록 등에 관한 규칙」

난이도

해설 ① 미등기건물은 매수신청대리의 대상물이 될 수 있다.
② 공유자의 우선매수신고에 따라 차순위매수신고인으로 보게 되는 경우 그 차순위매수신고인의 지위를 포기하는 행위는 매수신청대리권의 범위에 속한다.
③ 소속공인중개사는 매수신청대리인으로 등록할 수 없다. 매수신청대리인으로 등록할 수 있는 자는 법인인 개업공인중개사, 공인중개사인 개업공인중개사이다.
④ 매수신청대리인이 되고자 하는 개업공인중개사는 중개사무소(중개법인의 경우에는 주된 중개사무소를 말함)가 있는 곳을 관할하는 지방법원의 장에게 매수신청대리인 등록을 하여야 한다.

정답 27 ⑤

28

부동산 거래신고 등에 관한 법령상 토지거래계약을 허가받은 자가 그 토지를 허가받은 목적대로 이용하지 않을 수 있는 예외사유가 아닌 것은? (단, 그 밖의 사유로 시·군·구도시계획위원회가 인정한 경우는 고려하지 않음)

① 「건축법 시행령」에 따른 제1종 근린생활시설인 건축물을 취득하여 실제로 이용하는 자가 해당 건축물의 일부를 임대하는 경우
② 「건축법 시행령」에 따른 단독주택 중 다중주택인 건축물을 취득하여 실제로 이용하는 자가 해당 건축물의 일부를 임대하는 경우
③ 「산업집적활성화 및 공장설립에 관한 법률」에 따른 공장을 취득하여 실제로 이용하는 자가 해당 공장의 일부를 임대하는 경우
④ 「건축법 시행령」에 따른 제2종 근린생활시설인 건축물을 취득하여 실제로 이용하는 자가 해당 건축물의 일부를 임대하는 경우
⑤ 「건축법 시행령」에 따른 공동주택 중 다세대주택인 건축물을 취득하여 실제로 이용하는 자가 해당 건축물의 일부를 임대하는 경우

키워드 토지거래허가

해설 「건축법 시행령」에 따른 단독주택(다중주택 및 공관은 제외함)을 취득하여 실제로 이용하는 자가 해당 건축물의 일부를 임대하는 경우는 허가목적대로 이용하지 않아도 된다.

정답 28 ②

29 甲이 서울특별시에 있는 자기 소유의 주택에 대해 임차인 乙과 보증금 3억원의 임대차계약을 체결하는 경우, 「부동산 거래신고 등에 관한 법률」에 따른 신고에 관한 설명으로 옳은 것을 모두 고른 것은? (단, 甲과 乙은 자연인임)

> ㉠ 보증금이 증액되면 乙이 단독으로 신고해야 한다.
> ㉡ 乙이 「주민등록법」에 따라 전입신고를 하는 경우 주택임대차계약의 신고를 한 것으로 본다.
> ㉢ 임대차계약서를 제출하면서 신고를 하고 접수가 완료되면 「주택임대차보호법」에 따른 확정일자가 부여된 것으로 본다.

① ㉠
② ㉡
③ ㉠, ㉡
④ ㉡, ㉢
⑤ ㉠, ㉡, ㉢

키워드 주택임대차계약의 신고

난이도

해설 ㉠ 임대차계약당사자는 주택(주택임대차보호법 제2조에 따른 주택을 말하며, 주택을 취득할 수 있는 권리를 포함함. 이하 같음)에 대하여 보증금이 6천만원을 초과하거나 월차임이 30만원을 초과하는 주택임대차계약(계약을 갱신하는 경우로서 보증금 및 차임의 증감 없이 임대차 기간만 연장하는 계약은 제외함)을 체결한 경우 임대차계약의 체결일부터 30일 이내에 주택 소재지를 관할하는 신고관청에 공동으로 신고하여야 한다. 따라서 보증금이 증액된 경우 공동으로 신고하여야 한다.

30 개업공인중개사가 묘지를 설치하고자 토지를 매수하려는 중개의뢰인에게 장사 등에 관한 법령에 관하여 설명한 내용으로 틀린 것은?

① 가족묘지는 가족당 1개소로 제한하되, 그 면적은 100m² 이하여야 한다.
② 개인묘지란 1기의 분묘 또는 해당 분묘에 매장된 자와 배우자 관계였던 자의 분묘를 같은 구역 안에 설치하는 묘지를 말한다.
③ 법인묘지에는 폭 4m 이상의 도로와 그 도로로부터 각 분묘로 통하는 충분한 진출입로를 설치하여야 한다.
④ 화장한 유골을 매장하는 경우 매장 깊이는 지면으로부터 30cm 이상이어야 한다.
⑤ 「민법」에 따라 설립된 사단법인은 법인묘지의 설치 허가를 받을 수 없다.

키워드 「장사 등에 관한 법률」

난이도

해설 「장사 등에 관한 법률」에 의하면 법인묘지에는 폭 5m 이상의 도로와 그 도로로부터 각 분묘로 통하는 충분한 진출입로를 설치하고, 주차장을 마련하여야 한다.

정답 29 ④ 30 ③

31 부동산 거래신고 등에 관한 법령상 부동산 매매계약의 거래신고에 관한 설명으로 **틀린** 것은? (단, 거래당사자는 모두 자연인이고, 공동중개는 고려하지 않음)

① 신고할 때는 실제 거래가격을 신고해야 한다.
② 거래당사자 간 직접 거래의 경우 매도인이 거래신고를 거부하면 매수인이 단독으로 신고할 수 있다.
③ 거래신고 후에 매도인이 매매계약을 취소하면 매도인이 단독으로 취소를 신고해야 한다.
④ 개업공인중개사가 매매계약의 거래계약서를 작성·교부한 경우에는 그 개업공인중개사가 신고를 해야 한다.
⑤ 개업공인중개사가 매매계약을 신고한 경우에 그 매매계약이 해제되면 그 개업공인중개사가 해제를 신고할 수 있다.

키워드 부동산거래신고

난이도

해설 거래당사자는 부동산거래신고를 한 후 해당 거래계약이 해제, 무효 또는 취소(이하 '해제등'이라 함)된 경우 해제등이 확정된 날부터 30일 이내에 해당 신고관청에 공동으로 신고하여야 한다.

32 매수신청대리인으로 등록한 개업공인중개사가 X부동산에 대한 「민사집행법」상 경매절차에서 매수신청대리의 위임인에게 설명한 내용으로 **틀린** 것은? (다툼이 있으면 판례에 따름)

① 최선순위의 전세권자는 배당요구 없이도 우선변제를 받을 수 있으며, 이때 전세권은 매각으로 소멸한다.
② X부동산에 대한 경매개시결정의 기입등기 전에 유치권을 취득한 자는 경매절차의 매수인에게 자기의 유치권으로 대항할 수 있다.
③ 최선순위의 지상권은 경매절차의 매수인이 인수한다.
④ 후순위 저당권자의 신청에 의한 경매라 하여도 선순위 저당권자의 저당권은 매각으로 소멸한다.
⑤ 집행법원은 배당요구의 종기를 첫 매각기일 이전으로 정한다.

키워드 경매절차

난이도

해설 최선순위 전세권자가 배당요구를 하면 우선변제를 받을 수 있다. 이 경우 배당받은 전세권은 매각으로 인해 소멸하게 된다. 따라서 우선변제를 받으려면 배당요구를 하여야 한다.

정답 31 ③ 32 ①

33 부동산 거래신고 등에 관한 법령상 국내 토지를 외국인이 취득하는 것에 관한 설명이다. ( )에 들어갈 숫자로 옳은 것은? (단, 상호주의에 따른 제한은 고려하지 않음)

> - 외국인이 토지를 매수하는 계약을 체결하면 계약체결일부터 (㉠)일 이내에 신고해야 한다.
> - 외국인이 토지를 증여받는 계약을 체결하면 계약체결일부터 (㉡)일 이내에 신고해야 한다.
> - 외국인이 토지를 상속받으면 취득일부터 (㉢)개월 이내에 신고해야 한다.

① ㉠: 30, ㉡: 30, ㉢: 3
② ㉠: 30, ㉡: 30, ㉢: 6
③ ㉠: 30, ㉡: 60, ㉢: 6
④ ㉠: 60, ㉡: 30, ㉢: 3
⑤ ㉠: 60, ㉡: 60, ㉢: 6

키워드 외국인등의 부동산 취득

해설
- 외국인이 토지를 매수하는 계약을 체결하면 계약체결일부터 (㉠ 30)일 이내에 신고해야 한다.
  ⇨ 외국인등이 매매계약을 체결한 경우 부동산거래신고대상이며, 이 경우 계약체결일부터 30일 이내에 신고해야 한다.
- 외국인이 토지를 증여받는 계약을 체결하면 계약체결일부터 (㉡ 60)일 이내에 신고해야 한다.
  ⇨ 외국인등이 대한민국 안의 부동산등을 취득하는 계약(부동산거래신고대상 계약을 한 경우는 제외)을 체결하였을 때에는 계약체결일부터 60일 이내에 신고관청에 신고해야 한다.
- 외국인이 토지를 상속받으면 취득일부터 (㉢ 6)개월 이내에 신고해야 한다.
  ⇨ 외국인등이 상속·경매 그 밖에 대통령령으로 정하는 계약 외의 원인으로 대한민국 안의 부동산등을 취득한 때에는 부동산등을 취득한 날부터 6개월 이내에 신고관청에 신고해야 한다.

정답 33 ③

34 부동산 거래신고 등에 관한 법령상 토지거래허가구역 내의 토지매매에 관한 설명으로 옳은 것을 모두 고른 것은? (단, 법령상 특례는 고려하지 않으며, 다툼이 있으면 판례에 따름)

> ㉠ 허가를 받지 아니하고 체결한 매매계약은 그 효력이 발생하지 않는다.
> ㉡ 허가를 받기 전에 당사자는 매매계약상 채무불이행을 이유로 계약을 해제할 수 있다.
> ㉢ 매매계약의 확정적 무효에 일부 귀책사유가 있는 당사자도 그 계약의 무효를 주장할 수 있다.

① ㉠
② ㉡
③ ㉠, ㉢
④ ㉡, ㉢
⑤ ㉠, ㉡, ㉢

키워드 토지거래허가구역

난이도

해설 ㉢ 토지거래허가를 받지 아니하여 유동적 무효상태에 있는 계약이라고 하더라도 일단 거래허가신청을 하여 불허되었다면 특별한 사정이 없는 한, 불허된 때로부터는 그 거래계약은 확정적으로 무효가 된다고 보아야 하고, 거래허가신청을 하지 아니하여 유동적 무효인 상태에 있던 거래계약이 확정적으로 무효가 된 경우에는 거래계약이 확정적으로 무효로 됨에 있어서 귀책사유가 있는 자라고 하더라도 그 계약의 무효를 주장하는 것이 신의칙에 반한다고 할수는 없다(이 경우 상대방은 그로 인한 손해의 배상을 청구할 수는 있음)(대판 1995.2.28, 94다51789).

㉡ 「국토의 계획 및 이용에 관한 법률」상 토지거래허가구역 내의 토지에 관한 매매계약은 관할관청으로부터 허가받기 전의 상태에서는 법률상 미완성의 법률행위로서 이른바 유동적 무효의 상태에 있어 그 계약내용에 따른 본래적 효력은 발생하지 아니하므로, 관할관청의 거래허가를 받아 매매계약이 소급하여 유효한 계약이 되기 전까지 양쪽 당사자는 서로 소유권의 이전이나 대금의 지급과 관련하여 어떠한 내용의 이행청구를 할 수 없으며, 일방 당사자는 상대방의 매매계약내용에 따른 채무불이행을 이유로 하여 계약을 해제할 수도 없다(대판 2010.5.13, 2009다92685).

정답 34 ③

35 부동산 거래신고 등에 관한 법령상 포상금의 지급에 관한 설명으로 **틀린** 것을 모두 고른 것은?

> ㉠ 가명으로 신고하여 신고인을 확인할 수 없는 경우에는 포상금을 지급하지 아니할 수 있다.
> ㉡ 신고관청에 포상금지급신청서가 접수된 날부터 1개월 이내에 포상금을 지급하여야 한다.
> ㉢ 신고관청은 하나의 위반행위에 대하여 2명 이상이 각각 신고한 경우에는 포상금을 균등하게 배분하여 지급한다.

① ㉠
② ㉠, ㉡
③ ㉠, ㉢
④ ㉡, ㉢
⑤ ㉠, ㉡, ㉢

키워드 신고포상금

난이도

해설 ㉡ 신고관청 또는 허가관청은 신청서가 접수된 날부터 2개월 이내에 포상금을 지급하여야 한다.
㉢ 신고관청 또는 허가관청은 하나의 위반행위에 대하여 2명 이상이 각각 신고 또는 고발한 경우에는 최초로 신고 또는 고발한 사람에게 포상금을 지급한다.

36 개업공인중개사가 집합건물을 매수하려는 의뢰인에게 「집합건물의 소유 및 관리에 관한 법률」에 관하여 설명한 것으로 **틀린** 것은? (다툼이 있으면 판례에 따름)

① 전유부분이란 구분소유권의 목적인 건물부분을 말한다.
② 소유자가 기존 건물에 증축을 하고 기존 건물에 마쳐진 등기를 증축한 건물의 현황과 맞추어 1동의 건물로서 증축으로 인한 건물표시변경등기를 마친 경우, 그 증축부분에 대해서는 구분소유권이 성립하지 않는다.
③ 구분소유자는 건물의 관리 및 사용에 관하여 구분소유자 공동의 이익에 어긋나는 행위를 하여서는 아니 된다.
④ 일부의 구분소유자만이 공용하도록 제공되는 것임이 명백한 공용부분은 그들 구분소유자의 공유에 속한다.
⑤ 일부공용부분의 관리에 관한 사항 중 구분소유자 전원에게 이해관계가 있는 사항은 그것을 공용하는 구분소유자만의 집회결의로써 결정한다.

키워드 「집합건물의 소유 및 관리에 관한 법률」

난이도

해설 일부공용부분의 관리에 관한 사항 중 구분소유자 전원에게 이해관계가 있는 사항과 제29조 제2항의 규약으로써 정한 사항은 구분소유자 전원의 집회결의로써 결정하고, 그 밖의 사항은 그것을 공용하는 구분소유자만의 집회결의로써 결정한다.

정답 35 ④ 36 ⑤

37 개업공인중개사가 「주택임대차보호법」의 적용에 관하여 설명한 내용으로 틀린 것을 모두 고른 것은? (다툼이 있으면 판례에 따름)

> ㉠ 주택의 미등기 전세계약에 관하여는 「주택임대차보호법」을 준용한다.
> ㉡ 주거용 건물에 해당하는지 여부는 임대차목적물의 공부상의 표시만을 기준으로 정하여야 한다.
> ㉢ 임차권등기 없이 우선변제청구권이 인정되는 소액임차인의 소액보증금반환채권은 배당요구가 필요한 배당요구채권에 해당하지 않는다.

① ㉠
② ㉡
③ ㉠, ㉢
④ ㉡, ㉢
⑤ ㉠, ㉡, ㉢

키워드 「주택임대차보호법」

난이도

해설 ㉡ 「주택임대차보호법」 제2조 소정의 주거용 건물에 해당하는지 여부는 임대차목적물의 공부상의 표시만을 기준으로 할 것이 아니라 그 실지용도에 따라서 정하여야 하고 건물의 일부가 임대차의 목적이 되어 주거용과 비주거용으로 겸용되는 경우에는 구체적인 경우에 따라 그 임대차의 목적, 전체 건물과 임대차목적물의 구조와 형태 및 임차인의 임대차목적물의 이용관계 그리고 임차인이 그곳에서 일상생활을 영위하는지 여부 등을 아울러 고려하여 합목적적으로 결정하여야 한다(대판 1996.3.12, 95다51953).
㉢ 임차권등기 없이 우선변제청구권이 인정되는 소액임차인의 소액보증금반환채권은 배당요구가 필요한 배당요구채권에 해당한다.

정답 37 ④

38 개업공인중개사가 중개의뢰인에게 분묘가 있는 토지에 관하여 설명한 내용으로 **틀린** 것을 모두 고른 것은? (다툼이 있으면 판례에 따름)

> ㉠ 토지소유자의 승낙에 의하여 성립하는 분묘기지권의 경우 성립 당시 토지소유자와 분묘의 수호·관리자가 지료 지급의무의 존부에 관하여 약정을 하였다면 그 약정의 효력은 분묘기지의 승계인에게 미치지 않는다.
> ㉡ 분묘기지권은 지상권 유사의 관습상 물권이다.
> ㉢ 「장사 등에 관한 법률」 시행일(2001.1.13.) 이후 토지소유자의 승낙 없이 설치한 분묘에 대해서 분묘기지권의 시효취득을 주장할 수 있다.

① ㉠
② ㉢
③ ㉠, ㉢
④ ㉡, ㉢
⑤ ㉠, ㉡, ㉢

키워드 분묘기지권

해설 ㉠ 분묘의 기지인 토지가 분묘의 수호·관리권자 아닌 다른 사람의 소유인 경우에 그 토지소유자가 분묘 수호·관리권자에 대하여 분묘의 설치를 승낙한 때에는 그 분묘의 기지에 관하여 분묘기지권을 설정한 것으로 보아야 한다. 이와 같이 승낙에 의하여 성립하는 분묘기지권의 경우 성립 당시 토지소유자와 분묘의 수호·관리자가 지료 지급의무의 존부나 범위 등에 관하여 약정을 하였다면 그 약정의 효력은 분묘기지의 승계인에 대하여도 미친다(대판 2021.9.16, 2017다271834·271841).
㉢ 「장사 등에 관한 법률」 시행일(2001.1.13.) 이후 토지소유자의 승낙 없이 설치한 분묘에 대해서 분묘기지권의 시효취득을 주장할 수 없다(대판 전합체 2021.4.29, 2017다228007).

정답 38 ③

39 부동산 거래신고 등에 관한 법령상 토지거래허가구역 등에 관한 설명으로 <u>틀린</u> 것은? (단, 거래당사자는 모두 대한민국 국적의 자연인임)

① 허가구역의 지정은 그 지정을 공고한 날부터 7일 후에 그 효력이 발생한다.
② 허가구역에 있는 토지거래에 대한 처분에 이의가 있는 자는 그 처분을 받은 날부터 1개월 이내에 시장·군수 또는 구청장에게 이의를 신청할 수 있다.
③ 허가구역에 있는 토지에 관하여 사용대차계약을 체결하는 경우에는 토지거래허가를 받을 필요가 없다.
④ 허가관청은 허가신청서를 받은 날부터 15일 이내에 허가 또는 불허가처분을 하여야 한다.
⑤ 허가신청에 대하여 불허가처분을 받은 자는 그 통지를 받은 날부터 1개월 이내에 시장·군수 또는 구청장에게 해당 토지에 관한 권리의 매수를 청구할 수 있다.

키워드 토지거래허가구역

난이도

해설 허가구역의 지정은 허가구역의 지정을 공고한 날부터 5일 후에 그 효력이 발생한다.

정답 39 ①

40 2023.10.7. 甲은 친구 乙과 X부동산에 대하여 乙을 명의수탁자로 하는 명의신탁약정을 체결하였다. 개업공인중개사가 이에 관하여 설명한 내용으로 옳은 것을 모두 고른 것은? (다툼이 있으면 판례에 따름)

> ㉠ 甲과 乙 사이의 명의신탁약정은 무효이다.
> ㉡ X부동산의 소유자가 甲이라면, 명의신탁약정에 기하여 甲에서 乙로 소유권이전등기가 마쳐졌다는 이 유만으로 당연히 불법원인급여에 해당한다고 볼 수 없다.
> ㉢ X부동산의 소유자가 丙이고 계약명의신탁이라면, 丙이 그 약정을 알았더라도 丙으로부터 소유권이전 등기를 마친 乙은 유효하게 소유권을 취득한다.

① ㉠
② ㉡
③ ㉢
④ ㉠, ㉡
⑤ ㉠, ㉡, ㉢

키워드 명의신탁약정

해설 ㉡ X부동산의 소유자가 甲이라면, 명의신탁약정에 기하여 甲에서 乙로 소유권이전등기가 마쳐졌다는 이유만으로 당연히 불법원인급여에 해당한다고 볼 수 없다(대판 전합체 2019.6.20, 2013다218156).
㉢ X부동산의 소유자가 丙이고 계약명의신탁이라면, 丙이 그 약정을 안 경우 丙으로부터 소유권이전등기를 마친 乙은 유효하게 소유권을 취득하지 못하며, 소유권이전등기의 효력은 무효이다.

정답 40 ④

에듀윌이
너를
지지할게

ENERGY

내가 꿈을 이루면
나는 누군가의 꿈이 된다.

– 이도준

여러분의 작은 소리
에듀윌은 크게 듣겠습니다.

본 교재에 대한 여러분의 목소리를 들려주세요.
공부하시면서 어려웠던 점, 궁금한 점,
칭찬하고 싶은 점, 개선할 점, 어떤 것이라도 좋습니다.

에듀윌은 여러분께서 나누어 주신 의견을
통해 끊임없이 발전하고 있습니다.

에듀윌 도서몰 book.eduwill.net
- 부가학습자료 및 정오표: 에듀윌 도서몰 → 도서자료실
- 교재 문의: 에듀윌 도서몰 → 문의하기 → 교재(내용, 출간) / 주문 및 배송

2024 에듀윌 공인중개사 단단 2차 공인중개사법령 및 중개실무

발 행 일	2024년 1월 7일 초판
편 저 자	임선정
펴 낸 이	양형남
펴 낸 곳	(주)에듀윌
등록번호	제25100-2002-000052호
주 소	08378 서울특별시 구로구 디지털로34길 55 코오롱싸이언스밸리 2차 3층

* 이 책의 무단 인용·전재·복제를 금합니다.

www.eduwill.net
대표전화 1600-6700

에듀윌 직영학원에서
합격을 수강하세요

언제나 전문 학습 매니저와 상담이 가능한 안내데스크

고품질 영상 및 음향 장비를 갖춘 최고의 강의실

재충전을 위한 카페 분위기의 아늑한 휴게실

에듀윌의 상징 노란색의 환한 학원 입구

에듀윌 직영학원 대표전화

공인중개사 학원 02)815-0600	공무원 학원 02)6328-0600	편입 학원 02)6419-0600
주택관리사 학원 02)815-3388	경찰 학원 02)6332-0600	세무사·회계사 학원 02)6010-0600
전기기사 학원 02)6268-1400	소방 학원 02)6337-0600	취업아카데미 02)6486-0600
부동산아카데미 02)6736-0600		

공인중개사학원 바로가기

합격하고 꼭 해야 할 것 1

에듀윌 공인중개사
동문회 9가지 특권

1. 에듀윌 공인중개사 합격자 모임

2. 동문회 인맥북

믿고 의지할 수 있는 동문들을 한 손에!

3. 동문 중개업소 홍보물 지원

4. 동문회와 함께하는 사회공헌활동

5. 동문회 사이트

전국구 동문 인맥 네트워크!
dongmun.eduwill.net

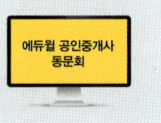

6. 동문회 소식지 무료 구독

7. 최대 규모의 동문회 커뮤니티

8. 창업 사무소 지원 센터

상위1% 고소득을 위한
동문회 전임
자문교수

김진희 교수

우수 동문 선정
부동산 사무소
언론홍보 지원

업계 최고
전문가 초청
성공특강

9. 취업/창업 코칭 센터

합격 후 취업 성공
부동산 중개법인
취업연계

전국 인맥 네트워크
동문선배 사무소
취업연계

선배 동문
성공 노하우
실무포럼

※ 본 특권은 회원별로 상이하며, 예고 없이 변경될 수 있습니다.

에듀윌 공인중개사 동문회 | dongmun.eduwill.net
문의 | 1600-6700

합격하고 꼭 해야 할 것 2

에듀윌 부동산 아카데미 강의 듣기

성공 창업의 필수 코스
부동산 창업 CEO 과정

1 튼튼 창업 기초
- 창업 입지 컨설팅
- 중개사무 문서작성
- 성공 개업 실무TIP

2 중개업 필수 실무
- 온라인 마케팅
- 세금 실무
- 토지/상가 실무
- 재개발/재건축

3 실전 Level-Up
- 계약서작성 실습
- 중개영업 실무
- 사고방지 민법실무
- 빌딩 중개 실무

4 부동산 투자
- 시장 분석
- 투자 정책

부동산으로 성공하는
컨설팅 전문가 3대 특별 과정

마케팅 마스터
- 데이터 분석
- 블로그 마케팅
- 유튜브 마케팅
- 실습 샘플 파일 제공

디벨로퍼 마스터
- 부동산 개발 사업
- 유형별 절차와 특징
- 토지 확보 및 환경 분석
- 사업성 검토

빅데이터 마스터
- QGIS 프로그램 이해
- 공공데이터 분석 및 활용
- 컨설팅 리포트 작성
- 토지 상권 분석

경매의 神과 함께 '중개'에서
'경매'로 수수료 업그레이드

- 공인중개사를 위한 경매 실무
- 투자 및 중개업 분야 확장
- 고수들만 아는 돈 되는 특수 물권
- 이론(기본) - 이론(심화) - 임장 3단계 과정
- 경매 정보 사이트 무료 이용

실전 경매의 神
안성선
이주왕
장석태

에듀윌 부동산 아카데미 | uland.eduwill.net
문의 | 온라인 강의 1600-6700, 학원 강의 02)6736-0600

꿈을 현실로 만드는
에듀윌

공무원 교육
- 선호도 1위, 신뢰도 1위! 브랜드만족도 1위!
- 합격자 수 2,100% 폭등시킨 독한 커리큘럼

자격증 교육
- 8년간 아무도 깨지 못한 기록 합격자 수 1위
- 가장 많은 합격자를 배출한 최고의 합격 시스템

직영학원
- 직영학원 수 1위, 수강생 규모 1위!
- 표준화된 커리큘럼과 호텔급 시설 자랑하는 전국 27개 학원

종합출판
- 온라인서점 베스트셀러 1위!
- 출제위원급 전문 교수진이 직접 집필한 합격 교재

어학 교육
- 토익 베스트셀러 1위
- 토익 동영상 강의 무료 제공
- 업계 최초 '토익 공식' 추천 AI 앱 서비스

콘텐츠 제휴 · B2B 교육
- 고객 맞춤형 위탁 교육 서비스 제공
- 기업, 기관, 대학 등 각 단체에 최적화된 고객 맞춤형 교육 및 제휴 서비스

부동산 아카데미
- 부동산 실무 교육 1위!
- 상위 1% 고소득 창업/취업 비법
- 부동산 실전 재테크 성공 비법

공기업 · 대기업 취업 교육
- 취업 교육 1위!
- 공기업 NCS, 대기업 직무적성, 자소서, 면접

학점은행제
- 99%의 과목이수율
- 15년 연속 교육부 평가 인정 기관 선정

대학 편입
- 편입 교육 1위!
- 업계 유일 500% 환급 상품 서비스

국비무료 교육
- '5년우수훈련기관' 선정
- K-디지털, 4차 산업 등 특화 훈련과정

에듀윌 교육서비스 **공무원 교육** 9급공무원/7급공무원/경찰공무원/소방공무원/계리직공무원/기술직공무원/군무원 **자격증 교육** 공인중개사/주택관리사/감정평가사/노무사/전기기사/경비지도사/검정고시/소방설비기사/소방시설관리사/사회복지사1급/건축기사/토목기사/직업상담사/전기기능사/산업안전기사/위험물산업기사/위험물기능사/도로교통사고감정사/유통관리사/물류관리사/행정사/한국사능력검정/한경TESAT/매경TEST/KBS한국어능력시험/실용글쓰기/IT자격증/국제무역사/무역영어 **어학 교육** 토익 교재/토익 동영상 강의/인공지능 토익 앱 **세무/회계** 회계사/세무사/전산세무회계/ERP정보관리사/재경관리사 **대학 편입** 편입 교재/편입 영어·수학/경찰대/의치대/편입 컨설팅·면접 **공기업·대기업 취업 교육** 공기업 NCS·전공·상식/대기업 직무적성/자소서·면접 **직영학원** 공무원학원/경찰학원/소방학원/공인중개사 학원/주택관리사 학원/전기기사학원/세무사·회계사 학원/편입학원/취업아카데미 **종합출판** 공무원·자격증 수험교재 및 단행본 **학점은행제** 교육부 평가인정기관 원격평생교육원(사회복지사2급/경영학/CPA)/교육부 평가인정기관 원격 사회교육원(사회복지사2급/심리학) **콘텐츠 제휴·B2B 교육** 교육 콘텐츠 제휴/기업 맞춤 자격증 교육/대학 취업역량 강화 교육 **부동산 아카데미** 부동산 창업CEO과정/실전 경매 과정/디벨로퍼과정 **국비무료 교육 (국비교육원)** 전기기능사/전기(산업)기사/소방설비(산업)기사/IT(빅데이터/자바프로그램/파이썬)/게임그래픽/3D프린터/실내건축디자인/웹퍼블리셔/그래픽디자인/영상편집(유튜브)디자인/온라인 쇼핑몰광고 및 제작(쿠팡, 스마트스토어)/전산세무회계/컴퓨터활용능력/ITQ/GTQ/직업상담사

교육문의 1600-6700 www.eduwill.net

・2022 소비자가 선택한 최고의 브랜드 공무원·자격증 교육 1위 (조선일보) ・2023 대한민국 브랜드만족도 공무원·자격증·취업·학원·편입·부동산 실무 교육 1위 (한경비즈니스) ・2017/2022 에듀윌 공무원 과정 최종 환급자 수 기준 ・2022년 공인중개사 직영학원 기준 ・YES24 공인중개사 부문, 2023 공인중개사 심정욱 필살키 최종이론&마무리100선 민법 및 민사특별법 (2023년 10월 월별 베스트) 그 외 다수 ・교보문고 취업/수험서 부문, 2020 에듀윌 농협은행 6급 NCS 직무능력평가+실전모의고사 4회 (2020년 1월 27일~2월 5일, 인터넷 주간 베스트) 그 외 다수 ・YES24 컴퓨터활용능력 부문, 2024 컴퓨터활용능력 1급 필기 초단기끝장(2023년 10월 3~4주 주별 베스트) 그 외 다수 ・인터파크 자격서/수험서 부문, 에듀윌 한국사능력검정시험 2주끝장 심화 (1, 2, 3급) (2020년 6~8월 월간 베스트) 그 외 다수 ・YES24 국어 외국어사전 영어 토익/TOEIC 기출문제/모의고사 분야 베스트셀러 1위 (에듀윌 토익 READING RC 4주끝장 리딩 종합서, 2022년 9월 4주 주별 베스트) ・에듀윌 토익 교재 입문~실전 인강 무료 제공 (2022년 최신 강좌 기준/109강) ・2022년 총강반 중 모든 평가항목 정상 참여자 기준, 99% (평생교육원, 사회교육원 기준) ・2008년~2022년까지 약 206만 누적수강학점으로 과목 운영 (평생교육원 기준) ・A사, B사 최대 200% 환급 서비스 (2022년 6월 기준) ・에듀윌 국비교육원 구로센터 고용노동부 지정 "5년우수훈련기관" 선정 (2023~2027) ・KRI 한국기록원 2016, 2017, 2019년 공인중개사 최다 합격자 배출 공식 인증 (2024년 현재까지 업계 최고 기록)